公共政策评估

Public Policy Evaluation

李志军◎主编

经济管理出版社
ECONOMY & MANAGEMENT PUBLISHING HOUSE

图书在版编目（CIP）数据

公共政策评估/李志军主编 . —北京：经济管理出版社，2022.6
ISBN 978-7-5096-8461-0

Ⅰ.①公…　Ⅱ.①李…　Ⅲ.①公共政策—研究—中国　Ⅳ.①D63

中国版本图书馆 CIP 数据核字（2022）第 091117 号

责任编辑：胡　茜　张玉珠　丁光尧
责任印制：黄章平
责任校对：张晓燕

出版发行：经济管理出版社
　　　　　（北京市海淀区北蜂窝 8 号中雅大厦 A 座 11 层　100038）
网　　址：www.E-mp.com.cn
电　　话：(010) 51915602
印　　刷：唐山昊达印刷有限公司
经　　销：新华书店
开　　本：787mm×1092mm/16
印　　张：27.5
字　　数：570 千字
版　　次：2022 年 6 月第 1 版　　2022 年 6 月第 1 次印刷
书　　号：ISBN 978-7-5096-8461-0
定　　价：98.00 元

本书编写人员

主　编　李志军

编　委　沈恒超　李曜坤　李逸飞　刘志红　张友浪

　　　　王群光　郭炜晔　赵　玮　王莺潼　白雪松

　　　　刘　琪　陈芊锦　陈晓易

前　言

党的十八大以来，以习近平同志为核心的党中央高度重视科学决策、民主决策，积极推进国家治理体系、治理能力现代化，在制定重大改革方案和重大政策落实督查过程中，重视发挥公共政策评估的作用。

2015年1月，中共中央办公厅、国务院办公厅印发《关于加强中国特色新型智库建设的意见》，明确提出"建立健全政策评估制度"。党的十九届五中全会审议通过的《中共中央关于制定国民经济和社会发展第十四个五年规划和二〇三五年远景目标的建议》提出"健全重大政策事前评估和事后评价制度"。在中央层面，一些重大改革方案、重大举措在出台前委托第三方进行评估；对有关重大决策部署和重大政策措施落实情况进行督查过程中，引入第三方评估机制；有关部门正在研究制定建立健全政策评估制度的指导性文件。一些地方和部门也开展了公共政策评估工作，有的还出台了针对特定领域（或类型）政策评估的指导性文件。实践证明，公共政策评估是国家治理体系建设的重要内容，是推进国家治理能力现代化的重要举措，是中国特色的治理方式，是政府管理创新的重要举措，是促进重大政策落到实处的重要方式，对完善有关改革方案和重大政策，提高改革决策和政策的科学性、准确性，发挥了重要作用，具有十分重要的意义。

当前，在我国，公共政策评估无论学术研究还是实际工作，都还处于起步阶段。为深入贯彻落实党中央决策部署，推动公共政策评估工作制度化、规范化、程序化，我们在前期研究工作的基础上，又组织力量对公共政策评估进行较为系统的深入研究，形成了这部《公共政策评估》。本书力求比较系统地、全面地反映国内外政策评估的最新研究成果，内容包括公共政策评估基本理论、方法及国内外实践。本书可以作为公共管理、公共政策和公共政策评估的教学和科研参考书，也可以作为从事公共政策评估人员的工具书。

在本项研究和本书编辑出版过程中，得到有关领导、同事和朋友的指导、关心、支持和帮助；参与本项研究和本书编辑出版的同志们付出了心血和汗水，尤其是王群光同志做了大量的组织协调工作；责任编辑胡茜等同志认真负责、精益求精，保证了本书编辑的高质量。谨此，一并表示衷心的感谢！

目　录

第一章　导论

一、公共政策及其过程

（一）关于公共政策

公共政策是第二次世界大战后发展起来的一门新兴交叉学科。公共政策作为一门学科而出现，既是当代世界社会经济和政治发展的必然要求，也与战后美国社会状况密切相关。

20世纪五六十年代，是西方政策科学的初创时期。1951年，美国政治学家哈罗德·拉斯韦尔和拉纳合编的《政策科学：范围和方法的新近发展》提出了"政策科学"（Policy Science）的概念，标志着政策科学的诞生。拉斯韦尔则被誉为"现代政策科学的创立者"。这一时期，对政策科学产生起到推动作用的学者还有戴维·伊斯顿、查尔斯·E.林德布洛姆、托马斯·R.戴伊等。

20世纪60年代后期至70年代初期，是西方政策科学形成时期。美国科学哲学家托马斯·S.库恩于1962年发表的《科学革命的结构》起到了方法论的解放作用，推动了政策科学的迅速发展。这一时期的政策科学，注重对政策制定过程的研究，而对政策的内容则相对不太关心。20世纪70年代中期以后，情况发生了变化，政策制定后的执行和评估以及对公共政策的调整甚至是政策终结，都受到了政策科学家的关注和研究。

20世纪60年代末至70年代初，美国的政策科学研究中出现了所谓的"趋前倾向"，在政策研究中强调政策咨询对于政策制定的意义。20世纪70年代中后期，公共政策研究中出现了"趋后倾向"，注重研究公共政策的"执行与评估"，以及"政策终结"和"政策周期"等。

通常，人们所讲的"政策"指的就是公共政策。目前，在我国，公共政策也包含了改革方案或举措。

关于"政策"有很多定义，最具有代表性的就是《辞海》对"政策"的定义，即国家、政党为实现一定历史时期的路线和任务而规定的行动准则和具体措施。

在社会生活中，存在着大量的涉及千百万人利益的公共事务。为了规范社会成员的行为，实施有效管理，需要相关主体制定特定的规则，这就是公共政策。凡是为解决社会公共事务中的各种问题所制定的政策，都是公共政策。

公共政策，是公共权力机关经由政治过程所选择和制定的为解决公共问题、达成公共目标、实现公共利益的方案，其作用是规范和指导有关机构、团体或个人的行动，其表达形式包括法律法规、行政规定或命令、国家领导人口头或书面的指示、政府规划等。

公共政策作为对社会利益的权威性分配，集中反映了社会利益，从而决定了公共政策必须反映大多数人的利益才能使其具有合法性。因而，许多学者都把公共政策的目标导向定位于公共利益的实现，认为公共利益是公共政策的价值取向和逻辑起点，是公共政策的本质与归属、出发点和最终目的。

（二）关于公共政策的过程

政策生命周期，即一个完整的政策过程，是公共政策经历了从问题的提出、政策的出台，到政策执行、评估、监控、调整诸环节，最后终止的全过程。

一般来说，公共政策过程或生命周期包括政策研究、政策制定、政策执行、政策评估、政策修订完善和终止等阶段，如图1-1所示。

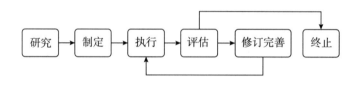

图1-1 公共政策的过程

政策周期中的这些阶段相互衔接，但在实施中也存在不连续的情况。作为政策系统持续的组成部分，政策过程没有明确的起点和终点，不同阶段处于持续的循环之中，一些研究者把由此产生的阶段序列称为"政策循环"。在政策过程中，各个政策主体参与进来，通过各自方式发挥作用、相互博弈，形成合作、竞争或冲突格局，影响着政策制定、执行与评估。

杨宏山把政策过程的完整生命周期进一步分解为以下10个阶段[1]，如图1-2所示。

（1）问题设定。社会运行中难免会出现各种社会问题，它们对公共和个人权益造成了伤害。往往旧问题尚未解决，新问题又接踵而至。由于政府的精力和能力有限，并非所有的社会问题都能引起其关注。只有引起政府重视并着手解决的社会问题才能转化为政策问题。这就是说，政策问题是从大量社会问题中筛选出来的。至于哪些社

---

① 杨宏山. 公共政策学［M］. 北京：中国人民大学出版社，2020.

会问题能成为政策问题，则取决于政府的行动偏好、问题的属性和严重程度、公众的参与状况等因素。

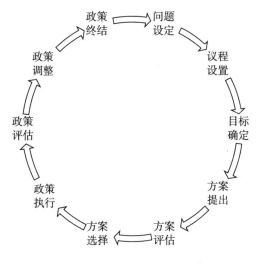

图1-2　政策生命周期

（2）议程设置。这是社会问题转化为政策问题的关键环节。政策议程可分为公众议程和政府议程两种形式。公众议程是公众参与的过程，即社会问题引起社会公众的关注，他们向政府提出政策诉求，要求政府采取措施加以解决。政府议程是指社会问题已经引起决策者关注，决策者认为有必要采取行动，并把社会问题列入议事日程。

（3）目标确定。经由一定的政策议程，相关政策主体对政策问题进行诊断，在讨论、协商的基础上，就解决特定问题的政策目标达成一致。确定政策目标需要对政策问题进行认真的调查分析。只有知道社会得了什么"病"，才能确定政策目标和治理方案。

（4）方案提出。在确定了政策目标以后，接下来的工作是设计政策方案。通常的做法是提出若干个备选方案，并对每一个备选方案的具体内容予以详细阐述。

（5）方案评估。对备选方案的利弊得失进行全面评价，对技术可行性、经济可行性、政治可行性和行政可行性进行分析论证。政策方案的评估也被称为前评估，它主要是对备选方案的后果进行预测。

（6）方案选择。根据政策方案评估的结果，从多个备选方案中择优确定正式的政策方案。在对政策方案做出选择以后，还需要经由政策合法化程序，使政策方案成为具有权威性的公共政策。所谓政策合法化，就是使政策获得社会公众的自愿认同、服从和支持，从而获得正当性和权威性，减少政策的执行成本。

（7）政策执行。政策方案一经采纳就要进入政策执行阶段。政策执行是把政策方案的内容转化为客观现实的过程。在此过程中，执行者需要动用各种资源，建立必要的组织机构，利用多种政策工具和技术手段，使政策从观念转化为实际结果。

（8）政策评估。政策评估也称为后评估，它通过收集相关信息和数据，对政策执行的实际结果进行客观评价。

（9）政策调整。如果对政策执行进行评估后，发现公共政策的某些内容不宜继续执行，就要做出政策调整。渐进决策理论认为，世界上没有一劳永逸的公共政策，各种政策都是在执行中通过不断调整而逐渐完善的。

（10）政策终结。通过对政策执行进行评估，如果发现某项政策已经达到了预期效果，或发现其执行并不成功，就需要用新政策取代旧政策。政策创新意味着旧政策的终结，政策过程也就进入新的周期。

二、公共政策评估的含义与分类

（一）公共政策评估的含义

评估（Evaluation）即评价、估量、测算，是对有关政策进行评估和论证，以决定是否采纳或检验其执行效果。美国学者格朗伦德（Norman E. Gronland）给出了一个公式定义：评估＝量（或质）的记述＋价值判断。

评估是由特定的组织或个人（评估主体）对指定的对象（评估客体）依据某种目标、标准、技术或手段（评估度量尺度），按照一定的程序和方法（评估方法）进行分析、研究、比较、判断、评估和预测其效果、价值、趋势或发展的一种活动（评估活动），是人们认识、把握事物或活动的价值或规律的行为。在此基础上形成的结论性材料则是评估报告。这种评估建立在对评估对象多角度认识、比较，以及对技术可能性、经济合理性的充分、客观和科学分析的基础上，包含对评估对象的价值或所处状态的意见、判断和结论，因而能给相关部门、单位或个人提供可靠的参考依据。

公共政策评估，也称"政策评估"，是特定的评估主体根据一定的标准和程序，通过考察政策过程的各个阶段、各个环节，对政策的效果、效能及价值所进行的检测、评价和判断。

公共政策评估不同于政府绩效评估，公共政策评估是对中央政府或地方政府颁布的某一项或某一类政策实施效果进行评估，政府绩效评估则是对政府部门的工作进行全面的和系统的评估。

公共政策评估是政策过程的重要环节和组成部分，对正确制定、执行和完善政策具有重要意义，不仅能反映政府制定和执行公共政策的能力和效果，也决定和影响着政府的绩效。通过公共政策评估可以决定是否需要对政策进行调整、完善或终止，能够更好地配置政策资源，提高政策的科学性和准确性，实现政策运行和决策的科学化，提升政府正确履行职责的能力和水平。

关于公共政策评估的含义，具有代表性的观点有以下三类：

（1）政策评估主要是对政策方案或政策计划的评估。

Wholey 在 1970 年出版的《联邦评估政策》一书中指出，政策评估是评估一项国家计划在符合目标方面之总体影响，或者评估两个或更多计划在符合共同目标方面之相关效能①。

Lichfield 等则认为，评估是一种"描述各种解决政策问题的方案，陈述各种方案的优劣点的过程"②。

Alkin 持相似的观点，他在 *Evaluation Theory Development* 一书中指出，评估是一个过程，这个过程在于确定重要的决策范围，选择适当的资讯，收集与分析这些资讯并形成有用的摘要资料，作为决策者抉择适当的政策方案的基础③。

斯图亚特·S. 内格尔认为，公共政策分析可以定义为一个过程，即依照政策与政策目标之间的关系，在各种备选的公共政策或政府方案中，确定一个能最大限度地达到一系列既定政策目标方案的过程④。

以上观点主要认为政策评估是政策推出之前的一种分析过程，目的在于确定重要的决策范围，收集、筛选、分析所获资料和信息，确定能达成既定政策目标的最优方案。

（2）政策评估的着眼点应是政策效果。

张金马认为，政策评估就是对政策的效果进行的研究⑤。

陈振明认为，政策评估是依据一定的标准和程序，对政策的效益、效率及价值进行判断的一种政治行为，目的在于取得有关这些方面的信息，作为决定政策变化、政策改进和制定新政策的依据⑥。

Micheal Howlett 和 M. Ramesh 认为，政策评估的概念包括这样一个过程，即广泛地探索执行中的公共政策、使用的手段、实现的目标。评估的深度与彻底性取决于那些发起评估和实施的人们⑦。

William N. Dunn 认为，监督主要关心的是事实，而评估则主要关心的是价值。描述性、规范性和元伦理等方面的研究为政策分析中的评估提供了基础，在这里，评估

① 丘昌泰. 公共政策 ［M］. 台北：巨流图书公司，1999.

② Lichfield N., Kettle P., Whibread M. Evaluation in the Planning Process ［M］. Oxford：Pergamen Press，1975.

③ Alkin M. C. Evaluation Theory Development ［M］. Boston：Allyn and Bacon Inc.，1972.

④ 斯图亚特·S. 内格尔. 政策研究：整合与评估 ［M］. 长春：吉林人民出版社，1994.

⑤ 张金马. 政策科学导论 ［M］. 北京：中国人民大学出版社，1992.

⑥ 陈振明. 政策科学——公共政策分析导论 ［M］. 北京：中国人民大学出版社，2003.

⑦ Micheal Howlett，M. Ramesh. Studying Public Policy：Policy Cycles and Polic Subsystems ［M］. Oxford：Oxford University Press，1996.

是产生有关政策结果的价值的信息。如果政策结果具有价值，那是因为它们有助于实现目标。在这种情况下，我们就说一项政策或项目取得了一定层次的绩效①。

托马斯·R. 戴伊认为，政策评估就是了解公共政策所产生的效果的过程，就是试图判断这些效果是否是所预期的效果的过程②。

Charles O. Jones 认为，评估是指评判政府过程与项目的绩效③。

David Nachmias 认为，政策评估研究就是根据正在执行的政策和方案所要达到的预期目标而进行客观、系统、实证性检验，并且作用于目标的影响和效果④。托马斯·R. 戴伊进一步补充，当目标不明确或者难以定义时，就不能把政策评估的定义局限于政策对其目标的实现方面；应当关注公共政策的所有结果，或者说"政策的影响"，包括对目标情形或群体产生的影响、对目标外的情形或群体产生的影响（溢出效应）、对近期以及未来的状况产生的影响、直接成本和间接成本⑤。

James E. Anderson 认为，政策评估不仅是一项技术或分析的过程，它也是一个政治过程⑥。"如果把政策过程看作某种有序的活动的话，那么，它的最后一个阶段便是政策评价。总的来说，政策评价与政策（包括它的内容、实施及后果）的估计、评价和鉴定相关。作为某种功能活动，政策评价能够而且确定发生在整个政策过程中，而不能简单地将其作为最后的阶段。"⑦

Evert Vedung 提出，公共部门评估是统治者们运用学者和科学家的脑力来促进国家利益的方法。评估学者被要求提供关于行政、产出和政府措施的成效的反馈性评估，以帮助自我反思，更深层次地理解和帮助政府负责人进行更加有根据的决策。他认为，可以对评估做出如下定义：评估等于对政府措施的产出功绩、价值进行审慎的回溯性评价，以求对未来的时间状况产生影响。他还对与评估相关的内容做出了总结，即政策评估与政府干预有关，评估聚焦于行政、产出、结果，评估是回溯性的，评估是对正在进行的和已完成任务的评价，评估不只是影响评价（还应包括效率、行政产出监控等），干预目标不是唯一的价值评判标准，评估是审慎的评价，评估应是有效的⑧。

部分学者在把目光集中于政策效果的同时，对政策评估的定义提出不同角度的解读。

朱志宏强调政策评估"修正误差"的作用。他提出，"就一项公共政策而言，发现误差、修正误差就是政策评估，换言之，政策评估的工作就是发现并修正政策的

① William N. Dunn. Public Policy Analysis：An Introduction［M］. London：Longman，2009.
② 托马斯·R. 戴伊. 自上而下的政策制定［M］. 北京：中国人民大学出版社，2002.
③ Charles O. Jones. An Introduction to the Study of Public Policy［M］. Monterey：Brooks/ Cole Publishing Company，1984.
④ David Nachmias. Public Policy Evaluation［M］. New York：St Martin's Press，1979.
⑤ 托马斯·R. 戴伊. 理解公共政策［M］. 北京：中国人民大学出版社，2010.
⑥ James E. Anderson. Public Policymaking［M］. New York：Praeger Publisher，1976.
⑦ 詹姆斯·E. 安德森. 公共决策［M］. 北京：华夏出版社，1990.
⑧ Evert Vedung. Public Policy and Program Evaluation［M］. New Jersey：Transaction Publishers，2009.

误差"①。

Wollmann 则突出了政策评估的工具性，其认为政策评估是分析问题的方法和手段，强调政策评估的工具作用，政策评估最重要的目的就是为政策效果的评估提供有关政策过程和政策结果的信息。此外，政策评估作为政策循环的一部分出现，要把评估后的信息反馈到政策制定的阶段②。

Blaine R. Worthen，James R. Sanders 和 Jody L. Fitzpatrick 认为，评估就是确定评估目标的价值或功绩。说得更广泛一些，评估就是确认、厘清和应用可信的标准，以确定评估目标的价值、质量、功用、有效性或重要性。评估使用探寻和判断的方法，其包括：确定评判质量的标准，并决定这些标准是相对的还是绝对的；收集相关信息；使用这些标准，以确定价值、质量、功用、有效性或重要性。采用这些方法得出建议，以优化评估目标③。

此类观点强调政策评估的目的是评估已实施的政策在实现其预定目标上的效果，即该政策在多大程度上解决了政策所指向的问题，以及该效果的取得是政策本身的作用还是政策以外其他因素所导致的。

一些国家和国际组织已采纳此类观点，拟定政策评估制度，运用评估的监测政策实施、改进政策方案。

日本于 2005 年颁布《关于政策评估实施的指导方针》，明确把政策评估制度定位为：灵活运用科学的知识见解，通过合理的手法检测或者分析政策效果等，对照一定的尺度，进行客观的判断，提供有利于政策的规划方案和基于规划方案的切实的实施信息，把其结果正确地反映于政策，不断对政策加以重新评估和改善，在推进高效、高质量的行政的同时，彻底履行行政对于国民的说明责任。

世界银行定义评估为，根据特定的评估标准，对世界银行正在进行或已经完成的进程、项目、方案、主题、战略或政策及其设计、执行和结果进行系统和客观的评估④。

美国评估协会（American Evaluation Association，AEA）是这样定义评估的：评估包括评价项目、政策、人员、产品和组织的优点和缺点，从而提升绩效⑤。

加拿大优秀评估中心（Center of Excellence for Evaluation，CEE）的网站上写道："在整个加拿大政府，评估是指对项目结果进行系统性的收集和分析，以对项目结果的相关性与绩效做出判断，并审视实现目标的替代性方式。通过对项目成效的公开报告，

① 朱志宏. 公共政策［M］. 台北：三民书局，1995.

② Wollmann H. Evaluation in Public Sector Reform［M］. Cheltenham：Edward Elgar，2003.

③ Blaine R. Worthen，James R. Sanders，Jody L. Fitzpatrick. Program Evaluation：Alternative Approaches and Practical Guidelines：International Edition［M］. New York：Longman Publishers USA，1997.

④ World Bank Group Evaluation Principles［Z］. 2019.

⑤ 参见 https：//www. eval. org/About/About-AEA。

评估有助于会计问责、开支管理、结果管理、政策与项目提升。"①

（3）政策评估是对政策全过程的评估。

Dror 认为，评估就是从反馈中进行系统的学习②。

姜国兵和蓝光喜认为，对公共政策进行评估，形式上是对政策方案执行前、执行中和执行后的评价，实质上则是行政权与公民权的再分配③。

贠杰和杨诚虎认为，"在特定的政策制度下，评估主体按照一定的评估标准和程序，对公共政策的质量和效果，以及构成政策系统的诸要素、环节和评价方法进行局部或全面分析，并获得相关信息与政策结论的过程"④。

林水波和张世贤认为，政策评估是"有系统地应用各种社会研究程序，搜集有关资讯，用以论断政策概念与设计是否周全完整，知悉政策实际执行情形、遭遇的困难，有无偏离既定的政策方向；指明社会干预政策的效用"⑤。

此类观点不再局限于政策过程的某个阶段，扩大了评估的范围和视野，使政策评估更为全面和系统。

一些其他国家和国际化组织采纳全过程评估的概念，做出评估的行政定义。

澳大利亚《首都特区政府政策评估指南》（*ACT Government Evaluation Policy and Guidelines*）指出，评估是衡量和评估政府政策、战略和方案的影响和优点的过程。它是确定政府政策和方案的适当性、有效性和效率的一种手段，有助于政策的改进和创新⑥。

联合国评估小组和世界卫生组织把评估定义为：评估就是对一项活动、项目、计划、战略、政策、主题、专题、行业部门、业务领域、机构绩效等的尽可能系统的、公正的评价。为了解所取得的成果，评价通过对结果链、程序、各影响因素以及因果关系的检验，主要侧重于预期的和已经取得的结果。评价是针对联合国系统内各组织干预和贡献的目标相关性、影响、效果、效率以及可持续性等方面进行的评价。一项评价应该提供以事实根据为基础的信息，这些信息必须可信、可靠和切实可用，并能够使评价发现、建议及经验教训及时地纳入联合国系统及其成员国的决策过程中⑦⑧。

英国《中央政府评估导则》（*Central Government Guidance on Evaluation*）明确规定，政策评估是对政府政策的设计、实施和结果进行系统的评估。它包括了解政府干预措

①　Evaluation in the Government of Canada ［EB/OL］. Government of Canada, https：//www. canada. ca/en/treasury-board-secretariat/services/audit-evaluation/centre-excellence-evaluation. html，2022-02-07.

②　Dror Y. Public Policy Making Reexamined ［M］. New Brunswick：Transaction Publishers，1968.

③　姜国兵，蓝光喜. 重构公共政策评估——基于公民权与行政权相对平衡的分析 ［J］. 中国行政管理，2008（8）：50-53.

④　贠杰，杨诚虎. 公共政策评估：理论与方法 ［M］. 北京：中国社会科学出版社，2006.

⑤　林水波，张世贤. 公共政策 ［M］. 台北：五南图书出版公司，1997.

⑥　ACT Government Evaluation Policy and Guidelines ［R］. 2010.

⑦　联合国评估小组. 联合国系统评估规范 ［R］. 2005.

⑧　World Health Organization. WHO Evaluation Practice Handbook ［R］. 2013.

施正在或已经如何实施，以及它对谁和为什么产生了什么影响。它还包括确定哪些方面可以改进和如何改进，以及估计整体影响和成本效益[1]。

（二）公共政策评估的分类

1. 国外学者或组织对公共政策评估的分类

（1） Micheal Howlett 和 M. Ramesh 把政策评估分为三类：①行政评估——管理绩效和预算体系。其主要是政府内部评估，由专门机构负责，它追求以最小的成本取得最大的绩效，包括努力评估、绩效评估、绩效充分性评估、效率评估和过程评估[2]。②司法评估——司法评价和行政裁量。由司法机关对政府行为的合法性进行评估。③政治评估——政策咨询子系统和公众。任何的利益相关者都会着手于政治评估，它缺乏行政评估和司法评估的系统性和技术性。

（2）根据不同的评估方式，William N. Dunn 把评估分为伪评估、正式评估与决策理论评估，如表 1-1 所示[3]。

表 1-1　评估的三种方式

方式	目标	预设	主要形式
伪评估	使用描述性方法产生有关政策结果的可信和有效信息	价值标准是不言自明的或无可争议的	社会实验 社会系统会计 社会审计 综合研究和实践
正式评估	使用描述性方法产生被正式宣布为政策目标的政策结果的可信和有效信息	由制定者正式宣布的目标是衡量政策价值的标准	发展评估 实验评估 回溯过程评估 回溯结果评估
决策理论评估	使用描述性方法产生被多个利益相关者明确支持的政策结果的可信和有效信息	利益相关者正式或潜在的目标都是衡量政策价值的标准	可评估性评价 多属性实用性分析

资料来源：William N. Dunn. Public Policy Analysis：An Introduction ［M］. London：Longman，2009.

（3） Charles O. Jones 把评估分为传统型评估和科学型评估[4]。①传统型评估包括议会

① Central Government Guidance on Evaluation ［R］. 2020.

② Micheal Howlett, M. Ramesh. Studying Public Policy：Policy Cycles and Policy Subsystems ［M］. Oxford：Oxford University Press，1996.

③ William N. Dunn. Public Policy Analysis：An Introduction ［M］. London：Longman，2009.

④ Charles O. Jones. An Introduction to the Study of Public Policy ［M］. Monterey：Brooks/Cole Publishing Company，1984.

监督、预算过程、审计过程、总统委员会、外部评估（出版社、电视台、私人团体、学者）。②科学型评估运用现代科学研究方法，主要回答两个问题，即研究在哪儿进行？研究是如何完成的？它包括三种评估研究，即项目监督或过程研究、影响评价研究、收益研究。

（4）英国政府在《中央政府评估导则》（*Central Government Guidance on Evaluation*）中把评估活动分为三种类型，即过程评估、影响评估和性价比评估①。

1）过程评估。过程评估从政策执行过程的角度审视政策，主要集中于评估政策措施的执行活动以及政策实施的途径。评估人员关心政策执行措施中有哪些措施比较好或者不太好，哪些措施可以改进，环境如何影响政策实施等问题。

过程评估通常使用广泛的方法，包括定量方法和定性方法，涵盖主观问题（如对政策运行状况的看法）和客观问题（政策措施如何运行的事实详情）。

2）影响评估。影响评估关注政策措施所引起的变化，关注政策结果。评估人员关心政策实施后发生了什么可衡量的有意和无意结果，这些结果在多大程度上由政策措施所致，不同的群体是否以不同的方式受到影响、如何受到影响、为什么受到影响，环境如何影响结果等问题。

美国国际开发署（United States Agency for International Development，USAID）亦在其评估政策中提出，影响评估以因果模型为基础，需要一个可信的、严格定义的反事实，以控制政策措施以外可能导致观察到的变化的因素。在影响评估中，对随机分配到实验组或对照组的受益人进行比较，可提供最有力的证据，证明所研究的政策干预措施与所衡量的结果之间的关系②。

国际农业发展基金（International Fund for Agricultural Development，IFAD）管理当局进行影响评估所采取的方法包括：①随机挑选项目进行严格的非实验性设计的事后影响评估；②在确定的主题领域中，有目的地选择数量有限的高度创新的项目，这些项目有资格用实验方法进行评价（随机对照试验）；③有目的地进行系统的审查和元研究，以加强对上述评价的分析和评估，并从其他研究中获得基准③。

3）性价比评估。性价比评估主要从政策结果的合理性角度出发审视政策，评估人员主要考虑政策的收益是否大于成本，以及干预措施是否最有效利用了资源。

性价比评估的基本方法是成本—收益法，通过方案实现的成本和收益与评审（通常是商业案例或影响评估）中概述的最初预期进行比较。更完善的性价比评估还会比较实现同一战略目标的其他方法的收益和成本，评估问题和评估类型如表 1-2 所示。

---

① Central Government Guidance on Evaluation ［R］. 2020.

② USAID. Evaluation Policy ［R］. 2011.

③ IFAD. Evaluation Manual ［M］. Rome：Independent Office of Evaluarion of IFAD, 2015.

表 1-2　评估问题和评估类型①

过程评估问题: 能从干预措施的实施中学到什么?	影响评估问题: 干预措施有什么结果?	性价比评估问题: 它是否有效利用了资源?
·干预措施是否按照预期实施? ·是否有足够的资源? ·在实施干预措施过程中是否有任何意外或非预期的问题? ·干预措施在多大程度上影响了它适用的所有人? ·哪些措施有效或不太有效,对谁有效,为什么有效,哪些可以改进? ·从使用的实施方法中可以学到什么? ·干预措施是否能够以更低的成本获得和实施? ·环境如何影响实施? ·外部因素如何影响干预措施的实施和作用发挥? ·外部因素如何影响目标群体的态度和行为?	·干预措施是否达到了预期的结果? ·程度如何? ·干预措施是否有效? ·这些结果在多大程度上由干预措施所致?我们在多大程度上确信干预措施导致了观察到的变化? ·什么原因导致了观察到的影响? ·有多少是外部因素引起的? ·到底会发生什么?环境如何影响结果? ·干预是否导致了任何意想不到的结果? ·结果是否受到其他外部因素的影响? ·不同的群体在何种程度上以不同的方式受到影响?如何受到影响?为什么受到影响? ·干预措施可以重现吗? ·我们从影响中学到了哪些可归纳的教训?	·干预措施的成本效益如何? ·单位成本如何(成果、参与者等)? ·实施干预措施的成本如何? ·干预措施是否具有成本效益(与替代方案相比,与什么都不做相比)? ·哪种方案最划算?干预措施的性价比如何? ·有哪些收益? ·有哪些成本? ·收益高于成本吗? ·成本与收益的比率如何?干预措施是否尽可能利用了资源? ·与其他干预措施相比,成本与收益的比率如何?

（5）*National Evaluation Policy Framework* 基于对各国评估时间的考察，根据评估目标与评估问题的不同，把政策评估划分为诊断性评估、设计评估、执行评估、影响评估、经济评估、综合评估，如表 1-3 所示②。

表 1-3　*National Evaluation Policy Framework* 划分的政策评估类型

评估类型	活动	时间
诊断性评估	这是一种准备性研究(通常被称为事前评估),以确定出台政策前的情况,并有助于设计政策;它确认待解决问题的已知情况、需要应对的问题与机会、原因与结果,包括政策产生的间接影响,各种政策选择所导致的可能性结果;这有助于在设计政策前画出改革的草图	在设计或计划前的关键阶段
设计评估	在项目开始前或执行中分析改革方案、项目内在的逻辑与一致性;这做起来很快,而且只需使用二手信息;它也评估指标与假设的质量	在政策被设计出来之后的第 1 年,也有可能再往后一些
执行评估	评估一项政策的操作机制是否支持目标的实现,并弄清楚为什么;它关注活动、产出、结果、资源使用与因果联系;它建立在既存的监督系统之上,并应用在项目执行之中,以提升操作过程的效率与效果;它也评估指标与假设的质量;这种评估操作起来也很快,主要使用二手资料,或者通过广泛的实地工作进行彻底调查	在执行中开展一次或几次

① Central Government Guidance on Evaluation ［R］. 2020.

② National Evaluation Policy Framework ［EB/OL］. Limpopo Policy and Research Repository，http：//policyre-search. limpopo. gov. za/，2022-02-07.

续表

评估类型	活动	时间
影响评估	追求测量由特定举措所引起的结果变化（也可以是目标人群的福利）；它的目的是告知高级官员，该举措是否该予以坚持，以及所需要的潜在调整；这种评估是建立在个案的基础上的	通常在设计或执行后的第3~5年
经济评估	经济评估要考虑的是一项政策或项目的收益是否高于成本，经济评估的类型包括：成本效益分析，它重视执行政策的成本，并把此与整个结果做对比，产生一个"每一单位结果所需要的成本（如每增加一个人就业所需要的成本）"的预测；成本收益分析，它用金钱来衡量政策产生的结果（如每增加一个人就业所产生的价值）	任何阶段
综合评估	综合各种评估的结果，以概括出对整个政府的调查结果，绩效监督与评估部（南非政府的评估部门）会基于国家评估计划中的各项评估进行综合性评估，并做出年度评估报告	在一系列评估完成之后

2. 国内学者对公共政策评估的分类

我国学者对政策评估的分类，主要表现为两大趋势。

第一种趋势是将政策评估应分为三类，即正式评估和非正式评估，内部评估和外部评估，事前评估、执行评估和事后评估。

（1）正式评估和非正式评估[①]。正式评估是评估主体按照预设的评估方案，根据一定的评估标准，采取一定的形式，通过特定的程序，对整个公共政策或政策的某个方面做出判断和评价，从而得出政策信息的过程。非正式评估是不对评估主体、评估形式和标准，以及评估程序做出特别的限制，评估者只需根据所掌握的正式或非正式信息及资料对政策做出自己的评价和判断。

正式评估具有评估方法科学化、评估过程标准化及评估结论客观化的特点，在政策评估中占据主导地位。非正式评估方式灵活、简便易行、成本低廉、随意性强，但也缺乏必要的科学性，只能对正式评估起到一种辅助和补充作用。

（2）内部评估和外部评估[②]。内部评估是由国家组织，特别是国家行政系统内部的评估者所完成的评估。它可分为由政策方案制定者或执行者实施的评估和由其他独立的专职评估人员实施的评估两种。外部评估是由国家组织，特别是国家行政系统以外的评估者所完成的评估，其评估主体可以是营利性机构，也可以是非营利性机构。

（3）事前评估、执行评估和事后评估。事前评估是在政策执行之前对政策方案进行的一种预测性评估，其重点在于对政策进行可行性分析和对政策效果及发展方向进行预测。执行评估是在政策执行过程中所进行的评估，其目的就是通过分析政策在实际执行过程中的相关情况，准确地反映政策执行效果，并及时反馈和纠偏，实施严密的过程控制，以充分地、更好地实现政策目标[③]。事后评估是政策执行完成后对政策效

①②③ 贠杰，杨诚虎. 公共政策评估：理论与方法［M］. 北京：中国社会科学出版社，2006.

果的评估，旨在鉴定已执行的政策对所确认问题达到的解决程度和影响程度，辨识政策效果，以求通过优化政策运行机制的方式，强化和扩大政策效果，这是最主要的评估方式①。

事前评估、执行评估、事后评估共同构成一个完整的政策评估体系，由于这三者评估对象不同，作用、侧重点和分析方法各有差异，因此要注重不同阶段评估的差异性。

第二种趋势从政策影响的角度对政策评估在效益、效率、效果等方面进行分类。

林水波和张世贤则把政策评估分为四类：第一类是政策执行评估，包括内容摘要、政策的背景环境、原定政策主要特征总述、执行评价描述、总结与考虑；第二类是影响评估；第三类是经济效率分析；第四类是推测评估。

李海荣和王琳认为，社会政策评估可分为五类②：

（1）政策成效评估。通过考虑政策行动所做的工作指标，并把这些指标与目标指标进行比较来考察政策成效。由于数据难以获取，评估方式根据测量指标的不同常常需要调整。

（2）业绩绩效评估。业绩计量是评估的一项例行活动，其采用成本较低且容易操作的方式来监测政策是否执行完成。绩效指标用于衡量政策或项目的进展情况。基准用于对照理想标准检查机构的业绩。

（3）证据为本的评估。证据基础能够为政策决策过程的透明度和问责制提供支持③，从设计新政策到对现行政策的评价和审查，都可以广泛地在政策制定的各个阶段使用证据。但是以证据为本的政策制定，也会受到意识形态、政治目标及财政状况的限制，并且证据往往是复杂多样的，评估所使用的"证据"经常被"简化"。很多学者认为，由于证据常常受到质疑，有时是模棱两可的，所以必须对证据的复杂性和模糊性进行考量④。此外，证据为本的政策评估方式还可能导致评估本质的偏离，使其注重目标的管理而不是高质量的评估和计划⑤。

（4）社会影响力评估。社会影响力评估的基本理念就是使政策制定者考虑政策的"社会影响"。社会影响主要包括个体、团体和社区在改变居民生活、工作、人际关系、组织方式中对居民产生的身体和情感体验。社会影响力评估旨在确定政策的成本和效益、可能的非预期效果、受益方、损失方。从这一角度来看，社会影响力评估包括许

①　陈振明. 政策科学——公共政策分析导论［M］. 北京：中国人民大学出版社，2003.

②　李海荣，王琳. 社会政策评估的哲学基础、实践形式与交互影响因素［J］. 重庆社会科学，2020（6）：110-122.

③　Edwards P., et al. e-Social Science and Evidence-Based Policy Assessment：Challenges and Solutions［J］. Social Science Computer Review，2009（4）：553-568.

④　Boaz A., Pawson R. The Perilous Road from Evidence to Policy：Five Journeys Compared［J］. Journal of Social Policy，2005（2）：173-194.

⑤　Diaz C., Drewery S. A Critical Assessment of Evidence-Based Policy and Practice in Social Work［J］. Journal of Evidence-Informed Social Work，2016，13（4）：425-431.

多其他评估，特别是经济影响评估、环境影响评估、健康影响评估以及对其他此类影响的评估。

（5）用户视角的评估。用户视角的社会政策评估有三个突出特征：一是服务用户是关键的涉众，他们对所遵循的策略、提供服务的条件以及服务的执行方式最为关注。二是用户对服务的提供比较关注，并对该过程有不同看法。用户对服务的满意度、质量和性能的看法以及交付体验是结果评估的一部分。许多公共服务部门将用户满意度的定量调查作为业绩的基本指标。三是服务操作的方式能够体现用户的特定洞察力。用户的投诉是重要的信息来源，对关键事件的密切检查使其能够识别出问题并找到解决途径。评论、投诉和问题可以用来汇总指标，但更有价值的是进行详细、密集、定性的审查，这有助于指出服务提供的问题。

三、公共政策评估的由来与发展

（一）学术研究方面

公共政策评估作为一个专业领域和一项实际工作，是 20 世纪初随着现代科学方法的发展及其在社会研究和政策研究中的广泛运用而诞生和发展起来的。

早在第一次世界大战之前，就有少数研究人员运用社会学、统计学等学科的知识和方法对教育、卫生、就业等领域的政策和政府项目进行评估。

20 世纪 30 年代，许多社会科学家主张和倡导运用社会研究方法对政府为解决"大萧条"带来的经济社会问题而制定的政策和计划（如罗斯福"新政"）进行评估。

第二次世界大战后，美国的政策学者开始对政府的社会计划进行评估，政策评估开始成为一个相当重要的研究领域[1]。从 20 世纪 60 年代起，美国联邦政府提交评估的政策和用于评估的经费大幅度增加，20 世纪 70 年代先后建立起三个公共政策学方面的学会，一系列公共政策学研究刊物相继问世[2]。20 世纪 70 年代起，美国许多著名大学纷纷设立了政策科学、政策分析专业，培养了许多专业人才，并且借助社会上的评估组织使评估活动职业化。20 世纪 80 年代后，公共政策评估在政府管理中的重要性逐步提升，在世界范围内进一步成为研究的热点。

政策评估的发展存在两个层面的分野，即价值判断的层面和技术分析的层面。在政策科学确立后的一段时期里，政策评估主流奉行"事实—价值两分法"，尽量回避与政策相关的价值问题，倾向技术层面和事实层面的分析，主张应用实证技术方法分辨政策目标规定与政策结果之间的对应关系，进而验证性地确定政策的实际效果，也被

---

① 余芳梅，施国庆．西方国家公共政策评估研究综述 [J]．国外社会科学，2012（4）：17-24.

② 潘毅，高岭．中美公共政策评估系统比较及启示 [J]．甘肃行政学院学报，2008（5）：95-99+79.

称为"效果论"或"实证主义"①。

20 世纪 70 年代，以罗尔斯《正义论》为标志，一些公共政策研究者开始对传统政策评估提出质疑，并且提出政策评估要重视道德和价值。他们倡导政策评估首先要明确评估目的和所秉持的价值观，强调把事实和价值结合起来的观点，在方法论上力求克服甚至解决经验主义与规范分析的鼓吹者长期存在的僵局，提出了同时验证经验主义与规范政策判断的辩论框架②。

埃贡·G. 古贝和伊冯娜·S. 林肯则进一步将政策评估的发展划分为四个阶段③，而从 19 世纪末至 20 世纪 80 年代中期的前三代政策评估（效果评估、使用取向评估、批判性评估）都是一种理性模式的经验主义研究，偏重数理方法和模型的定量化研究方法。20 世纪 80 年代中期之后的第四代评估（回应性建构主义评估）已经发展出了多种模式和方法，第四代评估的研究者和实践者都肯定价值观的多元化，强调价值判断和价值分析，重视辩论和批判的诠释方法，注重定性的评估途径。参与式评估模式、引入其他领域的研究方法（如社会网络分析方法和大数据方法）将会成为评估方法发展的趋势④。

（二）实践方面

在第二次世界大战期间，出于战争的需要，美、英等国的军队专门聘请研究人员对其人事政策和宣传策略等进行评估，使政策评估得到进一步发展。

第二次世界大战结束后，西方国家在城市发展、住宅建设、科技、教育、就业、卫生等方面制定了大量的政策措施和计划。这在客观上要求开展政策评估来获知这些政策的结果。此外，各种社会研究方法逐步发展成熟，提高了政策评估的有效性和可靠性。

到了 20 世纪六七十年代，西方发达国家为了解决当时各种严重的经济和社会问题，实施了规模空前的政策干预，为了提高政策干预的有效性，要求对所采取的政策进行评估。另外，各种社会研究方法的完善，特别是计算机技术的应用，为政策评估提供了有力的工具。在这个时期，公共政策评估获得了最为迅速的发展。

进入 20 世纪 80 年代之后，西方发达国家开展了声势浩大的行政改革运动，其精髓在于注重结果和产出、追求效率、实行绩效管理、增强公共部门的责任等。这场改革进一步强化了公共政策评估工作。

20 世纪 90 年代以来，随着各国政府改革的推进，公共政策评估受到越来越多国家和国际组织的重视，一些发达国家相继开展了公共政策评估工作。同时，联合国、世界银行、经济合作与发展组织等国际组织也开展了政策评估工作。

①② 潘毅，高岭. 中美公共政策评估系统比较及启示 [J]. 甘肃行政学院学报，2008（5）：95-99+79.

③ 埃贡·G. 古贝，伊冯娜·S. 林肯. 第四代评估 [M]. 北京：中国人民大学出版社，2008.

④ 余芳梅，施国庆. 西方国家公共政策评估研究综述 [J]. 国外社会科学，2012（4）：17-24.

四、公共政策评估的作用与意义

（一）公共政策评估的作用

公共政策的重要性无可置疑，甚至可以说公共政策的成败直接影响着一个国家的发展和稳定。政府的作用要在其具体的政策框架内发挥，而公共政策评估则可以为政府提供关于政策各方面的重要信息。政策评估是对国家资源分配的有效监督方式。政策多数都具有资源分配的效果，尤其是对国家财政资源的分配。作为一种分配方式，政策对资源的分配难以令所有人满意，但是应在其中选择一种能使最多人得到满意，或者是达到帕累托最优的方案。政策评估是可以对这种分配方案做出评价的一种有效方式。可见，公共政策评估对政府更好地实现功能具有重要意义。

1. 公共政策评估可以提高政策制定和执行的准确性

制定和执行公共政策是政府部门的重要职责和任务之一。任何一项公共政策在研究制定、组织实施一段时间以后，其运行质量和效果如何，都需要进行评估，以便对政策进行调整、完善或者终止。通过公共政策评估可以决定是否需要对政策进行调整、完善或终止，以更好地配置政策资源，提高政策的准确性，实现政策制定和执行的准确性，提高政府正确履行职责的能力和水平。

首先，公共政策评估可以提供政策运行信息，从而对公共政策做出准确和科学的评价。利用公共政策评估的结果，可以获得公共政策运行的大量数据、经验和判断，从而进行调整，提高政策运行的科学性和准确性。一项公共政策颁行后，其运行效果如何，很难一目了然并立即得出结论，所以必须利用一切可行的技术和手段收集政策效果信息，并在此基础上加以分析和阐释，以确知公共政策在运行过程中的优点和缺陷，从而进一步制定更有利于既定目标实现的公共政策。

其次，公共政策评估能有效地检测公共政策效率和效益，为提高公共政策的准确性奠定基础。公共政策的实施都有所投入和产出，但效率却各不相同。公共政策评估可以借助大量的投入产出信息，检测公共政策的实际效益和效率。同时，根据不同的政策效益和效率，合理配置政策资源，既可以帮助公共政策制定者发挥政策资源的最大效益，又可以防止政策执行人员出于局部利益的考虑采取不适当的投入。只有通过公共政策评估，才能清楚分析各政策的价值和效益，从而为权衡投入各项政策的资源优先顺序和比例提供依据，获得最佳的整体效果，避免劳而无功或事倍功半，有助于提高公共政策的实效，有效地推动各项工作的开展。

2. 公共政策评估有助于促进政府决策科学化和民主化

公共政策是我国政府决策的重要组成部分，也是联系政府与人民群众的重要纽带。随着我国政治民主化的不断进步，政府决策科学化和民主化的要求越来越高，公共政策评估则是迈向政策科学化和民主化的必由之路。决策的科学化、民主化，反映了党和政府对科学和民主本质的深刻理解和准确把握。

政策评估是公共政策过程的重要环节。公共政策的运行是一个动态过程，政策制定、政策执行、政策监控等环节，都需要进行政策评估以获得判断依据。没有政策评估的支持，公共政策系统难以健康运行。现代社会是信息社会，政府决策信息以极快的速度被群众获得，公众对政府决策的意见和建议也会通过各种新兴网络以很快的速度传播，并且要求传统的经验型政策决策向科学化、民主化决策转变，以此满足人民群众的要求和实现对公共事务的有效管理。通过公共政策评估，既可以有效地判明每项政策的价值、效益和效率，决定投入各项政策的资源的优先顺序和比例，了解政策存在的问题，改进政策，又可以大大提高政策的效益。公共政策评估不仅是迈向科学决策的重要一环，也是提高政策效益、实现政策优化的关键。

政府决策的科学化和民主化不仅体现在政策制定环节，而且还体现在公共政策过程的所有环节，当然也包括公共政策评估环节。公共政策评估有助于政府决策的科学化和民主化。政府决策的科学化和民主化首先要求政府决策必须从客观事实出发，其次必须反映民意。公共政策评估既为政府决策提供以事实为依据的大量信息，又是了解民意的重要渠道。所以，通过政策评估，不仅能够对公共政策的各个方面进行科学的考察分析，发现问题，提供建议，为公共政策的运行提供客观的事实依据，从而有助于政府决策的科学化，而且能够提高人民群众参与政策制定和执行的积极性，从而使公共政策的运行真正地反映民意，集中民智，保障人民当家作主，从而有助于政府决策的民主化。

3. 公共政策评估可以为政策提升和资源配置提供依据

通过公共政策评估可以获得关于政策本身和政府对其他资源配置的信息，并根据这些信息对政策和资源配置做出更好的选择。

公共政策评估，尤其是事后评估，多数是对政策绩效进行系统评价，以判断政策目标达成情况。政策的好坏最终还是由其绩效决定的，好政策如果在执行过程中出现问题也可能导致不好的绩效；有问题的政策在执行过程中注意及时纠正修改也可能得到较好的绩效产出。总之，政策评估可以有效地对施政者在制定政策时没有考虑到，或政策出台后产生的一些新问题做出标记，对提高施政者政策制定和执行的水平多有裨益。

4. 公共政策评估对检验政策效果、提高决策质量发挥着重要作用

公共政策评估是公共部门绩效管理过程中的重要工具和手段，通过对某一公共政策的科学评估，人们可以判断该公共政策本身的价值，从而决定该公共政策的延续、革新或终结，同时，还能够对政策过程的各个阶段进行全面考察和分析，总结经验，吸取教训，为以后政策实践提供良好的基础。可以说，能否对某一公共政策进行科学的评估是该公共政策能否顺利执行的基础，也是公共部门以后制定公共政策的重要参考。

（二）公共政策评估的重要意义

公共政策评估是国家治理体系建设的重要内容，是推进国家治理能力现代化的重要举措，是中国特色的治理方式，是政府管理创新的重要举措，是促进重大政策落到实处的重要方式，对完善有关改革方案和重大政策，提高改革决策和政策的科学性、准确性发挥了重要作用，具有十分重要的意义。具体地讲，主要表现在以下三个方面：

1. 公共政策评估是实现政府治理现代化的重要手段

公共政策评估可以发挥研究咨询机构独立性、专业性的优势，避免政府在自我评估体系中既当"运动员"又当"裁判员"，使评估结果更加科学、独立、客观、公正。从国外的情况来看，公共政策评估已经成为基本常态和程序式表达，其优势在于能够引导政府决策更科学，促使改革政策更符合实际、更好地落地，并能最大化地实现政府对自身的监督与促进。公共政策评估机构相对独立，在反映问题时顾虑少，受到的干扰少，能够更加客观地对政策执行是否到位、是否取得了实际的成效进行评估，找出存在的实际问题，了解政策对象的真实需求，有利于政府掌握真实的情况。

2. 公共政策评估有利于提高重大决策的质量和水平

公共政策评估是政策过程的重要组成部分，对正确制定、执行和完善政策具有重要意义，不仅能反映政府制定和执行政策的能力和效果，也决定和影响着政府的绩效。政策涉及的范围广、关系相对复杂且涉及的利益重大，关系到经济建设和社会发展的全局，动用的资源多，牵扯到不同经济主体的不同利益，不确定的因素也很多，成败影响深远。公共政策评估运用科学的手段和方法，按照一定的程序，根据评估的标准、社会效果、环境效果和经济效果等方面的判断，对重大决策进行评估，以评估的结果为前提，决定决策的变更、中止、终止、修改、补充或是废止，这样可以提高重大决策的质量和水平，更好地配置政策资源，提高政策的科学性和准确性，实现政策运行的科学化。

3. 公共政策评估有利于提升政府的公信力，树立政府威信，打造更加开放、透明、高效的政府形象

公共政策评估是与人大代表、人民政协和社会舆论监督并列的一种专业性监督。建立起公共政策评估机制，一是可以推动建立决策的制定、执行、监督既相对分离又相互制约的现代行政运行机制，有助于推进政府职能转变，打造现代政府；二是专业机构作为载体，能够充分调动公民参与的积极性，公民通过公共政策评估对政府进行监督，以社会评估方式影响政府行为；三是公共政策评估能够促进评估过程和评估结果的公开，有助于提高政府的公信力。

第二章 公共政策评估基本理论

一、公共政策评估的理论演进

（一）第一代：测量

从 1910 年到第二次世界大战期间，是第一代评估。这个阶段的标志是"测量"（Measurement），认为"政策评估即实验室实验"。评估的重点放在技术性测量工具的提供上，以实验室内的实验为主，如对智商、学习成效进行测量。政策评估者相当于技术员。第一代评估的不足在于，过分重视测量和实验室评估研究的结果，而没有顾及实验室的评估能否适用、推广到现实生活中。

评估活动并不是简单地在某一天产生，它是不断地建构与再建构的结果。其实生活中最典型的评估就是学生时代的考试。学校考试早已被应用了数百年，从而确定学生们是否掌握了各种课程的内容。第一个公开的教育学研究"拼命拼写的无效"就是基于对学生分数的分析，发现学生们的拼写成绩与所花费的时间并无明显关系。与此同时，法国国家教育部部长邀请心理学家 Alfred Binet 设计一种测试，以区分出正常儿童与智障儿童。刚开始 Binet 尝试使用英国与德国早已完善的计量心理技术，但并不成功。于是 Binet 根据常识观察发现智障儿童不能应对简单的生活情境，如数钱。最终 Binet 根据对象在所处年龄应完成的事务创造出"心理年龄"的概念。到 1912 年，将心理年龄与实际年龄对比得出智商得分已经变得非常普遍。Binet 测试在 1910 年被传入美国。1916 年，Louis Terman 修改 Binet 测试以使其适应美国儿童，自此以后智商测试就成了美国教育制度的永久组成部分。

美国国家教育协会于 1904 年组建了一个专门研究考试的委员会，通过考试来对孩子们进行分类，并决定他们的进度。1912 年，第一个学区研究局在纽约市建立，它的任务就是应用"新的测量技术"来检查教育系统。类似的机构很快在其他主要城市建立，这些机构的主管也开始举办年会，之后他们正式组建了美国教育研究协会。

促使脑力测试快速成长和得到广泛认可的最大影响事件应该是在"一战"期间，

为了招募士兵，军队领袖采纳了美国心理协会的方案，在很短的时间内对 200 万人进行测量。受这次成功的影响，该方案的带头人 Arthur Otis 对方案进行修改并应用于学校。

另外，几个背景因素虽然看起来与第一代评估的发展只有间接联系，但对其形成产生重大影响。第一个背景因素是"社会科学"的崛起；第二个背景因素是科学管理运动在贸易和工厂中的产生。这都为测量提供了一定的合法性。

到 20 世纪二三十年代，学校考试的影响达到了最大程度。这段时间可以被称作测量时代。

（二）第二代：描述

从第二次世界大战到 1963 年，是第二代评估。这个阶段的标志是"描述"（Description），主张"政策评估即实地实验"，强调现实生活实地调查的重要性。除仍保留技术测量的特性外，重点强调描述的功能，政策评估者逐渐变成了描述者。这种以客观事物为取向的描述具有致命的缺陷，即过分强调政策评估的价值中立，而实际上，调查活动本身就有意无意地包含了评估主体的价值偏好。

1933 年开始的"八年研究"，试图证明经过非正统课程训练的学生照样能在大学中获得成功，该项目允许 30 所公立和私立中学无须严格按照卡耐基学分体系，从而开设更容易被大学录取的课程。研究者需要设计一种方法来评定新的课程体系。拉尔夫·泰勒通过收集有关学生的信息，进行格式化评估，并制定课程表。

所谓第二代评估，即是以描述有关目标的优劣模式为特征的方法。评估者的角色是描述者。由此，测量不再等同于评估，而是作为评估的一种工具。"八年研究"的报告最终于 1942 年出版，描述这个项目的第三卷引起了人们广泛的关注。拉尔夫·泰勒被称为"评估之父"。

（三）第三代：判断

1963～1975 年，是第三代评估。这个阶段的标志是"判断"（Judgement），认为"政策评估即社会实验"，强调价值判断的功能，把重点放在社会公平性议题上。其强调政策评估者不仅要把科学的实验研究方法与实地调查方法相结合，而且还要体现出个人对政策目标价值结构的判断，认为评估者是判断者。

苏联率先于美国发射卫星后，公众认为是美国教育的失败所致，于是对美国许多领域的科研、教育项目进行了评估。由于第二代评估的本质是描述性的，它忽视评估的另一面——判断，因为学校的管理人员希望的是根据绩效划分人事等级而非简单的描述。事实上，在 20 世纪 60 年代，"伟大社会"政策在教育和社会福利上的失败也极大地促进了评估研究的兴起[①]。

第三代评估的标志是判断，评估者在保持以往的技术性、描述性的同时，又扮演

---

① Hendry Dunlop. Evaluation Research：An Illustrative Case Study ［J］. Public Policy and Administration，1993，8（3）：20-32.

了一个评判员的角色。Michael Scriven 提出了一些新问题：一是它要求目标本身就被看作是有问题的；二是判断必然具有价值倾向。

1967 年后，出现了一系列的新评估模型，它们在一点上达成共识，即判断是评估的一部分。

尽管对前三个时代的评估的讨论很简单，但它揭示了评估随着时代的发展一直在进步。第一代评估通过测量使数据收集系统化；第二代评估通过描述使评估客体得到发展；第三代评估把价值判断确立在评估中。但前三代评估都有以下三大缺陷：

1. 管理主义倾向

管理者由种类繁多的人员构成，但通常是委托或资助评估的客户或赞助者，或者是评估人员需向其提交评估报告的领导干部，如学校董事会成员、学监或校长。评估人员既需要和管理者签订契约，又需要让管理者设定参数和研究范围，还需要向管理者做出评估报告。管理者和评估人员之间这种传统的关系很少被挑战，但却产生了许多意想不到的后果。这样一种安排使得管理者完全不会遭受损失。一是这种典型的管理者和评估者的关系是无太多实效和不公平的；二是这种典型的管理者和评估者的关系是妨碍公民权的；三是管理者拥有权力来决定评估结果是否被发表；四是这种典型的管理者和评估者的关系容易流于形式。

2. 无法成功适应价值多元主义

人们通常会认为美国是个大熔炉，学校总在教“我们的遗产”“我们的体系基于新教伦理”。实际上，我们只是在过去 20 年来开始明白这个社会（《第四代评估》写于 20 世纪 80 年代），价值多元主义的教训是 20 世纪 60 年代后才开始明白的。判断评估最开始也与价值多元主义同时产生，然而只要价值不同，价值主导评估的问题就会被掀起。所谓价值中立根本不可能实现，评估的每一个环节都会渗透着价值判断。

3. 过分强调调查的科学范式

就像我们所注意到的，社会科学的从业者们怀抱着信念和激情，已经遵从密尔关于学习物理科学研究方法的意见。科学研究方法的前提是它们本身就显得不言自明。现实遵从自然法规运行，而不会因为个人兴趣改变，然而研究社会现象不像研究自然规律一样，其不可控的因素太多，不可能达到自然科学的研究效果。

（四）第四代：回应性建构主义评估

1975 年以后，是第四代评估。这个阶段是“回应的建构性评估”（The Responsive Constructive Evaluation），其核心是“协商”，认为“政策评估即政策制定”。其焦点不再是目标、决定、结果或类似的组织者，而是诉求、利益和争执，涉及众多的利益相关者。第四代评估分享着一个结果性的信念，即价值多元主义。由于不同的判断在面对同一事实性证据时引起利益相关者在价值上的冲突，因此政策评估者应该扮演起问题建构者角色，重视利益相关者的诉求、利益和争执等回应性表达。通过与利益相关者的反复论证、批判和分析，使政策评估者与利益相关者形成对问题的共识。

20 世纪 80 年代末，Guba 和 Lincoln 通过对政策评估历史的梳理和批判，提出要发展"第四代评估"。

1. 建构主义

Guba 和 Lincoln 认为，建构主义方法论可以作为科学模型的代替者。它依赖于一种与科学相对的信念系统，即范式。人们无法在绝对意义上证实或证伪一种范式，就像人们不可能证明神的存在。他们认为，实证主义范式已经形塑了当代的科学，然而却需要被替代。建构主义范式可以满足要求，它几乎不像科学，特别是它的预设与科学相对立。从本体论上说，它拒绝客观事实的存在，宣称事实是社会建构所形成的，而且有多少人就会有多少建构（尽管有些建构会被共享）。从认识论上说，建构主义否定了主客体二元主义的可能性，它主张研究结果是精确存在的，因为观察者与被观察者对于问题的认识会相互作用。从方法论上说，由于已经给出了本体论和认识论的假设，自然主义范式反对构成具有科学特征的控制性操纵"实验"方式，主张通过主客体间的互动进行建构。

2. 回应性聚焦模型

任何评估过程的算法都必须通过一种方法来决定应该提出哪些问题和收集哪些信息。在第一代评估中，特定的变量要被识别，关于这些变量的信息需要被收集。在第二代评估中，特定的目标要被识别，各种目标的信息和它们之间的关系都需要得到描述。在第三代评估中，各种模型需要不同的信息。这些聚焦要素——变量、目标、决定等——或许被称为"内容提要"。

回应性评估当然也有它的内容提要：利益相关者的诉求、关心、问题。利益相关者有很多种，Guba 和 Lincoln 将其分为三大类，每大类又分为一些次类。

第一类是代理人，包括所有生产、使用和执行评估信息的人。评估开发人，出资人（包括地方、地区和国家三个层面），推断评估会改变现状的地方评估人员，决定利用和发展地方性评估的决策者，设备、供给物的提供者，评估委托人，参与评估的所有人。

第二类是受益人，包括所有受益于评估的人。直接受益人、"目标群体"，评估为他们设计；间接受益人，他们受直接受益人正面影响；因评估工作而受益的人，如评估资料出版人等。

第三类是评估受害人，包括所有受到评估消极影响的人。在评估活动中被系统性排斥的群体，如被"天才"方案而遭受排斥的"常态"儿童；评估活动对其产生负面影响的人群；评估所造成的政治影响，会伤害到的一些人；为了评估活动而承担"机会成本"的人。

回应性评估有四个阶段，它们可能会发生重叠。在第一阶段，利益相关者被确认并征求他们的诉求、关心和问题；在第二阶段，以上被收集的信息将会被介绍给其他团体，以得到评估、反驳、同意和其他反应，这一阶段中许多原始诉求、关心、问题将被解决；在第三阶段，那些没有被解决的诉求、关心、问题成了评估人进行信息收集的优先对象，这些信息可以是定性的，也可以是定量的；在第四阶段，在评估者及其评估信息的指导下，利益群体间进行协商，从而在每一个议题上达到一致。并不是所有问题都会被解决，那些遗留下来的问题将会在时间、资源和利益允许的情况下进入下一轮评估。

人们应该注意调查范式（建构主义）和评估模型（回应性聚焦模型）的相辅相成。建构主义方法论符合回应式评估调查过程的需要，而回应式评估需要建构主义方法论。

3. 对第四代评估的检验

《第四代评估》出版以后，其方法的实用性成了评估领域人们争论的一个来源。Angela J. Huebner 和 Sherry C. Betts 认为，大部分争论的焦点倾向于假设的执行问题。很少有人甚至没有人通过实际运用这种方法来检验"第四代评估"。于是作者通过一个具体案例来实现这种检验，即把"第四代评估"方法论运用于"社区—大学青年合作项目"的最初步骤中①。

通过研究发现，"第四代评估"的优点包括：多种利益相关群体的参与、让多种观点交锋、为后来的项目发展培育了早期支持。"第四代评估"的缺陷包括：确认利益相关者的困难性、提供教育和许可资料的困难性。

4. 对第四代评估的评价

Daniel L. Stufflebeam 和 Anthony J. Shinkfield 承认回应性建构主义评估拥有许多优点②。在完全公开整个评估过程与结果上，它可作为范例。它与这条原则一致，即人们只有在自身意见受到考虑，并加入事情发展的过程中，才会更可能重视这件事情（对于评估来说，也就是更可能使用评估结果）。这种回应性建构主义评估方法也寻求直接把许多可能受到伤害或得到帮助的利益相关者作为评估事业中的重要参与者。据称，最终无论一致意见达成与否，对于所有参与者也富有教育意义。它也降低了客户了解因果关系的期望，尽管它并不承诺提供最后的答案，它仍旧是从一个分歧的阶段（它广泛地收集各方观点与判断）走向一个聚合的阶段（得到一些一致的意见）。此外，它把参与人作为评估的工具，因而有效地利用了他们的相关经验、知识与价值视角；这就大幅度地减少了实地检验和确认信息等方面的负担。这种方法充分使用了定量方法与来自不同源头的调查结果。

这两位学者也指出，回应性建构主义方法的实用性受到限制，并且还有许多缺点。这种方法开放、探索与参与的性质让它成为一个广泛而耗时的过程，从而很难做出计划与预算。由于在分歧和聚合的阶段，都需要完全的参与和持续的互动，因而通常很

---

①　Angela J. Huebner，Sherry C. Betts. Examining Fourth Generation Evaluation：Application to Positive Youth Development ［J］. Evaluation，1999，5（3）：340-358.

②　Daniel L. Stufflebeam，Anthony J. Shinkfield. Evaluation Theory，Models，and Applications ［M］. San Francisco：Jossey-Bass，2007.

难产生资助组织和决策者所要求的即时报告。此外，如果这种方法想要运行良好，就需要得到大量利益相关者的注意力与负责任的参与。该方法就这一点而言尤其不现实：引起群众的兴趣与参与通常都很困难，更何况是持续到整个项目评估结束。这种状况还会因为利益相关者的变动而加重。尽管这个过程强调和承诺开放性，然而一些参与者并不想说出他们的私人想法与判断，而且利益相关者有时并不清楚评估中正在解决的问题，因而就成为低效的资料来源。尽管所有的利益相关者都被认为是重要的资料收集工具，但是想要保证他们都认真形成和报告有效的观察与判断是不切实际的。想要评估人员在有限的时间里指导所有一开始就对项目一无所知的人也是不现实的。反复地询问流动的利益相关者，重新再询问之前已询问过的问题，并质疑之前已经达成的共识，都会对这种评估方法造成大量的负担。由于评估人员倾向于报告相互冲突的观点，而且不会依据项目特点选择自己的立场，这就导致客户们并不会很欣赏评估人员的做法。许多客户并不欣赏这种建构主义哲学，他们更重视主要包括一些如评估结果、统计重要性、校准判断等"硬资料"的评估。客户们可能更期望基于独立观点、排除利益冲突的专家报告。

（五）协商式评估

或许最新进入评估领域中的评估视角是由 House 和 Howe 两人于 2000 年以后推动的协商式评估。该方法在民主框架内发挥作用，并要求评估者在得出站得住脚的结论的过程中，能坚持民主原则。它预期把项目评估作为一种原则性的、有影响力的社会机制，通过发布可靠而有效的公告来促进民主化进程。

协商式评估包含三个维度，即民主参与、通过对话来审视和确认利益相关者的投入、经过审议对项目成果进行有效的评估。House 和 Howe 认为，在一个优秀的项目评估中的每一个方面，这三个维度都是必要的。

在民主的维度，该方法强调参与者间的平等性，由权力不平衡所导致的话语权"一家独大"的现象是不被允许的。在对话的维度，评估者要求利益相关者与其他观众帮助编制评估结果。之后，合作者们对评估结果的草案开展认真的讨论和争辩，以保证所有人的观点都得以表达。在最后的审议阶段，评估者正直地考虑和讨论所有的成果，并对项目成效提出站得住脚的评估结果。

协商式评估方法的目的是把民主参与应用在得出良好项目评估结果的过程中。虽然由评估者确定要处理的评估问题，但这是通过与利益相关者的对话与思考完成的。

协商式评估所使用的具体方法包括与利益相关者的讨论、调查和争辩。参与、对话和审议被认为应包括在评估的所有阶段，即开始、设计、执行、分析、综合、撰写、展示与讨论。House 和 Howe 提出了 10 个问题，以评价协商式评估的充分性：谁的利益被代表了？主要利益相关者被代表了吗？有人被排除了吗？有权力不平衡的现象吗？有适当的程序来控制权力的不平衡吗？人们如何参与评估？他们的参与有多可信？他们对互动有多投入？存在反思性的审议吗？如何看待和扩展这种审议？

协商式评估适用的前提是，客户同意资助一项需要至少一部分利益相关者民主参与的评估活动。因此，资助人必须愿意放弃足够的权力，以保证足够的利益相关者表达自己的观点，并把最初的调查结果公布给所有感兴趣的人员，之后让利益相关者有机会影响最后的结论。这些参与的利益相关者必须愿意参与这种开放且有意义的对话与审议。

这种方法拥有许多优点。它是让评估实现公正的直接尝试。它追求利益相关者在评估所有阶段的民主参与。但是 House 和 Howe 也承认，协商式评估还有待进一步发展与检验，至少现在还有些不切实际，因而不能被充分使用。

二、公共政策评估系统及其构成要素

公共政策体系是一个有机系统，它由不同的部分、不同的层次、不同的内在结构与功能组成。政策评估系统是整个公共政策体系的重要组成部分。

"公共政策评估系统"（Public Policy Evaluation System）就是由政策评估主体、政策评估客体、政策评估标准、政策评估方法、政策评估内容等诸多要素构成的有机整体，它们相互依存、相互作用，共同构成了一个完整的政策评估系统①。其包括：谁来评估（主体）；为谁评估（目的/导向）；何时评估（时机）；如何评估（理论/方法/技术）；评估什么（内容/边界）；评估原则、标准、程序；评估的有效性、局限性；综合性比较、判断；评估结果的使用，是决策参考还是决定性的；等等。

（一）政策评估主体

政策评估主体是那些从事公共政策评估的组织。在政策评估系统中，政策评估主体处于中心地位，发挥着核心作用。评估者的评估理念、评估态度、评估经验、职业伦理、能力水平等都会对整个政策评估活动产生举足轻重的影响，因而是决定整个评估系统输出的关键性变量。在启动政策评估项目之前，应当审慎挑选合适的评估者。

由于公共政策的多样性、多层次性及其所触及利益格局的复杂性，决定了政策评估主体的多元性。评估机构不仅包括政府部门、立法司法机关，也包括各类智库、社会组织、大众传媒等。

（二）政策评估客体

政策评估客体是公共政策评估系统的基本构成要素之一。简单地说，政策评估的客体就是公共政策，但并非所有的政策都是评估的客体或对象。也就是说，尽管在一项具体的政策评估活动中评估对象是既定的，但这并不意味着任何一项政策在任何时候都可以并有必要进行评估。

---

① 贠杰，杨诚虎. 公共政策评估：理论与方法［M］. 北京：中国社会科学出版社，2006.

（三）政策评估标准

政策评估标准也是公共政策评估系统的构成要素之一。评估标准实质上是一种价值判断。要进行价值判断，就必须建立评估标准。对于相同的评估对象，如果评估标准不同，那么得出的评估结论很可能也不一样，甚至截然相反。因此，能否合理选择评估标准是决定整个评估工作成败的重要因素。政策评估的使命不仅应当包括确定评估标准，还应当包括把评估标准通过一定的形式转化为可观察、可测量的指标。唯有如此，才能使实际的政策评估具有可操作性。

（四）政策评估方法

政策评估方法指评估主体在政策评估中所采用的各种方法、手段和技术。评估方法对于政策评估具有十分重要的意义，从某种程度上说，政策评估的成功主要取决于评估方法选择的成功，而评估方法的改进则是政策评估迈向科学化的关键。目前，评估方法研究已经成为政策评估领域中最富有创新力和生命力的一个方面。

（五）政策评估内容

其包括：①政策效果的结构，即政策效果的结构评估是对公共政策是否产生了影响，在哪些领域产生了影响，这些影响在性质、形式和程度上有什么不同，以及各种影响之间的关系如何等具体内容进行的评估。②政策方案，即对政策目标、政策原则、政策措施等方面的评估。③政策效能，即某项政策实现目标的程度以及实施政策前后状态的实际改变情况，以及实现这些变化的时间或速度的快慢。④政策效率，即某项政策实现其目标的时间或速度，以及达成政策效果的时间耗费等。⑤政策过程，即对政策过程设置是否规范、科学，政策过程设计与实际执行是否一致，以及对政策过程各环节的实际运行状况进行具体的分析和评估。

同时，政策评估还存在一些不确定或需要选择的因素。

（1）政策涉及面广，目标分散或不明确；政策效果多样性、影响广泛。其包括预期结果的评估，也包括非预期结果的评估。预期结果主要指对预先设定的政策目标的实际执行结果的评估。现行评估往往侧重于采集政策预期结果的目标、指标数据，而忽视对非预期结果的调查。非预期结果产生的主要原因是在政策制定过程中，决策者对政策问题发展趋势的考虑不够周全，导致政策执行后出现意想不到的结果。当然，有些政策的非预期结果也可能是正面的，如有学者发现中国多年实施的计划生育政策使中国不同性别之间的社会地位更加平等。对这些非预期结果的评估可以帮助决策者反思政策方案，完善决策体系，推动评估向决策者的良性反馈。

（2）政策行动与环境改变的因果关系不容易确定：一因多果、一果多因。政策评估的重要功能在于识别政策效果的因果机制，为政策过程优化指明方向。识别政策评估因果机制的核心逻辑是反事实推断。反事实推断是在假设与事实相反的情况下判断预期的结果是否仍会发生的一种逻辑思维过程，以确定关键政策干预与结果之间是否存在真正的因果关系。反事实推断是社会科学中因果机制识别的基本方法论哲学和研究设计逻辑之一。西方学术界较早把此作为主流的政策影响评估方法，如对欧盟财政政策、美国环境政策、美联储政策展开的因果机制识别层面的评估研究。

（3）第三方评估涉及对政绩的评判，有关机构和人员可能抵制或反对。

（4）政策信息系统不完备，获取数据困难。

（5）花费人力物力财力和时间，需要一定经费支持。

（6）监督手段的选择。为确保政策实施和监督政策效果，需要明确监督手段。不同的监督手段，其效果和费用不同，应进行合理选择。

（7）政策作用对象的差异性和政策严格的程度。政策的严格程度可以有差异，根据政策作用对象不同，评估政策预期的严格程度是否适当。

（8）政策实施的地域性。根据我国区域发展特点，评估政策实施的空间范围是否适当。

（9）具体措施优先选用市场导向。相对于直接行政干预，更多地强调市场导向的政策选择，以体现市场配置资源的决定性作用导向。

（10）影响政策效果评价的因素：价值因素、政策目标的不确定性、政策效果的多样性、政策评价资源的有限性等，很多政策效果是认识、态度和心理等主观层面的问题，不容易量化和设定评估标准。

三、公共政策评估能力建设

对项目结果的持续增长的需求已经产生对评估能力建设的需要。为了综合现存各种政策评估能力理论文献和让经验文献结构化，整合型评估能力建设模型被发展了出来。研究发现，经验文献与理论文献存在高度的一致性，在个人层面上，包括态度、知识和行为；在组织层面上，包括实践、领导力、文化、主流化和资源。评估能力建设模型和实践的重要问题还包括协作过程和项目结果。经验文献和理论文献的一致性表明这个领域已经开始发展出一致的措施，使用更加复杂庞大的设计，并进行更加系统的报告[①]。

所谓评估能力建设（Evaluation Capacity Building，ECB），是一种有意识地提高个人积极性、知识与技能的过程，目的是提升一个组织开展或使用评估的能力。Susan N. Labin 等通过对以往文献的回顾与总结，提出了一个综合的评估能力建设模型，如图 2-1 所示。

① Susan N. Labin, Jennifer L. Duffy, Duncan C. Meyers, et al. A Research Synthesis of the Evaluation Capacity Building Literature ［J］. American Journal of Evaluation, 2012, 33 （3）: 307-338.

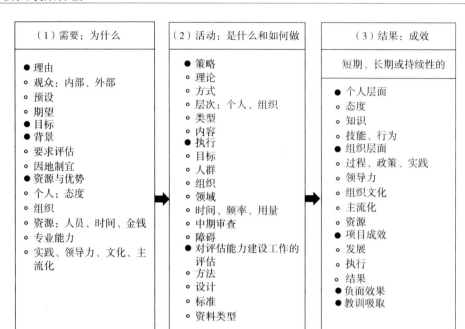

图 2-1　综合的评估能力建设模型

（一）对评估能力建设的需要：为什么

该模型的第一列涉及的是开展评估能力建设的需要，以及是谁和是什么激起了对评估能力建设的兴趣。评估能力建设可能由组织内部因素推动（如领导者提高组织内部评估水平的期望），也有可能由组织外部因素推动（如资助人的要求），或者由组织内部因素与外部因素一起推动。Preskill 和 Boyle 强调了三个有关评估能力建设需要的重要因素，即评估能力建设的积极性、对评估能力建设的预设与期望、确认评估能力建设的目标。他们指出："理解组织参与评估能力建设的动机……提供了有关谁应该参与、教授和学习评估能力建设的洞见。"与评估能力建设动机相关的，是潜藏在评估能力建设愿望背后的预设。Preskill 和 Boyle 提出，当这些预设没有被参与评估能力建设的关键人物分享时，努力的成功可能会大打折扣。他们同样注意到，具体目标的阐明对于评估能力建设的设计与执行也很重要。

开展需求评价，并且调适评估能力建设的努力以适应特定人群和环境，这些会影响评估能力建设策略的选取与执行。人们同样假设，组织的既存特点也会影响策略使用及其效力。一些具体的因素在文献中也已经被提到，包括对评估的态度、资源的可利用性（人员、时间和财政）、内部的评估专业能力和一些组织的实践与能力，如来自领导层、组织文化的支持，将评估主流化或把评估作为组织例行事务的一部分。人们假设这些因素会影响组织学习和评估能力建设成果的可持续性程度。在综合的评估能力建设模型中，许多有助于评估能力建设过程的既存特征都被定义为优势与资源。

（二）评估能力建设活动：是什么和如何做

该模型的第二列归纳了评估能力建设策略、具体执行特征与对评估能力建设工作的评估。策略的各个方面都应被确认，以建立重要的维度来把握它们的性质与效力。有些评估能力建设的努力会通过潜在的理论或方法来证明其正当性，如授权评估或组织学习。Preskill 和 Boyle 确认了数种类型的评估能力建设的设计与执行理论，其中包括评估理论、成人学习理论以及有关组织变革与发展的理论。

评估能力建设策略可能会通过各种方式来提供，如面对面谈话、电视会议或电话会议、电子邮件或其他基于网络机制以及纸质材料。策略既有可能被应用在个人层面，以实现学习与行为改变的目的，也有可能被应用在组织层面。策略的类型是评估能力建设的机制，即培训、技术援助、实验参与或者评估活动参与。另外，也有实证文献与理论文献讨论有关评估能力建设活动的内容。在个人层面，策略内容关注的是态度与评估课程，如设计评估与分析资料；在组织层面，策略内容关注集体行动，如把评估作为组织过程与实践的一部分、对评估活动提供领导支持、培育一种学习文化、把评估作为组织的常规功能，或者提升评估资源。

（三）评估结果：成效

人们已经假设了评估能力建设在个人层面与组织层面的成效。个人层面的成效包括态度、知识与技能的提升（参与各种评估活动的行为得到确认）。Preskill 和 Boyle 假设个人学习会受组织环境影响，想要实现个人学习与行为改变，支持性的组织特征是必要的。综合的评估能力建设模型中的组织层面成果则包括五种重要的组织特征。过程、政策与实践涉及的是评估的开展与使用。领导力被包含进去，是因为它对组织变革具有公认的重要性。组织文化是价值、态度、目标和实践的结合体，它能够支持或阻碍组织变革，并且被认为是成功的评估能力建设的必要成果与指标。评估的主流化（或者说是常规化）是让评估能力建设持续下去的必要条件。如果评估能力建设能够取得成功的话，支持评估的资源也被假设为是很重要的。

项目成效是负责评估能力建设的组织所取得的成效。一些实证性的文献证实评估能力建设会引起项目成效的提升。负面效果被加入模型是为了追踪评估能力建设引起的任何未预料到的负面结果。通过评估能力建设，可以吸取许多有关项目运行与项目评估的经验和教训。

四、政策评估与政策学习

政策评估最重要的功能是它对问题政策的影响①。毕竟，政策评估的隐含目标就是

---

① Michael Howlett，M. Ramesh. Studying Public Policy：Policy Cycles and Policy Subsystems［M］. Oxford：Oxford University Press，1996.

完成调查后，如果必要就改变政策。为了理解政策评估与政策改变的关系，我们需要理解一个范围更广的过程——政策学习。从学习的视角来看，公共政策评估被认为是一个积极学习政策问题本质和相应解决措施的反复过程。

像政策科学中的其他概念一样，针对"政策学习"这个术语也有不同的解释。Hall 采纳了一个工具性的"学习"定义，并宣称在公共政策领域，学习是为了服务于政府更好地实现目标这个目的。他认为，学习是一个这样的过程：根据过去政策的结果和新的信息，深思熟虑地尝试调整政策目标和技巧，从而取得治理的终极目标。此外，Heclo 认为学习并不是那么有意识的活动，通常是政府对某种社会或环境刺激的回应。他认为，学习可以被解释为一种行为上相对持续的调整，这种调整是经验的结果，可以被概念化为对某种观察到的刺激的回应。在 Heclo 眼中，学习是政府基于他们过去的经验回应新出现的情况。

这两种定义描述了政策学习和政策改变两者之间关系的性质，但它们在阐述该问题的方法上大不相同。对于 Hall 来说，学习是规范政策过程的一部分，在这个过程中，决策者试图理解为什么一些行动取得成功，而另外一些行动却失败。如果政策变革是政策学习的结果，那么变革的动力源自政府的正式政策过程。对于 Heclo 来说，政策学习被视为政策制定者应对政策外部环境所采取的反应性行动。只要环境发生改变，政策制定者想要他们的政策取得成功就必须予以适应。这两个形成鲜明对比的概念让我们不禁思考这样一个重要的理论问题——政策学习究竟是内生的还是外生的？也就是说，政策学习是政策过程之外的事物推动决策制定者采取行动的过程，还是它本就源于政策制定者根据他们过去的经验，试图优化和调整政策的过程？

内生型政策学习发生在小型、技术型或专业型的政策网络，它的目标是学习有关政策背景或政策工具的事物。相比较而言，外生型政策学习则发生在大型、公共参与的政策共同体中，它的目标是察觉政策问题或政策目标，如表 2-1 所示。

表 2-1　政策学习的特征

主客体	内生型政策学习	外生型政策学习
学习主体	小型、技术型或专业型的政策网络	大型、公共参与的政策共同体
学习客体	政策背景或政策工具	察觉政策问题或政策目标

内生型政策学习，就像 Richard Rose 说的一样，可以被称为"教训吸取"。这种政策学习源于正式的政策过程，以及政策制定者在实现目标的过程中所使用的手段或技巧。这些教训可能是关于政策循环不同方面的实践性建议。例如，哪些政策工具在哪些情况下取得实效，哪些工具则失败，或者在政策议程设定的过程中，哪些问题得到了公众的支持，哪些没有得到公众的支持。

外生型政策学习，则被称为一种更普通的学习，即"社会学习"。它源自政策过程之外，并影响政策制定者改变社会的约束条件和能力。这种类型的学习是关于政策目标本身。这是最基本的学习类型，它伴随着潜藏于政策之下的思想转变。许多国家在20世纪80年代迈向私有化，并把通货膨胀视为比失业更严重的问题就是典型的外生型学习。

政策评估把这两种学习都包含在内。从定义上说，行政评估实质上发生在已确立的行政机构内，并且倾向于采取"教训吸取"的形式——在褒义和贬义两种意义上。司法评估或政治评估则更倾向于受社会价值观或伦理观改变的影响，因此也是社会学习的经验进入行政过程的手段。

在两种学习过程中，政策制定者是否能学习到某些教训取决于他们是否拥有吸收新信息的能力。在一个复杂的组织内，这意味着学习是一个积累性过程，既有的知识储备在很大程度上决定着新知识注入该组织时，该组织将会采取什么样的措施。在这一方面非常重要的是组织与其环境间的"边界扫描"，使新信息得以散布到整个组织。

在政策制定的过程中，这意味着有两个影响政府评估潜力进而影响政策变革的相关变量：①政府的组织能力，特别是在主题领域的专业技能；②政策子系统的性质，特别是政府和社会成员之间是否及在何种程度上存在联系。这两个变量在政策评估和政策学习之间建立了更进一步的关系。

五、评估伦理

在政策评估过程中，评估人员可能会遇到一些容易处理的问题，也可能会遇到较难处理的问题。评估人员作为一个公民，可以适当考虑委托人提出的目标的好坏；作为一个自由人，他对雇主要求他以他认为不妥当的方式施展能力的要求有权加以拒绝。但是作为一个分析员他又要按照委托人的目标去工作[1]。当遇到此类具有冲突的、竞争的和矛盾的任务时，评估人员就会面临典型的伦理困境。

（一）学者观点

如何解决伦理困境，一些专家学者提出了自己的观点。美国公共伦理学家特里·L. 库珀认为，要解决政策评估人员面临的伦理困境，不仅要改革外部控制资源（法律、组织制度和规章等），还要求政策评估者积极运用自己的伦理自主性，抵制不道德的组织或组织的上级的不负责任行为，而这种伦理自主性的获得需要政策评估者有意识地培养自己的内部控制资源（个人价值观、信仰等），即政策评估的职业伦理[2]。

由于政策评估职业化发展的历史相对较短，加之政策评估从业者的高度异质性、多样化和无组织性，迄今为止并不存在一套完整的为所有或大多数政策评估者所认同

---

① 　E. S. Quade. Analysis for Public Policy Decision［M］. New York：Elsevier Science Publishing Co. Inc.，1982.

② 　特里·L. 库珀. 行政伦理学——实现行政责任的途径［M］. 北京：中国人民大学出版社，2001.

或恪守的职业伦理①。

以 Archibald 和 Yehezkel Dror 为代表的一些学者提供的是一种理想主义的答案，即政策评估人员应当是公共利益的代言人。Archibald 认为，评估人员要做的工作是改善政策，而非帮助委托人。评估者应该对公共福利事业更感兴趣②。Yehezkel Dror 指出，政策分析者与其为那些目的与民主和人权的基本价值相矛盾的客户工作，还不如主动辞职③。这一理论事实上也是以经典的自由民主政体的存续为假设前提的。自由民主政体的存续须同时满足三个条件：积极的、理性的公民，一个守约、有理性、有能力的政府，公民与政府之间进行着常规的良性互动④。在现实面前这一前提是否存在难免会遭到怀疑。大量的经验研究表明：公民可能是消极的、非理性的；很多政府只代表特定阶级、阶层的利益，政府能力也会严格地受到社会发展阶段的制约；公民对政府的期望可能是理性的，也可能是非理性的，而相互冲突的政策诉求使得政府选择哪一方变得非常困难。因此，我们认为，这种具有浓厚理想主义色彩的理论所假设的委托—代理链条（公民→国家→政府→政策分析者）是断裂的，政策评估人员对公共福利和公众利益的无私追求也不可能是毫无阻力、一帆风顺的。

以 Charles E. Lindblom 为代表的一些学者认为，政策评估人员应当是现实主义者，不应追求虚无缥缈的"公共利益"，而应当是党派利益的追求者⑤。这是因为：现实政治生活中并不存在抽象的所谓"公共利益"，而只存在"共享利益"；现代民主政治无一例外地都是政党政治，本质上呈分散状态的共享利益只有通过党派之间的"观念竞争"以及投票、交易等类似市场行为的过程才能形成。但是，Charles E. Lindblom 显然也不主张政策评估人员完全成为委托者的专用工具，"不能只为政府官员的需要服务，还要帮助普通市民"。

以 Rosemarie Tong 为代表的一些学者根据现代经济学中的委托—代理理论提出"信托"（Fiduciary）模型⑥。这是一个以公共利益为背景、对委托人负责的模型。这一模型中实际由双重委托—代理关系构成：①委托者与政策评估者之间的委托—代理关系；②公民与政治家、政府官员和政府机构之间的委托—代理关系。由于社会公众对政策评估人员的期望很高，政策评估人员在道德因素的支配下必须对此有所回应，这就是他对公众的使命感。这样，政策评估人员就必然陷入既要对委托人负责，又要把维护公众利益视为自己使命的尴尬境遇。Rosemarie Tong 认为，评估人员要对委托人负责，

① 彼得·罗西，霍华德·弗里曼，马克·李普希．项目评估：方法与技术［M］．北京：华夏出版社，2002.

② 张金马．政策科学导论［M］．北京：中国人民大学出版社，1992.

③ Yehezkel Dror. Design of Policy Science［M］. New York：American Elsevier, 1971.

④ 负杰，杨诚虎．公共政策评估：理论与方法［M］．北京：中国社会科学出版社，2006.

⑤ Charles E. Lindblom. Who Needs What Social Research for Policymaking?［J］. Science Communication, 1986, 7（4）：345-366.

⑥ Rosemarie Tong. Ethics in Policy Analysis：The Problem of Responsibility［A］//Frank Fischer, John Forester. Confronting Values in Policy Analysis：The Politics of Criteria［M］. Newbury Park：Sage Publications, 1987.

但也要把维护公众利益作为自己的使命。此外，评估人员也会有作为公民的"自我利益"，他必须在自我利益、对公众的使命感、对委托人负责三个制约因素之间选择自己的行为。

贠杰和杨诚虎认为，评估人员只对自己的评估结果负有责任，而没有承担政治责任的能力和资格。这是因为，即使评估人员在没有任何私利的情况下做出结论，特别是在事前评估中的结论，也会面临着不确定性的考量，从而无意造成公众与委托者利益的受损。因此，当评估人员认为"雇主"的政策目标与行动方案损害公共利益时，他没有义务尽力劝说[①]。同时，政治责任与代价是紧密相连的，那些只为他人提供建议的人不应该对他人因接受建议而蒙受的损失负责[②]。

陈振明认为，政策研究的伦理规范是一个复杂的问题，包括政策决策者的行为标准、政策研究者的职业道德要求、政策执行中的道德规范等[③]。那么针对政策评估关注的伦理问题应当集中于政策评估人员的职业道德要求方面，主要包括个人的道德品质，如公正、诚实、正直等；也包括职业行为规范，如权力、义务职责、程序等；更为重要的是要有科学的政策价值观。在道德品质方面，要求政策评估人员既要具备社会成员的一般道德，又要遵循作为政治角色的职业伦理，还需要具备两方面的基础，一是指导行为的道德品质，二是实现职业功能的能力，主要表现为公正（处理自我利益与公共利益的关系）、勇气（一视同仁、坚持原则）与乐观（坚定信心、勇于创新）。在行为选择方面，要求政策评估人员在政策选择上秉持可实践性、目的性与规律性相统一、利益协调化和前瞻性，在政策动机上要体现广大人民的利益。在价值判断方面，要求政策评估人员以事实为根据、以公共利益为重，实现利益与义务的统一。

邵任薇和贾化颖提出，在政府购买公共服务第三方评估实践中，各方应遵循尊重原则、诚信原则、公正原则、责任原则等伦理原则[④]。一是尊重原则，即主体之间相互尊重。在政府购买公共服务第三方评估实践中，政府、第三方评估机构与承接公共服务的社会组织三者之间是平等的合作关系，而非上下级隶属关系，各方要尊重彼此的自主性，尤其重要的是要确保第三方评估的独立性。二是诚信原则，即诚实守信、实事求是。第三方评估机构在对政府购买公共服务进行评估的过程中要做到真实评估，如实反映项目状况，不得捏造评估结果。此外，在评估过程中要保证所获取信息的真实性，政府与提供公共服务的社会组织应如实公开与评估相关的信息，这是第三方评估机构进行真实评估的前提。三是公正原则，即正直、不偏不倚。第三方评估机构在评估过程中要保持客观立场，坚持实事求是，不受权势与人情干扰。另外，对评估结果的使用应做到公正适宜，以保证评估目的与功能的有效实现。四是责任原则，即对

① 贠杰，杨诚虎. 公共政策评估：理论与方法［M］. 北京：中国社会科学出版社，2006.
② 彼得·罗西，霍华德·弗里曼，马克·李普希. 项目评估：方法与技术［M］. 北京：华夏出版社，2002.
③ 陈振明. 政策科学——公共政策分析导论［M］. 北京：中国人民大学出版社，2003.
④ 邵任薇，贾化颖. 政府购买公共服务第三方评估伦理研究［J］. 秘书，2019（5）：24-32.

自己的行为负责。在评估实践中，第三方评估机构作为评估实施方，要有责任意识，对自己的选择与行为负责，不能因为自己的不当行为伤害到其他利益相关者。

在实践中，由于没有统一的被大多数政策评估人员认同和遵守的职业伦理规范，部分国际组织和国家有关行业协会只能做出一些原则性规定，倡导政策评估从业人员尽可能遵从。然而，规范的内容总是太宽泛且趋于抽象，被实践者随意解释，导致在规范和实践之间还存在很大差距，而且这些规范很难深入个人的内心深处，对于完善评估人员的道德品行作用有限。这样的职业道德规范对于行为准则的最低标准起到必要的作用，这与法律之于大型社会的作用十分相似，但它们仍然属于外部强加的控制。

（二）国际组织和有关国家的探索

关于评估伦理，国际组织和有关国家进行了一些有益的探索：

1. 联合国评估小组

联合国评估小组在《道德评估准则》（*Ethical Guidelines for Evaluation*）中提到对"道德准则"的定义：在特定文化的评价体系下，一系列约束个人行为的、正确的或被广泛认同的原则和价值取向。联合国评估小组的四项道德准则是忠实、问责、尊重和善行。

（1）忠实。忠实是对道德价值观和专业标准的积极遵守，这对于负责任的评估实践至关重要。

在评估中要求评估人员保持忠实，这需要做到：在沟通和行动中诚实守信，基于能力、承诺、持续的反思实践和可靠的、可信赖的行为的专业精神，独立、公正和廉洁。

（2）问责。问责原则要求评估者对所有决策和采取的行动负责；履行承诺，无条件履行并且不存在例外的情况；报告通过适当渠道观察到的潜在或实际的危害。

在评估中问责原则要求评估人员：在评估目的和采取的行动方面保持透明度，建立信任并加强公众对效能的问责，尤其是加强受评估影响的人群的问责；在出现问题或事件时做出反应，按需要调整意图和计划；在查明腐败、欺诈、性剥削、虐待或其他不当行为或浪费资源的情况下，必须把其提交给适当渠道；为达到评估目标，需要采取行动、谨慎行事，确保必要的纠正；证明并公正、准确地向利益相关者（包括受影响的人）报告决策、行动和意图。

（3）尊重。尊重原则包括以尊重其尊严、福祉和个人能动性的方式与评估的所有利益相关者接触，同时对其生理性别、社会性别、种族、语言、原籍国、年龄、背景、宗教、族裔、能力以及文化、经济和自然环境等做出反应。

在评估中尊重原则要求评估人员：所有利益相关者（无论能力强弱）均可涉足评估流程和产品，并适当注意可能阻碍进入的因素，如生理性别、社会性别、种族、语言、原籍国、年龄、背景、宗教、种族和能力；在从设计到传播的评估过程中，所有利益相关者都能有意义地参与和被公平对待，因此他们能够积极地告知评估方法和产品，而不仅作为数据收集的主体①；在评估结果中公平地表达不同的声音和观点。

（4）善行。善行意味着努力造福人类和地球，同时把评估作为一种干预措施将所产生的危害降到最低。

在评估中善行原则要求：明确、持续地考虑评估过程、产品和长期后果带来的风险和收益；在系统（包括环境）、组织和计划层面实现利益最大化；在无法减轻伤害的情况下，请勿伤害②并且不进行评估；确保评估对人类和自然系统以及联合国的使命做出全面的积极贡献。

在《联合国系统评估规范》中，联合国评估小组则明确了具体实践中评估人员的道德规范，其中包括：①评估人员必须具有良好的个人品德和职业操守；②评估人员必须尊重机构与个人以秘密方式提供信息的权利，并保证敏感信息不会被追查到其来源；③评估人员对其工作所处的社会文化环境中的信仰、礼仪与风俗必须保持敏感；④根据联合国《世界人权宣言》，评估人员必须关注并解决歧视与男女不平等的问题；⑤评估有时会揭露不道德的行为，遇到这种情况必须谨慎地向相关的调查机构汇报。此外，评估人员也不得评估个人的表现，他们必须通过正确运用这些原则平衡对各管理职能的评估。

2. 美国

（1）贝尔蒙特报告。

鉴于医疗研究滥用，美国政府在 1974 年通过了《国家研究法案》，创造了在生物医药和行为研究领域保护被试者的国家委员会，并于 1979 年由卫生、教育和福利部部长以政策的形式出版了贝尔蒙特报告③。贝尔蒙特报告提出了指导研究行为的三条原则：对人的尊重、仁慈、正义。这三条原则是联邦对包含被试者的研究领域的规定的基础。

第一，对人的尊重，指被试者应被视为自主主体，他们有其自己的观点、目标、价值和信念。"知情同意"（Informed Consent）的观念就是来自这项原则，即主试者不能知道被试者是否应该选择参加一项研究；只有被试者自己知道他们的偏好。

第二，仁慈，其内涵包括不能施加伤害；把可能的福利最大化，把可能的伤害最小化。

第三，正义，指的是"分配正义"，或者说对研究收益和负担进行均等的分配。多年之后，这一规定被 16 个联邦机构调整和采纳。作为这 16 个机构唯一的普遍性规定，它被称为"共同规则"。在实施过程中，共同规则要求研究者向机构审查委员会提交详细的工作计划，机构审查委员会审查这些计划，以保证被试人员被对待的方式与贝尔蒙特报告所阐述的规则相一致。此要求非常耗时，有时甚至令人厌烦，有些机构审查

---

① 这一原则应与忠实原则保持平衡和一致，特别是在独立、公正和廉洁方面。

② 伤害可能是立刻的或长期的，或是身体的、社会的、情感的或心理的；可能与个人、机构或团体的福利和安全或自然环境有关。

③ Jan Blustein. Toward a More Public Discussion of the Ethics of Federal Social Program Evaluation ［J］. Journal of Public Analysis and Management，2005，24（4）：824-846.

委员会运转低效，尽管如此，正式规定的存在推动制度结构的完善，至少发挥了不断提醒人们要重视伦理问题的作用。

（2）美国评估协会（American Evaluation Association）。

美国评估协会提出了五项指导原则：①系统调查，评估人员对评估对象进行有计划、以数据为基础的调查。②能力，评估人员向项目方提供胜任的表现。③正直与诚实。④尊重他人，尊重接受调查者、项目参加人员、客户以及其他项目方的安全、尊严与自我价值。⑤对大众福利的责任，明确并重视与公众利益有关的利益和价值的多样性。

3. 英国

《中央政府评估导则》（Central Government Guidance on Evaluation）中提到，英国政府已开展的政府社会研究服务具有伦理指导作用①，这适用于评估。它包括五个原则：

（1）良好的社会研究方法的应用和实施，以及对研究结果的解释。所有的方法、分析和报告应该适合目的，能够经受住强大的外部审查，并且满足真正的未满足的需求。

（2）基于知情同意的参与。知情同意是一个人在了解以下情况的基础上参与评估的持续协议：研究目的、他们在研究中的角色、他们的数据将如何管理、他们的数据在未来将如何使用、他们的参与是自愿的、他们可以随时退出。

（3）允许参与。根据年龄、性别、性取向或种族等"受保护特征"歧视任何人是违法的。需要考虑的潜在障碍包括地理、文化、金融和沟通。评估应考虑可能成为参与障碍的问题（如残疾人、生活在采访者被排斥的社区的人、母语不是英语的人或没有永久住址的人），并且概述为解决这些问题所采取的合理步骤。对于每一种研究工具，需要权衡因采取某些措施而可能被排除的那部分人群的利弊，并在设计阶段将其纳入策略。

（4）避免对个人和社会造成伤害。研究的个体参与者（包括退出者）属于更广泛的社会群体或组织，研究人员应该在研究过程的所有阶段保护他们的身体和心理健康。应避免因收集评估数据而造成的侵犯，应尊重受访者的隐私。在某些情况下，参与者可能会发现分享信息的过程令人沮丧或痛苦（如一些人可能会发现谈论疾病和/或失业很困难）。

英国政府社会研究人员建议，在参与者面临的风险"超过最低限度"的情况下，可能适宜进行正式的风险评估，特别是在研究涉及弱势群体（如儿童、残疾人）和/或涉及心理健康等社会敏感问题的情况下。

（5）身份保密。在整个研究过程中（包括受访者招募、数据收集、数据存储、分析和报告），应保护参与者和潜在参与者的身份和数据（包括决定是否参与的信息）。

结合上述观点和有益探索的经验可以看出，政策评估职业伦理是一种特殊职业伦理，这种特殊性既表现为政策评估的结果不可避免地会影响到公共利益的实现程度，也表现为政策评估结果可能影响政策委托者的公共责任承担②。由于牵涉众多政策评估

---

① GSR Ethical Assurance for Social and Behavioral Research ［EB/OL］. GOV. UK. https：//www.gov.uk/government/publications/ethical-assurance-guidance-for-social-research-in-government，2022-02-09.

② 负杰、杨诚虎. 公共政策评估：理论与方法 ［M］. 北京：中国社会科学出版社，2006.

相关方，政策评估人员难以避免由于利益矛盾和冲突引发的伦理问题。在如何克服伦理问题上，政策评估人员需要平衡公共利益、委托方的要求和自我利益等众多方面，仅依靠个人道德的弱约束是远远不够的，其所扮演的角色、所行使的职责不可能超越特定社会政治条件所提供的制度空间。因此，加强对政策评估的制度建设，增强制度规定的强约束，可能更有利于政策评估人员实现其职业价值与使命。与此同时，不能放弃对职业伦理道德的修养和学习，政策评估人员要积极培养正确的价值观和道德观，以践行自己的公共责任和职业理想。

六、评估文化

Nick L. Smith 等对评估中的文化问题有过专门的梳理[1]。毫无疑问，在尊重和理解文化对评估的作用上，已经有了很大的进步。在这段时间中，不断有人呼吁评估者的实践（评估计划、执行和成果的传播）方式应该更为精确地反映项目人群所处的历史、社会、文化、政治和经济背景。评估开始关注项目所处的文化背景，让评估从基本上忽略文化维度或只把它们视作"误差杂音"（最差的情况），转变为完全承认文化作为基础知识的重要部分，这对于讲述有关项目的完整情况十分必要。通过承认和尊重项目所处的文化背景，特别是当评估工作要服务于不同的受众时，评估者可以问出更为恰当的问题，在正确的地方从正确的人那里获取高质量的消息，得出有效且有意义的结论，并让评估结果以有关而有用的形式呈现给利益相关者。

注意评估中的文化问题已经从这个领域的边缘转移到它的中央，因为人们不断认识到这个问题会影响到每一位评估人员在每一个环境中的评估。对文化方法的支持挑战了：①从各种社区收集评估资料的传统方式；②将什么作为可信证据的受限观念；③评估者与社区利益相关者间的等级关系。关于如何设计和执行一项应对文化、背景、多元主义、包容性和跨文化效度的评估的文献正在不断增多。在过去的 10 年，美国评估协会就这个话题举办了无数场会议。另外，各种政府机构和基金会已经支持增加评估者培养渠道的多样性，并且提升从业评估者的文化胜任能力。这些代表性策略旨在收集更好的证据以提升社会项目，更多地从不同的文化背景服务于个人，以及更精确地记录这些项目的成果。

在过去，该行业中的四大活动的目的都是保证更多的评估者关注他们实践中值得提到的文化问题。第一项活动包括美国评估协会的多样性委员会出版的有关项目评估标准文化性阅读材料，它根据文化多样性、文化问题的对待方式以及对文化胜任的关

① Nick L. Smith, Paul R. Brandon, Melanie Hwalek, et al. Looking Ahead：The Future of Evaluation ［J］. American Journal of Evaluation, 2011, 32 （4）：565-599.

注，来逐行评定项目评估标准。第二项活动包括对美国评估协会的评估指导原则的修改，并且明确宣称文化胜任是评估者实力的重要组成部分。第三项活动包括出版美国国家科学基金会的《工程评估用户友好型手册》，它包括一个新的章节，题名为"开展文化回应性评估的指南"，这是被引用最多的关于处理项目评估中的文化问题的作品。第四项活动包括美国评估协会全体会员通过的关于文化胜任的公开声明。这项声明承认文化胜任在评估中的重要性并告诉公众美国评估协会对评估行为中的文化胜任的期望。在理解评估中文化的作用方面，人们已经取得了喜人的成就。从把文化视为背景，把文化视为胜任的表现，到把文化视为认识论，这个领域正在开始理解文化在评估中的价值判断和在行为中所发挥的基础性作用。除了前面提到的和其他值得赞誉的努力，许多工作还有待完成。

未来的评估需要把文化问题以更有意义的方式嵌入其中。在美国，有色人种数量正在以比白种人数量增速更高的速度增长，这无疑会影响接下来几十年文化和多样性被概念化的方式。伴随着这种增长，我们会见到对"大熔炉"哲学更大的排斥，以及对"马赛克"视角更广泛的接受，因为个体们会更加重视保持他们独特的文化价值、模式和世界观。如果在评估政府服务于这些人群的公共政策时忽视了这些文化维度，将会是极大的疏忽。另外，未来的评估者将不再把来自特定族群的人当作单一的文化群体，与此相反，多样性内部的多样性一定要被认识到。例如，在面对不同的拉丁裔族群时，简单地把一个工具从英语翻译为西班牙语并不足以解决文化问题。在这种情况下，语义和内容上的均衡性都需要被考虑到。

由于社会项目所要服务的民众的文化多样性不断扩大，评估者将会越来越需要具备一定的知识、技能和性情来胜任在不同的文化内和文化间工作。文化能力将被视为必要的实践技能，同样地，它将会成为这个领域中研究生训练和专业培训的一部分。未来的评估者们将会在文化上更加具备多样性，并且能够更好地准备在不同的背景下工作。他们将会更加有意识地研究文化问题，而且付出足够的时间研究目标人群。未来的评估者将会拒绝"放之四海而皆准"的单一方法，并寻求更为"文化回应性"的方式对待利益相关者、收集资料、进入和退出项目背景，还有传播评估结果。

目前，对评估中文化问题的强调主要是非理论的，而且过于关注方法论。尽管方法论在这个领域非常重要，但如果没有一个理论"镜头"，那么这幅图像也就不会完整。未来的努力或许更多地关注把理论与评估实践的文化背景联系起来。这将有助于评估者对评估中的文化问题进行批判性思考，从而提升他们在这个领域的实践。当评估项目是为了服务于不同的，特别是边缘化的人群时，一个批判性社会探究理论导向是考虑文化问题的有用方法和重要视角。批判性社会理论，特别是批判性种族理论，是一个旨在挑战现存知识的框架，它的目标是提高社会意识和促进诸如平等、社会福利和正义的价值。在评估中使用批判性的理论导向能够使评估者注意以下文化问题：①评估者准备询问而最终没有询问的问题；②评估者阐明而最终不了了之的事情；③评估者准备使用而最终没有采用的方法；④被收集来而最终忽视的资料；⑤资料解释是如何做到的，谁的解释得到了最高或最低的认可；⑥得出什么样的结论，以及什么样的结论没有被考虑到；⑦结果是如何呈现的，这些结果是向谁传播的。

未来的评估应该关注如何收集有关以下话题的实证知识：①如何以最佳的方式与不同的利益相关者共事；②评估中采用文化回应性方法的后果（如它会自动产生更为有效和可靠的结果吗？）；③如何应对评估中的文化问题。考虑到越来越多类型的人群意味着对高质量评估的要求不断增多，于是针对文化群体的资料收集设计、工具的发展、调适和利用也会不断增多。

特别是在宏观层面，将会存在许多相对未经核查的领域，评估者可用来寻求拓宽他们对文化问题的审视。其中一个值得提到的领域是环境可持续性和环境正义。在美国，环境不平等是通过不成比例的环境负担显现的（如废物中转站、电站、卡车路线），它们通常由低收入的少数族群承担，而这些人也是社会项目的接受者。这显然会对项目目标人群的态度、行为与价值，政策制定者和其他资助人的观点产生影响。然而，当今的评估者通常并不把这些问题考虑到他们的工作中去。

由于对社会项目进行评估的压力越来越大，社会和政治力量可能会阻碍社会组织中对评估研究的介绍、执行和运用。评估是一个特定背景下具有政治寓意的社会过程。Robert Wilderman 认为，评估社会项目的困难不仅限于缺少评估研究技术，同时在于一个复杂的、服务性组织中的社会政治结构阻碍作用[①]。所谓社会政治结构，是所有有形的或无形的规则、价值、需要，组织中含蓄的或明显的目标，组织中的个体，也有组织与其外界的关系。在这样的背景下，评估过程可能会维持项目社会价值或与政治安排相冲突，并且情况常常如此。例如，尽管科学的意识形态要求对研究发现进行交流，然而被评估的项目需求和价值事实上并不支持这种意识形态。在这种负面结果的情况下，项目人员可能就会有意无意地妨碍对评估发现的散布和利用。很少项目人员愿意引起人们对有可能导致负面评价项目的报告的注意力。因此，尽管足够的评估研究技术是必要的，但要把评估成功地运用于社会组织也需要足够的技巧。那些在着手评估研究前没有考虑社会政治结构的渗透性影响知识的人就可能会遭遇挫折和失望。

恐惧或害怕对评估来说是反生产性的，因为它会产生各种形式的阻力。这些阻力包括从被动的不合作到主动的对抗。要减少这种由恐惧引起的评估阻力就要做到：让组织中的员工和管理者、客户、董事会成员们都了解到评估只是服务于项目的工具，以及评估与决策、政策规划和管理的相关性；在项目发展的早期阶段，规范评估（过程导向）要比总结评估（结果导向）更适用；避免评估个人，不强调对个人的评估有利于人们更加专心于项目的成效；有些评估方法可能比其他评估方法更缺乏恐惧性，因此可以尝试把缺乏恐惧性的评估方法放在前面使用。

① Robert Wilderman. Evaluation Research and the Sociopolitical Structure：A Review［J］. American Journal of Community Psychology, 1979, 7（1）：93-106.

第三章　公共政策评估常用方法

本章分析研究公共政策评估中常用的定性方法和定量方法，介绍每种方法的基本内容、研究设计和适用范围，并辅以具体的评估案例介绍。

与社会科学研究方法一样，公共政策评估的方法也可以被划分为定性研究方法和定量研究方法两大类。虽然这两大范式在方法论、问题类型、数据分析、推断方法上都有截然不同的"传承"。但在当今多元研究方法交叉融合的热潮中，在实际的公共政策评估过程中，定性方法和定量方法的使用往往不是孤立的，而常常是多种评估方法的混合使用。事实上，在经历定性与定量长期的争论和交锋后，也有学者指出，定量与定性研究传统仅在风格上有差异，并且这些差异在方法论和实质意义上都不重要。因此，无论是定性方法还是定量方法，本章都将其单独视为可以被用来评估公共政策的工具。没有一种评估方法可以恰当适用于所有类型的评估，以及适用于评估所有类型的公共政策。在具体公共政策评估的设计中，根据评估的类型和评估的问题，在综合考察政策背景、评估主体、评估人员、评估数据等因素后，可以根据每个方法的优点和缺点，选取合适的评估方法并将之有效地组合起来。

一、公共政策评估定量分析方法

政策效应评估是经济学分析关注的热点问题之一。由于处于经济运行系统中的各类因素、各种事件之间存在极为复杂的关系，可能导致经济事件与经济政策之间发生内生性问题，所以公共政策通常借助于计量方法进行分析。

检验经济理论和评估公共政策是经济学的核心问题，计量经济学是通过使用数据、经济理论和统计方法，建立经济计量模型，来对经济理论和公共政策进行定量分析的独立学科。自20世纪30年代产生以来，计量经济学就不断发展更新，数据来源从观测数据扩展到实验数据，数据类型从横截面数据和时间序列数据，扩大到面板数据，研究领域从宏观计量经济学扩展到微观计量经济学，从理论和实证计量经济学扩展到应用计量经济学。

在计量经济学推进其研究领域的同时，将计量经济学用于政策评估也得到不断丰富和发展，迄今为止经历了三个阶段。第一个阶段是将计量经济学用于宏观政策评估。经济计量学的先驱设计出宏观经济的一般均衡模型，并用总量的时间序列数据来进行经济计量分析。第二个阶段是经济学家使用新出现的家庭、个人和企业的微观数据，将经济学、统计学和微观数据结合在一起，建立微观结构模型，运用模型评估政策，预测将政策运用到新环境产生的效应，以及预测新政策产生的效应。第三个阶段是一些经济学家将产生于统计学、教育研究、流行病研究和生物统计的处理效应（Treatment Effect）方法，运用于评估社会经济政策的问题。其中，前两个阶段产生的方法被认为是在经济计量学中构造出"反事实"（Counterfactual）的传统方法，而第三个阶段产生的处理效应方法则是最新出现的方法。

计量经济学在政策评估中得到广泛运用，其优势明显，主要体现在四个方面：一是计量经济学最大的用处在于，它是一种方法，掌握了这种方法，经济学家就可以通过收集可靠的经济数据，使用不同的计量经济学模型去验证经济现象和经济理论。二是计量经济学作为一种研究方法得到广泛应用，宏观经济学、微观经济学、金融经济学、劳动经济学、发展经济学等经济学的各个领域都要使用计量经济学的分析方法和工具。三是计量经济学不仅扎根于学术界，在政府、智库和金融界也得到应用。例如，计量经济学家指导的博士生，其毕业去向虽然以高校为主，但也有一部分去了金融行业，因为投资银行就需要招聘计量经济学家，建立计量模型来分析经济和金融问题。四是计量经济学正在朝纵深方向发展，目前计量经济学已形成时间序列、面板数据、微观计量、金融计量、非参数估计、半参数估计等具体领域，并不断有新的计量模型和检验方法问世。计量经济学这种不断发展的趋势，使一位计量经济学家很难同时精通所有领域，但从一个侧面反映出计量经济学强大的定量分析能力。

计量经济学也存在一些局限，主要体现在四个方面：一是计量经济学不是万能的，计量模型的估计和预测有时会出现误差甚至错误，这时就应该多思考如何改进模型，使其更加适应所需要解释的经济问题。二是在应用计量经济学对政策进行评估时，要注意选择恰当的方法和工具，不同的经济计量方法和工具，其适用的条件很不相同，有的方法和工具在一些情况下起作用，而在另一些情况下就不起作用，这是需要引起注意的。三是计量经济学不仅要受到计量经济学本身的制约，还要受到经济理论的进展、数据和其他信息的可获得性的双重制约，未来计量经济学对政策评估做出的贡献，将同时取决于计量经济学、经济理论和数据三方面的进展。四是计量经济模型只能考虑部分因素，有些重要的因素，如制度因素和历史因素，要么在计量经济模型中被忽略，要么只得到部分处理，因此计量经济学作为一种重要的政策评估方法，应该和实地调研、历史分析等定性方法结合起来，才能发挥应有的作用。

综上所述，从不断更新的经济计量方法和工具中抽取合适的方法和工具，对社会和经济政策进行评估，不仅可以总结经验教训、提升决策的科学水平，还可以进行预测和分析，避免贸然决策带来的严重损失。

（一）基于微观计量模型的政策效应评估

根据获得数据的途径，可将微观计量政策效应评估方法分为随机对照试验（Randomized Controlled Trial，RCT）、准实验（Quasi-Experiment）和匹配（Matching）等方法。

随机对照试验中的控制组由随机剔除的符合项目参与条件的部分个体自动生成，可提高其与处理组之间的可比性，从而避免造成偏倚。随机对照试验是一种最为可信的政策效应评估方法。但该方法存在一定弊端：一是实施时间较长，产生的经济成本与社会成本较高；二是在试验过程中，要求控制组应完全不受政策影响，但在政策实施过程中必然会受到多种因素的干扰，难以剔除政策产生的替代效应、溢出效应等。

准实验方法是将政策作为一项实验，在未随机安排的条件下，为处理组找到一个自然产生的控制组。该方法是在接近现实的情况下，尽可能地满足真实验的原则与要求，最大限度地控制各种影响因素，对政策效应进行评估，其结果与现实情况联系紧密，具有较强的现实性。

匹配方法主要利用非实验数据进行政策效应评估，在足够多的可观测变量中，通过为处理组中的所有个体找到一个与其具有相同协变量但未实施某项政策的个体进行匹配，从而为处理组找到与其个体特征足够接近的控制组，处理组与控制组之间的差异仅为是否实施了某项政策，匹配方法使再抽样所得数据尽可能地接近随机试验数据，能够在很大程度上降低观测数据偏差。

由此可见，准实验方法和匹配方法主要依托于非实验数据，在政策效应评估方面具有随机对照试验无法比拟的优势，所以工具变量、双重差分等准实验方法得到广泛应用，匹配方法也日益盛行，并在此基础上发展了一系列政策效应评估方法，如断点回归法、合成控制法、Hsiao 面板数据政策效应评估法等成为近年来非常热门的估计政策效应的方法，成为近年来发展较为迅速的研究领域之一。

对社会和经济政策进行经济计量评估的核心是构造"反事实"，"反事实"就是虚拟事实，不曾发生过，但是假设其发生过。"反事实"一词是由美国哲学家纳尔逊·古德曼（Nelson Goodman）于 1947 年首次提出的，之后迅速在哲学、心理学、历史学、政治学、经济学、流行病学等领域得到运用，其中在经济学和历史学中的运用尤为突出。20 世纪 60 年代，计量经济学通过构造出"反事实"状态，新经济史学（New Economic History）取代了传统的经济史学，新经济史学也被称为计量经济史学（Econometric History）或量化历史（Cliometrics），计量经济史学的代表人物是 1993 年诺贝尔经济学奖得主罗伯特·福格尔（Robert Fogel）和道格拉斯·诺斯（Douglass C. North）。新经济史学家构造出的"反事实"就是假定的历史场景，运用计量经济学将"反事实"和历史事实进行比较，对经济史给出定量评估。例如，1964 年罗伯特·福格尔出版了《铁路与美国经济增长：经济计量史学论文集》一书，考察如下"反事实"问题：如果铁路从来就不存在，美国的经济增长率会是多少？

对社会经济政策进行经济计量评估时，要提出三个核心问题：第一个问题是评估历史干预（Interventions）对结果造成的影响，包括用福利表示的历史干预产生的影响。从历史的角度看，干预事实上都是被体验过的和记录过的，各种结果和福利标准被用来形成这些评估，区分客观结果和主观结果的做法是有用的，客观结果本质上是事后的（Ex Post）；主观结果可以是事前的（Ex Ante），也可以是事后的。第一个问题是内部有效性（Internal Validity）问题，也就是要在一个既定的环境中识别一个既定的处理参数或一组处理参数。

第二个问题是通过构造"反事实"状态，预测在一个环境中执行过的干预在其他环境中产生的影响，包括用福利表示的干预产生的影响。第二个问题中的干预是一些带有共同特征但要运用于不同人群或不同时期的政策，如税收和薪金政策。第二个问题是外部有效性（External Validity）问题，也就是要将在一个环境中的一个处理参数或一组处理参数放到另一个环境中。必须指出的是，大多数政策评估涉及第二个问题，也就是既要着眼于未来，评估新政策的实施结果，还要评估将旧的政策用于新环境。

第三个问题是通过构造与干预相联系的"反事实"状态，预测历史上从未体验过的干预在各种环境中产生的影响，包括用福利表示的干预产生的影响。与前两个问题相比较，第三个问题显得最为艰巨，因为要预测一项新政策的效应，而该项新政策从未实施过。这一问题要求我们用过去的历史来预测新政策的结果，这在知识中是一个根本性的问题，芝加哥学派创始人弗兰克·奈特（Frank Knight）在1921年简洁地阐述了这一问题，在知识中一个问题的存在取决于未来不同于过去，而该问题解答的可能性取决于未来和过去是相似的。

本章将对七种常用的微观计量方法的基本原理及优劣势进行简单阐释，并且系统梳理各类方法在政策效应评估中的应用，接下来从适用数据类型、对不可观测因素的假定及处理及异质性处理效应下的参数识别三方面对各类方法进行简要比较，如表3-1所示。

数据类型及数量对于计量方法的选择非常重要。工具变量法多用于截面数据，但也可应用于面板数据和重复截面数据；双重差分法对于处理重复截面数据的效果最佳，但需要能够获取政策实施之前的相关数据；断点回归法及匹配法能够很好地处理截面数据和面板数据，但需要的数据量非常大；倾向得分匹配—双重差分法、合成控制法和Hsiao面板数据政策效应评估法主要应用于面板数据，需要的数据量也比较大。

各方法对不可观测因素的假定及处理也有所差异。工具变量法和匹配法均假定不存在不可观测因素，所有能够影响政策实施及结果变量的混杂因素都可被观测，个体是否参与政策干预仅取决于可观测变量。从这个角度来说，这两种方法都是基于可观测变量进行评估。其余五种方法都允许不可观测因素的存在，但处理方式有所差异。双重差分法允许存在不可观测变量，但不随时间变化，通过假定与差分消除不可观测因素的影响，倾向得分匹配—双重差分法与合成控制法允许存在不可观测变量且可随时间变化，而Hsiao面板数据政策效应评估法允许存在不可观测变量，但被共同因子驱动。

各类方法对于 ATT 和 ATE 的识别情况各不相同，此外，工具变量法需要对方程进行严格的外生假设，在实证分析中需要进行较多检验。双重差分法不用进行严格的外生假设，甚至可不用对结果方程进行定义。其余五种方法都属于非参数方法，不用专门地进行方程设定，更具一般性。

表 3-1   基于非实验数据的政策效应评估方法比较

方法	适用数据类型	对不可观测因素的假定及处理	异质性处理效应下的参数识别
工具变量法	截面数据 面板数据 重复截面数据	不存在未被观测到的混杂因素，个体参与决策都基于可观测变量	当个体对政策反应的异质性不影响参与决策时，可识别 ATT、ATE，否则无法识别
断点回归法	截面数据 面板数据	允许存在不可观测变量	可识别 ATT、ATE
匹配法	截面数据 面板数据	不存在未被观测到的混杂因素，个体参与决策都基于可观测变量	仅在共同支撑域可识别 ATT，无法识别 ATE
双重差分法	面板数据 重复截面数据	允许存在不可观测变量，但不随时间变化	可识别 ATT，但无法识别 ATE
倾向得分匹配—双重差分法	面板数据	允许存在不可观测变量，随时间同步变化	仅在共同支撑域可识别 ATT，无法识别 ATE
合成控制法	面板数据	允许存在不可观测变量且可随时间变化	可识别 ATT，但无法识别 ATE
Hsiao 面板数据政策效应评估法	面板数据	允许存在不可观测变量，但被共同因子驱动	可识别 ATT，但无法识别 ATE

注：ATT 即参与者处理效应，仅考虑项目实际参与者的平均处理效应；ATE 即平均处理效应，是从总体中随机抽取的某个体的期望处理效应，无论该个体是否参与项目。

（二）基于宏观计量模型的政策效应评估

目前常用的宏观计量模型政策效应评估方法包括联立方程组模型、VaR 模型及动态随机一般均衡（Dynamic Stochastic General Equilibrium，DSGE）模型，虽然这些方法应用广泛，并且得到不断发展，但在实际应用中仍然存在不同程度的局限性。

联立方程组模型一直是进行宏观政策分析的主要工具，Sims 指出其在进行因果推断时存在重大问题[1]。联立方程组模型的重要前提是必须区分外生变量和内生变量，但在实际应用中，研究者通常先验地将变量设定为外生或者内生，却不做相关解释。政策实施过程中会涉及诸多变量，并且相互影响，甚至互为因果，难以区分外生变量和内生变量，方程设定的准确性无法得到保证，致使据此做出的推断可能出现偏差。

Sims 提出利用未受约束的 VaR 模型描述内生变量与其滞后项之间的关系[2]，进而对政策效应进行评估，但 Romer 和 David 认为 VaR 模型不能有力地识别因果关系，会

① Sims Christopher A. Macroeconomics and Reality [J] . Econometrica, 1980 (48)：1-48.
② Sims Christopher A. Uncertainty across Models [J] . American Economic Review, 1988 (78)：163-167.

低估政策效应的大小[1][2]。

上述两种方法缺乏微观基础，即忽略了对经济中微观个体的行为决策的建模与分析，而DSGE模型可以弥补这方面的不足，DSGE模型中的微观个体均是在既定约束下做出的最优决策，没有任何任意而武断的设定（Ad Hoc Settings）。然而任何一种研究方法都有其局限性，DSGE模型也不例外，其缺陷主要体现在以下方面：一是DSGE模型基于经济理论与对现实经济的认识构建模型，对现实经济判断和认识不同，导致构建的DSGE模型存在差异，进而使得到的政策效应也大相径庭。二是DSGE模型依据的参数不稳定，导致政策效应的大小具有波动性，而且由于涉及诸多变量和方程，无法解释政策效应的形成机制。三是DSGE模型的假设条件过强，如代表性和理性预期微观个体、简单的线性加总，这些都与真实经济情况相差甚远，而且受到经济学者的批判[3]。此外，由于DSGE对研究者数学功底和计算机编程能力较计量经济学模型略高，因此对部分学者并不友好，在现实中的应用没有计量经济学方法应用广泛。

由此可见，这些宏观计量模型在政策效应分析方面还存在很多缺陷，亟须发展新的，能够更清晰、更可信地进行政策效应评估的方法。

方法一　工具变量法

计量经济学在进行政策效应评估时一般采用两种思路——虚拟变量法和工具变量法。虚拟变量法是将政策变量作为外生变量进行处理，用虚拟变量的系数近似政策效应，该方法因估计简单且简洁明了，在早期的政策效应评估中应用较多，但其隐含一个重要假定，即虚拟变量是外生的，并且与误差项是相互独立的。在实际情况中，个体的经济决策及经济运行系统的复杂性均决定了政策变量并非外生，会表现出明显的内生性。所以，在存在内生性问题的条件下，虚拟变量不适用于政策效应评估。

工具变量（Instrumental Variable，IV）作为计量经济学中重要的估计方法之一，可有效解决内生性问题。工具变量必须与内生解释变量具有高度的相关性，否则会导致弱工具变量问题，进而使估计量出现不一致性。所以，选择合适的工具变量至关重要，现有文献也基本集中于工具变量选取的研究。

对于工具变量的选择问题，最早可追溯至Andrews在1999年提出的广义矩估计中矩条件的选择问题，Donald和Newey主要研究了在包含内生解释变量的线性回归模型中如何选取工具变量，提出了针对该类模型的最优工具变量选择标准，为工具变量的

① Romer Christina D., David H. Romer. A New Measure of Monetary Shocks: Derivation and Implications [J]. American Economic Review, 2004（4）：1055-1084.

② Romer Christina D., David H. Romer. Does Monetary Policy Matter? A New Test in the Spirit of Friedman and Schwartz [J]. NBER Macroeconomics Annual, 1989（4）：121-170.

③ Colander David, Peter Howitt, Alan Kirman, et al. Beyond DSGE Models: Toward and Empirically based Macro-economics [J]. American Economic Review, 2008, 98（2）：236-240.

选择问题提供了基本模式①；Okui 基于 Donald 和 Newey 的方法，提出了动态面板模型中最优工具变量的选择标准②。虽然这些方法存在一些不足，但却为工具变量问题的研究提供了重要启示甚至灵感。

一、理论模型

（一）基本思想

1. 内生性及其后果

假设回归模型：

$$y_i = \alpha + \beta x_i + \varepsilon_i \quad i = 1, 2, \cdots, n \tag{3-1}$$

其中，y 为被解释变量，x 为解释变量，α 和 β 为待估计的未知参数，i 表示个体，ε 为随机扰动项，n 为样本容量。

如果解释变量 x 与扰动项 ε 相关，即 $\text{Cov}(x_i, \varepsilon_i) \neq 0$，则意味着存在内生性，解释变量 x 为内生变量，内生性会使 OLS 估计量不一致，即无论样本容量 n 多大，OLS 估计量 $\hat{\beta}$ 也不会收敛至真实参数值 β。

2. 工具变量的思想

虽然内生变量 x 与扰动项相关，但仍存在与扰动项不相关的部分，若能将其分解为内生部分与外生部分之和，就可以利用外生部分得到一致估计。要实现该分离，则需借助另一变量，如 z，因其起着工具性的作用，故称之为工具变量（IV）。

并非所有变量都可以作为工具变量，首先，变量 z 能够帮助内生变量 x 分离出外生部分，并且其自身必须满足外生性条件，即 z 与 ε 不相关，$\text{Cov}(z_i, \varepsilon_i) = 0$；其次，变量 z 与 x 之间必须存在一定关系，两者之间满足相关性，即 $\text{Cov}(z_i, x_i) \neq 0$。

3. 分离内生变量的外生部分

假设 z 能够作为内生变量 x 的有效工具变量，可将 x 对 z 进行 OLS 回归，从而分离出 x 的外生部分：$x_i = \gamma + \delta z_i + \mu_i$。该回归称为第一阶段回归。因为工具变量 z 与 x 之间具有相关性，所以 $\delta \neq 0$；否则将无法完成该分离。该回归的拟合值为 $\hat{x}_i = \hat{\gamma} + \hat{\delta} z_i$，其相应的残差为 $\hat{\mu}_i = x_i - \hat{x}_i$。显然，第一阶段回归可将内生变量 x 分解为两部分：$x_i = \hat{x}_i + \hat{\mu}_i$。其中，拟合值 $\hat{x}_i$ 为工具变量 z 的线性函数，因 z 为外生变量，故 $\hat{x}_i$ 为 x 的外生部分，而残差 $\hat{\mu}_i$ 则为 x 的内生部分。

4. 两阶段最小二乘法

经过第一阶段的回归，得到的拟合值 $\hat{x}_i$ 外生，那么只要将原模型中的内生变量 x 替换为 $\hat{x}_i$，就可以利用 OLS 得到一致估计：$y_i = \alpha + \beta \hat{x}_i + (\varepsilon_i + \beta \hat{\mu}_i)$。该回归被称为第二阶段回归。

---

① Donald Stephen G., Whitney K. Newey. Choosing the Number of Instruments [J]. Econometrica, 2001, 69 (5): 1161-1191.

② Okui R. The Optimal Choice of Moments in Dynamic Panel Data Models [J]. Journal of Econometrics, 2009 (151): 1-161.

因为 $\hat{x}_i$ 为工具变量 z 的线性函数，所以 $\hat{x}_i$ 与 ε_i 不相关。此外，根据 OLS 的正交性，OLS 回归的拟合值与残差正交，故 $\hat{x}_i$ 与 $\hat{\mu}_i$ 不相关。因此，$\hat{x}_i$ 与扰动项（$\varepsilon_i + \beta \hat{\mu}_i$）不相关，OLS 为一致估计。

综上所述，工具变量法可以通过 OLS 回归实现，故也称为两阶段最小二乘法（以下简称"2SLS"）。

5. 多个工具变量

若有多个工具变量，如 z_1 与 z_2，将其同时放入第一阶段回归即可：$x_i = \gamma + \delta z_{i1} + \theta z_{i2} + \mu_i$，而第二阶段回归依然不变。

6. 加入控制变量

在多元回归中，会存在其他的外生变量或控制变量，例如：$y_i = \alpha + \beta_1 x_{i1} + \beta_2 x_{i2} + \varepsilon_i$，假设 x_1 为内生变量，x_2 为外生变量，此时，应将 x_2 也放入第一阶段回归。因为 x_2 可作为自身的工具变量，x_2 满足相关性与外生性。此外，若不将外生变量 x_2 放入第一阶段回归，就无法保证第一阶段回归的残差 $\hat{\mu}_i$ 与 x_2 正交，使第二阶段回归的扰动项（$\varepsilon_i + \beta_1 \hat{\mu}_i$）可能与 x_2 相关，从而导致第二阶段回归不一致。

7. 多个内生变量

如果仅有 1 个内生变量，则只需要 1 个工具变量。类似地，若存在 2 个内生变量，则至少需要 2 个工具变量才能进行 2SLS 估计。

假设存在 2 个内生变量 x_1 和 x_2，但仅有 1 个工具变量 z，则第一阶段回归包括如下两个方程：

$$x_{i1} = \gamma_1 + \beta_1 z_i + \mu_{i1} \tag{3-2}$$
$$x_{i2} = \gamma_2 + \beta_2 z_i + \mu_{i2} \tag{3-3}$$

得到的拟合值分别为：$\hat{x}_{i1} = \hat{\gamma}_1 + \hat{\delta}_1 z_i$；$\hat{x}_{i2} = \hat{\gamma}_2 + \hat{\delta}_2 z_i$。

由于 $\hat{x}_{i1}$ 和 $\hat{x}_{i2}$ 均为工具变量 z 的线性函数，所以两者之间存在严格的线性关系。因此，如果将 $\hat{x}_{i1}$ 和 $\hat{x}_{i2}$ 同时纳入第二阶段回归方程，将会导致多重共线性，从而无法进行 OLS 估计。

8. 识别条件

由上可知，若工具变量的个数少于内生变量的个数，将无法进行 2SLS 估计，称之为"不可识别"，即无法得到对模型参数的一致估计。如果工具变量的个数恰好等于内生变量的个数，则被称为"恰好识别"。如果工具变量的个数多于内生变量的个数，则被称为"过度识别"。在恰好识别和过度识别的情况下，能够进行 2SLS 估计，但在不可识别的情况下，则无法进行 2SLS 估计。

（二）弱工具变量

众所周知，计量方法及其模型都要依赖一定的前提假设，因而估计计量模型之后，还需要对模型的前提假设进行检验，称为诊断性检验或模型检验。当然，工具变量法也不例外。工具变量法的成立主要依赖于有效的工具变量，即工具变量必须满足相关性（与内生解释变量相关）与外生性（与扰动项不相关）的条件。

1. 工具变量的相关性

2SLS 的一致估计必须满足大样本的条件，但在大多数情形下，样本基本都是有限的，所以 2SLS 估计量会存在偏差，并不以真实参数 β 为其分布的中心。即 Bias $(\hat{\beta}_{2SLS}) \equiv E(\hat{\beta}_{2SLS}) - \beta \neq 0$。

此外，如果工具变量与内生变量的相关性较弱，则 2SLS 的偏差将会更严重。因为 2SLS 主要通过外生的工具变量将内生变量的外生部分分离出来，从而获得一致估计。

如果工具变量与内生变量的相关性很弱，那么工具变量分离出来的内生变量的外生部分仅包含较少的信息，从而导致利用工具变量法对该信息进行的估计结果不准确，即使样本容量很大，也很难收敛到真实的参数值。这种工具变量被称为弱工具变量。

弱工具变量会导致 2SLS 的小样本性质变得很差，而其大样本分布也可能远远偏离正态分布，从而致使基于大样本理论的统计推断失效。

2. 弱工具变量的检验

在进行 2SLS 的第一阶段回归的过程中，将内生变量对所有外生变量进行回归，其中包括工具变量与外生解释变量，所以在此回归中已包含工具变量强弱的信息。如果所有工具变量在第一阶段回归中联合显著，那么工具变量与内生变量较相关，所以工具变量较强；反之，就意味着可能存在弱工具变量。

假设回归方程：

$$y_i = \alpha + \beta_1 x_i + \beta_2 \omega_i + \varepsilon_i$$

其中，x 为内生变量，ω 为外生变量，z_1 和 z_2 为工具变量，那么第一阶段回归为：$x_i = \gamma + \delta z_{i1} + \theta z_{i2} + \rho \omega_i + \mu_i$。

对原假设 $H_0: \delta = \theta = 0$ 进行联合检验，得到 F 统计量。F 统计量越小，则越可能存在弱工具变量。那么，F 统计量的值为多大才不用担心弱工具变量呢？目前通行的标准为，若 2SLS 估计量的偏差仅为 OLS 估计量偏差的 10% 或者更小，则为强工具变量；反之，则为弱工具变量。

3. 解决弱工具变量的方法

如果存在弱工具变量，可以通过以下方法进行解决：

第一，寻找更强的工具变量。

第二，利用有限信息最大似然估计法（以下简称"LIML"）进行估计，相对而言，弱工具变量对该方法更不敏感。在大样本情形下，LIML 与 2SLS 渐进等价，但在弱工具变量的情况下，LIML 的小样本性质要优于 2SLS。

第三，如果存在多个工具变量，可以舍弃弱工具变量，从而避免降低第一阶段回购的 F 统计量。

（三）工具变量的外生性

工具变量的本质特征是外生性，即其与扰动项不相关。如果工具变量为外生，并且为强工具变量，就可得到回归方程的一致估计。

如果工具变量与扰动项相关，那么通过其分离出来的内生变量的外生部分也必然与扰动项存在相关性。换句话说，若工具变量内生，将会使第一阶段回归的拟合值也内生，将该拟合值代入第二阶段回归，则必然导致 2SLS 不一致。

那么，如何检验工具变量的外生性呢？由于目前尚不存在严格的统计检验，所以只能通过定性分析。假设在恰好识别的情况下，以一元回归为例：

$$y_i=\alpha+\beta x_i+\varepsilon_i \quad i=1,2,\cdots,n \tag{3-4}$$

其中，x 为内生变量，与扰动项 ε 相关。假设找到某潜在工具变量 z，与 x 相关，并且 z 可能与 ε 不相关，由于 ε 不可观测，那么如何判断 z 是否与 ε 相关？

由于 z 是 y 的扰动项，所以可以从 z 与 y 的相关性进行考察。与此同时，由于 z 与 x 相关，而 x 影响 y，所以 z 会通过 x 影响 y；如果 z 具有外生性，即其与 ε 不相关，则 z 不可能通过 ε 而影响 y。

如果 z 具有外生性，那么 z 就不可能通过除 x 以外的其他因素影响 y，这被称为排他性约束。我们可以通过排他性约束来定性探讨工具变量的外生性，将 z 影响 y 的所有渠道都列出来，并将除 x 以外的渠道全部排除。如果发现 z 可能通过另一个渠道 h 影响 y，可以将 h 作为控制变量纳入回归方程。如果 h 不可度量，那么工具变量 z 的外生性便可疑。

工具变量完全外生仅为一种理想状态，现实的工具变量可能存在轻微的内生性。可将工具变量 z 放入原模型中：$y_i=\alpha+\beta x_i+\theta z_i+\varepsilon_i$。

如果工具变量 z 仅通过 x 来影响 y，则 $\theta=0$；如果 $\theta\neq0$，就说明 z 具有内生性；如果 $\theta\approx0$，即其接近于 0，那么说明 z 存在轻微的内生性。

现实中的工具变量更多的是近乎于外生，但是因为是微弱内生，工具变量估计的偏差仍小于 OLS，所以工具变量估计量仍有其价值。

二、注意的问题

在使用工具变量法时，如果忽略技术性的问题，需要着重注意以下三个问题：

首先，寻找工具变量。工具变量必须同时满足外生性和相关性，该条件实现起来比较困难，因为两者之间存在一定的矛盾。在时间序列模型中，通常将解释变量的滞后项作为工具变量，因为其与当期解释变量一般是相关的，但在很多情形下与当期的误差无关，所以这也成为时间序列模型选取工具变量的通用方法。然而，对于非时间序列模型，工具变量往往难以获得。伍德里奇研究了执法力度与犯罪率之间的关系，找到与犯罪率相关的变量比较容易，如吸毒率，但由于其与犯罪率高度相关，所以其通常也与误差存在一定的相关性[1]。虽然可以找到与误差无关的变量，如通缉令上的最后一位，但其与犯罪率并无关系。因此，寻找工具变量不仅需要具备统计学知识，还需要结合相关领域的知识，可以说，寻找工具变量是工具变量方法中最重要的问题。

其次，样本容量问题。由于工具变量和内生解释变量之间只是存在相关关系，所

① 杰弗里·M. 伍德里奇. 计量经济学导论：现代观点 [M]. 北京：清华大学出版社，2007.

以在使用工具变量法时会损失一定的信息，意味着相对于简单最小二乘法，工具变量方法需要更大容量的样本。幸而我们现在正处于大数据时代，因而样本容量的问题相对容易解决。

最后，模型拟合问题。通常情况下，我们会根据经济模型或相关的背景来选取被解释变量的内生解释变量，但无法获知两者之间的确切关系。在大多数情况下，我们仅知道被解释变量和解释变量之间关系的方向。例如，在研究小班教学与学生成绩关系时，依据教育学的知识，我们猜测当班级规模缩小时，学生成绩会提高，但究竟是如何提高的，无从知晓。事实上，它们之间的确切关系无从获知。在样本容量足够大的条件下，估计偏差主要来源于模型的拟合偏差。为了解决该问题，学者们不断创新模型，从而提升模型的拟合精度，但这意味着需要更多的综合知识及更大的计算量。但是，在进行模型选择时，通常我们只是选取了一个相对较好的模型，对于模型设定的检验，虽然不能拒绝模型，但并不意味着模型拟合就是正确的，所以这并不是解决问题的根本方案。

三、局限性

工具变量法功能强大且简洁明了，但其本身存在的局限性在一定程度上限制了该方法的推广，具体表现在三个方面：①工具变量的选择存在很大困难，在政策效应评估的过程中，找出合适的工具变量非常不容易。在实际操作中，在能够获得政策实施前后数据的情况下，研究者通常将因变量的滞后变量作为工具变量，可能会导致相关性，无法从根本上解决内生性问题。②工具变量的随机外生性无法用统计方法进行验证，其合法性容易被质疑，若提供不出有力证据，则后续实证分析将完全失去说服力。③工具变量往往对样本具有非均质的影响，导致估计量带有权重性特征，使得到的结论仅适用于一部分样本，降低了科学分析的政策意义[①]。

在使用工具变量法时，应持审慎的态度，清楚说明所需假设前提，并指明一旦无法满足工具变量的外生性假设，估计量将如何偏移，只有将理论直觉与前人的经验教训进行充分结合，工具变量法才能为因果推断与政策评估提供更强的说服力以及更高的可信度。

案例及应用

现有研究中选择的工具变量主要有以下五种：

第一，将聚集数据作为工具变量。Card 和 Krueger 为了解决同侪效应（Peer Effect）的内生性问题，将州、郡等分析层面的集聚数据作为学校、班级及邻里等层面解释变量的工具变量[②]。刘冲等选取城市重要度得分构造市场可达性指标的工具变量，因为其与全国各年固定资产投资总额增长率的乘积和市场可达性具有较强相关性，并且该变

① Deaton Angus. Instruments, Randomization, and Learning about Development [J]. Journal of Economic Literature, 2010, 48（2）: 424-455.

② Card D., Krueger A. School Resources and Student Outcomes: An Overview of the Literature and New Evidence from North and South Carolina [J]. Journal of Economic Perspectives, 1996, 10（4）: 31-50.

量并不会直接影响各个城市的企业生产率水平。因此，工具变量满足外生性要求[①]。刘京军等认为进口关税及汇率均与商品贸易相关，其可能会影响该国行业对中国的出口强度，所以满足工具变量的相关性和排他性要求，并且这两个变量和企业的投资并没有直接关系[②]。李磊等利用生育惩罚数据来构建工具变量，理论上当存在性别偏好时，政策实施越严格的地区（生育惩罚越高），人为干预出生婴儿性别的概率越大，"消失的女性"问题也就会越严重[③]。谢谦等选取进口中间品加权关税税率作为工具变量来解决内生性问题[④]。一方面，内嵌技术是基于企业进口中间品所构造，因此加权的关税与内嵌技术有直接的相关性；另一方面，关税是由国家相关部门制定的，与企业生产率严格不相关。因此，可认为以企业进口中间品加权关税为工具变量是合理有效的。

第二，将物候天象作为工具变量。通常认为在一定的区域范围内，河流、降雨、自然灾害等现象具有高度的随机性、外生性等特征，可被假设为与个人、群体的异质性无关，但与此同时又会影响某些社会过程。Cipollone 和 Rosolia 试图考察意大利班级学生的性别构成对女生成绩会产生何种影响，为高中班级性别构成选取的工具变量是地震导致的男性免征兵政策，因为地震作为自然现象是随机且外生的[⑤]。陈云松将中国农民工来源村庄的自然灾害程度作为外出打工者数量的工具变量，分析了同村打工网络的规模与农民工收入之间的关系[⑥]。工具变量选取的合法性在于，自然灾害越严重，外出打工的村民越多，在控制地区应对自然灾害能力以及来源省份变量之后，自然灾害可被视为外生的。余泳泽等从自然地理的角度出发选取城市的河流密度作为工具变量[⑦]。在相关性上，河流密度越高的城市，交通运输成本越低，容易吸引工业企业尤其是污染型企业入驻。另外，城市自然河流密度取决于当地的自然条件，不会受到地级市经济变量的影响，因而满足工具变量的外生性要求。

第三，将生理现象作为工具变量。人类的生老病死这一生理上的自然历程，既具有随机性，又与特定的经济社会紧密相关，所以经济学家将其作为工具变量，巧妙地运用在因果推断中。David 等将殖民地国家的自然死亡率作为该国制度的工具变量，他们认为，如果某国的死亡率较高，那么殖民者就相对不愿留在该国，并在当地建立具

① 刘冲，吴群锋，刘青．交通基础设施、市场可达性与企业生产率——基于竞争和资源配置的视角 [J]．经济研究，2020（7）：140-158．

② 刘京军，鲁晓东，张健．中国进口与全球经济增长：公司投资的国际证据 [J]．经济研究，2020（8）：73-88．

③ 李磊，徐长生，刘常青．性别偏好、人力资本积累与企业信息化 [J]．经济学（季刊），2021（1）：181-200．

④ 谢谦，刘维刚，张鹏杨．进口中间品内嵌技术与企业生产率 [J]．管理世界，2021（2）：66-80．

⑤ Cipollone P.，Rosolia A. Social Interactions in High School：Lessons from an Earthquake [J]．American Economic Review，2007，97（3）：948-965．

⑥ 陈云松．农民工收入与村庄网络：基于多重模型识别策略的因果效应分析 [J]．社会，2012（4）：68-92．

⑦ 余泳泽，孙鹏博，宣烨．地方政府环境目标约束是否影响了产业转型升级？[J]．经济研究，2020（8）：57-72．

有掠夺性的制度①。由于制度存在路径依赖，殖民时代的制度与当代的制度具有密切联系，将历史上的自然死亡率作为工具变量，虽然与当今制度相关，但与目前的人均收入并不存在直接关系。Maurin 和 Moschion 分析了法国邻里中其他母亲的就业对单身母亲就业的影响②。为了解决内生性问题，将邻里前两个子女的性别组合作为邻里母亲就业的工具变量，他们认为，这两个变量之间存在直接关系，但邻里子女的性别组合是随机的，并不能直接决定单身母亲的就业。Bentolila 等将年长的兄姐数量作为使用社会关系的工具变量，他们认为，兄弟姐妹的数量是随机的，但如果兄弟姐妹的数量越多，社会关系网就越大，那么使用社会关系进行求职的可能性也就相对越大③。

第四，将社会空间作为工具变量。社会空间包括地理空间、市场空间等，其在特定的分析层面上具有随机独立性，但却与人类行为及其社会结果密切相关。Card 分析了教育是否能够增加个人收入、提高个人地位，由于教育具有随机性，所以将其作为解释变量会产生内生性问题，而家到大学的距离会在一定程度上影响是否上大学的决定，但其作为城市空间要素与个人的社会经济结果并无直接关系，所以将调查对象家到最近大学的距离作为教育的工具变量④。但地理空间的距离对上学意愿的影响比较微弱，或者只影响一部分人的决定，从而导致弱工具变量与局部干预效应问题。Hall 和 Jones 在其制度分析的研究中，将各国到赤道的距离作为工具变量，显然，该距离是外生的，但大致可反映各国受西方制度影响的程度⑤。除了社会空间要素，市场要素也会与某些现象紧密联系，但却不直接影响个体的具体社会特征。余泳泽等从地方政府竞争的视角出发选取了同省内的地级市个数⑥。在相关性上，无论地级市数量的多少，可晋升的职位数量大致相当，从而在地级市数量较少的省份，官员晋升的概率会随着对手的减少而大大提升，晋升竞争相对缓和，公开污染物减排目标的可能性也就相对较低；样本期间内各省地级市数量基本保持不变，不会随着时间推移而发生改变。各省地级市的划分取决于中央政府，不会受到各地级市经济变量的影响。因此，选择地级市所在省内的地级市数量作为工具变量满足外生性要求。

第五，将实验作为工具变量。实验作为一种外来干预，虽然会对被考察的解释变量产生冲击，但是却可置身模型之外，从而为实证研究提供工具变量，其中包括政策

① David Albouy, Raj Arunachalam, Raphael Auer, et al. The Colonial Origins of Comparative Development: An Empirical Investigation: Comment [J]. The American Economic Review, 2012 (6): 3059-3076.

② Maurin E., Moschion J. The Social Multiplier and Labor Market Participation of Mothers [J]. American Economic Journal: Applied Economics, 2009, 1 (1): 251-272.

③ Bentolila S., Michelacci C., Suarez J. Social Contacts and Occupational Choice [J]. Economica, 2010, 77 (305): 20-45.

④ Card David. Using Geographic Variation in College Proximity to Estimate the Return to Schooling [M]. Toronto: University of Toronto Press, 1995.

⑤ Hall R. E., Jones C. I. Why Do Some Countries Produce So Much More Output per Worker than Others [J]. Quarterly Journal of Economics, 1999, 114 (1): 83-116.

⑥ 余泳泽, 孙鹏博, 宣烨. 地方政府环境目标约束是否影响了产业转型升级? [J]. 经济研究, 2020 (8): 57-72.

干预、改革创新等社会实验。Boozer 和 Cacciola 考察了班级平均成绩是否对个体成绩具有同侪效应，将班级中参与小班实验的人数比例作为班级平均成绩的工具变量①。他们认为，小班实验是学校从各班随机抽取的人员组成的，是随机且外生的，但小班教育在提高这部分学生成绩的同时必然会影响班级的平均成绩。Bobonis 和 Finan 采用类似的方法研究了墨西哥教育情况，将参与国家给生活困难的母亲补助项目的比例作为平均儿童入学率的工具变量，用于分析同龄人的入学率是否会对个体入学决定产生影响②。章元和陆铭分析了农民工社会关系网与收入之间的关系，将农民工祖辈的社会背景是否来自老区作为社会关系网的工具变量，认为两者之间具有直接联系，但该关系并不会影响农民工在外地的收入③。孙琳琳等构造了两类指标作为工具变量④。一类是外生的确权政策冲击，即"所在市是否为确权试点城市"。农户所在的城市成为确权试点，使农户有更大可能拿到土地确权证书。但城市被选作确权试点，并不会直接促进某个农户的投资行为。另一类变量反映农户周围地区的土地确权进展情况，即"地级市其余县域农户的确权比例""同省内邻近市域样本农户确权比例"。农户所在省市的土地确权推进得越快，农户拿到确权证书的可能性就越大。但是省市内其他农户的确权情况并不会直接改变农户的投资行为。

方法二 断点回归法

断点回归（Regression Discontinuity，RD）作为一种类似于随机控制试验的准实验方法，能够有效利用现实约束条件来分析变量之间的因果关系，其主要思想是，当个体的某一关键变量大于某一临界值时，个体就会接受政策干预；反之，若该变量小于临界值，个体则不接受政策干预。一般情况下，个体如果接受政策干预，那么就无法观测到其没有接受政策干预的情况。在断点回归中，小于临界值的个体则可作为一个很好的控制组来反映个体未接受政策干预的情况，特别是当变量连续时，临界值附近样本之间存在的差别能够很好地反映政策效应与经济变量之间的因果联系，进而可以计算出政策效应变量。

断点回归最早由美国心理学家 Campbell 于 1958 年设计而成，其后 Thistlethwaite 和 Campbell 正式发表了关于断点回归的首篇论文，提出 RD 是一种可有效处理非实验情况下处置效应的方法⑤。Campbell 和 Stanley 更加清晰地阐释了断点回归的概念，但并未

① Boozer M. , Cacciola S. E. Inside the "Black Box" of Project Star：Estimation of Peer Effects Using Experimental ［Z］. 2001.

② Bobonis G. J. , Finan F. Neighborhood Peer Effects in Secondary School Enrollment Decisions ［Z］. 2008.

③ 章元，陆铭. 社会网络是否有助于提高农民工的工资水平？［J］. 管理世界，2009（3）：45-54.

④ 孙琳琳，杨浩，郑海涛. 土地确权对中国农户资本投资的影响——基于异质性农户模型的微观分析［J］. 经济研究，2020（11）：156-173.

⑤ Thistlethwaite, Campbell. Regression Discontinuity Analysis：An Alternative to the Expost facto Experiment ［J］. Journal of Educational Psychology，1960，51（6）：309-317.

做出统计上的证明，所以断点回归并未得到推广①。Sacks 和 Ylvisaker 提出了断点回归估计方法，并在理论上进行了粗略证明②；Trochim 综合之前关于断点回归的理论、方法，将其分为两类，即确定型的断点回归和模糊型的断点回归③。Hahn 等严格细致地分析了断点回归模型的识别、估计问题④。在此之后，断点回归才在经济研究领域崭露头角，并逐渐盛行，时至今日，其已经在劳动与教育经济学、发展经济学、政治经济学、公共经济学、环境经济学等领域得到广泛应用。

一、理论模型

（一）基本思想

断点回归的基本思想是处理变量 D_i 完全由某个参考变量 x_i 是否超过某断点所决定，x_i 本身既能对结果产生影响，也可以没有影响。如果有影响，那么结果变量与 x_i 之间存在连续关系，其他可能影响结果的因素在断点处也是连续的，而结果变量在断点出现的跳跃则主要是由处理变量 D_i 带来的影响。

假设结果变量 y_i 与 x_i 存在线性关系：

$$y_i = \alpha + \beta x_i + \varepsilon_i \quad i = 1, 2, \cdots, n \tag{3-5}$$

处理变量 D_i 由参考变量 x_i 是否超过某个断点 c 决定（见图 3-1）：

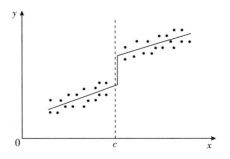

图 3-1 断点回归示意图

$$D_i = \begin{cases} 1, & \text{若 } x_i \geq c \\ 0, & \text{若 } x_i < c \end{cases} \tag{3-6}$$

假设 $D_i = 1$（$x_i \geq c$）的处理效应为正，那么 y_i 与 x_i 之间的线性关系在 $x = c$ 处存在一个向上跳跃的断点。由于在 $x = c$ 附近，个体之间没有系统差别，所以造成条件期望 $E(y_i \mid x)$ 在此处发生跳跃的唯一原因只可能是 D_i 的处理效应，故可将该跳跃看作是在 $x = c$ 处 D_i 对 y_i 的因果效应。

如果在方程中引入虚拟变量，就会在不同的子样本中产生不同的截距项，因而，

① Campbell, Stanley. Experimental and Quasi-Experimental Designs for Research on Teaching ［R］. 1963.

② Sacks, Ylvisaker. Linear Estimates for Approximately Linear Models ［J］. Annals of Statistics, 1978, 6（3）：1122-1138.

③ Trochim W. M. K. Research Design for Program Evaluation ［M］. Beverly Hills, CA：Sage Publications, 1984.

④ Hahn J., Todd P., Van der Klaauw W. Identification and Estimation of Treatment Effects with a Regression Discontinuity Design ［J］. Econometrica, 2001, 69（1）：201-209.

为了估计该跳跃，可将原方程改为：

$$y_i = \alpha + \beta (x_i - c) + \delta D_i + \gamma (x_i - c) D_i + \varepsilon_i \quad i = 1, 2, \cdots, n \qquad (3-7)$$

其中，变量 $(x_i - c)$ 是 x_i 的标准化，从而使 $(x_i - c)$ 的断点为 0。互动项 $\gamma (x_i - c) D_i$ 引入的目的是使断点两侧的回归线可以存在不同斜率，如果断点两侧的回归线斜率不同，但没有包括该互动项，其实就是强迫两侧斜率相同，将导致断点右（左）侧的观测值会对左（右）侧截距项估计，进而引起偏差。对式（3-7）进行 OLS 回归，得到的 $\hat{\delta}$ 即是 $x = c$ 处的局部平均处理效应（LATE）的估计量，其能够度量断点两侧回归线的截距之差，但与该回归线在 $x = c$ 的跳跃距离并不相等。因为该回归存在一个断点，所以被称为断点回归或者断点回归设计（Regression Discontinuity Design，RDD）。

由于断点附近存在随机分组，所以通常将断点回归看作一种内部有效性比较强的准实验，在某种意义上，也可被视为局部随机实验，并且可以通过检验协变量在断点两侧的分布是否有显著差异来判断其随机性。值得注意的是，断点回归只能推断出断点位置的因果关系，但不一定能推广至其他样本区间，所以该方法的外部有效性具有一定的局限性。

（二）分类

断点回归可以分为精确断点回归和模糊断点回归两种类型。

精确断点回归（Sharp Regression Discontinuity，SRD）是处理变量 D_i 完全由参考变量 x_i 是否超过临界值决定。若参考变量超过或等于临界值，个体接受处理，即 $D_i = 1$；反之，若参考变量未超过临界值，则个体并没有受到处理，即 $D_i = 0$。个体在断点得到处理概率是从 0 跳跃为 1。

模糊断点回归是个体受到处理与否并不完全取决于参考变量 x_i，还会受到其他未观测到的因素影响，处理变量可能会受到其他因素影响，未观测因素也可能同时影响参考变量和结果变量，而影响处理变量的未观测因素也可能同时影响结果变量。这就意味着，即使在断点的右侧，个体也不一定得到处理，而断点左侧的个体也可能接受处理。个体在断点得到处理概率是从 a 跳跃为 b，其中，$0 < a < b < 1$。但断点还是明确地在 $x = c$ 处，只不过分组变量跨过断点的后果并非泾渭分明，仅是得到处理的概率存在跳跃。在某种意义上，精确断点回归可以被看作是模糊断点回归的特例或者是极限情况，如图 3-2 所示。

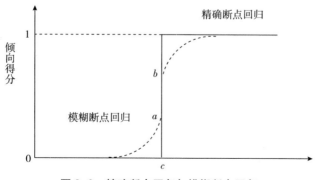

图 3-2 精确断点回归与模糊断点回归

（三）操作步骤

1. 检验内生分组

检验内生分组就是为了判断在进行断点回归时，个体能否自行分布在断点两侧，是否满足进入实验的条件，是否存在某种跳跃性的变化。若存在内生分组，那么个体将自行进入实验，但会存在断点两侧分布不均的情况，导致分组变量 x 的密度函数 $f(x)$ 在 $x=c$ 处不连续，从而使左右极限不相等。

McCrary 提出了一种核密度函数的检验方法，将参考变量划分为不同的区间，并计算各区间的个体数量，若个体能够操纵参考变量，我们将能观测到断点两侧个体数量的差别。例如，如果较多的个体通过操纵到了断点的左侧，这就意味着，位于断点右侧的个体数量将小于左侧，那么，就可以利用带宽选择和曲线拟合的方法检验在断点 $x=c$ 处是否存在跳跃。

2. 判断断点回归的类别

断点回归可以分为精确断点回归和模糊断点回归，通过个体被处理的概率可判断属于哪类回归。需要检验处理变量是否完全由"某连续变量是否超过某一断点"所决定，如果个体被处理的概率从 0 跳跃为 1，即为精确断点回归，如果个体被处理的概率从 a 跳跃为 b（$0<a<b<1$），则为模糊断点回归。

3. 图形分析

画出结果变量和参考变量之间的关系图，若判断为模糊断点，那么接着画出原因变量和参考变量之间的关系图，从而能够呈现结果变量和原因变量在断点处的关系。

4. 检验结果对不同带宽、不同多项式次数的稳健性

设置不同带宽，通过选择最优带宽，检验并选择相对应的模型。在这里，可以考虑增加协变量选择最优带宽。

5. 检验协变量在断点处的跳跃性

在断点回归的过程中，协变量的条件密度在断点 $x=c$ 处须具有连续性，因而要检验其在断点处是否存在跳跃。如果存在跳跃，说明其条件密度函数在断点处不是连续的，需要剔除。在剔除存在跳跃的协变量之后，需要重新选择最优带宽，重新进行断点回归分析。

6. 显著性检验

首先，可进行伪断点检验。将参考变量的其他位置（如断点左右两侧中点）作为伪断点，若所得断点回归的估计量不为 0，则无法满足伪断点干预效应为 0 的基本前提，说明断点回归设计可能存在问题，所得因果效应可能是因为混杂了其他未观测因素具有跳跃性造成的，并不完全是因为某项政策干预形成的影响。其次，选择不同的带宽，对断点回归估计量进行估计，检验所得估计结果是否存在较大差异，若差异较大，则说明断点回归设计可能存在问题。

二、注意的问题

在不具备随机实验的情况下，断点回归能够有效克服参数估计存在的内生性问题，

可真实地反映变量之间的因果关系①。断点回归可以应用于随机试验无法进行的环境，并且相对于其他因果推断方法，其结果非常接近于随机试验结果。所以，断点回归最大的优势在于其所得因果推断可方便地得到检验。这些优势逐渐被学术界认可，并得到广泛应用。该方法在应用的过程中必须注意的关键假设是断点附近的个体特征必须相同，该假设可通过统计分析进行检验。由于断点回归仅推断断点处的因果关系，不一定能推广至其他样本，所以其外部有效性可能会受到局限。

虽然断点回归在因果推断和政策评估方面具有很大优势，但在应用的过程中必须注意以下三个方面：一是如果个体能够精确操纵决定处理效应的关键变量，则不适于采用断点回归法；二是虽然个体能够对决定处理效应的关键变量产生影响，但若是该影响无法使个体精确地操纵关键变量，那么跳跃点处的处理效应仍会呈现随机模式，可用模糊断点回归法进行分析；三是断点回归可以像随机试验一样进行分析，可在政策实施之前，检验被解释变量是否会发生系统性变化。

案例及应用

1. 断点回归在劳动和教育经济学领域的应用

由于政府在劳动市场和教育部门制定的法规、政策种类比较多，所以断点回归在该领域的应用十分广泛。Angrist 和 Lavy 根据以色列教育制度对班级规模的规定，即班级人数必须保持在 40 人以内，超过 40 人的班级必须分为两班，利用断点回归估计了班级规模对学生成绩以及教育质量的影响。其研究发现，班级规模越小，学生考试成绩就越好②。其后，Hoxby 利用同样的规定，并且考虑入学年龄可能引起不同年级人数有所差别，进而影响班级规模这一机制，采用断点回归考察了班级规模对教育质量的影响，所得结论并未支持 Angrist 和 Lavy 的结果③。Chiang 根据英国中学自治的规定，即必须获得学生家长一定份额的票数通过才能进行自治，其采用断点回归研究学校是否自治对教学质量的影响，实证发现拥有自治权的学校学生的考试通过率会更高④。龚锋等采用模糊断点回归方法，全面考察高校扩张政策对社会公平的影响⑤。

Lalive 利用断点回归估计了奥地利延长失业工人补贴时限会对劳动力市场产生何种

---

① Lee D. S. Randomized Experiments from Non-Random Selection in US House Elections [J]. Journal of Econometrics, 2008, 142 (2): 675-697.

② Angrist, Lavy. Using Maimonides' Rule to Estimate the Effect of Class Size on Scholastic Achievement [J]. Quarterly Journal of Economy, 1999, 114 (2): 533-575.

③ Hoxby C. M. The Effects of Class Size on Student Achievement: New Evidence from Population Variation [J]. Quarterly Journal of Economics, 2000, 115 (4): 1239-1285.

④ Chiang H. How Accountability Pressure on Failing Schools Affects Student Achievement [J]. Journal of Public Economics, 2009, 93 (9/10): 1045-1057.

⑤ 龚锋，李博峰，雷欣. 大学扩招提升了社会公平感吗——基于主观公平感的断点回归分析 [J]. 财贸经济，2021 (3)：111-127.

影响①②。其发现失业补贴时限的不一致会影响失业时间以及新找工作的待遇、类型。此外，由于该项政策的实施还存在地域差别，所以通过对地区间临界线两侧的样本进行研究，发现补贴的时限越长，工人失业的时间也会越长。雷晓燕等依据中国政府对退休年龄的规定，通过利用断点回归方法估计了退休对健康的影响，结果显示退休会对男性健康具有显著的负效应，而对女性健康基本无影响③。邹红和喻开志基于国家统计局城镇住户调查的家庭数据，利用断点回归估计了退休对消费的影响作用，发现退休使城镇家庭的非耐用消费支出、与工作相关的支出、食物支出、文化娱乐支出分别下降9.0%、25.1%、7.4%和18.6%④。张川川以中国健康与养老追踪调查数据为样本，利用断点回归分析了新型农村社会养老保险对农村老年劳动负担的影响，研究表明，新农保会使老年人工作的概率下降25%~33%，有助于减轻农村老年人的劳动负担⑤。郑超和王新军基于2011~2015年中国健康与养老追踪调查数据，把法定退休年龄作为断点，使用断点回归设计研究退休对居民健康的影响及其作用机制和异质性⑥。其结果发现，退休对男性自评健康和心理健康具有显著的负面影响，并显著提高了男性的就医概率，但对女性健康的影响并不显著。

2. 断点回归在发展经济学领域的应用

断点回归在发展经济学中的应用主要利用了各地区行政区域划分的特点。Dell采用断点回归方法评估了历史制度对区域经济的持久性影响⑦。根据16世纪西班牙殖民地时期，玻利维亚和秘鲁的执政者在波托西银矿和万卡维利卡水银矿地区实行的劳工征收制度，即如果某地离矿区较远，成本相对较高，所以劳工征收制度的实施在很大程度上取决于该地区与矿区之间的距离，通过对比分析制度实施地区与未实施地区之间临界线两侧的样本数据发现，制度使消费下降了32%。余静文和赵大利、余静文和王春超根据与中心城市的距离是决定一个地区是否属于城市圈的关键因素，通过对比分析城市圈临界线附近的县、市样本，采用断点回归方法分析了城市圈的经济效应，实证发现，城市圈对区域经济具有异质性影响，即北京并未带动京津冀城市圈的区域经济增长，而珠三角城市群和长三角城市群中的中心城市则能够有效促进区域经济发

① Lalive R. Unemployment Benefits, Unemployment Duration, and Post-Unemployment Jobs: A Regression Discontinuity Approach [J]. American Economic Review, 2007, 97 (2): 108-112.

② Lalive R., Jan C. Van Ours, Zweimüller J. The Impact of Active Labour Market Programmes on The Duration of Unemployment in Switzerland [J]. The Economic Journal, 2008, 118 (525): 235-257.

③ 雷晓燕，谭力，赵耀辉. 退休会影响健康吗? [J]. 经济学（季刊），2010（4）：1539-1558.

④ 邹红，喻开志. 退休与城镇家庭消费：基于断点回归设计的经验证据 [J]. 经济研究，2015（1）：124-139.

⑤ 张川川. 养老金收入与农村老年人口的劳动供给——基于断点回归的分析 [J]. 世界经济文汇，2015（6）：76-89.

⑥ 郑超，王新军. 退休对居民健康的影响——基于断点回归方法的研究 [J]. 经济与管理研究，2020（9）：112-128.

⑦ Dell M. The Mining Mita Explaining Institutional Persistence [R]. Manuscript, Department of Economics, Working Paper, MIT, 2008.

展①②。黄新飞等以长三角15个城市224个市场37种农产品161个周度价格和成本数据为样本，利用断点回归考察了省际边界对价格差异的影响作用，结果表明，在控制了当地市场供给、需求的特征之后，长三角区域的省际边界效应显著存在，上海—江苏、浙江以及江苏—浙江的边界效应分别是42%、45%和32.4%③。

3. 断点回归在政治经济学领域的应用

由于政党选举通常是利用选票数量进行决定，而获得多少选票才可当选则是法律规章制度预先设定的，所以就存在一个当选与不当选的选票临界值。断点回归则利用该临界值进行研究。Lee利用50%得票率作为获选的决定性因素，运用断点回归方法研究了美国众议院当选者本次当选获得的权利是否有利于再次当选的问题，发现再次当选的概率很高④。Albouy同样利用了50%的选票率这一临界值，采用断点回归考察了美国国会议员的党派身份对议员所属区域税收负担的影响⑤。Ferreira和Gyourko利用美国城市数据，以市长选举为考察对象，使用断点回归评估了政党选举对政治经济的影响效应⑥。其研究发现，当选者获得下次当选的概率较高，党派政治并未对市政府规模、公共品支出及犯罪率产生明显影响。

4. 断点回归在公共经济学领域的应用

国内学者还将断点回归估计应用到了公共经济学领域。张川川和陈斌开基于中国健康与养老追踪调查微观数据，利用断点回归方法探讨了新型农村社会养老保险对农村养老模式的影响效应，研究结果显示，参与新型农村社会养老保险的老年人获得私人转移支付的概率下降32%~53%，所以，社会养老模式能够在一定程度上替代家庭养老模式，但效果有限，仍需进一步提高农村社保水平⑦。雷根强等将西部大开发战略作为自然实验，选取2000~2007年中西部地区15个省区市的县级数据，利用地理位置模糊断点回归分析转移支付对城乡收入差距的影响效应，发现西部地区获得的转移支付要高于中部地区，但西部地区的城乡收入差距却扩大了20%，所得结果在以不同带宽、

①　余静文，赵大利. 城市群落的崛起、经济绩效与区域收入差距——基于京津冀、长三角和珠三角城市圈的分析［J］. 中南财经政法大学学报，2010（4）：15-20.

②　余静文，王春超. 城市圈驱动区域经济增长的内在机制分析——以京津冀、长三角和珠三角城市圈为例［J］. 经济评论，2011（1）：69-78.

③　黄新飞、陈珊珊、李腾. 价格差异、市场分割与边界效应——基于长三角15个城市的实证研究［J］. 经济研究，2014（12）：18-32.

④　Lee D. S. Randomized Experiments from Non-Random Selection in US House Elections［J］. Journal of Econometrics，2008，142（2）：675-697.

⑤　Albouy D. The Unequal Geographic Burden of Federal Taxationv［J］. Journal of Political Economy，2009，117（4）：635-667.

⑥　Ferreira，Gyourko. Do Political Parties Matter? Evidence from US Cities［J］. Quarterly Journal of Economics，2009，124（1）：399-422.

⑦　张川川，陈斌开. "社会养老"能否替代"家庭养老"？——来自中国新型农村社会养老保险的证据［J］. 经济研究，2014（11）：102-115.

距离或维度作为断点回归执行变量的情况下均具有稳健性[1]。左喆瑜和付志虎利用地块调查微观数据，通过模糊断点回归设计估算了绿色农业补贴政策对肥料投入环境效率和肥料生产率的局部平均处理效应，通过绿色农业补贴政策提高技术采纳率，随后逐步淡化绿色农业补贴政策，增强市场机制的引导作用[2]。

5. 断点回归在环境经济学领域的应用

世界各国均颁布相关的政策法规来控制和缓解日益严重的环境问题，这为断点回归在环境经济学领域的应用提供了政策分析背景。Chay 和 Greenstone 根据美国联邦政府《清洁空气法案》，将规定的污染程度临界值作为一个间断点，利用断点回归方法对比分析超过和未超过污染排放临界点地区的房价水平，发现悬浮颗粒总量下降 1%，房价则会提高 0.4%~0.5%[3]。Davis 根据墨西哥城实行的根据车牌尾数限行一天的规定，利用断点回归估计了该限行政策对空气质量的影响，发现限行政策并未改善当地的空气质量，反而提高了未被限行车辆的使用率[4]。Greenstone 和 Gallagher 将污染排放水平作为间断点，利用断点回归方法比较分析实行和未实行环境清洁计划地区的房价和房屋租金，发现实行环境清洁计划地区的房屋财产会在 20 年后增加 4200 万美元[5]。Almond 等以中国淮河与秦岭为间断点，使用断点回归分析方法，通过比较中国南北方地区空气污染程度，检验了暖气政策对环境污染的影响，结果表明，北方的悬浮颗粒总量明显高于南方，并且是美国的 5~8 倍[6]。曹静等根据北京奥运会之后采取的"尾号限行"政策，利用断点回归模型探讨了限行政策能否改善空气质量，发现限行政策对空气质量的改善并没有显著影响[7]。席鹏辉和梁若冰基于多断点回归设计，考察了空气污染对地方环保投入的影响，研究表明，空气污染程度较低会降低环保支出比重[8]。吴超鹏等以秦岭—淮河分界线南北在冬季供暖制度上的差异作为断点，利用断点回归方法研究了空气污染对公司管理层人力资本质量的影响[9]。

① 雷根强，黄晓虹，席鹏辉. 转移支付对城乡收入差距的影响——基于我国中西部县域数据的模糊断点回归分析 [J]. 财贸经济，2015（12）：35-48.

② 左喆瑜，付志虎. 绿色农业补贴政策的环境效应和经济效应——基于世行贷款农业面源污染治理项目的断点回归设计 [J]. 中国农村经济，2021（2）：106-121.

③ Chay, Greenstone. Does Air Quality Matter? Evidence from the Housing Market [J]. Journal of Political Economy, 2005, 113（2）：376-424.

④ Davis L. W. The Effect of Driving Restrictions on Air Quality in Mexico City [J]. Journal of Political Economy, 2008, 116（1）：38-81.

⑤ Greenstone, Gallagher. Does Hazardous Waste Matter? Evidence from the Housing Market and the Superfund Program [J]. Quarterly Journal of Economics, 2008, 123（3）：951-1003.

⑥ Almond D., Chen Y. Y., Greenstone M., et al. Winter Heating or Clean Air? Unintended Impacts of China's Huai River Policy [J]. American Economic Review, 2009, 99（2）：184-190.

⑦ 曹静，王鑫，钟笑寒. 限行政策是否改善了北京市的空气质量？[J]. 经济学（季刊），2014（3）：1091-1126.

⑧ 席鹏辉，梁若冰. 空气污染对地方环保投入的影响——基于多断点回归设计 [J]. 统计研究，2015（9）：76-83.

⑨ 吴超鹏，李奥，张琦. 空气污染是否影响公司管理层人力资本质量 [J]. 世界经济，2021（2）：151-178.

方法三　双重差分法

20 世纪 80 年代以来，双重差分法（Difference-in-Difference，DID）逐渐兴起，是一种专门用于政策效果评估的计量方法，该方法将制度变迁及新政策视为外生于经济系统的一次"自然实验"。在无法进行随机化的情况下，确定政策处理组（Treatment Group）和控制组（Comparison Group），然后寻找具有随机特征的政策变化（即自然实验），从而使我们能够识别政策的实际影响，因其思路简洁且发展日趋成熟，逐渐被广泛应用于诸多领域。

一、理论模型

双重差分法是一种估计因果效应的计量方法，其基本思想是将公共政策视为一个自然实验，为了评估出一项政策实施所带来的净影响，将全部的样本数据分为两组：一组是受到政策影响，即处理组；另一组是没有受到同一政策影响，即控制组。选取一个要考察的经济个体指标，根据政策实施前后（时间）进行第一次差分得到两组变化量，经过第一次差分可以消除个体不随时间变化的异质性，再对两组变化量进行第二次差分，以消除随时间变化的增量，最终得到政策实施的净效应。

基准的双重差分模型设置如下：

$$Y_{it} = \alpha_0 + \alpha_1 D_{it} + \alpha_2 T_{it} + \alpha_3 D_{it} \times T_{it} + \alpha_4 X_{it} + \varepsilon_{it} \tag{3-8}$$

其中，Y_{it} 为被解释变量。D_{it} 为虚拟变量，表示是否受到政策实施的影响，如果个体 i 受到政策实施的影响，则其属于处理组，对应的 $D_{it}=1$；反之，若个体 i 未受到政策实施的影响，则其属于控制组，$D_{it}=0$。T_{it} 为政策实施虚拟变量，政策实施之前 $T_{it}=1$；政策实施之后 $T_{it}=0$。$D_{it} \times T_{it}$ 为分组虚拟变量与政策实施虚拟变量的交互项，其系数 α_3 能够反映政策实施的净效应。α_3 之所以能够体现政策实施的净效应，可以通过表 3-2 来说明。双重差分法的基本思想是，通过比较政策实施前后处理组与控制组之间的差异来反映政策效果的双重差分统计量。

表 3-2　双重差分法思想

分组	政策实施前	政策实施后	Difference
处理组	$\alpha_0 + \alpha_1$	$\alpha_0 + \alpha_1 + \alpha_2 + \alpha_3$	$\alpha_2 + \alpha_3$
控制组	α_0	$\alpha_0 + \alpha_2$	α_2
Difference	α_1	$\alpha_1 + \alpha_3$	α_3（DID）

双重差分法思想同样也可以用图 3-3 来解释。

图 3-3 中所示的虚线表示假设政策未实施时处理组的发展趋势。图 3-3 也反映了双重差分法的关键性前提条件，即共同趋势，也就是说，处理组和控制组在实施之前必须具有相同的发展趋势，因而在使用该方法之前必须要对共同趋势假设进行验证，如果选取的是多年的面板样本数据，则可通过画图来进行共同趋势假设检验。

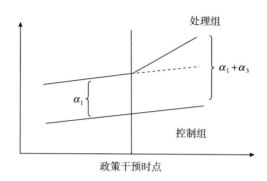

图3-3　双重差分法思想

如果处理组和控制组满足共同趋势假设，仍要检验是否同时发生了其他可能影响趋势变化的政策，换句话说，在政策干预时点之后，处理组和控制组出现的趋势变化，可能并不是仅由该政策导致，而是同期其他政策造成的结果。为了避免该问题，可进行如下检验：

（1）安慰剂检验。可通过虚构处理组进行回归。首先，可以选取政策实施之前的年份进行处理；其次，选取已知的不受政策影响群组作为处理组进行回归。如果不同的虚构处理组进行的双重差分估计量回归结果依然显著，说明原来所得估计结果可能出现了偏误。

（2）可以利用不同的处理组进行回归，判断所得实证结果是否一致。

（3）选取一个完全不受政策影响的因素作为被解释变量，若所得估计量依然显著，说明原来的估计结果可能存在偏误。

二、优劣性

（一）优势

双重差分方法基本原理简单，实际运用比较灵活，具有以下显著的优势：

第一，可以在很大程度上避免内生性问题的困扰：政策相对于微观经济主体而言一般是外生的，因而不存在逆向因果问题。此外，使用固定效应估计在一定程度上也缓解了遗漏变量偏误问题。

第二，传统方法的评估政策效应，通过设置虚拟变量（政策发生与否）进行回归，相较而言，双重差分法的模型设置更加科学，能更加准确地估计政策效应。

第三，双重差分法的原理和模型设置简单，容易理解和运用。

（二）局限性

双重差分法允许存在不可观测因素，并且允许不可观测因素可以影响个体是否接受干预，在一定程度上放松了政策效应评估的条件，使政策效应评估模型与现实经济更为接近，所以该方法得到广泛应用，但同时也不可忽视其局限性：

第一，对数据的要求更为严格。双重差分法主要基于面板数据，不仅需要横截面单位数据，而且个体的时间序列数据也必不可少，尤其是政策实施之前的数据，对数据量的需求较大。

第二，未控制个体的时点效应。双重差分法要求在政策实施之前，处理组与控制组的结果变量的时间变化路径保持平行，但该假设忽略了个体时点效应的影响而时点效应影响会导致在项目实施前后处理组与控制组的结果变量无法保持平行，进而引致系统性误差。

第三，忽略了所处环境对个体的不同影响。双重差分法假设，在相同的环境中，环境因素冲击对个体产生相同影响，但在现实操作中，处理组与控制组中的个体由于受到某些不可观测因素的影响，使在受到相同环境因素冲击之时，可能做出不同反应，从而导致该方法的应用出现问题。

案例及应用

Heckman 和 Robb 最早提出将 DID 方法用于公共政策效应评估，至此之后，DID 方法的研究成果层出不穷[①]。Heckman 和 Smith 通过采用双重差分法评估了就业培训项目的政策效应[②]。Puhani 采用 DID 方法对 1991 年在波兰实施的失业救济政策对失业持续周期的影响效应进行了评估[③]。Stewart 分析了 1999~2001 年英国实施的最低工资制度对就业率的政策效应[④]。Donohue 和 Wolfers 发现美国和加拿大的谋杀率的变化规律基本相同，所以将已经取消死刑的加拿大作为参照组，采用双重差分法对美国恢复死刑制度对谋杀率的降低是否具有影响进行研究，发现两者之间存在负效应关系，即死刑政策并未降低谋杀率[⑤]。Chen 等以中国 2000 个家庭数据为样本，采用 DID 评估了世界银行发展项目的政策效应[⑥]。Khandker 等假设实验对象在政策实施之前具有相似的社会经济特征，利用 DID 方法，估计了孟加拉国农村公路铺设项目对家庭人均消费量（衡量家庭福利）、价格、男女就业、孩子入学的政策效应，结果表明，家庭会以各种方式得益于公路投资[⑦]。

国内有些双重差分法的研究主要利用宏观或产业数据。姚永玲和汤学兵、张德荣和郑晓婷利用 DID 模型，分别评估了北京奥运会、大城市住宅限购政策对房价的影响

---

① Heckman James J．，Robb Richard．Alternative Methods for Evaluating the Impact of Interventions：An Overview ［J］．Journal of Econometrics，1985，30（1-2）：239-267．

② Heckman James J．，Smith Jeffrey A．The Pre-Program Earnings Dip and the Determinants of Participation in a Social Program：Implications for Simple Program Evaluation Strategies ［R］．NBER Working Paper，2013．

③ Puhani P．A．Poland on the Dole：The Effect of Reducing the Unemployment Benefit Entitlement Period ［J］．Journal of Population Economics，2000（59）：35-44．

④ Stewart M．B．The Employ ment Effects of the National Minimum Wage ［J］．The Economic Journal，2004（63）：110-116．

⑤ Donohue John J．，Justin Wolfers．Uses and Abuses of Empirical Evidence in the Death Penalty Debate ［J］．Stanford Law Review，2005（58）：791-845．

⑥ Chen T．，Hou K．，Yu K．Study on Model about Competitive Intelligence System of Enterprise based on Data Mining under Electronic Commerce Environment ［R］．2008．

⑦ Khandker S．R．，et al．The Poverty Impact of Rural Roads：Evidence from Bangladesh ［J］．Economic Development and Cultural Change，2009，57（4）：685-722．

效应，结果表明，两者并未对房价波动产生显著性影响①②。赵峦和孙文凯巧妙利用我国农村信用社体制分省分批的改革特性，使用双重差分法评估了构造省级农信社实验对扶持农户力度的影响效应，研究发现，改革具有负效应，即在体制改革之后，农户贷款覆盖面减少了③。李楠和乔榛以1999~2006年中国工业行业数据为样本，将国企产权改革作为一项自然实验，利用双重差分法评估国企改革的政策效应，研究结果表明，国企改革会对企业绩效产生正面影响，即国企产权改革提高了其整体业绩水平④。孙英杰等采用我国2001~2017年省际面板数据，运用双重差分法评估自贸区设立对经济"三驾马车"的影响，研究发现，自贸区设立对投资和出口具有显著的促进作用，对消费具有显著的抑制作用⑤。斯丽娟和曹昊煜基于2004~2017年的省际面板数据，使用双重差分法评估了排污权交易试点政策对约束性总量控制污染物的影响效果，实验表明排污权交易对三类约束性总量控制污染物具有显著的减排效应，环境规则强度更高的地区效果更为明显⑥。贺小丹等基于2018~2020年"中国城市生活质量调查"数据，以新冠肺炎疫情为一次准自然实验，利用双重差分法检验新冠肺炎疫情对消费者信心的影响，研究表明，新冠肺炎疫情在一定程度上降低了消费者信心，但反而升高了收入较高人群的消费者信心⑦。李启航等利用双重差分法研究了国家高新区设立对城市全要素生产率的影响，利用了2001~2014年我国261个城市面板数据，研究发现，设立高新区提高了所在城市的规模效率，抑制了其技术进步和技术效率的提高，研究期内设立国家高新区对城市全要素生产率具有负效应，但该作用具有显著的城市等级异质性，在高行政等级城市设立高新区可以促进城市全要素生产率⑧。

有些研究则利用微观数据进行双重差分分析。邢春冰和聂海峰巧妙运用结婚年份是否处于户籍改革之后作为时间差分变量，将是否为农业户口作为分组变量，利用双重差分法考察了1998年户籍制度改革的政策效应，研究表明，户籍改革使城市男性娶

① 姚永玲，汤学兵．奥运与北京房地产价格的变化——基于DD法的分析［J］．财贸经济，2008（8）：50-55.

② 张德荣，郑晓婷．"限购令"是抑制房价上涨的有效政策工具吗？——基于70个大中城市的实证研究［J］．数量经济技术经济研究，2013（11）：56-72.

③ 赵峦，孙文凯．农信社改革对改善金融支农的政策效应评估——基于全国农户调查面板数据的倍差法分析［J］．金融研究，2010（3）：194-206.

④ 李楠，乔榛．国有企业改制政策效果的实证分析——基于双重差分模型的估计［J］．数量经济技术经济研究，2010（2）：3-21.

⑤ 孙英杰，林春，康宽．自贸区建设对经济"三驾马车"影响的实证检验［J］．统计与决策，2020（23）：70-72.

⑥ 斯丽娟，曹昊煜．排污权交易对污染物排放的影响——基于双重差分法的准自然实验分析［J］．管理评论，2020（12）：15-26.

⑦ 贺小丹，陈博，杜雯翠．新冠肺炎疫情对消费者信心的冲击效果与作用机制——基于中国35个城市居民问卷调查的分析［J］．经济与管理研究，2021（1）：40-50.

⑧ 李启航，黄璐，张少辉．国家高新区设立能够提升城市全要素生产率吗？——基于261个地级市TFP分解数据的路径分析［J］．南方经济，2021（3）：54-72.

农村女性的概率增加了约5%①。周晓艳等将2003年实施的新型农村合作医疗制度作为一项准实验，以2003~2006年农业部农村固定观测点数据为样本，采用双重差分法考察新农合对农村居民储蓄行为的政策效应，结果表明，新农合政策显著减少了农村居民储蓄，间接刺激了农村消费与全国内需②。郑新业等以河南省县级面板数据为样本，利用双重差分法评估了"省直管县"财政体制改革效应，发现体制改革具有积极效果③。庄毓敏等以1992~2007年兴起的银行信用衍生品交易市场为研究对象，采用双重差分法分析了其对美国银行业系统风险的影响效应，在一定程度上解释了2007年美国次贷危机产生的原因④。张霞和毕毅将2004年东北地区实施的营改增改革作为试点，使用双重差分法评估了营改增改革的政策效果，研究表明，增值税改革可以明显提升研发密度、资本密度以及劳动生产率⑤。范子英和李欣将2003年部长更换作为一项准实验，利用DID模型分析了地方官员晋升部级干部之后，政治关联对其原在地所得转移支付的影响效应，结果表明，新上任正部长的政治关联会提高原地方政府的转移支付，副部长的政治关联效应并不明显⑥。李成和张玉霞利用2011~2013年企业微观数据，通过构建双重差分模型评估了营改增的政策效应，结果表明，由于进项税存在的抵扣效应，可显著提高改革试点企业的固定资产投资⑦。石培华等以中国60个重点旅游城市2009~2018年的面板数据为研究样本，将创建全域旅游示范区作为准自然实验，运用双重差分法评估全域旅游示范区实施对地区经济发展的影响，结果表明，创建全域旅游示范区对于各地经济发展产生了显著的正向效应，其效应存在显著的地区异质性⑧。强永昌和杨航英采用双重差分法考察了2010年长三角区域一体化扩容的企业出口效应，研究表明，长三角区域一体化扩容显著促进了整体城市与原有城市的企业出口，对新加入城市的企业出口没有显著影响⑨。胡兵和王肖平基于2012~2018年236家制造业上市公司微观数据，使用双重差分法对"一带一路"倡议如何影响我国企业经营绩效进行实证检验，研究发现，"一带一路"倡议能够提升企业绩效且其效应随着政

① 邢春冰，聂海峰．城里小伙儿遇到农村姑娘：婴儿户口、户籍改革与跨户籍通婚 [J]．世界经济文汇，2010 (4)：1-18.

② 周晓艳，汪德华，李钧鹏．新型农村合作医疗对中国农村居民储蓄行为影响的实证分析 [J]．经济科学，2011 (2)：63-76.

③ 郑新业，王晗，赵益卓．省直管县能促进经济增长吗 [J]．管理世界，2011 (8)：34-44.

④ 庄毓敏，孙安琴，毕毅．信用风险转移创新与银行（体系）的稳定性——基于美国银行数据的实证研究 [J]．金融研究，2012 (6)：83-94.

⑤ 张霞，毕毅．增值税改革对企业资本结构的影响研究 [J]．中央财经大学学报，2013 (8)：6-11.

⑥ 范子英，李欣．部长的政治关联效应与财政转移支付分配 [J]．经济研究，2014 (6)：129-141.

⑦ 李成，张玉霞．中国"营改增"改革的政策效应：基于双重差分模型的检验 [J]．财政研究，2015 (2)：44-49.

⑧ 石培华，张毓利，徐彤．全域旅游示范区创建对区域旅游经济发展的影响效果评估——基于双重差分的实证分析 [J]．宏观经济研究，2020 (6)：122-132+175.

⑨ 强永昌，杨航英．长三角区域一体化扩容对企业出口影响的准自然实验研究 [J]．世界经济研究，2020 (6)：44-56+136.

策实施可以逐年上升①。

方法四　匹配法

匹配作为一种近似实验的方法，主要将那些没有采用或无法采用实验方法的数据进行分组。匹配方法假定，在控制协变量之后，某项政策的实施会对具有相同特征的个体产生同样的影响，即那些不可观测因素不会对个体是否接受政策干预的决策产生影响，只有可观测变量会对其产生影响，所以可以根据可观测特征构造"反事实"，从而为处理组选择控制组。根据选取控制组时采用的不同匹配方法，可分为协变量匹配（Covariant Matching，CVM）与倾向得分匹配（Propensity Score Matching，PSM），协变量匹配是根据所有协变量进行匹配，通过计算控制组个体与处理组各个体之间的距离，为处理组选择控制组，但由于其涉及的协变量过多，可能导致在匹配时维度过多，计算过于复杂，缺乏可行性。倾向得分匹配在实践中的应用最为广泛。

一、理论模型

（一）基本思想

匹配估计量的基本思路是：假设个体 i 为处理组，找到控制组中的某个体 j，使个体 i 与个体 j 的可测变量取值尽可能匹配，即 $x_i \approx x_j$。根据可忽略性假设，个体 i 与个体 j 进入处理组的概率相近，所以具有可比性。因此，可将 y_j 作为 y_{0i} 的估计量，即 $\hat{y}_{0i} = y_j$，进一步地，$(y_i - \hat{y}_{0i}) = y_i - y_j$ 能够度量个体 i 的处理效应。可以对处理组的每一个体进行如此匹配，对控制组的每一个体也进行类似匹配，然后再对每一个体的处理效应进行平均，就可得到匹配估计量。匹配可分为一对一匹配和一对多匹配。

在一对一匹配的过程中存在放回与不放回两种情况。放回是在进行匹配时，每次都要将匹配成功的个体 (i, j) 留在样本中，继续参与其余匹配，但该操作会导致每一个体可能有多个个体与其匹配；不放回是从样本中删除已匹配成功的个体，使其不再参与其余样本的匹配。此外，还存在是否允许并列的情况。假设处理组中的个体 i 与控制组中的个体 j、k 同样接近，如果允许并列，可将 y_j 与 y_k 的平均值作为 y_{0i} 的估计量，即 $\hat{y}_{0i} = (y_j + y_k)/2$；若不允许并列，将根据数据排列顺序来选择个体 j 或 k，那么匹配估计量的结果就与数据排序相关，所以首先要将样本进行随机排序，然后再进行匹配。一对多匹配就是每个个体会有多个不同组的相近个体进行匹配。

匹配估计量一般存在偏差，只有在精确匹配的情况下，匹配才会满足 $x_i = x_j$，但在实际操作中，更常见的是非精确匹配，只能满足 $x_i \approx x_j$。在非精确匹配的情况下，一对一匹配的偏差较小，但其方差较大；一对多匹配因使用更多信息，因而能够降低方差，但却因使用了更多的信息，导致偏差增大。所以，Abadie 等建议一对四匹配，这样可

---

① 胡兵，王肖平."一带一路"倡议与中国企业绩效——基于制造业上市公司微观数据的分析［J］.当代经济研究，2021（2）：64-74.

以使均方误差最小化①。

(二) 倾向得分匹配

假设 x_i 为 K 维向量，若直接对 x_i 进行匹配，将面临在高维度空间进行匹配出现的数据稀疏问题，导致很难找到与 x_i 相近的 x_j 匹配。为了解决该问题，一般会使用函数 $f(x_i)$，可将 K 维向量 x_i 压缩至一维，然后根据 $f(x_i)$ 进行匹配。为了更易找到好的匹配，Rosenbaum 和 Rubin 提出可以使用倾向得分度量距离②。

个体 i 的倾向得分是在给定 x_i 的情况下，个体 i 进入处理组的条件概率，即 $p(x_i) \equiv P(D_i = 1 \mid x = x_i)$，简记为 $p(x)$。在利用样本数据估计 $p(x)$ 时，可以使用参数估计或者非参数估计，目前比较流行的是用参数估计中的 Logit 方法进行估计。采用倾向得分度量个体之间的距离，其是一维变量，并且取值介于 $[0, 1]$ 之间，其优势在于，即使 x_i 与 x_j 的距离很远，但仍可能使 $p(x_i) \approx p(x_j)$。利用倾向得分作为距离函数进行匹配，则被称为倾向得分匹配。

在使用倾向得分匹配时，必须满足重叠假定，意味着处理组和控制组的子样本必须存在重叠。因该假定是进行倾向得分匹配的前提条件，所以也被称为匹配假定。重叠假定的目的主要是确保处理组和控制组的倾向得分具有相同的取值范围。为了提高匹配质量，一般会保留位于倾向得分重叠部分的个体，但代价是会损失一定的样本容量。如果重叠假定不成立，就可能存在某些 x，使 $p(x) = 1$，表示样本个体都属于处理组，无法在控制组中找到相应个体进行匹配；也可能存在某些 x，使得 $p(x) = 0$，表示样本个体都属于控制组，意味着无法在处理组中找到个体与之进行匹配。值得注意的是，对于 x 的任何可能取值，均有 $0 < p(x) < 1$。

倾向得分匹配可采用不同的方法，如 K 近邻匹配、卡尺匹配、卡尺内最近邻匹配等，虽然这些方法的具体操作存在一定差异，但其本质都属于近邻匹配法，寻找最近的个体，再进行简单算术平均。还有一类匹配方法为整体匹配法，每一个体的匹配结果为位于共同取值范围内的不同组的全部个体，根据不同距离赋予不同的权重，距离个体比较近的其权重大，反之则小，在一定范围之外的权重为 0。整体匹配法一般包括核匹配、局部线性回归匹配、样条匹配等。

在实际的匹配过程中，如何选取匹配方法，目前尚无明确标准。每种方法都具有优劣性，并不适用于所有情形，因而需要根据具体数据特征选择与之适应的匹配方法。一般建议可以尝试不同的匹配方法，比较所得实证结果，如果采用不同方法所得结果比较接近，表明实证结果具有稳健性；反之，如果结果存在较大差异，需进一步分析其原因。

① Abadie Alberto, Imbens Guido, Drukker, David, et al. Implementing Matching Estimators for Average Treatment Effects in STAT [J]. Stata Journal, 2004 (4): 290-331.

② Rosenbaum P., Rubin D. The Central Role of the Propensity Score in Observational Studies for Causal Effects [J]. Biometrika, 1983 (70): 41-55.

二、局限性

匹配估计量可以看作一种再抽样方法，倾向得分匹配通过再抽样的方法，使观测数据与随机试验数据尽量接近，从而能够在很大程度上减少观测数据的偏差，但其也具有一定的局限性：①需要较大的样本容量才能获得高质量匹配；②处理组和控制组的倾向得分必须存在较大的共同取值范围，否则会丢失较多观测值，影响实证结果的精确性；③仅能够控制可测变量的影响，一旦存在不可测变量选择，会导致隐性偏差。

案例及应用

陈玉萍等利用 PSM 方法考察了滇西南采用的山区改良陆稻技术对农户收入的影响效应，可有效解决使用传统方法导致的因存在自我选择而带来的因果干涉问题①。甄静等基于倾向得分匹配法，评估了退耕还林项目对退耕农户收入增加的政策效应，研究发现，在项目实施了 5 年之后，参与户的收入明显提高，在实施 7 年之后，政策效应有所下降，退耕还林项目对收入增长的政策效应呈倒"U"形的变化趋势②。周新苗和唐绍祥选取上海 2001~2006 年工业企业数据为样本，基于倾向得分匹配法估计了企业自主研发、技术引进对企业绩效的影响效应，结果表明，通过技术进步求发展的企业绩效优于其他企业，其中引进技术比自主研发更能提高企业当期利润和劳动生产率，而自主研发对于企业的 TFP 具有更多贡献③。刘海洋等基于倾向得分匹配法筛选出与受补贴类似的未受补贴企业，发现相对于未受补贴企业，补贴企业的平均购买成本要高出 1.33%④。任曙明和张静基于 1999~2007 年中国装备制造企业的面板数据，运用倾向得分匹配法评估了补贴对装备制造企业加成率的政策效应⑤。郑玉以 2008~2018 年 A 股上市公司为样本，采用倾向得分匹配法考察高新认定的外部融资激励机制在缓解高新企业融资约束并促进其创新发展的可行性和有效性，研究发现，高新资质认定的外部融资激励机制对企业创新绩效及经营业绩具有额外激励效应，企业面临的融资约束越大，激励效果越显著，同时其效应也存在地区与企业差异⑥。赵鑫等利用全国 800 个行政村实地调研数据，采用倾向得分匹配模型，分析了村集体生产性服务的供给对农户收入的影响效应，结果表明，生产性服务具有增收效应，不同的生产性服务带来的

① 陈玉萍，吴海涛，陶大云. 基于倾向得分匹配法分析农业技术采用对农户收入的影响——以滇西南农户改良陆稻技术采用为例［J］. 中国农业科学，2010（5）：3667-3676.

② 甄静，郭斌，朱文清等. 退耕还林项目增收效果评估——基于六省区 3329 个农户的调查［J］. 财贸研究，2011（4）：22-29.

③ 周新苗，唐绍祥. 自主研发、技术引进与企业绩效：基于平均处理效应估计的微观考察［J］. 财贸经济，2011（4）：104-111.

④ 刘海洋，孔祥贞，马靖. 补贴扭曲了中国工业企业的购买行为吗？——基于讨价还价理论的分析［J］. 管理世界，2012（10）：119-145.

⑤ 任曙明，张静. 补贴、寻租成本与加成率——基于中国装备制造企业的实证研究［J］. 管理世界，2013（10）：118-129.

⑥ 郑玉. 高新技术企业认定、外部融资激励与企业绩效——基于倾向得分匹配法（PSM）的实证研究［J］. 研究与发展管理，2020（6）：91-102.

增收效果不同[1]。王鹏辉等基于山西省 1385 家高新技术企业横截面数据，利用倾向得分匹配法检验了政府研发资助对不同类型企业创新效率的引导效果，研究发现，政府研发资助对微型企业具有显著的促进作用，对公有控股企业和小型企业存在显著的抑制作用，而对非公有控股企业和大中型企业不存在显著影响[2]。

方法五　倾向得分匹配—双重差分法

倾向得分匹配模型虽然能够有效校正选择偏差问题，但是由于其仅依靠可观测变量来估算倾向得分，而忽略了某些非可观测因素，致使所估平均处理效应可能有偏[3]。双重差分法可消除某些不可观测尤其是随时间不变或随时间同步变化的因素的影响，从而弥补倾向得分匹配的不足。Heckman 等首次提出将倾向得分模型与双重差分模型进行结合的研究理念，认为这两种模型的结合可以有效降低偏差[4]。

$$ATT_{PSM-DID} = E[Y_{t_1}(1) - Y_{t_0}(1) \mid D = 1, P(X_{t_0})]$$
$$-E[Y_{t-1}(0) - Y_{t_0}(0) \mid D = 0, P(X_{t_0})] \qquad (3-9)$$

其中，t_0 和 t_1 分别为政策实施前、后的时点，X_{t_0} 是影响政策实施的特征变量，为了避免这些变量受到政策影响，所以采用政策实施前的时点值。式（3-9）右边分别为处理组、控制组与自身的差分项，这样做的目的是剔除其自身变化趋势的影响，而两项的再次差分即为某项政策带来的净效应。

实证过程可分为三个步骤：首先，进行倾向得分匹配，计算出各观测值的倾向得分；其次，根据倾向得分为处理组的各样本寻找匹配样本，并为每个样本赋予权重；最后，利用双重差分计算每个处理组和控制组的差距，再将这些差距加权平均即可得到处理组和控制组之间的总体差距。

案例及应用

1. 国外相关研究

Beatrice 和 Patrick 以 1994~1997 年埃塞俄比亚农村住户调查面板数据为样本，采用 PSM-DID 方法评估了壮年成人死亡率对儿童生存与成长的影响效应，实证分析发现，丧亲之痛会提高儿童的死亡概率，并且女孩的状况要比男孩糟糕，所以实施预防成人死亡率的政策对改善儿童健康成长至关重要。Huang 和 Yao 以 1995~2001 年中国 386 家公司的面板数据为样本，利用 PSM-DID 分析了私有化政策对就业的影响，发现

① 赵鑫，张正河，任金政. 农业生产性服务对农户收入有影响吗——基于 800 个行政村的倾向得分匹配模型实证分析 [J]. 农业技术经济，2021 (1)：32-45.

② 王鹏辉，王志强，刘伯凡. 政府研发资助与企业创新效率——基于倾向得分匹配法的实证检验 [J]. 经济问题，2021 (4)：87-95.

③ Dehejia R. Practical Propensity Score Matching：A Reply to Smith and Todd [J]. Journal of Econometrics, 2005 (125)：355-364.

④ Heckman J. J., Lochner L., Taber C. Explaining Rising Wage Inequality：Explorations with a Dynamic General Equilibrium Model of Labor Earnings with Heterogeneous Agents [J]. Review of Economic Dynamics, 1998 (1)：1-58.

私有化对就业的影响程度取决于私有化如何定义①。Gina 和 William 通过 PSM-DID 方法探讨了乌干达实施的资产干预项目对家庭经济稳定性的影响，结果表明，资产干预对家庭的经济稳定性具有积极的政策效应。Aoife 和 Joaquín 通过 PSM-DID 方法分析了互联网普及对拥有尖端科技出口国的影响，揭示了技术升级提高出口国创新率的证据②。Arata 和 Sckokai 利用 PSM-DID 评估了五个欧盟成员国实施的农业环境计划对农场的政策效应，结果显示，不同国家的政策效应差异及相同国家对农民产生的影响程度均取决于农民收入在多大程度上依赖于农业环境计划支付。Michael 和 Jonas 选取 1995~2010 年德国社会经济面板数据，利用 PSM-DID 方法探讨了从就业到失业的转变对健康的影响，研究发现，相对于临时就业，失业会对个人的心理健康造成更大威胁③。Mareike 等采用 PSM-DID 方法考察了德国医院私有化计划对就业的政策效应，发现医院利润私有化会大量减少非临床工作人员的数量，但对医生基本无影响④。

2. 国内相关研究

国内学者也掀起了对 PSM-DID 方法的研究热潮，并取得了一系列成果。万海远和李实采用 2007 年和 2008 年中国城乡劳动力流动的面板数据，通过 PSM-DID 方法构建"反事实"状态，分析了户籍歧视对城乡收入差距的政策效应，研究表明，户籍歧视对我国收入差距具有显著的政策效应⑤。盛丹采用 2004~2007 年 30000 多家制造企业的数据，基于 PSM-DID 方法，系统评估了外资进入是否会提高劳动者讨价还价的能力，发现外商企业进入会提高中国劳动者讨价还价的能力，但中国港澳台地区企业的进入则会恶化中国劳动者讨价还价的能力⑥。毛其淋和许家云基于 PSM-DID 模型，选取 2004~2008 年微观企业数据，系统评估了外向型 FDI 对企业职工收入的政策效应，研究显示，企业外向型 FDI 能够显著提高平均工资水平，并拉大企业内部工资差距⑦。刘瑞明和赵仁杰以 1994~2012 年中国 283 个地级市面板数据为样本，利用 PSM-DID 方法评估了西部大开发战略对地区经济发展的政策效应，研究结果表明，西部大开发战略对西部地区的 GDP 及人均收入并未产生显著影响⑧。徐琰超等利用 CHIPS 2002 的村庄调查数据，采用 PSM-DID 方法，估计了农村税费改革对农村公共品供给结构及总量的

① Lingwen Huang，Yang Yao. Impacts of Privatization on Employment：Evidence from China ［J］. Journal of Chinese Economic and Business Studies，2010，8（2）：133-156.

② Aoife Hanley，Joaquín Monreal Pérez. Are Newly Exporting Firms More Innovative? Findings from Matched Spanish Innovators ［J］. Economics Letters，2012，116（2）：217-220.

③ Gebel Michael，Voßemer Jonas. The Impact of Employment Transitions on Health in Germany. A Difference-In-Differences Propensity Score Matching Approach ［J］. Social Science & Medicine，2014（108）：128-136.

④ Mareike Heimeshoff，Jonas Schreyögg，Oliver Tiemann. Employment Effects of Hospital Privatization in Germany ［J］. The European Journal of Health Economics，2014，15（7）：747-757.

⑤ 万海远，李实. 户籍歧视对城乡收入差距的影响 ［J］. 经济研究，2013（9）：43-55.

⑥ 盛丹. 外资进入是否提高了劳动者的讨价还价能力 ［J］. 世界经济，2013（10）：54-78.

⑦ 毛其淋，许家云. 中国外向型 FDI 对企业职工工资报酬的影响：基于倾向得分匹配的经验分析 ［J］. 国际贸易问题，2014（11）：121-131.

⑧ 刘瑞明，赵仁杰. 西部大开发：增长驱动还是政策陷阱——基于 PSM-DID 方法的研究 ［J］. 中国工业经济，2015（6）：32-43.

政策效应，发现农村税费改革政策会显著降低农村公共物品供给水平[1]。贾俊雪和宁静利用 2002 年和 2007 年全国县级面板数据，通过 PSM-DID 方法构造"反事实"状态，在拟自然实验的环境下，评估"省直管县"财政体制改革对县级政府支出结构的政策效应，研究显示，改革增加了县级政府以经济增长为导向的支出[2]。解垩以中国健康与营养 2004 年、2006 年及 2009 年的微观调查面板数据为样本，利用可矫正选择性偏误的 PSM-DID 模型，检验代际间向上流动的私人转移支付对贫困脆弱性的政策效应，研究表明，私人转移支付基本不会影响慢性贫困与暂时性贫困的脆弱性[3]。申明浩等基于 2010~2019 年 A 股上市公司数据，以粤港澳大湾区战略的提出作为"准自然实验"，采用 PSM-DID 方法分析粤港澳大湾区战略对企业的创新激励效应，研究表明，粤港澳大湾区战略的提出对企业创新具有显著的促进作用，对非国企和规模较大的企业影响更显著[4]。吴翌琳和张旻基于 125 个城市 2019 年度数据与 2020 年 2~5 月面板数据，建立 PSM-DID 模型评估新冠肺炎疫情背景下发放消费券的效果以及城市异质性对消费券效果的影响，研究表明，整体来说，消费券对社会消费具有显著促进作用，其效果存在显著的地区差异[5]。

方法六 合成控制法

合成控制法（Synthetic Control Methods）是由 Abadie 和 Gardeazabal 提出的一种政策效果评估方法，其基本思想是，将未实施某项政策地区进行加权后合成为一个更为良好且合理的控制组，该控制组优于主观选定的控制组，可有效克服处理组和控制组之间存在的差异问题。然后根据控制组的数据特征构建"反事实"，明确处理组和控制组在政策实施之前的相似程度，避免因对比地区差异过大而引起的误差，合成控制法能够克服在选取控制对象时出现的样本选择偏误以及政策内生性问题[6]。

一、理论模型

假设共有（$J+1$）个观测地区，其中仅有第一个地区受到某项政策的影响，该地区即可被视为处理组，而其余 J 个未受某项政策影响的地区可被看作控制组。

假设处理组与控制组的 T 期受到政策干预的情况均可被观测，用 T_0 表示政策实施的年份，因而 $1 \leqslant T_0 < T$。Y_{it}^N 表示 i 地区在 t 时未受到政策干预的情况，Y_{it}^I 表示 i 地区在 t 时受到政策干预的情况，其中，$i = 1, \cdots, J+1$；$t = 1, \cdots, T$。因而 $\alpha_{it} = Y_{it}^I - Y_{it}^N$ 就表

① 徐琰超，杨龙见，尹恒．农村税费改革与村庄公共物品供给 ［J］．中国农村经济，2015 (1)：58-72.
② 贾俊雪，宁静．纵向财政治理结构与地方政府职能优化——基于省直管县财政体制改革的拟自然实验分析 ［J］．管理世界，2015 (1)：7-17.
③ 解垩．代际间向上流动的私人转移支付与贫困脆弱性 ［J］．经济管理，2015 (3)：170-179.
④ 申明浩，谢观霞，楚鹏飞．粤港澳大湾区战略的创新激励效应研究——基于双重差分法的检验 ［J］．国际经贸探索，2020 (12)：82-98.
⑤ 吴翌琳，张旻．基于 PSM-DID 模型的消费券效果评估 ［J］．调研世界，2021 (1)：14-24.
⑥ Abadie A.，Gardeazabal J. The Economic Costs of Conflict：A Case Study of the Basque Country ［J］．American Economic Review，2003，93 (1)：112-132.

示政策效应。

在政策未实施之前，所有地区均不会受到政策干预，即对于 $t \leq T_0$ 的年份，所有地区 i 都有 $Y_{it}^I = Y_{it}^N$；对于 $T_0 < t \leq T$ 的年份，有 $\alpha_{it} = Y_{it}^I - Y_{it}^N$。引入表示是否受政策干预的哑变量 D_{it}，如果地区 i 在 t 时开始实施政策，则该变量等于 1，否则等于 0。那么在 t 时观测到地区 i 的结果 $Y_{it} = D_{it} Y_{it}^I + (1 - D_{it}) Y_{it}^N$，即 $Y_{it} = Y_{it}^N + \alpha_{it} D_{it}$。对于不受政策干预的地区，有 $Y_{it} = Y_{it}^N$。

由于在 T_0 期之后，仅有第一个地区会受到政策干预，所以只需要估计出 α_{1t} 即可。当 $t > T_0$ 时：

$$\alpha_{1t} = Y_{1t}^I - Y_{1t}^N = Y_{1t} - Y_{1t}^N \tag{3-10}$$

其中，Y_{1t} 是处理组的实际结果，是可观测的。Y_{1t}^N 是处理组未受到政策干预的潜在结果，所以为了估计 α_{1t} 则需先估计出 Y_{1t}^N，由于其无法观测，因而通过构造"反事实"来预测 Y_{1t}^N。

令 Y_{it}^N 由以下模型决定：

$$Y_{it}^N = \delta_t + \theta_t Z_i + \lambda_t \mu_i + \varepsilon_{it} \tag{3-11}$$

其中，δ_t 表示时间趋势，是一个（$1 \times r$）维无法观测的共同因子，θ_t 是一个（$1 \times r$）维的未知参数，Z_i 是一个（$r \times 1$）维的控制变量，其不受政策干预；λ_t 是一个（$1 \times F$）维的共同因子，并且不可观测；μ_i 表示地区固定效应，（$F \times 1$）维且不可观测，ε_{it} 则为标准误差，其均值为 0。

式（3-11）实际上是固定效应双重差分模型的扩展形式，但两者之间存在某些本质差异。虽然两个模型中都可以存在不可观测变量，但固定效应的双重差分模型要求这些变量的效应不能随着时间而变化，而式（3-11）则允许这些变量的效应能够随着时间变化。具体地，如果假定 λ_t 不随时间变化，那么式（3-11）即可被视为常规的双重差分模型，并且在该模型中，无须限制 Z_i、μ_i 和 ε_{it} 之间相互独立。

为估计政策干预效应，必须估计如果第 1 个地区未受到政策干预的结果 Y_{1t}^N，可通过控制组地区近似处理组未受到政策干预的情况。为此，考虑一个（$J \times 1$）维的权重向量 $W = (w_2, \cdots, w_{J+1})'$，对于 $j = 2, \cdots, J+1$，$w_j \geq 0$ 且 $w_2 + \cdots + w_{J+1} = 1$。向量 W 是控制组内的所有地区的加权平均，而 w_j 则表示对处理组可行的合成控制：

$$\sum_{j=2}^{J+1} w_j Y_{jt} = \delta_t + \theta_t \sum_{j=2}^{J+1} w_j Z_j + \lambda_t \sum_{j=2}^{J+1} w_j \mu_j + \sum_{j=2}^{J+1} w_j \varepsilon_{jt} \tag{3-12}$$

假设存在一个向量组 $W^* = (w_2^*, \cdots, w_{J+1}^*)$ 满足：

$$\sum_{j=2}^{J+1} w_j^* Y_{j1} = Y_{11}, \quad \sum_{j=2}^{J+1} w_j^* Y_{j2} = Y_{12}, \quad \cdots, \quad \sum_{j=2}^{J+1} w_j^* Y_{jT_0} = Y_{1T_0} \text{ 且 } \sum_{j=2}^{J+1} w_j^* Z_j = Z_1 \tag{3-13}$$

如果 $\sum_{t=1}^{T_0} \lambda'_t \lambda_t$ 非奇异，则有：

$$Y_{1t}^N - \sum_{j=2}^{J+1} w_j^* Y_{jt} = \sum_{j=2}^{J+1} w_j^* \sum_{s=1}^{T_0} \lambda_t \left(\sum_{n=1}^{T_0} \lambda'_n \lambda_n \right)^{-1} \lambda'_s (\varepsilon_{js} - \varepsilon_{1s}) - \sum_{j=2}^{J+1} w_j^* (\varepsilon_{jt} - \varepsilon_{1t})$$

$$\tag{3-14}$$

Abadie 已证明，在一般条件下，式（3-14）右边趋近于 0。所以，当 $T_0 < t \leqslant T$ 时，可用 $\sum_{j=2}^{J+1} w_j^* Y_{jt}$ 作为 Y_{1t}^N 的无偏估计来近似 Y_{1t}^N，进而可将 $\hat{\alpha}_{1t} = Y_{1t} - \sum_{j=2}^{J+1} w_j^* Y_{jt}$ 作为 α_{1t} 的估计。

估计 $\hat{\alpha}_{1t}$ 的前提条件是必须预先确定 W^*。如果式（3-14）成立，那么处理组的特征向量存在的范围必须是在控制组特征向量的凸组合内部，此即式（3-14）成立的必要条件。但是，在实际运算中，并不能肯定在选取的样本数据中恰好一定存在方程组的解，所以只能用近似解来计算 W^*。因而，用 X_1 与 $X_0 W$ 之间的距离 $\| X_1 - X_0 W \|$ 确定权重向量 W^*，而距离函数为 $\| X_1 - X_0 W \|_v = \sqrt{(X_1 - X_0 W)' V (X_1 - X_0 W)}$，$V$ 为 $(k \times k)$ 阶对称半正定矩阵，其选择会直接影响估计的均方误差。其中，X_1 是政策实施之前处理组地区的 $(k \times 1)$ 维特征向量；X_0 为 $(k \times J)$ 阶矩阵，其第 j 列表示在政策实施之前地区 j 的特征向量；W 满足的条件，即对任意的 $j = 2$，…，$J+1$，有 $w_j \geqslant 0$ 且 $w_2 + \cdots + w_{J+1} = 1$。特征向量为式（3-12）中政策干预结果决定因素的任意线性组合。在估计权重 W^* 时，要求 $w_j \geqslant 0$，其目的是缩小处理组与控制组之间的差异，从而减少由此带来的估计偏差。

二、稳健性检验

（一）安慰剂试验

由于合成控制法是利用宏观数据来估计政策效应，从而避免了因用微观数据估计宏观效果所引起的不确定性。但由于无法确定构造的合成控制组是否能够很好地拟合处理组的潜在变化路径，即"反事实"状态，因此所估计参数仍存在一定程度的不确定性。为了检验实证结果的稳健性，对其他地区进行安慰剂试验（Placebo Test），用于检验政策效应在统计上是否显著，并且判断是否还有其他地区会出现与处理组一样的特征，其概率有多大。安慰剂试验的思路如下：对于控制组的某一地区，假设该地区受到政策干预，然后利用合成控制法构造其合成样本，从而估计该地区和其合成样本之间的政策干预结果差距，如果所得结果与处理组类似，则表明合成控制法并没有提供一个有力的证据说明该项政策对处理组产生了影响。安慰剂对象的一个合理选择是构成合成处理组权重最大的地区。

（二）排序检验

为了检验所估计政策效应是否在统计上显著，Abadie 等提出了一种与秩检验类似的排序检验方法（Permutation Test），其基本思想是，在控制组内随机选取一个地区，假设该地区受到政策干预，并利用合成控制法构造其合成样本，估计其在"反事实"状态下产生的政策效应，然后将其与处理组的政策效应进行对比，如果两者的政策效应具有显著差异，说明政策影响是显著的，并非偶然现象，反之亦然。

（三）优势

合成控制法具有以下优点：①该方法作为一种非参数方法，是传统双重差分法的扩展；②通过加权合成控制组，并且权重由数据决定，可有效减少主观判断；③通过将多个控制对象进行加权以模拟目标对象政策实施之前的情况，不仅可以清晰反映各控制对象在"反事实"事件中的具体贡献，由于对比地区的权重均为正数且之和为1，还有效避免过分外推；④可为所有研究个体提供与之对应的合成控制对象，避免因各政策实施时间不同而影响政策评估结果，从而造成主观选择偏差。合成控制法因其具备的优势，获得学术界的认可，并得到广泛的推广应用。

案例及应用

Abadie 和 Gardeazabal 提出了一种政策效果评估方法，即合成控制法，用于评估恐怖冲突对巴斯克地区经济的影响效应，将巴斯克地区作为处理组，西班牙其他两个地区的合成作为控制组，结果表明，恐怖袭击使巴斯克地区的 GDP 下降了 10%[①]。此后，Abadie 等利用合成控制法研究了加利福尼亚烟草控制计划对人均烟草消费的政策效应，发现相对于未实行烟草控制计划的地区，2000 年加利福尼亚州的人均烟草消费减少了 26 包[②]。Munasib 和 Rickman 通过利用合成控制法构建"反事实"状态，主要考察了石油、天然气生产对其主要产地阿肯色州、北达科他州和宾夕法尼亚州的经济效应[③]。Jimenez 和 Mercado 基于 75 个国家样本，将拉丁美洲国家作为主要考察对象，通过合成控制法估计了能源强度的变化趋势，发现低收入与中等收入国家的能源强度分别下降了 40%、54%，而拉丁美洲国家下降了 20%[④]。Ando 选取 8 个案例，通过合成控制法分析了 20 世纪七八十年代日本核电设施的建设如何影响其所在地直辖市人均收入水平，发现核电设施的建立导致的劳动需求冲击及由此带来的就业效应使人均收入水平提高 11%，其中一个直辖市的人均收入提高了 62%。

近几年，国内学者也开始利用合成控制法进行政策效应评估，但研究成果的数量还相对较少。王贤彬和聂海峰采用合成控制法分析了将重庆作为省级行政区划调整对四川地区经济增长的影响，将全国其他 30 个省区市进行加权平均来近似没有实行行政区划调整时"大四川"的经济增长情况，结果发现，行政区划对重庆经济增长具有一定的促进作用，但对"新四川"地区的经济增长基本没有影响[⑤]。刘甲炎和范子英通过将进行房产税改革的重庆作为处理组，用 40 个大中城市的加权平均模拟如果重庆未实行房产税改革的潜在房价，通过对比分析重庆房价的真实值与合成值，进而估计房产

① Abadie A. ,Gardeazabal J. The Economic Costs of Conflict: A Case Study of the Basque Country ［J］. American Economic Review, 2003, 93（1）: 112–132.

② Abadie A. , Diamond A. , Hainmuellert J. Synthetic Control Methods for Comparative Case Studies? Estimating the Effect of California's Tobacco Control Program ［J］. Journal of the American Statistical Association , 2010, 105（490）: 493–505.

③ Munasib Abdul, Rickman Dan S. Regional Economic Impacts of the Shale Gas and Tight Oil Boom: A Synthetic Control Analysis ［J］. Regional Science and Urban Economics, 2015（50）: 1–17.

④ Raul Jimenez, Jorge Mercado. Energy Intensity: A Decomposition and Counterfactual Exercise for Latin American Countries ［J］. Energy Economics, 2014（42）: 161–171.

⑤ 王贤彬，聂海峰. 行政区划调整与经济增长 ［J］. 管理世界, 2010（4）: 42–53.

税改革对房价的政策效应，结果发现，房产税改革时重庆的房价下降了 5.27%①。苏治和胡迪利用合成控制法将未实施通货膨胀目标政策的国家加权合成以模拟目标国政策实施之前的情况，从而评估该政策对新型市场国家通货膨胀率的影响，结果表明，该项政策会显著降低通货膨胀率，减缓其波动幅度②。任再萍等利用合成控制法研究了上海自贸区金融创新与开放对上海经济增长的贡献，研究表明，上海自贸区金融政策能够通过拉动金融业增加值推动经济增长，与开放政策共同作用对 GDP 的贡献显著且效应逐年递增③。林爱华和沈利生利用合成控制法分析长三角地区的生态补偿机制，结论表明，长三角地区的生态补偿机制是有效的，适度的环境管制可以降低环境污染④。李治国和王杰以我国碳交易试点 2007~2017 年的样本数据，采用合成控制法进行准自然实验评估碳交易政策实施的空间减排效应并分析其作用的具体路径，研究发现，碳排放权交易试点政策总体上可以促进试点地区的碳减排，其效应发挥存在周期性⑤。毛军等基于 1994~2016 年中国 22 个省份的面板数据，采用合成控制法研究了财政转移支付对区域技术转移的影响，结果表明，财政转移支付对地区技术转移存在显著的积极影响，能够提高其相邻地区技术转移水平，减轻地区技术发展不平衡状况⑥。

方法七　Hsiao 面板数据政策效应评估法

Hsiao 等提出了一种面板数据政策效应评估的方法，其基本思路是，利用横截面单元之间的相关性构建"反事实"的对照组样本，也就是说，产生横截面相关性的原因是存在某些无法观测的共同因素，我们并不直接去界定那些共同的影响因素，只是使用其他单位的变量值就可以构造受政策影响单位对应变量无政策影响下的"反事实"⑦。该方法利用面板数据进行检验，不仅能提供政策实施地区在实施前后的表现，还能提供同时期没有实施该政策的地区的表现作为对比，从而得到政策效果。在时间序列上的信息还能探究政策效果的长期表现，如逐渐消失、趋于稳定的常量或是爆发性增长等。

①　刘甲炎，范子英. 中国房产税试点的效果评估：基于合成控制法的研究 [J]. 世界经济，2013 (11)：117-135.

②　苏治，胡迪. 通货膨胀目标制是否有效？——来自合成控制法的新证据 [J]. 经济研究，2015 (6)：74-88.

③　任再萍，黄成，施楠. 上海自贸区金融创新与开放对经济增长贡献研究——基于金融业政策效应视角 [J]. 中国软科学，2020 (9)：184-192.

④　林爱华，沈利生. 长三角地区生态补偿机制效果评估 [J]. 中国人口·资源与环境，2020 (4)：149-156.

⑤　李治国，王杰. 中国碳排放权交易的空间减排效应：准自然实验与政策溢出 [J]. 中国人口·资源与环境，2021 (1)：26-36.

⑥　毛军，李子豪，石信秋. 财政转移支付对区域技术转移的影响研究 [J]. 科研管理，2021 (1)：88-99.

⑦　Cheng Hsiao, H. Steve Ching, Shui Ki Wan. A Panel Data Approach For Program Evaluation：Measuring the Benefits of Political and Economic Integration of Hong Kong with China Mainland [J]. Journal of Applied Econometrics, 2012, 27 (5)：705-740.

一、理论模型

假设政策效应的关键变量，即评估变量为 y，假设在 t 期时，第 i 个地区的值为 y_{it}。用 y_{it}^1 表示 i 地区在 t 期末受到政策干预的结果变量；y_{it}^0 表示 i 地区在 t 期未受到政策干预的结果变量。对于各地区，由于不能同时观测到 y_{it}^1 和 y_{it}^0，因此引入虚拟变量 d_{it}。$d_{it}=1$ 表示 i 地区在 t 期时已受到政策干预，$d_{it}=0$ 表示 i 地区未受到政策干预。因此有：

$$y_{it}=d_{it}y_{it}^1+(1-d_{it})y_{it}^0 \tag{3-15}$$

令 y_{it} 的 $(N{\times}1)$ 阶向量形式为 $\boldsymbol{y}_t=(y_{1t},\ \cdots,\ y_{Nt})'$，其中 N 为所有地区的个数。假设在 T_1 期之前并未受到政策干预，则可观测到的 $\boldsymbol{y}_t$ 为：

$$\boldsymbol{y}_t=\boldsymbol{y}_t^0 \quad t=1,\ \cdots,\ T_1 \tag{3-16}$$

假设在 (T_1+1) 期时，第 1 个地区开始受到政策干预，在 T_1 期及 T_1 期之前 d_{1t} 为 0，而 T_1 期之后 d_{1t} 为 1。则有：

$$d_{1t}=\begin{cases}0,\ t=1,\ \cdots,\ T_1\\ 1,\ t=T_1+1,\ \cdots,\ T\end{cases} \qquad y_{1t}=\begin{cases}y_{1t}^0,\ t=1,\ \cdots,\ T_1\\ y_{1t}^1,\ t=T_1+1,\ \cdots,\ T\end{cases} \tag{3-17}$$

其他 $(N-1)$ 个地区并未受到政策干预，则有：

$$d_{it}=0 \text{ 且 } y_{it}=y_{it}^0 \quad i=2,\ \cdots,\ N;\ t=1,\ \cdots,\ T \tag{3-18}$$

如果在 $T_1+1,\ \cdots,\ T$ 期间，第 1 个地区的 y_{1t}^1 和 y_{1t}^0 可以同时观测得到，那么其政策效应为：

$$\Delta_{1t}=y_{1t}^1-y_{1t}^0 \quad t=T_1+1,\ \cdots,\ T \tag{3-19}$$

然而事实上 (T_1+1) 期之后并无法直接观测得到 y_{1t}^0，即所谓的"反事实"值，政策效应评估的关键在于如何估计该"反事实"值。Hsiao 提出用控制组 $\tilde{\boldsymbol{y}}_t^0=(y_{2t}^0,\ y_{3t}^0,\ \cdots,\ y_{Nt}^0)$ 来预测 y_{1t}^0，y_{1t}^0 的估计量可定义为：$\hat{y}_t^0=\hat{\alpha}+\hat{\boldsymbol{a}}^{*'}\tilde{\boldsymbol{y}}_t^0$，其中 $\hat{\alpha}$ 和 $\hat{\boldsymbol{a}}^{*'}$ 为系数估计值或向量。实际观测值 y_{1t}^1 与"反事实"值 $\hat{y}_{1t}^0$ 之差，即为所希望评估的政策效应值：

$$\hat{\Delta}_{1t}=y_{1t}^1-\hat{y}_{1t}^0 \quad t=T_1+1,\ \cdots,\ T \tag{3-20}$$

Hsiao 方法的成立基于一些假设条件。假设 y_{it} 在不同地区间存在横截面相关性，而这种相关性是由共同因素驱动的，即有：

$$y_{it}=\boldsymbol{\beta}'\boldsymbol{f}_t+\alpha_i+\varepsilon_{it} \quad i=1,\ \cdots,\ N;\ t=1,\ \cdots,\ T \tag{3-21}$$

其中，$\boldsymbol{f}_t$ 是 K 个只随时间变动的共同因素，α_i 是地区效应，ε_{it} 是随机误差项。

Hsiao 等所做的一系列假设包括：

假设 1　$\forall i$，$\|\beta_i\|=c<\infty$；

假设 2　ε_t 是 $I(0)$ 过程，且 $E(\varepsilon_t)=0$，$E(\varepsilon_t\varepsilon_t')=\boldsymbol{V}$，其中 $\boldsymbol{V}$ 是一个对角矩阵；

假设 3　$E(\varepsilon_t\boldsymbol{f}_t')=0$；

假设 4　$Rank(\boldsymbol{B})=K$，其中 $\boldsymbol{B}=(\beta_1,\ \cdots,\ \beta_N)'$；

假设 5　对于 $j\neq i$，有 $E(\varepsilon_{js}\mid d_{it})=0$。

如果假设 1~5 成立，我们可以用 $\hat{y}_{1t}^0=\alpha_1+\boldsymbol{b}'_1\boldsymbol{f}_t$，$t=T_1+1,\ \cdots,\ T$ 来预测 y_{1t}^0，即"反事实"值。但首先必须识别出 α_1、$\boldsymbol{b}'_1$ 和 $\boldsymbol{f}_t$。当 N 和 T 都较大时，可以用 Bai 和 Ng

的方法①识别出共同因素的个数 K，并应用最大似然法估计出 $\boldsymbol{f}_t$。然而，当 N 或 T 不够大时，Bai 和 Ng 的方法将产生较大预测误差。通过蒙特卡洛模拟，Hsiao 比较了 Bai 和 Ng 的方法和他们所提出的方法的预测误差，发现在 N 或 T 有限的情况下，前者在预测"反事实"的过程中对信噪比等因素更为敏感，预测误差更大，而 Hsiao 方法更具有优势。

Hsiao 提出的方法是用控制组单位 $\tilde{\boldsymbol{y}}_t^0$ 来预测处理组的"反事实"值 y_{1t}^0。由式（3-21），y_{1t}^0 可表示为：

$$y_{1t}^0 = \alpha + \boldsymbol{a}'\tilde{\boldsymbol{y}}_t + \varepsilon_{1t} - \boldsymbol{a}'\tilde{\boldsymbol{\varepsilon}}_t \tag{3-22}$$

其中 $\tilde{\boldsymbol{y}}_t = (y_{2t}, \cdots, y_{Nt})'$，$\tilde{\boldsymbol{\varepsilon}}_t = (\varepsilon_{2t}, \cdots, \varepsilon_{Nt})'$，$\boldsymbol{a}$ 满足 $(1, -\boldsymbol{a}')\boldsymbol{B} = 0$。由式（3-22）有：

$$y_{1t}^0 = E(y_{1t}^0 \mid \tilde{\boldsymbol{y}}_t) + \varepsilon_{1t}^* \tag{3-23}$$

其中：

$$E(y_{1t}^0 \mid \tilde{\boldsymbol{y}}_t) = \alpha + \boldsymbol{a}'\tilde{\boldsymbol{y}}_t + E(\varepsilon_{1t} \mid \tilde{\boldsymbol{y}}_t) - E(\boldsymbol{a}'\tilde{\boldsymbol{\varepsilon}}_t \mid \tilde{\boldsymbol{y}}_t) = \alpha + \boldsymbol{a}^{*\prime}\tilde{\boldsymbol{y}}_t \tag{3-24}$$

$$\boldsymbol{a}^{*\prime} = \boldsymbol{a}'[I_{N-1} - Cov(\tilde{\boldsymbol{\varepsilon}}_t, \tilde{\boldsymbol{y}}_t), Var(\tilde{\boldsymbol{y}}_t)^{-1}] \tag{3-25}$$

$$\varepsilon_{1t}^* = \boldsymbol{a}'\boldsymbol{\varepsilon}_t + \tilde{\boldsymbol{a}}'[Cov(\tilde{\boldsymbol{\varepsilon}}_t, \tilde{\boldsymbol{y}}_t) Var(\tilde{\boldsymbol{y}}_t)^{-1}]\tilde{\boldsymbol{y}}_t \tag{3-26}$$

式（3-23）和式（3-24）意味着我们可以用 $\tilde{\boldsymbol{y}}_t$ 代替 $\boldsymbol{f}_t$ 来预测 y_{1t}^0。式（3-24）中的系数估计可以选择 $\hat{\alpha}$ 和 $\hat{\boldsymbol{a}}^*$ 以最小化下式得到：

$$\frac{1}{T_1}(\boldsymbol{y}_1^0 - \boldsymbol{e}\alpha - \boldsymbol{Y}\boldsymbol{a}^*)'\boldsymbol{A}(\boldsymbol{y}_1^0 - \boldsymbol{e}\alpha - \boldsymbol{Y}\boldsymbol{a}^*) \tag{3-27}$$

其中，$\boldsymbol{e}$ 是所有元素都为 1 的 $(T_1 \times 1)$ 维向量，$\boldsymbol{Y}$ 是由所有控制组单位 $\tilde{\boldsymbol{y}}_t'$ 的前 T_1 个时间序列观测值所构成的 $T_1 \times (N-1)$ 矩阵，$\boldsymbol{A}$ 是一个 $(T_1 \times T_1)$ 的正定矩阵。Hsiao 通过增加假设 6 以保证通过式（3-27）得到 α 和 $\boldsymbol{a}^*$ 的估计量 $\hat{\alpha}$ 和 $\hat{\boldsymbol{a}}^*$。

Hsiao 证明，$\hat{\alpha}$ 和 $\hat{\boldsymbol{a}}^*$ 分别是 α 和 $\boldsymbol{a}^*$ 的一致估计；当 $\boldsymbol{A}$ 为单位矩阵时，$\hat{\alpha}$ 和 $\hat{\boldsymbol{a}}^*$ 分别是 α 和 $\boldsymbol{a}^*$ 的无偏估计。

二、对政策效应外溢的检验

Hsiao 的假设 1~5 中，较严格且较难满足的为假设 5。我们以上海自由贸易试验区为例，该假设的含义为，无论在自由贸易试验区成立之前还是之后，其他省区市的经济增长都不受上海自由贸易试验区成立的影响。事实上这个假设可能无法满足，上海自由贸易试验区成立后，因其制度优势，可能对其他地区的人力和物质资本投资产生"虹吸"或"外溢"效应，即将其他地区的资源吸引到自由贸易试验区内，或者为其他地区创造更多的商业机会，这些情况下假设 5 不再成立。因此，当自由贸易试验区的政策效应存在对其他省区市的外溢效应时，假设 5 不再成立。

那么违反 Hsiao 的假设 5 会产生什么后果？我们用以下两个假设，即假设 5.1 和假

---

① Bai J. S., Ng S. Determining the Number of Factors in Approximate Factor Models［J］. Econometrica, 2002（70）：191-221.

设 5.2 来代替 Hsiao 的假设 5。

假设 5.1 对于 $i=2$，$\cdots$，N，$s=1$，$\cdots$，T_1，有 $E(\varepsilon_{is} \mid d_{1t})=0$。

假设 5.1 是 Hsiao 假设 5 的一部分。假设 5.1 意味着，在自由贸易试验区设立之前，上海以外其他省区市的经济增长不受自由贸易试验区成立的影响。例如，在自由贸易试验区成立之前，部分地区的企业原计划进行的投资等决策，是否会为享受自由贸易试验区优惠政策而推迟进行？这个可能性是存在的，然而考虑到是否设立及在哪个地区设立自由贸易试验区，这个政策行为本身具有很大的不确定性，同时自由贸易试验区各项政策实施细则是在自由贸易试验区设立后一段时间内（数月至数年）陆续推出的，其内容更强调政府管理体制创新而非税收等政策优惠。因此，在自由贸易试验区成立之前，尽管部分地区企业的预期可能会影响其决策，但可以认为这个影响是非常小的，也即假设 5.1 是成立的。

假设 5.2 对于 $s=T_1+1$，$\cdots$，T，$\exists i_k \in \{2,\cdots,N\}$ 有 $E(\varepsilon_{is} \mid d_{1t}) \neq 0$。

假设 5.2 放宽了 Hsiao 的假设 5。其含义是，在自由贸易试验区设立以后，至少部分地区的经济增长会受到自由贸易试验区的影响。例如，上海自由贸易试验区实施了贸易便利化政策，包括通关便利化和国际贸易"单一窗口"等，不但缩短了贸易通关的时间而且在一定程度上减少了通关成本。这些政策可能对上海以外其他地区的进出口企业具有一定吸引力，导致这些企业集体迁入自由贸易试验区，在这种情况下假设 5.2 就是成立的，而 Hsiao 假设 5 则不再成立。

综上所述，假设 5.1 和假设 5.2 放宽了 Hsiao 的假设。当自由贸易试验区的政策效应存在从上海向其他省区市的外溢性时，假设 5 不再成立，而假设 5.1 和假设 5.2 成立。

那么如何检验政策效应的外溢是否存在？我们发展了一个检验方法以鉴别外溢性的存在。假设第 i 个控制组单位在第 t 期获得的外溢效应为 δ_{it}，其 $i=2$，$\cdots$，N，$t=T_1+1$，$\cdots$，T。那么有：

$$y_{it} = \boldsymbol{\beta}' \boldsymbol{f}_t + \alpha_i + \delta_{it} + \varepsilon_{it} \quad i=2,\cdots,N; \ t=T_1,\cdots,T \tag{3-28}$$

式（3-28）中，控制组随机误差项中增加了 δ_{it} 部分，使得 Hsiao 假设 5 不再成立，而我们设定的假设 5.1 和假设 5.2 成立。假设外溢效应部分 δ_{it} 和原来的随机扰动项 ε_{it} 不相关。注意到当假设 5 不成立时，应用 Hsiao 方法预测的"反事实"值为 $\hat{y}_{1t}^0 = \hat{\alpha} + \hat{\boldsymbol{a}}^{*''} \tilde{\boldsymbol{y}}_t$，式（3-28）中增加了 δ_{it} 部分，因此对"反事实"的估计产生了一个系统性偏误，大小为 $\hat{\boldsymbol{a}}^{*''}\hat{\boldsymbol{\delta}}_t$，进而对政策效应 Δ_{1t} 的估计也会产生系统性偏误，大小为 $-\hat{\boldsymbol{a}}^{*''}\hat{\boldsymbol{\delta}}_t$，其中 $\hat{\boldsymbol{\delta}}_t = (\delta_{2t},\cdots,\delta_{Nt})'$，$t=T_1+1$，$\cdots$，$T$。要检验假设 5 是否成立，我们需要用到以下推论：

推论 1 如果假设 5 不成立，则 $\mathrm{Var}(\hat{y}_{1t_1}^0 \mid \tilde{\boldsymbol{y}}_t) < \mathrm{Var}(\hat{y}_{1t_2}^0 \mid \tilde{\boldsymbol{y}}_t)$，其中 $t_1=1$，$\cdots$，T_1，$t_2=T_1+1$，$\cdots$，T。

该推论的成立是显然的，因为对"反事实"的预测采用控制组单位，即 $\hat{y}_{1t}^0 = \hat{\alpha} + \hat{\boldsymbol{a}}^{*''} \tilde{\boldsymbol{y}}_t$。在 $t=1$，$\cdots$，T_1 部分，控制组单位的随机扰动项为 ε_{it}；而在 $t=T_1+1$，$\cdots$，T 部分，

控制组单位的随机扰动项变为$(\delta_{it}+\varepsilon_{it})$，即增加了政策的外溢效应，而$\delta_{it}$和$\varepsilon_{it}$不相关，增加的外溢效应扩大了控制组单位的方差，从而扩大了"反事实"预测值的方差。

根据推论1，我们可以采用以下步骤来检验假设5是否成立：选择不同的控制组单位，分别应用Hsiao方法估计α和$\boldsymbol{a}^*$，并代入$\hat{y}_{1t}^0=\hat{\alpha}+\hat{\boldsymbol{a}}^{*'}\tilde{\boldsymbol{y}}_t$，得到"反事实"的估计或预测值。假设我们得到的一系列"反事实"估计值为$(\hat{y}_{1t}^0)_1$，$(\hat{y}_{1t}^0)_2$，$\cdots$，$(\hat{y}_{1t}^0)_n$，分别计算这些估计在$t_1=1$，$\cdots$，T_1和$t_2=T_1+1$，$\cdots$，T阶段各期末的样本方差STD_t。如果STD_t在$t_1=1$，$\cdots$，T_1阶段的均值显著小于在$t_2=T_1+1$，$\cdots$，T阶段的均值，则意味着假设5不成立，即存在政策外溢效应；如果STD_t在$t_1=1$，$\cdots$，T_1阶段的均值与在$t_2=T_1+1$，$\cdots$，T阶段的均值无显著差异，则意味着假设5成立，即不存在政策外溢效应。

三、一个新的控制组单位选择策略——基于模型平均方法

在不存在政策外溢性的假设下，Hsiao给出了一个控制组单位选择策略，该策略分为两个步骤：第一步，假设m为控制组单位个数，有$m=1$，$\cdots$，$N-1$。例如，当$m=5$时，从上海以外的30个省区市中选择5个省区市作为控制组，因此有$C_{30}^5=142506$约14万种控制组单位选择方法。应用这些控制组单位组合分别对"反事实"进行估计，即选择$\hat{\alpha}$和$\hat{\boldsymbol{a}}^*$以最小化式（3-27）。第二步，对于每个m值得到的"反事实"估计方程中，选择拟合度最好的，即R^2值最高的，从而可以得到$(N-1)$个"反事实"估计方程，再从中选择AIC值或AICc值最小的"反事实"估计方程进行政策实施以后的"反事实"预测，以及政策效应估计。

Hsiao的方法基本上是结合R^2值和AIC值或AICc值选择拟合度最好的"反事实"预测模型。上述策略不使用所有可获得的控制组单位，原因是避免$\hat{\boldsymbol{a}}^*$的估计误差过大。然而，如前文所述Hsiao的方法在假设5不满足或存在政策外溢时，对"反事实"的预测存在系统性偏误，而且未使用所有的控制组样本，也浪费了部分信息。我们将提出一个新的控制组单位选择策略，与Hsiao的方法相比，我们的方法的优点是，同时使用了所有的样本信息。应用本书的方法还可以将政策效应和外溢效应同时估计出来。该方法描述如下：

第一步，选择用于预测"反事实"的控制组单位个数，假设为m。有$m=1$，$\cdots$，$N-1$，或在本书中有$m=1$，$\cdots$，30。

第二步，将所有控制组组合都应用于"反事实"的估计和预测。"反事实"估计和预测的方法与Hsiao的方法相同，即选择$\hat{\alpha}$和$\hat{\boldsymbol{a}}^*$以最小化式（3-27），得到"反事实"的估计和预测方程，可以得到C_{N-1}^m个估计和预测方程。以$\overline{R}^2$标准从中选择拟合度较好的"反事实"估计和预测方程。假设对于控制组单位个数m，可获得$\overline{R}^2$值较高（如$\overline{R}^2>0.9$）或者AIC值、AICc值较小的M_m个"反事实"方程，以及对"反事实"的M_m个预测序列。将这M_m个"反事实"预测序列求平均，即得到"反事实"在政策实施前（$t=1$，$\cdots$，T_1）的估计值和政策实施后（$t=T_1+1$，$\cdots$，T）的预测值。

第三步，重新选择用于预测"反事实"的控制组单位个数m，重复进行第一步和

第二步，反复对"反事实"进行预测。

第四步，通过第一步、第二步和第三步，可以得到 $\sum_{m=1}^{N-1} M_m$ 个"反事实"预测方程和预测序列，比较在不同控制组单位数下对"反事实"的预测结果。分别计算这些估计、预测值在 $t_1 = 1$，$\cdots$，T_1 和 $t_2 = T_1 + 1$，$\cdots$，T 阶段各期末的样本方差 STD_t。如果 STD_t 在 $t_1 = 1$，$\cdots$，T_1 阶段的均值显著小于在 $t_2 = T_1 + 1$，$\cdots$，T 阶段的均值，则意味着假设 5 不成立，即存在政策外溢效应；如果 STD_t 在 $t_1 = 1$，$\cdots$，T_1 阶段的均值与在 $t_2 = T_1 + 1$，$\cdots$，T 阶段的均值无显著差异，则意味着假设 5 成立，即不存在政策外溢效应。

注意到第二步需要估计 C_{N-1}^m 个方程，在控制组单位较多的情况下，常常需要进行大量估计。如在本书中 $N-1 = 30$，如果要采用 $m = 15$ 个控制组样本，则需要估计的方程有 $C_{30}^{15} = 155117520$ 个，这就需要大量的计算时间。如果考虑 $m = 1$，$\cdots$，30，总共需要进行 2^{31} 约 21 亿次估计，即最小化式（3-27）需要进行 21 亿次。应用 Hsiao 等所给出的方法，计算量也一样。在控制组单位个数更多的情况下，如 $N-1 = 60$，则计算量是天文数字，几乎不可能完成。本书建议的简化方法是，从 C_{N-1}^m 个方程中随机抽取一定数量的方程来估计，用这些方程的估计结果来计算"反事实"的平均预测值，只要保证抽取的随机性，前文所述的结论依然成立。如从 155117520 亿个方程中随机挑选 10000 个进行估计，就大幅减轻了计算量。

上述控制组单位选择策略是对 Hsiao 方法的进一步发展。在控制组单位较多的情况下，我们提出的方法可以利用所有的控制组样本信息，同时又避免估计误差较大的问题。Hsiao 建议的方法是仅选择部分控制组单位，其目的是避免估计误差过大，但实际上浪费了控制组样本信息。既然所有的控制组样本都包含共同因素，那么为何仅选择部分样本？同时也没有充分的理论依据来说明，在 N 和 T 较小的情况下究竟应该选择几个控制组样本？我们所提出的控制组单位选择策略实际上属于模型平均方法，也即把来自不同模型的估计或者预测通过一定的权重平均起来，包括组合估计和组合预测。样本选择方法把拟合度较好的模型，按相等的权重平均起来，这要优于 Hsiao 仅选择拟合度最高的单一模型。

四、对政策效应与外溢效应的估计

如果发现存在外溢效应，如何将政策效应和外溢效应估计出来？由式（3-28），$t = T_1$，$\cdots$，T，在上文上海自由贸易试验区例子中，每个控制组单位的季度 GDP，包括共同因素 $\boldsymbol{\beta}' \boldsymbol{f}_t$、地区效应 α_i、扰动项 ε_{it} 和外溢效应 δ_{it} 部分。显然，外溢效应和自由贸易试验区的政策效应相关，假设有：

$$\delta_{it} = \lambda_i \Delta_{1t} \quad i = 2, \cdots, N; \ t = T_1, \cdots, T \tag{3-29}$$

式（3-29）的假设意味着，控制组省区市 i 在 t 期获得的外溢效应为 λ_i 乘上自由贸易试验区对上海的政策效应。因此式（3-28）可以写成：

$$y_{it} = \alpha_i + \lambda_i \Delta_{1t} + \boldsymbol{\beta}' \boldsymbol{f}_t + \varepsilon_{it} \quad i = 2, \cdots, N; \ t = T_1, \cdots, T \tag{3-30}$$

定义 $u_{it} = \boldsymbol{\beta}' \boldsymbol{f}_t + \varepsilon_{it}$，则式（3-30）可以写成：

$$y_{it} = \alpha_i + \lambda_i \Delta_{1t} + u_{it} \quad i = 2, \cdots, N; \ t = T_1, \cdots, T \tag{3-31}$$

在假设 5 不成立的条件下，前文已经分析指出，我们得到的 Δ_{1t} 估计量存在系统性偏误，为 $-\hat{a}^{*''}\hat{\delta}_t$，如果用 Hsiao 方法或本书提出的基于模型平均方法得到的政策效应估计量为 $\hat{\Delta}_{1t}$，则真实政策效应 Δ_{1t} 的无偏和一致估计为 $\hat{\Delta}_{1t}+\hat{a}^{*''}\hat{\delta}_t$，根据 Hsiao 的研究，当 $T_1 \to \infty$ 时，$\hat{\Delta}_{1t}+\hat{a}^{*''}\hat{\delta}_t \to \Delta_{1t}$。注意到 $\hat{\Delta}_{1t}$ 可以表示为：

$$\hat{\Delta}_{1t}+\hat{a}^{*''}\widetilde{\delta}_t-\hat{a}^{*''}(\delta_{2t}, \cdots, \delta_{nt}) = (\hat{\Delta}_{1t}+\hat{a}^{*''}\widetilde{\delta}_t)-\hat{a}^{*''}(\lambda_2, \cdots, \lambda_n)\Delta_{1t}$$
$$= \left[\frac{(\hat{\Delta}_{1t}+\hat{a}^{*''}\widetilde{\delta}_t)}{\Delta_{1t}}-\hat{a}^{*''}(\lambda_2, \cdots, \lambda_n)\right]\Delta_{1t} \qquad (3\text{-}32)$$

注意到当 $T_1 \to \infty$ 时，$\dfrac{(\hat{\Delta}_{1t}+\hat{a}^{*''})}{\Delta_{1t}}$ 收敛于 1。因此，只要政策实施前样本时间足够长，前文估计得到的政策效应估计量尽管存在系统性偏误，但等于真实的 Δ_{1t} 的某个固定比例，即 $[1-\hat{a}^{*''}(\lambda_2, \cdots, \lambda_n)]$，因此我们用估计得到的政策效应代替真实的政策效应来估计式(3-31)，即有：

$$y_{it}=\alpha_i+\lambda'_i\hat{\Delta}_{1t}+u_{it} \qquad (3\text{-}33)$$

其中 $\lambda'_i=[1-\hat{a}^{*''}(\lambda_2, \cdots, \lambda_n)]^{-1}\lambda_i$，估计该方程存在的难点是：①$u_{it}=\beta'f_t+\varepsilon_{it}$ 中包含了无法观测的共同因素，这些因素可能是平稳的或非平稳的；②Δ_{1t} 可能和 u_{it} 相关；③对于每个 $i=2, \cdots, N$，λ'_i 是不同的。我们采用下列办法估计式（3-33）中的 λ'_i。

定义解释变量向量 $x_{it}=\hat{\Delta}_{1t}$ 的数据生成过程为 $x_{it}=a_1+\Gamma_1 f_t+v_{1t}$，其中，$a_1$ 是不随时间变化的部分，Γ_1 是 $(m\times1)$ 因素系数矩阵，v_{1t} 是随时间变化的部分，其独立于共同效应，通常假设为协方差平稳过程。定义：

$$\mathop{z_{it}}_{2\times1}=\binom{y_{it}}{x_{it}}=\mathop{d_i}_{2\times1}+\mathop{C_i}_{2\times m}\mathop{f_t}_{m\times1}+\mathop{v_{it}}_{2\times1} \qquad (3\text{-}34)$$

其中，$v_{it}=\binom{\varepsilon_{it}+\lambda'_i v_{1t}}{v_{1t}}$，$d_i=\begin{pmatrix}1 & \lambda'_i \\ 0 & 1\end{pmatrix}\binom{\alpha_i}{a_1}$，$C_i=(\gamma_i \quad \Gamma_1)\begin{pmatrix}1 & 0 \\ \lambda'_i & 1\end{pmatrix}$。

C_i 的秩由不可观测因素的系数 $\widetilde{\Gamma}_i=(\gamma_i \quad \Gamma_1)$ 决定。根据 Pesaran 的研究，不同个体（地区）的斜率系数异质时，λ'_i 的一致估计量 $\hat{\lambda}'_i$ 为：

$$\hat{\lambda}_i=(X_i\overline{M}X_i)^{-1}X_i\overline{M}y_i \qquad (3\text{-}35)$$

其中，$X_i=(x_{T_1}, \cdots, x_T)$，$y_i=(y_{iT_1}, \cdots, y_{iT})$，$\overline{M}=I_{T'}-\overline{H}(\overline{H}'\overline{H})^{-1}\overline{H}'$，$\overline{H}=(\tau_{T'}, \overline{Z})$，$\tau_{T'}$ 是一个 $(T'\times1)$ 的单位向量，$\overline{Z}$ 是 $\overline{z}_t$ 的 $(T\times2)$ 矩阵，$\overline{z}_t=N'^{-1}\sum_{i=1}^{N'}z_{it}$，$N'=N-1$，$T'=T-T_1+1$。

根据 Pesaran[①] 的研究，我们有以下推论：

---

① Pesaran M. H. Estimation and Inference in Large Heterogeneous Panels with a Multifactor Error Structure [J]. Econometrica, 2006(74)：967-1012.

推论 2 $\hat{\lambda}'_i$ 是 λ'_i 的无偏和一致估计量。

由式（3-35），我们可以得到 λ'_i 的一个一致估计。λ'_i 等于外溢效应参数 λ_i 乘以某个常数 $[1-\hat{a}^{*''}(\lambda_2, \cdots, \lambda_n)]^{-1}$。假设该常数为 θ，有：

$$\theta = 1 + \hat{a}^{*''}(\hat{\lambda}_2, \cdots, \hat{\lambda}_n) \tag{3-36}$$

得到 θ 后，可以进一步求出外溢效应参数 $\lambda_i = \theta^{-1}\hat{\lambda}_i$。

五、优势

根据 Hsiao 等的面板数据政策效应评估方法，估计"反事实"的方法分为两种：参数法和非参数法[①]。参数法从理论上分析评估变量的影响因素，如可观测变量、政策的实施及随机成分的概率分布等，并将评估变量解释为这些因素的函数以实证分析。参数法的优势是可以同时处理可观测变量和不可观测变量的选择，缺点是对数据量的需求较大，并且其结果依赖于模型假设的正确性。非参数法则绕开了严格的理论分析，相应地减少了对数据的需求量，缺点是存在样本选择等问题。

典型的非参数方法有倾向性分析法、双重差分法和断点回归法等。Hsiao 等的方法属于非参数法，与其他非参数法一样，它分析的数据是面板数据。使用面板数据进行检验不仅能提供政策实施地区在实施前后的表现，还能提供同时期没有实施该政策的地区的表现作为对比，从而得到政策效果。在时间序列上的信息还能让学者们探究政策效果的长期表现，如逐渐消失、趋于稳定的常量或是爆发性增长等。与其他非参数法不同的是，Hsiao 等用面板数据中存在的横截面相关性估计"反事实"。通过蒙特卡洛模拟，Hsiao 等比较了 Bai 和 Ng 方法和 Hsiao 等方法的预测误差，发现在 N 或 T 有限的情况下，前者在产生"反事实"的过程中对信噪比等因素更为敏感，故其预测误差更大，因此 Hsiao 等的方法更有优势。在一些合理的假设条件下，Hsiao 等证明当 $t = 1, \cdots, T_1$ 时，y_t 中的任一地区向量都可以由其他地区向量估计。

在 Hsiao 等的方法的基础之上，我们改进了基于面板数据的政策效应评估方法，在研究方法上的主要贡献有，放宽控制组单位不受政策实施影响的假设，提出了判断该假设是否成立的检验，在该假设不成立时提出一个新的估计方法，应用该方法可同时将处理组的政策干预效果及对其他地区的外溢效应估计出来。对 Hsiao 等的方法的另一个贡献是，在预测"反事实"时，Hsiao 等采用单一方程进行预测，而我们则采用模型平均方法，将多个模型预测结果的平均值作为"反事实"的预测值，这样一方面充分利用了所有的样本信息，另一方面可获得稳健的"反事实"估计结果。

案例及应用

Ching 等选取中国香港、奥地利、丹麦、芬兰、法国、德国、意大利、日本、韩国、荷兰、新加坡、挪威、美国等国家和地区的时间序列数据，采用面板数据政策效

---

① Steve Ching, Cheng Hsiao, Shui Ki Wan. Impact of CEPA on the Labor Market of Hong Kong [J]. China Economic Review, 2012, 23 (4): 975-981.

应评估方法分析了《内地与香港关于建立更紧密经贸关系的安排》（CEPA）对香港失业率的影响，发现 CEPA 的影响效应随时间逐渐增强，并且最终达到一个稳定水平，使香港失业率每年下降 9%①。Hiroshi 和 Hsiao 通过 1995 年发生的阪神、淡路大地震阐释其提出的面板数据政策效应评估方法，发现政府在 1995~1998 年进行的灾后恢复政策具有很强的刺激作用，致使 1999 年和 2000 年的灾后负面影响要远小于预期估计，并且不存在持续的负面效应②。Zhang 等采用 Hsiao 等提出的"反事实"方法评估了《美加自由贸易协定》对加拿大的宏观经济效应，发现《美加自由贸易协定》对加拿大经济虽产生了短期的调整成本，但却获得了长期收益③。

目前，国内学者利用该方法进行政策效应评估的研究相对较少。陈海强和范云菲利用面板数据政策效应评估方法研究了国内融资融券制度对股市波动率的影响效应，发现融资融券制度可有效降低标的个股波动率，但融资交易与融券交易对股市波动率的影响具有非对称性，融资交易可降低股市波动率，而融券交易却加剧了股市波动率④。刘一鸣等利用 2006~2015 年国内各省区市的季度 GDP，基于面板数据的政策效应评估方法，评估自由贸易试验区对上海经济发展的政策效应及对其他省区市的外溢效应，研究发现，自由贸易试验区对上海经济增长产生了显著的正向效应，其政策的外溢效应呈现明显的地理特征，同时也对东部沿海省区市的对外贸易和经济增长产生较大的贸易替代效应⑤。邓翔等使用 1978~2018 年的省际样本数据，用面板数据政策效应评估法考察了西部大开发对西部各省区市的政策效果，研究表明，西部大开发显著推动了西部地区的经济增长，政策效应在时间与空间上存在着异质性且其发挥难度与经济社会发展呈现负相关关系，固定资产投资等因素对西部大开发政策效果存在影响⑥。

方法八　结构模型

上文介绍了几类常用的政策评估方法，这些方法均能够明确原因变量（X）和结果变量（Y），通过构建随机实验或准实验，可观测当 X 变化而其他影响 Y 的因素都保持不变时，Y 将怎样变化。该方法能够为 X 与 Y 之间的因果联系提供经验证据，但必须

①　Steve Ching, Cheng Hsiao, Shui Ki Wan. Impact of CEPA on the Labor Market of Hong Kong［J］. China Economic Review, 2012, 23（4）: 975-981.

②　Hiroshi Fujiki, Cheng Hsiao. Disentangling the Effects of Multiple Treatments-Measuring the Net Economic Impact of the 1995 Great Hanshin-Awaji Earthquake［J］. Journal of Econometrics, 2015, 186（1）: 66-73.

③　Lin Zhang, Zaichao Du, Cheng Hsiao, et al. The Macroeconomic Effects of the Canada-US Free Trade Agreement on Canada: A Counterfactual Analysis［J］. The World Economy, 2015, 38（5）: 878-892.

④　陈海强，范云菲. 融资融券交易制度对中国股市波动率的影响——基于面板数据政策评估方法的分析［J］. 金融研究，2015（6）: 159-172.

⑤　刘一鸣，王艺明，刘志红. 自贸试验区的经济增长与外溢效应——基于改进的政策效应评估方法［J］. 山东大学学报（哲学社会科学版），2020（5）: 118-130.

⑥　邓翔，李双强，袁满. 西部大开发二十年政策效果评估——基于面板数据政策效应评估法［J］. 西南民族大学学报（人文社会科学版），2020（1）: 107-114.

确保除了 X 之外其他影响 Y 的因素都近似不变，因而其关键在于必须排除内生性，才能证实 X 与 Y 的因果联系。如果回归结果与理论预测保持一致，表明所得经验证据支持了理论。

在利用这些方法进行政策评价的过程中，根据经济学理论可明确什么因素是原因，什么因素是结果，但经济学理论与实证过程之间并未存在紧密联系。首先，计量模型的构建没有以经济学理论作为基础；其次，虽然能够明确 X 与 Y 之间的因果关系，但无法说明两者之间存在的影响机制；最后，无法随着政策的不确定变化而变化，难以进行政策的量化评估。

大部分政策问题基本都会涉及假设，因而需要将理论和实证设置进行紧密联系，结构模型能够很好地解决该问题，其实证模型的设置源自理论指导，其所估参数可从理论结构中得到。结构模型又称为结构计量模型，将经济学模型和统计模型结合，通过估计描述现实的深层参数模拟现实世界，进而评估政策效果[①]。

一、模型构建

参考王子和周雁翎的相关研究，假设结构模型为：

$$Y = F(X, \xi, \Theta) \tag{3-37}$$

$F(\cdot)$ 为已知形式的确定性函数，是结构模型的核心机制，其形式来源于经济学理论，一般由均衡条件给出，能够揭示 X 对 Y 的因果联系。

其中，Y 为结果变量，通常是经济学模型中的均衡结果；X 为解释变量；ξ 为结构误差，能够将模型与数据进行连接。因为在实践中，往往存在一些未知的或者不在考虑范围之内的因素，致使无法准确拟合数据，引入结构误差项，使得在进行政策实验之时，其不会随着 X 的变动而发生改变；Θ 是影响 X 对 Y 因果联系的未知参数。

结构模型能够量化政策影响，并且保持深层参数和结构误差不变。该方法的优势在于能够评估尚未发生政策的影响，这是其他方法都无法做到的。结构模型估计政策效应的步骤：①根据经济学理论设置核心机制 $Y = F(X)$；②设置深层参数 Θ 与结构误差 ξ，$Y = F(X, \xi, \Theta)$；③给定 Θ 与 ξ 求解均衡模型的均衡条件；④利用特例和数量计算实例刻画均衡性质；⑤从数据中估计 Θ；⑥用样本外预测检验模型有效性；⑦"反事实"政策分析。

结构模型方法通过理论模型的均衡条件为指引，利用数据估计出深层参数，并据此进行"反事实"政策分析。所以，参数估计及其校准是结构模型的核心问题，也是理论模型与政策评估进行结合的重要渠道。首先，结构模型通过回归分析估计参数，该回归系数是具有结构含义的深层参数，但其线性回归方程必须来源于理论模型的均衡条件。其次，在很多情况下，结构模型的均衡条件无法简化成线性回归形式，所以通常用矩方法进行参数估计，其对均衡条件的形式限制比较少，对识别假设的要求相对宽松，因而更能适应各类复杂模型估计的需求。最后，当结构模型涉及离散选择问

---

① 王子，周雁翎. 结构模型在国际贸易研究中的应用 [J]. 中国工业经济，2019（4）：62-80.

题时，可以用最大似然估计方法，该方法对误差项分布的假设比较严格，但在假设成立的情况下其效率比较高。在对结构模型进行参数估计的过程中，必须考虑模型的均衡条件与数据选取合适的识别假定和估计方法，因而结构模型对估计方法的应用能力要求较高，这也成为该方法入门门槛较高的原因。

结构模型的参数估计同样无法避免内生性问题，也需要利用工具变量识别参数，但相对于其他方法，结构模型利用工具变量具有独特优势，因理论模型已指明了误差项的具体含义，从而可以帮助工具变量的构造。可以根据模型结构寻找与误差项无关的外部冲击或者利用外生政策冲击来构造结构模型估计的工具变量。

结构模型的均衡条件在多数情况下难以被简化为线性回归形式，其更常用的参数估计方法是矩方法，如广义矩方法和模拟矩方法。因为矩方法对均衡条件的形式限制比较少，对识别假设的要求也较少，所以其能够适应各类复杂模型的估计需要。这些估计方法的选择必须与具体的模型相结合，要结合模型的均衡条件和数据选择合适的识别假定和估计方法。

结构模型如果是进行实证分析的一种工具，那么其适用的环境具有哪些特点呢？结构模型基于的理论基础如果具有较大的争议，那么会直接影响其实证结果，因而其应用的理论基础必须具有较少的争议，并能够被广泛认可和接受。同时，结构模型必须将理论模型与数据紧密结合，需要完整的数据。以上是应用结构模型必须具备的条件，也能够据此判断其适用范围。

最早引入结构模型思想的领域之一是国际贸易，其在国际贸易的研究中具有独特优势：一是国际贸易会涉及多个国家多个部门的一般均衡效应，需要在同一框架中衡量很多作用相反或者影响可能相互抵消的因素，结构模型能够量化分析复杂框架下的因果联系。二是国际贸易政策具有较强的针对性，结构模型能够在深层参数不变的前提下进行"反事实"分析，然后量化评估政策效果。

国际贸易的核心问题是其福利效应，贸易政策或影响贸易成本的因素变化将如何影响其他国家的福利水平，是政策评估的核心内容之一，但福利水平无法直接从数据中观测到，往往需要依赖模型假设，而结构模型能够有效评估其福利效应。

二、优劣性

相对于其他方法而言，结构模型的优势在于能够识别现实经济中不随政策变化的深层参数，确保可以在参数给定的前提下合理评估政策效应。特别的地方在于，这些政策可以是已经发生过的，也可以是尚未实施的，甚至是设想的，结构模型在评估尚未实施或设想的政策评估中具有其他方法不具备的优势。结构模型能够识别深层参数的原因在于进行了更为严格的假设，而其中一些假设具有较大争议，并且其对假设的容错度相对于其他方法更低，错误的假设会导致量化结果出现严重偏误。但结构模型会明确列出其假设，并讨论这些假设会在什么情况下失效，可能会对结果产生什么影响。

结构模型将理论模型与数据进行结合，需要根据研究的问题和数据的形式不断调整其结构、估计方法及"反事实"分析的形式。结构模型在应用的过程中，并没有统一的方法论依据，主要依赖于经验判断，这也是其入门门槛较高的主要原因。

案例及应用

在国际贸易中的应用。Caliendo 和 Parro 通过构建多国多部门的李嘉图贸易模型分析了北美自由贸易区关税的变化如何影响墨西哥、美国及加拿大之间的贸易关系，并分析由此给各国带来的福利损益[①]。Antràs 和 de Gortari 使用跨国投入产出数据估计模型参数，分析了全球价值链下贸易政策的含义[②]。Eaton 等引入企业在出口固定成本与目的国需求之间存在的多重异质性，进一步优化了结构模型，使其能够较好地拟合真实的微观数据，并得出宏观影响[③]。Tintelnot 等、Fieler 等利用结构模型分别估计了国际贸易对企业产生的直接影响和间接影响的程度及其对国内企业质量提升的效应[④][⑤]。

在 FDI 和跨国企业的应用。Cravino 和 Levchenko 建立了跨国企业动态模型，估计跨国企业对宏观冲击的传导作用[⑥]。Bernard 等构造了能够将跨国生产、投入品购买、产出销售包含在内的全球企业模型，考察了跨国企业的宏观经济影响力[⑦]。Cosar 等采用汽车行业全球生产和贸易的数据，构建结构模型估计跨国企业总部位置对其全球生产和销售的影响[⑧]。

方法九　DSGE 模型

动态随机一般均衡模型在 2008 年金融危机前被广泛应用，从真实经济周期模型（Real Business Cycle, RBC）到 Jordi Galí[⑨] 带有价格、工资黏性的 NK-DSGE 模型，再到纳入金融加速器机制的 BGG 模型，对经济社会各种问题进行了研究。

关于 DSGE 模型的相关书籍文献已是汗牛充栋，书籍主要包括戴维·N. 德容和舍

① Caliendo Lorenzo, Parro Fernando. Estimates of the Trade and Welfare Effects of NAFTA [J]. The Review of Economic Studies, 2015, 82 (1): 1-44.

② Antràs P., de Gortari A. On the Geography of Global Value Chains [J]. Econometrica, 2020 (88): 1553-1598.

③ Eaton J., Kortum S., Kramarz F. An Anatomy of International Trade: Evidence from French Firms [J]. Econometrica, 2011, 79 (5): 1453-1498.

④ Tintelnot F., Kikkawa A. K., Mogstad M., et al. Trade and Domestic Production Networks [Z]. 2018.

⑤ Fieler A. C., Eslava M., Xu D. Y. Trade, Quality Upgrading, and Input Linkages: Theory and Evidence from Colombia [J]. American Economic Review, 2018, 108 (1): 109-146.

⑥ Cravino J., Levchenko A. A. Multinational Firms and Business Cycle Transmission [J]. Quarterly Journal of Economics, 2017, 132 (2): 921-962.

⑦ Bernard A. B., Jensen J. B., Redding S. J., et al. Global Firms [J]. Journal of Economic Literature, 2018, 56 (2): 565-619.

⑧ Cosar A. K., Grieco P. L. E., Li S., et al. What Drives Home Market Advantage [J]. Journal of International Economics, 2018 (110): 135-150.

⑨ Jordi Galí. Technology, Employment, and the Business Cycle: Do Technology Shocks Explain Aggregate Fluctuations [J]. American Economic Review, 2000, 89 (1): 249-271.

唐·戴夫[1]、麦坎得利斯[2]、刘斌[3]、李向阳[4]等著作，读者可以选择性阅读。这些经典文献并不全都与政策评估相关，但是对读者掌握 DSGE 模型这一研究方法还是大有裨益的。为了便于读者理解，本部分举一个简单的中等规模的 DSGE 模型论述其思路与框架，如果想进行更为深入的了解请阅读前述的相关文献。

一、模型简介

20 世纪 70 年代，理性预期学派的代表经济学家卢卡斯提出著名的"卢卡斯批判"，指出传统计量经济研究方法的缺陷，认为传统计量经济学研究模型缺乏微观基础，这些模型的参数会因经济主体的理性预期而改变，从而使模型无法解释真实经济。之后经济学者尝试将微观基础引入宏观经济模型中，直到 RBC 模型的产生。该模型构建在严格的微观基础之上，将真实经济中的个体抽象成完全理性的、同质的代表性个体，通过家庭效用最大化与厂商利润最大化得到总供给与总需求方程，并探讨了外生冲击对美国经济波动的影响。RBC 模型的这些特性有效避免了"卢卡斯批判"。RBC 模型是 DSGE 模型的雏形，在市场出清、价格弹性及完全信息假设下，研究发现生产率等实际因素的冲击是引起经济波动的主要原因，RBC 模型中考察的外生冲击比较少，但却能很好地拟合美国经济周期。最初的 RBC 模型中的假设条件苛刻，对真实经济的抽象太多，如没有考虑政府部门，因此无法展开对货币政策和财政政策的研究。针对 RBC 模型的缺陷，后来的经济学家将"价格黏性"与"垄断竞争"假设引入模型中，并将政府作为一个外生独立的部门纳入模型，这之后的模型便被称为"新凯恩斯主义 DSGE 模型"。

与 RBC 模型相比，NK-DSGE 模型更加贴近真实经济。首先，名义价格黏性。当外生冲击来临时，工资和价格调整存在时滞，无法快速达到市场出清的状态。其次，市场是垄断竞争的。显然，NK-DSGE 模型的假设更加接近真实经济，因此利用 NK-DSGE 模型所得到的关于宏观经济问题的结论也更加具有说服力。NK-DSGE 构建于一般均衡理论基础上，刻画了经济中各类主体，如家庭、厂商或政府，在既定约束条件下的最优行为决策。在既定约束条件下，家庭追求终生效用最大化、厂商使得自身利润最大化、政府通过政策达到宏观调控目标，最终通过动态优化方法得到各类经济主体的最优决策方程，并且在此基础上，再加上若干外生冲击便构成了整个需要模拟的经济系统。然后，将模型利用加总方法进行加总，从而得到市场均衡条件，这是一个差分方程系统，并在该系统的分析框架上进行相关的分析。

2008 年金融危机之后，经济学家们发现 DSGE 模型建模不考虑金融因素是一种失误，严重低估了金融体系对宏观经济运行和经济波动的影响，金融因素对宏观经济的

① 戴维·N. 德容，舍唐·戴夫. 结构宏观计量经济学［M］. 上海：上海财经大学出版社，2010.
② 乔治·麦坎得利斯. RBC 之 ABC：动态宏观经济模型入门［M］. 大连：东北财经大学出版社，2011.
③ 刘斌. 动态随机一般均衡模型及其应用［M］. 北京：中国金融出版社，2014.
④ 李向阳. 动态随机一般均衡（DSGE）模型——理论、方法和 Dynare 实践［M］. 北京：清华大学出版社，2018.

影响受到越来越多的重视。鉴于此，经济学家开始致力于将金融因素纳入新凯恩斯主义 DSGE 模型的研究，大量包含金融因素的新凯恩斯主义 DSGE 模型被开发并提出。将金融因素置于一般均衡理论框架进行研究的建模方式可以分为以下四种类型：一是金融加速器理论，这类模型考察了金融市场摩擦的存在，认为外生冲击对经济影响会通过金融加速器效应被放大；二是围绕抵押物约束机制进行建模，抵押物价值变动会影响金融市场中的信贷约束，从而对宏观经济产生冲击，并且具有加速效应；三是围绕银行资本机制进行建模，该类文献的建模思想是将银行作为一个独立的部门纳入模型中，有利于分析金融政策经由金融体系传导至实体经济的途径；四是围绕银行利差或信贷利差进行建模，通常这类模型假设银行是同质的具有代表性的，并且可以利用相关的技术将存款转换为贷款，以便从中获取利差，利差的变动对经济产生显著影响。上述四种建模机制并不是完全独立的、互不相关的，而是往往被研究者纳入同一个研究框架内考察。

基于 DSGE 模型的分析建模流程大致可以分为模型设定、模型求解、参数估计及经济模拟与仿真四个步骤，具体如下：

第一，模型设定。模型设定就是对经济主体的行为进行分析，这里的经济主体一般根据所研究的问题而设定，一般包括家庭、厂商和政府，如果是开放经济可能还包括国外部门。同时，经济主体还可以再进行细分，即经济主体是同质的还是异质的，但需要注意的是这里的异质性并不是严格的异质性，这种异质性的程度是有限的。然后在既定约束条件和效用函数下，求解各类经济主体的最优化决策方程，一般求解方法有三种，即拉格朗日法、贝尔曼方程和汉密尔顿函数法，最终得到一阶条件。具体而言：①家庭。家庭通过选择消费、劳动、投资、持有债券数量及持有货币量等来最大化终生效用，当然这也取决于所构建的模型。如果对家庭进行细分，考虑家庭提供异质性劳动，那么家庭有能力决定工资，从而可以引入工资黏性。②厂商。厂商一般可以分成两类，即中间品厂商与最终品厂商。其中，中间品厂商通过雇用劳动力与购买资本进行中间品的生产。中间品厂商处于垄断竞争市场中，具有一定的定价权。中间品厂商通过选择雇用的劳动力与购买资本数量来最大化其利润。最终品厂商购买中间品从而生产出最终品，一般假设最终品厂商处于完全竞争市场中。也可以根据所研究的内容不同而纳入其他厂商，如可以将企业区分为国有企业和非国有企业，纳入房地产市场、股票市场及金融市场，当将金融机构行为引入模型并内生化之后，我们称之为包含金融加速器的 DSGE 模型。③政府。政府一般制定货币政策或财政政策，其中货币政策一般有两种，即利率规则与货币供应量规则。财政政策主要包括税收、政府购买等。金融危机后学术界对宏观审慎政策及其与货币政策的协调更加重视。如果是开放经济条件下，一般引入汇率政策和国外部门，可以用来研究汇率政策和贸易问题。也有学者用 DSGE 模型研究了环境政策或者产业政策，但是这些并不占据主流地位。

第二，模型求解。模型构建完成后会得到一个非线性期望差分方程系统，模型求解过程就是求解差分方程系统的过程，即需要考察差分系统解的存在性、唯一性和稳定性。新凯恩斯主义 DSGE 模型是非线性的，因此运算量比较大，求解过程十分复杂。新凯恩斯主义 DSGE 模型的求解有两种：一种是间接法，采用该法进行求解时，首先要对模型进行对数变换，然后求其稳态值，并用泰勒级数展开式进行二阶或者更高阶的泰勒级数展开，对展开后的线性模型进行求解。主要的求解方法有多种，比较流行的求解线性差分系统的方法有 BK 方法、QZ 分解法、待定系数法及 Klein 法。采用间接法的好处是计算速度快，不足之处是求得的解可能只是局部最优的，因此还需要进行敏感性分析（Sensitivity Analysis）来了解全局解的特性。另一种是直接法，也就是直接对非线性模型进行求解，使用该类方法的优点在于我们可以得到所有感兴趣的信息，但是不足之处也显而易见，就是求解复杂、计算量大，因而求解速度十分缓慢，现有研究中几乎不可见。

第三，参数估计。一个有效的 DSGE 模型必须有坚实的理论基础，同时求解结果又能较好地拟合实际经济数据。因此，根据实际经济数据来正确地设定模型参数变得十分关键。新凯恩斯主义 DSGE 模型中的参数有两种：一种是衡量稳态特征的参数，通常使用校准法（Calibration）来确定该类参数。校准法的思想是根据以往研究或者作者自己经验事先对待估参数赋值，然后利用观测变量数据对真实经济进行模拟，使得模型的理论矩尽可能地逼近实际经济数据，从而得到参数的校准值。另一种是反映模型动态特征的参数，这类参数需要利用相关的参数估计方法进行求解。常见参数估计方法有广义矩估计（Generalized Method of Moments）、模拟矩估计（Simulated Method of Moments）、极大似然估计（Maximum Likelihood Estimation）及贝叶斯估计（Bayesian Estimation）。

第四，经济模拟与仿真。在给出模型的参数值以后，可以进行政策分析及各种冲击对经济系统影响的分析，如分析给定外生冲击或政策（财政政策、货币政策）对模型经济变量或经济主体的行为产生何种影响。目前进行经济模拟的工具主要是 Matlab 软件编程及 Dynare 软件结构化拟合，关于 Dynare 软件的介绍可以去官网下载用户手册。此外，李向阳的著作中也有一章内容介绍了 Dynare 软件，读者可以自行选择性阅读。

图 3-4 给出了 DSGE 模型的研究思路。

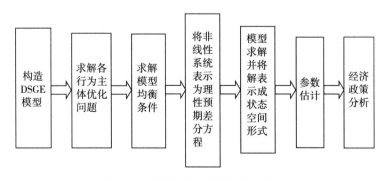

图 3-4　DSGE 分析框架的研究思路

DSGE 模型建立了一套系统的、科学的分析框架，逐渐替代传统计量经济方法而成为分析宏观经济政策的基准模型。但模型仍然存在不足之处，受到部分经济学家的质疑。新凯恩斯主义 DSGE 模型的不足之处主要体现在以下三点：

第一，假设整个经济部门可由代表性个体（Representative Agent）来表示，没有考虑到经济主体的异质性。在传统新凯恩斯主义 DSGE 模型中的经济主体是同质的、具有代表性的个体，忽略了对真实经济个体异质性的考虑，在人口统计特征普查中，不同个体的受教育程度、财富积累、年龄结构和社会阶层均存在差异，而传统新凯恩斯主义 DSGE 模型忽视了这些因素。

第二，假设经济个体是完全理性预期的，并没有考虑经济个体的有限理性。新凯恩斯主义 DSGE 模型中的经济主体被认为是完全理性的，可以利用任何信息，并能够准确获知全部经济运行规律，这无疑是一个非常强的假设条件。

第三，DSGE 模型从微观主体的行为方程到宏观经济的加总过程中也存在问题。诺贝尔经济学奖得主索罗认为宏观系统并不是个体行为的简单加总，即宏观经济总体特征并不能由微观个体行为的简单线性加总来体现，微观主体异质性的行为方程在宏观经济中表现出一种"涌现"现象。

由上述分析可知，DSGE 模型在理论和实证方面存在一些问题，由此导致基于该方法的宏观经济政策分析结论也受到质疑，DSGE 模型没有预测到本轮全球金融危机就是佐证。鉴于 DSGE 的这些问题，弗里德曼认为应该删除或改变过多的基本假设，以提高模型的性能。

二、模型构建

本部分以一个中等规模模型为例，介绍 DSGE 模型建模、求解、估计流程和相关方法。本部分模型包括家庭、生产企业、零售企业和政府部门四类经济主体。所涉及的市场包括劳动市场、资本市场、中间品市场、最终品市场、债券市场和货币市场。其中，稳态时最终品市场、劳动力市场及资本市场满足市场出清条件。模型仅包含价格黏性，不包含工资黏性。模型的结构框架如图 3-5 所示。

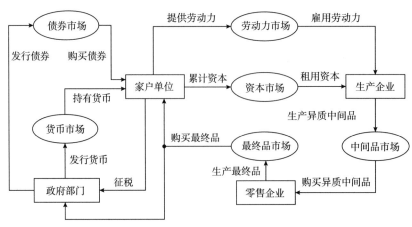

图 3-5 模型结构框架

（一）家庭

家庭通过选择消费 C_t、劳动力 L_t、投资 I_t、资本 K_t、债券 B_t 及货币持有量 M_t，在既定约束下追求终生效用最大化。家庭的效用函数和预算约束分别为：

$$\max_{\{C_t,\ L_t,\ I_t,\ K_t,\ B_t,\ M_t\}} E_0 \sum_{t=0}^{\infty} \beta^t \left[\frac{C_t^{1-\sigma_c}}{1-\sigma_c} - v_l \times \frac{L_t^{1+\sigma_l}}{1-\sigma_l} + \frac{v_m}{1-\sigma_m} \left(\frac{M_t}{P_t} \right)^{1-\sigma_m} \right] \tag{3-38}$$

$$C_t + I_t + \frac{B_t}{P_t} \frac{M_t}{P_t} = w_t L_t + r_t K_{t-1} + \frac{R_{t-1} B_{t-1}}{P_t} + \frac{M_{t-1}}{P_t} + D_t - T_t \tag{3-39}$$

$$K_t = (1-\delta) K_{t-1} + \left[1 - S\left(\frac{I_t}{I_{t-1}} \right) \right] I_t \tag{3-40}$$

其中，E 为预期算子，参数 β、σ_c、σ_l、σ_m、v_l、v_m 分别为家庭的折现因子、跨期替代弹性倒数、劳动力供给工资弹性倒数、货币需求利率弹性倒数、劳动的效用贡献程度及真实货币余额的效用贡献程度。变量 R_t、w_t、r_t、D_t、T_t 分别为名义利率、实质工资、实际资本回报率、中间品生产企业发放的股利及政府征收的总额税收。借鉴 Christiano 等的研究，当本期投资与上一期投资有差别时，则会出现调整成本，影响投资转化率问题[1]。调整成本只体现在资本积累方程中，并且没有体现在资源禀赋约束式中，资本累积方程如式（3-40）所示。家庭的最优决策一阶条件如下：

$$(C_t)^{-\sigma_c} = \beta E_t \left[\frac{R_t}{\Pi_{t+1}} (C_{t+1})^{-\sigma_c} \right] \tag{3-41}$$

$$v_l (L_t)^{\sigma_l} = w_t (C_t)^{-\sigma_c} \tag{3-42}$$

$$1 = Q_t \left[1 - S\left(\frac{I_t}{I_{t-1}} \right) - S'\left(\frac{I_t}{I_{t-1}} \right) \left(\frac{I_t}{I_{t-1}} \right) \right] + E_t \left[\frac{\Pi_{t+1}}{R_t} Q_{t+1} S'\left(\frac{I_{t+1}}{I_t} \right) \left(\frac{I_{t+1}}{I_t} \right)^2 \right] \tag{3-43}$$

$$Q_t = E_t \left\{ \frac{\Pi_{t+1}}{R_t} \left[r_{t+1} + Q_{t+1} (1-\delta) \right] \right\} \tag{3-44}$$

$$v_m \left(\frac{M_t}{P_t} \right)^{-\sigma_m} = \left(1 - \frac{1}{R_t} \right) (C_t)^{-\sigma_c} \tag{3-45}$$

其中变量 $\Pi_t = \dfrac{P_t}{P_{t-1}}$，为通货膨胀率。

（二）生产企业

生产企业利用劳动力和资本生产中间品，供零售企业组装成最终品，他们会调整投入来最小化其成本，给定其投入劳动工资 w_t 和资本租金 r_t，生产足够多的产品来满足零售企业的需求，其最优化目标是：

$$\min r_t K_{j,t} + w_t L_{j,t} \tag{3-46}$$

其生产技术函数为：

---

① Christiano L., Eichenbaum M., Evans C. Nominal Rigidities and the Dynamic Effects of a Shock to Monetary Policy [J]. Journal of Political Economy, 2005, 113 (1)：1-45.

$$Y_{j,t} = \varepsilon_t^A (K_{j,t})^\alpha (L_{j,t})^{1-\alpha} \tag{3-47}$$

其中，ε_t^A 为技术冲击。由成本最小化一阶条件，得到资本劳动力最优投入比为：

$$\frac{K_{j,t}}{L_{j,t}} = \frac{\alpha}{1-\alpha} \frac{w_t}{r_t} \tag{3-48}$$

在成本最小化时，产品边际生产成本为：

$$mc_t = \alpha^{-\alpha}(1-\alpha)^{-(1-\alpha)} \frac{(r_t)^\alpha (w_t)^{1-\alpha}}{\varepsilon_t^A} \tag{3-49}$$

生产企业如果处于垄断竞争市场则可以按照一定的概率调整价格，一般采用 Calvo 定价机制，即在每一期，工厂会以固定的概率 $(1-\eta)$ 来调整其产品的价格。当然某些研究文献中也设定其处于完全竞争市场，则不可以调整价格。当不能定价时，进行指数化调整：

$$P_{j,t} = \left(\frac{P_{t-1}}{P_{t-2}}\right)^\chi P_{j,t-1} \tag{3-50}$$

当可以定价时，通过求解下述利润最大化问题得到价格调整决策：

$$\max E_t \sum_{m=0}^{\infty} (\beta\eta)^m \frac{\Lambda_{t+m}}{\Lambda} \left\{ \left[\left(\frac{P_{t+m-1}}{P_{t-1}}\right)^\chi \frac{P_{j,t}}{P_{t+m}} - mc_{t+m} \right] Y_{j,t+m} \right\}$$

其中，Λ 表示家庭投资企业单位资金所获得的边际价值，这是因为企业由家庭所有，企业利润最大化，等同于拥有企业的家庭收益最大化。

进而可以得到企业面临的产品需求曲线：

$$Y_{j,t+m} = \left[\left(\frac{P_{t+m-1}}{P_{t-1}}\right)^\chi \frac{P_{j,t}}{P_{t+m}} \right]^{-\lambda} Y_{t+m} \tag{3-51}$$

利润最大化一阶条件，最优价格制定满足：

$$E_t \sum_{m=0}^{\infty} (\beta\eta)^m \frac{\Lambda_{t+m}}{\Lambda} \left[\left(\frac{P_{t+m-1}}{P_{t-1}}\right)^\chi \frac{P_t^*}{P_{t+m}} - \frac{\lambda}{\lambda-1} mc_{t+m} \right] Y_{j,t+m}^* = 0 \tag{3-52}$$

最终品价格动态调整过程为：

$$(P_t)^{1-\lambda} = \eta \left[\left(\frac{P_{t-1}}{P_{t-2}}\right)^\chi P_{t-1} \right]^{1-\lambda} + (1-\eta)(P_t^*)^{1-\lambda} \tag{3-53}$$

（三）零售企业

零售企业处于完全竞争市场中，其生产技术遵循以下 Dixit-Stiglizt 累加模型：

$$Y_t = \left[\int_0^1 (Y_{j,t})^{\frac{\lambda-1}{\lambda}} dj \right]^{\frac{\lambda}{\lambda-1}} \tag{3-54}$$

其中，j 为中间品厂商标号，$\lambda>1$ 为中间品之间的替代弹性系数，这意味着中间品之间存在非完全替代关系，这也说明中间品存在一定的垄断权力，可以调整价格。零售企业的利润目标为：

$$\max_{Y_{j,t}} P_t Y_t - \int_0^1 P_{j,t} Y_{j,t} dj \tag{3-55}$$

在利润最大化条件下，通过对 $Y_{j,t}$ 求导得到对异质中间品需求为：

$$Y_{j,t} = \left(\frac{P_{j,t}}{P_t}\right)^{-\lambda} Y_t \tag{3-56}$$

完全竞争市场利润为零，得到最终品价格为：

$$P_t = \left[\int_0^1 (P_{j,t})^{1-\lambda} dj\right]^{\frac{1}{1-\lambda}} \tag{3-57}$$

（四）政府部门

有些文献会基于我国央行常以控制货币增长率与信贷规模方式稳定物价与维持经济平稳增长的事实，将货币政策设定为数量调整法则：

$$\frac{V_t}{V} = \left(\frac{V_{t-1}}{V}\right)^{\rho_V} \left[\left(\frac{\Pi_t}{\Pi}\right)^{-\phi_P} \left(\frac{Y_t}{Y_{t-1}}\right)^{-\phi_Y}\right]^{1-\rho_V} \varepsilon_t^M \tag{3-58}$$

其中，货币增长率 V_t 定义为当期货币供给量与上期货币供给量的比值，即 $V_t = \frac{M_{t-1}}{M_t}$，$V_t$、$\Pi_t$ 及 Y_t 分别为稳态时货币增长率、通货膨胀率及总产出，参数 ρ_V、ϕ_P、ϕ_Y 分别反映央行货币政策操作的稳健性、货币政策对当期通货膨胀率与总产出波动的反应系数，央行货币政策冲击为 ε_t^M。

在财政政策方面，政府部门的预算平衡式为：

$$G_t + \frac{(R_{t-1}-1)B_{t-1}}{P_t} = T_t + \frac{B_t - B_{t-1}}{P_t} + \frac{M_t - M_{t-1}}{P_t} \tag{3-59}$$

政府购买支出：

$$G_t = \left(1 - \frac{1}{\varepsilon_t^G}\right) Y_t \tag{3-60}$$

其中，G_t 为政府购买支出，ε_t^G 为政府购买冲击，总额税收为 T_t，$\frac{M_t - M_{t-1}}{P_t}$ 为铸币税。

（五）市场出清条件

最终品市场出清时，最终品产出等于家庭消费、生产企业投资及政府购买支出之和，即 $Y_t = C_t + I_t + G_t$；劳动力市场出清时满足生产企业的劳动力投入等于家庭的劳动力供给，即 $\int_0^1 L_{j,t} dj = L_t$；资本市场出清时满足生产企业的资本投入等于家庭的资本积累，即 $\int_0^1 K_{j,t} dj = K_{t-1}$。

整个经济系统各部门的行为可以用上述市场出清条件、各部门最优决策一阶条件及预算约束来描述，这些方程都是非线性的，因此整个经济就可以用非线性方程组来描述。该非线性方程组包括 16 个内生变量、3 个冲击及 17 个待估计的参数，即消费 C_t、投资 I_t、总产出 Y_t、总劳动力 L_t、总资本 K_t、边际成本 mc_t、最优定价 P_t^*、价格水平 P、劳动力工资 w_t、资本租金 r_t、资本价值 Q_t、名义利率 R_t、通货膨胀率 Π_t、货

币量 m_t、货币增长率 V 及政府购买 G_t 共 16 个内生变量；技术冲击 $\hat{\varepsilon}_t^A$、货币供应量冲击 $\hat{\varepsilon}_t^M$ 及政府支持冲击 $\hat{\varepsilon}_t^G$ 三个外生冲击；待估计参数包含家庭单位时间折现率 β、资本折旧率 δ、家庭单位工资劳动力供给弹性倒数 σ_l、中间品需求价格弹性 λ、资本收入占总产值比例 α、投资调整成本 κ、价格调整指数化程度 χ、生产企业不能制定价格概率 η、货币政策惯性 ρ_V、货币政策对物价水平调整系数 ϕ_V、货币政策对产出缺口调整系数 ϕ_Y、技术冲击一阶相关系数 ρ_A、技术冲击标准差 σ^A、货币政策冲击一阶相关系数 ρ_M、货币政策冲击标准差 σ^M、政府购买冲击一阶相关系数 ρ_G 及政府购买冲击标准差 σ^G 共 17 个待估计参数。具体的非线性期望差分方程系统中的方程如下：

消费欧拉方程：

$$(C_t)^{-\sigma_c} = \beta E_t \left[\frac{R_t}{\Pi_{t+1}} (C_{t+1})^{-\sigma_c} \right] \qquad (3\text{-}61)$$

劳动力供给方程：

$$v_l (L_t)^{\sigma_l} = w_t (C_t)^{-\sigma_c} \qquad (3\text{-}62)$$

投资欧拉方程：

$$1 = Q_t \left[1 - S\left(\frac{I_t}{I_{t-1}} \right) - S'\left(\frac{I_t}{I_{t-1}} \right) \left(\frac{I_t}{I_{t-1}} \right) \right] + E_t \left[\frac{\Pi_{t+1}}{R_t} Q_{t+1} S'\left(\frac{I_{t+1}}{I_t} \right) \left(\frac{I_{t+1}}{I_t} \right)^2 \right] \qquad (3\text{-}63)$$

资本价值方程：

$$Q_t = E_t \left\{ \frac{\Pi_{t+1}}{R_t} \left[r_{t+1} + Q_{t+1} (1-\delta) \right] \right\} \qquad (3\text{-}64)$$

货币需求方程：

$$v_m \left(\frac{M_t}{P_t} \right)^{-\sigma_m} = \left(1 - \frac{1}{R_t} \right) (C_t)^{-\sigma_c} \qquad (3\text{-}65)$$

资本累计方程：

$$K_t = (1-\delta) K_{t-1} + \left[1 - S\left(\frac{I_t}{I_{t-1}} \right) \right] I_t \qquad (3\text{-}66)$$

最优资本劳动力投入比：

$$\frac{K_t}{L_t} = \frac{\alpha}{1-\alpha} \frac{w_t}{r_t} \qquad (3\text{-}67)$$

边际生产成本：

$$mc_t = \alpha^{-\alpha} (1-\alpha)^{-(1-\alpha)} \frac{(r_t)^\alpha (w_t)^{1-\alpha}}{\varepsilon_t^A} \qquad (3\text{-}68)$$

最优价格制定：

$$E_t \sum_{m=0}^\infty (\beta\eta)^m \frac{\Lambda_{t+m}}{\Lambda} \left[\left(\frac{P_{t+m-1}}{P_{t-1}} \right)^\chi \frac{P_t^*}{P_{t+m}} - \frac{\lambda}{\lambda - 1} mc_{t+m} \right] Y_{j,\,t+m}^* = 0 \qquad (3\text{-}69)$$

最终品价格调整：

$$(P_t)^{1-\lambda} = \eta\left[\left(\frac{P_{t-1}}{P_{t-2}}\right)^\chi P_{t-1}\right]^{1-\lambda} + (1-\eta)(P_t^*)^{1-\lambda} \tag{3-70}$$

利率调整法则:

$$\frac{V_t}{V} = \left(\frac{V_{t-1}}{V}\right)^{\rho_V}\left[\left(\frac{\Pi_t}{\Pi}\right)^{-\phi_P}\left(\frac{Y_t}{Y_{t-1}}\right)^{-\phi_Y}\right]^{1-\rho_V}\varepsilon_t^M \tag{3-71}$$

政府购买支出:

$$G_t = \left(1-\frac{1}{\varepsilon_t^G}\right)Y_t \tag{3-72}$$

货币供应总量:

$$m_t = \frac{m_{t-1}}{\Pi_t}V_t \tag{3-73}$$

总产出:

$$Y_t = \varepsilon_t^A(K_t)^\alpha(L_t)^{1-\alpha} - \Phi \tag{3-74}$$

Φ 为固定成本。

最终市场结清条件:

$$Y_t = C_t + I_t + G_t \tag{3-75}$$

通货膨胀率定义式:

$$\Pi_t = \frac{P_t}{P_{t-1}} \tag{3-76}$$

(六)对数线性化

对数线性化的过程就是利用泰勒级数公式展开的过程,展开的阶数越高则时间复杂度越大,所幸借助 Dynare 软件可以实现四阶、五阶甚至更高阶的求解。

消费欧拉方程:

$$\hat{C}_t = E_t\hat{C}_{t+1} - \frac{1}{\sigma_c}(R_t - E_t\hat{\pi}_{t+1}) \tag{3-77}$$

劳动力供给方程:

$$\hat{L}_t = \frac{1}{\sigma_l}\hat{w}_t - \frac{\sigma_c}{\sigma_l}\hat{C}_t \tag{3-78}$$

投资欧拉方程:

$$\hat{I}_t = \frac{1}{1+\beta}\hat{I}_{t-1} + \frac{\beta}{1+\beta}E_t\hat{I}_{t+1} + \frac{1}{\kappa(1+\beta)}\hat{Q}_t \tag{3-79}$$

资本价值方程:

$$\hat{Q}_t = [1-\beta(1-\delta)]E_t\hat{r}_{t+1} + \beta(1-\delta)E_t\hat{Q}_{t+1} - (R_t - E_t\hat{\pi}_{t+1}) \tag{3-80}$$

货币需求方程:

$$\hat{m}_t = \frac{\sigma_c}{\sigma_m}\hat{C}_t\frac{\beta}{(1-\beta)\sigma_m}\hat{R}_t \tag{3-81}$$

资本累计方程：

$$\hat{K}_t = (1-\delta)\hat{K}_{t-1} + \delta\hat{I}_t \tag{3-82}$$

劳动资本投入比：

$$\hat{L}_t = \hat{K}_{t-1} + \hat{r}_t - \hat{w}_t \tag{3-83}$$

边际生产成本：

$$\hat{mc}_t = \alpha\hat{r}_t + (1-\alpha)\hat{w}_t - \hat{\varepsilon}_t^A \tag{3-84}$$

菲利普斯曲线：

$$\hat{\pi}_t = \frac{\beta}{1+\beta\chi}E_t\,\hat{\pi}_{t+1} + \frac{\chi}{1+\beta\chi}\hat{\pi}_{t-1} + \frac{1-\beta\eta}{1+\beta\chi}\frac{1-\eta}{\eta}\hat{mC}_t \tag{3-85}$$

货币数量法则：

$$\hat{V}_t = \rho_V\hat{V}_{t-1} - (1-\rho_V)(\phi_P\,\hat{\pi}_t + \phi_Y\hat{Y}_t) + \hat{\varepsilon}_t^M \tag{3-86}$$

货币供给方程：

$$\hat{m}_t = \hat{m}_{t-1} + \hat{V}_t - \hat{\pi}_t \tag{3-87}$$

总产出方程：

$$\hat{Y}_t = \frac{\lambda}{\lambda-1}\left[\alpha\hat{K}_{t-1} + (1-\alpha)\hat{L}_t + \hat{\varepsilon}_t^A\right] \tag{3-88}$$

市场出清方程：

$$\hat{Y}_t = \frac{C}{Y}\hat{C}_t + \frac{I}{Y}\hat{I}_t + \hat{\varepsilon}_t^G \tag{3-89}$$

$$\hat{\varepsilon}_t^A = \rho_A\hat{\varepsilon}_{t-1}^A + \sigma^A v_t^A, \quad v_t^A \sim N(0,\ 1) \tag{3-90}$$

$$\hat{\varepsilon}_t^M = \rho_M\hat{\varepsilon}_{t-1}^M + \sigma^M v_t^M, \quad v_t^M \sim N(0,\ 1) \tag{3-91}$$

$$\hat{\varepsilon}_t^G = \rho_G\hat{\varepsilon}_{t-1}^G + \sigma^G v_t^G, \quad v_t^G \sim N(0,\ 1) \tag{3-92}$$

（七）模型求解方法

DSGE 模型的求解分为线性化后的求解方法和非线性 DSGE 模型的求解方法，前者在通过多阶泰勒级数展开后就变为线性化的形式，其求解的方法有 BK 方法[1]、Klein 法和 Sims 提出的 Schur 法。这三种方法都是先将矩阵进行 Jordan 分解，再求特征值进而求解[2]。Uhlig 提出的待定系数法则利用矩阵的克氏乘积求解[3]。但无论是哪种方法，求解过程实质上就是去掉预期符号的过程。后者的求解方法有投影法、值函数迭代法和政策函数迭代法，具体请参见 Ljungqvist 和 Sargent[4]、Heer 和 Maussner[5] 以及 Canova[6]

[1] Blanchard, Olivier Jean, Charles M. Kahn. The Solution of Linear Difference Models under Rational Expectations [J]. Econometrica, 1980, 48 (5): 1305-1311.

[2] 戴维·N. 德容, 舍唐·戴夫. 结构宏观计量经济学 [M]. 上海: 上海财经大学出版社, 2010.

[3] 李向阳. 动态随机一般均衡（DSGE）模型——理论、方法和 Dynare 实践 [M]. 北京: 清华大学出版社, 2018.

[4] Ljungqvist L., Sargent. Recursive Macroeconomic Theory [M]. Cambridge, MA: MIT Press, 2004.

[5] Heer B., Maussner A. Dynamic General Equilibrium Modelling, Computational Methods and Applications [M]. Berlin: Springer, 2005.

[6] Canova F. Methods for Applied Macroeconmic Research [M]. Princeton: Princeton University Press, 2006.

的研究。

（八）参数校准或估计

常见的估计 DSGE 模型参数的方法有校准（Calibration）方法、极大似然估计方法、广义矩（Generalized Method of Monents，GMM）方法、模拟矩（Simulated Method of Moments，SMM）方法及贝叶斯估计法。其中的贝叶斯估计法充分考虑参数的先验分布，并且可对参数进行事后估计和修正，使得参数估计更加有效，因此该方法逐渐成为一种主要的估计方法。接下来我们主要介绍贝叶斯估计方法，其主要思路是：依据模型稳态条件或研究者的经验，设定一个可能的参数先验值，然后将参数先验信息与样本数据信息结合，将先验分布和似然函数结合进而得到参数的后验分布函数，最后通过评估和检验后验函数概率从而得到参数的估计值。贝叶斯估计方法介于最大似然估计与校准方法之间，当参数先验分布不确定时，可以转化为极大似然估计；当参数先验分布标准差为 0 时，等价于校准方法。

贝叶斯估计方法将似然函数作为模型待估参数的条件概率，这个条件概率可以被表示成 $L(\theta_A \mid Y_T, A) \equiv p(Y_T \mid \theta_A, A)$。根据贝叶斯估计方法的思想，利用样本观测数据可以将先验分布修正为后验分布，并且可以表示成 $p(\theta_A \mid Y_T, A) = \dfrac{p(Y_T \mid \theta_A, A)p(\theta_A \mid A)}{p(Y_T \mid A)}$。其中，分子是一种乘积的形式，由先验分布和条件概率两部分构成；分母是基于模型数据的边缘密度，可以由分子对待估参数积分而获得。

后验分布的众数可以通过对参数 θ_A 取最大化对数得到。在极大似然方法的似然函数 $L(\theta_A \mid Y_T, A)$ 的基础上，纳入惩罚因子便得到了先验分布 $p(\theta_A \mid A)$，显然，贝叶斯方法等价于存在约束条件的极大似然方法。先验分布能提高对模型参数的识别能力，而最大化后验分布比最大化似然函数容易。完整的后续分布可以由马尔可夫链蒙特卡罗方法(MCMC)解决，即通过构建一个马尔可夫(Markov)链进行模拟，得到的经验分布会无限趋近于后验分布 $p(\theta_A \mid Y_T, A)$。

接下来便可以对模型进行评估，假设存在两个竞争性模型，模型 A 和模型 B，即存在 $L=A$，B，相应地，它们的先验分布可以表示为 $p(A)$ 和 $p(B)$。根据贝叶斯估计原理，通过 $p(L \mid Y_T) = \dfrac{p(L)p(Y_T \mid L)}{\sum\limits_{L=A,B} p(L)p(Y_T \mid L)}$ 可以得到模型的后验分布，并且获得模型的后验比如下：

$$\frac{p(A \mid Y_T)}{p(B \mid Y_T)} = \frac{p(A)p(Y_T \mid A)}{p(B)p(Y_T \mid B)} \tag{3-93}$$

两个模型的边缘密度比 $\dfrac{p(Y_T \mid A)}{p(Y_T \mid B)}$ 就是贝叶斯因子，表示基于既定的样本数据，模型中的"信念"应该改变的程度，即代表了对于给定数据对每一个模型的"信念"应该改变多少。贝叶斯因子乘以先验优比等于后验优比。

（九）实证分析

在对所构建模型进行求解与估计之后，会根据研究的内容需要，进行实证分析，得到研究结论。实证分析主要包含以下模块：

第一，脉冲响应分析。该部分是实证研究的重要组成部分之一，目的是描述一个外生冲击来临后，经济系统中变量的变化趋势。根据研究内容来选择不同的外生冲击和不同的变量进行考察，往往通过脉冲响应图来表示。

第二，方差分解与历史分解。该部分是实证研究的重要组成部分之一，方差分解的目的是衡量各类外生冲击对经济变量波动的影响程度。具体而言，需要计算各类外生冲击对某一经济变量波动无条件方差比，以此来衡量每单位冲击对主要经济变量波动的边际影响。对同一经济变量而言，模型中各类外生冲击的无条件方差比之和为1。

第三，均衡分析。该部分用来分析在均衡状态时，异质性属性的概率密度分布特性，如当家庭的财富异质时，可以利用均衡分析查看财富分布特征、储蓄和消费等宏观经济变量随财富不同的分布特征。

第四，仿真分析。用来仿真实验当政策方程中的某个参数变化时，经济变量的响应特性。

案例及应用

DSGE 模型主要被用来分析宏观经济政策的实施效果及传导机制。主要集中在货币政策、宏观审慎政策及其两者的协调，也有财政政策和开放经济中的汇率政策，少部分学者用其评估了环境政策的效果。

货币政策。利用 DSGE 模型研究货币政策已经成为该领域的主流，究其原因：一是 DSGE 模型可以将整个经济体系各个经济变量在遭受外生政策冲击时透明化；二是能较好地避免卢卡斯批判和动态不一致性问题，因而在经济预测和政策评价方面的可信度更高，应用也较为广泛。学术界关于该方面的研究主要包括单一货币政策的效果评估、最优货币政策选择及货币政策与宏观审慎政策的协调效果评估。

第一，货币政策效果评估与最优货币政策选择。刘斌最早讨论了中国 DSGE 模型的开发及在货币政策分析中的应用[1]。另有大量学者利用 DSGE 模型对中国货币政策效果进行了评估，但并未达成共识。一种观点认为央行调节货币供应量的政策效应较强，因此从总体上看，数量型货币政策在中国宏观经济调控中仍然占据主导地位[2][3][4][5]。另

①　刘斌. 我国 DSGE 模型的开发及在货币政策分析中的应用［J］. 金融研究，2008（10）：1-21.

②　Burdekin R. C. K., Siklos P. L. What Has Driven Chinese Monetary Policy Since 1990［R］. 2005.

③　Peng W., Chen H., Fan W. Interest Rate Structure and Monetary Policy Implementation in China［R］. 2006.

④　Laurens J. Bernard, Maino R. China: Strengthening Monetary Policy Implementation［R］. Working Paper, 2007.

⑤　盛松成，吴培新. 中国货币政策的二元传导机制——"两中介目标，两调控对象"模式研究［J］. 经济研究，2008（10）：37-51.

一种观点则赞成央行应该采用价格型货币政策工具①②③。还有些学者则对以上两种观点提出质疑，尤其是近两年的文献，几乎均认为混合规则可以给货币政策操作带来更大的福利收益，而单一货币政策规则（价格或者数量规则）已经难以充分发挥货币政策的效应④⑤⑥⑦⑧。

第二，货币政策和宏观审慎政策协调的效果评估。Angelini 等将银行部门纳入动态随机一般均衡模型中，研究发现宏观审慎政策和货币政策有效地协调搭配可以平滑经济波动，尤其是对由信贷因素或者房地产价格所导致的金融冲击效果显著⑨。Beau 等利用美国和欧洲数据发现，宏观审慎政策与货币政策协调搭配可以显著降低价格和产出波动⑩。De Paoli 和 Paustian 认为货币政策和宏观审慎政策配合使用有助于货币当局实现金融和价格的双重稳定目标⑪。Tayler 和 Zilberman 发现当金融冲击来临时，宏观审慎政策在稳定经济方面的表现优于货币政策，当供给冲击来临时，两者相互配合才是中央银行的最优选择⑫。Nier 和 Kang 认为宏观审慎政策和货币政策协调配合有助于降低政策实施所导致的副作用，从而提升政策效果⑬。马勇和陈雨露构造了一个包含内生金融系统的新凯恩斯主义 DSGE 模型，系统地考察了货币政策、信贷政策和宏观审慎政策的协调搭配方式⑭。王爱俭和王璟怡认为宏观审慎政策可以辅助货币政策，特别是经济受到金融冲击的时候，这种辅助效果更加明显，因此货币当局在调控宏观经济的同时，应该兼顾宏观审慎政策的使用⑮。程方楠和孟卫东构建了一个植入房地产部门的新凯恩斯主义 DSGE 模型，对货币政策与宏观审慎政策的协调效应进行了考察，研究发现

①　Zhang W. China's Monetary Policy：Quantity Versus Price Rules［J］. Journal of Macroeconomics，2009，31（3）：473-484.

②　张达平，赵振全. 新常态下货币政策规则适用性研究——基于 DSGE 模型的分析［J］. 经济学家，2016（8）：72-80.

③　尹雷，杨源源. 中国货币政策调控效率与政策工具最优选择——基于 DSGE 模型的分析［J］. 当代经济科学，2017（4）：19-28.

④　Liu L.，Zhang W. A New Keynesian Model for Analyzing Monetary Policy in China Mainland［R］. Working Paper，2007.

⑤　闫先东，张炎涛. 价格与数量型工具相互支撑的货币政策框架研究［J］. 财贸经济，2016（10）：59-71.

⑥　庄子罐，贾红静，刘鼎铭. 货币政策的宏观经济效应研究：预期与未预期冲击视角［J］. 中国工业经济，2018（7）：81-97.

⑦　孟宪春，张屹山，李天宇. 中国经济"脱实向虚"背景下最优货币政策规则研究［J］. 世界经济，2019（5）：27-48.

⑧　张龙，殷红，王擎. 数量型还是价格型——来自货币政策"非线性"有效性的经验证据［J］. 中国工业经济，2020（7）：27-48.

⑨　Angelini P.，Neri S.，Panetta F. Monetary and Macroprudential Policies［R］. 2012.

⑩　Beau D.，Clerc L.，Mojon B. Macro-Prudential Policy and the Conduct of Monetary Policy［R］. 2013.

⑪　De Paoli B.，Paustian M. Coordinating Monetary and Macroprudential Policies［R］. 2013.

⑫　Tayler W.，Zilberman R. Macroprudential Regulation，Credit Spreads and the Role of Monetary Policy［J］. Journal of Financial Stability，2016（26）：144-158.

⑬　Nier E.，Kang H. Monetary and Macroprudential Policies-Exploring Interactions［R］. 2016.

⑭　马勇，陈雨露. 宏观审慎政策的协调与搭配：基于中国的模拟分析［J］. 金融研究，2013（8）：57-69.

⑮　王爱俭，王璟怡. 宏观审慎政策效应及其与货币政策关系研究［J］. 经济研究，2014（4）：17-31.

两者协调的情况下，货币政策可以关注物价，而宏观审慎政策侧重于稳定金融体系，经济政策的双重目标得以实现①。马勇和付莉研究发现不论是在价格型的货币政策工具下，还是在数量型的货币政策工具下，"双支柱"调控政策都较单一使用货币政策具有更好的经济金融稳定效应②。李力等同样发现"双支柱"的调控效果优于单一政策工具③。然而，货币政策和宏观审慎政策在搭配使用过程中可能存在一些问题，如 Quint 和 Rabanal 研究发现宏观审慎政策与货币政策会导致政策冲突④。Angelini 等的研究结果表明，宏观审慎政策与货币政策缺乏配合会引起资本和利率的大幅波动⑤。Fisher 等认为，虽然从理论上看，货币政策和宏观审慎政策的协调配合是最优选择，但由于实施过程中可能面临的种种复杂性问题，最终的调控效果是不确定的⑥。

财政政策。张佐敏在 DSGE 框架下研究了政府购买规则、融资规则和自动稳定规则之间的相互影响⑦。朱军和许志伟构建涵盖多种类型财政支出及中央与地方政府并存的多级政府体系 DSGE 模型，并且刻画了区域发展不平衡现状，考察财政分权下地方性财政政策对中国宏观经济的动态影响⑧。江春等通过构建异质性家庭的新凯恩斯主义 DSGE 模型，分析了技术、工资加成和利率变动三种外生冲击的居民消费效应和收入分配效应⑨。张杰等构建了嵌入财政自动稳定器的 DSGE 模型，剖析了财政自动稳定器和生产性财政支出政策对稳定经济的四种作用机制⑩。骆永民和樊丽明、刘海波等研究认为减税对收入存在促进效应和调节效应⑪⑫。王立勇和纪尧定量测度了中国财政政策波动性，构建了开放条件下的动态随机一般均衡模型，研究中国财政政策波动性的宏观影响与微观机理⑬。朱军等基于经典的 NK-DSGE 模型，将财政压力、财政整顿特征纳入金融系统中，通过一般均衡的视角讨论经济政策的宏观效应，进而讨论不同政府宏

① 程方楠，孟卫东．宏观审慎政策与货币政策的协调搭配——基于贝叶斯估计的 DSGE 模型［J］．中国管理科学，2017（1）：11-20.

② 马勇，付莉．双支柱调控、政策协调搭配与宏观稳定效应［J］．金融研究，2020（8）：1-17.

③ 李力，温来成，唐遥，等．货币政策与宏观审慎政策双支柱调控下的地方政府债务风险治理［J］．经济研究，2020（12）：36-49.

④ Quint D.，Rabanal P. Monetary and Macro Prudential Policy in An Estimated DSGE Model of The Euro Area［J］．International Journal of Central Banking，2014（10）：169-236.

⑤ Angelini P.，Neri S.，Panetta F. The Interaction between Capital Requirements and Monetary Policy［J］．Journal of Money，Credit and Banking，2014（6）：1073-1112.

⑥ Fisher J.，Gourio F.，Krane S. D. Changes in the Risk Management Environment for Monetary Policy［R］．2017.

⑦ 张佐敏．财政规则与政策效果——基于 DSGE 分析［J］．经济研究，2013（1）：41-53.

⑧ 朱军，许志伟．财政分权、地区间竞争与中国经济波动［J］．经济研究，2018（1）：21-34.

⑨ 江春，向丽锦，肖祖沔．货币政策、收入分配及经济福利——基于 DSGE 模型的贝叶斯估计［J］．财贸经济，2018（3）：17-34.

⑩ 张杰，庞瑞芝，邓忠奇．财政自动稳定器有效性测定：来自中国的证据［J］．世界经济，2018（5）：27-52.

⑪ 骆永民，樊丽明．宏观税负约束下的间接税比重与城乡收入差距［J］．经济研究，2019（11）：37-53.

⑫ 刘海波，邵飞飞，钟学超．我国结构性减税政策及其收入分配效应——基于异质性家庭 NK-DSGE 的模拟分析［J］．财政研究，2019（3）：30-46.

⑬ 王立勇，纪尧．财政政策波动性与财政规则：基于开放条件 DSGE 模型的分析［J］．经济研究，2019（6）：121-135.

观管理目标下的最优政策选择①。Davig 和 Leeper，Jia，贾俊雪和郭庆旺基于 DSGE 模型研究了财政冲击下的财政货币政策互动效应问题，所构建模型较为简单②③④。马勇在一个开放经济新凯恩斯主义 DSGE 框架下，对中国 1992～2012 年的货币政策与财政政策组合范式进行了实证分析，发现两者组合有效地确保了政府债务的可控性⑤。杨源源等系统探讨了如何深化财政政策货币政策协调配合以促进宏观经济行稳致远⑥。杨兵等构建了渐进性的混合型货币政策规则的动态随机一般均衡模型比较了不同减税政策组合下的宏观经济效应，并对不同减税政策和货币政策规则组合下社会福利的变动情况进行讨论⑦。

汇率政策。Obstfeld 和 Rogoff 开创性地构建了开放条件下的 DSGE 模型⑧。后来者在其基础上做了丰富的拓展。例如，Kollmann 将黏性价格纳入其中⑨，Smets 和 Wouters、Ravenna 和 Natalucci 构建了包含中间投入品的开放经济 DSGE 模型⑩⑪，Batini 等将央行利率规则引入 DSGE 模型⑫，Benigno 在 DSGE 模型中加入了外汇市场风险因子⑬，Bouakez 等、Christiano 等构建了包含汇率波动的小型开放经济 DSGE 模型⑭⑮。Chang 等利用两国黏性 DSGE 模型，研究汇率制度对冲击的反应机制⑯。

————————————

① 朱军，李建强，张淑翠. 财政整顿、"双支柱"政策与最优政策选择 [J]. 中国工业经济，2018（8）：24-41.

② Davig T.，Leeper E. M. Monetary-Fiscal Policy Interactions and Fiscal Stimulus [J]. European Economic Review，2011，55（2）：211-227.

③ Jia P. The Macroeconomic Impact of Monetary-Fiscal Policy in a "Fiscal Dominance" World [J]. Macroeconomic Dynamics，2018，24（3）：670-707.

④ 贾俊雪，郭庆旺. 财政支出类型、财政政策作用机理与最优财政货币政策规则 [J]. 世界经济，2012（11）：3-30.

⑤ 马勇. 中国的货币财政政策组合范式及其稳定效应研究 [J]. 经济学（季刊），2015（15）：173-196.

⑥ 杨源源，于津平，尹雷. 中国财政货币政策协调配合范式选择 [J]. 财贸经济，2019（1）：20-35.

⑦ 杨兵，杨杨，李峰. 货币政策与减税政策的组合效应研究 [J]. 财政研究，2020（7）：93-112.

⑧ Obstfeld M.，Rogoff K. Exchange Rate Dynamics Redux [J]. Open Economics Review，1995，12（3）：281-304.

⑨ Kollmann R. The Cyclical Behavior of Market Ups in U. S. Manufacturing and Trade：New Empirical Evidence Based on a Model of Optimal Storage [J]. Economics Letters，1997，57（3）：331-337.

⑩ Smets F.，Wouters R. Monetary Policy in a Estimated Stochastic Dynamic General Equilibrium Model of the Euro Area [J]. General Information，2002，1（5）：1123-1175.

⑪ Ravenna F.，Natalucci F. M. Monetary Policy Choices in Emerging Market Economics：The Case of High Productivity Growth [J]. Journal of Money Credit & Banking，2008，40（2-3）：243-271.

⑫ Batini N.，Gabriel V.，Levine P.，et al. A Floating versus Managed Exchange Rate Regime in a DSGE Model of India [J]. Nipe Working Paper，2010，17（2）：247-270.

⑬ Benigno P. Price Stability with Imperfect Financial Integration [J]. Journal of Money Credit & Banking，2009（41）：121-149.

⑭ Bouakez H.，Cardia E.，Ruge-Murcia F. The Transmission of Monetary Policy in a Multi-Sector Economy [J]. International Economic Review，2009，50（4）：1243-1266.

⑮ Christiano L.，Eichenbaum M.，Evans C. Nominal Rigidities and the Dynamic Effects of a Shock to Monetary Policy [J]. Journal of Political Economy，2001，113（1）：1-45.

⑯ Chang C.，Liu Z.，Spiegel M. M. Capital Controls and Optimal Chinese Monetary Policy [J]. Journal of Monetary Economics，2015，74（6）：1-15.

刘斌构建了包含金融部门的小国开放经济 DSGE 模型，但是该模型对于汇率波动与其他经济变量之间的关系未做深入探讨①。黄志刚通过建立小型开放经济模型，研究不同的货币政策和汇率政策对调整贸易不平衡的影响，认为资本开放有利于贸易不平衡的调节和福利水平的提高②。周建和赵琳构建了人民币汇率波动与中国货币政策及其宏观经济系统影响机制的 DSGE 模型，结果表明较大的人民币汇率波动会在一定程度上减弱中国货币政策的调控效果③。唐琳等基于新凯恩斯主义开放经济 DSGE 模型及包含汇率偏好的价格型货币政策，考察了中国在汇率改革前后主要宏观经济变量的冲击反应④。

环境政策。有少量的文献用 DSGE 模型来研究环境政策。例如，将常见的三种可供选择的环境政策（排污税、排污许可证及规制政策）纳入 DSGE 模型中。Angelopoulos 等利用 DSGE 模型，从经济产出、环境质量和社会福利三个尺度比较分析三种政策，结果发现污染许可证是最糟糕的政策⑤。Heutel 研究如何选择动态最优环境政策以适应商业周期变动与实现社会福利的最大化，而不是单一地使用某种僵化的政策⑥。Heutel 和 Angelopoulos 等研究的不同之处在于，Heutel 仅研究全要素生产率冲击，而后者除了研究全要素生产率冲击，还研究环境因素冲击。Fischer 和 Springborn 将政府作为政策行为主体，基于减排政策三种作用机制提出碳税、基于总量控制的交易许可及强度目标管制三种政策模型，给出环境政策对空间污染影响的路径与企业生产碳减排机制⑦。Angelopoulos 等通过将企业生产污染型中间品产出引入 DSGE 模型，研究了相关的环境经济政策⑧。Golosov 等发现环境污染存在影响居民健康和生产过程两条路径，而碳排放及其减排政策对企业生产影响更大⑨。Dissou 和 Karnizova 构建了多部门 RBC 模型，得到不同产业部门的技术冲击造成环境政策的社会福利差异效应⑩。Annicchiaricoa 和 Dio 在一个新凯恩斯模型中研究了经济在不同环境政策制度下的

① 刘斌. 我国 DSGE 模型的开发及在货币政策分析中的应用 [J]. 金融研究, 2008 (10): 1-21.

② 黄志刚. 加工贸易经济中的汇率传递: 一个 DSGE 模型分析 [J]. 金融研究, 2009 (11): 32-48.

③ 周建, 赵琳. 人民币汇率波动与货币政策调控难度 [J]. 财经研究, 2016 (2): 85-96.

④ 唐琳, 王云清, 胡海鸥. 开放经济下中国汇率政策的选择——基于 Bayesian DSGE 模型的分析 [J]. 数量经济技术经济研究, 2016 (2): 113-129.

⑤ Angelopoulos K., Economides G., Philippopoulos A. What is the Best Environmental Policy? Taxes, Permits and Rules under Economic and Environmental Uncertainty [R]. 2010.

⑥ Heutel G. How should Environmental Policy Respond to Business Cycles? Optimal Policy under Persistent Productivity Shocks [J]. Review of Economic Dynamics, 2012, 15 (2): 244-264.

⑦ Fischer C., Springborn M. Emissions Targets and the Real Business Cycle: Intensity Targets versus Caps or Taxes [J]. Journal of Environmental Economics and Management, 2011, 62 (3): 352-366.

⑧ Angelopoulos K., Economides G., Philippopoulos A. First-and Second-Best Allocations under Economic and Environmental Uncertainty [J]. International Tax and Public Finance, 2013, 20 (3): 360-380.

⑨ Golosov M., Hassler J., Krusell P., et al. Optimal Taxes on Fossil Fuel in General Equilibrium [J]. Econometrica, 2014, 82 (1): 41-88.

⑩ Dissou Y., Karnizova L. Emissions Cap or Emissions Tax? A Multi-Sector Business Cycle Analysis [J]. Journal of Environmental Economics and Management, 2016, 79 (5): 169-188.

动态行为，发现排放上限政策有可能抑制宏观经济波动①。Annicchiaricoa 等构建了包含环境政策的简单动态一般均衡模型，研究了排放限制政策与主要宏观经济变量之间的关系，并研究逐步降低排放目标如何反馈到总经济的动态调整中，从而影响产出、消费和价格上涨②。

方法十　政策文本定量分析

一、政策文本计算方法

政策文本是因政策活动而产生的记录文献，既包括政府或国家或地区的各级权力或行政机关以文件形式颁布的法律、法规、部门规章等官方文献，也包括政策制定者或政治领导人在政策制定过程中形成的研究、咨询、听证或决议等公文档案，甚至包括政策活动过程中因辩论、演说、报道、评论等形成的政策舆情文本，历来是政策研究的重要工具和载体③。

目前学术界所分析的政策文本类型主要有立法机关和决策机关的公文、政党声明、听证会陈述、条约、政治科学论文及媒体数据。学者获取政策文本渠道主要有以下两种：一是通过编写计算机程序利用应用程序接口或者编写脚本程序批量、自动获取政府部门或社交媒体平台上的开放性文本，这种方式需要学者具备一定的计算机编程能力，但是获取的都是第一手数据；二是使用各大研究机构或者其他研究者收集的数据，构建专门的政策文本数据库，如国内的综合性法律文件检索平台北大法宝、中国科学技术协会创新战略研究院建立的全球政策法规库④。

关于政策文本的分析方法有定性分析方法和定量分析方法，定性分析方法本部分不做阐述，本部分只关注定量分析方法。国内外学者用定量分析方法研究政策文本这一过程，目前学术界对此还存在概念不清晰、研究取向模糊等问题，其中主要涉及的概念有：

（1）政策文献计量（Policiometrics）。苏竣、李江等提出政策文献计量，基于文献计量学（Bibliometrics）的内涵，将其在政策文献中的运用与非简单的迁移，定义为政策文献计量。政策文献计量是一种基于文献计量学、社会学、数学、统计学等学科方法的定量研究方法，该方法并不对政策文献内容做过多关注，而是更多关注政策文献的结构化或半结构化属性的定量分析⑤⑥。其目的是可以揭示政策主题、政策目标、政

① Annicchiaricoa B., Dio F. D. Environmental Policy and Macroeconomic Dynamics in a New Keynesian Model [J]. Journal of Environmental Economics and Management, 2015（69）：1-21.

② Annicchiaricoa B., Correani L., Dio F. D. Environmental Policy and Endogenous Market Structure [J]. Resource and Energy Economics, 2018（52）：186-215.

③ Laver M., Benoit K., Garry J. Extracting Policy Positions from Political Texts Using Words as Data [J]. American Political Science Review, 2003, 97（2）：311-331.

④ 郑新曼，董瑜. 政策文本量化研究的综述与展望 [J]. 现代情报，2021（2）：168-177.

⑤ 苏竣. 公共科技政策导论 [M]. 北京：科学出版社，2014.

⑥ 李江，刘源浩，黄萃，等. 用文献计量研究重塑政策文本数据分析——政策文献计量的起源、迁移与方法创新 [J]. 公共管理学报，2015（2）：138-144+159.

策效果及政策体系的演进与变迁历程，以便获取科学客观、可复现验证的研究结果，从而把握政策影响范围与发展趋势。郑新曼和董瑜将李江等提出的政策文献计量称为政策文本计量或政策文本计量分析，注意两者指代的含义及概念所属的范畴与层次是相同的①。

（2）政策计量。关于该术语及其概念界定学者较少提及，王芳等指出政策计量是继承信息计量学的学科范式，因而将其与政策文献计量区别开来②。但是在实际的研究中，学者们常常模糊了"政策计量"和"政策文献计量"的区别。杨正指出利用政策计量进行研究的论文著作主要分为两类③：一类是将政策计量界定为继承信息计量学的学科范式，从主题分布、发布单位分布、文本时空特征分析，进而对政策演进进行阶段划分，从而推进某一领域的政策体系完善和产业结构调整④。另一类是将政策内容进行量化，对政策文本内容进行深挖，构建理论研究框架，进而实现理论层面的创新，推进现实政策的完善和落实，如盛亚等的研究⑤。

（3）政策文本计算。政策文本计算的概念最早由 Michchael Laver、Kenneth Benoit 和 Will Lowe 提出，政策文本计算是一种在计算机科学、语言学和政治学基础上的，用于政策文本挖掘、计算分析框架的分析流程。具体而言，政策文本主要用政策编码、政策概念词表、政策与语词间映射关系进行政策概念自动识别与处理，在此基础上构建从政策文本到政策语义的自动解析框架，从而分析获取政策内涵。政策文本计算主要集中于政策内容分析、文本计量分析及文本数据处理与文本挖掘等方面。

（4）政策内容分析。政策内容分析主要是构建有效的政策主题词编码，对概念进行识别和抽取。政策内容分析突出了对文本内容的定量分析和定性分析⑥，是一种定量内容分析与定性内容分析相结合的方法。计算机科学与技术的发展极大地推动了政策文本内容分析的发展，无论是在定性内容分析方法中的半自动内容分析，还是在定量内容分析方法中的计算机辅助内容分析，实质上都是计算机技术对各种定性方法与定量方法的连接。

（5）政策文本量化。政策文本量化研究主要是为了区别定性分析而提出，即通过定量、量化的方法或者工具对政策文本进行解读和分析，进而反映政策结构特征。郑新曼和董瑜认为无论是政策文献计量、政策文本计算还是政策内容分析，这些表述虽有不同侧重，但核心思想具有一致性，将上述表述统称为政策文本量化⑦。其还指出政

① 郑新曼，董瑜．政策文本量化研究的综述与展望［J］．现代情报，2021（2）：168-177.
② 王芳，纪雪梅，田红．中国农村信息化政策计量研究与内容分析［J］．图书情报知识，2013（1）：36-46.
③ 杨正．政策计量的应用：概念界限、取向与趋向［J］．情报杂志，2019（4）：60-65.
④ 裴雷，周兆韬，孙建军．政策计量视角的中国智慧城市建设实践与应用［J］．图书与情报，2016（6）：41-46.
⑤ 盛亚，陈剑平．区域创新政策中利益相关者的量化分析［J］．科研管理，2013（6）：25-33.
⑥ Laver M．，Benoit K．，Garry J．Extracting Policy Positions from Political Texts Using Words as Data［J］．American Political Science Review，2003，97（2）：311-331.
⑦ 郑新曼，董瑜．政策文本量化研究的综述与展望［J］．现代情报，2021（2）：168-177.

策文本量化是一种新的研究范式，不同于以往定性方法仅针对少量政策文本进行分析，政策文本量化可以对大样本、细粒度的政策文本进行分析，利用计算机科学等领域的交叉方法，将非结构化政策文本转换成结构化数据。

由上述概念的辨析可知，政策文本量化和政策文本计算属于同一个范畴，实质上包含的主要内容非常类似，仅是不同作者根据不同的划分标准将其分为不同的研究内容。例如，Wiedemann 从分析方法视角将政策文本计算称为计算机辅助文本分析（Computer Assisted Text Analysis，CATA），并将其划分为政策文本内容分析、政策文本数据处理和政策文本挖掘三个研究层次，政策文本计算先后经历了计算化内容分析（Computational Content Analysis，CCA）、计算机辅助定性数据分析（Computer-Assisted Qualitative Data Analysis，CAQDA）及语料计算学（Lexicometrics for Corpus Exploration）等不同发展阶段①。Grimmer 和 Stewart 从分析方法角度将政策文本计算分为政策文本获取②、政策文本处理③和政策文本分析④三个典型阶段⑤。并且 Grimmer 和 Stewart、Wiedemann 都认为政策文本处理和文本挖掘方法是政策文本计算分析的核心⑥。裴雷等则从政策文本内容分析、政策文本计量分析、政策文本数据处理和政策文本挖掘四个方面考察了政策文本计算的典型方法⑦。郑新曼和董瑜根据将政策文本转化成数据的方式不同，将政策文本计算分析划分为政策文献计量、政策内容分析与效词分析三种类型⑧。鉴于政策文本计量在国内外文献中提及和使用的频率较高，下文沿用了这一概念，并分别对政策文献计量、政策内容分析、政策文本处理和政策文本挖掘方面对政策文本计算进行详细介绍。

二、政策文献计量

政策文献计量是一种量化分析政策文献体系和结构属性的方法，由文献计量学、统计学、数学等学科有机结合产生，继承并迁移了文献计量学中的三大定律，即洛特卡定律、布拉德福定律与齐普夫定律，用以分析政策主题分布、词频分布、作者分布、政策发布时间分布、政策引证及政策主体关系等内容。政策文献计量不同于以往政策研究方法对政策文献内容的过度关注，而是更多地关注大样本、结构化或者半结构化政策文本的定量分析，通过政策文献计量分析方法，研究者和政策制定者可以获取科

① Wiedemann G. Text Mining for Qualitative Data Analysis in the Social Sciences ［M］. Berlin：Springer，2016.

② 政策文本获取阶段涉及的典型方法有政策语料库、政策数据库、开放政策源、政策文本采集等。

③ 政策文本处理阶段涉及的典型方法有政策词表、分词、同根词合并、停用词表、文本术语矩阵（DTM）、特征词、语词加权、词义距离等。

④ 政策文本分析阶段涉及的典型方法有政策文本分类、基于词表方法、基于概率分析方法、无监督学习、监督学习、类别识别与主题识别、意识形态测度、政策角色识别等。

⑤ Grimmer J.，Stewart B. M. Text as Data：The Promise and Pitfalls of Automatic Content Analysis Methods for Political Texts ［J］. Political Analysis，2013，21（3）：267-297.

⑥ Wiedemann G. Text Mining for Qualitative Data Analysis in the Social Sciences ［M］. Berlin：Springer，2016.

⑦ 裴雷，周兆韬，孙建军. 政策计量视角的中国智慧城市建设实践与应用 ［J］. 图书与情报，2016（6）：41-46.

⑧ 郑新曼，董瑜. 政策文本量化研究的综述与展望 ［J］. 现代情报，2021（2）：168-177.

学的、客观的、可复现的、可检验的研究结果，从宏观层面清晰地评估和检验政策演进规律、政策影响范围及政策发展趋势。

用于分析的政策文本来源主要有三种：第一种是已有政策文本数据库。第二种是已有政策文本语料库，如 LexisNexis 数据库、北大法宝数据库等传统的法律信息服务提供商，政见文本语料库（MRG、CMP、MARPOR），美国康奈尔大学政策文本语料库，美国匹兹堡大学计算机系的 MPQA Opinion Corpus 语料库，卡内基梅隆大学计算机系 Sailing 实验室的政治博客语料库等。第三种是网络政策文本和非电子化政策文本。相应地，政策文献计量分析的方法和工具主要有三种类型：一是政策文本数据库自有的文本计量分析方法与工具，如 LexisNexis 数据库、ProQuest 数据库、Westlaw 数据库、HeinOnline 数据库、北大法宝数据库和 CNKI 政府公报数据库，利用数据库自带的字段设定结合政策主题、类型、时间、地域等进行政策统计或计量分析，或应用共词或共现分析，能有效分析政策文献增长、扩散、流变等变化规律。二是利用网络分析、替代计量学（Altermetrics）方法和工具进行网络政策文本分析[1]，如 Wiley、NPG 和 PLOS One 等开始提供 Altmetric 服务。Altmetric 服务也可以对国内新浪微博进行追踪，因此对社会媒体中的政策文本及跟踪研究也成为可能，如美国匹兹堡大学创建的 MPQA 政策辩论语料库和卡内基梅隆大学 Sailing 实验室创建的政治博客文本集语料库。三是通过政策文本集与语料库构建并提出新的统计口径和研究方法，如苏竣和黄萃对中国科技政策的类型进行统计分析[2]，Wilson 等对网站隐私政策的主题进行解析分析[3]。

政策文献计量是定性分析的有益补充，可以在一定程度上避免定性政策分析过程中研究者因主观臆断和价值偏好产生的误判和偏误。基于共词分析方法可以挖掘政策文献的主题、内容及揭示政策主体的合作与参照关系，可以提供区别于统计学与计量经济学的研究视角。政策文献计量以大样本数据为基础，在追求政策文献共性的同时，容易忽略政策文献的个性，因此政策文献计量并不能替代以案例研究为主的定性研究。

三、政策文本内容分析

早在 20 世纪初便有学者用半定量的方法分析文献的内容并予以解释，主要方法是通过统计报纸上某些方面内容的新闻报道篇数来考察社会舆论状况，并对艺术、音乐、文学和哲学等方面文献主题内容进行分析，从而发现社会和文化的历史趋势，这是内容分析方法的早期雏形。第二次世界大战时期美国传播学家哈罗德·拉斯韦尔关于战时通讯研究的工作系统发展和完善了内容分析法。内容分析方法的演变历程可以分为解读式内容分析法、实验式内容分析法及计算机辅助内容分析法。其中，解读式内容分析法是一种通过精读、理解并阐释文本内容来传达作者意图的方法，但是解读过程中存在主观性。实验式内容分析法是定量与定性相结合的方法，将文本内容分为特定

① Piwowar H. Altmetrics：Value All Research Products ［J］. Nature，2013，493（7431）：159.

② 苏竣，黄萃. 中国科技政策要目概览 ［M］. 北京：科学技术文献出版社，2012.

③ Wilson S., Schaub F., Ramanath R., et al. Crowdsourcing Annotations for Websites' Privacy Policies：Can It Really Work?［R］. 2016.

类目或者分析单元，并用计算机统计类目元素的频率，描述其内容特征，类目或者分析单元可以是单词、符号、主题、句子、段落或者其他语法单元，类目是政策内容分析中最重要的、可结构化的元素，能够反映政策语义与政策文本内容之间的关系。计算机辅助内容分析法主要是借助计算机进行的定性与定量相结合的方法，这是目前的研究主流。

政策文本内容分析是一种介于定性与定量之间的半定量研究方法，与之类似的还有一致性分析、话语分析、话语文本分析、计算诠释学、定量文本分析等研究方法。政策文本内容分析法通过定义能反映政策语义与语词之间映射关系，并根据分析单元进行政策概念的识别和处理，构建从分析单元到数值的编码标准与从政策文本到政策语义的政策分析框架[①]。具体研究过程包括四个步骤：一是提出研究问题，并抽取或获取用于研究的政策文本样本集合。二是确定分析单元与编码标准，在研究过程中，定义分析单元的依据往往是政策工具理论，如典型的政策工具分类法[②]。三是对文本内容进行编码并进行百分比、平均值、相关分析、回归分析等统计操作。编码是将政策文本中的分析单元转变为数值的过程，其关键在于编码标准及编码的可信度。目前常用的编码方式有人工编码和计算机辅助编码。人工编码包括编码标准构建、编码员培训和编码员间编码可靠性评估等要素[③]。由于当前大多数编码方案是通过阅读文本归纳所得，因此为了确保内容分析法有效，在对政策文本进行编码前，往往需要邀请专家对编码标准进行修订。此外，由于人工编码依赖于人工对文本的理解，因此编码初期需要测度编码员对内容编码的一致性，即信度检验，通常认为 Kappa 系数达到 0.8 以上时编码可靠[④]。四是解释并检验。

20 世纪 80 年代至今，学术界和实务界陆续开发了相关的文本分析软件，用于文本标记、文本编码和编码管理，常见的软件和工具有 ATLAS. ti、MAXQDA、QDA Miner、NVivo、SPSS、ROST Content Mining、QCAmap、CATMA、LibreQDA、CAQDAS、Symphony Content Analysis 等，这些软件帮助了研究人员对大样本文本内容进行编码[⑤⑥]。虽然这些软件降低了编码成本，提高了编码效率，但是黄新平等通过对比人工编码和软件编码的结果发现，计算机辅助编码仍要注意信度检验[⑦]。此外，关于概念抽取的部分

① 邱均平，邹菲. 关于内容分析法的研究［J］. 中国图书馆学报，2004（2）：12-17.

② Rothwell R. , Zegveld W. Reindusdalization and Technology［M］. London：Logman Group Limited，1985.

③ Kimberly A. Neuendorf. The Content Analysis Guidebook［M］. New York：Sage Publication Inc，2001.

④ 黄如花，温芳芳. 我国政府数据开放共享的政策框架与内容：国家层面政策文本的内容分析［J］. 图书情报工作，2017（20）：12-25.

⑤ Pandey S. , Pandey S. K. , Miller L. Measuring Innovativeness of Public Organizations：Using Natural Language Processing Techniques in Computer-Aided Textual Analysis［J］. International Public Management Journal，2017，20（1）：78-107.

⑥ 李燕萍，吴绍棠，郜斐，等. 改革开放以来我国科研经费管理政策的变迁、评价与走向——基于政策文本的内容分析［J］. 科学学研究，2009（10）：1441-1447+1453.

⑦ 黄新平，黄萃，苏竣. 基于政策工具的我国科技金融发展政策文本量化研究［J］. 情报杂志，2020（1）：130-137.

仍然遵循传统的文本分析方法和程序，数据处理部分也依赖人工提取，在某种意义上体现为半计算化分析工具。这就导致政策文本内容分析可以处理的政策样本集合是有限的，最多通过协作方式处理政策主题集为 1000 左右的政策文本集合，而对政策语料库大于 1000 集合的基本上无法处理。因而，这类研究方法的研究议题也主要沿袭了政治学、诠释学中的政治话语研究和政治文本内容分析框架中的符号论、政治语词解读（政策主题识别与比较）的研究传统①。

四、政策文本处理和政策文本挖掘

政策文本处理和政策文本挖掘是政策文本计算的核心。政策文本处理是利用自然语言处理将政策文本解析为语词、语义或情感等结构化文本数据的过程。不同于政策文本内容分析，政策文本处理可以对大规模、大样本的政策文本语料进行系统化、程序化的处理，并且可以做到对不同的政策文本进行比较分析和融合分析。常见的政策文本数据处理的方法有效词分析、政策文本聚类与编码、政策语词与语义分析，接下来对三者进行详细的介绍。

效词分析是自然语言处理的一个研究方向，国外学者将此类方法统称为"Text as Data"②，即利用文本表示模型将文本分解成可处理的基本单元③。根据基本单元粒度可以将政策文本分为词语级、句子级和篇章级，其中词语是最细粒度的基本单元。效词分析法通常用词袋模型或者文本分布式表示方法将文本划分为可处理单元，前者常用 TF-IDF 算法，后者常见的方法是 Skip-Gram 模型等。其中：①词袋模型不考虑词语在文档中出现的顺序，将文档表示成一系列不同词语的组合，即所谓的单词袋，并计算文本中出现的不同单词的频率。LIWC（Linguistic Inquiry and Word Count）是基于词袋模型构建的分析工具④。基于词袋模型的常见工具还包括 WordScores⑤⑥ 和 WordFish⑦⑧，这两个工具常用于从政策文本中提取观点意图⑨。词袋模型考虑到了用单词来映射文本语义，但未考虑词法和语序的问题，如仅关注一个单词在文档中是否出现和

① 裴雷，孙建军，周兆韬. 政策文本计算：一种新的政策文本解读方式 [J]. 图书与情报，2016（6）：47-55.

② Grimmer J., Stewart B. M. Text as Data：The Promise and Pitfalls of Automatic Content Analysis Methods for Political Texts [J]. Political Analysis, 2013, 21（3）：267-297.

③ Webster J. J., Kit C. Tokenization As The Initial Phase In NLP [R]. 1992.

④ Tausczik Y. R., Pennebaker J. W. The Psychological Meaning of Words：LIWC and Computerized Text Analysis Methods [J]. Journal of Language and Social Psychology, 2010, 29（1）：24-54.

⑤ Laver M., Benoit K., Garry J. Extracting Policy Positions from Political Texts Using Words as Data [J]. American Political Science Review, 2003, 97（2）：311-331.

⑥ WordScores 是有监督学习模型，依赖于带有标签的文档样本，如有专家注释的政党宣言，以带标签文档中单词出现的相对概率作为每个单词的分数，并将此分数视为相应意图的指标，之后将分数应用于新文档中找到的单词，以此估计新文档的政治立场类型。

⑦ Slapin J. B., Proksch S. O. A Scaling Model for Estimating Time-series Party Positions from Texts [J]. American Journal of Political Science, 2008, 52（3）：705-722.

⑧ WordFish 是无监督学习模型，所需的唯一输入是列出了所有文档中每个单词频率的单词频率矩阵，因此避免了 WordScores 对专家注释的依赖和某些单词语义受表达习惯和语义环境影响等问题。

⑨ Hjorth F., Klemmensen R., Hobol T. S., et al. Computers, Coders, and Voters：Comparing Automated Methods for Estimating Party Positions [J]. Research and Politics, 2015, 2（2）：1-9.

其出现的次数，而忽略其上下文关系，这往往会丢失一部分文本的语义。从理论上讲，WordScores 和 WordFish 都可以扩展为一个以上单词的序列，但这会增加计算成本①。总体而言，词袋模型能从语义角度表示文本且易于解释，但其依赖单词词频，在实践中还需考虑单词和上下文的关系及处理高维度变量时权衡计算成本等问题。②相比词袋模型离散、高维且稀疏的表示，分布式表示将词表示成一个低维且连续的稠密向量。Word2vec 是常用的工具，首先输入文本语料作为训练集，根据训练文本数据构建词汇表，其次学习单词的向量表示，最后生成低维的、连续的词向量并输出。词向量理论认为相同上下文语境的词具有相似的含义，因而能够发现和表示单词之间的关系，在一定程度上解决了仅依赖单词词频方法导致的语义不足问题。但是，词向量的使用效果对训练用的文本语料库的体量较为依赖。

政策文本聚类与编码常见的典型议题与方法有政策文本自动分类与聚类、自动编码、自动摘要。常用的工具包括 RapidMiner、Carrot2、README、Poly Analyst、LIWC 等。

政策语词与语义分析在政策主题统计（聚类）、政策热点识别、政策意见分析中应用较多②③。目前，在政策文本处理领域最受关注的议题：一是语料库尺度的政策内容分析④⑤，主要是对政策语料库的统计和计量分析，识别政策语境中的热点议题⑥，关注政策议题的扩散或影响⑦⑧，尤其是对政治演说语料库、政见语料库、政治纲领语料库的分析。二是政党和选举研究中的政策立场分析和政策倾向研究，政策文本计算的概念本身即为比较政见研究。关于政策语义分析方面的常见工具有 Gensim、Stanbol、WordScores、WordFish、ManifestoR、README 等。

从前述对政策文本分析方法的介绍中可知，以往的定量分析方法存在人力耗损较大、信息抽取方式简单、内容细节容易被忽视等问题，部分学者开始尝试利用文本挖掘技术对政策文本进行分析。文本挖掘，又称为文本数据挖掘或文本知识发现，是在大规模文本集合中发现隐含的、以前未知的、潜在有用的模式的过程⑨，涉及数据挖

① Rheault L. , Cochrane C. Word Embeddings for the Analysis of Ideological Placement in Parliamentary Corpora [J] . Political Analysis, 2020, 28（1）：112-133.

② Simon B. A. F. , Xeons M. Dimensional Reduction of Word-Frequency Data as a Substitute for Intersubjective Content Analysis [J] . Political Analysis, 2010, 12（1）：63-75.

③ Klebanov B. B. , Beigman E. Lexical Cohesion Analysis of Political Speech [J] . Political Analysis, 2008, 16（4）：447-463.

④ Rowe C. Politics as Text and Talk：Analytic Approaches to Political Discourse [J] . International Politics, 2004, 41（2）：286-287.

⑤ 涂端午. 政策生产：价值的权威控制及其演变——1979—1998 年中国高等教育政策文本分析 [J] . 比较教育研究, 2009（11）：95-96.

⑥ Laver M. , Benoit K. Locating TDs in Policy Spaces：The Computational Text Analysis of Dail Speeches [J] . Irish Political Studies, 2010, 17（1）：59-73.

⑦ Budge I. , Pennings P. Do They Work? Validating Computerised Word Frequency Estimates Against Policy Series [J] . Electoral Studies, 2007, 26（1）：121-129.

⑧ Monroe B. L. Fightin′Words：Lexical Feature Selection and Evaluation for Identifying the Content of Political Conflict [J] . Political Analysis, 2008, 16（4）：372-403.

⑨ 谌志群，张国煊. 文本挖掘研究进展 [J] . 模式识别与人工智能, 2005（1）：65-74.

掘、机器学习、统计学、自然语言处理、可视化技术、数据库技术等多个学科领域的知识和技术①。与政策文本处理更注重政策语词或语义分析相比，政策文本数据挖掘更注重在大量文本数据集合中发现分类或者聚类特征、发现关联知识或规则，并注重深层潜在语义的知识发现。因此，政策情感分析、政策意见分析、政府行为预测等典型方法得到政策研究领域的广泛关注。

案例及应用

政策计量分析常基于政策文本结构要素的统计来分析政策的分布特征，如时间分布、文种分布、主题词词频分布等，可展现政策文本中隐含的关系网络，如颁布机构的合作关系、政策扩散及主题变迁等。黄萃等对4707份科技创新政策文本的主题词进行词频统计、共词和聚类分析，揭示出我国不同历史时期科技创新政策主题及其演进的阶段特征②。李燕萍等从发布时间、文种、颁发部门及关键词四个方面对我国488份科技人才政策文本进行量化，并结合共词网络梳理了我国科技人才政策的整体状况、发展过程及趋势③。陈慧茹集成扎根理论、词频分析等，构建了基于政策属性与关键词权重的共词网络模型④。张会平等采用CiteSpace 5.0分析政策文本的时间分布、关键词共现网络、高频关键词及其共现关系⑤。

内容分析法。当前许多国内学者采用内容分析法进行政策发展演化研究，从政策工具⑥⑦、政策主体、政策作用场域⑧等方面分析并总结了某领域政策演化的阶段性特征及路径趋势⑨⑩⑪。黄新平等对我国72份科技金融发展政策进行编码分类，总结出其政策工具体系、结构及运行特征。黄如花和温芳芳对我国政府数据开放共享政策文本

① 郭金龙，许鑫，陆宇杰. 人文社会科学研究中文本挖掘技术应用进展 ［J］. 图书情报工作，2012（8）：10-17.

② 黄萃，赵培强，李江. 基于共词分析的中国科技创新政策变迁量化分析 ［J］. 中国行政管理，2015（9）：115-122.

③ 李燕萍，刘金璐，洪江鹏，等. 我国改革开放40年来科技人才政策演变、趋势与展望——基于共词分析法 ［J］. 科技进步与对策，2019（10）：108-117.

④ 陈慧茹. 基于扎根理论的国家自主创新示范区科技创新政策共词网络研究 ［D］. 合肥：中国科学技术大学硕士学位论文，2017.

⑤ 张会平，郭宁，汤玺楷. 推进逻辑与未来进路：我国政务大数据政策的文本分析 ［J］. 情报杂志，2018（3）：152-157+192.

⑥ 谭春辉，谢荣，刘倩. 政策工具视角下的我国科技评估政策文本量化研究 ［J］. 情报杂志，2020（10）：181-190.

⑦ 李健，荣幸. "放管服"改革背景下社会组织发展的政策工具选择——基于2004—2016年省级政策文本的量化分析 ［J］. 国家行政学院学报，2017（4）：73-78+146-147.

⑧ 黄新平，黄萃，苏竣. 基于政策工具的我国科技金融发展政策文本量化研究 ［J］. 情报杂志，2020（1）：130-137.

⑨ 杨艳，郭俊华，余晓燕. 政策工具视角下的上海市人才政策协同研究 ［J］. 中国科技论坛，2018（4）：148-156.

⑩ 刘红波，林彬. 中国人工智能发展的价值取向、议题建构与路径选择——基于政策文本的量化研究 ［J］. 电子政务，2018（11）：47-58.

⑪ 范利君. 2006—2014年间中国创新政策协同演变研究 ［D］. 成都：电子科技大学硕士学位论文，2016.

进行编码，并基于编码结果进行描述性统计和分析①。黄扬从政策工具的视角，借助内容分析法，通过分析框架构建、政策编码及频数统计和维度等，对多份由中央层级发布的关于中国公共图书馆计量有关方面的政策进行研究，进而了解当前阶段我国公共政策存在的主要问题，从而为后续的政策计量研究提供了相应的借鉴②。马海群和冯畅通过使用 S-CAD 方法，系统评估了《中共中央办公厅　国务院办公厅关于加强信息资源开发利用工作的若干意见》的实施效果，对该政策文件的逻辑性及投入的必要性和充分性进行了解读，进而发现了在政策的制定和实施过程中存在的诸多问题，从而得到了具有借鉴意义的结论，以促进国家信息政策的完善③。黄萃等对 1978~2013 年科技创新相关政策进行了系统化计量分析和研究，并阶段性地考察了该类型下政府部门之间的合作关系，定量分析了不同阶段下不同政府部门的关系④。裴雷等结合目前的大数据环境，探讨了政策文本计量的方法论基础和具有代表性的典型工具⑤。张越等在语法分析特征的基础上，深入分析核心词汇的构成模式，进而构建可以抽取政策文本核心词汇的模型⑥。Huang 等从"政策目标—政策工具"角度对中国核能政策进行编码，通过计算"政策目标—政策工具"网络节点的特征向量中心性，确定了不同时期的主要"政策目标"和主要"政策工具"，梳理了我国核能政策的演变过程⑦。裴雷等对我国智慧城市政策文本进行编码和扎根统计，分析了我国智慧城市建设的现状⑧。程瑶综合利用内容分析法和计量分析法，探究了政策转移与政策协同的关系⑨。

从国外的已有文献来看，在政策计量领域，国外研究者主要集中于政策文本分析方法优缺点的对比研究上。Hjorth 等将 CMP RILE Measure 政治演讲语料库作为研究的文本，对比自动文本分析和专家调查分析对该语料库的分析情况⑩。实验结果表明，在 Spearman 相关系数上，自动分析技术明显优于专家调查分析技术。Proksch 等以政见语料库为分析对象，发现研究结果出现的偏差主要集中于文献编码的阶段，不论是

① 黄如花，温芳芳．我国政府数据开放共享的政策框架与内容：国家层面政策文本的内容分析［J］．图书情报工作，2017（20）：12-25.
② 黄扬．政策工具视角下的中国公共图书馆事业政策量化研究［J］．新世纪图书馆，2018（6）：55-61.
③ 马海群，冯畅．基于 S-CAD 方法的国家信息政策评估研究［J］．情报学报，2018（10）：1060-1076.
④ 黄萃，任弢，李江，等．责任与利益：基于政策文献量化分析的中国科技创新政策府际合作关系演进研究［J］．管理世界，2015（12）：68-81.
⑤ 裴雷，孙建军，周兆韬．政策文本计算：一种新的政策文本解读方式［J］．图书与情报，2016（6）：47-55.
⑥ 张越，刘琦岩，张玄玄，等．科技成果转化政策文本中的领域关键词汇提取研究［J］．中国科技资源导刊，2018（3）：68-75.
⑦ Huang C.，Yang C.，Su J. Policy Change Analysis Based on "Policy Target-Policy Instrument" Patterns：A Case Study of China's Nuclear Energy Policy［J］. Scientometrics，2018，117（2）：1081-1114.
⑧ 裴雷，周兆韬，孙建军．政策计量视角的中国智慧城市建设实践与应用［J］．图书与情报，2016（6）：41-46.
⑨ 程瑶．国家自主创新示范区政策转移量化与协同研究［D］．合肥：中国科学技术大学硕士学位论文，2017.
⑩ Hjorth F.，Klemmensen R.，Hobolt S.，et al. Computers，Coders，and Voters：Comparing Automated Methods for Estimating Party Positions［J］. Research and Politics，2015，2（2）：1-9.

采取专家进行的手工编码抑或计算机的自动编码，而非计算机算法本身所造成的缺陷①。

政策文本处理。Windsor 等把 LIWC 生成的单词作为语言变量进行统计学角度的研究②。Daigneault 等使用 WordScores 定量分析半结构化访谈出版物，研究表明 Word-Scores 在补充定性分析方面具有较大潜力③。Rodman 使用 Word2vec 对单词含义随时间变化的过程进行分析，显示出词嵌入模型在政策研究领域的应用潜力④。Rheault 和 Cochrane 介绍了词嵌入模型在分析议会演讲文本方面的应用⑤。Jentsch 等为了研究政党立场，提出了一种词典可随时间变化的新模型⑥。

政策文本挖掘。Saremento 等对用户评论的政策倾向进行了分析、Hopkins 和 King 对博客政策意见进行了分析⑦。政策情感分析在西方国家选情预测中尤为关注，包括政治领导人的政策情感倾向⑧、选民的情感反馈与倾向⑨⑩及整体选情预测⑪⑫。在政策意见分析中，公众意见收集和政治意见追踪也是常见的研究主题，并将公众政策意见与其政治立场和政党支持度关联，建立了计算化的政党舆情监测、政党竞争或政党派系识别及政策结果评估的分析方法⑬⑭。政府行为预测体现了政策预测分析的方法和思路，

① Proksch S. O., Slapin J. B. How to Avoid Pitfalls in Statistical Analysis of Political Texts：The Case of Germany ［J］. German Politics, 2009, 18 (2)：323-344.

② Windsor L., Dowell N., Windsor A., et al. Leader Language and Political Survival Strategies ［J］. International Interactions, 2018, 44 (2)：321-336.

③ Daigneault P. M., Duval D., Imbeau L. M. Supervised Scaling of Semi-structured Interview Transcripts to Characterize the Ideology of a Social Policy Reform ［J］. Quality and Quantity：International Journal of Methodology, 2018, 52 (5)：2151-2162.

④ Rodman E. A Timely Intervention：Tracking the Changing Meanings of Political Concepts with Word Vectors ［J］. Political Analysis, 2020 (1)：87-111.

⑤ Rheault L., Cochrane C. Word Embeddings for the Analysis of Ideological Placement in Parliamentary Corpora ［J］. Political Analysis, 2020, 28 (1)：112-133.

⑥ Jentsch C., Lee E. R., Mammen E. Time-dependent Poisson Reduced Rank Models for Political Text Data Analysis ［Z］. Computational Statistics & Data Analysis, 2020 (142).

⑦ Hopkins D. J., King G. A Method of Automated Nonparametric Content Analysis for Social Science ［J］. American Journal of Political Science, 2010, 54 (1)：229-247.

⑧ Yu B., Kaufmann S., Diermeier D. Classifying Party Affiliation from Political Speech ［J］. Journal of Information Technology & Politics, 2008, 5 (1)：33-48.

⑨ Ceron A., Curini L., Iacus S. M., et al. Every Tweet Counts？How Sentiment Analysis of Social Media Can Improve Our Knowledge of Citizens' Political Preferences with an Application to Italy and France ［J］. New Media & Society, 2014, 16 (2)：340-358.

⑩ Gerber E. R., Lewis J. B. Beyond the Median：Voter Preferences, District Heterogeneity, and Political Representation ［J］. Journal of Political Economy, 2004, 112 (6)：1364-1383.

⑪ O'Connor B., Balasubramanyan R., Routledge B. R., et al. From Tweets to Polls：Linking Text Sentiment to Public Opinion Time Series ［R］. 2010.

⑫ Sudhahar S., Veltri G. A., Cristianini N. Automated Analysis of the US Presidential Elections using Big Data and Network Analysis ［J］. Big Data & Society, 2015, 2 (1)：1-28.

⑬ Hobolt S. B., Klemmensen R. Government Responsiveness and Political Competition in Comparative Perspective ［J］. Comparative Political Studies, 2008, 41 (3)：309-337.

⑭ Laver M., Benoit K., Sauger N. Policy Competition in the 2002 French Legislative and Presidential Elections ［J］. European Journal of Political Research, 2006, 45 (4)：667-697.

通过对政府领导人、政党的竞选纲领或关键政策文本的分析，挖掘潜在的政策热点或发展轨迹。国内研究者也利用数据挖掘方法对政策热点[①]及政策价值[②]进行了分析，或系统利用文本挖掘方法对政策文本的内部结构关系进行了主题识别或关联分析[③④⑤]，但总体上缺乏系统性和连续性。Prior 等对英国的卫生领域的政策文件进行比较研究，基于政策文本叙事结构的特征识别，将文本挖掘策略与语义网分析相结合，揭示出政策文本内容的基本元素[⑥]。Talamini 和 Dewes 对巴西有关科研机构的学术文献及政府公文施行文本挖掘，从宏观环境维度和 D Words 视角抽取高质量文本内容，从而对比分析液体生物燃料的科研成果与实际政策间的差异[⑦]。Li 等提出了一个名为政策过程挖掘的新方法，将文本挖掘算法融入商业政策文本，以完成特定信息自动抽取[⑧]。刘兴通过融合正则自动机模型、改进的 TF 算法以及朴素贝叶斯算法实现了税收政策公文识别[⑨]。苏变萍和侯筱婷改进了文档自动分类模式，提出了面向政策法规 Web 文本的一种动态可扩展的分类方法[⑩]。熊小梅和刘永浪构建出法律案情文本分类系统，利用潜在语义分析技术进行文本二次降维，并使用支持向量机（Support Vector Machine）及 K 近邻（K-Nearest Neighbour）技术测试文本分类[⑪]。

方法十一　聚束分析法

一、一个简单例子

近年来，计量经济学界出现了一种新的实证方法——聚束分析方法（Bunching）。聚束分析方法与断点回归方法非常类似，均可用来解决非常典型的、存在断点现象的、重要且狭隘的经济问题，如税制与医保问题。事实上，断点回归方法的研究可以追溯到 20 世纪 70 年代，直到 20 世纪 90 年代一些知名经济学家利用断点回归方法得到一些

① 杨慧，杨建林．融合 LDA 模型的政策文本量化分析——基于国际气候领域的实证［J］．现代情报，2016（5）：71-81.

② 张惠，王冰．基于文本挖掘的政府公共价值测度与比较［J］．安徽理工大学学报（社会科学版），2015（1）：35-39.

③ 张永安，闫瑾．基于文本挖掘的科技成果转化政策内部结构关系与宏观布局研究［J］．情报杂志，2016（2）：44-49.

④ 胡嫣然．基于文本挖掘的中国铁路运输企业财税支持政策研究［D］．北京：北京交通大学硕士学位论文，2016.

⑤ 程婷．基于文本挖掘的中国环境保护政策文本量化研究［D］．武汉：华中科技大学硕士学位论文，2014.

⑥ Prior L．，Hughes D．，Peckham S. The Discursive Turn in Policy Analysis and the Validation of Policy Stories［J］．Journal of Social Policy，2012（41）：271-289.

⑦ Talamini E．，Dewes H. The Macro Environment for Liquid Biofuels in Brazilian Science and Public Policies［J］．Science and Public Policy，2012，39（1）：13-29.

⑧ Li J. X．，Wang H. J．，Zhang Z．，et al. A Policy Based Process Mining Framework：Mining Business Policy Texts for Discovering Process Models［J］．Information Systems And E-Business Management，2010，8（2）：169-188.

⑨ 刘兴．贝叶斯分类算法在税收政策公文识别中的研究和应用［D］．长沙：湖南大学硕士学位论文，2011.

⑩ 苏变萍，侯筱婷．面向政策法规数据的分类方法［J］．微电子学与计算机，2008（7）：166-168.

⑪ 熊小梅，刘永浪．基于 LSA 的二次降维法在中文法律案情文本分类中的应用［J］．电子测量技术，2007（10）：111-114.

较为满意的实证分析结果后，才被学术界所关注。随着互联网数据、大数据的发展，聚束分析方法在未来会有更多的应用领域与场景，会得到蓬勃的发展。这是因为，聚束分析方法的应用前提是庞大的数据量。聚束分析方法具有局部的性质，这就需要大数据集，如果样本量太小会造成较大的误差。另外，如果样本量太小，我们也很难观测到任何聚束现象。

断点回归与聚束分析之间的区别在于，断点回归的断点对于政策参与者来说是未知的，并且断点也是无法被精准操控的。聚束分析的断点是已知的，并且可以被精准操控，也就是说所有的政策参与者对政策有充分的了解，也都知道政策有一个断点，而且人们有能力和明确的动机通过改变自身行为进行选择。聚束分析方法常常被应用于税收（累进税制）和医疗保险领域。我们首先以 Einav 等文章中的图为例，结合美国医疗保险市场对聚束分析的应用进行一个简单的解释说明①，如图 3-6 所示。

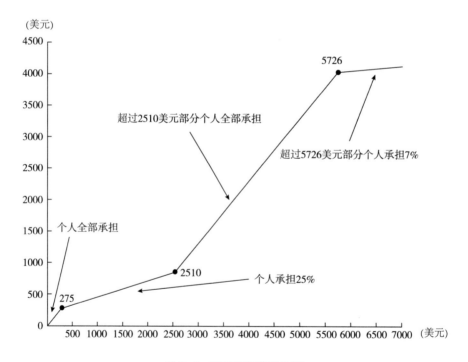

图 3-6　美国医保费用分摊

图 3-6 的横轴是医疗总消费，纵轴是个人需要承担的部分。在美国，如果个人医疗花费在 275 美元之下，则需要全部自费承担，政府并不承担任何费用；医疗总花销在 275~2510 美元的，个人只承担总花销的 25%；医疗总花销在 2510~5726 美元的，其超过 2510 美元的由病人自己承担，这样可以有效防止滥用医疗资源；超过 5726 美元

---

①　Einav L., Finkelstein A., Polyakova M. Private Provision of Social Insurance：Drug-Specific Price Elasticities and Cost Sharing in Medicare Part D [J]. American Economic Journal：Economic Policy, 2018, 10 (3)：122-153.

的部分，个人只承担 7%，这种情况下病人的病情可能比较严重，药物花销较大，政府承担 93%。可见，美国医保政策的断点是非常明显的，并且病人自己也可以精准把控，也就是说病人可以选择是否要购买药物，或者到底选择购买贵的药物还是便宜的药物。该篇文章考察了 2510 美元这一断点，断点前个人只承担 25%的药费，断点后个人需要承担 100%的药费。作者发现该断点之前会有一个非常高的累积，这产生了聚束。Bunching 在字典里的意思就是簇、聚集的意思，也就是由于政策的不连续性，以及政策参与人可以精准操控自己的行为，导致一堆人会选择聚集在断点之前。

二、聚束分析的原理

聚束主要是制度设计中不连续点（断点）附近产生的聚集现象。其基本原理是在非线性选择集下，断点附近会存在期望效用（对于家庭而言）或利润（对于企业而言）的突变，进而产生聚集现象[①]。该方法最初是用来估计纳税人对税收和转移支付的行为反应，但现在正在其他领域和环境中得到应用。截至目前，文献中介绍了两种不同的聚束设计，一是基于经济个体选择集斜率的变化，称为拐点（Kinks）聚束，由 Saez[②] 和 Chetty 等[③]研究提出；二是基于选择集截距的离散变化，称为间断点（Notches）聚束，由 Kleven 和 Waseem 提出[④]。下面简单介绍两者的原理。

（一）拐点（Kinks）聚束

本内容以累进个人所得税为例对聚束分析方法的原理进行介绍，累进企业所得税请见 Devereux 等的研究[⑤]。假设经济中纳税的个体的劳动技能是异质性的，个体在既定预算约束下选择消费和努力程度，其效用函数为 $u\left(z-T(z), \dfrac{z}{n}\right)$，其中 z 是收入，$T(z)$ 是税收函数，n 是劳动技能，并且个体的劳动技能存在异质性密度分布 $f(n)$。假设技能分布、效用函数和税收制度都是平滑的，个体优化产生的收益分布也是平滑的。再假设税收函数是线性的，形式为 $T(z) = t \times z$，用 $b(z)$ 表示平滑的收入分布函数。

在累进的个人所得税下，当个人收入超过门槛值 z^* 时，边际税率从 t 离散增加到 $(t+\Delta t)$，相应的税收函数为 $T(z) = t \times z + \Delta t \times (z-z^*) \times \mathbf{I}(z>z^*)$，其中 $\mathbf{I}(\cdot)$ 是指示函数。图 3-7（a）和图 3-7（b）分别呈现了预算集图和密度分布图，横轴是税前收入，纵轴是消费（或者是可支配收入）。在没有拐点时，劳动者沿着斜率为 $(1-t)$

① 樊勇，杜涵，彭凡嘉，等. 聚束分析法及其在税收政策评估领域的应用 [J]. 中央财经大学学报，2021（5）：3-16.

② Saez E. Do Taxpayers Bunch at Kink Points？[J]. American Economic Journal：Economic Policy，2010（3）：180-212.

③ Chetty R.，Friedman J. N.，Olsen T.，et al. Adjustment Costs，Firm Responses，and Micro Vs. Macro Labor Supply Elasticities：Evidence From Danish tax records [J]. The Quarterly Journal of Economics，2011（126）：749-804.

④ Kleven H.，Waseem M. Using Notches to Uncover Optimization Frictions and Structural Elasticities：Theory and Evidence from Pakistan [J]. The Quarterly Journal of Economics，2013（128）：669-723.

⑤ Devereux M. P.，Liu L.，Loretz S. The Elasticity of Corporate Taxable Income：New Evidence from UK Tax Records [J]. American Economic Journal：Economic Policy，2014，6（2）：19-53.

的预算线进行决策，即税率为 t，具体取决于个人劳动技能的高低，如图3-7（a）中，劳动技能为 n^* 的劳动者的收入为 z^*，劳动技能为 $(n^*+\Delta n^*)$ 的劳动者的收入为 $(z^*+\Delta z^*)$。存在拐点的情况下，即在 z^* 之后税率上涨为 $(t+\Delta t)$，实际到手收入就会减少，斜率变为 $(1-t-\Delta t)$，即税率增加，收入减少，也就是说，真实收入随着名义收入在税收前后有一个突然的变化，这个变化体现在斜率上。劳动者的收入最初位于点 $(z^*+\Delta z^*)$ 处，并与拐点 z^* 处预算集的上半部分相切，如果劳动者保持劳动时间不变，则其效用会降低，因而他们会选择减少劳动时间以便使效用最大化，从而向下移动到拐点处，对应的收入为 z^*，并且最初位于区间 $[z^*, z^*+\Delta z^*]$ 上的所有劳动者均会移动到拐点，劳动者的这种行为会在 z^* 处形成拐点聚束，如图3-7（b）所示。

接下来介绍一下拐点的内涵，如图3-7所示的无差异曲线，一个人的效用一方面取决于真实收入，他可以用这些真实收入进行消费，从中获得效用；另一方面取决于个人所付出的努力，即工作时间越长，效用越低。一个人的收入可以反映其对工作的投入情况，如果一个人的名义收入越高，那么他对这份工作投入的精力也就越多，付出的努力也就越多。那么这条无差异曲线意味着一个人在不同的消费和收入之间所做的所有选择的集合，切点是这个人的最优选择。此处，我们关注到两个点，一个是税前收入 z^* 所对应的点 A，点 A 是拐点之后选择出来的点，即个人会选择投入 n^* 的努力获取 z^* 的名义收入。我们接下来进行一个"反事实"推断，假如没有税率的变化，斜率为 $(1-t)$ 的直线向上延伸，则个人的无差异曲线会与延伸的虚线相切于点 B，点 B 意味着这个人会选择投入 $(n^*+\Delta n^*)$ 来获取 $(z^*+\Delta z^*)$ 的收入，也就是说，如果没有税率变化的话，他会选择投入 $(n^*+\Delta n^*)$ 来获取 $(z^*+\Delta z^*)$ 的收入，而现在税率增加了 Δt，他会只选择投入 n^* 的努力来获取 z^* 的名义收入。如果所有人都如此选择，就会出现图3-7（b）的情况，名义收入在区间 $[z^*, z^*+\Delta z^*]$ 的人群，会出现分歧，有些人会选择努力工作，获得更多的收入，而有些人则选择休息，使自己的收入控制在 z^* 处，这样就出现了在 z^* 处聚集的情况，这就是拐点导致的聚束。拐点的意思是斜率发生了变化，因为不同的人对投入精力和赚取收入的偏好存在差异，所以收入

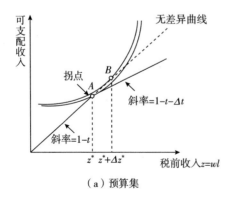

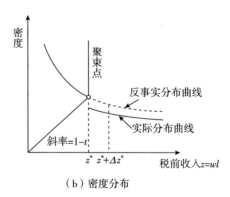

（a）预算集　　　　　　　　　　　　（b）密度分布

图3-7　拐点分析

在 $[z^*, z^* + \Delta z^*]$ 之间的劳动者会选择降低自己的收入来优化自己的税收，获得更多的闲暇时间，这就是拐点条件下的聚束。

（二）间断点（Notches）聚束

第二种聚束为间断点聚束，也就是某个区域是空白的。间断点聚束最初是由 Kleven 和 Waseem 研究个人所得税制下的全额累进税制提出的[①]。保持与拐点聚束中同样的模型设定，当个人收入超过门槛值 z^* 时，税率从 t 离散增加到 $(t+\Delta t)$，相应的税收函数为 $T(z) = t \times z + \Delta t \times z \times \mathbf{I}(z > z^*)$，其中 $\mathbf{I}(\cdot)$ 是指示函数。这意味着当个人的税前收入超过 z^* 后，不仅要提高超过 z^* 部分收入的税率，而且还要提高 z^* 之前收入的税率，与拐点中对应的超额累进税相比，间断点对应的全额累进税对劳动者来说，其边际收入降幅更大，劳动者会进一步降低劳动时长，以获取更大的效用。在全额累进税制下，存在恒等式 $\Delta z^D \equiv \dfrac{\Delta t \times z^*}{1 - t - \Delta t}$，使得税前收入为 z^* 和 $(z^* + \Delta z^D)$ 的个体税后收入相同，从消费中获取的效用一致。这就导致税前收入落在区间 $[z^*, z^* + \Delta z^D]$ 的劳动者，其税后收入低于收入在 z^* 处的税后收入，这意味着区间 $[z^*, z^* + \Delta z^D]$ 的劳动者付出了更多的努力，却获取了更低的实际收入，理性人均不会做出如此的选择，在理性人假设下，这一区间内的纳税人数量在理论上应该为 0，这样就形成了缺口。对于税前收入在 $[z^*, z^* + \Delta z^D]$ 区间的纳税人，降低努力程度到 z^* 处，则与当前获取的实际税后收入相同。图 3-8 呈现了预算集上的间断点及其聚束分布。

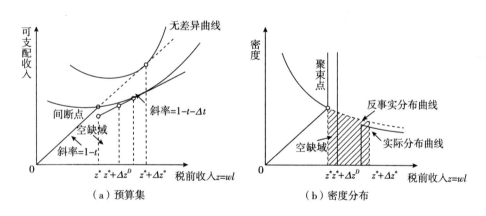

图 3-8 间断点聚束

为了便于读者更好地理解间断点聚束，下面举一个例子。如果个人税前收入小于 10000 元，则按照税前收入的 1% 缴纳税费，如果个人税前收入超过 10000 元，则需按照税前收入的 2% 缴纳税费。假设一名劳动者税前收入是 10000 元，需要每个月缴纳税

---

① Kleven H., Waseem M. Using Notches to Uncover Optimization Frictions and Structural Elasticities: Theory and Evidence from Pakistan [J]. The Quarterly Journal of Economics, 2013 (128): 669-723.

费 100 元，另一名劳动者税前收入是 10001 元，那么他每个月要缴纳税费 200 元，也就是说超过 10000 元后，可支配收入函数的斜率发生了变化。我们采用无差异曲线就会发现如果大家都是同质性偏好的话，那么收入在 $\left[10000, \dfrac{495000}{49}\right]$ 区域的是没有人会接受的，因为区间内的税后收入要低于当税前收入为 10000 元时的税后收入，并且劳动者付出了更多的努力，其闲暇时间更少。假如收入为 10001 元的劳动者对缴纳的税费非常敏感，那么其会减少劳动时间，增加闲暇时间，使自己的工资达到 10000 元。可见，拐点聚束与间断点聚束的区别在于，如果断点前后仅是斜率的变化，则需要使用拐点聚束方法，如果断点前后不仅是斜率的变化，在绝对值水平方面也存在改变，则需要采用间断点聚束。关于两者更加严密的数学推导请见 Kleven[1] 和樊勇等[2] 的相关研究。

三、弹性计算与聚束分析法的估计

由于聚束分析中的政策参与者可以精准控制自己所处的位置，这一点是聚束分析与断点回归最本质的区别，所以断点回归无法用来估计弹性，而聚束分析一般情况下可以用来计算弹性，并且聚束方法的关键作用就是计算弹性。例如，可以用来计算消费者需求对价格的弹性，从而可得到消费者剩余[3]；可以用来测度纳税人的应税收入弹性，即衡量税收制度扭曲对个人行为的影响情况。拐点聚束和间断点聚束的弹性表达式略有区别，拐点聚束条件下，弹性的一般表达式为：$e = -\dfrac{\log\left(1 + \dfrac{\Delta z^*}{z}\right)}{\log\left(1 - \dfrac{\Delta t}{1-t}\right)}$。目前，文献中间断点聚束的弹性表达式并非解析式，而是一个超越方程，如下：

$$\frac{1}{1 + \dfrac{\Delta z^*}{z}} - \frac{1}{1 + \dfrac{1}{e}}\left(\frac{1}{1 + \dfrac{\Delta z^*}{z}}\right)^{1 + \frac{1}{e}} - \frac{1}{1+e}\left(1 - \frac{\Delta t}{1-t}\right) = 0 \qquad (3\text{-}93)$$

关于弹性表达式推导的具体内容见 Kleven 的相关研究。

得到弹性表达式之后，弹性计算中最关键的技术难点是计算聚束区间的长度 Δz^*，也就是确定"反事实"，即将不存在的那个"反事实"的点计算出来，如图 3-7（a）中的点 B。"反事实"是假设如果不存在政策上的断点，那么纳税人应该怎样分布？也就是需要确定"反事实"的分布曲线。"反事实"分布曲线的估计方法由 Chetty 等针对拐点聚束提出，并由 Kleven 和 Waseem 拓展到间断点聚束。估计"反事实"分布曲线

① Kleven Henrik Jacobsen. Bunching [J]. Annual Review of Economics, 2016 (8): 435-464.
② 樊勇，杜涵，彭凡嘉，等. 聚束分析法及其在税收政策评估领域的应用 [J]. 中央财经大学学报，2021 (5): 3-16.
③ Cohen, Peter, et al. Using big data to estimate consumer surplus: The case of uber [R]. National Bureau of Economic Research, 2016.

的核心方程如下：

$$c_j = \sum_{i=0}^{p} \beta_i \times (z_j)^i + \sum_{i=z_-}^{z_+} \gamma_i \times \mathbf{I}(z_j = i) + v_j \tag{3-105}$$

其中，将样本划分为若干个很小的区间，c_j 表示第 j 个区间的样本量，z_j 表示区间 j 内收入与断点的距离，p 为多项式的阶数，阶数的选择一般凭经验选取，文献中常选择 6 阶。区间 $[z_-, z_+]$ 表示受聚束影响的区域，$\mathbf{I}(z_- \leqslant z_j \leqslant z_+)$ 为指示函数。第一部分 $\hat{c}_j = \sum_{i=0}^{p} \beta_i \times (z_j)^i$ 表示不考虑聚束区域影响的"反事实"分布拟合值。第二部分为单独考虑 z^* 附近受到临界点影响的部分。在得到"反事实"估计系数 $\hat{c}_j$ 后，聚束值 B 即为实际样本。

分布与"反事实"估计之间的差异，即 $\hat{B} = \sum_{z_-}^{z_+} c_j - \hat{c}_j$。在间断点聚束情况下，$\hat{B} = \sum_{z_-}^{z^*} c_j - \hat{c}_j$。得到聚束值 B 后，即可得出 Δz^*，进而可计算出应税收入弹性。

方法十二　随机控制实验

计量经济学方法、数值仿真分析和实验经济学是进行公共政策评估的主流方法。其中计量经济学方法对研究数据和变量选择的依赖程度较大，结果的可信度取决于数据的可靠性与可得性。与此同时，利用计量经济学方法评估某项公共政策时，往往因为内生性、选择偏差、遗漏变量等问题而难以完全厘清该政策与效果之间的确切因果关系[①]。数值仿真分析受制于研究者的建模能力，具有一定的随意性，并且研究方法不容易被掌握。近几十年迅速发展起来的实验经济学方法可以在某些方面弥补前述方法的不足，并已经成为经济学家和社会学家检验理论、获取知识的重要方法[②]。实验经济学可以分为两大类：实验室实验和实地实验（也称为田野实验）[③][④]。其中，实验室实验最早可追溯至 Smith 的研究[⑤]，吸收了自然科学实验中"控制"因素，但是现实中参与实验的人群除去受物质激励影响外，还会受到其他难以避免的因素的影响，如社会规则和道德伦理、研究者的关注、决策时面临的情境、样本代表性问题及参与者初始禀赋差异等[⑥]，这些因素使得实验室实验结论推广至真实世界受到质疑，由此推动了实地实验的发展。

①　Khagram S., Thomas C. W. Toward a Platinum Standard for Evidence-based Assessment by 2020 [J]. Public Administration Review，2010（70）：100-106.

②　Guala F. The Methodology of Experimental Economic [M]. New York：Cambridge University Press，2005.

③　Levitt S., List L. Field Experiments in Economics：The Past, the Present, and the Future [J]. European Economic Review. 2009，53（1）：1-18.

④　Al-Ubaydli O., List J. A. On the Generalizability of Experimental Results in Economics [Z]. 2012.

⑤　Smith V. L. An Experimental Study of Competitive Market Behavior [J]. Journal of Political Economy，1962，70（2）：111-137.

⑥　罗俊，汪丁丁，叶航，等. 走向真实世界的实验经济学——田野实验研究综述 [M]. 经济学（季刊），2015（3）：853-884.

Levitt 和 List 总结了实地实验发展的三个阶段：第一个阶段，Ronald Fisher 在研究农业地块时，首次引入随机化的概念，并指出实验的三个重要特征是可复制、分组及随机化，由此奠定了实地实验的方法基础[①]。同一时期著名的霍桑实验也几乎包含了实地实验的基本特征[②]。第二个阶段，20 世纪中期实地实验的研究对象由地块转移至人群，这一阶段实验的特征是由政府部门主导、实验规模较大，这一时期典型的实验是所得税实验[③]及一系列涉及福利改革的社会实验[④]。第三个阶段，20 世纪 90 年代末，经济学家走出实验室，积极与各类实体机构合作，研究真实经济问题背后的逻辑。这一阶段著名的实验包括兰德健康保险实验[⑤]、佩里学前教育计划[⑥]等。

Harrison 和 List 根据实验中的六个情境因素，即被试者集合、被试者代入实验任务的信息的性质、实验中交易物品的性质、实验任务或交易规则的性质、激励报酬的性质及实验环境将实地实验分为三种：人工实地实验（Artefactual Field Experiment）、框架实地实验（Framed Field Experiment）和自然实地实验（Natural Field Experiment）[⑦]。其中，人工实地实验是在真实社会中完成实验室实验的设计与步骤，其实验情境完全是人为设计的，并不是自然形成的，这是与自然实地实验最大的区别。框架实地实验则指在现实的环境中针对实地的参与者探讨现实的行为、信息、影响效果等的实验，但参与者对实验开展是知晓的。自然实地实验则在框架实地实验的基础上更加贴近现实，参与者不知道实验的开展，两者的区别是被试者是否知情。由于这三类实验都具有随机干预的特征，因而也被称为随机实地实验（Randomized Field Experiment）。目前国内外文献中并未将实地实验与随机实地实验进行严格区分，但通常默认指的是 Levitt 和 List 所说的自然实地实验[⑧]。包特等指出直接用于项目评估目的，或者以解决实际问题，而非检验经济学理论为导向的自然实地实验研究是随机控制实验（Randomized Control Trial，RCT）[⑨]。本部分重点关注与公共政策评估关系最为密切的随机控制实验。

---

① Levitt S., List J. Field Experiments in Economics：The Past, the Present, and the Future［J］. European Economic Review, 2009, 53（1）：1-18.

② List J., Rasul I. Field Experiments in Labor Economics［J］. Handbook of Labor Economics, 2011（4）：103-228.

③ Hausman Jerry A., David A. Wise. Social Experimentation［M］. Chicago：University of Chicago Press, 1985.

④ Manski Charles F., Irwin Garfinkel. Evaluating Welfare and Training Programs［M］. Cambridge：Harvard University Press, 1992.

⑤ Newhouse Joseph P. Free for All? Lessons from the RAND Health Insurance Experiment［M］. Cambridge：Harvard University Press, 1993.

⑥ Schweinhart, Lawrence J., Helen V. Barnes, et al. Significant Benefits：The High/Scope Perry Preschool Study Through Age 27［M］. Ypsilanti：High/Scope Press, 1993.

⑦ Harrison G. W., List J. A. Field Experiments［J］. Journal of Economic Literature, 2004, 42（4）：1009-1055.

⑧ Levitt S., List J. Field Experiments in Economics：The Past, the Present, and the Future［J］. European Economic Review, 2009, 53（1）：1-18.

⑨ 包特，王国成，戴芸. 面向未来的实验经济学：文献述评与前景展望［J］. 管理世界, 2020（7）：218-236.

一、RCT 的原理、步骤与优势

RCT 利用随机分配的方法将社会实验的参与者分成实验组和控制组，通过对照两组参与者的表现分析探讨相关经济政策和社会项目的效果与价值。随机控制实验关键在于"随机"二字，即采用随机化的方法来选择接受政策干预的群体，使被试分组与个体无关，由此消除选择偏差，而这在自然数据中几乎不可能做到。如果接受政策干预的群体数量足够多，那么从统计学上就可以将随机分组的处理组和对照组的期望差值等同于政策干预的平均处理效应。由于被试人群是被随机分入两组的，因此实验的处理组水平完全独立于个体特征和其他可能影响实验结果的因素。这就避免了计量模型中常见的遗漏变量偏差或内生变量偏差的问题。

要达到识别政策干预效果的目的，实验必须具备随机化的特征，必须将被试人群随机安排于不同的实验分组中。RCT 的一般步骤和关键环节如下：

第一步，确定研究问题。适用于随机控制实验的研究问题大致可分为两类：一类是关于新方法的探讨，例如教育、健康政策干预均属于此类。此类研究对干预措施的有效性与可推广性有较高的要求。另一类则侧重于识别现实状况，常见于研究种族歧视、性别歧视。

第二步，确定实验人群，并进行随机分组。选择合适的实验人群并将其安排于不同的实验分组中是实验成功的一个重要前提。实验人群的选择需要考虑样本的特征代表性。研究者需要将实验人群分成控制组和一个或多个干预组。随机分组是随机控制实验的核心环节。随机分组的目的是通过消除实验前不同组别之间的系统性差异以实现可比性，这种可比性要求不仅在过去是可比的，而且在未来如果没有实验干预措施，其也是可比的。随机分组的方法大致有三种：一是简单随机分组，是不管样本特征如何，直接进行随机分组；二是分组随机，是首先根据个体的特征进行分组，然后在每一个小组的内部进行随机分组，把各小组的干预组合并起来就是总体的干预组；三是匹配随机分组，指在每两个个体中，随机获得一个干预组个体和一个控制组个体。匹配随机是分组随机的极致，对小样本的随机分组具有重要的应用价值。此外还有交替分组，也是现实当中经常使用的方法，它是按照列表顺序进行交替分组，虽然经常被使用，但需要注意的是交替分组不是随机分组[①]。

第三步，确定样本量。在进行样本选择时需要权衡质量与成本，这就存在一个最优样本的选择问题。List 等对如何设计最优实验进行了较为全面的介绍，他们提出计算最优样本量需要考虑三个关键因素，即显著水平、后续进行假设检验的能力和最小可识别的效应大小[②]。为了达到识别目的，最优的样本规模选择意味着样本量必须足够大以使研究者不会错误地拒绝实验组和对比组结果相同的原假设，当实际差异等于最小可检验的差异水平时不会错误地接受原假设。

---

①　陆方文. 随机实地实验：方法、趋势和展望［J］. 经济评论，2017（4）：149-160.

②　List J. A.，Sally S.，Mathis W. So You Want to Run an Experiment, Now What? Some Simple Rules of Thumb for Optimal Experimental Design［J］. Experimental Economics, 2011, 14（4）：439-457.

第四步，进行实验干预。实验干预可以是个体层次上的，也可以是群体层次上的，究竟选择哪个层次需要进行三个方面的考察。一是关于样本量的考察，主要是指所选择的层次需要满足随机分组的可比性，因为随机是大样本性质。二是溢出效应。有些时候所选择的干预层次会造成溢出效应，溢出效应会导致无法准确评估政策效果，如果其他层次的干预造成的溢出效应较小，则应选择该层次为随机干预的单位。三是考虑干预措施实施。如果在个体层次上干预存在很多实施困难，则应选择群体为单位进行干预。在实施干预操作时，控制组与往常保持一致，而干预组的样本会受到干预措施的影响。干预措施可以是现实当中已有的政策或方法，也可以由研究人员自己创新设计。

第五步，数据收集。实验数据收集包括干预前数据收集和干预后数据收集。因为干预措施是随机安排的，所以在结果分析当中，即使不控制任何其他变量，依然能够得到关于干预效果的无偏性估计。但即便如此，干预前数据对随机实验仍至少具有四个方面的作用。一是在分组随机和匹配随机的情况下，为随机分组提供信息；二是通过干预前变量的可比性，验证干预措施安排的随机性；三是在结果变量回归分析中，增加控制变量有利于提高估计的精确度；四是检测在不同特征群体上的干预效果，探讨干预措施的异质性效果。干预前数据的收集可以通过问卷调查进行，这种方式的经济成本较高。在实验后期进行问卷调查时，也可以顺便收集干预前的客观信息。当政策或者项目与机构合作实施时，合作机构由于业务等需求而收集的行政性数据也可以作为干预前数据。干预后数据收集方法常用问卷调查的方式。在收集干预后数据过程中，需要注意控制组和干预组必须使用完全相同的数据收集方式。

第六步，对数据进行处理和分析，并得出结论。需要指出的是，在进行随机控制实验的过程中要遵守道德准则，如不能给实验对象带来伤害，更不能给社会造成危害；不可以有欺骗行为，也不能强制实验对象参与实验。

由前述随机控制实验的原理和关键环节可知，分组的随机性和干预措施的可设计性是随机控制实验的两个核心特征，两者为随机控制实验带来两大优势：

一是可信性优势。Rubin 指出只有知道被干预个体如果不被干预时的表现，才能够准确地衡量干预的效果，因此潜在结果的概念对于探讨干预的因果效应非常重要①。但就像"人不能两次踏入同一条河流"一样，同一个体无法同时存在于被干预和不被干预的两种状态。因而潜在结果必须通过其他具有可比性个体去获得。计量经济学的各种方法，从一元回归到多元回归，进而到固定效应模型、工具变量法、样本选择模型、双重差分法、倾向得分匹配法、断点回归法、群束分析法等更高深的计量模型，都是为了更好地解决可比性的问题。但各有适用的条件，并且各自存在着局限性。随机控制实验的一个核心环节就是进行随机分组，随机分组使得控制组和干预组在期望上都

① Rubin D. Estimating Causal Effects of Treatments in Randomized and Non-randomized Studies ［J］. Journal of Educational Psychology, 1974, 66 (5): 688-701.

能代表整体，尽可能地模拟了一个因果关系发生的条件，提供了一个"反事实的框架"，实现了可比性。随机控制实验处理了不可观察和选择偏差的问题，可以更为纯粹地估计相关政策干预的因果效应①。如果没有干预措施，控制组和干预组无论在过去还是在未来都是可比的。因此，在干预实施后控制组和干预组之间的差异都可以归因于干预措施。控制组和干预组安排的随机性，为实验结果的可信性提供了有力的保障。随机控制实验是最佳的研究因果关系的方法，而这也在一定程度上增强了其实验结果的外部有效性和可推广性，进而也使得随机控制实验的现实应用性得到增强②。

二是创新性优势。有一些公众关心但现实当中还没有实施的政策，或者甚至公众没有意识到，但从理论中可以推导出的有效措施，是无法通过观察性研究进行定量政策评估的，但这些情况都可以通过随机控制实验方法进行探讨，这也是随机控制实验方法相对于其他政策评估方法的重要优势之一，这是由随机控制实验方法对实验组和对照组的分离特征决定的。也就是说，随机控制实验可以评估潜在政策机制的可行性与有效性，这些潜在政策包括预计出台的公共政策、尚未有先例但理论与相关实践经验预示可行的公共政策。此外，有一些在现实当中无法分解的机制，也可以在实验中设定相关的情境进行分解。干预措施的可设计性为随机控制实验提供了创新性的源泉。

二、RCT 的缺点、挑战与应对

随机控制实验一方面可以规避传统计量经济学的缺点，另一方面在实证研究中有较高的可信度而日益受到经济学家的青睐，然而正如批评者所指出的那样，这种可信度适用于当时研究的干预措施，这些干预措施是由被研究的组织实施的，但不一定延伸到其他组织。另外，在更为典型的案例中，非政府组织进行的小型"概念验证"研究的结果是否可以或应该直接转化为政府大规模实施的政策建议，这一点并不清楚，也就是局部随机控制实验结论在多大程度上可以作为一般性的理论推广、扩展及规模化仍是面临质疑的一个中心问题③。

随机控制实验最早用于医学领域，疗效研究通常首先在严格控制的实验室条件下进行。类似于在药物实验中的应用，在理想条件下，随机控制实验通过必要步骤和措施来验证新政策是有意义的④。然而，这样一个小规模测试项目的结果虽然信息丰富，但不一定能很好地预测如果大规模实施类似政策会发生什么。事实上，正如 2019 年诺贝尔经济学奖得主班纳吉所言，现实中大规模范围的随机政策干预实验无法复制小规

① Druckman J. N., Green D. P., Kuklinski J. H., et al. Handbook of Experimental Political Science [M]. New York: Cambridge University Press, 2011.

② Al-Ubaydli O., List J. A. On the Generalizability of Experimental Results in Economics [Z]. 2012.

③ Deaton Angus. Instruments, Randomization, and Learning about Development [J]. Journal of Economic Literature, 2010, 48 (2): 424-455.

④ Chassang S., Miquel G. P., Snowberg E. Selective Trials: A Principal-Agent Approach to Randomized Controlled Experiments [J]. American Economic Review, 2012, 102 (4): 1279-1309.

模随机干预实验的结果的情况并不罕见①。一项典型的、大规模的、政策干预的局部随机控制实验所面临的挑战主要体现在如下方面：

第一，实验可能改变行为，从而直接影响实验结果的内部有效性。"霍桑效应"就是著名的例子。此外，Zwane 等指出，进行实验前的问卷调查有可能影响实验结果，因为问卷的调查人员通常会非常有礼貌地询问对方的问题并倾听回答，从而建立起信任，而调查人员与实验对象之间的信任关系会影响后续实验对象的行为②。对于这一问题的解决方法，一方面是要尽量地模拟现实当中操作的情况，另一方面可以设定干预措施去捕获这一效果。例如，在 Lu 等关于交警给司机发送手机短信影响司机驾驶行为的研究中，由于收到来自交警的短信本身就可能影响司机的行为，为了更好地区分收到短信这一事件和短信内容的影响，研究者们增加了一个干预组，其短信内容是警察提醒安全驾驶，但不包含任何实质的信息③。实验结果表明，提醒安全驾驶并不能影响司机的行为，因而排除了可能的"霍桑效应"解释。

第二，随机控制实验在探讨局部均衡效应上具有优势，但在捕捉一般均衡效应问题上有些捉襟见肘。随机实验通常是小规模实验，捕捉的往往是局部均衡效应。例如，Angrist 等探讨哥伦比亚学费优惠项目的影响，对比摇号中拿到和没有拿到学费优惠的学生在未来求学和收入上的区别，这就是典型的局部均衡效应。④ 从一般均衡的视角看，还需要考虑以下情形，即因为优惠项目有一定的门槛，所有学生为了获得优惠都会更加努力学习；优惠项目资助学生去上私立学校，把好学生从公立学校选拔出去等。关于一般均衡的问题，并非实验所特有，很多实证分析都存在类似的问题。例如，探讨医保对健康的影响，很多实证研究在有医保的家庭和没有医保的家庭之间进行对比。Finkelstein 指出，当一个地区医保比例增多，医院会增加设备等投入，这也会影响没有医保的患者。因此，在地区层面上进行对比，才能够体现出一般均衡效应⑤。

能否探讨一般均衡效应，主要取决于实验措施的干预范围和结果变量的观测范围。Crépon 等探讨就业帮扶对就业的影响，为我们提供了一个探讨一般均衡的实验范例⑥。

① Banerjee A. V., Duflo E., Glennerster R., et al. Improving Immunisation Coverage in Rural India: Clustered Randomised Controlled Evaluation of Immunisation Campaigns with and Without Incentives [J]. BMJ, 2010 (340): C2220.

② Zwane A., Zinman J., Dusen E., et al. Being Surveyed Can Change Later Behavior and Related Parameter Estimates [J]. Proceedings of the National Academy of Sciences, 2011, 108 (5): 1821-1826.

③ Lu F., Zhang J., Perloff J. General and Specific Information in Deterring Traffic Violations: Evidence from a Randomized Experiment [J]. Journal of Economic Behavior and Organization, 2016, 123 (2): 97-107.

④ Angrist J., Bettinger E., Bloom E., et al. Vouchers for Private Schooling in Colombia: Evidence from a Randomized Natural Experiment [J]. American Economic Review, 2002, 92 (5): 1535-1558.

⑤ Finkelstein A. The Aggregate Effects of Health Insurance: Evidence from the Introduction of Medicare [J]. Quarterly Journal of Economics, 2007, 122 (3): 1-37.

⑥ Crépon B., Duflo E., Gurgand M., et al. Do Labor Market Policies Have Displacement Effects? Evidence from a Clustered Randomized Experiment [J]. Quarterly Journal of Economics, 2013, 128 (2): 531-580.

其干预措施在两个层次上进行随机安排，即在不同城市，获得就业帮助的人数比例有0%、25%、50%、75%和100%；在同一个城市，不同求职者是否得到帮扶是随机的。该研究不仅检测获得就业帮助对求职者个人的影响，还检测一个地区获得就业帮助的比例对当地市场的影响，发现就业帮扶的社会净效益为零。

第三，市场均衡效应。大规模的实验干预可能会改变市场的性质。在许多情况下，一个小规模实验与部分均衡分析是一致的，可以假设其他变量相对市场价格保持不变。相比之下，全国性政策干预等大规模实验可能会影响工资和土地等非贸易商品的价格，这些价格变化可能会影响项目的整体净收益。例如，提高小部分人受教育水平的计划（如奖学金）对人口的整体受教育水平的影响微乎其微。但是，正如 Heckman 等研究发现，大规模的教育干预会使整个人口的受教育程度大幅度提高，从而降低教育的总体回报[1]。因此，如果扩大奖学金项目规模，奖学金项目的小型随机对照试验结果可能会高估奖学金对收入的影响[2]。在其他情况下，忽略均衡效应可能导致低估政策的整体效益。例如，增加一些人收入的干预可能会导致他们消费更多，如果消费的一部分是非贸易商品，这将产生乘数效应，因为供应这些非贸易商品的人也将受益。虽然一个小实验可能无法捕捉到这种效果，但在大规模实施中，它可能会成为一个巨大的社会效益来源。

第四，溢出效应。在安排干预措施时，许多政策对相邻单位具有溢出效应，这意味着这些单位不是理想的对照组。许多溢出效应与安排干预措施相关。例如，肠道蠕虫具有传染性，如果儿童感染，这将影响其邻居，如果一所学校的许多孩子都被感染，这也会影响到附近的学校[3]。长期以来，经济学家一直致力于设计小规模实验来调查这种溢出效应是否存在。例如，Miguel 和 Kremer 利用某些地区接受驱虫剂治疗的学校数量远高于其他地区这一事实（只是偶然），估算了服用驱虫药对那些自己没有服用驱虫药的人的积极溢出效应。Duflo 和 Saez 采用两步实验设计来衡量退休储蓄决策中的信息溢出[4]，但并非所有的溢出效应都能在试点实验中轻易被发现。

第五，随机化和选址偏差。参与早期实验的组织或个人可能与其他人群存在某些方面的差异，可将这种差异称为随机化偏差[5]。导致随机化偏差的原因：一是参与随机对照实验的组织或者个人通常是例外。Glennerster 列举了随机对照实验优秀的合作伙伴

① Heckman J. J., Lochner L., Taber C. Explaining Rising Wage Inequality: Explorations with a Dynamic General Equilibrium Model of Labor Earnings with Heterogeneous Agents [J]. Review of Economic Dynamics, 1998 (1): 1–58.

② Duflo E., Dupas P., Kremer M. The Impact of Free Secondary Education: Experimental Evidence from Ghana [Z]. 2017.

③ Miguel E., Kremer M. Worms: Identifying Impacts on Education and Health in the Presence of Treatment Externalities [J]. Econometrica, 2004, 72 (1): 159–217.

④ Duflo E., Saez E. The Role of Information and Social Interactions in Retirement Plan Decisions: Evidence from a Randomized Experiment [J]. Quarterly Journal of Economics, 2003, 118 (3): 815–842.

⑤ Heckman J. Randomization and Social Programs [A] //Manski Charles, Garfinkel Irwin. Evaluating Welfare and Training Programs [M]. Cambridge: Harvard University Press, 1992.

所应具备的特征，并指出发展中国家的许多组织不符合标准①。例如，优秀的合作者必须能够随机地实施实验，在治疗组中提供相对统一的干预，同时不污染对照组。二是当个体选择接受政策实施时，政策的随机控制实验通常只能说明是否有效果，既无法保证项目参与者的同质性，也不能彻底揭示其内在机理与作用机制。如果政策效果在这些群体中是异质的，则那些更有可能受益的人群接受政策的可能性就越高，所以随机对照实验的估计效果可能不适用于更广泛的人群②。三是研究组织倾向于选择影响力较大的地点进行干预实验，这会导致选址偏差问题。研究组织进行如此选择的动因是这些非政府组织的资源是有限的，所以它们会优先选择影响力大的地区。同时，组织和研究人员都知道自己要接受评估，因此有动机选择一个项目更有可能顺利实施的地点。此外，喜欢参加随机对照实验的组织更愿意展示成功。近几年的文献研究了大量的随机化偏差问题③④⑤，对解决随机化偏差问题有相关探讨。

第六，实施过程面临的挑战。随机控制实验往往持续周期较长，尤其是政府参与的、大规模的实验在实施过程中会存在一些突发的、不确定的情况。一是政治反应。随着实验规模的扩大，政治反应（包括对项目的抵制或支持）可能会有所不同⑥。例如，肯尼亚基于国家层面的学校驱虫计划（一项基于先前随机对照实验结果的扩大计划）始于2009年，但由某些原因而被迫中断。此外，当项目达到足够规模时，对项目的政治抵制或支持的可能性会增加。例如，Banerjee 等曾经进行了一项包括了近3000个村庄，代表着3300万总人口的试点实验，旨在减少政府工作福利计划中的腐败行为。然而，该实验遭到了某些官员的反对，原因很明显，这威胁到了他们因腐败行为而获得的租金。这些官员成功地游说了州政府，干预实验被取消。二是合作限制。由于很多实地实验必须与实体机构合作，这在项目的运行中存在多重目标，很多时候实体机构为了其核心利益不得不改变实验的操作，从而偏离最优的实验设计。实验的过程还涉及各种复杂关系，也使得实验可能遭到各种阻碍而存在较大的不确定性。

第七，实验结果的外部有效性问题。Harrison 和 List、Levitt 和 List 及黄湛冰和肖尔

① Glennerster R. The Practicalities of Running Randomized Evaluations: Partnerships, Measurement, Ethics, and Transparency [J]. In Handbook of Field Experiments, 2017 (1): 175-243.

② Imbens G. W., Angrist J. D. Identification and Estimation of Local Average Treatment Effects [J]. Econometrica, 1994, 62 (2): 467-475.

③ Blair G., Iyengar R. K., Shapiro J. N. Where Policy Experiments Are Conducted in Economics and Political Science: The Missing Autocracies [R]. 2013.

④ Vivalt E. How Much Can We Generalize from Impact Evaluations? [J]. Journal of the Eurpean Economic Association, 2020, 18 (6): 3045-3089.

⑤ Allcott H. Site Selection Bias in Program Evaluation [J]. Quarterly Journal of Economics, 2015, 130 (3): 1117-1165.

⑥ Deaton Angus. Instruments, Randomization, and Learning about Development [J]. Journal of Economic Literature, 2010, 48 (2): 424-455.

特对外部有效性进行了一定的探讨①②③。外部有效性问题首先表现在实验结果从某一人群推广到另一人群的问题。克服此问题的一个方法是，尽可能在更大范围内选择更具代表性的人群进行实验。此外，收集可能影响实验效果的背景变量，进行差异性分析，这样也能增强实验结果解释的广度。在小规模实验向大规模政府政策推广时，外部有效性问题还会涉及研究人员实施和公职人员推广的差异问题。此外，RCT 还具有识别理论问题的困难。相对于实验室实验，RCT 相对放松了对环境等各种因素的控制，这使得对于造成结果的原因可能有多种解释，在不同的替代性理论中识别出真正的因果关系是 RCT 研究者必须面临的挑战。

整体而言，随机控制实验方法的这些局限在很大程度上也是实验方法，甚至是整个实证分析方法的局限。目前国内外较为前沿的文献也在不断采用较为科学的方法去解决这些局限性，任何方法都存在自身的局限，克服这些局限的过程也是方法不断完善并向前发展的过程。即便存在这些局限，相较其他的实证分析，随机控制实验具有可信性和创新性的双重优势，这也是其能够被越来越多的经济学家重视的缘由。

案例及应用

目前，随机控制实验在政策评估领域已经得到广泛的运用，经济学家运用这种方法来帮助欠发达经济体改进诸如贫困、人力资本、儿童健康等社会困境，并取得了显著的成效。Kremer 和 Holla 以受教育年限作为评价教育政策效果的结果变量，对比了不同教育干预项目的成本收益，发现单位受教育年限增加时，补铁、驱虫等健康政策推行的成本远低于提供奖学金或有条件的转移支付政策，因而在发展中国家的贫困地区推行基础性的公共卫生政策不仅有利于当地儿童健康状况的改善，还有利于他们教育水平的提升④。Banerjee 等研究了如何通过提供少量物质激励（如一袋扁豆）使得印度父母有更大积极性带孩子打疫苗⑤。美国住房与城市发展部展开的长达近 20 年的 MTO（Moving to Opportunity）项目，通过提供住房补贴来帮助高贫困地区的青少年摆脱恶劣的街区环境，评估目的在于测量这项政策对贫困青少年未来发展的影响，以及发现减

① Harrison G. W. , List J. A. Field Experiments［J］. Journal of Economic Literature，2004，42（4）：1009-1055.

② Levitt S. , List. Viewpoint：On the Generalizability of Lab Behavior to the Field［J］. Canadian Journal of Economics，2007，40（2）：347-370.

③ 黄湛冰，肖尔特. 经济学实验结果外部效度排序探索研究［J］. 经济评论，2012（3）：20-29+74.

④ Kremer M. , Holla A. Improving Education in The Developing World：What Have We Learned from Randomized Evaluations?［J］. Annual Review of Economics，2009（1）：513-542.

⑤ Banerjee A. V. , Duflo E. , Glennerster R. , et al. Improving Immunisation Coverage in Rural India：Clustered Randomised Controlled Evaluation of Immunisation Campaigns with and Without Incentives［J］. BMJ，2010（340）：c2220.

少贫困代际传递可能的政策方案[1][2]。2013 年，美国劳动部发动实施的工作搜寻与援助计划（REA）意图评估这项扶助计划在减少失业保险道德风险方面的效果。REA 已经在美国的许多州开展了近 10 年的时间，最终选择在新泽西、纽约、华盛顿和威斯康星四个州开展评估[3]。

利用随机控制实验方法围绕中国的研究也较为丰富。Miller 等研究了在我国西北地区对学校校长提供以儿童血红蛋白水平的提升作为条件的现金补贴激励干预对改善儿童贫血问题的效果[4]。Kleiman-Weiner 等讨论了在甘肃为儿童直接提供复合维生素片和每天一个鸡蛋的营养干预的有效性等[5]。Loyalka 等讨论了在河北省和陕西省 131 所初中对超过 12000 名学生提供更多有关受教育回报的信息和职业规划咨询对学生受教育和深造信念的影响等[6]。Wong 等讨论了为私立幼儿园提供长达一年的随机彩票和有条件现金对推进河南省鲁山县儿童早期教育普及的影响[7]。Glewwe 等探讨了在甘肃为儿童提供验光和眼镜的项目对帮助屈光不正的儿童解决近视问题的影响[8]。宗庆庆等基于北京大学经济政策研究所和中国疾病预防控制中心 2013~2014 年开展的大型慢阻肺对照干预实验数据，利用大样本随机控制实验探讨了老年健康对照料需求的研究[9]。

方法十三 多目标综合评估法

多目标综合评估法是一种能够对政策效应进行多目标定性分析和定量评估的方法，主要用于事前评估和事后评估。由于该方法能够随着系统结构的变化而较方便地增缩指标类和指标项，并且无须对评估方法做较大改动，使多目标综合评估法具有较好的适应性。

运用该方法进行政策评估的步骤主要包括：确定政策方案、选择评估目标和指标、

① Orr L., Feins J., Jacob R., et al. Moving to Opportunity：Interim Impacts Evaluation［R］. 2003.

② Sanbonmatsu L., Katz L. F., Ludwig J., et al. Moving to Opportunity for Fair Housing Demonstration Program：Final Impacts Evaluation［R］. 2011.

③ Saunders C., Dastrup E., Epstein Z., et al. Evaluation of Impacts of the Reemployment and Eligibility Assessment (REA) Program：Final Report Appendices［R］. 2019.

④ Miller G., Luo R., Zhang L., et al. Effectiveness of Provider Incentives for Anaemia Reduction in Rural China：A Cluster Randomised Trial［J］. BMJ, 2012（345）：1-10.

⑤ Kleiman-Weiner M., Luo R., Zhang L., et al. Eggs Versus Chewable Vitamins：Which Intervention Can Increase Nutrition and Test Scores in Rural China?［J］. China Economic Review, 2013（24）：165-176.

⑥ Loyalka P., Liu C., Song Y., Can Information and Counseling Help Students from Poor Rural Areas Go to High School? Evidence from China［J］. Journal of Comparative Economics, 2013（41）：1012-1025.

⑦ Wong H. L., Luo, R., Zhang L., et al. The Impact of Vouchers on Preschool Attendance and Elementary School Readiness：A Randomized Controlled Trial in Rural China［J］. Economics of Education Review, 2013（35）：53-65.

⑧ Glewwe P., Park A., Zhao M. A Better Vision for Development：Eyeglasses and Academic Performance in Rural Primary Schools in China［J］. Journal of Development Economics, 2016（122）：170-182.

⑨ 宗庆庆，张熠，陈玉宇. 老年健康与照料需求：理论和来自随机实验的证据［J］. 经济研究，2020（2）：36-51.

确定评估标准和计算指标的评分值、计算多指标综合评估值及根据综合评估值对政策方案和效果的优劣进行判断和分析。多目标综合评估模型需要解决三个关键问题，即权重如何确定、评估目标的维数如何降低和评估等级如何确定。

确定评估指标权重的方法概括起来有两大类，即主观赋权法和客观赋权法。主观赋权法主要是依靠专家对指标重要性的了解来对指标赋予权重，确定的权重对专家的主观偏好存在不同程度的依赖。客观赋权法是通过数理运算来获得指标的信息权重，赋权结果往往不能客观反映指标的实际重要程度，有时其赋权结果与客观实际存在一定的差距。后来发展的熵值赋权法可减少赋权过程中的主观性，并充分利用样本包含的信息，但熵值赋权法只适应于有多个评估对象的评估问题，并且完全依赖于样本的大量信息，对于评估对象很少或只有一个评估对象的综合评估问题就不适用了。多目标优化法确定权重可解决上述问题。由于每个评估对象都有追求理想评估值的努力趋势，同时为了给被评估对象提供最能体现其长处的公平合理的指标权重，所确定的权重应使得被评估对象的现状评估值向量与理想评估值向量之间的差距达到最小。同时，为了使每个指标都有效地发挥作用，还应避免指标之间的权重分配差距过大。为了减少评估标准等级划分的主观性和指标值划分的工作量，需要对评估目标进行降维处理，将修正差距指数和协调指数各等级对应的区间定义为理想区间，基于理想区间的多目标评估法，就是通过考察评估对象的实际指标值与各理想区间的距离，把距离最小的理想区间所对应的等级找出来，即为系统评估的结果。

方法十四　指标评价方法

评价是现代社会各领域的一项经常性工作，是科学做出管理决策的重要依据。随着人们研究领域的不断扩大，所面临的评价对象日趋复杂，如果仅依据单一指标对事物进行评价往往不尽合理，必须全面地从整体的角度考虑问题，指标评价方法应运而生。

运用多个指标对多个参评单位进行评价的方法，称为多变量指标评价法，或简称指标评价法。其基本思想是将多个指标转化为一个能够反映综合情况的指标来进行评价。

一、指标评价方法的分类

第一，因子分析法（Factor Analysis）。因子分析是由英国心理学家斯皮尔曼提出的，是主成分分析的发展。其利用降维的思想，通过研究众多变量之间的内部依赖关系，把相关性很高的多个指标转化为少数几个互相独立的综合指标，从而实现用较少的变量反映绝大多数信息，同时也大大简化了原指标体系的指标结构。

第二，层次分析法（Analytic Hierarchy Process）。层次分析法是美国运筹学家萨蒂等提出的一种定性分析与定量分析相结合的多准则决策方法。它的基本原理是在建立与决策相关的评价体系基础上，通过专家咨询对各层元素进行两两比较，构造出比较判断矩阵。然后将判断矩阵的最大特征与相应的特征向量的分量作为相应的系数，并最终得到最底层的方案层相对于最高层的目标层的权重。

第三，灰色关联度分析法（Gray Correlation Analysis）。灰色系统理论由我国学者邓聚龙于1982年首次提出。灰色关联度分析是根据因素之间发展态势的相似或相异程度来衡量因素间关联的程度，并揭示事物动态关联的特征和程度。其基本思想是根据序列曲线几何形状的相似程度来判断其联系是否紧密，曲线越接近，相应序列之间的关联度就越大，反之就越小。

第四，人工神经网络评价法（Artificial Neural Networks）。该方法通过神经网络的自学习、自适应能力和强容错性，建立更加接近人类思维模式的定性和定量相结合的综合评价模型。目前具有代表性的网络模型已达数十种，使用最广泛的是由鲁梅尔哈特等于1985年提出的反向传播（BP）神经网络，其拓扑结构由输入层、隐含层和输出层组成。已有定理证明，三层BP网络具有可用性，所以只要给定的样本集是科学的，其结果就是令人信服的。

第五，模糊综合评价法（Fuzzy Comprehensive Evaluation）。模糊综合评价法是借助模糊数学的隶属度理论，将一些边界不清、不易定量的因素定量化，从多个因素对被评价事物隶属等级状况进行综合性评价的一种方法，其主要分为主观指标模糊评判和客观指标模糊评判。该方法对数据的要求低且计算量小，适用于对不确定性问题的研究，如风险控制等。

第六，数据包络分析法（Data Envelopment Analysis，DEA）。数据包络分析法是著名运筹学家查恩斯和库珀等学者在1978年提出的。它是以相对效率O概念为基础，以数学规划为主要工具，以优化为主要方法，根据多指标投入和多指标产出对相同类型的决策单元（可以是部门或者企业）进行相对有效性或效益评价的一种系统分析方法。根据各决策单元的观察数据判断其是否有效，本质上是判断决策单元是否处于有效生产前沿面上。

二、指标评价体系构建原则

指标评价体系构建原则如下：①科学性原则。指标体系的构建必须具备一定的理论基础，要能够准确地、客观地反映出事物发展的实质和内涵。②可行性原则。指标体系构建的目的主要是对事物发展状况进行测评，因此要具有可行性。尤其是数据收集的便利性，对于不易于收集到的数据指标不应纳入体系。③代表性原则。指标的选取不能太多，要具有代表性，能够准确反映事物发展水平各个方面的特征。④可比性原则。所选指标应该尽可能采用国际上通用的名称、概念和计算方法，要在时间和空间上具有可比性，以方便对不同地区的事物发展水平进行动态分析和评价。

目前，指标评价方法已经在各行各业的研究中得到广泛使用，需要注意以下五个问题。

第一，关于评价指标的选择问题。依据评价目标，遴选评价指标是评价工作的基础。这里主要涉及两个问题：一是绝对指标和相对指标的取舍。绝对指标可以反映评价对象的规模和水平，相对指标则反映评价对象系统内部的结构配置。被评价事物的外在表现往往是一个多面体，应将多个绝对指标和相对指标结合起来才能更加全面地反映事实情况。但在实践中，如何合理配置绝对指标和相对指标却并不容易。尽管绝对指标对评价对象有着重要的影响，但过多地重视规模总量也可能会影响评价结果的说服力。二是指标之间的关系问题。在当前各种研究方法中，存在将各个指标简单加总来对评价对象进行判断的问题，关于指标间的相关性问题一时还无法展开，这在一定程度上违反了系统的整体不等于局部之和的系统哲学原理。例如，科技竞争力可能是影响区域经济竞争力的重要因素，但如果一个区域的科技转化能力比较弱，不能使科技竞争力很快地转化为经济竞争力，那么即使科技竞争力再强，对区域经济竞争力的提高也是有限的。

第二，关于指标体系的构建问题。运用多指标综合评价方法，构建评价指标体系是关键。评价过程是围绕指标体系展开并最终取得评价结果，所以评价指标体系是评价活动成败的关键。指标体系的确定具有很强的主观色彩，当前学术界在研究中所建立的各类指标体系越来越庞大，少则几十个，多则数百个。指标系统中所包含的指标数量太少，则指标体系无法反映评价对象的全貌，导致评价结果的片面性，但如果指标体系过于庞大，会使评价系统变得迟钝，增删几个指标或者改变几个指标数值的大小，对评价结果几乎没有任何影响。

第三，关于评价方法的选择问题。多指标综合评价方法有多种，各种方法出发点不同，解决问题的思路不同，又各有优缺点，如何根据决策的需要和评价对象的特点选择合适的方法是一个比较棘手的问题。即使是针对同一个问题，采用不同的评价方法也会得到不同的结果。例如，张卫华曾用数种多指标综合评价方法对陕西省10个地级市的城市设施水平进行评价，因子分析法评价的结果中位于前三名的分别是汉中、西安、宝鸡，而灰色关联度分析法的结果中位于前三名的分别是宝鸡、安康、西安，结果可以说是大相径庭。这种情况会使人们对不同的评价结果感到疑惑，从而影响了研究成果的推广使用。

第四，关于数据标准化的处理问题。由于各评价指标的性质不同，通常具有不同的量纲和数量级。当各指标间的水平相差很大时，如果直接采用原始指标值进行分析，就会放大数值较高的指标在综合分析中的作用，相对削弱数值水平较低指标的作用。因此，为了保证结果的可靠性，多数综合评价方法需要对原始指标数据进行标准化处理。目前数据标准化方法有多种，归结起来可以分为直线型方法（如极值法、标准差法）、折线型方法（如三折线法）、曲线型方法（如半正态性分布）。不同的标准化方法会对系统的评价结果产生不同的影响，然而目前在数据标准化方法的选择上，还没有通用的标准可以遵循。例如，叶宗裕曾对我国10个省市的全部国有工业企业及规模以上非国有工业企业的经济效益进行综合评价，选用不同的数据标准化方法便会得到不同的排名。

第五，关于指标权重的确定问题。为了体现各个评价指标在评价体系中的作用地位及重要程度，必须对指标赋予不同的权重系数，不同的权重系数会导致截然不同甚至相反的评价结论。确定权重的方法可以分为两类：一类是主观赋权法，主要由专家根据经验判断得到；另一类是客观赋权法，由原始数据在运算中自动生成。在实际应用中，两种方法皆有局限性。对主观赋权法来说，其准确程度主要取决于专家的阅历经验，即要求参加评价的专家对评价系统具有较高的学术水平和丰富的实践经验。当评价指标体系比较庞大且各指标间具有一定的相关性时，采用主观赋权法就存在相当大的困难，即使是相关领域的专家也难以确定各指标的准确权重。这样，受访的专家不同，其赋予指标权重的大小也就不一样，这对评价方法的权威性来说是一个挑战。客观赋权法虽然排除了很多主观因素，但也有学者认为，纯数学运算有时可能会扭曲真实情况，使权重与指标的实际重要程度相悖。

二、公共政策评估定性分析方法

方法一　调查分析法

调查分析法是根据公共政策评估的要求，通过抽样、访问等方式针对特定对象进行调查，再把调查所收集的数据资料，经过整理分析，按照一定的理论和规律进行科学的判断分析，最终得到评估报告的一种评估方法。这种方法以部分调查资料推算全体，花费少，收效快；组织实施简便易行，适用性较强；既能在实际调查中取得信息，又能利用统计资料进行分析，所以预测结果的准确性较高。

一、专项调查

专项调查要为各级党政部门宏观决策服务。随着社会主义市场经济的建立和完善，各级政府和各级党政领导需要随时掌握和了解社会经济的发展态势、国家各项政策的落实、政策执行过程中出现的新情况和新问题等，这就需要通过专项调查取得在常规统计调查中难以取得的有关资料和信息，并且将这些资料和信息快速、及时、准确地提供给各级政府和各级党政领导，为宏观决策服务。例如，我国开展的"空置商品房现状和消化研究"专项调查就为我国制定和消化空置商品房政策及计算我国合理的商品房空置率提供了大量的基础资料。

专项调查要为企业生产经营服务。目前，我国已经建立了社会主义市场经济体制，其中心环节就是要使企业真正成为自主经营、自负盈亏、自我发展和自我约束的法人实体。企业为在激烈的市场竞争中定位和生存，就需要企业依靠专项调查等措施，及时了解和掌握市场的变化、消费者的需求，了解本行业及相关行业信息等，以开拓市场，提高市场竞争能力。例如，江西省企业调查队组织实施的"江西省名牌产品的跟踪"专项调查就为企业制定和强化名牌产品战略措施提供了基础信息。

专项调查要为社会服务。及时捕捉和提供各种社会公众关注的信息，为社会服务，是专项调查的第三个主要作用。例如，新疆维吾尔自治区企业调查队组织实施的"家庭和社区服务需求"专项调查就为劳动者提供了大量的就业信息。

专项调查题材选择要准确、方案设计要科学、问卷设计要合理、调查要快速、分析要透彻、提供服务要及时。例如,我国进行的"空置商品房现状和消化研究"专项调查,就是紧紧抓住当时大量商品房空置这一热点问题,设计了空置商品房调查问卷,进行快速专项调查,该调查结果详细反映了我国空置商品房现状、产生的原因,并且提出了空置商品房的消化建议,该调查结果得到相关部门的高度重视并被采用。

二、政策性专项调查与非政策性专项调查

调查包括政策性专项调查和非政策性专项调查两类。所谓政策性专项调查,是为制定政策、跟踪政策执行等服务于各级党政领导、各级政府而进行的专项调查。政策性专项调查主要包括:围绕各级党政领导和各级政府所关心的问题而进行的专项调查、围绕各级党政部门制定的政策执行情况进行的政策跟踪专项调查、围绕当前经济运行中的热点和难点问题进行的专项调查、围绕社会广大群众关心的问题进行的专项调查。所谓非政策性专项调查,是与企业生产经营相关的市场调查、委托调查等。非政策性专项调查主要包括:市场调查,如某产品的市场占有率专项调查等;企业形象调查,如企业售后服务专项调查等;企业发展意向调查,如企业产品前景意向专项调查等。

三、其他专项调查方法

在调查中,由于调查的内容不同、范围不同、要求不同,因而具体采用何种调查方法,则需要根据不同的专项调查而选择不同的专项调查方法。通常采用的调查方法为:普查、重点调查、典型调查和抽样调查等。

普查是一个国家或一个地区为详细了解某项重要的国家或地区情况而专门组织的一次性、大规模的全面调查,其比任何其他调查方式所取得的资料更全面、更系统。普查主要统计在特定时点上的社会现象的总体情况,可以为制定长期计划、宏观发展目标、重大决策提供全面的、详细的信息和资料。其优点是收集的信息资料比较全面、系统、准确可靠;缺点是工作量大、时间较长,而且需要大量的人力和物力,组织工作较为繁重。

重点调查是一种非全面调查,它是在调查对象中选择一部分重点单位进行调查的方法,其既可用于不定期调查,也可用于连续性调查。重点调查的优点是投入少、调查速度快、所反映的主要情况或基本趋势比较准确;缺点是样本须具有代表性,可能存在偏差。

典型调查是一种非全面调查,它是从众多的调查研究对象中,有意识地选择若干个具有代表性的典型单位进行系统调查的方法。其调查方式多为面对面的直接调查,如在特定的条件对数据的质量进行检查。典型调查的优点是调查范围小,调查单位少,具体深入,节省人力、财力和物力等;缺点是在实际操作中难以选择真正具有代表性的典型单位,而且容易受人为因素的干扰,导致调查结论具有一定的倾向性。

抽样调查是一种非全面调查,它是从全部调查研究对象中,抽选一部分单位进行调查,并据以对全部调查研究对象做出估计和推断的一种调查方法。抽样调查中每一

个单位都有一定的概率被抽中，其可以将误差控制在规定的范围之内并解决全面调查无法或很难解决的问题。除此之外，抽样调查可以补充和订正全面调查的结果，对总体的某种假设进行检验。抽样调查的优点是经济性、时效性、准确性和灵活性；缺点是样本要有足够的代表性和随机性，不稳定，存在偏差。

四、深度访谈和问卷调查

在公共政策评估中，根据调查分析的规模和深度不同，调查分析法可以分为小规模深度访谈和大规模问卷调查两类。需要强调的是，调查研究方法虽然也是收集数据常用的方法之一，但因没有使用主流统计学方法进行数据分析，所以其仍属于定性评估方法。

（一）小规模深度访谈

深度访谈分为个体访谈和集体访谈两种，由访谈者与被访者围绕一个主题或范围进行较为自由的交谈，再通过访谈者深入的分析，从中归纳和概括出某种结论。①选择访谈对象。一般是当地熟悉了解情况的社会贤达人士，了解宏观政策，并且敢于讲真话。可以从当地行政机关、纪检监察机关、司法机关、行业协会、工商企业等部门抽取一定数量人员作为访谈对象。②选择访谈内容。围绕国务院和省政府有关依法行政的决策部署拟定访谈内容，但允许访谈对象根据自己的情况选择自己熟悉的问题进行访谈。③控制访谈方法。访谈之前最好能对被访者各方面的情况有所了解，并承诺对所访谈内容保密，尽可能与其建立融洽轻松的访谈关系。访谈过程中要专心听，做好记录，给被访者一种正式感、受尊重感和价值感。

（二）大规模问卷调查

问卷调查主要包括自填式问卷法和结构访问法两种。自填式问卷法采用的是统一设计的问卷，被调查者在填写问卷时完全是自由意志，可以避免人为因素的影响，但如果被调查者对调查不感兴趣，或对问卷的理解不够，问卷的质量和回收率就难以保证。结构访问法是调查员通过当面访问或打电话的方式与被调查者联系，问卷的填答工作由调查员完成。这种方式对调查员的要求较高，有必要在正式开始之前对调查人员进行具有针对性的培训，包括沟通技巧及公共场所基本礼仪方面的培训，尽可能解除被调查人员的抵触情绪，使其客观作答。问卷面向对象较广，被调查者涉及在校学生、企事业单位工作者、离退休职工、自由职业者等，所有受教育水平、年龄段的居民对所评估政策的执行看法都能通过问卷调查得到。

大规模的问卷调查需要应用专业的抽样技术。例如，根据被调查对象的属性将被调查对象分成政府机关、企业单位、公民个人三大类。再如，将政府机关按职能范围分为立法机关、行政机关、监督机关，或按机关工作人员职务级别分为领导干部和一般干部；将企业单位根据所有制性质分为国有企业和民营企业；将公民按照年龄、性别或职业进行区分。从这些细分类型中分别抽取一定数量的样本构成总样本，其中数量多的类型应抽取较多的样本。

问卷调查的具体操作是设计问卷—发放问卷—收集并处理结果。问卷可以围绕对各级政府、官员工作态度、政策制定和执行的满意程度等方面进行设计，选项无须量化，仅包含"满意""无感""不满意"即可。问卷的发放可以通过网上发放与集体发放两种方式同时进行，通过网上问卷调查方式得到在校师生、IT工作者等较常接触电脑的群体对政府政策的满意程度；通过集体发放调查问卷方式得到其他人对政府政策的满意程度。问卷收齐后得到网上发放与集体发放两组数据，这两组数据可以综合起来得到对所评估政策的整体评估结果，也可以进行对比得到不同对象对政策效果的不同评价。

由于对政府工作的评估主要是主观评估，所以评估主体的主观感觉就十分重要，"第三方评估"的必要性和重要性也因此产生，这要求"第三方"是独立于政府工作之外的利益无关方。保证"第三方评估"信息的有效性需要做到以下四点：一是增加被评政府部门直接服务对象的参评比例，减少间接服务对象的比例。二是在组织专门的"测评团"或"监督员"队伍时，兼顾他们的职业与被评部门的对应性。三是"评议"本身就是政府绩效管理的形式之一，组织高素质的"第三方"参评本身就是提高管理绩效。四是在有条件的地方，推行网上评议方法，因为网上参评者多数是主动参与，这需要结合电子政务建设情况，要完善网上评议政府的功能。

另外，问卷本身的质量也会影响"第三方"评议结果的准确性和真实性，因此问卷调查表应完全按照政府部门职能或工作要求设计，同时需要遵循两个原则，即分类管理和专业管理。"分类管理"是针对被评部门而言的。根据不同工作性质、不同工作方法的部门，应该设计不同的问卷，用不同的评估标准。如对行政执法部门就不适合用"满意度"评估标准，而应该侧重评估执法权限、执法内容、执法程序的合法性、政务公开、法规宣传等内容。"专业管理"是针对问卷设计工作而言的，聘请专业人员参与设计，提出一些专业性的建议，这样可以提高问卷调查表的信息量和信息内容的准确性。此外，在开展第三方评估初期，问卷调查的目的在于掌握社会不同层面对于政策或项目的总体评估和对各考量要素的基本反应，因而涉及内容较广但相对比较浅显。随着评估实践的深化，以及重点测评要素的差异，问卷内容也应做相应调整并更加注重细节的深化。

案例及应用

上海二次供水引入第三方评估

生活饮用水二次供水是用水单位将城市公共供水或者自建设施供水，经过储存、加压及深度净化处理后，再供给用户使用的供水方式。根据《生活饮用水卫生监督管理办法》和2014年出台的《上海市生活饮用水卫生监督管理办法》的规定，由原卫生计生部门负责二次供水的卫生监督管理工作。实施"政府监管、行业管理、企业自律、社会监督"的卫生监督管理模式。二次供水引入第三方评估，是加强政府问责，提升政府绩效的重要管理措施，是服务型政府建设的重要手段。

以第三方专业视角，客观、公正评估上海二次供水监管的存在问题，根据评估结果分清部门责任、落实责任人，从而理顺管理体制、提高行政执法效率，促进二次供水监管体制机制改革，确保二次供水卫生安全。依照"点上评估—面上评估—深度访谈"思路，采用"工作规划—实施情况"一致性评估方法，对二次供水监管工作实施一般性结果进行全面评估，采用前后对比法对目前二次供水监管取得的成效进行重点评估。同时，为准确发现二次供水监管工作的关键问题和探讨相应解决对策，采用深度访谈法对利益相关者进行深入访谈。

1. 点上评估

用于评估卫生行政部门二次供水监管所带来的实际效果，比较某一辖区在一段时间内二次供水工作监管的效果变化，可以通过对不同特点小区（如市中心城区老式小区、郊区新建小区等）进行抽样调查，评估管理的现状，从而得出点上评估的评估结果。

2. 面上评估

围绕二次供水监管工作目标、内容和要求，对二次供水工作目标实现情况进行定量测量，可以通过对全市各区县一段时间内的二次供水监管数据，如二次供水监督户次数、处罚数、监督合格率、投诉举报数、水样检测合格率等指标的分析研究，获得二次供水管理的效率指标、效果指标、卫生经济学指标，从而得到面上评估的评估结果。

3. 深度访谈

根据点上、面上评估的结果，采用目的抽样法确定深入访谈的对象、数量和具体层面，并采用半结构小组访谈和关键知情人访谈等方式，收集利益相关者对于二次供水监管的动机、认知、态度、实施模式、满意度、制约因素、导致差别的成因，以及这些背后所蕴含的社会文化乃至对现状、政策等深层次的想法和真实观点。必要时还可采用调查问卷、体验式暗访及网上评议等方法进行了解。

资料来源：朱恩洁. 上海二次供水引入第三方评估模式初探［J］. 中国卫生法制，2015（1）：26-28+40.

政策性农业保险农户调查

2008年9月农业部软科学委员会"完善政策性农业保险经营机制研究"课题小组在财政补贴试点地区中选择了吉林、江苏两省进行了农户问卷调查，评估了政策性农业保险对于农户抵御自然风险的能力、农产品产量的稳定、农户收入的稳定方面所起的作用。

研究小组在两省内按照收入水平各抽取2个地区——吉林省长春市农安县与松原市前郭尔罗斯蒙古族自治县，江苏省南京市六合区与扬州市江都区，最终具体到收入水平、耕地规模相近的160户村民，开展了入户问卷调查。评估结果显示：政策性农业保险增强了农户对自然风险的抵御能力，收入越高的农户得到政策性农业保险的益处越多，政策性农业保险对稳定农作物产量、农户收入有良好作用。根据评估结果提出建议：加强农业保险相关知识的宣传力度，不能使用单一的保险方式，开发不同层次的保险产品，建立巨灾保险机制。

资料来源：肖海峰，曹佳．试点地区政策性农业保险运行绩效评价——基于吉林、江苏两省农户的问卷调查［J］．调研世界，2009（6）：28-30.

物业服务的调查

《南京市住宅物业管理条例》将于 2016 年 7 月 1 日开始实施，物业服务采用第三方评估。试点小区为桥北地区明发滨江新城二期，在街道接到居民对物业收费的质疑后，泰山街道委托咨询公司进行了实地勘察、调研取证、现场沟通与样本收集，同时进行了业主满意度调查、物业企业自评、专家组专项检查、专家评审会，评估报告反馈给政府、物业公司与业主委员会。其中专家组由房产局领导、行业专家库成员、物业管理协会成员与小区业主委员会成员组成，保证了评估结果的公正与公开。报告显示"物业服务水平基本合格，能够达到合同要求"，并对小区的维护、综合管理、秩序方面提出了具体建议。

资料来源：泰山街道试行物业服务第三方评估［EB/OL］．https：//news.ifeng.com/c/7fcnXVW50zq，2016-05-30.

杭州模式

2000 年杭州市政府成立了领导小组办公室，从六个方面进行了"满意"或"不满意"单位的评选；2006 年，杭州市建立了综合考评委员会办公室，主要负责绩效考评、效能建设等工作。杭州模式整合了"自上而下"与"自下而上"两种评估模式，前者为政府自评与专家评估，后者为公民评议，体现了政府工作重心以公民取向为主的转变。杭州模式加强了对各阶段的监督力度，注重办事过程与效能，重视公众意见的反馈，有助于督促各部门在日常工作中结果与过程并重、提高成本意识、优化资源配置。

资料来源：曾苗．我国地方政府绩效评估模式研究［D］．西安：西安建筑科技大学硕士学位论文，2010.

陕西模式

2008 年陕西省实施了"年度目标责任、领导班子和领导干部、廉政建设三位一体考核体系"，各市的考核内容包括了目标任务考核、社会评价与民意调查，考核程序包括考核对象自查、民主测评、目标任务考核等，考核结果向社会公布。考核中陕西省将年度目标任务分为共性目标任务与专业目标任务，并分配了难度系数与分数比值，使不同单位在考核时结果更加可比。民意调查工作由陕西省统计局社情民意调查中心开展，调查样本按照各市人口数量的 3/10000 来抽取，一共抽取了 10 个市的 11205 个样本。最终，考核结果根据各单位得分将其划分为先进单位、达标单位、未达标单位三个档次，并给予表彰或批评。本次考核取得了良好的效果，并在之后的年度继续沿用。

资料来源：曾苗，宋琪．对我国地方政府绩效评估模式的思考——以"陕西模式"为例［J］．西安邮电学院学报，2015，15（3）：131-134.

湖北省全面深化改革的调查评估

2015 年湖北省社会科学院评估中心采取定量与定性相结合的方法，将现场调研、问卷分析、专家调查结果相结合，评估了湖北省经济、政治、文化、社会、生态与党的建设六个方面。评估过程中回收了近 10 万份调查问卷，经过统计得出湖北省 47 家省直改革项目牵头单位人民群众满意度得分为 86.1 分。与其他省市进行横向比较，湖北省改革成果跻身全国前列；与湖北省历史数据进行比较，群众对改革的关注度、参与度与满意度都在提升，改革成效显著。专家表示，经过湖北省的改革，人民群众获益很多，改革成效显著，但也有很多需要解决的问题。第三方评估形成了 3 个评估报告，报告建议将改革方案继续完善，继续推进改革并将重点放在改革实际效果上。

资料来源：湖北省 2015 年全面深化改革第三方评估报告发布会在汉举行［EB/OL］. 中国社会科学网，2016-03-23.

方法二　德尔菲法

德尔菲法（Delphi Method）是在 20 世纪 40 年代由 O. 赫尔姆和 N. 达尔克首创，经过 T. J. 戈尔登和兰德公司进一步发展而形成的。德尔菲这一名称起源于古希腊有关太阳神阿波罗的神话。传说中阿波罗具有预见未来的能力。因此，这种预测方法被命名为德尔菲法。

德尔菲法作为一种主观的、定性的方法，不仅可以用于预测其领域发展，而且可以广泛应用于各种评价指标体系的建立和具体指标的确定过程。1946 年，兰德公司首次使用这种方法进行预测，后来该方法被迅速广泛采用。斯蒂纳在《高层次管理规划》中把德尔菲法看作最为可靠的技术预测方法。德尔菲法最初产生于科技领域，后来逐渐被应用于多个领域，如军事预测、人口预测、医疗保健预测、经营和需求预测、教育预测等。此外，德尔菲法还可被用来进行评价、决策、管理沟通和规划工作。

德尔菲法采用背对背的通信方式征询专家小组成员的预测意见，经过几轮征询，使专家小组的预测意见趋于集中，最后做出符合市场未来发展趋势的预测结论。

该方法主要是由调查者拟定调查表，按照既定程序，以函件的方式分别向专家组成员进行征询；而专家组成员又以匿名的方式（函件）提交意见。经过几次反复征询和反馈，专家组成员的意见逐步趋于集中，最后获得具有很高准确率的集体判断结果。

德尔菲具有匿名性、反馈性和统计性三个特点：

（1）匿名性。因为采用这种方法时所有专家组成员不直接见面，只是通过函件交流，这样就可以消除权威的影响。匿名性是德尔菲法极其重要的特点，参与预测的专家不知道有哪些人参加预测，他们是在完全匿名的情况下交流思想的。后来改进的德尔菲法允许专家开会进行专题讨论。

（2）反馈性。该方法需要经过 3~4 轮的信息反馈，在每次反馈中调查组和专家组都可以进行深入研究，使得最终结果基本能够反映专家的基本想法，所以结果较为客观、可信。小组成员的交流是通过回答组织者的问题来实现的，一般要经过若干轮反馈才能完成预测。

（3）统计性。最典型的小组预测结果是反映多数人的观点，少数人的观点至多概括地提及一下，但是这并没有表示出小组成员不同意见的具体情况。德尔菲法的统计性要求组织者按照中位数和上下四分点原则统计专家意见。这样，每种观点都包括在调查中，避免了专家会议法只反映多数人观点的缺点。

德尔菲法的注意事项：

第一，挑选的专家应具有一定的代表性、权威性。

第二，在进行预测之前，首先应取得参与者的支持，确保他们能认真地进行每一次预测，以提高预测的有效性；同时也要向管理者说明预测的意义和作用，取得决策层和其他高级管理人员的支持。

第三，问题表设计应该措辞准确，不能引起歧义，征询的问题一次不宜太多，所征询的问题须与预测目标相关联，列入征询的问题不应相互包含；所征询的问题应在所有专家的专业范围内，而且应尽可能保证所有专家都能从同一角度理解所征询的问题。

第四，进行统计分析时，应该区别对待不同的问题，对于不同专家的权威性应给予不同的权重。

第五，提供给专家的信息应该尽可能充分，以便其做出判断。

第六，只要求专家做出粗略的数字估计，而不要求精确估计。

第七，问题要集中，要具有针对性，不要过分分散，以便使各个事件构成一个有机整体；问题要按等级排列，先简单后复杂，先综合后局部。这样易引起专家回答问题的兴趣。

第八，调查单位或领导小组意见不应强加于调查意见之中，要防止出现诱导现象，避免专家意见向领导小组意见靠拢，以至得出专家迎合领导小组观点的预测结果。

第九，避免组合事件。如果一个事件包括专家同意和专家不同意两种结果，组织者将难以做出判断。

德尔菲法的实施步骤：

第一步，确定调查题目，拟定调查提纲，准备向专家提供的资料（包括预测目的、期限、调查表及填写方法等）。

第二步，组成专家小组。按照课题所需要的知识范围来确定专家数量。专家人数的多少可根据预测课题的大小和涉及面的宽窄而定，一般不超过20人。

第三步，向所有专家提出所要预测的问题及有关要求，并附上有关该问题的所有背景材料，同时询问专家还需要什么材料。然后，由专家做出书面答复。

第四步，各个专家根据自己所收到的材料，提出自己的预测意见，并说明自己是怎样利用这些材料提出预测值的。

第五步，将各位专家第一次判断意见汇总，绘制成图表并进行对比，再分发给各位专家,让专家比较自己同他人的不同意见,修改自己的意见和判断。也可以把各位专家的意见加以整理,或聘请身份更高的其他专家加以评论,然后把这些意见再分送给各位专家,以便他们参考后修改自己的意见。

第六步,将所有专家的修改意见收集起来并汇总,再次分发给各位专家,以便其做出第二次修改。逐轮收集意见并为专家反馈信息是德尔菲法的主要环节。收集意见和信息反馈一般需要经过 3~4 轮。在向专家进行反馈的时候,只给出各种意见,但并不说明发表各种意见的专家的具体姓名。这一过程重复进行,直到每一个专家不再改变自己的意见为止。

第七步,对专家的意见进行综合处理。

德尔菲法的优缺点:

德尔菲法的优点就在于评价方法科学、第三方立场客观、过程公正、结果公开,从方案设计到评价过程都向社会公开,便于民众对评估程序进行监督。由于专家学者对政策的认识程度与学术水平较高,该方法较向全社会分发调查问卷得到的结果更为可信。德尔菲法可以避免群体决策的一些缺点,如受到权威人士意见的影响,因为每个人的观点都会被收集,所以管理者可以保证在做出决策时没有忽视重要观点。德尔菲法同常见的召集专家开会、通过集体讨论等方法既有联系又有区别。德尔菲法既能发挥专家会议法的优点,即能充分发挥各位专家的作用,集思广益,取各家之长,避各家之短,又能避免专家会议法的缺点,如:权威人士的意见影响他人的意见;有些专家碍于情面,不愿发表与其他人不同的意见;出于自尊心而不愿意修改自己原来不全面的意见。

德尔菲法的缺点主要有两点:一是缺少思想沟通交流,可能存在一定的主观片面性;易忽视少数人的意见,可能导致预测的结果偏离实际;存在组织者主观影响。二是成本问题,由于咨询费高,只允许对重大政策进行评估;小范围弱效果的政策由于专家评估的高成本,所以只能通过小范围发放调查问卷进行评估。

与德尔菲法相近的评估方法还有专家判定法、同行评议法、加权优序法。

(1)专家判定法。专家判定法是通过专家依据自己的专业知识和历史经验做出最终评估结果的方法。专家意见包括高校教授及科研机构等的评价。专家判定法一般从受到政府委托开始,由具有学术与技术支撑的独立第三方主持开展,并且第三方评估机构与政府、民众均没有直接利益关系,所以评价结果客观且具有公信力。公正的评估结果可以改善政企、政社之间的关系,政府在参考评估结果时也会有所侧重并加以改善。

专家判定法的具体操作为政府委托—机构评估—结果反馈。政府委托第三方机构后设立专家委员会,选择学术水平高、具有实践经验并熟悉法律法规、有时间和精力保证评估工作的进行、具有一定社会公信力且公正诚信的咨询专家作为委员会成员,对重大决策的可行性、合法性、社会效益、社会影响等进行讨论及评估,最后将评估报告反馈给政府并给出决策意见。

因此，"专家系统"为"第三方评估"彰显了其专业性、独特性、权威性、公正性、客观性。评估主体中的专家构成是保证评估专业性的核心，为"第三方评估"实践赢得了专业性和权威性，进而保证评估过程的公正性，以及评估结果的客观性和有效性。无论是政府主导的评估还是第三方组织的评估，评估专家的业务水平、独立性和责任心都是决定评估工作质量的重要因素。加强评估专家队伍建设是专家判定法的关键：①提高外部专家的比例，建立评估专家库并形成比较系统的专家管理制度。这些专家以科技专家与管理专家为主，尤其是对于重大项目和科技政策的评估，可以邀请一定比例的外省市专家参与。②完善评估专家的信用制度和问责机制。一是体现在广度上，即应该对所有的科技评估工作建立专家信用制度和问责制度。二是体现在力度上，对于在评估过程中故意做出虚假结论、造成不良后果的，将永久取消该专家承担科委科研项目评估任务的资格，并且追究其法律责任。

（2）同行评议法。同行评议是由从事该领域或接近领域的专家来评定一项研究工作的学术水平或重要性的一种方法。起初同行评议法被用于评估学术论文的发表，20世纪30年代又被用于科技项目立项评估。目前同行评议法主要用于科研项目立项评估、科研成果的评定、学位与职称的评定和研究机构运行效率评估等方面。

同行评议主要采取以下三种方式：专家会议评议法、通信同行评议法、现场同行评议法。其中现场同行评议法多用于研究机构的评估和重点项目的验收评估，而前两种方法在项目评估中使用较多。

同行评议法的实质在于由从事相同或相近研究领域的专家来判断项目或成果的价值。由于科技研究活动所具有的创新性和成果非实物性，同行专家判断是唯一可行的办法。正是基于这一点，同行评议法成为在项目评估和成果评估中应用最多和历史最悠久的方法。由于同行评议属于定性方法，因此操作较为简单，并且评估结果易于使用。

同行评议法也有其缺点：①同行评议属于专家主观判断，评估结论的主观特征较明显，因此评估结论的可信性无法验证；②评估专家数量有限，具有典型的"小样本"特征，代表性不强，但增加评估专家数量又会导致评估结论难以收敛；③由于专家选择的局限性，使同行评议容易受"关系网"或人情影响，并且在评估过程中，评估结论容易受权威专家的影响，导致评估结论失去客观性和公正性；④同行专家往往具有相似的思维定式和科学范式，导致同行评议具有排斥创新的致命缺点；⑤同行评议无法适应新兴学科和交叉学科的评估需求；⑥同行评议仅限于对项目的技术特性做出评估，无法对项目的经济效益、市场前景及是否符合经济、社会发展宏观战略等做出判断。

（3）加权优序法。加权优序法实质也是一种专家判断法，是通过专家咨询，定性地排列出各个被评对象相对于各个指标的优劣顺序，通过建立优序数，最后计算出各个对象相对于总目标的加权优序数（即综合评估结果）。其优点是原理简单、操作方便；缺点是当评估对象数量较多时，排序结果就会失去准确性。由于其本身也是一种主观方法，因此评估结论不具有可重复性，并且受权重影响较大。在评估中，加权优序法可与其他方法联合使用，用于对少量同类项目的优选。

案例及应用

甘肃模式

2005 年兰州大学中国地方政府绩效评价中心受到甘肃省人民政府的委托对全省各职能部门绩效进行了评价，开创了第三方评估的先河。由兰州大学绩效评价中心确定评价内容框架，将"经济调节、市场监管、社会管理、公共服务"作为目标取向，基于对政府的整体绩效与满意度进行评价；设计了四套指标体系与两套调查问卷，评价指标根据评价对象及评价主体有所区别；根据 2005 年度与 2006 年度回收的调查问卷10261 份与 9214 份进行评价信息的汇总，评价报告通过媒体向全社会发布。评价结果显示政府服务态度较之前有明显好转，服务质量与服务效率依然存在问题，企业参与环境改善的意识有所增强。

资料来源：包国宪，董静，郎玫，等. 第三方政府绩效评价的实践探索与理论研究——甘肃模式的解析[J]. 行政论坛，2010（4）：59-67.

天津民间投资的调研

2016 年 5 月 23~25 日全国政协副主席、全国工商联主席王钦敏带领全国工商联专题调研组在天津针对民间投资进行第三方评估调研座谈会。调研组主要评估促进民间投资政策落实的情况，找到政策措施落实方面存在的障碍，并提出评估建议。调研组与市发展改革委、市商务委、市财政局、市中小企业局等负责人进行了座谈交流，并对部分企业进行实地考察，评估专家在考察的基础上提出了意见。

资料来源：积极做好促进民间投资第三方评估工作［EB/OL］. 中华人民共和国中央人民政府，http：//www.gov.cn/xin wen/2016-05/29/content_ 5077789. htm，2016-05-29.

法院信息化的调研评估

2016 年 4 月 12 日，中国社会科学院法学研究所与中国社会科学出版社联合发布了《中国法院信息化第三方评估报告》，评估针对中国法院的信息化发展、成效及应用，评估对象为全国 3512 个法院的信息化建设。截至 2015 年底，全国 3512 个人民法院的全部案件数据的集中管理已经在数据平台实现，部分法院之间人事数据的融合也已完成。报告显示，全国各地的法院在大数据与信息化技术方面都完成了自主创新，如北京市高级人民法院建成"信息球立体运行模式"，可通过逻辑计算每天形成 160 万组数据分析图表；浙江省高级人民法院建设数据中心，汇总全省 1000 万案件的数据、200万余案件的庭审录音录像、1800 万册合计 11.4 亿页的电子档案资料；等等。法学研究所专家组对法院信息化进行调研评估后提出了下一步工作建议：以信息化服务审判执行，提高审判执行效率与服务能力；以信息化服务司法管理，提高各流程管理科学化水平；以信息化满足人民群众需求，建立便捷沟通渠道，保障人民群众的知情权、参与权、表达权、监督权等。

资料来源：法院信息化第三方评估报告：法院公开平台分散重复有待整合［EB/OL］．普法频道，http：// pf. rednet. cn/c/2016/04/13/3957553. htm，2016-04-13.

方法三 案例研究与回溯法

案例研究法是研究者如实、准确地对导致关键事件发生的社会因素和科学内部发展规律做出历史性解释的方法。记录某一事件发生、发展、变化过程，主要说明促成事件发生的各个因素（如体制、人员、组织结构、技术条件等）和事件发生的重要性及对以后的影响。回溯法是对某一特殊事件，采取把时间回溯推移，寻找某几个事件之间的客观联系的方法。该方法通常是为了展示政府机构在事件发展中的作用，或证实某一事件在另外一些事件发生发展过程中的作用；其主要应用于对科学学和科学社会学的研究和评估科学研究中重要事件等方面。

其优缺点：尽管案例研究和回溯法能够就某一问题或事件进行彻底分析，但其成本太高，并且需要很长时间进行调查和分析。另外，案例研究和回溯法都是针对某一特定历史条件下的特定事件，分析的结论不具备普遍性。

案例及应用

回溯法最早由中国科学院文献情报中心的研究人员提出，用于学科发展热点的国际比较，产生了较好的效果。1997年，美国科学基金会委托斯坦福大学研究中心对互联网、磁共振等技术的发展进行回溯研究，明确在这些技术发展中的作用。美国CHI公司的纳林曾利用专利的引文，追溯专利的科学技术基础，研究科学与技术之间的关系，即科学对技术的贡献，也得到了较好的结果。

第四章　公共政策评估的组织实施

一、公共政策评估的原则与标准

（一）公共政策评估的原则要求

（1）高度负责。评估工作使命光荣，任务艰巨。要以对党和人民高度负责的精神，按时、高质量完成评估任务。善意地发现问题，积极提出建议。

（2）客观公正。要独立、客观、公正，以事实为基础，维护国家和人民的利益，反对部门利益和集团利益。

（3）科学规范。评估所用数据资料要可靠、论证充分、方法科学、听取意见建议要全面，结论要经得起检验。

（4）数据库建设与档案管理。要建立评估基础数据库，完整保管评估资料、会议记录等。

（5）保密规定。所有参与评估的工作人员要签订保密协议，遵守保密规定，未经允许不得对外泄露评估信息，不得接受采访或以个人名义发表言论或文章。

（6）廉洁要求与回避制度。所有参与评估的工作人员不得接受利益相关方的礼品、礼金、有价证券和宴请等。

（二）公共政策评估的标准

任何政策评估都是根据特定的标准对评估对象进行的衡量、检查、评价和估计，以判断其效果。政策评估就是根据一定的标准去判断某项公共政策预期效果或实施效果如何，包括判断政策本身是否具有价值和具有怎样的价值。其本质就是寻求、论证、确定和校正政策价值的过程。进行政策评估，必须先确立标准，评估标准直接决定评估的方向和结果是否正确、是否科学、是否符合实际。

评估标准是政策评估的基础和逻辑起点，直接决定着政策评估的结果和评估功能。当然，公共政策评估标准并不是唯一的，用不同的标准进行评估都会产生出不同的结果。在对公共政策进行评估时要科学确定评估标准，保证评估结果的全面真实、科学有效。

政策评估标准就是政策评估的参照系或基本依据，其实质是对政策进行评判的价值准则。政策评估的价值标准可以区分为基本价值标准和具体价值标准，基本价值标准决定和制约着具体的价值标准。由于基本价值标准上的取向不同，就产生了不同的政策评估理论和相应的评估路线。

政策评估理论大体上经历了两个阶段，即实证主义政策评估与后实证主义政策评估[①]。与其理论相应的评估路线是事实评估到适时评估与价值评估的结合，具体价值标准体系上也由坚持价值中立的纯技术标准发展到技术标准与社会政治价值标准的统一。实证主义以政策效果实证测量或科学预测作为评估对象，不对主观性的价值和标准进行探讨，所以提出的政策评估标准都是能定性测量的标准，主要有效率标准、效益标准、效能标准和充分性（Adequacy）标准。

萨茨曼将政策效果评估标准与政策执行过程评估标准结合起来考察，并概括出政策评估的五项标准，即效果、效果的充分性、效率、工作量、执行过程[②]。这是后实证主义对实证主义评估标准的首次"扬弃"。但无论是评估政策效果、效率与效能，还是评估政策执行过程，最终都无法回避"评估是为谁服务"的问题。在众多学者的推动下，公共政策评估开始突破单一的技术标准，政策相关者的价值观与政策评判标准开始进入评估者的视野，以技术理性为核心的政策评估理念也转向更为广泛的政治、价值的分析与评估。与这一现实要求相呼应，鲍斯特提出了政策评估的七项标准，即效能、效率、充分性、适当性、公平性、反应度和执行能力[③]；斯图亚特·S. 内格尔从政策过程评估的角度，提出了"3P"标准，即 Participation（公众参与度）、Predictive（可预见性）、Procedural Fairness（程序公正性）[④]；威廉·邓恩将政策评估标准分为六个方面，即效果、效率、充分性、公平性、回应性、适宜性[⑤]；卡尔·帕顿、大卫·萨维奇将政策评估标准分为四个方面，即技术可行性、政治可行性、经济和财政可能性、行政可操作性[⑥]。

国内学者对政策评估也都提出了自己的标准。张金马提出的标准包括有效性、效率、公平性、可行性（政治可接受性、经济可承受性、社会可接受性、管理可行性）[⑦]；林水波、张世贤认为评价标准包括八个方面：投入工作量、绩效、效率、充足性、公平性、适当性、执行力、社会发展总指标[⑧]；宁骚提出七项标准，即政策效率、政策效

①　陈振明．政策科学教程［M］．北京：科学出版社，2015.

②　Edward Schman. Evaluative Research：Principles and Practice in Public Service and Social Action Programs.

③　Theodore H. Poister．Public Program Analysis：Applied Research Methods［M］．Baltimore University Park Press，1978.

④　斯图亚特·S. 内格尔．政策研究：整合与评估［M］．刘守恒，等译．长春：吉林人民出版社，1994.

⑤　William N. Dunn. Public Policy Analysis：An Introduction（4th edition）［M］．London：Longman，2009.

⑥　卡尔·帕顿，大卫·萨维奇．政策分析和规划的初步方法［M］．孙兰芝，等译．北京：华夏出版社，2001.

⑦　张金马．政策科学导论［M］．北京：中国人民大学出版社，1992.

⑧　林水波，张世贤．公共政策［M］．台北：五南图书出版公司，1997.

益、政策影响、回应性、社会生产力的发展、社会公正、社会可持续发展①。陈振明把政策评估的标准分为三大类，即政策系统的评估标准、政策过程的评估标准和政策结果的评估标准②。政策系统的评估标准包括政策主体、政策客体、政策环境、政策工具四个方面的评估标准，如合法性、合理性、适当性、有效性、回应性、适应性、充分性、社会发展总指标等；政策过程的评估标准包括政策制定、执行、监控、评估、终结等过程的评估标准，如执行能力、反应度、充分性、适当性，公众参与度、可预见性、程序公正性、可行性、政治可接受性、经济可承受性、社会可接受性、政策影响、社会可持续发展；政策结果的评估标准包括效率、效益、效能、工作量、公平性、充足性、回应性、适宜性、绩效、有效性、生产力等。上述这些政策评估标准针对不同公共政策进行评估还有一个选择、排序和组合的过程，如政治性公共政策以过程评估为重点，相应的评估标准选择也就侧重于公众参与度、程序公正性、政治可接受性、社会可接受性等评估标准。这些标准中哪些作为主要标准，哪些作为次要标准，要根据政策环境来进行排序。排序组合一般遵循如下原则：一是可行性标准与可接受性标准相结合；二是定性标准与定量标准相结合；三是直接标准与间接标准相结合；四是总量标准与具体标准相结合。

由上分析可见，国内外学者对政策评估的标准看法不尽相同，但都对效果、效率和效应标准予以了充分关注。

二、政策评估的过程

一般来讲，政策评估过程包括准备、实施、总结三个阶段③。

（一）准备阶段

（1）确定评估对象。任何评估都必须有明确的评估客体，即作为公共政策的特定评估对象，否则评估活动就不会存在。然而，并不是任何公共政策在任何时候都适于评估，它必须满足一定的条件和范围要求。我们在确定评估对象时，应该根据实际工作的需要，遵循有效性与可行性相结合的原则，选择那些比较成熟、政策效果与环境变化有一定因果关系的公共政策作为评估对象，以便使评估收到较好的效果。

（2）制定评估方案。评估方案设计得合理与否，直接决定着评估的质量与成败。所以，制定评估方案是整个评估活动的关键环节，它主要涉及以下四部分内容：阐述评估对象、明确政策目标、确定评估标准、提出评估方案。在评估方案中，还必须明

---

① 宁骚. 公共政策学 [M]. 北京：高等教育出版社，2003.
② 陈振明. 政策科学——公共政策分析导论 [M]. 北京：中国人民大学出版社，2003.
③ 负杰. 公共政策研究的理论与方法 [M]. 郑州：河南人民出版社，2003.

确评估的时间、地点、工作进度和经费安排等情况。

（3）选择和培训评估人员。评估者的素质及其对评估的态度直接影响到评估的质量，所以选择符合要求的评估人员，并进行必要的培训，这是评估活动准备阶段必不可少的工作内容。

（二）实施阶段

实施阶段是整个政策评估活动中最为重要的阶段，其主要任务就是利用各种途径和手段全面收集政策制定与执行、政策效果与实际影响等方面的信息，并且进行系统的分类、统计和分析，运用不同的评估方法对政策进行评估，得出相应的评估结论。在实施评估过程中，评估者应做到材料完整和分析科学性，客观、公正地反映政策的实际效果。评估实施阶段对技术性要求很高，是一些调查方法和评估方法具体的综合运用。

（三）总结阶段

总结阶段的主要任务是处理评估结果、撰写评估报告。①要进一步检验统计分析和评估信息所得出的结果的可信度和准确度；②把评估结果反馈给各种政策主体，使他们了解评估内容，以发挥评估的诊断、监控、修正、纠偏等功能，提高公共政策的科学性；③需要以书面的形式撰写评估报告，并正式提交给有关决策层或实际部门，使之作为政策延续、改进或终止的重要依据。评估报告还应该对评估过程、方法及评估中存在的一些主要问题加以说明，对评估本身的经验进行总结，以有利于以后评估工作的顺利开展和水平的不断提高。

三、政策评估范围与内容

（一）政策评估范围

概括起来讲，政策评估的范围包括：政策的合法性、合理性、有效性、可行性、效率、公平性、可持续性。

（1）合法性。制定政策的前提是合法，政策内容是否符合法律，是否与相关政策、法律法规协同一致，是进行评估的重要标准。另外，政策合法性还应考虑政策制定及实施过程的合法性，评估是否履行了必要的程序，这直接关系到公众是否同意和支持。

（2）合理性。决策事项是否符合经济社会发展规律，是否贯彻创新、协调、绿色、开放、共享的新发展理念，是否兼顾现实利益和长远利益、整体利益和局部利益，是否遵循公开公平公正原则，是否尊重公序良俗，是否体现以人为本，等等。

（3）有效性。有效性是政策评估的核心内容。政策必须能够解决所针对的具体问题。同时，评估还需要判断在解决具体问题的诸多可能方案中，本项政策所选择的方案是否为最优方案，进行多方案比较和择优。

（4）可行性。政策的可行性评估，一是评估政策本身的执行难度，包括政策本身的复杂性和参与者范围等是否易于掌握；二是评估政策实施主体的执行能力，是否具有必要的授权和执行力，能否理解并准确贯彻该项政策等。

（5）效率。政策效率是为实现政策目标而投入资源与取得效果之间的对应关系。效率分析一般采用费用—效益分析法和费用—效果分析法。这里的费用是政策的制定和实施所付出的所有代价，效果或效益应为政策的实施所带来的各种结果，包括经济的和非经济的、定性的和定量的、直接的和间接的、当前的和未来的、正面的和负面的代价和结果。

（6）公平性。任何一个政策问题，都会涉及或多或少的利害关系人，在政策评估过程中，要通过利益相关者分析，考虑贡献和受益是否相等，社会资源、政府资源和公共服务在社会不同阶层和群体之间是否得到公正配置，特别是要合理规避社会风险。

（7）可持续性。政策不仅要适应当时环境，而且能够随着环境的变化而灵活做出调整，在评估中应分析判断政策在预计的时间内能否适应变化，持续发挥作用。

（二）政策评估内容

在实际评估工作中，公共政策评估一般分为事前评估和事后评估，其评估内容有所不同。

1. 事前评估

事前评估是在政策执行前所进行的一种带有预测性质的评估，主要包括对政策实施对象发展趋势的预测、对政策可行性的预测、对政策效果的预测。事前评估侧重于政策方案的可行性择优分析，如以"成本—效益"分析为基准的经济可行性，以社会风险分析和利益权衡为基准的政治可行性，以"组织资源—动员能力"、项目管理为基准的管理可行性等。事前可行性评估的关键是预测。以云计算、物联网、海量数据挖掘为代表的大数据技术，为政策模拟仿真试验提供数据支撑，可以有效提升评估预测的准确度。

事前评估着眼于未来，是针对有关政策进行的评估，是对政策效果的预测。事前评估是政策付诸执行之前的一道理性闸门，是避免失败、提高政策效果的必经途径。事前评估可以使政策更全面、更具可行性。因此，事前评估作为政策评估的初始环节，在整个评估系统中占据着非常重要的位置，是政策制定科学过程中不可或缺的部分。

事前评估具体内容包括：

（1）有关政策是否符合中央精神。对有关政策进行综合研判，从政策的内涵、标准、目的等角度，评估有关政策是否符合（包括"完全符合""基本符合""不符合"等选项）中央精神。

（2）政策效果的分析。深入分析政策在不同时期可能带来的主要正面影响和负面影响。对正面影响和负面影响的评估，既可以是定量评估，也可以是定性评估，具体取决于相关政策的性质，如表4-1所示。

表 4-1　正面影响和负面影响

效果	正面影响	负面影响
近期效果	经济、社会、环境、政治等影响	经济、社会、环境、政治等影响
中远期效果	经济、社会、环境、政治等影响	经济、社会、环境、政治等影响

经济影响主要包括：对经济增长的影响、对相关产品或服务价格的影响、对经济结构调整和优化的影响、对技术创新的影响、对提高生产率的影响、对提高企业或产业国际竞争力的影响、对促进出口或国际收支平衡的影响、对完善市场体系的影响。

社会影响主要包括：对就业的影响，对收入差距的影响，对城乡差距的影响，对区域差距的影响，对社会和谐、稳定的影响，对机会公平的影响，对社会保障体系的影响。

生态环境影响主要包括：对环境的影响、对生态系统的影响、对资源保护的影响、对提高资源能源利用效率的影响。

其他方面的影响主要包括：对中央与地方关系的影响、对政府职能的影响、对政府效能的影响。

（3）对政策后果影响面的分析。其中包括：实施政策的受益群体与受损群体，分析和判断这种利益格局的调整是否合理，有关政策是否隐含了不合理的部门利益，对受损群体的补偿机制等。

（4）对实施政策的难点和可能引致的风险进行分析。其中包括：分析实施政策的难点；研判政策实施过程中可能产生的风险，并对风险点进行梳理和描述；指出政策中未列出但比较重要、应加以重视的难点和风险点；分析政策中提出的化解或防范风险的措施并评估这些措施是否有力或有效。

（5）政策的可操作性分析。其中包括：一是政策需要的配套条件。从科学规范的角度判断实施政策需要的配套条件和未提出的配套条件，在评估报告中可提出并进行分析。例如，财政资金投入、加大政策支持力度、部门之间加强分工协作、对利益受损的群体进行相应的补偿、修订法规或立法、增加编制、建立激励机制。二是政策与其他改革（或政策）的衔接、配套。分析政策与其他改革（或政策）是否存在不衔接、不配套之处，如果存在不衔接、不配套之处，应进行具体阐述。三是在政策推进过程中可能会遇到的障碍性因素。四是推进政策的方式、路线与突破口。

（6）分析政策的不合理或不可行之处。例如：发现政策中具体内容存在不合理或不可行之处，要进行阐述并说明具体原因；发现政策中缺失应提出但未提出或未进行充分论证的政策内容，要进行阐述并说明具体的原因；发现一些政策举措的推进方式不合理，要进行阐述并说明具体的原因。

（7）进行政策的多方案比较。如果存在多个方案，对这些方案进行系统、深入的比较分析，指出各方案的利弊及优缺点并提出更优的方案。

（8）意见和建议。提出修改完善政策的具体意见和建议，增强政策的合理性和可行性。

2. 事后评估

有关政策实施一段时间后，对其执行效果进行检验和评估，看是否实现了预期目标，以便进一步完善政策。对于已经过时或者不适用的政策，则需要终止。事后评估侧重于政策执行后的绩效目标实现情况、政策执行对象的满意程度测量和政策执行绩效差距的原因分析，突出政策绩效差距形成的因果机制。事后评估是针对政策效果进行的评估，着眼于问题解决程度和优化程度、政策效果。

事后评估的内容至少包括两个层面：一是对政策本身进行评估，即评估政策的科学性和适应性等内容。二是对政策实施情况进行评估，即评估政策产生的效益效果、目标实现程度、措施落实情况、各主体职责是否完成、实施中出现的新问题和新情况等，主要是对实际行动成果与既定目标之间的吻合程度进行对比评估，具体包括七个方面。

（1）内容评估。

1）适应性和合理性。主要从宏观角度出发，评估政策的战略思想和指导方针是否与党和国家在宏观经济、产业发展格局、国际贸易和投资、城乡和区域发展、环境和生态保护等主要领域的大政方针相一致；是否把科学发展的观念贯彻落实到政策的各个方面；是否坚持了以人为本、全面协调可持续发展的理念；是否符合本地区、本行业的实际情况和发展现状；是否做到了因地制宜、科学合理。

2）完整性。其中包括：是否明确提出政策的方向和目标；是否具体提出了需解决的问题；是否形成与其他政策的纵向联系和横向联系；是否考虑了实施的现实基础（条件），以及实施可能引起的经济问题、社会问题；是否进行了实施的可行性研究；对实施的规定是否恰当；是否提出了多种选择方法，或至少对此有所考虑；等等。

3）科学性。其中包括：基础数据是否准确可靠；调查统计方法是否有效，统计概念是否清晰，统计口径是否保持一致；是否有足够的灵活性以有利于调整；指标体系设立是否科学；制定的标准是否明确；对实施的措施是否具体、具有可操作性等。

4）衔接水平。政策衔接要遵循下级服从上级、专项政策服从本级和上级总体政策、专项政策之间不得相互矛盾的原则；总体政策应与相关专项政策衔接，专项政策应与本级总体政策和其他政策进行衔接；区域政策应与国家总体政策、相关地区总政策及相关政策进行衔接，还应充分考虑城市发展等相关要求。

5）预测水平。评估政策的预测水平，就是把政策与实际情况进行对比分析，如果大体一致，就说明政策的预测水平较高，否则较低。政策在实施过程中可以根据实际情况进行相应的调整，但是这种调整不能过于频繁，否则就会使政策实施的随意性增大，这也从另一个方面说明政策预测水平不够，不能适应形势的变化发展，缺乏严肃性和权威性。

6）创新水平。创新水平体现在政策思路的创新、方法的创新和制度的创新方面。创新水平的评估必须与政策的实施效果相结合。

（2）过程评估。

政策全过程是从政策制定到执行结束完整的周期，一般分为研究、制定、衔接、审批、实施、跟踪监测及修订或终止等环节，每个环节又包括许多具体的程序和内容，这些共同构成政策的全过程。一般而言，从政策研究、制定到审批通过，属于制定过程。政策制定完成后即进入实施过程。实施管理内容包括：宣传和信息传递、组织与协调相关政策及其他计划手段的制定与落实、监测与分析社会经济环境的变化、减少不确定性因素的影响、实施情况的信息跟踪与评估、必要时进行调整和修订。

政策过程评估包括制定评估、实施评估及管理监督评估。制定评估内容包括政策制定主体如何选择政策，评估主体是否具备相应的资质，是否成立了咨询研究机构，是否提供了便利的渠道让公众参与；审批和决策过程是否规范、科学、民主，决策方法和程序是否科学，论证是否充分。实施评估内容包括实施成本的大小、实施进度、实施意见反馈与处理的及时性等。管理监督评估内容包括管理监督机构是否对政策制定实施进行了有效的监督管理，是否及时发现了政策实施中出现的问题，是否严格按照法定程序对政策进行及时修正，实施过程中相关的配套资源是否到位、措施（条件）是否落实，是否得到相应的财政支持等。

（3）效益评估。

1）环境效益评估。环境效益主要指政策的实施对于落实国家可持续发展战略，促进人与自然和谐发展，保障资源、能源的节约与综合利用，以及保护生态环境等方面的作用。环境效益评估的重点是政策实施对区域内自然资源可持续利用和环境质量等方面的影响。其中，自然资源可持续利用评估以土地、森林、草原、矿产、能源、海洋和物种资源为主要评估内容，环境质量以大气、水、土壤、海洋等为主要评估内容。

2）经济效益评估。经济效益主要指政策的实施对促进国民经济全面发展的影响和作用。经济效益评估包括三方面内容：一是对政策本身的经济效益评估，具体评估"投入—产出比"、政策资源合理利用情况等。二是政策的实施对有关地方和行业转变经济发展方式、提高自主创新能力、产业结构优化升级、完善市场经济体制及提高企业经济效益的影响的评估。三是对政策中涉及的重大项目和工程进行的财务和经济效益评估。

3）社会效益评估。社会效益评估主要从以人为本的角度出发，评估政策对所涉及人群的生产、生活、教育、发展等方面所产生的影响。主要有两点：一是政策的制定和决策过程中公众参与程度的评估，以及社会各界对政策的认同程度和反应，市场主体是否把政策落实到自己的发展和经营上；二是政策对社会发展、人民生活水平、社会资源配置等方面的作用。

实施效益评估应全面反映政策引发的各项效益与影响，既要重视经济效益，也要重视社会效益和环境效益；既要重视当期效益，也要重视长远效益。政策的实施应使经济建设与环境和资源保护协调发展，促使社会不断进步、经济持续发展、环境日益改善，三者缺一不可。在政策效益评估过程中，还要考虑到战略性、宏观性和长远性，因为有些政策必须经过很长一段时间才能产生效益，因此应更加关注政策的实施对经济社会可持续发展的影响评估。

（4）目标实现程度和任务完成情况评估。

政策的目标一般包括战略性总体目标、单项目标及阶段性目标。对总体目标实现程度的评估应建立在对单项目标评估的基础上。政策中提出的目标不仅有定量指标，还有一些定性指标；有的目标是预期性的，它本身并不要求精确实现该目标，因此为了保证事后评估的科学性，对政策目标的评估也应限定在发展目标和衡量标准比较明确的部分。

任务完成情况评估主要是评估政府对社会承诺的实现程度，评估的内容应限于由政府承担主要责任的部分。其包括两方面：事项评估——政府职责的完成情况，即政策中提出的主要任务和工作重点，如保持经济运行平稳和社会稳定、推进各项体制改革、合理配置政策资源及其他公共资源、提供公共服务、加强法治建设等。项目评估——对政策中提出实施的重大工程项目的推进情况、发展前景、经济效益等进行综合评估。重大项目是政策的重要支撑，要以项目评估支持政策评估，以政策评估指导项目评估。

（5）风险和可持续性评估。

风险和可持续性评估主要通过深入分析国内外政治经济局势的变化及重大自然灾害等突发事件引起的外部环境变化，评估政策执行过程中的灵活性和对风险的应对能力，并通过分析当前所面临的主要风险对政策的实施已经产生和即将产生的影响，进而对政策是否仍然适应形势的需要做出判断，为下一政策的制定和修订提供依据。

（6）连续性和稳定性评估。

连续性和稳定性评估主要评估是否树立了科学的政绩观，是否遵循长远政策目标纲要，是否有随意调整政策的行为，是否做到远期目标与阶段性目标相结合、本期政策与下期政策保持衔接，等等。

（7）综合评估。

综合评估主要从政策目标、思路、执行技术与手段、边界条件变化、保障机制、重点工程实施效果、经济效益、社会效益、环境影响、可持续发展等方面对政策做出评估。同时，提出政策编制和实施过程中存在的问题，总结经验教训，为下一步的政策编制和修订提出对策和建议。

四、评估数据的收集与处理

在政策评估实践中，最重要、最关键的环节是明确政策实施的真实情况。其中，数据的收集与处理就显得非常重要。

（一）评估数据的收集

1. 数据的类型

数据的分类有很多种方式，为便于讨论，本节从数据来源的角度对数据类型展开讨论。一般而言，常见的数据来源有直接观察、访谈、档案记录、文件、参与式观察、问卷调查等。这些数据根据来源的不同可以划分为一手数据（Primary Data）和二手数据（Secondary Data）。一手数据也被称为原始数据，是研究者通过问卷、访谈、观察等方式实地调研获取的数据。二手数据是相对于一手数据而言的，是那些并非为正在进行的研究而是为其他目的已经收集好的数据，如文献档案以及数据库数据等。一手数据可以根据被评估政策的实际情况专门设计数据收集方案，具有针对性强、准确性高的特点。与一手数据相比，二手数据则具有取得迅速、成本低、易获取等优点。在一项政策评估中，能否获取尽可能准确充分的一手数据直接关系到评估结果质量的高低。

2. 数据收集的主要方式

访谈、问卷和观察是获取一手资料的常用方式。问卷调查是评估者运用统一设计的问卷向被调查者了解情况或征询意见收集信息的调查方法。纸质问卷和网络问卷是常见的问卷调查方法。根据评估问题、调查范围、调查对象、调查预算和调查时间可以选择合适的问卷调查方法。一个好的问卷调查需要对问卷进行精心设计，并在发放问卷前对发放对象进行抽样，以提升问卷的质量。

根据访谈问题结构化程度的高低，访谈可以分为结构式访谈（Structured Interview）、半结构式访谈（Semi-structured Interview）和开放式访谈（Open-ended Interview）。结构式访谈的过程是高度标准化的，所有被访谈面临的问题都是相同的，提问的次序和方式以及对被访者回答的记录方式都是完全一致的。从这一意义上而言，结构式访谈与问卷调查类似。半结构式访谈虽然在访谈前设定了一些题目和假设，但实际问题没有具体化，访谈具有一定的灵活性。开放式访谈相比问卷调查和结构式访谈可以获取更加丰富、更为广泛的资料，但同时开展开放式访谈所需要的门槛也更高。直接观察也是常用的一手数据收集方法。评估人员在现场直接观察，调动自己的五官，记录现场的数据，基于所听、所见形成现场记录。

档案资料是常见的二手数据来源，通常通过查阅电子档案、图书馆藏书、报纸、电视节目、大众媒体上的信息获得。

事实上，无论是访谈还是问卷方法，无论是一手数据还是二手数据的收集，都需要在开展之前，根据评估问题的实际情况进行精心设计，包含了从选择访谈或开展问卷调查的地点和人群，到设计访谈提纲和问卷，再到回收数据等多个步骤。为了帮助评估人员确保在数据收集过程中不会遗漏任何部分，表4-2借鉴约翰·W.克雷斯威尔的研究[1]，提出了政策评估中数据收集的检查表。

---

[1]　约翰·W.克雷斯威尔.质性研究技能三十项［M］.上海：格致出版社，2018.

表 4-2　政策评估中数据收集的检查表

阐述政策评估研究的基本原理
讨论将要开展评估的场所
确保已经得到数据收集的相关许可
讨论使用有目的的抽样的类型（标准）
解释如何招募数据收集的对象
确定数据收集对象的数量
提供数据收集对象人口统计学特征的列表
指出数据收集对象会如何从研究中获益
说明收集数据的类型（数据收集表）
表明数据收集的广度
在记录数据及询问问题时，提及对草案大纲的使用（访谈、观察、录音）

（二）评估数据的处理

数据处理（Data Processing）是对数据的采集、存储、检索、加工、变换和传输。根据数据存储的形式可以将其分为定性数据和定量数据。定性数据一般指那些非数值型的数据，如通过访谈或参与式观察取得的文本数据。定量数据即数值数据，主要来源于问卷调查或统计数据。

在获取数据之后，研究者要对这些初步的数据进行组织、处理和清洗，以转换为可被分析的数据，这一过程通常需要电脑软件的帮助。Stata 软件因其操作简单且功能强大，成为许多研究人员处理定量数据的首选。Nvivo 则是研究者常用的定性数据处理软件，它能够有效分析诸如文字、图片、录音、录像等多种不同类型的数据。除了 Stata 和 Nvivo，R 软件、MATLAB、Python 等也是研究者常用的数据处理分析软件。

五、撰写评估报告

评估报告的基本要素包括标题、引言、评估方法、评估结果、评估结论与讨论、建议、附录等部分，评估报告会依据评估对象、目的、使用方式的不同而有所差别。

（一）评估报告的主要内容

（1）摘要或概要。

（2）引言（评估背景、任务来源等）。

（3）评估过程、使用的方法、数据来源、人员组成等。

（4）政策实施情况、总体效果。

（5）政策实施中存在的问题、不足、困难。

（6）结论及有关建议。

（7）本次评估工作的局限性。

（8）署名。

（9）参考文献及附件。

（二）撰写评估报告的基本要求

（1）内容真实。涉及的内容及反映情况的数据必须真实可靠，不允许有任何偏差及失误。所运用的资料、数据都要经过反复核实，以确保内容的真实性。

（2）预测准确。必须进行深入的调查研究，充分掌握第一手信息和数据，运用切合实际的预测方法科学地预测未来前景。

（3）论证严密。要使其有论证性，必须做到运用系统的分析方法，围绕影响项目的各种因素进行全面的、系统的分析，既要进行宏观分析，又要进行微观分析。要利用专家们长期积累的实践经验，但也要注意主观先验性的判断不能完全替代客观实证性的研究。在纷繁复杂、日新月异的环境下，政策评估必须依据严密的逻辑和科学的方法。

（4）尊重科学，尊重客观事实。从客观实际出发看问题，不带主观偏见，不迎合"权威意志"，各种数据的推算和经济效益的分析要有科学根据。要观点鲜明，对评估对象的"可行"或"不可行"等做出明确判断，不能模棱两可。既要肯定政策的正确性和有效性，又要实事求是地指出政策的不足之处及其已经产生或可能产生的负面影响，并为完善公共政策提出有针对性的意见。

（5）认真负责。要避免先入为主、主观臆断。在政策评估过程中，应广泛地听取意见，扎实深入地调研，透彻系统地进行利弊分析。

（6）层次分明，条理清晰，文字简洁、恰当。

六、评估结果的使用

政策制定中使用研究和评估结果的方式主要包括三种：工具性、概念性、象征性[1]。工具性使用方式包括"以明确直接的方式根据研究结果行事"；概念性使用方式包括"把研究结果用于一般性启蒙，结果影响行动，但没有工具使用性方式那么明确、直接"；象征性使用方式更多的是关于"使用研究结果来把预设立场合法化，从而使其得以维持"。

① Philip Davies. The State of Evidence-Based Policy Evaluation and Its Role in Policy Formation [J]. National Institute Economic Review, 2012, 219（1）：41-52.

有学者通过对加拿大联邦和省政府研究发现，对研究结果的概念性使用要比工具性使用频繁得多。更准确地说，在政府机构人员的日常活动中，对研究结果的概念性使用要比象征性使用更重要。然而，象征性使用又比工具性使用重要得多。

就如任何评估研究者都会告诉你，起草一份关于政府项目或政策的有价值的评估是一回事，而让评估结果在政策制定者中发挥作用是另一回事①。如何把评估结果应用于实践已经成为评估研究领域中学者和实践者共同面对的重要研究课题，就如一位早期调查过这个问题的分析家所认为的，"评估的基本原理是为行动提供信息……除非它在项目决定做出时被认真听取，不然它就失去了自己的主要目标"。

在实际操作中，各国和国际组织制定了评估结果的推广和使用办法，目的在于监测政策和项目的执行成果、改进组织和实施方案。

1993 年，美国国会通过《政府绩效与结果法案》（GPRA）对联邦政策及项目评估做了制度性规定，即每年 3 月 31 日前各机构负责人应向总统和国会提交上一财政年度的绩效报告，除非得到政府管理和预算办公室（OMB）长官的豁免。克林顿政府 12866 号行政命令（1993 年）、布什政府 13422 号行政命令（2007 年）、奥巴马政府 13563 号行政命令（2011 年）均强调了制定、修改、废除政策时的评估要求。美国政府各下属机构大多也根据工作需要制定了评估办法。美国疾病控制与预防中心（CDC）和美国国际开发署（USAID）在部门文件中明确鼓励应用和广泛传播评估项目中收集的信息，改进项目或在设计和执行新项目时加以考虑。

日本在 2001 年颁布的《政府政策评估法案》中提出，关于政策评估结果的运用，政府必须致力于将政策评估的结果运用于预算的制作，如果是与两个以上行政机关所掌管范围相关的政策，则必须致力于将其灵活运用于计划和规划之中，综合推进。2010 年颁布的《关于与政策评估相关的信息公布的指导方针》中更加具体地说明评估结果对政策的影响途径和方式：①由政府专门机构在制定各种中长期计划时，将评估结果作为重要的信息予以灵活运用；②根据评估结果将以书面形式对政策等的影响情况制成报告，每年定期向政策评估、预算审查等有关部门报告；③审查预算申请、计划内容时，将评估结果对政策影响情况作为重要的信息予以灵活运用。

南非详细规定了评估结果运用的后续流程②。在评估报告完成和管理层的回应之后，部门领导必须：①根据评估结果，按照标准格式制定改进计划。该改进计划必须提交给省级总理办公室或者绩效监测与评估司。②采取必要的行动（如改变机构工作流程、政策或方案审查，修订执行战略，改变内部预算拨款）促进机构的运作或方案和项目的实施。③监督改进计划的实施情况，每 3 个月向绩效监测与评估司以及总理办公室报告计划的实施进度。绩效监测与评估司将向内阁和总理办公室报告国家或省计划的评估进展情况，包括后续行动。国家或省财政部门将利用评估报告的调查结果

————————————

① Walter J. Jones. Can Evaluations Influence Programs? The Case of Compensatory Education ［J］. Journal of Policy Analysis and Management，1983，2（2）：174-184.

② Policy Framework for the Government-wide Monitoring and Evaluation System ［R］. 2007.

和建议作为支撑预算过程的证据来源。各部门应在后续的规划和预算过程中应用评估结果。

联合国评估小组在 *Good Practice Guidelines for Follow up to Evaluations* 中提出，需要管理层做出回应并进行系统的后续行动，以此促进知识建设和组织改进。主要措施包括：①建议管理层、理事机构等有关部门对所提出的评估做出正式回应，该回应通常体现在编制正式文件中，要求各相关部门制定管理对策，并对每项建议（接受、不接受、部分接受）进行反馈。②就已经进行的评估所产生的建议执行情况编写后续行动报告和定期进度报告，并提交理事机构和/或各组织负责人。③管理层的回应应与评估一起公开。如果在约定的期限内无法获得管理层的回应，并且如果没有合理的理由延长（或进一步延长）最后期限，则将披露评估报告，并指出管理层未在规定期限内提供答复。

《世界银行集团评估原则》指出，为了使世界银行集团及其利益相关者能够最大化利用评估结果和建议，以实现问责和学习目的，应确保世界银行集团管理层和工作人员能够利用评估证据：①为未来业务的设计和实施提供信息；②根据实际情况适时调整项目或者活动的计划；③评估绩效和成果，为战略方向、组织决策、操作流程和计划决策提供信息。世界银行制定以下措施支持评估结果的反馈和使用：①促使主要利益相关方积极参与和主导评估工作，包括评估的选择和方法，以及围绕评估结果的讨论；②向相关（内部）目标受众广泛传播评估报告；③建立知识管理系统，使人们能够在适当的时间以适当的格式获得评估结果；④确保在设计业务时考虑到评估性证据的机制；⑤确保资源、程序、专门知识和激励措施到位。

世界卫生组织将评估结果应用于以下方面：一是作为实现计划成果和影响及项目、方案和机构绩效的证据来源，从而支持方案改进和问责制；二是作为促变因素，促进知识建设和组织学习[1]。一项评估的价值在很大程度上取决于最终对其建议的利用，这一点由时间上的相关性、报告的可信度、对其建议的接受程度、管理层的回应，以及评估结果的传播和使用等因素决定。世界卫生组织各级评估专员应考虑评估在为干预措施或政策的后续阶段提供必要见解方面所发挥的作用，确保做到以下七点：①评估内容说明了有关今后在紧要关头规划干预措施、政策或战略的关键问题，并为后续阶段或新的干预措施提供参考；②评估的时间足以提供一份最终报告，可在设计未来的干预措施或政策时予以考虑；③应用的方法足以提供正确的数据，以为今后的规划提供参考；④正确的行动者参与其中，以确保他们对今后干预措施的承诺；⑤最终报告中的结论和建议为今后发展提供了现实的选择；⑥对评估建议的后续报告要在一定的时间内进行，以便与世界卫生组织的规划过程保持一致；⑦实施和后续过程清楚地表明如何及何时就评估结果采取行动，以便为评估实体提供参考。

可以看出，各国和国际组织制定的政策评估规定或方案大多为事后评估。从目的

① WHO. WHO Evaluation Practice Handbook［M］. Switzerland：WHO Library，2013.

来看，美国、日本、南非等国家将评估报告作为政策绩效评判的参考依据，报告向财政部门或更高级别的管理部门提交，将其结论主要应用于某项政策或项目的计划改进、预算申请、审核和拨付环节中，在战略方向、组织决策、操作流程和计划决策时将评估结果纳入考虑。联合国、世界银行、世界卫生组织等国际组织将政策评估报告除了用于调整项目或者政策方案外，更多应用于问责和学习。从运用结果的方式来看，工具性、概念性、象征性三种方式均有体现。各国和国际组织制定政策评估的初衷必然希望为决策提供信息，强调政策评估结果概念性和工具性的使用，有助于分析研判政策效果和科学决策；然而在实践中由于政策相关方的利益博弈，极有可能使用研究结果来将预设立场合法化，一定程度上肯定或部分肯定政策成果，使其得以维持。

在我国，事前评估主要作为政府决策的依据，并根据评估结果对有关改革方案或政策进行修改或完善；事后评估主要用于检验有关改革的成效和政策的实施效果，以便完善有关改革方案和政策，或者决定是否终止实施改革或政策，抑或用于政府部门的绩效考核。

第五章　国外公共政策评估

一、主要国际组织开展公共政策评估情况

（一）联合国（UN）

联合国评估小组是一个专业性网络，它聚集着联合国系统中所有负责评估的单位，其中包括专门机构、项目组和附属组织。

联合国评估小组致力于强化联合国系统中评估功能的客观性、有效性和可见性，并倡导评估对于学习、决策和会计的重要性。联合国评估小组提供了一个让成员们建立共同评估规则和标准的论坛；发展解决联合国问题的方法论；加强同行评审和信息交流中的评估功能，并在更广泛的评估社区中建立伙伴关系。

联合国评估小组已经选举出一位主席和一位副主席，并设置联合国评估小组秘书处。联合国评估小组的治理和工作方式在联合国评估小组的工作原则中得到概括。

作为联合国评估小组的一员，联合国发展项目评估办公室的主要活动是开展独立评估，即主题性和项目性评估。评估办公室负责年度评估报告，为发展结果的计划、监督和评估手册制定评估标准和指导方针，帮助强化评估文化，分享经验以提高项目水平，并积极参加联合国评估小组活动。

第一个联合国发展项目的评估政策由执行委员会于2006年6月批准。这个项目政策计划为联合国发展项目的评估职能建立了一个普遍性的制度基础，并寻求提高用于组织学习的评估知识的透明度、连贯性和效率。联合国发展项目的评估包括两种：由评估办公室开展的独立评估和由项目单位委托的分权化评估。评估办公室开展的评估应该独立于管理部门，其管理层通过联合国发展项目执行官向执行委员会报告。评估办公室向执行委员会提供关于法人会计责任、决策的有效且可信的信息，这样既提高评估职能的独立性、可信度和实用性，也提高联合国各项改革的协调性和一致性。各项目单位负责分权化评估，从而保证这些评估结果可以充足地提供关于联合国发展项目的信息。2009年，应执行委员会的要求，并根据2006年的评估政策，2009年开始对这项评估政策进行评估。它的主要目的是着眼于最新的经验和绩效，并为将来的政策

调整提供前瞻性建议①。

这次评估分为三个主要部分：①评估政策的相关性。它主要探询这项政策是否做了正确的事，因为这项政策的目的是"为联合国发展项目的评估职能建立一个普遍性的制度基础"。②在执行独立评估的过程中，这项政策在评估办公室绩效中的影响。这是通过对比其他国际组织中的政策和实践经验来检查的。③检查这项政策对分权化评估系统的绩效影响。2010年1月这份关于评估政策的评估报告正式发布，该报告对现有的评估政策进行了严格的审查，并做出了一些批评，这也促成了新的评估政策的出台。

联合国发展项目现行的评估政策于2011年1月由执行委员会通过。这一政策反映了执行委员会对第一个评估政策中关于独立检查的决定。对第一个评估政策的修改厘清了联合国发展项目中的角色和责任，并提高了评估实践的水平。很明显，在国家所有制、国家评估能力发展、组织学习和责任中，评估的作用被给予了很高的重视。一种新的分权化评估被引入这项政策。这项政策适用于联合国发展项目，也适用于基金和其他项目，并接受定期的独立检查。

（二）世界银行（WB）

世界银行独立评估机构（IEG）作为一个独立的评估组织，承担着评估国际复兴开发银行（IBRD）和国际开发协会（IDA）的评估活动、国际金融公司（IFC）在私人领域的发展工作、多边投资担保机构（MIGA）的项目与服务。世界银行独立评估机构负责人直接向世界银行董事会报告。评估的目的是提供对世界银行工作的客观评价，并鉴定和传播经验教训。

世界银行独立评估机构的评估目标保持了40多年不变：评估世界银行政策、项目、工程和过程（责任）的绩效，并学习相关因素在某一情境下发挥作用的机制。鉴于世界银行的行动范围和投资产品一直在增长，世界银行独立评估机构也一直在发展并调整它的评估方法。

世界银行发展项目与工程的多样性决定了世界银行独立评估机构也要使用种类繁多的评估方法。这些方法包括将评估结果与宣称目标进行比较、标杆管理、预期评估，或者评价在项目、工程和政策缺失的情况下事情发展的方向"反事实"分析。例如，评估私人领域投资工程，评估者需要与绝对的经济或财政绩效指标进行对比，以及评估这项私人投资对私人领域发展做出的贡献。

为了判断世界银行的绩效和吸取提高世界银行运转水平的经验教训，世界银行独立评估机构不仅进行了"基于世界银行职员的"自我评估报告和"独立项目层次的评估"，还进行了对文献、分析工作和项目文件的回顾。

以下是根据独立评估机构对世界银行公共部门改革所开展的评估②而编写的案例。

---

① Independent Review of the UNDP Evaluation Policy［R］. 2010.

② World Bank Group. Public Sector Reform：What Works and Why? An IEG Evaluation of World Band Support［M］. Washington：World Bank Publications，2008.

（一）目标和框架

这次评估的预期受众包括政府官员和其他想要得到提高项目设计的经验、更好使用银行对公共部门改革的利益相关者。

这次评估考虑了国家公共部门改革项目的设计——不仅是关键主题领域的改革内容和排列，还有整个项目的协调和排列。基于对银行管理人的采访和在一些样本国家的经验，这次评估也考虑世界银行如何组织它的"公共部门改革"的工作和资源。

提高政府运行水平的努力，早就是世界银行在许多国家开展工作的一部分。这项工作的基本原理已经得到发展，而且它的中心地位已经得到增强。从20世纪80年代后期起，它就已经成为改革议程上最突出的条目之一。对公共部门改革需要注意两点：一是公共部门的质量——提供服务的责任、效率和透明度等都与长期经济增长和消除贫困有很强的因果联系。二是世界银行主要与政府部门、中介机构开展工作，提高它们的效率和公共支持有助于实现世界银行支持它们发展的目标。

在2000年，世界银行与它的执行委员会共同讨论和制定了一份战略性文件——"改革公共机构和加强治理：世界银行战略"。这项战略的目标是除了提供一些零散的政策建议之外，还要帮助建立有效率和负责任的公共部门机构。这项战略吸取了20世纪90年代的经验教训，即在一个机构功能失调和治理较为恶劣的环境中，好的政策和好的投资既不可能产生，也不会持久。

公共管理改革战略主要聚焦于公共部门的核心机构和其他部门机构的接口。它只是轻微地涉及特定部门内的制度性问题，这样做是为了力图解决与许多部门都相关的一般性问题。这项战略确认了世界银行活动有助于改善"公共部门改革"的八个领域：公共开支分析与管理、行政和公务员体制改革、税收政策和管理、反腐败、分权化、立法和司法改革、部门机构的建设、公共企业改革。就这些领域的工作策略而言，这项战略同样提到，公共部门改革应该避免"一刀切"，而且其目标是在试图进行更深层次的改革前，把基本改革做完。

（二）范围

"公共部门改革"是提高治理水平的一部分，它包括三个广泛的领域：以规则为基础的政府运作，提高对公民提供公共产品、话语权和责任的水平，以及对私人部门进行更有效率和效果的管理，从而提高其竞争能力。这次评估所指的公共部门改革主要指第一个领域和第二个领域中与"透明度和信息公开"相关的某些方面，它与对私人部门的管制无关。

为了准确地评估"公共部门改革"战略的相关性和有效性，这项评估主要关注1999~2006年"年度财政"工程，而且这次评估也会回顾之前的10年，从而以长期的眼光评估各国的公共部门改革项目。这项评估聚焦于2000年世界银行在公共部门战略中所描绘的四个领域，它们都与核心政府部门的组织方式相关。

第一，公共财政管理。它与整个预算循环中的财务管理相关。这包括预算编制和执行，特别是财务管理信息系统和中期开支框架、采购、审计、监督和评估。它也包括有关国家财政责任评估和国家采购评估复核的改革的执行，以及对主要预算会计机构的管理，如公共会计委员会和最高审计机构。

第二，公务员体制和行政改革。它涉及对人员组织和管理的所有方面。它还包括这样一些项目：裁减文职人员和改革人事信息系统（包括公务员调查）、职业路径、薪酬等级、激励机制的其他方面和各部门的组织。

第三，税收管理改革。它包括税收管理的关键方面，特别是制度设置和操作流程的发展，如与纳税人（实际的和潜在的）互动的自动化。

第四，反腐败和透明度改革。它在以上三个领域中都有所涉及，进一步说，世界银行最近许多行动都在支持打击公共部门中存在的腐败和提高透明度。下面将介绍世界银行反腐活动的评估工作。

世界银行独立评估机构开展的这项评估只对世界银行反腐败的部分工作进行了评估，并处理跨领域的事项（世界银行在2004年对整个世界银行的反腐败工作进行了评估）。世界银行反腐败工作包含四个支柱性原则。

一是让国家分析、国家战略和贷款决策回归主流。这包括对国际开发协会向各国提供援助战略中的资源分配和国家实施反腐败政策和制度的评估。

二是帮助需要援助的国家遏制腐败。这包括对跨领域的公共管理系统和透明度改革的支持，还有反腐败的关键部门，如采掘垦殖业、工业、卫生、教育和交通等。

三是杜绝世界银行工程和项目中存在欺诈和腐败。这包括信托控制（财政管理、采购、风险映射）和由世界银行廉政部门负责调查的欺诈和腐败。

四是通过国际合作行动打击腐败。这包括联合捐赠人、经济合作与发展组织的发展援助委员会等打击贿赂国外官员的行为。

这项评估主要涉及第二项支柱性原则中的反腐败方面，重点针对跨领域的公共管理部门，而不是私人部门中的反腐败改革。

世界银行在2007年进行了反腐败战略，其中包括三个层次：

一是国家层次。帮助各国建立更有能力和负责的系统（包括核心公共管理系统、需求方机构和部门机构）。

二是工程层次。打击银行运作中的腐败。

三是全球层次。全球性的伙伴关系和联合行动。

这次由世界银行独立评估机构开展的评估主要关注国家层次的治理与反腐败战略，加强核心公共管理系统，这次评估也覆盖了2007年实施这项反腐败战略之前所从事的工程和活动。世界银行独立评估机构打算在今后选择一个恰当的节点对治理与反腐败战略进行评估。

这项评估意识到了公共部门改革中各个组成部分的相互性，并知晓世界银行公共部门改革项目有时是跨部门运作的。所以，这项评估并不深究具体部门或国有企业改革等问题。

这项评估包括世界银行支持各国公共部门改革的各种类型的活动，具体有发展政策和投资/技术援助贷款、制度发展基金和其他补助金，以及各种有关制度部分的咨询活动，如公共开支评估、制度和治理评估及其他。对分析和咨询活动的考虑已经被融合进世界银行独立评估机构对经济和部门工作的评估中。

这项评估活动跨越的财政时段是 1999~2006 年。因此，它并不评估 2007 年的治理与反腐败战略，尽管它应对该项战略进行评估。

（三）评估标准

根据世界银行独立评估机构的三大评估标准——相关性、效果、效率——这项评估主要关于效果，即考察世界银行所支持的项目达到的成果，并弄清楚什么措施是有效的及其为什么有效。

这项评估与公共部门战略相一致：本质上，所有借款国，亦即公共部门改革的目标都是与这项评估所关注的四个领域（公共财政管理、公务员体制和行政改革、税收管理改革、反腐败和透明度改革）相关。对资源的正确管理一定是发展的关键决定性因素，因为核心公共部门的花费占了借款国国内生产总值的 15%~30%。从另一个角度看，1999~2006 年世界银行总借款的 38% 的直接去向是没有指定工程用途的预算（发展政策贷款、预算支持、债务免除等），而且投资贷款的主要部分都是由核心政府机构支配的。因此，提升核心公共部门的运作水平，对于世界银行发展工作发挥实效是必不可少的。

世界银行公共部门改革的成果框架如表 5-1 所示。它展示了公共预算改革是如何帮助实现诸如消减贫困、经济增长、提高政府对公民责任等目标的。这项评估将潜在关系作为既定条件，并审视这些项目实现公共部门改革目标的程度。

表 5-1 公共部门改革的成果框架

最终的理想目标	公共部门改革领域和成果	各国的产出	世界银行在各国项目中的投入
①经济增长 ②减少贫困 ③生命和财产安全 ④人民参与和享受权利 ⑤提升公共服务的质量和准入机会	①公共开支和财政管理财政纪律，与两大政策偏好一致的资源分配，良好的运作管理 ②公务员体制和行政改革能够吸引、保留和动员有能力的职员高绩效的公共服务，适于地区劳动力市场的透明、非自由裁量的薪酬制度，在预算约束下发放工资 ③税务管理提高税务绩效；更加公平和有效率的税收系统，减少漏税；对公民反馈更加开放 ④反腐败和透明度行政机构和人员要对资金使用和其他行动负责。通过审计机关和公众对信息的准入机会来提高会计责任；会计责任和透明度有助于阻止人们为私人目的使用公共资源的行动	①全面的预算，透明的预算编制、批准和实行，强大、即时的会计和审计，透明的采购 ②足够的人事信息系统，减少工资压制和人员流动，足够的培训，有效的业务流程和部门间协作 ③更完善的信息系统，待遇优厚的聘任制度，减少拖欠，减少纳税人服从的成本，减少征税成本 ④除了以上三个领域的反腐措施，利益冲突通过有效的法律进行制裁；公众拥有对信息的准入机会，并保护告密者	①发展政策贷款 ②技术援助/投资借贷 ③制度发展资金和其他补助金 ④分析和咨询活动（公共开支评估、消除贫困战略文件、制度和治理评估）

很明显，项目只有在有效果的情况下才会有效率。对世界银行职员和捐赠者之间的协调，或者这种协调的缺失，都可以算作效率问题。职员技能、内部组织、激励和与外部伙伴的关系在某种程度上有助于实现对一个国家的有效支持。然而，世界银行仍旧在试图弄清楚到底是什么发挥了作用。

"世界银行战略在国家层次是如何被有效地执行"这个问题意味着以下更具体的问题：世界银行在国家层次的支持是基于全面的分析和对制度和政治现实的足够了解吗？世界银行支持的项目是在何种程度上得到调整以满足各国的需要的，并顾及了制度和政治现实吗？世界银行在何种程度上使用了优先和分阶段的方法？项目是最先解决基本问题吗？公共管理改革议程中的切入点发挥的作用是否最好？世界银行使用的贷款和分析与咨询活动在何种程度上适用于各国条件？在何种程度上实现了改革的预期目标？

在评估结果中，这项评估通过以下方式吸取教训：研究世界银行是否在某些领域取得的效果比其他领域取得的更多，或者它是否在一些类型的国家中取得了比其他类型的国家情况产生更好的效果。关于世界银行对各国"公共部门改革"所做贡献程度的问题，可以分为两部分：在世界银行提供支持的国家中，公共部门改革在何种程度上取得了成功？世界银行支持的哪些方面有助于成功？

公共部门改革的成效除了受到世界银行项目的影响外，还受到国家条件和其他行为体的项目影响，这在该评估中都被考虑在内，如国际金融机构（国际货币基金组织、地区性发展银行）和双边援助国。重要的国家条件包括：宏观经济条件、公共部门改革与政府财政状况的联系（这种因果联系是双向的）、劳动力市场条件、政治条件和政治事件。这次评估的许多参与者都确认，政治支持是公共部门改革取得成功的必要条件。

（四）评估方法

这项评估以三种方式回答了上述问题：对所有可获取资料的国家的公共部门改革模式及其成效进行统计分析；国家案例分析；对四个被选出来的主题维度进行主题性分析。这项评估也吸取世界银行独立评估机构之前开展评估的经验教训，例如公共支出评估（1998年）、公务员体制改革评估（1999年）、反腐败活动评估（2004年）、非洲能力建设评估（2005年）、对承受压力的低薪国家进行支持评估（2006年）和信托工具——国家财政责任评估和国家采购评估报告（2007年），以及相关的国家援助评估和工程绩效审计报告。这项评估的所有方面都是通过以下方式进行的：对任务管理者和其他相关人员进行采访、实地访问，以及与开展国家援助评估和相关工程绩效审计报告的世界银行独立评估机构进行交流。

分析的主要单位是国家项目，公共部门改革的成功取决于各种支持政策措施的综合，因为这些政策措施无法单独对公共部门改革起到作用，所以评估也应综合考虑。

1. 统计分析

对于所有借款国家来说，均对其公共部门问题、介入和成效进行分析。一是审视公共部门改革介入措施的选择模式，特别注意该国与国际复兴开发银行或国际开发协会的关系，并且考虑该国公共部门的最初运行效果。二是考察世界银行在开展公共部门改革的国家中，其公共部门质量指标的中长期变化。三是检查资源，探究是什么因素与改革的成功具有联系。

2. 国家分析

对于像公共部门改革这样与各国均相关的话题，国家案例是对统计分析的重要补充。这种国家评估有助于理解不同介入措施的组合如何在各种国家环境中发挥作用。评估队伍对实施了世界银行支持项目的 19 个国家进行了案头审查，从国家援助评估资料和工程绩效审计报告中收集相关资料。评估队伍对其中的 6 个国家进行了实地调查。

各国分别代表不同的地区、子区域和收入群体，而且所有的国家在公共部门改革中都获得了世界银行的大量支持。对于国家的选择也与去中心化和立法/司法评估相协调，以减少评估对客户的负担。

每一项国家层次的评估都审视公共部门改革在国家援助战略中发挥的作用。每一项评估也探究战略是如何实施和世界银行支持是如何对取得公共部门改革目标做出贡献的。每个国家不断发展的经济、政治和制度能力等条件也会影响成效，而且这项评估也调查了世界银行是否在支持项目的设计和执行阶段中充分考虑了这些条件。

3. 主题分析

主题分析是比较四个主题领域中世界银行实践的发展。评估人员对描述国际经验的文献进行了回顾，并提出一些国家研究的问题。然后在统计分析结果和国家研究的基础上，描述出每个主题领域中的成功模式和最常见的且导致失败的方法。

（三）经济合作与发展组织（OECD）

经济合作与发展组织开展的政策评估主要是对"发展项目"的评估。对发展项目进行坚实而独立的评估可以提供信息以说明是什么发挥了作用、什么没有发挥作用，以及原因是什么。这样的评估也有助于改善援助项目的发展效果，并帮助捐赠国和合伙国的政府对结果负责。

发展评估网络（Network on Development Evaluation）是发展援助委员会的辅助机构。它的目的是通过支持稳健、公开且独立的评估，以提升国际发展项目的效力。该网络是一个独立的机构，聚集了 30 个双边捐助者和多边发展机构，其中包括澳大利亚、奥地利、比利时、加拿大、丹麦、欧洲委员会、芬兰、法国、德国、希腊、爱尔兰、意大利、日本、卢森堡、荷兰、新西兰、挪威、葡萄牙、西班牙、瑞典、瑞士、英国、美国、世界银行、亚洲开发银行、非洲开发银行、美洲开发银行、欧洲重建与发展银行、联合国发展项目及国际货币基金组织。发展评估网络作为领导者，推动了发展机构和伙伴国家之间的协同评估。

发展评估网络的工作项目是通过与成员国协商而发展出来的，并且每两年由发展援助委员会同意形成。当前的优先工作领域包括巴黎评估宣言、预算支持、多边有效性、消除争端和建设和平、影响评估、联合评估、治理、扶助贸易、海地评估任务小组、能力发展。

作为一个评估学习与合作的平台，发展援助委员会的发展评估网络开发出了共享标准，加上 *Paris Declaration on Aid Effectiveness* 的指导，非常有助于发展中国家的评估实施与合作。通过发展评估委员会评估资料中心，这个网络从其成员国的分支机构收集报告。鉴于每周有 2000 多份新报告，发展评估委员会评估资料中心是一个广泛且独特的资料中心，十分有助于发现什么因素发挥了作用、什么因素没有发挥作用。

经济合作与发展组织在政策评估的历史上影响重大的两件事是 2005 年的 *Paris Declaration on Aid Effectiveness* 和 2008 年的 *Accra Agenda for Action*，它们通过对几十年发展经验的总结，将援助建立在五项核心原则基础上。这些原则已经取得了许多国家的支持，并取得了许多实效。这些原则包括如下方面：

所有权原则：由受援国的议会和选民自行选择他们的发展战略。

结盟原则：支援国支持这些战略的实施。

和谐原则：支援国帮助这些发展工作更加顺畅。

结果导向原则：发展政策必须有明确的目标，通往这些目标的进程必须得到监控。

共同责任原则：支援国和受援国应共同负责实现这些目标。

其中结果导向原则明确推动了发展项目的评估。除了这五项基本原则，*Paris Declaration on Aid Effectiveness* 还制定了实际的、以行动为取向的路线图以提高援助质量和发展影响。它落实了一系列明确的执行措施，并建立了一套监控体系来评估政策进程，从而保证支援国和受援国共同履行他们的责任。

为了加强和深化 *Paris Declaration on Aid Effectiveness* 的实施，*Accra Agenda for Action* 估计了已有行动进程并为实现 *Paris Declaration on Aid Effectiveness* 目标建立了加速前进的日程。它提出在以下三大领域重点发展：

所有权原则。各国通过在制定发展政策中更加广泛的合作、在援助合作中更加强有力的领导、在援助交付过程中更多地利用国家系统，对他们各自的发展过程拥有更多的话语权。

包容性伙伴关系。所有合作伙伴包括经济合作与发展组织发展援助委员会中的支援国、发展中国家及基金会等都全面参与。

交付结果。援助集中于真实的和可测量的发展影响。

（四）国际评估合作组织（IOCE）

从国际层面来说，评估处于现代治理与民主发展的核心地位。我们生存的世界需要对政府的绩效进行持续的改进；为了公民和政策制定者的利益，政府应该承担更大的责任和更高的透明度；不管是在公共部门、私人部门还是公民社会，都应该有效地提供服务。评估通过提供有关工作的反馈来满足这些要求，加深了我们对政策执行过程的理解，设计知识制度；发展出有效的管理和创新机制。在许多国家，评估者都会会聚在一起建立专业性的评估协会或学会。国际评估合作组织由亚洲、非洲、美洲、欧洲和大洋洲的评估学会组成。评估协会或学会等组织的数量在近几十年飞速增长。在 20 世纪 80 年代，全球只有 3 个国家性或地区性的评估学会，到 20 世纪 90 年代末，增加到 9 个评估组织，到 21 世纪初，这个数字增长到 50。这些评估组织旨在提升方法与实践、提高评估工作的标准与质量、促进道德行为与标准、加强专业独立性，并且提供一个交流、辩论和学习的平台。国际评估合作组织建立的目的就是增加这些国家性或地区性评估组织努力的价值，从而鼓励合作并加强国际性评估。评估既是一种职业，又是能够推动社会性、政策性与制度性问题解决和发展的实践。国际评估合作组织就是其中重要的组成部分。该组织在 2012 年 12 月的报告中总结了这一年的评估活动，其中包括与联合国儿童基金会建立伙伴关系、加强与联合国评估小组的关系，以及国际评估合作组织董事会成员在加纳首都阿克拉参加第六届非洲评估联盟的评估大会等。

国际评估合作组织作为全世界地区性和国家性评估组织的松散联盟，其致力于在发展中国家建立评估领导阶层和培养能力、促进全世界范围内的评估理论与实践共同发展、解决评估领域的国际性挑战、帮助评估领域以更为全球化的方法来确认世界性的问题并提出解决方案。国际评估合作组织邀请所有地区性或国家性的专业评估协会或学会加入，也欢迎对评估感兴趣的人们使用其资源，参加其活动。国际评估合作组织还提供其他评估组织的联系方式，相关新闻和重要活动，交流思想、实践的机会，其他论坛和网络材料，等等。就如国际评估合作组织在其宪章中所言，我们的任务是帮助合法评估和支持评估学会或协会和网络，从而让它们更好地服务于良好的治理、有效的决策，并加强其对公民社会的作用。

作为一个国际性组织，国际评估合作组织支持文化的差异性、包容性，并且为了把不同的评估传统汇聚在一起而尊重这种差异性。2003 年 3 月，在秘鲁的利马，来自全世界 24 个评估协会或学会的代表共同建立了国际评估合作组织。它们相信评估组织间的合作将会加强世界范围内的评估。

国际评估合作组织全体大会是成员们确定该组织优先方向和主题、选举董事会成员的主要平台，它向全体国际合作评估组织的成员开放。许多国际评估合作组织的活动都是"虚拟"的，尽可能利用网络资源，从而尽量降低组织的运营成本。国际评估合作组织计划与世界各地的国家性和地区性评估组织共同举办一些定向的专家活动。该组织以英语、法语和西班牙语的形式接受、散布和发展各种资源和文件，并鼓励地区性和国家性组织将这些资源转译成其他语言。国际评估合作组织以"非营利组织"的形式在加拿大注册，并制定了包括章程、程序规则和运作政策在内的宪章。

参加国际评估合作组织的中国成员统称为"中国评估网络"，这是一个非正式评估组织，根据 2012 年 3 月的数据，该组织只有 25 个成员，没有自己的独立网站。

（五）国际影响评估基金（3IE）

国际影响评估基金是一个美国的非营利组织，总部设在华盛顿。在全球发展网络（Global Development Network）和伦敦国际发展中心（London International Development Centre）的赞助下，国际影响评估基金分别在新德里和伦敦开展项目运作。国际影响评估基金的职员按以下团队进行组织：进步与影响评估服务团队，评估团队，财务、报告和行政团队，政策、倡议与沟通团队，项目团队与系统评价团队。国际影响评估基金由一个理事会监督，这个理事会由全体成员选举出来。理事会包括 11 个成员，这些成员包括来自发展中国家的政策制定者和支持推广国际影响评估基金的权威代表。国际影响评估基金的成员中，18% 为非政府组织，46% 为双边机构，27% 为发展中国家的政府机构，9% 为基金会。

国际影响评估基金的出现，是回应公众日益要求看到公共开支效果的压力。由全球发展中心（Center for Global Development）发起，国际影响评估基金最初于 2006 年 6 月以工作小组的形式出现。这个新兴机构的目的是引导资金流向，从而解决政策制定者所面对的关键问题。这个小组后来正式成立为国际影响评估基金，由国际政府官员和来自双边援助机构、多边机构、非政府组织及基金会的代表组成。国际影响评估基金资助了对非洲、亚洲、拉丁美洲的创新工程的影响评估。资助影响评估研究与资助这些工程的资金来自比尔及梅琳达·盖茨基金会、休利特基金会、谷歌慈善组织、非洲发展银行等。

国际影响评估基金的愿景是通过影响评估来改善生活，任务是通过在发展中国家更充分地利用证据，以提升发展效力。其策略旨在实现以下目标：产生新证据，发现是什么发挥了作用；总结并传播这些证据；培育一种文化，即基于证据制定政策；发展能力，以产生和使用影响评估。

国际影响评估基金扮演资助机构与知识经纪人的双重角色。它开展各种活动，并提供多种服务，主要包括影响评估项目（向国际发展研究者提供支持与资源）、系统评估项目、质量保证服务（提供一系列的服务，从对建议的协调与管理，到对最终结果的同行评审）和政策影响活动（帮助研究者更好地传播其研究结果，以影响政策）。

二、主要国家开展公共政策评估情况

（一）美国

美国作为西方现代公共政策科学的起源地，较早在政策评估领域开展探索，尤其是 20 世纪 70 年代以来一系列专门的法律法规的接连出台，推动建立起制度化、规范化的公共政策评估框架，形成了行政系统评估机构、立法系统评估机构、第三方评估机构三类主体相互补充、相互牵制的发展格局。

1. 美国公共政策评估的发展阶段

美国公共政策评估历经百余年发展，在实践中逐步完善各种经济社会研究方法，拓展政策评估的应用范围。总体而言，主要经历了以下四个阶段。

第一阶段：19 世纪末至 20 世纪 30 年代，是美国公共政策评估的萌芽探索期。最早源于 1900 年前后美国对学生成绩的测评，用以检查教育系统，反映教学成果。此外，在公共卫生、工程建设等便于测量和计算的领域，也零星开展部分评估工作。

第二阶段：1933 年经济危机至 20 世纪 70 年代，从"罗斯福新政"到约翰逊政府"伟大社会计划""对贫困宣战计划"，一系列社会政策出台、一大批公共工程落地，客观上产生了对政策评估的需求，推动形成了以政府支出的绩效评价为主要内容的评估模式，核心是关注投入产出效率、控制财政预算支出、提高政府服务质量。

第三阶段：20 世纪 70 年代至 90 年代末，《立法机构重组法案》《政府绩效与结果法案》等一系列法律法规出台，从法律层面保证了公共政策评估的地位。同时，政策评估的内涵也大大丰富，不局限于绩效评价，更多关注规划、政策、项目的价值和影响，评估手段也趋于专业化、多样化、现代化。

第四阶段：21 世纪以来，美国公共政策评估框架趋于成熟和稳定。"三权分立"体制下的行政系统、立法系统分别设置了专门负责政策评估的组织部门、执行部门，同时市场化运作的智库、咨询机构十分活跃，形成相对独立的第三方社会力量。三种类型的政策评估机构之间既相互补充又相互牵制，有效拓宽了评估意见的输送渠道，维持着多元利益诉求的动态平衡。

2. 行政系统的评估覆盖所有部门的绩效评价

在行政系统内，实施政策评估的主要部门是政府管理和预算办公室（Office of Management and Budget，OMB）[1]。OMB 最早设在美国财政部，1939 年后划归总统直属机构，其长官由总统直接任命并向总统报告工作。按照相关法案和行政命令授权[2]，OMB 的重要职能之一是审查联邦政府各部门报送的年度绩效计划，评估财政支出的必要性、有效性，跟进项目执行情况，评判其影响、成败，并将此作为修改预算计划的依据。目前，OMB 是总统行政办公室最大的组成部门，拥有职员 600 余人；相关人员与联邦政府各部门保持频繁的、常态化的沟通，督促行政机构更加重视政策执行的过程，提升公共产出和效率。

OMB 的评估覆盖所有财政支出项目。依据《政府绩效与结果法案》的要求，所有联邦政府机构都必须向 OMB 提交长期战略计划和年度绩效报告。其中，年度绩效报告需涵盖所有财政支出项目，详细阐述每一项目的业绩目标、执行过程、实际产出效果，

---

① 1921 年颁布的《预算和会计法》规定美国总统应向国会提交年度财政预算，为此成立 OMB 协助其工作。

② 主要包括《政府绩效与结果法案》（1993 年）、《项目评估定级工具》（2002 年）、《政府绩效和结果现代化法案》（2011 年）等，以及 1993 年克林顿政府 12866 号总统令、2007 年布什政府 13422 号政府令、2011 年奥巴马政府 13563 号总统令，均对政府绩效评价、政策评估作出明确规定和要求。

并对未达到目标的原因进行分析和解释，说明下一步改进的方式。OMB 作为政府绩效管理的牵头机构，将对各机构的绩效表现进行统一评估，据此确定各联邦机构对应的年度预算安排。

为保证预算审查的质量和一致性，OMB 牵头开展的绩效评估均被纳入统一、标准化的模板，并不断发展完善。一是 1973 年尼克松政府颁布《联邦政府生产率测定方案》，每年安排 200 余人向各联邦机构获取产出资料，其中包括产出、劳工投入、单位劳工成本等，该方案一直执行到 1994 年才结束，当时已覆盖 60 个机构、255 个组织和200 万联邦公务员。二是布什政府 2002 年推出的《项目评估定级工具》，本质上是针对联邦支出项目的问卷调查（见表 5-2），从项目目标、战略规划、过程管理、项目结果四个维度，对项目进行审核和评估。《项目评估定级工具》实施 7 年间覆盖了 1000 余个独立项目，占联邦财政支出的 98%。三是奥巴马政府上台后优化提出绩效目标工具，降低了《项目评估定级工具》对分数的过分依赖，要求各部门突出中心任务、核心职责，确定优先绩效目标，按季度审查目标实现情况和存在的苗头性、趋势性问题，传递更多的实用信息。

表 5-2　《项目评估定级工具》问卷设计

问卷部分	主要关注点	分值比重（%）
项目目标	项目设计的清晰性和针对性，与其他政府项目相比的冗余性	20
战略规划	是否有适当的年度计划、长期成果目标，目标设定是否合适，是否计划开展评估、评估结果是否与财政预算挂钩等	10
过程管理	评判项目是否得到有效管理，以便实现其目标。具体包括：财务监督、项目进展评估、绩效数据收集、项目经理责任等	20
项目结果	评判实际结果，包括实现目标的程度、效率提升、产出结果、影响分析等	50

OMB 的绩效评估结果与财政预算编制直接挂钩。例如，在《项目评估定级工具》评级下，按照分数高低可分为有效、基本有效、一般、无效、尚无结论五类，判定为一般或无效的项目，OMB 将有权终止项目或调减财政预算。2011 年更新的《政府绩效与结果现代化法案》进一步明确，如果一个联邦机构连续 3 年未能达到绩效目标，OMB 有权向国会建议下一步整改方案，包括重新界定绩效目标、调整项目实施规划、削减或终止预算等措施，对联邦机构具有较强的震慑力和约束力。

3. 立法系统的评估聚焦重点政策的实施效果

立法系统的政策评估机构是政府问责局（Government Accountability Office，GAO），成立于 1921 年。早期 GAO 的主要职能是政府账目审查，评估公共支出的合理性和经济性，体现国会对各联邦机构的监督；1970 年《立法机构重组法案》扩大了 GAO 的职权范围，授权其对政府计划及活动的产出结果进行评估，具体包括：评估联邦政策和项目的绩效、就政府项目和决策在多大程度上能够实现目标进行调查、向国会提交政策分析报告等。目前，GAO 有职员 3200 余人，下设 15 个工作组，包括信息科技、国土安排、卫生保健、教育就业和收入、基础设施建设等，并且大量引进科学家、精算师和各领域专家，开展专业性的评估工作。

GAO 的任务来源主要有两类：一是法律条款明确授权 GAO 对具体事项开展的评估，如《政府绩效与结果法案》要求，GAO 总监察长需要定期向国会报告联邦政府对《政府绩效与结果法案》的执行情况；《美国竞争力再授权法案》（2010 年）要求，GAO 每 2 年对制造业创新技术贷款担保项目的执行情况进行评估，并提出改进建议，反馈至美国商务部。二是基于国会各委员会的调查需求开展评估工作。每年 GAO 会收到数百份来自国会各委员会的请求函，既有对项目活动的简单询问，也有对项目或政策成效深入评估的需求。GAO 会及时与需求方代表（通常是议员）进行商议，准确把握评估的性质和目标。在此基础上，GAO 依据评估事项的必要性、重要性、紧迫性，选择部分重点事项开展评估。上述两类评估任务需求占到 GAO 工作量的 96% 以上，GAO 评估流程如图 5-1 所示。

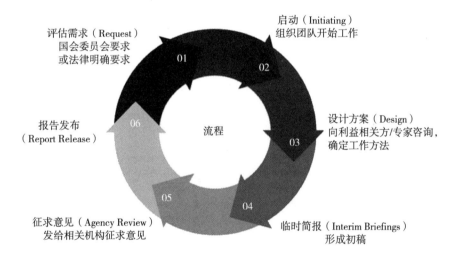

图 5-1　GAO 政策评估的流程

相对而言，GAO 的评估方法更加丰富和多样，在工作中根据评估对象的特点制定适宜的工作方案。从 GAO 公布的评估报告看，其最为常见的四种评估方法：一是基础文献研究。查阅适用的法条法规、部门规章；获取相关机构的年度绩效报告，包括政策项目的规划目标、执行过程、绩效数据等；检索该领域其他专家的研究和报告。二是大规模问卷访谈。例如，对于失业救济、办税服务、助学贷款等面向社会公众的服务，大规模引入电子邮件问卷，兼顾不同年龄段、行业、种族、学历等因素，调查受众感受。同时，广泛采访利益相关方，包括联邦政府和州政府官员、行业协会、商品和服务供应商、中介机构等，进行半结构化访谈，"滚雪球"式地获取信息。三是构建数据分析指标。GAO 出版《成本效益分析指南》《过程评估指南》《技术成熟度评估指南》等搭建起量化分析的框架。例如，GAO 对海关自动化通关系统建设的评估，运用成本效益分析法，综合计算开发费用、设备成本、运营维护费用，并将预期收益具体量化为每分钟节省的人工成本，从而进行定量的成本效益比较。四是数据的可视化呈现。如 GAO 在 2017 年对校车安全问题开展专项评估时，引用了 2000～2014 年联邦政府和州政府的校车事故数据，以图表形式直观反映校车事故的增长趋势、事故原因类型、与普通车祸的特征对比等，起到了良好的效果。

在重大政策及计划项目实施期间，GAO 会进行多次评估，每次评估完成后都设有反馈环节，推动评估结果的运用和转化。一是对评估报告进行协商。GAO 在完成相关主题调查研究后，将广泛征求行业主管部门、专家学者的意见和建议，若主管部门存在异议，双方可协商进行一些修改和完善。二是公布评估结果和整改意见。GAO 将在官网公布调查过程、评估结论，以及经主管部门认可的整改建议，引入社会监督，同时持续跟踪主管部门整改进展。三是通过立法强化评估结果的刚性约束力。在 2019 年 1 月国会颁布的《政府行为责任法案》中明确要求，各联邦机构在编制年度预算时应反馈对 GAO 评估报告中意见和建议的执行情况，对未执行的意见和建议要说明情况和理由。该法案进一步提升了 GAO 评估报告的影响力和评估结果运用的转化率。近年来，GAO 报告建议的采纳率大多在 75% 以上（见图 5-2）。

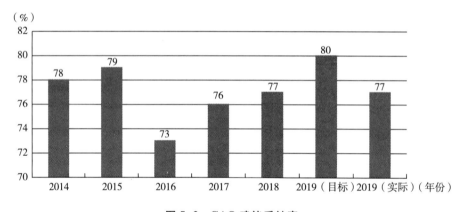

图 5-2　GAO 建议采纳率

4. 公共政策评估内容与评估方法

在美国，政策评估包括三个方面的基本内容：①政策的必要性分析；②政策的合法性；③对公共政策执行效果的分析。

政策评估的方法是以定量为主、定性为辅，定量与定性相结合的方法；基本方法是成本效益分析，通过成本效益分析为决策者选择有效率的方案，即产生最大社会净收益的方案。对于不能以货币计算损益的情况，则进行定性分析。政策评估的整个过程充分体现公开透明的原则。首先，前期进行意见征询，在设计、编写、执行政策规定绩效分析时，询问政策目标人群及专业人士和机构的意见。其次，分析过程透明，要求列明分析是建立在哪些技术、信息基础上，同时注明数据来源、附加模型，说明基本假设、方法、数据及分析的不确定性，以便让第三方能够清楚地理解分析的过程和结论。最后，评估结果公开，评估结果在互联网上公示，并披露外部咨询人员的资格及聘用情况，如由于隐私、产权、商业秘密等不能公示，则严格检验分析的结果和使用的数据，同时遵守信息质量标准和相关法律。

美国实施政策评估的核心方法是成本效益分析（Cost Benefit Analysis，CBA），但"成本"和"效益"的范围在不断扩大。近年来开始探讨无法量化指标的评价问题，引入了成本效果分析（Cost Effectiveness Analysis，CEA）。

1902 年美国政府评估水域资源工程项目时，尝试使用了国民经济角度的成本效益分析法，但当时该方法并没有定型。1936 年，美国《洪水控制法案》规定所有洪水控制和水域资源开发项目，其预期效益必须超过其预计费用，成本效益分析正式定型为评价工程建设项目的方法。1950 年，美国政府机构"联合江河流域委员会"的成本效益分析小组发表了"绿皮书"，概述了确定成本费用比率的原则和程序。

20 世纪 60 年代后期，美国国会通过立法规定，进行成本效益分析是制定法律草案和政府预算的常规程序。1974 年，福特政府 11821 号行政命令规定，任何行政机构提出重要的法律建议或公布重要的法律法规都必须有一个经过评估的通货膨胀影响报告。1978 年，卡特政府 12044 号行政命令规定，行政机关应定期对已有规章进行审查，对建议规章进行经济影响和主要替代方案的经济结果分析。1981 年，里根政府 12291 号行政命令规定，制定规章必须实现潜在的社会收益超过潜在的社会成本，经济影响超过 1 亿美元成本支出的，必须提交经济影响分析报告。1993 年，克林顿政府 12866 号行政命令规定，政府在废除或修改已有政策、制定新政策时，需要分析其经济效益。2007 年，布什政府 13422 号行政命令强调，规制机构制定规章时必须进行成本效益分析。

2011 年，奥巴马政府 13563 号行政命令重申了成本效益分析传统，但是在促进经济增长、创新、竞争和创造就业机会的同时，要尽可能地准确量化公共健康、福利、安全和环境的预期收益、未来收益和未来成本；如果适当并且法律允许的话，要考虑（并定性地讨论）那些不能量化的价值，包括过程公平（Equity）、人的尊严（Human Dignity）、结果公平（Fairness）和分配效应（Distribute Impact）。

进行成本效益分析的前提条件是分析对象能够量化。然而许多分析对象难以确定成本和效益，如安全、健康、卫生、环境保护和生态平衡，这种情况下一般采用成本效果分析。"效益"可以与"成本"处理成同一量纲，但"效果"的表述则是定性的，不能与"成本"相加减。成本效益分析可用于比较不同类项目，理论上讲可以确定项目的优先序列成本；成本效果分析只可用于同一类项目的不同方案比较，实现成本既定条件下效果最佳化。成本效果分析通常采用问卷调查和座谈等方式，分析专家、公众、企业等不同群体的看法。

5. 第三方评估

美国公共政策评估的重要特征之一是非政府组织的广泛参与。20 世纪初以来，美国陆续出现一些政策研究机构，如卡内基国际和平基金会（1910 年）、布鲁金斯研究所（1916 年）、胡佛研究所（1919 年）、二十世纪基金组织（1919 年）、兰德公司（1945 年）等，此外一些高校也设立政策研究中心或发展研究院等智库。20 世纪 70 年代以后，一些评估研究学会建立，政策评估类杂志接连创刊，如《评估评论》（1977 年）、《评估实践》（1979 年）和《美国评估杂志》（1980 年），政策评估理论逐渐积累和发展，各类咨询机构更加蓬勃发展，加快推动美国政策评估行业的繁荣，为联邦政府或州政府委托第三方评估提供了更多选项。

第三方评估机构的任务来源主要包括两类：一是政府机构委托开展的政策评估。为了提高评估结论的专业性、客观性和公信力，联邦机构、州政府也会委托第三方开展评估。例如，美国教育部定期委托第三方开展职业教育效果评估；按照《振兴美国制造业和创新法案》的要求，除 GAO 定期评估外，相关部门至少每 3 年委托一家独立机构对"美国制造业计划"进展情况进行评估。与政府委托联系紧密的典型代表是兰德公司，其收入来源中军方和政府部门的比例超过 80%，多是与国防部、卫生部、人力资源部等联邦机构签订的服务合同，包括政策分析和事后评估。二是第三方机构独立自主开展的政策评估。第三方机构都将独立性作为根本原则，尽管许多第三方机构的资金主要来源于企业、基金会或个人捐助，但在评估事项的选择上，并非直接听命于捐助者，而是体现一定的独立自主性。不同智库在立场上、观点上形成了自己的特点，有的偏向学术研究，如布鲁金斯学会、美国企业研究所，有的带有明显党派特征或意识形态色彩，如崇尚自由意志的卡托研究所等，因此捐助者往往是有目的地支持于己有利的第三方机构。

第三方评估机构评估方法的主要特征：一是强调长期学术积累积淀。著名智库往往有相对固定的研究领域，由专门的团队长期跟踪研究，在学术界也具有一定的公信力、影响力。例如，传统基金会对税收政策、导弹防御的关注等。二是遵循一定的研究范式。智库所出具的报告，往往是对某一政策的综合性研究，从历史沿革、发展过程、实施效果、影响因素等角度，广泛收集信息，探索运用数据建模、场景模拟等研究方法得出结论和建议，出具的报告论证严谨、专业。三是兼顾报告的可读性和传播力。越来越多的智库倾向于媒体化，在发布研究报告的同时提炼短小精悍的评论文章，积极运营网站主页和推特账号，更好地适应现代化传播节奏。

对于国会、政府机构委托开展的评估，第三方机构即按照要求提供评估报告，分析当前政策执行存在的问题，提供政策建议和解决方案，为政府下一步决策提供参考依据和支撑。对于独立开展的评估工作，第三方机构及专家个人通过参加国会听证会、圆桌会议、公开演讲、出版著作等形式，努力影响政策的调整与修订，从而提高自身在本领域的声望。由于"旋转门"机制的存在，积累了声望的第三方机构研究人员可能会受聘于政府部门，直接参与政策的制定和修订；政府部门的工作人员离职后也有不少加入第三方机构，继续从事本领域的研究和评估工作。

6. 简要总结

美国政府治理体系是高度分散的，"三权分立"政治制度下衍生出多元化的评估机构主体。行政系统内由政府管理和预算办公室（OMB）主导，推动建立全面的绩效评估体系，以提升政府的工作效率；立法系统由政府问责局（GAO）牵头，在政府绩效数据的基础上，选择部分重点事项，深入研究政策执行和效果，提出专业化的评估意见；第三方机构则是公共政策评估强有力的补充和支撑，在普遍接受政府和企业资金的情况下追求独立性，以影响政策调整方向为目的。

三类政策评估机构之间各有侧重、共同配合、相互制约，综合影响之下，美国公共政策评估呈现出以下特征：

第一，以法律为基石，推动政策评估的制度化、规范化。《政府绩效与结果法案》（1993 年）、《政府绩效与结果现代化法案》（2011 年）等一系列法案，授权 OMB、GAO 作为事中事后监管的牵头机构，并对政策评估的原则、内容、标准、程序等做出明确规定，搭建起美国公共政策评估的基础框架。

第二，与绩效数据相衔接，提高政策评估的精准性。OMB 所牵头建立的政府绩效评估体系，围绕资金投入、执行过程、产出效率等积累了大量数据和样本，为后续重大政策、重大项目的专项评估工作夯实了基础。

第三，以成果运用为导向，增强评估报告的影响力、约束力。依据相关法案规定，OMB 和 GAO 的评估结论直接关系下一年度财政资金安排，对联邦机构的约束力较强，有利于推动问题整改和政策调整。

第四，凸显多元利益诉求，评估机构间相互制衡明显。不同评估报告背后代表着特定的利益群体，各种观点交锋碰撞、相互制衡。

经过一个多世纪的发展，美国在公共政策评估领域积累了大量的实践经验，但考虑到其"三权分立"、联邦制度及官僚机构分散化所导致的价值多元、立场分裂，其政策评估也体现出多元竞争、相互制衡的特色。美国已拥有相对完善的政策评估法律体系、丰富的公共部门基础数据、规范化的评估步骤和机制。

美国评估协会（AEA）

美国评估协会（AEA）成立于 1986 年，是由评估者组成的一个国际性专业评估组织。该组织致力于改进评估实践和方法，增加评估的使用，推进评估行业发展，并支持评估对产生有关人类行为理论和知识的贡献。组织愿景是建立一个包容性、多元化和国际化的实践社区，并将其定位为评估领域受人尊重的信息来源。美国评估协会认为，评估是确定优点、价值或重要性的系统过程①。美国评估协会积极推进

---

① What is Evaluation？［EB/OL］. American Evaluation Association，https：//www.eval.org/Portals/0/What%20is%20evaluation%20Document.pdf，2022-02-25.

评估实践，包括项目评估、人员评估、教育评估、政府评估、独立咨询等。截至2019年美国评估协会拥有大约6000名成员，来自美国50个州及80多个其他国家和地区①。其成员是来自多个学科和背景的专业评估员，其中包括：学习评估或相关领域的学生、独立顾问、数据可视化专家、评价教育者、评价经理和主管、专注于非营利组织和基金会的专业人士、评估资助者等。人事、项目、技术和政府评估、医疗保健、社会正义、教育等领域的专业人士加入了美国评估协会发起的60多个专题兴趣小组（TIG）。协会每年为其成员提供评估咨询的教育、年度会议和各类线上线下活动、评估出版物和评估资料等。

在组织上，美国评估协会的关键成员包括：董事会，由13名成员组成，他们共同制定所有战略、政策和大规模的项目决策；专题兴趣小组，他们在拥有类似兴趣的成员中提供网络和会议项目，并通过征求和审查提案及为会议制定主题来积极参与年度会议；地方隶属机构，美国评估协会的地方性或地区性隶属机构是独立、按地域区分的专业组织，与美国评估协会承担共同的任务。

美国评估协会主要通过发起专题兴趣小组活动和促进美国联邦政府的政策评估进程实现其发展目标，提高社会影响力。

一、专题兴趣小组（TIG）

专题兴趣小组是协会的子小组，发起于2001年，由具有共同兴趣的成员组成。专题兴趣小组可以围绕需求评估等方法、政府评估等工作环境、女性主义问题等突出问题或独立顾问等专业地位形成。美国评估协会目前支持60多个专题兴趣小组在其主题领域内寻求评估最佳实践。

专题兴趣小组的总体目的与美国评估协会的使命相同，为作为社会工作者、社会工作学者、研究人员和社会工作项目评估人员的美国评估协会成员提供以下支持②：

（1）改进社会工作中的评估实践和方法；

（2）增加社会工作实践中的评估使用；

（3）提倡将评估作为一种可以为社会工作者提供很多服务的职业；

（4）提高评估对产生关于人类行为理论和知识的贡献，包括社会工作实践；

（5）在对社会工作实践评估感兴趣的同事中推广美国评估协会，并鼓励他们加入美国评估协会以发展专题兴趣小组；

（6）增进社会工作者进行评估研究的资源；

（7）完善社会工作者评估教学和培训资源机制。

---

① AEA Snapshot：Key Findings from 2019 ［EB/OL］. AMERICAN EVALUATION ASSOCIATION，https：//www. eval. org/Portals/0/Docs/2019%20Year%20in%20Review. pdf，2022-02-25.

② Tracy C. Wharton，Mansoor A. Kazi. Social Work and Evaluation：Why You Might be Interested in the American Evaluation Association Social Work Topical Interest Group ［J］. Research on Social Work Practice，2012，22（4）：437-439.

二、政策评估推广

美国评估协会致力于应用和探索评估计划、政策和活动的方法。其推广和进行的评估工作涉及评估计划、政策、人员、产品和组织的优势和劣势，以提高组织的有效性。2006 年，美国评估协会评估政策工作组成立，确定了一种与政府决策者沟通的机制①。通过评估政策工作组和评估政策主体兴趣小组，美国评估协会将研究人员、评估人员、政策制定者和组织领导人聚集在一起，围绕评估政策的需求和影响进行有意义的对话。2019 年，美国评估协会发布了 *An Evaluation Roadmap for a More Effective Government*，描述了该组织十多年间在美国联邦政府中推广的政府能力建设的步骤。文件中通过说明具体的操作方法，分享应用这一评估机构的经验教训，期望增强政府的评估能力，丰富项目生命周期的评估实践，并让决策者利用评估结果进行决策。此文件已被多个机构用于制定其评估政策②。

美国评估协会通过经营刊物、发表文章扩大其指导评估实践的影响力。*The American Journal of Evaluation* 是美国评估协会的官方期刊。该杂志发表有关评估方法、理论、实践和结果的原创论文。*The New Directions for Evaluation* 是另一本官方刊物，发表所有有关评估方面的作品，重点是对评估的理论、实践、方法、职业及评估发生的组织、文化和社会背景等前沿问题进行及时而有深度的反思。

三、职业规范建设

美国评估协会拥有自己的章程，该章程描绘了协会的基本法律义务，于 2010 年 8 月由全体会员通过，2011 年 1 月生效。该章程主要内容涉及机构名称、目标、成员资格、业务会议、治理结构、官员、财务管理、董事会和其他成员参与、专题兴趣小组、章程修订等方面。

在评估职业道德方面，美国评估协会发布了指导原则，旨在作为评估人员职业道德行为的指南③。指导原则主要包括五个方面：①系统调查原则，要求评估人员进行基于数据的系统调查，这些调查应当是结合具体情况、全面且有条理的调查；②能力原则，要求评估人员为利益相关者提供熟练的专业服务；③诚信原则，要求评估人员以诚实和透明的方式行事，以确保评估的完整性；④尊重原则，评估人员应尊重个人的尊严、福祉和自我价值，并承认文化在群体内部和群体之间的影响；⑤共同利益和公平原则，评估人员应当努力为公平公正的社会的共同利益和进步做出贡献。

在解决利益冲突问题方面，美国评估协会规定，董事、官员、委员会成员和某些其他志愿者对协会负有保护义务，以合理和谨慎的方式行事，以维护协会的最佳

---

① Morris M. Valuation and the American Evaluation Association：Helping 100 Flowers Bloom, or at Least Be Understood？［J］. New Directions for Evaluation，2012（133）：1-129.

② 详细内容参见 An Evaluation Roadmap for a More Effective Government。

③ Guiding Principles［EB/OL］. https：//www. eval. org/About/Guiding-Principles，2022-02-25.

利益①。这包括遵守对协会的忠诚义务，这要求董事在为协会服务时不是为了自己的
个人利益而行事，而是完全为了协会的利益。

（二）日本

1995 年，日本三重县率先开展了政策评估工作，其他都、道、府、县借鉴三重县
的做法，相继推行政策评估。日本中央政府从 21 世纪初开始引入政策评估制度。例
如，国土交通省 1998 年开始在公共建设工程立项和实施中开展评估；日本环境省以环
境保护成本核算为核心，于 2000 年构建了一套环境会计体系，主要目标是确保环保措
施的成本效益，以及满足对外交流的需要。

2001 年，日本参照美国 1993 年《政府绩效与结果法案》（GPRA）制定颁布了
《政府政策评估法案》（GPEA），要求中央政府全部开展政策评估，地方政府逐步引入政
策评估。《政府政策评估法案》颁布后，日本又出台了《关于政策评估的基本方针》
（2001 年）、《行政机关政策实施评估相关的法律实施细则》（2007 年）等相关法规，以及
《关于规制实施前评估的指导方针》（2007 年）、《关于与政策评估相关的信息公布的指导
方针》（2010 年）等操作手册，政策评估制度日益完善。《政府政策评估法案》确定的
范围相当广泛，所指的"政策"不仅包括政策本身，还包括行政主体为实现特定目标
所采取的相关手段，如设立计划和项目。据总务省统计，2009 年各省厅共完成事前评
估和事后评估 2645 项，其中 183 项为研究与开发计划或项目。之后，日本的政策评估
方面的规定陆续颁布，逐渐形成了完整的政策评估制度体系，如表 5-3 所示。

表 5-3　日本政策评估的相关法令

法令名称	发布时间	发布机构或文号
《行政机关发布的政策实施评估的相关法令》	2001 年 6 月 29 日	法令第 86 号
《关于对行政机关的政策实施评估的相关法律命令》	2001 年 9 月 27 日	政府命令第 323 号
《关于政策评估的基本方针》	2001 年 12 月 28 日	内阁会议决定
《关于顺利且有效地实施政策评估事宜》	2003 年 6 月 4 日	总务省行政评价局第 9 号
《关于政策评估实施的指导方针》	2005 年 12 月 16 日	政策评估各行政机关联络会议批准
《行政机关政策实施评估相关的法律实施细则》	2007 年 8 月 24 日	总务省令第 95 号
《关于规制实施事前评估的指导方针》	2007 年 8 月 24 日	政策评估各行政机关联络会议批准
《关于与政策评估相关的信息公布的指导方针》	2010 年 5 月 28 日	政策评估各行政机关联络会议批准
《实施与特殊税收措施等有关的政策评估的指南》	2010 年 5 月 28 日	政策评估各行政机关联络会议批准
《关于目标管理型政策评估实施的指导方针》	2013 年 12 月 20 日	政策评估各行政机关联络会议批准

---

① Conflict of Interest Policy ［EB/OL］. American Evaluation Association，https：//view. officeapps. live. com/op/
view. aspx？src = https% 3A% 2F% 2Fwww. eval. org% 2FPortals% 2F0% 2FDocs% 2FConflict% 2520of% 2520Interest%
2520Policy%2520revised%25202019. doc%3Fver%3D6vihkrdgHE8MgUXJ0yidBg%253d%253d&wdOrigin = BROWSELINK，
2022-02-25.

1. 日本政策评估的主要内容

《政府政策评估法案》是日本政策评估领域的根本性法律。政策评估是各行政机关自行掌握各自实施政策的效果并进行分析，通过实施评估，在以后的计划制定和实施中发挥作用，并使其评估结果恰当地影响政策，重新评估并完善政策。根据《政府政策评估法案》的规定：①政策评估的目的是提升政府工作效率，推动政府信息公开；②政策评估的对象为行政机关及其掌握范围内的政策；③政策评估的方式以政府部门的内部评估为主，包括各行政机关的"自我评估"和由总务省主导的综合政策评估；④政策评估的结果须由各评估机关制作形成评估报告后再呈交国会，同时予以公布。

具体的政策评估根据对象分为针对行政机关实施的政策评估和由总务省主导的综合政策评估。

针对行政机关实施的政策评估：《政府政策评估法案》要求各行政机关从必要性、效率和有效性的角度进行自我评估，并要求将结果反映在有关政策中。在"基本方针"的指导下，行政机关被要求制定3~5年的中期基本计划和年度实施计划，按规定创建并发布评估报告。政策评估的实施情况及评估报告应每年都向国会提交。

由总务省主导的综合政策评估：根据《政府政策评估法案》规定，总务省从确保政策评估统一性的角度，为确保政策评估的全面和客观，对涉及两个以上行政机关的政策和其他被认为有必要由总务省评估的政策进行综合的评估。总务大臣负责每年制定其后三年的政策评估计划。

《政府政策评估法案》于2002年4月1日正式生效。在此期间，针对行政机关与事前评估的实施相关的《关于对行政机关的政策实施评估的相关法律命令》和细化相关政策评估规定的《关于政策评估的基本方针》先后出台。《关于政策评估的基本方针》指出，日本的政策评估是嵌入于以"规划方案、实施、评估"为主要元素的政策管理周期中的制度化系统。通过政策评估这一工具的嵌入，日本政府试图在提升行政能力、政策效果的同时，提升行政人员的服务意识，实现打造以人为本的高效率、高质量行政体系。同时，通过政策评估过程的公开，日本政府也希望能够提高行政的责任性，增强国民对于政府行政的信任度。具体的政策评估方式根据政策的特性可以选择"项目评估""成绩评估""综合评估"三种评估方式。为了提高政策评估的质量，加强各行政机关之间的联系，顺利且高效地实施政策评估制度，《关于政策评估的基本方针》中提出，举办由各行政机关组成的联络会议，分担部分总务省实施的政策评估。《关于政策评估的基本方针》中也提出要重视专家学者的参与，灵活运用其专业知识能力和见解，采用符合评估对象政策特性的评估方式。针对政策评估的结果，行政机关被要求在政策规划方案工作中进行恰当的反映和明确。

2005年12月，在《政府政策评估法案》生效三年后，政策评估各行政机关联络会议对基本方针做出了修订并批准发布了《关于政策评估实施的指导方针》。《关于政策评估实施的指导方针》根据"对象政策是在何种目的之下、采用何种手段予以实施"

区分了政策体系中政策（狭义）、施策和事务事业。政策（狭义）是以实现应对特定行政课题基本方针为目的的行政活动；施策是以实现上述"基本方针"中的具体方针为目的的行政活动，即为实现政策（狭义）而制定的具体政策和措施；事务事业是使上述具体政策和措施具体化的各个行政手段，即行政活动的基础单位。《关于政策评估实施的指导方针》还进一步规定了《关于政策评估的基本方针》中关于三种评估方式的注意事项。在评估方法中，《关于政策评估实施的指导方针》提出在基于评估成本考量的基础上，应努力开发定量评估方法，尽可能采用基于具体指标数据的定量评估方法。《关于政策评估实施的指导方针》中的一个亮点是要求加强政策评估与预算和决算的联系，由政策评估机构负责加强与预算编制机构和主管机构的合作，致力于实现对政策评估和预算、决算的强化合作。

2005年后，政策评估各行政机关联络会议针对更为细化的政策类型又相继出台了多项法案。在日本，针对"规制"这一特殊的政策类型，各行政机关联络会议于2007年8月发布了《关于规制实施事前评估的指导方针》。2010年5月和2013年12月，各行政机关联络会议先后出台了《实施与特殊税收措施等有关的政策评估的指南》和《关于目标管理型政策评估实施的指导方针》，细化了不同类型政策评估指导方针。

2010年5月，政策评估各行政机关联络会议专门出台了《关于与政策评估相关的信息公布的指导方针》，对于评估报告的制作标准进行了规定。其中对评估报告撰写的注意事项、所需包含的内容、摘要的制作、公开程序等都做出了详细的规定。

2. 日本政策评估的主要特点

以2001年6月颁布的《行政机关发布的政策实施评估的相关法令》为标志，经过约20年的发展，日本逐渐形成了完整的政策评估法律体系。在后续完善中，针对政策的特点，日本制定了对规制、目标管理型政策、特殊税收措施等有针对性的规范性文件。日本的政策评估体系中，政策评估被视为嵌入政策过程、达成政策目标的工具，并制度化为政策过程的一部分。日本政策评估的对象限定在行政机构及其掌管范围内的政策，最显著的特点是强调以政府内部的自评估为主，即各行政机关对于其所掌管的政策亲自进行评估是基本原则。虽然《政府政策评估法案》颁布后，内阁会议、总务省、政策评估各行政机关联络会议相继出台了针对各类评估对象的具体规定，但都没有改变自评估的主要形式。日本的政策评估体系也十分强调对于政策评估计划和政策评估结果的公开，视政策评估为推进信息公开、增强公民信任和政府负责的重要举措。

3. 政策评估方法

日本总务省下属的政策评估与独立行政法人评估委员会负责为各部门提供政策评估的标准模型，分为项目评估、成绩评估和综合评估三种评估类型，基础方法是成本效益分析，如表5-4所示。

表 5-4 日本总务省政策评估标准模型

类型	对象	时间	目标	方法
项目评估	政府项目，也可以是计划	实施前，也可以是事后评估	选择项目，做出判断	估测预期效果和相关成本
成绩评估	各部门的主要政策	实施后定期开展	修订和改进政策	根据预期政策效果设定目标，评估目标达到的程度
综合评估	特定主题	实施后的特定时间	发现问题	多方面考察政策效果

资料来源：庞宇，崔玉亭. 日本的政策评估体系和实践及其对中国科技评估的启示［J］. 中国科技论坛，2012（3）：148-155.

各部门按照《政府政策评估法案》的要求，在总务省提供的标准模型基础上，形成了各自的自评估体系。多数部门采用 PDCA 评估管理模式，即计划（Plan）、执行（Do）、检查（Check）、行动（Action）。如经济产业省针对重大技术研发项目，制定了一套评价指标体系，主要包括：项目研发目标、定位，与日本相关政策及产业发展战略的符合程度，国家资助开展该项目的必要性，项目实施的可行性，实施项目可产生的效果和影响，项目研发的成本效益情况。国土交通省设置了五种类型的评估活动，分别是作为事前评估的政策评价（Policy Assessment）、作为事后评估的政策检验（Policy Checkup）和政策综合评价（Policy Re-view），以及单独公共建设工程评估（Evaluation of Individual Public Works Projects）、单独研究与开发主题评估（Evaluation of Individual Research and Development Themes）。

4. 政策评估的机构与执行

日本的政策评估以各部门自评估为基础，以总务省评估作为补充，有时也会组织第三方评估。

《政府政策评估法案》明确规定，包括内阁办公室、各省厅在内的行政主体必须开展政策评估，并以提升管理效果和效率、确保政府行为严格履行对公众负责任为目的。《政府政策评估法案》还规定，各主要行政主体要制定一份针对本部门的政策评估基本计划（3~5年）及执行计划（年度政策评估计划）。例如，经济产业省规定，新的且预算额超过 1 亿日元的大型项目由具体实施的处室负责评估，其余项目则由经济产业省下属的新能源产业技术综合开发机构（NEDO）负责评估。

日本总务省专门设立了作为总务大臣咨询机构的"政策评估与独立行政法人评估委员会"，委员由总务大臣任命，主要是外部专家学者和企业家。总务省负责对各部门开展的自评估进行指导、监督，并对自评估报告进行检查和分析，同时还开展一些涉及广泛议题的跨部门政策的评估活动。

日本各级政府在开展自评估的同时，根据需要有时也会组织外部评估，以及对评估工作的评估，通过公众调查等方式客观地反映公众的看法，以增强评估的客观性、独立性和广泛性。如国土交通省开展政策评估时注意引入外部人员和机构，设立了至少有 8 位社团领导人参加的政策评估会议，听取专家意见。第三方评估机构通过与政府合作，发挥政府部门与公众间的桥梁纽带作用。在日本有一批专门从事政策评估的第三方评估机构，如岩手县的部分非营利组织。

为了增加评估的透明度，日本政府 2010 年 5 月制定了《关于与政策评估相关的信息公布的指导方针》，指导评估信息、数据的使用及向公众开放等事项。

（三）德国

德国的政策评估可以被认为是非常强大和完善的。德国的政策评估方式基本上可以归为三大类：由联邦审计法院和私人审计机构开展的监督与检查活动；由研究机构开展的对地区政策实施成效的评估，由劳工市场与就业研究院（Institute for Labour Market and Employment Research）开展的商业调查、劳动力市场研究及其他类似研究；由公共行政机关外部的专门经济机构对经济影响进行研究，这些机构包括德累斯顿研究所等单位。

在德国，相关法律要求联邦和地方层次的政策都需要被审计法院审计。审计的内容主要包括经济开支和目标实现的程度。联邦和地方拥有许多提出、组织和承担政策评估责任的机构，包括各部门、审计法院和承担特殊任务的组织，如联邦经济与出口管制局、联邦劳工市场与就业研究院、联邦建设与空间研究局和联邦劳工研究院等。联邦经济与劳工部已经建立了一个评估小组，从而为部内职员之间交流评估经验提供了一个平台，它也为从事与评估有关的工作人员组织详细的培训。

德国政策评估的主要目标是研究清楚政策的效力和影响，研究方法主要是定量的，而且以事后评估为主。

在德国，政策评估主要是特定的政策工具，而非针对整个政策进行评估，并且主要被当作事后效力与影响力评估。一般来说，评估只有在被看起来有利时才会得到资助，并没有严格的立法要求评估必须在何时开展。德国政策评估在方法上非常严格，地方政府针对来自中央的资助，必须每月向联邦经济与出口管制局提交有关财政和其他客观指标的报告。这些经济信息自 1972 年就开始被收集，其他客观情况则从 1991 年开始被收集。除此之外，自 1997 年以来，联邦劳工市场与就业研究院对 8000 多家企业的公共援助计划的情况进行定期调查，包括对利润、商业预期、营业额、投资、经济部门、员工数量、雇佣方案变化、工资的资料收集和加工方法，借助定量方法来分析相对长期的时间序列资料。近年来德国在联邦层次开展了大量的研究，以确定政策目标是否得以实现。这些研究主要由联邦劳工市场与就业研究院和联邦建设与空间研究局开展。这些评估的议题主要包括：得到资助的对象是否要比没有得到资助的对象发展得更好，德国各地区的相对排名是否发生改变，特定地区是否需要进一步的援助。这些研究中的一个典型代表就是联邦劳工市场与就业研究院定期开展的"商业面板调查"，它根据每一名工人的私人投资水平、企业对未来就业趋势的预期、未来投资货币和营业额指标的发展、商业与工资的规模，来探究受援地区与非受援地区的区别。作为这项研究一部分的一项计量经济分析表明，地区援助、投资率和就业增长之间存在重要的关系。

德国还有一类政策评估借助计量经济模型，非常强调对广泛的经济影响进行宏观、区域或部门层次的研究。这些研究主要由研究机构开展，如德累斯顿研究所、联邦劳工市场与就业研究院，它们旨在理解存在于政策工具和地区发展目标之间的因果联系。

一项有关地方激励影响研究的有趣案例提示了政策影响是如何被确定的。该研究处理的是德国国内地区政策的两个核心工具——为商业投资提供援助和为商业投资提供免税额，并且它分析了一些核心指标，即私人投资规模、就业和生产率。这项研究的基本假设是，地区性的政策开支很可能会导致减少就业的替代效应（在这里资本替代了劳动力）和增加就业的产出效应（通过吸引未来的生产能力和产量）。基于这样的前提假设，即不存在组合资本与劳动力的最优方式，但不同的组合适合于不同的地区（取决于地区发展的水平）。该研究发展出一个模型，并基于此模型提出结论，即从短期来看，替代效应会超过产出效应，但这种情况会在长期得到扭转，因此德国地方政府对投资的援助对就业具有积极效应。

总体上，德国并不是在不知道该方法复杂性的情况下使用影响研究，但对影响地区发展因素资料收集的困难程度来说，这意味着政策评估研究通常会根据时间、部门、地区、工具和公司规模等仅关注和局限于一定范围。

（四）法国

1. 法国公共政策评估概况

公共政策评估如公共政策一般悠久，但它长期处于非正式状态，这至少是出于以下三个原因：

第一，政策评估的发展被这样的观念拖曳，政策决定总是为"公共利益"服务。尽管人们都知道情况并不总是这样，但直到公共选择学派的出现才证明了这一点。我们现在都知道政客和官员如所有人一样，他们主要关注自身的利益，而他们所制定和实施的公共政策并不总是圆满地为公众服务，因而需要得到监督和评估。

第二，公共部门原来规模很小，政府的失败可以被容忍。如今公共部门人员与支出规模都较之前大许多，效率提升机制已经变得十分必要。现在人们广泛意识到，政策评估在公共部门扮演的角色就如同市场在私人部门扮演的角色。

第三，在很长一段时间内，公共政策都是相对简单的，它们只拥有有限的目标和工具。在很大程度上，评估在当时只是一个常识性的问题（或者至少是被如此看待的）。如今情况绝非如此，公共政策已经变得非常复杂，拥有众多利益相关者、间接与直接（而且常常是反直觉的）结果、长期和短期影响。将政策工具与政策目标联系起来——政策评估的基本组成部分——已经成为一种技巧，有些人称之为艺术，这些并非普通的政客所能掌握。

考察这些变化对法国政策评估实践的影响变得非常有趣。在法国，如在其他地方一样，政策评估采取多种形式，而且变化迅速。对评估进行两种区分是必要的：一是区分事前评估与事后评估；二是区分一般政策评估与投资工程评估。公共投资评估又被称为成本收益分析，已经历史性地成为公共政策评估中最发达和精致的维度，而且仍旧是其中的关键部分。

法国公共投资长期以来与两大重要而有名的全国性工程师团体相联系：桥梁道路工程师和采矿工程师。前者在法国大革命之前就已创立，后者则在法国大革命的过程中建立。它们吸引了这个国家最好的学生，而且基本上垄断了公务员、国有企业、私营企业（至少在基础设施、能源和工业）中的高级职位。它们负责交通、城市化、住房、能源和工业中的重大决策，那时选举上来的政客并没有现在如此重要。它们发展了评估技巧，以帮助其站在公共利益的立场上选择出"好的投资"。可以毫不夸张地说，是它们发明了工程评估。1948 年，Jules Dupuis（桥梁道路工程师）面对着一个棘手的问题，即比较建造一座桥梁的成本和收费桥梁带来的收益，最终他发明出"消费者剩余"的概念在标准交通工程成本收益分析中处于核心地位。"二战"中及之后，Maurice Allais（采矿工程师）在能源和其他经济问题的公共投资上做出了重要贡献，他也因此在多年后获得了诺贝尔经济学奖。不久后，Marcel Boiteux（数学家，当时是法国一家电力垄断公司的首席执行官）发展出了对于一个边际成本递减、预算均衡约束的垄断组织的最优定价理论。重新发现了 Ramsey 在最优征税上的有力洞见（因而形成了 Ramsey Boiteux 定价的概念）。所有这些工程经济学家都非常喜爱工程评估并在法国实践或推行它。

那么评估的立场在哪儿？看起来成本收益分析的规划与方法已经被正式化和优化，但成本收益分析的影响却严重下降。

原则上，成本收益分析为所有重大公共投资工程所需要。对于交通工程（公共基础设施投资的很大组成部分）尤为如此。1982 年的交通立法明确规定了这一点。法国强大的设备部（现在被称为可持续发展部）作为桥梁道路工程师的大本营，发布了许多手册或指令，以解释这些事前评估是如何开展的。一个关键点是这些指令预示了被使用参数的价值：时间的多重价值、生命的价值（当衡量事故的社会成本时被考虑进去）、当地污染的价值、二氧化碳排放的价值、社会贴现率。确定这些价值是必要而富有争议的。为了进行选择，类似的衡量必须被用于所有工程和不同的部门（从长期来看，财政部所使用的价值标准与设备部所使用的价值标准并不相同）。在 2000 年，由 Marcel Boiteux 主持的一个委员会被法国委以重任，制作出合理的和可被接受的衡量标准。这些标准后来被参与进来的各部门纷纷采纳。之后，其他委员会也被创立以讨论和修正一些参数的标准。到 2005 年，一个委员会修正了被使用的社会贴现率（4% ~ 8%）；到 2008 年，另一个委员会修正了二氧化碳排放的价值。这些标准被完善后，工程评估才在法国被广泛使用。

在过去 20 年间，工程评估在法国发挥的作用已经减少，其理由如下：

第一个理由就是分权化。许多以前由中央政府决定的工程现在都由地区性或地方性政府决定。工程评估只是在中央层次由立法强制推行，但在地区或地方层次却并非如此。在地区或地方层次，常常缺乏开展投资评估的技术技巧和政治意愿。总体上，法国工程评估的领域在过去几十年中都在缩减。

第二个理由与许多评估的"乐观偏见"有关。不可否认，事前评估是一项困难的技艺，即当今事业的复杂性导致其成本存在极大的不确定性。然而这些不确定性并不能解释成本通常被低估、收益通常被高估的事实。这种"乐观偏见"并不限于法国，可能在其他国家更严重。但它确实在法国存在，或许还在上升。这就引发了一个问题：谁是评估者？在法国，工程评估由促进这些工程的实体开展。在许多情况下，这些实体尽管是国有，却享有自治权。它们拥有自己的议程、公关机构和游说集团。它们天然地相信它们活动的社会有效性。它们经常被资助，而且知道一项错误投资的后果将会由纳税人承担，而对机构本身只产生很小的成本。因而它们拥有很大"改善"评估结果的冲动。原则上，工程推动者所开展的评估会被公务员监督，这就一定程度上限制了过分的扭曲。但是这里存在的信息不对称是极为明显的。一方面，这些庞大的、人员充足的工程的推动者对他们"工程"的背景和细节了解得非常清楚，而且可以聘请最好的咨询公司来"证明"一个"积极"的评估结果；另一方面，许多公务员虽有能力但缺乏时间和资料。

第三个理由是政治化。在法国，公共投资决策主要由技术人员做出的时代已经一去不复返。如今，被选上来的政客们拥有不同的想法，他们不再倾向于听从工程评估的结果。原则上，合理而民主的情况应该是，被选上的政客在考虑工程评估的结果后，对重大公共投资拥有最后的决定权。然而实际上，当评估结果系统性地被政治考虑压垮后，它们变得毫无用处。2002 年，有 23 个重大交通管道投资工程被提上议程（超过财政能力）。新任总统要求 6 位高层公务员（3 个来自财政部，3 个来自设备部）对这些工程进行评估。他们努力工作，应用和更新了评估方式，并出色地完成了任务。他们表明了有些工程拥有很高的内部收益率，有些工程则非常低。2003 年 12 月，总统召集部长级会议，会上 22 个工程得到通过（它们的资金情况现在还不清楚）。

总之，尽管事前工程评估在法国拥有很长的历史和统一的规则，但是它的重要性在最近几十年很可能减轻了许多。

事后工程评估则相反，尽管法国公务员是未来导向的，他们为了决策会欢迎事前评估提供的帮助，特别是有关行政控制的评估。但他们对回溯性评估并不感兴趣，而且不愿意把时间和资源投入里面。对于他们而言，事后评估要么显示出他们做出了正确决策（这种情况下评估没什么意义），要么表明他们做错了什么（这种情况下评估会伤害到他们）。

部分事后评估借助于立法，这种情况已经开始得到改观。1982 年交通立法既让事前评估成为重大工程的必需品，又让事后评估得到同样的待遇，尽管并没有具体规定何时（如工程完成后多少年）开展事后评估。在 20 年的时间里，这种指示被大大地忽视，只有屈指可数的事后评估得到了开展。之后桥梁公路总理事会设备部的监督机构决定必须执行法律规定，并开始着手事后评估。现在，每年会有 4~5 项事后评估得到开展，评估结果会在设备部的网站上得到公布。这些事后评估有两个重要特征：

第一个特征，它们由负责工程的机构开展，并受桥梁公路总理事会的监督和控制。这些机构明显会倾向于粉饰它们的记录。事后评估不应是自我评估。尽管桥梁公路总理事会的监督是有效的，并起到了一定程度的纠正作用，但人们可以想象，在评估方与被评估方之间做出明显区分会更好。例如，世界银行的事后评估是由专门的独立部门负责的。

第二个特征，这些评估主要关注找出事前评估中的差错，如成本预测、交通预测、国内生产总值增速预测、预期弹性是否准确。这些事后评估的目标或用处并非证实该工程的效果，而是事前评估是否正确。这当然会有助于提升事前评估的实践水平。

工程只是政策的一部分（虽然是重要的一部分）。简单地说，政策拥有四个主要工具，即四个"I"：投资（Investment）——工程投资；禁令（Interdiction）——禁止或限制经济体的行为与决策的法律和规定；激励（Incentive）——提升或降低各种商品成本的税收或补助；咒语（Incantation）——表明方向和意见一致的宣言。在许多情况下，分析和研究也被混进事后评估与事前评估中：它们以评估过去政策开始，以评估未来政策结束。

2. 公共政策评估机构与人员

法国的公共政策评估并不是由某一职能部门单独承担，而是由某些公共机构共同承担。在法国，承担公共政策评估的机构包括国会、中央和地方行政机关、国家审计法院和地方审计法庭，以及专门的公共评估机构等。

同其他地方一样，许多的实体和机构参与了法国公共政策的事前评估和事后评估。

（1）部内监察机构。

大多数法国部门都已经发展出部内评估的能力，设立了计划部门和部内监察机构。计划部门通常是在部长的要求下，但也经常是在它们自己的要求下，针对当时的政策和建议的、预想的、计划的政策开展研究。这些评估得出的结果通常并不公开。部内监察机构则相对更独立一些，它们的职能包括评估过往的政策，偶尔评估未来的政策。

不同部门内部的评估机构的重要性、复杂性和独立性并不相同。评估在财政部和设备部发挥了很大的作用。近些年来，教育部或社会事务部等部门已经大大地发展了评估机构的分析技能。在许多情况下，每个部门相关政策领域的资料库和统计数据已经在评估实践的发展过程中发挥了关键作用。尽管存在不包含评估的统计资料，但并不存在不包括统计资料的评估。在这里，国家统计局发挥了关键的作用：每个部门的主要统计官员一直都由国家统计局安排，以保证统计资料的质量和一致性。

（2）计划委员会、临时委员会和评估委员会。

计划委员会曾经在近半个世纪的时间里开展事后评估与事前评估。当时其发布的五年计划对社会并没有约束力，甚至对政府也没有约束力。计划委员会只是为政策评估和达成一致意见提供支持甚至是托词。计划委员会本身职员稀少（50名左右的专业人员）。其每5年就会创立出20个左右的委员会，覆盖当时最重要的政策话题（从能源到地区政策再到劳工问题）。每个委员会包含来自商会、议会、学界的30名左右的专业人员，并配备一名主席和 1~2 名记录员。这些成员都是由总统亲自指定的，根据的是他们的实力而非对利益集团的代表性（尽管每个委员会的组成尽量是对各种利益集团的均衡代表）。在两年中，每个委员会大约每月开一次会议，并且记录员要制作一份评估过去政策和未来可能政策的报告。这是一个达成一致意见的过程。各种委员会的评估报告会被出版，并赋有一定权重。它们也会被合并到一个文件上，这就是计划。1990 年之后，计划委员会停止制定计划，但是它仍然会创制一些临时性的委员会来调查和评估各种政策。

随着时间的推移，计划委员会的声名渐衰，2005 年它被废止，但随即被战略分析委员会替代。战略分析委员会同样创立了各种委员会，以准备有关各种议题的报告，评估当时和潜在的政策。

法国政府同其他政府一样，经常会创立一些临时委员会以评估政策和提出建议。这些委员会一般包括高级公务员、商人、商会领袖、政客（通常包括市长）、学者和记者。他们都是非党派的。他们的报告被正式出版，提出的建议对政府并没有约束力，但拥有一定的社会和政治影响力，因而无法被完全忽视。

1990 年，法国创立了一个部际评估委员会，由一个科学委员会协助。它可以被放在法国计划委员会之下讨论，因为它隶属于这个机构，而且功能相似，都是通过创立具体的专门委员会来评估特定的政策。部际评估委员会没有职员（它的人员来自计划委员会的职员）和资金。其部际特征是为了保证政策议题的选择和机构的权威性都不会受具体某个部门约束，而它的科学委员是为了保证正确而可靠的方法得到应用。创立部际评估委员会是一次失败的尝试。该部际委员会只进行了 3 次会议，之后政策议题都是由总统办公室选择。在部际评估委员会成立的 8 年中，只有 12 个评估被完成。其从来没有取得计划委员会报告所具有的知名度和权威性。部际评估委员会被看作是行政至上的和累赘的，而且它由政府控制，其做出的报告关注的都是各部门而非公众，并且部际评估委员会创立出来的临时委员会均由各部代表主导，因而并没有比计划委员会多创造附加值。这个失败是如此明显，以至于在 1998 年部际评估委员会被废止。

之后部际评估委员会就被全国评估委员会代替。全国评估委员会同样被设置在计划委员会内部，没有全职的工作人员，并且在各部的要求下创立委员会来调查政策。它的工作是零散的，或许提升了各部的工作情况，但它并没有取得知名度和权威性。

（3）经济分析委员会。

1997 年，总统下属的经济分析委员会得以创立。它不同于美国经济分析委员会。其包括大约 30 位成员，都是经济学家，由总统根据他们的实力（这都是公认的）而非党派指定。他们中的半数是大学教授，其余都是来自银行和企业的首席经济学家，只有很少一部分的人员来自各部门。他们中的大部分人是宏观经济学家，因他们在金融、国际贸易或劳工等方面的工作而著名。主席由总统任命（政治上不能与总统观点偏离太远），主席从成员或非成员中挑选政策议题和委员会报告。该委员会同样会指定一位裁判人来阅读和评论报告草案。最终的草案也会同裁判人的意见一起被呈送给总统并出版。这些报告以作者而非委员会的名义出版，尽管它们是"委员会的报告"（这意味着这些报告的严肃性和质量由委员会保证）。委员会成员和报告作者都不会得到报酬。

该委员会非常活跃。到2008年，它出具了75份长篇报告。其中的许多报告可以被看作政策评估，即回顾过去政策和讨论未来政策。这些报告得到了广泛认可，即被媒体广泛引用，并且被相关部门认真阅读。由于这些报告的作者通常是一个人（最多三个人），因而它们要比一个委员会出具的报告要清晰、坦诚和具有可读性。由于报告的作者都是长期研究该政策话题的公认专家，因而它要比单纯的评估人员所出具的报告更具有深度和广度。由于有备受尊敬的经济分析委员会把关，这些报告对于媒体和公众而言拥有先验的可信性和权威性。

（4）议会。

组成议会的两院，参议院和众议院原则上一直参与评估。在针对一项法律投票前，人们会期待他们先评估法律中包含的政策所带来的后果。然而事实上，议会在评估领域的活动一直收效甚微。这部分是因为法国法律向来都是由行政机构而非立法机构发起和准备的。这也同样是因为议会的众多成员缺乏开展有效评估所需要的技能和时间。只是在最近十年，情况才得到改观。无论是参议院还是众议院，议员都想要更多地参与政策形成，并对行政机构进行更大的控制和影响。在1982年，这些议员创立了一个科技选择立法评估办公室；在1986年，又创立了一个公共政策评估办公室。这些办公室从来没有起到作用，这很可能是因为它们的资金不够充足，或者是因为它们没有成功吸引到拥有足够才干的职员。法国并没有设立类似于美国行政管理和预算局的机构，即一个非党派、人员精良、为议会服务的机构。

真正作为有效的评估工具，并得到很大发展的是由议会委员会准备的覆盖众多议题的特别报告。在两院中，议会（就如大多数国家那样）成员都被组成委员会（如财政委员会、家庭和社会事务委员会等），以检查立法草案，其中包括预算立法。为了达到这种效果，这些委员会通常会委托一位或几位议员或代理人来准备有关特定议题的报告。他们有权并经常召开听证会。他们会得到议会工作人员的协助（事实上，这些报告通常是由那些精干的工作人员在议员的指导和控制下撰写的）。这些议会报告进而会被出版并发布到网上。它们可以被视作政策评估。这些报告通常以批判的眼光来仔细审视政策的历史和现状，并讨论未来的政策走向应是怎样的。报告所表达的观点不会带有政治倾向或偏见，因为它们的作者知道这是供议会成员使用的报告。

（5）审计法院。

审计法院是一个重要而备受尊敬的机构。该机构是由拿破仑一世为了审计国家账目所创立，以保证公共财物没有被浪费。审计法院人员配备优良，并吸引了一些法国专业系统培养出来的人员。该法院完全独立于政府，而且它的成员拥有地方法官的地位，并终身任职。审计法院中的许多人后来会去各部门或公共企业中担任高级职位，又或者参与政治；当他们没有被这些部门或公共企业选上时，他们总能回到审计法院。200多年来，审计法院一直在审计公共行政机构的账目，包括地方政府和公共企业的账目。审计法院每年公布的有关公共账目的报告会公开抨击政府的错误和管理不当，这会得到媒体的广泛评论，但也深为政府所惧。

很长一段时间，审计法院限制自身参与政策评估。它视自身为一名会计人员，而非咨询人员。这部分是出于对选举政客优先性的尊重：由于他们的胜选，他们的决策就是正确的，因而不会受到批评。因为只要一切按照法律来办，审计法院就不会反对。

在近些年，审计法院已经开始审慎地进入政策评估的领域。它并不确定这是否越权，而且也并没有进行充足的准备。审计法院的成员更多的是律师或会计，而非经济学家或社会学家。审计法院的有些评估报告看起来非常浅薄。

现在就来"评价"审计法院对法国政策评估做出的贡献还为时过早，因为该法院有机会做出重要的贡献。它独立而严谨的声誉、好奇而有才干的职员是其重要优势。此外，审计法院似乎乐意评估任何政策（从最近的报告来看，包括铁路政策、医疗政策和大学图书馆政策等），这样就很难保证它具备足够的专业能力对如此广泛的主题进行深入评估。

（6）智库与大学。

在法国，智库这类机构并不多见，因为其缺少正式的资金来源。智库主要关注短期的宏观经济预测（这确实是一个重要领域，但毕竟与政策评估不同）。智库一般都存在资金不足的情况，而且通常只包含 1~2 名分析家（通常精明且能干），他们会委托机构外的专家出具报告。大学的境况也并没有比智库好多少。大多数学者都希望与现实世界的政策保持距离。他们把应用经济学（或者社会学、政治学）当作次等的经济学，而更钟情于理论经济学，认为它更加抽象、精致且富有价值。所以很少有专业人员参与现实的政策评估。然而这种情况已经开始改变，一些大学的经济教授开始关注现实政策。他们开始对法国的政策评估做出贡献，而且他们无疑会在将来做出更多的贡献。

法国对公共政策评估人员有严格的标准要求，所有评估人员都必须接受资格认定并承担评估法律责任。为培养符合标准的评估人才，法国设立专门的评估师培训学校，大学毕业生要经过专门培训和通过严格的考核才能成为评估师。同时法国有专门的法律规范评估师的行为，评估师必须对其所做的评估负起法律责任。也正是由于对公共政策评估师如此严格的管理和要求，法国的公共政策评估才受到政府和社会的广泛承认。

3. 评估方法

法国的公共政策评估主要是在定性分析的基础上进行定量分析。如法国审计法院的公共政策评估主要考虑五个方面：是否设定工作目标、是否拥有达到目标的具体指标、是否有一个计算机信息系统、行政行为是否合法且具有一定的灵活性、是否合理使用达到目标的资源条件。

法国中央政府和地方政府公共政策评估的方式有所区别。对中央政府进行公共政策评估，一般由国家级的评估机构组织和实施。对地方政府公共政策的评估，采取的方式主要有：一是组成评估专员团队，一般在 5 万人口以上的城市采用；二是设立评估处，主要是省级政府采用；三是设立集体评估机构，如大区评估委员会，主要是对大区进行评估。评估大致分为前期论证、基础准备、资料收集、资料分析、综合汇总五个阶段；评估以定性为基础，以定量分析为手段，采用定性与定量相结合的方法进行。

（五）俄罗斯①

经过 20 多年的发展，俄罗斯基本建立了较有特色的公共政策评估制度，国家将评估纳入法律程序，评估的权威性逐步加强，评估主体趋于多元化，评估在提供决策依据、监督政策实施、提高政策效果等方面发挥着越来越大的作用。

1. 公共政策评估工作逐步法治化

2008~2012 年，时任总统梅德韦杰夫提出"开放政府"的理念，逐步将社会机构引入公共政策评估领域。2012 年，普京政府以总统令的形式，将公共政策评估工作进一步法制化，要求所有涉及经济、社会、民生的法律法规和政策在出台前，都要经过"公开评议"程序，各级议会和政府必须不折不扣地执行。根据俄方 2015 年统计数据，2012 年以来近 3/4 的新出台政策、法律法规都经过了"公开评议"程序。其中，联邦级约 15000 份、省级约 5000 份、地市级近 2000 份，主要涉及投资、税费、补贴、社保、环保等领域，也包括各级政府财政预算。其他涉及政治、军事、外交等方面政策、议案占总数 1/4，按规定不搞"公开评议"。

2. 公共政策评估主体趋于多元化

俄罗斯既有联邦政府经济分析中心、俄罗斯科学院、全俄舆情中心等官方智库，又有众多高等院校设立的智库，还有大量社会团体、私立机构等非官方智库。在公共政策评估方面，智库发挥作用的方式多种多样，既有出席政策评议会议发表观点、提交政策评估报告，又可在政府公开网站上留言以及给有关部门邮寄信函等。除此之外，俄罗斯各级政府部门普遍设有专家咨询委员会，其在不同程度上发挥着政策出台前的预评估和政策实施效果评估的作用。专家咨询委员会成员多来自政府、民间和高校的智库机构，专家咨询委员会定期或不定期地组织政策讨论会、专家评议会和民众听证会等，听取有关方面的意见建议，最后形成专业评估报告供部门负责人决策参考。在非官方智库中，社团的作用非常突出，全俄工业企业家联盟、俄罗斯工商联、俄罗斯支点（OPORA RUSSA）和商务俄罗斯这四个具有重要影响力的社会团体组织经常向议会、政府提出政策评估报告，政府必须在 24~54 天之内针对报告中所涉及的问题予以切实回复。四个社会团体组织中，前两者是老牌社会团体组织，和政府部门联系一直比较紧密，代表着大企业和工商界的利益；俄罗斯支点是全俄中小企业联盟，近 1000 万名中小法人和个体工商户为其成员；商务俄罗斯是近年来新成立的社会团体组织，主要代表新兴资本与政府部门进行沟通谈判。四个社团组织代表着不同利益集团，基本覆盖了俄罗斯主要经济组织对政府公共政策的期待和愿望，他们参与公共政策评估

① 详细内容见《加快推进我国公共政策评估法治化进程》。

为政府掌握公共政策的预期性和实效性畅通了渠道。

3. 公共政策评估工作日益信息化

俄罗斯政府注重利用信息化手段提高公共政策评估效率，努力推动评估过程和结果公开透明。国家要求每个政府部门网站都要开辟专门板块，对即将出台的政策或已经执行的政策征集民众意见，对于民众反映的意见，政府必须及时给予答复；任何机构或个人都可以很方便地从政府网站或社交网站上获取民众评价意见。各类政策评估报告一般都会在政府网站、专家所在机构网站或专家个人博客上公开刊载。作为一项新的便民措施，政府还设计了国民负担计算器，可以在线测算为保证政策实施每个国民需要缴纳的费用，方便民众从成本和收益两个角度来评判政策的合理性。

4. 将预防腐败作为公共政策评估的重要内容

俄罗斯有关法规明确规定，任何一项政策、法规出台前必须经过"反腐败鉴定"，预判其是否容易导致官员滥用职权、出现腐败。鉴定主要内容有：官员是否拥有更多自由裁量权，政策、法规条文是否存在释义模糊之处，是否容易造成寻租机会。鉴定结果分为通过、否决和重新制定三种选项。"反腐败鉴定"由司法部委托鉴定专家独立完成。同时，对鉴定专家的资质提出明确要求：必须拥有高等教育学历和 5 年以上工作经历，没有任何刑事犯罪或罚款记录，需要接受相关专业培训，通过执业资格考试。目前，俄罗斯共有 15000 名左右的注册鉴定专家，为开展"反腐败鉴定"提供了人才支撑。

（六）韩国

早在 20 世纪 60 年代，韩国就建立了以经济政策为评价对象的评估体系。经过长期的发展，尤其是受到 20 世纪 90 年代行政改革的影响，韩国的评估体系发生了巨大的变化。以 2001 年和 2006 年新旧两个《政府绩效评估框架法案》（*Framework Act on Government Performance Evaluation*，FAGPE）为重要标志，韩国形成了一个完整的、综合的政府绩效管理和政策评估体系。由于韩国的政策评估深嵌于此体系之中，对于政策评估的分析不可能独立于整个系统之外，因此本内容将在侧重政策评估的基础上介绍整个政府绩效和政策评估体系的规定和运行。

1. 韩国政府绩效与政策评估体系的历史沿革

韩国政府绩效与政策评估体系的根源可以追溯至 1961 年设立的、旨在评估韩国五年经济发展计划中经济政策有效性的"政策和项目评估系统"（Policy and Program Assessment System，PPAS）。这一系统由国务总理计划与协调办公室（Prime Minister's Planning and Coordinating Office）直接领导。20 世纪 80 年代，评估经济政策的职能被移交给经济计划委员会（Economic Planning Committee，EPC）。进入 20 世纪 90 年代，韩国的政府评估制度再次变革，根据评估对象的不同划分成了两个独立的体系：一是由经济计划委员会负责的对于经济发展政策的评估；二是由国务总理计划与协调办公室负责的对于行政机构制定的核心政策的评估。21 世纪初，同样受到《政府绩效与结果法案》及"新公共管理"和"再造政府"运动的影响，韩国国会在 2001 年通过了旨在进一步提高政府效率、政策效果和责任性的《政府绩效评估框架法案》。2006 年，为了进一步提高政府效率、整合复杂的绩效评估系统、减轻冗杂评估过程带来的负担，一个更加全面的、既包括绩效管理又涵盖绩效评估的全新《政府绩效评估框架法案》正式实施。这一法案迄今仍为韩国政府绩效与政策评估体系的主导性文件。

2. 韩国政府绩效与政策评估体系的主要内容

2006 年的《政府绩效与评估框架法案》（以下简称《新法案》）建立了一个综合全面的政府绩效管理和政策评估体系。《新法案》详细罗列了政府绩效管理与政策评估体系的战略和执行方案，包括要求各部门制定结合职责与目标的年度和中长期计划。《新法案》之下还设立一个独立的评估负责机构——政府绩效评估委员会（Government Performance Evaluation Committee，GPEC）。与 2001 年法案的最大不同点是，《新法案》力图有效地将绩效与预算挂钩。在制定计划时，各被评估机构的负责人被要求将中长期的财政计划考虑在内，并将每个机构过去三年的财政绩效都展现在年度绩效管理和执行计划之中。执行计划以两年为期受到监督和检查。

《新法案》将绩效管理和评估的权力集中到政府绩效评估委员会。政府绩效评估委员会是一个新设立的、独立的、跨部门的评估机构，其主要职能就是监督和负责所有类型评估的实施。政府绩效评估委员会成员由政府官员和民间专家组成，最多不超过15 名委员。其中，国务总理与一位民间专家为委员会的共同主席，剩余 13 名成员中有3 位来自中央政府各部的部长，其余 10 名全部为民间专家。政府绩效评估委员会之下还设立了政策分析与评估办公室及各机构成立的自评估委员会。

这一评估体系包括针对中央政府机构的自评估和特殊评估、公营企业和准政府组织的评估，以及地方政府的评估。针对中央政府机构，评估的类型包括自评估和特殊评估两种：自评估是中央政府机构对其自行设定的绩效责任目标进行的评估；特殊评估是对中央政府机构贯彻落实国家重要政策的情况进行的评估。针对公营企业和准政府组织，评估的重点是其领导力、管理效率及关键商业项目的绩效。针对地方政府，评估关注由中央政府授权的关键项目的绩效和执行情况。由于本部分内容关注的重点是政策评估，所以下面主要详述针对韩国中央政府机构和地方政府的评估体系。

（1）针对中央政府机构的特殊评估。

《新法案》要求每个中央政府机构都设立一个中长期战略绩效管理计划和年度绩效管理执行计划。中长期战略绩效管理计划至多不超过 3 年就要被重新修订，其关注的重点是政府及其附属机构能否达成规定的战略目标。年度绩效管理执行计划包括职责、战略目标、年度绩效目标、当年的绩效指标和过去 3 年的财政绩效结果等，其关注的重点是国家核心政策目标的贯彻落实情况。

年度绩效管理执行计划是中央政府机构特殊评估的重点。各中央政府行政机构根据政府绩效评估委员会每年 1 月下发的绩效指引，于 6 月展开中期评估、12 月展开年终评估，并向政府绩效评估委员会提交年度报告，经过政府绩效评估委员会和国务总理计划与协调办公室的审核，对其提出的修改意见进行完善处理。评估结果与中央政府机构的预算和组织人事调整直接挂钩，其增减由企划财政部根据评估情况决定。

在中央政府机构的特殊评估中，国务总理作为政府绩效评估委员会的共同主席，需要与各行政机构负责人共同讨论评估的结果，负责在政府绩效评估委员会审查和完善后向内阁提交最终报告，并将评估的结果通过媒体和网络向社会公布。

（2）中央政府机构开展的自评估。

开展中央政府机构自评估旨在加强其开展独立绩效管理和评估的能力，其关注的焦点是政策过程、财政绩效和行政能力。自评估要求各机构自主识别并确定各自基于长期战略计划的绩效方案和目标，同时指导年度自评估的开展。

各中央行政机构的负责人是自评估的主要领导者，主导监督检查整个自评估过程，并拟定针对出现问题政策的修正计划，主动修正评估检查发现的错误。机构负责人还负责设立并管理开展自评估的小组和委员会。不过根据《新法案》的规定，2/3以上的评估委员应当由来自民间各领域的专家担任。

结合各中央政府机构的战略目标，参与自评估的机构需要在每年4月底向委员会提交一份年度的自评估计划报告，并在每年7月上旬开展评估，在8~11月进行现场的实地评估考察。评估的结果在次年3月由自评估委员会向国务总理计划与协调办公室报告。国务总理计划与协调办公室在对报告进行客观性和可信性的审查后将报告提交至政府绩效评估委员会。《新法案》规定中央政府机构自评估结果与后一年的预算直接挂钩。

（3）针对地方政府的评估。

针对地方政府的评估在名义上由政府绩效评估委员会领导，但在现实中由行政自治部（Ministry of Government Administration and Home Affairs，MOGAHA）负责并向政府绩效评估委员会汇报。行政自治部监督设立一个联合评估委员会，负责绩效指标的设置，并在首尔、釜山、大邱等8个都市，京畿道、江原道、忠清北道等9道共计17个一级行政区政府展开评估。评估的对象主要是中央向地方授权委托项目的执行落实情况。除此之外，地方政府也可以自行开展绩效评估。

3. 韩国政府绩效与政策评估体系的新发展

2017年7月26日，《政府业务评价基本法》（法律第14839号）施行，简称为《基本法》。《基本法》明确政府工作评估的原则是"自主、独立、可靠、公正和公开"，提出要"构建综合性政府业务评价制度"。在绩效管理原则下，中央行政机构、地方自主团体等各被评估主体实施"成果管理战略计划"和"成果管理实施计划"。2018年3月，韩国颁布《政府业务评价基本法实施令》（总统令第28728号），对《基本法》中的事项做出进一步规范，主要包括政府工作评估委员会的运作、自评估委员会的组成和运营等内容。

4. 韩国政府绩效与政策评估体系的主要特点

韩国的政策评估内嵌为政府绩效与政策评估体系的一部分，其着重点在于对政府部门的绩效评价。韩国的政府绩效与政策评估体系有如下四大特点：

（1）国务总理在政策评估中发挥着重要作用。

作为政府首脑的国务总理在政府绩效和政策评估体系中处于关键的领导地位。国务总理是政府绩效评估委员会的共同主席，对评估的方法、标准、指标的确定有着重要影响。国务总理还负责综合绩效评估报告，向内阁汇报、向公众公开。

（2）具有强烈的自上而下推行的色彩。

与韩国的政治体制和官僚体制相似，其政府绩效和政策评估体系具有鲜明的等级划分特色。每个等级拥有不同的政府绩效和政策评估体系，在评估的主体、内容和方式上存在较大的差异。在评估开展的过程中，呈现出明显的自上而下推进的特征。

（3）制度化的公民和专家作用。

作为政府绩效与政策评估主要管理部门的政府绩效评估委员会，其成员包括不超过15名的政府官员和民间专家。其中，一名民间专家与国务总理为政府绩效评估委员会的共同主席，剩余13名成员中有3位来自中央政府各部的部长，其余10名为民间专家委员。为了保证评估的有效性，政府绩效评估委员会之下还设立了政策分析与评估办公室，由大学、研究机构、非政府组织及政府官员组成的下属委员会，各机构成立的自评估委员会等。以自评估委员会为例，其成员在10~30人，由中央政府机构的负责人任命，其中超过2/3的委员必须为学术界、非营利部门或大众媒体的专家。地方政府评估中的联合评估委员同样应当由政府官员和民间专家共同组成。

（4）重视电子系统在评估中的运用。

韩国政府要求在政府评估计划中包括设立、运行、改善、综合电子评估系统的信息。通过构建一个综合电子评估系统，实现评估过程、评估结果及信息回流的综合信息管理及评估机构之间的信息共享。这一系统与电子政府战略共同成为政府绩效管理与评估系统的一部分。2007年，韩国政府上线了电子综合公共服务评估系统，成为管理所有绩效评估的中心平台。

（七）英国

1. 英国公共政策评估概况

首先简要介绍英国公共部门评估的历史。尽管英国的政策评估机构国家审计署（National Audit Office，NAO）从1983年才开始设立，但英国中央政府的公共审计职能却历史悠久[①]。

现存最早的对负责审计政府开支的公共官员的描述提到了1314年的国库审计员。伊丽莎白一世于1559年建立预付款审计官，他们拥有审计国库支付的正式责任。这个制度后来逐渐消失，在1780年又依据法律创制公共账目审计委员会。从1834年起，公共账目审计委员会又与管理政府资金的官员一起工作。

议会在几个世纪以来都对征税与授权政府开支负有责任，而且整个国家还曾为此

---

① History of the NAO［EB/OL］. National Audit Office，http：//www.nao.org.uk/about_ us/history_ of_ the_ nao/2022-02-26.

事发生过内战，然而议会对公共开支的控制与审核力量还非常薄弱。直到19世纪60年代，国会才在掌控财政责任的路途中迈进了一大步。这场改革的领导人就是 William Ewart Gladstone，他在1859～1866年担任国库大臣，并对公共财政与议会审计责任做出了重大改革：他在1866年批准的《国库与审计部门法案》要求所有部门建立年度经费账目；这项法案还建立了审计长的职位，并且要求财政和审计部应提供相关支持。审计长被授予两项职责：在议会投票的上限内，授权英格兰银行将公共款项拨付给政府使用；审计政府部门的账目，并据此向议会进行报告。英国从此开始真正进入议会负责审计的阶段。1866年法案建立了公共资金的责任循环：下议院授权开支→审计长控制资金流向→各部门记录账目，并由审计长审计→审计长的调查结果由专职的议会委员会审查，即 Gladstone 于1861年建立的公共账户委员会（Public Accounts Committee，PAC）。

从19世纪70年代起，公共账户委员会从高级官员手中获取资料，这些高级官员通常是各部部长和被财政部指派在各部门的会计官员。刚开始，审计长与其下属职员被要求审查每一笔交易。然而，随着政府活动的扩展，特别在第一次世界大战期间，这样的审查变得越发不切实际。1921年《财政与审计部法案》允许审计长在一定程度上依靠部门控制系统，从所有事务中只抽取一定比例进行审查。这项法案同样也要求审计长向议会报告各部门开支的情况。

从20世纪60年代开始，议员与专家们不断表达出这样的关心：公共审计的范围需要被"现代化"，以反映出政府角色在20世纪发生的重大变化。特别是有人提出审计长应有这样的自由裁量权：在向议会进行报告时由他自己确定各部门的支出。这些变化都在1983年《国家审计法案》中有所体现。这项法案最开始只是一位私人成员的议案，但得到了所有党派的支持。这项法案规定，审计长正式成为下议院的成员；审计长在向议会进行报告时，可以根据自己的意愿行使表达权利，对政府部门使用公共资金的经济、效率与效果进行评价；设立国家审计署支持审计长的工作，以代替从前的财政与审计部；建立公共会计协会，以监督国家审计署的工作。公共会计协会对国家审计署的年度资金设置负责，任命国家审计署的外部审计官员，并做出报告。

在20世纪末21世纪初，人们再次要求立法反映政府结构的新变化。2000年的改革解决了审计长对非部门政府实体所发挥的作用，以及国家审计署的治理安排。根据2000年《政府资源与账户法案》的规定，部门账户"以资源为基础"的会计与预算被引进使用，而以前的账户是以现金为基础的。该法案也对整个公共部门的审计与账户整合进行了规定。

2001年，沙尔曼勋爵对中央政府的审计与会计进行了评估，并予以出版。为了回应这份报告，政府接受了这项原则，即审计长应该审计所有非部门公共机构。此后一旦有新的机构得以建立，就要被审计。在2006年《公司法案》中，公司化运营的公共机构也要受到审计长的监督。2007年，公共会计协会启动了对国家审计署公司式治理的评估。作为评估的结果，该协会提出一系列建议，这些建议都被整合进《预算责任与国家审计法案》（*Budget Responsibility and National Audit Act*）中。该法案将国家审计署改革为公司制，由董事会领导。该董事会包括 4 名行政人员与 5 名非行政人员。该董事会负责确立国家审计署的战略方向，并支持审计长的工作，而审计长在法定职责与审计判断内保持其独立性。另外，审计长在下议院是作为一位拥有 10 年固定任期的独立官员，而非无限期连任。

1983 年《英格兰审计委员会法案》明确了建立审计委员会的决定，以监督和审计地方政府和其他地方公共机构，包括警察、卫生和住房等部门。在 2010 年 8 月，英格兰地方政府宣布了其废除审计委员会的意愿。2011 年 3 月，英格兰地方又宣称对任何改变的执行都将取决于立法机关的决定。在威尔士，审计办公室由审计长领导，并对威尔士议会政府、国民健康保障系统进行监督，指派审计人员进行财务审计和检查支出效率；审计长向威尔士议会报告。在苏格兰，审计长监督苏格兰地方政府与其他机构，包括苏格兰的国民健康保障系统。苏格兰账目委员会则监督对地方政府的审计。两者都由苏格兰审计署（Audit Scotland）支持。自 1921 年北爱尔兰政府建立起，就开始存在独立的审计长。审计长领导北爱尔兰的审计办公室，对北爱尔兰的各级政府进行审计，并向北爱尔兰议会报告。

2. 英国公共政策评估机构

英国国家审计署代表议会监督公共开支。它有两大目标：一是通过将审计结果报告给议会，使政府部门对其支出方式负责，从而维护纳税人的利益；二是帮助公共服务管理者提升他们的绩效和提供服务的水平①。

审计和监督的权力被赋予国家审计署的领导人，即审计长（Comptroller and Auditor General）；国家审计署的人员执行审计长分配的任务。审计长和其在国家审计署的下属（860 名左右）完全独立于政府，他们不是公务员，不用向任何部门报告。审计长及其下属认为只有在保证自己对事物进行客观评估、对政府进行独立评价的能力时，工作才能富有成效，而且他们不能因此就扮演政府采取特定决策时的顾问。国家审计署的工作包括：告知政府，鼓励政府做出更多的准备工作以保证它的决策信息更加可靠、全面和具有可比性；财务管理和报告，提高活动管理水平，并鼓励各部门充分有效地利用好财政资源；降低程序成本，鼓励各部门更好地理解行政程序的要素和成本。

在英国，对国家审计署本身也专门设有监督机构。1983 年《国家审计法案》建立了公共会计协会来监督国家审计署。它的职能包括：检查由审计长提交的国家审计署预算报告，而这份预算报告也包括在国家审计署的总体战略之中；任命国家审计署的外部审计人员，并认真审核他们的报告；出版关于国家审计署总体治理安排的报告。

国家审计署并不审计地方政府开支，这一部分工作主要由审计委员会完成。事实上，审计委员会主要负责对英格兰地方政府与英格兰国民健康保障系统进行审计。审计委员会安排审计人员到地方公共机关监督他们的工作。这些审计人员要么来自审计

---

① 详细内容参见 National Audit Office 官方网站。

委员会的雇员，要么来自私人审计公司。英格兰政府于 2002 年出台《综合绩效评估》，以测量地方机构提供公共服务的效果。2009 年，《综合绩效评估》被《综合领域评估》代替，规定每年需要有 6 家独立检查机构（审计委员会、教育标准局、医疗质量委员会、皇家警察检查员、皇家监狱检查员、皇家缓刑检查员）对英格兰地方公共服务进行联合评估。2010 年，英格兰地方政府宣布废除审计委员会，未来对地方开支的审计工作将由议会立法决定。

另外三个地方性的审计机构是苏格兰审计署（Audit Scotland）、威尔士审计署（Wales Audit Office）、北爱尔兰审计署（Northern Ireland Audit Office）。

苏格兰审计署对大约 200 个组织进行审计，其中包括：72 个中央机关（苏格兰地方政府和其他）、23 个英国国民健康保险机构、32 个委员会、45 个联合董事会和委员会（包括警察和火警及其他救援机构）、38 个进修大学、苏格兰水务局。苏格兰审计署检查这些组织是否以最高的标准管理其财政收支，是否使公共资源价值最大化。审计署指导工作的三大原则：审计人员独立于被他们审计的组织、向公众报告、检查工作不限于财务报表。苏格兰审计署的审计政策被称为"最佳价值审计"。总之，审计署支持对公共机构进行合理、公平和公开的监督，从而使公共财政效用最大化。苏格兰审计署还每年出版审计年报和公共报告，前者是将相关具体报告直接提交给其审计的机构、审计长和审计委员会，后者是将涉及公共利益的情况进行汇总并形成报告，提交给苏格兰议会和审计委员会。

威尔士审计署是威尔士公共服务的"把关人"。它的任务是推动提高政府绩效，从而让威尔士人民从负责任的、管理良好的公共服务中获益。审计长独立于政府并领导威尔士审计署，下属 250 人左右，它的人员包括财政审计员（检查公共机构的账目）、绩效审计员（检查公共服务是如何被提供的）和内勤人员（如人力资源管理、信息技术和沟通人员等）。威尔士的公共服务评估政策为《威尔士提升项目》，于 2002 年引进，要求每年测量公共部门的战略效力，服务质量、可用性、公平性、可持续性，效率，创新等方面的绩效。

北爱尔兰审计署由审计长负责，批准中央政府转移给北爱尔兰各部门的财权，并对中央政府各部门的支出进行审计，审计对象包括：北爱尔兰各部门、行政机构、非部门化行政组织、健康和社会福利组织。

（八）加拿大

1. 加拿大公共政策评估概况

20 世纪 70 年代后半期，评估被正式引进加拿大政府，以帮助其提升管理实践与控制水平。1977 年的评估政策强制要求评估作为每个部门与组织管理的一部分；项目评估作为每个部门或机构的负责人管理责任的一部分。这些负责人利用评估资料与建议做出更好的关于管理与资源的决定，并将建议提供给各部部长。

1981 年，总审计长办公室（Office of the Comptroller General，OCG）出版了《项目评估职能指南》，向各部门与机构提供帮助以建立和维持项目评估的职能。另一个相关文件《联邦部门与各局开展项目评估的原则》也被出版，以提供关于开展项目评估的指导与建议。1989 年，总审计长办公室又连续出版了联邦各部门与机构开展项目评估的工作标准。

由于需要向联邦管理人员提供项目评估结果，总审计长办公室在 1994 年创立了一项"伞形"评估政策，将内部审计与评估结合在同一政策之下，这项政策结合了各种财政委员会绩效测量标准与评估需求。它要求管理人员承担相应的绩效责任，并在管理人员与专业评估人员之间建立富有成效的联盟。

2000 年，一项对评估职能的研究得以开展，以重新审视在现代管理环境中的评估政策。这项研究确认了内部审计与评估之间的区别，以更好地满足管理人员的需要。2001 年 2 月，财政委员会颁布了《评估政策与标准》。该标准将评估与内部审计职能分离，并将评估范围扩展到包括项目、政策与方案在内。除此之外，该标准关注以结果为导向的管理，并将评估这门学问结合到管理实践中。

2009 年 4 月 1 日，新的《评估政策》、《评估职能指令》和《加拿大政府评估标准》颁布，支持评估职能在支出管理系统（Expenditure Management System，EMS）中发挥更为显著的作用。新政策将评估范围扩展到所有联邦政府的开支项目，并保证评估的质量、中立性与可行性。为了满足《财务行政法案》（*Financial Administration Act*）的需要，它要求每 5 年对进行中的补助金与捐款项目进行评估。因为有些部门需要时间来解决执行问题，并培养评估能力，所以，将会有一个 4 年的过渡期（从 2009 年 4 月 1 日到 2013 年 3 月 31 日），让各部门与机构有时间准备开展范围全面的评估。

2. 加拿大公共政策评估机构

以上是加拿大开展项目评估的历史，需要说明的是，加拿大的常设专门评估机构审计长办公室（Office of the Audit General of Canada）的历史要比项目评估悠久得多。

1878 年，加拿大议会前议员 John Lorn McDougall 担任了加拿大独立审计长的职务。之前这项工作只是作为政府官员即财政部副部长的职责之一。这时候的审计长有两项主要职能：对过去的事务进行检查与报告；批准或否决政府支票的发行。

在那个年代，审计长在众议院所做的年度报告属于非常笨重的文件，有时竟达到 2400 页。他们列下了每一项政府业务，从买鞋带到桥梁建设的合同。这些详细的记录揭示了那个时代与我们这个时代政府审计关注点的不同。但就像今天一样，19 世纪晚期的审计长也需要报告每一份公共财物是否都如议会所期望的那样被使用。1931 年，议会将发行支票的责任移交到新创立的职位——财政部的审计长。这就将政府与审计人员完全划分开来：政府负责收集与分配公共资金；审计人员负责检查和报告这些资金的去向。

当 20 世纪 50 年代审计长开始报告"非生产性开支"时，审计长办公室的工作才开始走上今天的轨道。这些"非生产性开支"指没有明显为加拿大群众提供福利的合法业务。然而该报告极富争议，因为政府官员察觉到审计长在评估政府政策，这似乎已经超出了他的职权范围。1977 年《总审计长法案》厘清并扩大了审计长的责任。除了检查财政报告的精确性，审计长还有权检查政府是否良好地完成了它的工作。新法案坚持这样一条重要原则，审计长不可评论政策方案的选择，但可以检查政策方案是否得到良好的执行。

1994 年 6 月，《总审计长法案》得到修改，要求审计长除了年度报告以外，还提供多达 3 份的工作报告。对该法案的进一步修改是在 1995 年 12 月，即在加拿大审计长办公室内建立环境与可持续发展委员会。到 2005 年 6 月，议会通过《预算执行法案》，它对《总审计长法案》与《财务行政法案》进行了修改。这就导致了对审计长职权的修改：审计长为了进行绩效审计，可以建立由公众出资的基金会；7 个附加的皇家公司（由民间控制或部分控制的国有商行）服从《财务行政法案》要求的特殊审查。

加拿大审计长办公室的组织情况：在首都渥太华的总部，以及其他四个地区（温哥华、埃德蒙顿、蒙特利尔和哈利法克斯）雇用了 650 人左右的职员。审计长和执行委员会为审计长办公室提供了完全的专业服务和行政方向。另外，审计长办公室还通过另外几个委员会得到了外部性建议。这里的专业审计人员在他们的领域都有相当深的造诣，并拥有非常丰富的专业背景和工作经验。他们包括会计师、工程师、律师、管理专家、信息技术专家、环境专家、经济学家、历史学家和社会学家等。所有的审计人员都具有硕士学位，或者学士学位和专业资格认证，以及其他方面的证书。审计人员组织成不同的队伍，这些队伍审计不同的部门、机构或皇家公司。审计人员的工作得到了多方面的专家支持，包括法律、专业实践、国际关系、信息技术、知识管理、人力资源、财务管理、沟通与议会沟通。所有的工作人员都要遵守《价值、伦理和专业行为守则》（*Code of Values, Ethics and Professional Conduct*），以此鼓励和维持一个专业的工作环境。

审计长办公室的主要职责有以下四点：

（1）立法审计。在加拿大的议会系统中，立法机构负责监督政府活动，并要求政府对其使用的公共财物负责。立法审计在这个过程中发挥核心作用。它提供了客观的信息、建议和保证，立法机构可以据此监督政府开支和绩效。被选举上来的代表需要通过这种独立报告，来对政府行为进行有效的质询。加拿大审计长办公室就负责对联邦政府的立法审计，立法审计包括财务审计、专业检查、绩效审计。

（2）向议会进行报告。从 1879 年起，加拿大审计长就向众议院进行年度报告。《总审计长法案》后来得到修改，并允许提交更多的报告。而今天，加拿大审计长办公室通常向众议院提交两次绩效审计报告，分别在春季和秋季提交报告。这些审计结果一旦在众议院宣布，就会被媒体和公众知道。由于审计长的报告只有在议会人员到齐时才会宣布，所以宣布日期需要与议会日程进行协调。审计长必须在宣布日前 30 天向议长表达进行报告的意愿。议长会得到每一个审计主题的摘要信息，审计摘要并不包括具体的审计数据或建议。在这个时候，审计长也要向众议会和参议会所有成员提前发出通知。一旦一项报告被最终定稿，在宣布前一周，审计长需要制作简报分发给审计报告中有所涉及的内阁部长。直到这时，审计长办公室只与公务员进行沟通，以给他们核对事实、提供附加信息和对建议进行回应的机会。到了宣布日，审计长在众议院正式宣布前先向各部部长和参议员提交一份该报告的秘密预览。在预览期间，由公共账目委员会主席主持，审计长进行简短的陈述，并设有问答环节（这个时候，众议院人员可以旁听，但在报告正式宣布前必须一直待在接待室）。在这期间还允许媒体参加"关门报告"，因为报告通常非常复杂，并包含众多主题，这个"关门报告"的主要目的是让新闻记者理解报告中的信息。记者们在"关门报告"的开始就得到了报告，并且安排审计人员在现场接受质询。在"关门报告"期间，审计长还会举办新闻发布会，先进行简短陈述，再回答问题。该新闻发布会只有在报告于众议院正式宣布时才能被公布出来。众议院议长通常在下午两点以后代表审计长将报告宣布出来。审计长在宣布报告时必须在场。在报告宣布之后，议会听证会就成了议会使用审计长报告来提升政府管理和会计责任的重要机会。所有的审计长报告都自动被提交到众议院公共账目委员会以进一步评估。该委员会举办听证会来讨论报告中的问题。公共账目委员会的大量工作都是基于审计长报告。在委员会听证会期间，审计长以及其他来自审计机构的高级公务员也被邀请到此进行简短陈述，并接受质询。在这些听证会公布结论的时候，委员会可能会在议会宣布一个包括对政府建议的报告。政府则需要在 150 天内对委员会报告进行回应。这些回应需要内阁通过。

（3）国际活动。加拿大审计长办公室参与那些对立法审计员工作有影响的国际活动、组织和事件。通过与国际组织和其他国家的审计机构相互协作，加拿大审计长办公室加强了它的立法审计实践，并为国际审计标准的发展做出贡献。它还通过以下方式承担国际责任，即与其他参与公共部门会计、审计和账目活动的国际组织分享它的专业经验。该办公室还积极参与国际最高审计机构组织（International Organization of Supreme Audit Institutions，INTOSAI），该组织由联合国各成员的审计机构组成，由各成员代表组成该组织各委员会和工作小组。加拿大审计长为该组织会计和报告子委员会的主席。该子委员会，以研究有关公共部门会计和财政报告的问题。加拿大审计长办公室还审计国际劳工组织，并作为联合国外部审计专家组的成员。

（4）经营责任报告。加拿大审计长办公室以最高的标准要求自己，并坚持在它行动的各个领域不断取得进展。该办公室通过各种方式来保证审计工作的质量。它还通过一系列的责任报告来测量自身工作的成功程度。一是质量保证评估。审计长办公室追求自身工作高质量。每一项审计都要经由办公室的质量评估人员进行再评估。他们要求所有的评估结果都接受常规实践检验，并进行聚焦于办公室管理与行政的内部审计。这些都是根据年度《评估与内部审计计划》开展。这些评估报告也定期被外部组织检查。二是计划与绩效报告。审计办公室成员做出各种有关计划、优先性、自身绩效评估的报告，并展示他们对雇佣公平的承诺。审计办公室每三年准备一份《可持续发展战略》。三是季度财务报告。审计长办公室准备《季度财务报告》，该报告要列出各项开支。四是客户调查。审计长办公室对议会人员和其他使用办公室报告的人进行定期调查，以保证审计长办公室能满足他们的需要。五是职员调查。审计长办公室每两年调查一次自己的职员，以评估办公室的工作绩效，并创造一个令职员满意的工作环境。六是信息获取和隐私。审计长办公室根据《信息获取法案》和《隐私法案》准备这两个法案的年度报告。这些报告是让联邦机构遵守这些法案的手段。

（九）澳大利亚

1. 澳大利亚公共政策评估概况

由于澳大利亚的评估政策受政党更替的影响，变化幅度大，而且主要由中央政府统筹进行，很少设立专门的政策评估机构。因此，这里将跟随政策评估的历史将澳大利亚的政策评估概况与政策评估机构一并讲述。

根据世界银行的一份调查报告①，澳大利亚的公共政策评估可以划分为三个阶段：1987～1996 年、1996～2007 年、2007～2011 年。

第一阶段：1987～1996 年。

1983 年，Bob Hawke 成为总理。新的一届政府面临着糟糕的宏观经济情况和紧张的预算约束。衡量政府成功的标准是它能够降低联邦政府开支占 GDP 的比重（1984 年是 30%、1989 年是 23%——用国际标准衡量，这是一个非常重大的减少）。工党政府通过减少自身开支与对各级政府的补助金来实现这个目标。与此同时，政府承诺将公共开支的方向大幅度调整为减少社会贫困人口，并降低"中产阶级福利"。1983 年的经济危机为该届政府提供了加强财政监管和一系列微观经济改革的强大动力。这场改革期望将澳大利亚从高度规制和受保护的市场调整为一个更加灵活、开放的经济体。澳元开始自由浮动，关税减少，财政部门放松管制，劳动力市场的灵活性得到提升。许多国有企业都被私有化，或者要与私人部门竞争。

政府支持提高公共项目效率与效果的行动。财政部秘书是众多公共改革的设计者，财政部在预算协调和监督开支上发挥了重要作用。然而，财政部和其他中央机构对直线部门的绩效管理并不满意，所以在 1987 年，财政部争取内阁的同意，要求所有预算开支建议应该包括对于目标和绩效指标的阐述，以及对未来评估的建议性安排。各部门也被要求准备对其项目进行系统性监督与评估的方案，并将这些方案报告给政府。同时，财政部扩大对其他部门提供建议的职能，并向其他部门提供指导材料与基本的评估培训课程。1988 年，财政部清楚地知道各部门的评估方案都非常平庸，因此一个基本的对监督与评估实践的评估成为必需。这项彻底的评估是由一名高级官员领导。这项评估发现：评估并没有被整合进团体和财政决策；评估倾向于关注效率和过程问题，而非关注整个项目效果的基本问题——项目是否实现了他们的目标；评估技巧与分析能力的水平较低；中央部门特别是财政部在评估中发挥的作用并不明确。

财政部断言"让管理人自己去管"是不够的，而应该"要求管理人去管"，并要求各部门制定计划和开展评估。因此，1988 年末，财政部长取得了内阁的同意，制定了正式的评估策略，该策略的潜在原则是，决定评估优先顺序，准备评估方案与开展

---

① World Bank. The Australian Government's Performance Framework ［R］. 2011.

评估的责任都在由各部门承担。这项策略有三个目标：一是提供有关项目绩效的基本信息，以帮助内阁决策和排列优先顺序，特别是在年度预算过程中，此时各部部长会提出大量的竞争性建议。二是鼓励各部门的项目管理人通过评估提高他们的项目绩效。三是该策略的目标是在一个变动的环境中通过提供项目管理人员监督和项目资源管理的正式证据，来加强会计责任。这种对透明度的强调对议会有相当大的益处，特别是在预算审查和批准的过程中。各部门对议会负责，并且在一定意义上，也对如财政部这样的中央机构负责。由内阁同意的这项评估策略对各部门有四项正式要求：一是每个项目3~5年评估一次；二是每一个组合（即一个部门加上一些局外机构）准备一份年度组合评估方案（Portfolio Evaluation Plan，PEP），该方案要有一个三年期的前瞻性规划，并将其提交给财政部，这些方案包括拥有大量资源与政策启示的重大项目评估；三是该部长的新的政策建议包括对未来评估的建议性安排；四是完成的项目报告通常要被正式出版，除非存在重大的政策敏感性、国家安全或商业机密等方面的顾虑，并且每个部门每年在议会上列出的预算文件应该也报告主要的评估结果。

内阁也授权财政部参与组合评估方案，以保证这些评估与整个政府范围的政策与优先顺序相一致，并且在财政部与各部门之间达到平衡。评估主要由各部门自身开展。财政部的公务员通常会在他们参与的评估中作为指导委员会的成员，而且他们在草拟评估报告时提出意见。根据评估策略，计划与报告的流向如图5-3所示。

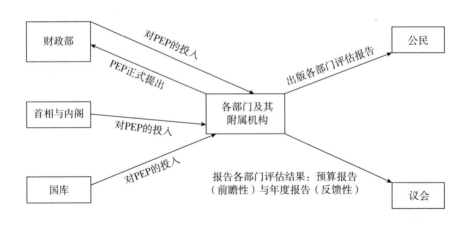

图5-3 澳大利亚各部门的评估流向

在内阁通过评估策略之后，来自议会委员会与国家审计署的两份报告都提到了各部门评估活动的不均衡。两份报告认为财政部应该更加积极地鼓励各部门对评估进行规划与施行。于是财政部创立了一个分支机构，主要负责对其他部门提供评估建议、支持、培训与鼓励。这个机构拥有9位能提供援助的评估人员，并且该机构扮演着焦点与催化剂的角色，以推动整个澳大利亚公共服务的改进。该机构准备详细的建议和评估方法手册，提供介绍性评估培训，确认和分离最佳的评估实践，并推动联邦公共部门评估团体的发展。必须注意到的是，澳大利亚的监督与评估制度所强调的评估，被视为提供有关政府项目效率与效果的深入而可靠的信息。人们都认为绩效信息非常重要，但又认为它只是各部门应该掌控的事情。

澳大利亚还有一些其他监督、评估与回顾的活动，如澳大利亚国家审计署的绩效审计。到 20 世纪 90 年代中期，国家审计署每年都会进行 35 项绩效审计。其中有些关注单个部门的评估活动，有些关注政府整个评估策略。国家审计署对评估的大力支持有助于评估获得合法性。其他的一些评估活动是由各种政府研究机构完成的，如交通经济局、产业经济局和产业委员会，它们的工作包括对微观经济问题的研究与一些政策分析和评估。

第二阶段：1996~2007 年。

1996 年 3 月，John Howard 当选新任总理。新政府展示了对私人部门强烈的意识形态偏好，因为他们认为本质上私人部门就比公共部门更有效率。政府对联邦公共服务部门表示非常不满意，认为它们被繁文缛节所束缚。政府强调只要存在可能就进行市场测试与政府业务外包，因此政府大幅度削减了公共服务的规模，从 1996 年的 143000人到 1999 年的 113000 人，削减幅度超过 20%。该届政府对公共部门管理进行了许多的重要变革。总体来说，这些变革导致了一个完全崭新的绩效框架，表 5-5 提供了对不同时期绩效框架的分析。

表 5-5　澳大利亚不同时期的绩效框架

关键方面	1987~1996 年	1996~2007 年	2007~2011 年
澳大利亚公共服务	紧密结合的公共服务；中央规则；标准，如工资、分级、雇佣条件	缩减和分割公共服务，个人雇佣合同，频繁使用商业顾问，各部门秘书通常签 3 年期的合同	更新公共服务的努力，如有关政策技巧；将一些职能集中化，如采购、工资等级
公共部门管理的理念	大量权力下放给部门；中央要求，如"要求管理人去管"	很高程度的权力下放——"让管理人自己去管"，减少繁文缛节，对私人部门更大的依赖	有一些重新的集权，尤其是激励机制；"让管理人自己去管"；对繁文缛节的进一步减少
政策循环	规范化、纪律化，特别依赖对公共服务的分析，处于预算过程中心的开支评估委员会	更少的规范化，更大程度上依赖于非公共服务部门的政策建议，总理办公室采纳的许多政策/开支决策，开支评估委员会相对变弱	刚开始决策由 4 位关键部长掌握，现在更多地依赖于预算/开支评估委员会；加强公共服务的政策技巧
财政部的角色	强大、受尊重与高层次的政策能力，大量参与并审查新的政策建议——"挑战"职能，负责预算估计，大量参与评估	严重缩减，在预算估计中的作用很少，缺乏政策技能，很少或没有参与评估，对结果与产出框架的被动监督，财政部管理战略性评价	职员数量上升，更新财政管理能力，减少规制与繁文缛节，对更新的评估方法进行战略性评估与预期

续表

关键方面	1987~1996 年	1996~2007 年	2007~2011 年
评估	正式战略与要求，由财政部实施，在政策建议与开支评估委员会中大量使用，各部门对评估的使用	解除对评估的规制，在各部门中只有很少的评估"岛屿"，少量的战略性评估，预算过程中没有对评估进行系统性的利用	2007 年之后评估兴起，战略性评估的继续，在预算过程与重大投资决策中没有对评估进行系统性的利用，在未来开展机构评估，在未来可能重新开展评估
绩效信息、项目目标、经营责任	项目预算，通常将评估报告出版，绩效指标，联邦/州对绩效执行情况进行报告，正式的报告要求（年度报告）	废除项目预算（从 1999 年起）；基于绩效指标，正式报告新的结果与产出框架；以原则为基础，财政部没有进行质量控制；权责发生制；很少出版评估报告；联邦/州对绩效执行情况进行报告	基于绩效指标，制作结果与项目框架，现在其还包括项目预算；很少出版评估报告；联邦/州对绩效执行情况进行报告；公民调查方案

　　1996 年，John Howard 上任后，导致政策方案的竞争与辩论更加激烈。政府让它的政策方案与准备的来源多元化，包括企业顾问、智库与学者。这种方式显示出政府对来自公共部门以外的建议的观念偏好。咨询公司不仅提供政策输入，也提供详细的政策。因此到了 2007 年，对咨询公司的总开支达到 4.84 亿美元，相当于整个政府 2700 位高级行政部门职员开支的总和。与此同时，越来越多的政策与预算决策被总理采纳，而对内阁与政策过程的依赖相应减少。

　　1987 年创建评估策略时，有相当一部分部门的秘书对其表示反对，主要理由是他们将评估策略视为对自身权责范围的侵犯。然而，这项策略一经建立，在接下来十几年中没有人反对。Howard 政府对减少"繁文缛节"的推动，部门迫切要求减少财政部的监督与对财政部的报告。这些部门也利用机会强调规划与开展评估对其造成的负担，特别是对准备组合评估方案的要求（从最开始的 20~30 页，到后来的超过 120 页）。之后这些官僚机构达成了共识，尽管利用评估结果辅助项目管理决策很重要，但在实现这个目标上，详细与文字优美的方案是没有必要的。这些观点在新任政府中找到了支持者，于是在 1997 年政府废除了评估策略，包括它在形式上的规定。

　　Howard 政府设立的与绩效有关的结果与产出框架，于 1999 年被正式采用。这被认为加强了人们对从投入到结果的注意力转变。2004 年，145 个部门与机构总共拥有 199 项产出。各部首长都有权将资金分配给各种产出项目以取得理想的效果。财政部提供有关绩效管理与绩效报告的指导。然而，财政部并没有强制实施这个框架。因此，对于个人结果与产出的报告就被留给了各部门与机构自身。结果与产出框架和在该框架下的报告方向如表 5-6、图 5-4 所示。

表 5-6　结果与产出框架——目标与潜在收益

该框架的主要目标反映了早期评估策略的目标：
1. 支持政府的政策发展
2. 支持与加强各部门内部管理，包括职员学习
3. 加强外部报告，以保证经营责任
至少在理论上，该框架有以下潜在收益：
1. 阐明绩效目标与期望标准——这种理解对于保证"购买者—提供者"之间的安排非常关键
2. 为各部门阐明他们的结果链——存在于花费、活动、产出和对期望结果的贡献的逻辑（而且最好是基于事实的）链
3. 促进各部门间、公共部门与私人部门间的标杆比较。这将有助于选择成本最低的服务提供者
4. 促进各部门间的共同目标——"合作政府"的概念

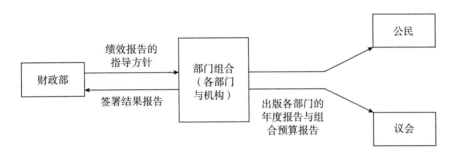

图 5-4　结果与产出框架——绩效报告流向

　　政府绩效框架的核心部分就是正式的结果与产出框架。它依赖于对绩效信息的收集与报告，帮助政策实施，各部门内部管理，以及保证经营责任的外部报告。然而为实现这些目标，对绩效信息的依赖会产生一定的局限，就是尽管它能有助于对项目进行有效的概览，但仍需要进行仔细的分析才能实现目标。对资料进行简单的报告是不够的，还需要加上定性信息，特别是对资料进行周密的分析与解读。当然，尽管对绩效信息的分析有助于进行跨领域的比较，但它无法实现深度的理解与对随机因素的明确解释。因此，尽管绩效指标能够衡量不同阶段的项目结果链——投入、过程、产出、结果与最后影响——但它们无法揭示因果关系。这种深度理解只有评估才能提供，因而绩效信息与评估之间存在一定的互补性。

　　第三阶段：2007~2011 年。

　　2007 年 10 月，Kevin Rudd 当选新任总理。他承诺对先前政府的政策做出大量调整，而且不会像之前那样倾向于私人部门。他宣称进行"基于证据的政策制定"。在当政的八个月中，他针对各项议题签署了 140 多项评估，从高等教育到创新政策。这种"评估热"的出现理由虽然没有被清晰阐明过，但却明显包括新任政府的需求——特别是对于一个 12 年没有掌权的政党而言——为了弄清楚一系列的政策议题与选择，收集有关它们的证据。

Lindsay Tanner 在 2007 年选举后成为工党政府的财政部长，曾经长期批评预算文件和组合预算报告的质量低下与缺乏透明度。作为财政部长，Lindsay Tanner 实施了阳光行动，以提高政府预算与财政管理的透明度，并且推动良好的治理。这包括在 2009 年，规定出新的结果与项目报告框架代替之前的政府结果与产出框架。该框架提升了对结果的详细说明，从而让它们更加明确与具体。财政部在这个过程中扮演主导性的咨询角色，即与每个部门或机构协商项目结构。财政部会出版综合性报告，让组合绩效与它们的目标进行比较。国家审计署在新的结果与项目报告框架下开展绩效审计。

国家审计署的绩效审计

国家审计署主要对议会负责。国家审计署为议会提供特定领域公共行政的独立评估，并审查公共部门财政报告、行政与经营责任。国家审计署也将政府与公共部门实体视为重要的服务对象。审计长由议会直接任命。国家审计署有 360 人，预算 8700 万美元（2010~2011 年），以此开展绩效审计与财政审计；绩效审计就是一种评估，并占用国家审计署 1/3 的资源。每年会有 50~60 项绩效审计得以开展。国家审计署明显不追求发挥"吹毛求疵"的作用，相反，它通过确认"更好的实践"与提出提升政府项目效率与效果的建议，从而达到提升公共部门管理的目标。国家审计署有大约 90% 的绩效审计建议都被政府接受，其余的也会被部分接受。绩效审计的主题非常广泛，如澳大利亚对高等教育的援助、澳大利亚联邦警察管理、海外租用房产管理、澳大利亚税务局对奢侈车征税的管理、联邦康复服务（针对残疾人）、政府服务提供中的本地雇佣。

2. 分析与思考

澳大利亚评估制度持续了近 10 年——1987~1996 年。在这段时期，澳大利亚成为一个基于证据决策和绩效预算的先进典型。到了 20 世纪 90 年代中期，这个制度生产的评估资料对各部门的政策建议与内阁预算决策造成了重大影响。部长们频繁地强调拥有评估资料对他们做出决策的重要性。在各部门支持部长管理的过程中，评估资料也发挥着重要的作用。

想要达到评估发挥良好作用的目标，需要做出巨大的努力。这种努力包括对评估策略的不断改进，这就需要反复的试错，也就是对评估策略本身进行持续的监督、评估和调整。更重要的是，有很多因素对于这项策略的成功都至关重要。在 Howard 政府时代（1996~2007 年）发生的许多变革更加凸显了这些因素的重要性。改革得到了财政部最高层领导的支持，以及 Hawke/Keating 政府（1983~1996 年）中改革派的部长们的支持，这是关键因素。与此相关的就是财政部所扮演的重要角色。作为中央预算部门，财政部富有权力且影响巨大，而且它是评估策略的制定者和执行者。财政部对评估的支持和使用需要提升其职员的工作技能。与此相反，如果财政部一直作为一个传统的预算部门，只对审查项目成本负责，或者如果它对于评估所采取的措施更加被动，那么它就会成为通往"绩效导向政府"道路上的绊脚石。

一旦财政部高层官员取得了其他关键部长的同意，那么其在1987年创建评估制度就变得相对容易，并且在之后的数年中得以在微调中前行。这种灵活性源于澳大利亚政府的威斯敏斯特体系①，政府对评估制度的需求并不需要有立法根据。这种威斯敏斯特体系相对于拿破仑政府体系②的一个缺点就是，政府决策很容易因为政府的变更而发生逆转。

这套评估策略并不完美。即使在它运行10年之后，超过1/3的评估都因为这种或那种在方法论上的缺陷，而削减了它们的可靠性和价值。与此相关，在公共服务中并没有足够的评估技巧——大多数部门要依托于项目所在的领域来对它们的项目进行评估，然而对许多项目的评估明显缺乏必要的技巧，因此在应对这一份额外的、并不想要的工作负担时，各部门评估开展得并不好。这种可见的负担或许也在1996年政府变动时，帮助扩大了各部门对评估中"繁文缛节"的减少。

有些部门为了避免不良的项目评估，而创造了庞大且专业的评估单位。人们会发现这一点很有趣，即这些同样的部门在评估策略被废除后，组成了许多拥有良好实践的评估"岛屿"。至少，在这些部门中评估文化得以持续。作为后见之明，如果当初财政部强制要求在各个部门中创建这样的单位，或许就可以顺利地解决评估质量的问题。这些单位本可以开展所有主要而重大的评估，或者对它们的项目领域提供更紧密的支持和质量保证。然而，在那个时候，将这种做法作为强制命令会被认为过于干预其他部门的正常运作。

当评估策略在1987年被创立时，评估本应揭示这些项目在效率、效果和适用性上存在的问题，这样通常就可以成功促成这些项目的提升（特别是当这些项目属于政府优先考虑的事项时）、削减或废除。然而事实上，到1997年评估策略被废除时，对评估的投入并没有带来预期的收益，因为评估策略并没有得出多少有用的信息。

1997年对评估策略的废除揭示了政府监督和评估制度所面临的许多风险性因素，其中一个风险因素是政府的变动能够导致公共部门管理的根本性变革；另外一个风险因素是监督与评估政策关键支持者的离开及政府的绩效导向。与此相关的是监督与评估政策的反对者上台——这些官员怀疑监督与评估活动所能带来的收益，信奉"让管理者管理"的哲学和注定要失败的绩效框架。Howard政府时代发展出来的绩效框架及

---

①　威斯敏斯特体系即Westminster System，源自英国的民主议会制度，它的许多程序和特征都来源于英国早先的传统、实践和先例。例如，拥有一个名义上的君主或国家元首和一个掌握实权、过半数选举的总理；内阁中的高级官员都是立法机关的成员；拥有反对党；下议院拥有否决预算的权力；议会可以被解散，任何时候都可以进行选举。

②　拿破仑政府体系即Napoleonic System of Government，指中央集权式的独裁政府，政府首脑可以无限任职。

在此之下的激励都是受意识形态驱动的，有大量证据表明它们导致公共部门管理实验的失败。当然，评估策略只是这种心态的"受害者"之一。财政部在传统上是财政公正的守护者，但它的预算与政策建议作用，在这段时期都被大大地降低。

值得讽刺的是，改变了的决策过程与澳大利亚所面对的另外一个风险因素相连，就是经济繁荣与庞大的预算结余。相反地，大量的财政赤字与宏观经济危机已经扮演了一个非常强大的"推动者"，使得政府通过确认无效率和无效果的花费来削减开支，同时在既有开支中让资金发挥出更好的作用。这种状况提供了通过监督与评估以发现哪些项目可以获取收益、哪些项目将会亏损。澳大利亚在 1998~1999 年所享有的大量预算剩余破坏了预算监管的优先性，并且消除了政府以绩效为导向的一个主要驱动力。

伴随着评估策略废除的是，各部门和机构中开展的评估在质量上与数量上都大幅度减少。财政部曾希望在为期 10 年强制要求进行评估规划与执行之后，评估文化会在公共服务机构中生根发芽，而且这会持续很长的时间。但由于一系列的原因，这并没有发生。其中一个原因是 1996 年政府变更之后，各部门大量的秘书都被替换掉了；另一个原因是公共服务的大量削减，这就使一些"自由决定的"活动（如评估与研究）更难得到资金支持；还有一个原因是，许多部门的秘书与他们的部长都很自然地不想开展评估——虽然揭示良好绩效的评估结果一直都会受到欢迎，但相反的结果却会造成重大的政治和声誉风险。各部门不愿意出版他们的评估结果，还有他们对信息自由立法的阻挠都可以视为是与这种行为相一致的。此外，有些部门的秘书仍旧是监督与评估活动的强烈支持者，他们明显视监督与评估为帮助他们内部管理与政策发展的重要工具——他们对评估"岛屿"的支持证明了这一点。

1987~1997 年的评估策略可以被认为是一种相对成功的评估制度。这是因为普遍合理的评估质量，使得评估取得了很高程度的应用。然而，由于一些重要且负面的风险因素，它并不是一个可持续的制度。这套制度花费了巨大的努力和时间来培养专业技能，却在很短的时间内贬低了这些职能。当前更新政府评估的努力可以料想将需要许多的努力和时间。

澳大利亚的经验之所以值得注意，也是因为 1997~2007 年它对于绩效框架的依赖，而这个绩效框架又是基于一整套的绩效指标。绩效指标所带来的好处在于它们比评估更加便宜、简单和快速，然而尽管它们能被用于强调一些好的绩效案例或坏的绩效案例，但这些绩效指标并没有解释绩效产生的原因，因此也就很难将绩效指标用于别处。在这一时期，澳大利亚的绩效框架为人们提供了有力的案例，即不要去建立什么绩效指标。该框架遭受了许多概念和资料性的困难；影响它的因素还包括各部门与机构严重的执行问题、财政部缺乏有效的监督等。

任何想要更加"基于证据的决策"的政府会面对一些有趣的选择——值得讽刺的是，澳大利亚及其财政部又遇到了同样的选择。其中一个选择是集权还是放权，这个问题的答案当然取决于监督与评估信息的使用目的。如果使用目的是帮助内部管理与部门或机构的决策，这就更倾向于采用放权的方法——除非有明确证据表明，如果由各机构自己开展评估，这些机构对监督与评估活动的投入过低。然而，众多部门和机构当前只参与极少评估活动的现实表明，通过放权的方法进行评估对于良好的项目管理来说是不够的。

如果定期需要所有政府项目绩效监督与评估的信息，并在各级政府的基础上帮助政府决策——帮助决定哪些新项目或现有项目需要被更换——或者是为了审计的目的，这就需要来自中央预算部门（财政部）的领导采用集权主义的方法。只有采用集权主义的方法才能够取得足够覆盖面和质量的监督与评估信息。澳大利亚的经验表明，没有中央的强制监督与保证各部门的遵从，评估活动很难展开。

诚然，1987~1997 年澳大利亚的评估制度只有三个方面是集中化的：评估政策本身、财政部的中央监督和参与评估。评估活动本身是由各部门规划和开展的，而且财政部与其他中央机构也花费了大量精力来尝试影响各部门的评估日程、单项评估的关注点和开展。所以评估是一种协作性的任务。

财政部作为评估制度的设计者，曾经试图在两方面都取得最佳效果：一方面，财政部对其他中央机构的客观监督和询问棘手问题的欲望；另一方面，各部门和机构在项目上的专业技能。这种方法有潜力既满足预算决策的证据性需要，又能最大限度地让部门与机构自主开展评估活动。这些需求曾经在很大程度上被满足了，即使是以评估质量下降为代价。如果财政部曾强制要求各部门创建一个庞大而专业的评估单位，这种评估质量的下降本是可以避免的。当然，这样就必须承担一定的预算成本。

有些观察者（如财政部的秘书）曾提到过评估制度是对财政部与其他部门的沉重负担。这种观点是具有争议的，然而它并没有在国家审计署于 1997 年对评估策略的绩效审计中得到确认。1987~1997 年，这种部分集中化的评估方法被作为将公共部门改革权力下放的一种补偿，因为大部分部门与机构并不愿意将太多精力用在测量他们的绩效上。这种现象至今依然如此。

这种集中化或部分集中化的监督与评估制度并不只是包括强制部门遵从的措施。的确，有诸多理由可以解释为何强制性的方法在某些方面甚至是适得其反的：它有可能会削弱部门的合作，而这些部门的项目特长在对它们的评估中非常重要；它也有可能会削弱部门开展"评估"的所有权意识，从而减少部门使用评估结果的意愿。围绕评估策略，财政部试图通过劝说和提供一系列的积极支持与援助方式，而不是使用更多的强制方法以减少这些缺点。财政部采用的评估激励是包含"胡萝卜、大棒、宣传"的混合体，而非简单地依赖"大棒"。"胡萝卜"包括财政部提供的咨询支持，也包括提供机会让部门接触这些评估信息。"大棒"是有关财政部与部门的关系和财政部影响部门预算分配的能力。财政部还会通过发布评估方案与执行效果的机构排名来让一些部门尴尬。"布道"包括财政部长及其高级官员、其他有权力的部长对评估的持续性拥护。

当然，澳大利亚政府现在所面对的问题并不是简单的如何更新监督与评估，以及更加宽泛的绩效框架。尽管它们很重要，但这些都只是技术性或供给方的问题。更为重要的挑战是更新整个政策建议与政府决策过程（其中预算占中心位置），这个决策过程组成了使用监督与评估信息的主要需求方。似乎整个过程中许多阶段都存在问题：获得可靠的监督信息与评估证据（这需要足够的资料，在公共机构内外需要专业的评估人员，以及开展监督与评估的承诺）；充分使用财政部、其他中央部门、外部评估者与其他人的咨询信息（这也需要足够的政策分析家）；预算过程允许和需要来自所有关键利益相关者的高质量的政策建议（特别是各部部长）；政府对于决策中可利用的证据非常重视。

澳大利亚政府的变化提供了革新这些阶段的希望。这些阶段可被看成"结果链"——类似于每个政府项目中的结果链，把它的开支、过程、产出、结果、影响都联系了起来。危险在于在这个政策结果链中任何一个点出现持续性的弱点，都有可能削弱"基于证据的决策过程"。换句话说，如果一个政府很少注意监督与评估信息，那么建立监督与评估制度的大量努力就有可能部分或很大程度被浪费掉。当然，监督与评估信息还有其他用处——如项目管理、部门决策和经营责任——这些其他的用处可能会使监督与评估制度显得更有价值。

澳大利亚正处在一个有趣的十字路口。它曾经拥有世界上最好的评估制度，但现在已经明显落后于一些发达国家或发展中国家，如加拿大、智利、哥伦比亚、墨西哥和美国。只有时间能告诉我们澳大利亚政府现在更新监督与评估的努力是否能取得成功。

（十）南非

1. 南非的监督评估框架与国家评估政策框架

2005 年，南非政府出台"政府监督与评估系统的政策框架"（Policy Framework for the Government-Wide Monitoring and Evaluation System，GWM&E），这成为南非政府监控和评估的主要政策框架。这一框架之下还包含了财政部的"项目绩效管理框架"和统计局的"统计质量框架"等。同样受到"新公共管理"和"再造政府"运动的影响，"政府监督与评估系统的政策框架"（以下简称"监督评估框架"）将公共部门的工作视为投入和产出的过程，将民众视为客户，强调通过评估改善公共部门绩效，以提升服务交付的效率。监督评估框架还明确了监督和评估的区别：监督包括收集、分析、报告有关投入、活动、产出、结果和影响及外部因素的数据，其目的是向管理人员、决策者和其他利益相关者定期提供关于执行进展和成果的反馈，为高效管理提供支撑；评估是一项有时限和周期性的工作，其目的是提供可信的和有用的信息来回答具体问题，从而指导工作人员、管理人员和决策者做出决策。

2011 年，南非政府进一步出台了"国家评估政策框架"（National Evaluation Policy Framework，NEPF）。"国家评估政策框架"是作为监督评估框架的一个重要组成部分而存在的，其余两个部分是方案执行信息（Program Performance Information）及社会、经济和人口统计（Social, Economic and Demographic Statistics）。

2. 国家评估政策框架的主要内容

国家评估政策框架指出，政策评估是"对公共政策、方案、项目、职能和组织的材料进行系统性收集和客观分析，评定关联性、绩效、资金、影响力和可持续性，并指明前进的道路"。

政策评估的原则包括以发展为导向、道德诚信、以应用为导向、采取稳健的方法、改善政府透明度和问责制、以包容性和参与性方式进行、必须能够习得知识七项。从政策评估的原则上看，国家评估政策框架强调政策评估的可信性和有效性。为保证政策评估的可信性和有效性，国家评估政策框架注重外部评估人员和内部团队的合作，从现行计划和设计阶段做好确定职权范围、选择参与机构、确保数据质量等准备工作，在实施阶段强调利用同行评审和检验过程来加强评估的可信度，并要求管理层根据评估的建议制定改进计划。

在评估的主体方面，为了确保国家评估政策框架的实施，南非政府设立了绩效监测与评估司（Department of Performance Monitoring and Evaluation），负责更新、维护和保障国家评估政策框架的高质量运行，保证在资源稀缺的情况下继续提高政府的评估技能。绩效监测与评估司的具体任务包括参与国家评估计划中的评估工作、主导成立国家评估小组、制定和应用一套标准、通过标准化程序和实践说明提供指导并对评估进行总体的"元评估"等。除此之外，南非政府还设立一个评估技术工作组以助力在全国范围内推进评估工作。

南非政府评估的重点主要针对政策的相关性、效率、效果、效用、可持续性等方面。典型的评估问题可能包括政策是否有明确的目标和变革理论，政策在实施中是否高效、政策对象的生活是否因政策而发生了变化、政策是否"物有所值"等。

评估规划从评估的对象（内容）、评估的用户、评估的目的、评估的方式和方法等方面规定了评估的类型，包括"诊断性评估""设计性评估""实施评估""影响评估""经济评估"和"综合评估"（见表5-7）。评估的主要内容：①针对大型或战略性的计划、重点项目应当至少每5年评估一次，评估的重点集中在卫生、犯罪、就业、农村发展和教育等领域；②由内阁和省行政委员会制定和批准3年一期的评估计划；③评估计划结果中除涉密部分外必须公布在绩效监测与评估司和公共部门的网站之上；④各部门必须根据评估的结果和建议及时改进，并对改进的情况进行检测；⑤由各部门负责评估过程，绩效监测与评估司和总理办公室为评估提供技术支持和质量监控；⑥公共行政领导与管理学会、大学和私营部门为评估提供培训课程，提高评估人员的评估能力；⑦绩效监测与评估司负责就政策框架的详细执行情况编写一系列指导方针和说明，详细阐述该制度的情况，并为评估制定质量标准。评估的结果主要用来改善政策、改进计划和项目、加强问责制、产生知识、改善决策等。

表5-7　南非政策评估类型

评估类型	涵盖内容	实施时间
诊断性评估	这是一种预备性研究（通常称为事前评估），目的是在干预前确定当前情况并为干预设计提供信息。它能够识别目前已知的问题、需要解决的问题和机会、原因和后果（包括干预不太可能实现的结果），以及不同政策选择可能产生的效果。这就使得在设计干预措施之前就可以起草改进的方式	在设计或规划之前的关键阶段

续表

评估类型	涵盖内容	实施时间
设计性评估	在计划之前、开始或在实施过程中通过分析变革理论、计划的内部逻辑和一致性来观察变革理论是否正在奏效，快速利用辅助信息推广到所有新计划中，并评估指标和假设的质量	在干预措施设计完成后的第一年（或可能更晚）
实施评估	旨在评估干预措施的运作机制是否支持目标的实现，并了解原因，观测研究活动、产出和结果、资源使用和因果关系。实施评估建立在现有监测系统的基础上，在方案运作期间加以应用，从而提高业务过程的效率和效力。它还评估指标质量和假设。实施评估过程快速，主要利用辅助数据或者广泛深入的实地调查	在干预期间一次或多次
影响评估	力图衡量可归因于特定干预措施的结果和目标人群福祉的变化，其目的是向高级官员通报在何种程度上应继续进行干预，以及干预措施是否需要进行调整。这种评估是根据具体情况实施的	在早期设计、早期实施阶段，关键阶段（如5年计划的第3年）检测影响
经济评估	经济评估考虑的是一项政策或方案的收益是否大于成本。经济评估的类型包括：成本效益分析，对实施政策的成本进行评估，并将该金额与产生的结果联系起来，从而得出"每单位结果的成本"估计值（如每增加一名就业人员的成本）；成本收益分析，进一步对结果的变化进行货币价值评估（如每增加一名就业人员的货币价值）	在任何阶段
综合评估	综合一系列评估的结果，以概括整个政府的调查结果，如供应链管理等职能部门、部门或能力等交叉问题。绩效监测与评估司将根据国家评估计划中的评估体系进行综合评估，并编制年度评估报告	在一系列评估完成后

3. 南非国家评估政策框架的主要特点

南非的国家评估政策框架是"政府监督与评估系统的政策框架"的一个重要组成部分，是监督与评估系统在政策评估领域的具体体现。

政策评估制度化是南非国家评估政策框架的重要特色。国家评估政策框架从三个方面确保评估的制度化：一是保证所有方案都进行评估预算，并要求制定为期3年的实施计划；二是要求组织内部设立专门人员负责评估工作；三是保证评估的结果对决策过程产生影响，用于指导决策。国家评估政策框架从设计、实施、同行评审和验证过程、建议及回应、沟通结果等方面确定评估的过程，保障了评估的制度化和规范化。

（十一）其他国家

根据 Laura Polverari 和 John Bachtler 这两位学者对欧洲一些国家区域政策评估的研究整理[1]，我们可以依据表5-8了解其他欧洲国家政策评估的概况。

---

① Laura Polverari，John Bachtler. Assessing the Evidence：The Evaluation of Regional Policy in Europe ［R］. 2004.

表 5-8　各国区域政策评估的关键参与者

国家	负责国内区域政策的参与者	负责协调和监督国内区域政策的参与者	其他参与国内区域政策评估的关键参与者
奥地利	联邦大臣、奥地利地区规划会议	—	联邦交通、创新和技术部，联邦经济与劳工部
芬兰	内政部（与其他部门和地区委员会合作）、地区管理委员会	内政部、贸易与产业部、技术与经济中心	由内政部建立工作小组，每年对地区政策预算的影响进行评估
爱尔兰	企业、贸易与产业部	财政部内部的评估单位	各局（如爱尔兰企业局）
意大利	经济与财政部、发展与凝聚力政策部	发展与凝聚力政策部	地区评估单位、评估单位网络
荷兰	经济事务部、各地方政府	经济事务部	设立评估委员会，以协调评估进程和接受评估报告
瑞典	产业、就业与通信部，商业发展局	产业、就业与通信部	瑞典增长政策研究院、责任委员会

在奥地利，联邦大臣是推动区域政策评估文化发展的主要力量。尽管联邦大臣并不负责区域政策的执行，奥地利的区域发展部门仍旧会专门委托专业机构开展评估研究。这些研究被结集出版成《区域政策与空间规划作品集》。奥地利国内区域政策的关键参与者是联邦交通、创新和技术部，联邦经济与劳工部。这些部门分别管理了两项主要的地区发展政策工具，即地区发展规划与地区发展基金，并针对这些项目开展了评估。联邦交通、创新和技术部还得到了技术促进局的协助。这些评估既包括事前评估、事中评估，也包括事后评估。

在芬兰，由内政部决定大多数区域政策的时间安排与性质。内政部直接负责专家项目中心与地区中心发展项目的运作与评估。内政部同样建立了战略性区域项目的评估框架，而这些项目则是由 19 个芬兰地方委员会负责。对商业援助的评估则由技术与经济中心负责，依托贸易与产业部在地方的分支机构运作。内政部已经制定出详细的监督制度，以评估有关商业援助的工作进程。

在爱尔兰，各政府部门早就培养了自身的评估能力。最近几年，一项决策已经被确立，即在新的项目运作时期不再继续维持以部门为基础的独立评估单位。与此相反，中央评估单位则得到扩展，并被更名为"国家发展规划/社区支持框架评估单位"。该单位是评估国家发展规划/社区支持框架的核心机构。它是由财政部支持的独立单位，并开展或委托针对"国家发展规划/社区支持框架评估单位"操作项目的评估。该单位同样向其他政府部门、地方议会和其他机构提供建议与援助。

在意大利，由经济与财政部和发展与凝聚力政策部负责区域政策和对该政策的评估。在部门内部，由评估单位向公共行政机关的公共投资评估提供技术支持。该评估单位精心策划评估方法并将其扩散，建议政府协调好项目、工程与经济政策及一些倡议在经济上的可行性。除了经济与财政部，生产活动部是评估商业援助的关键参与者，它负责监督和评估主要的激励机制、立法和其他事务。

在荷兰，负责区域政策评估的关键参与者是经济事务部，它决定评估框架和要提出的关键问题。外部专家则帮助确认每一项具体评估的问题如何被回答——通过发展出方法框架、确认评估工具，以及维持案例研究与访谈之间的平衡。之后，评估委员会通过该评估方案（之前已经由部门内部的相关委员会进行审查，以保证评估框架与财政部的规定相一致），选择外部评审咨询专家，以监督评估方案的实施和获取评估结果。外部专家委员会通常由与政策本身没有直接联系的专家和学者组成，有时也会包含一名政策制定者。

在瑞典，负责区域政策及其评估的主要是产业、就业与通信部。国家层次评估活动的协调主要由商业发展局和增长政策研究院负责。增长政策研究院由瑞典议会与政府于 2001 年 1 月设立，以支持产业、就业与通信部在区域政策上做出“正确的决定”。它的职员只有 55 人左右，负责分析经济发展，特别是在产业、区域与创新政策等领域；研究其他国家的增长政策，并将瑞典同美国、日本及欧洲国家进行对比；为地区增长协议的发展做出贡献；分析瑞典结构基金项目执行的情况；评估产业、区域与创新政策工具；收集和分析增长统计资料。

因为要应对多重目标的评估，不同的评估实践侧重点也会大不相同。这些侧重点包括：决策支持，特别是资源分配决策；政策工具；对政策需要的评估；确认影响因素（工程、项目与政策层次）；评估资金的效力；学习与教训吸取（特别是在程序上）。所有这些侧重点都在不同程度上支撑了欧洲各国国内区域政策的评估。

资金效力是爱尔兰评估哲学的核心元素。在这里，政策监督的关键因素在于资金是否被以最好的方式取得理想的结果。瑞典与荷兰的评估更倾向于前瞻性的政策评价。奥地利与意大利则更关注评估中的教训吸取部分，如表 5-9 所示。

表 5-9 各国区域政策评估：不同的方法

国家	首要目标	方式、方法	时间安排	范围
奥地利	强调软性影响，与国内区域政策特征相关联	定性分析，以过程为导向，但也有工程层次的影响与对本土发展的贡献	事前、事中与事后评估，以及专门研究	工具
芬兰	资金效力与前瞻性政策评价。强调竞争性	根据具体追求不同而不同：过程导向、工程层次的影响（援助商业）、未来需要与竞争性影响	事前、事中与事后评估，以及持续性和专门性研究	项目、工程
爱尔兰	资金效力	包括定性与定量分析。国家发展规划评估：基本原理、效力、相关性、效率、影响因素	事前、事中与事后评估，也有专门性研究与对政策开支的定期回顾	政策、项目、工程

续表

国家	首要目标	方式、方法	时间安排	范围
意大利	教训吸取、对决策与资源分配的支持作用	包括定性与定量分析。各种方法：案例研究、效力与过程导向（对地区的影响）、对企业的影响、宏观经济影响	事前、事中与事后评估，以及对法律法规每年进行的回顾。不试图将一般资源分配与评估证据联系起来	工具、工程与不断增多的项目
荷兰	资金效力、前瞻性政策建议、未来的政策需求	各种方法：增加的效力与价值（区域合作关系），工程、角色与程序的影响，效率、效力与持续性相关影响，效力与全国性影响	事前、事中与事后评估，主要是事后评估	工具、政策
瑞典	前瞻性政策评估，强调增长	议会委员会强调定性分析与过程导向。未来的趋势更多强调影响研究	大多是事前、事中与事后评估，但也有由专门委员会开展的定期政策回顾	政策、项目

　　同时，这里还需要简要分析丹麦的公共部门绩效管理制度。丹麦的公共部门绩效管理制度之所以值得一提，就在于它独特的目标协议——被正式起草成合同。首先，每一个权威部门（如财政部）都要与其下属机构签订绩效协议（如政府雇员局）。依据具体内容的不同，会有 10~15 个目标签订在这个协议书中。这些目标于是就成了下属机构管理人员的目标任务，并在互联网与内联网上得到公布，从而给职员们熟悉与确认所在单位目标的机会。在此之后，机构管理人员需要与下属机构和职员再签订更加详细的目标协议。然而协议书中的要求并不会很具体，丹麦政府还是鼓励这些协议书包含具体的、可测量的目标。

　　在丹麦的绩效管理制度中，许多绩效协议都会在每一个部门内部得到出版。因此许多职员就有机会与同事进行比较，当然也就发现了其同事的绩效工资（丹麦公务员的工资在很大程度上与绩效相关）。然而，这种形式的透明度只存在于政府部门内部，丹麦公共部门绩效管理合同链如图 5-5 所示。

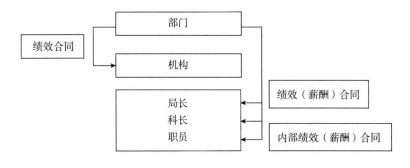

图 5-5　合同链

　　基于自愿原则，丹麦政府上级与下级签订协议中的目标都是由下级自愿决定的。对于整个评估过程，也主要由下级自主完成。这种典型的新公共管理式的政府管理制度的优点在于充分尊重下级意愿，防止不合理的评估制度所导致的负面激励，但这也容易导致效果不够显著。

三、智库与公共政策评估

当今，智库是公共政策研究与评估的一支重要力量。由于它的专业性、相对独立性，智库在公共政策评估方面发挥了重要作用。

正如美国宾夕法尼亚大学"智库与公民社会研究项目"负责人 James McGann 所言，智库支持与维持民主政府和公民社会的潜力还远没有被开发完。在今天，无论是发达国家还是发展中国家的政策制定者与公民社会都面临同样的问题：如何将专业知识引进政府决策。这项挑战意味着驾驭好存在于全世界公共政策研究组织中的各种门类的知识、信息与资源，以实现公共福利。

智库是公共政策研究机构，它们以政策为导向开展研究、分析，并对国内与国际问题提出政策建议，从而帮助政策制定者与公众做出有关公共政策议题的更为明智的决定。智库既可以是依附性机构，又可以是独立性机构，是常设机构而非临时性机构。这些机构通常会在学术圈与政策制定圈之间、政府与公民社会之间发挥着桥梁的作用，通过将应用性与基本性研究转译为政策制定者与公众能够理解的形式，从而作为独立的力量服务于公共利益。智库通常可以分为官方智库、半官方智库、民间智库与大学中的智库。

智库在国际政策领域越发活跃，并已经存在于 182 个国家和地区。尽管智库多数存在于美国与其他西欧国家（60%的智库位于这两个区域），但是还有一些因素推动了世界其他地区智库的增长，这些因素包括：全球化，国际行为体的增长，权力的民主化与分权化，对独立信息与分析的需求，政策议题复杂性的上升，新技术革命与技术变革的频率，对政府决策的不断开放的争论，全球性的"黑客主义"、无政府主义与平民主义运动，全球性的结构调整，经济危机与政治无力，政策海啸、影响超强的个人与社会网络。智库正面临的问题与趋势包括：资助模式的剧烈变化，专业化的提升，竞争更加激烈，处理好影响力与独立性的关系，处理好产出与影响间的关系，伪造的非政府智库，组织的混杂性，网络、新媒体、社会网络与云的影响，处理好行动与思想之间的关系，更加强调外部关系与市场运营策略，走向全球化，领导力与管理问题。

对智库而言，持续性的挑战是如何产生及时与可接受的政策导向研究，并有效地将政策制定者、媒体与公众整合到这个国家面对的问题上。"研究它，写作它，之后自然会发现它"的时代对智库而言已经一去不复返。今天，智库必须是精简而精明的政策机器。《经济学人》杂志将"好的智库"描述为：能够将智力深度、政治影响、公众鉴别力、舒适的环境和一系列怪人结合起来的组织。新技术每天都在以更快的速度被发明，从而持续地要求智库以新的和更快的方式来收集、排列和分析资料，并使用各种沟通工具将它们的发现传播到相互分离的目标群众。那些没有成功将这些技术组织与整合进自身的智库将会被描述为"迂腐、无关、晦涩、无能与俗套"。许多智库已经成功地应对了这个挑战，而且已经在学术圈与政策圈、政策制定者与公众之间发挥了重要的连接作用。

在美国宾夕法尼亚大学《全球智库指数报告2020》[①] 中（2021年1月发布），收录了全球11175家智库，其中亚洲首次超越欧洲，成为智库数量最多的区域，如表5-10、表5-11所示。

表5-10 各地区智库分布情况

地区	智库数量（家）	所占比重（%）
亚洲	3389	30.3
欧洲	2932	26.2
北美洲	2397	21.4
拉丁美洲与加勒比海地区	1179	10.6
撒哈拉以南非洲地区	679	6.1
中东及北非地区	599	5.4
全部	11175	100

表5-11 全球智库最多国家排名（前10名）

排名	国家	智库数量（家）
1	美国	2203
2	中国	1413
3	印度	612
4	英国	515
5	韩国	412
6	法国	275
7	德国	266
8	阿根廷	262
9	巴西	190
10	越南	180

可以看出，智库的发展情况与各个国家和地区的经济情况呈现很强的相关性，当今智库发展的最为成熟的地区仍以北美与西欧为主。

---

① James G. McGann. 2020 Global Go to Think Tank Index Report ［R］. 2021.

四、国外开展公共政策评估的经验与做法

国外开展公共政策评估的时间较长、专业性较强，形成了一些好的经验和做法，值得我国学习和借鉴。

（一）通过立法，确立政策评估的法律地位

从国外实践来看，政策评估体系建设迈入快车道的重要标志就是通过立法确立政策评估的法律地位，如日本于2001年颁布的《政府政策评估法案》和韩国同年颁布的《政府绩效评估框架法案》，明确政策评估的法律地位，以法律的形式对政策评估的目的和原则、被评估的主体、评估的方式和分类、评估的过程、评估报告的制作和汇报等做出明确的规定，使政策评估工作的开展有法可依，对于政策评估的制度化和规范化具有标志性意义。

通过立法确立政策评估的重要地位，树立政策评估机构的权威，对其权限做出明晰的规定。除此之外，还要对政策评估的中立性、客观性与公开性做出严格要求。政策评估结果要向立法机关做出报告。在评估范围内，不仅包括有财政支出的政策，还包括没有财政支出的政策，如规制性政策。评估指标既包括经济方面的指标，也包括社会、文化、生态等方面的指标。政府制定新的行政法规要以立法为依据，并随着时代的变化（尤其是科学技术的变化）而不断更新。

（二）成立专门的政策评估机构，明确其职责

国外政策评估的主体是政府部门。政策评估分为政府内部评估和社会第三方评估，以政府内部评估为主、社会第三方评估为辅。执行内部评估的政府部门包括该政策的主管部门，以及综合管理部门。政策主管部门实施的是自评估，是制定政策和执行政策的有机组成部分，便于发现问题、改进政策。但自评估容易发生夸大成绩、强调困难、隐瞒损失等问题，需要综合管理部门提供客观的评估方法，加强监督管理。涉及多个部门的综合政策评估也需要综合管理部门执行。社会第三方评估的基础条件是能够获得相关的信息，美国和日本均非常重视政府信息公开。

西班牙政府于2006年成立了负责公共政策评估的国家机构，该机构将政策评估职能在中央政府与地方政府之间、政府部门与社会组织之间进行了分工。在明确各方职责的基础上，制定了规范政策评估的法规和流程用于指导分工与协作。法国政府于2002年成立了全国评估委员会，其职责主要是拟定评估方案、制定评估规划、挑选评估专家、实施评估监管等。

（三）建立多主体共同参与机制，增强政策评估公信力

瑞典政府在重大领域性政策制定前，召开专门的政策评估会议，参加政策评估会议的各主体由政府、政党、社会组织、公众等相应政策涉及的利益相关者代表组成。

瑞典是最早建立国家级卫生技术政策评估的国家，其卫生技术评估委员会（SBU）的成员由来自国家政策分析署、卫生和社会事务部、医学研究和培训机构的近20名专家组成。南非政府在2005年制定的"政府监督与评估系统的政策框架"中规定，执行政策评估的机构包括绩效监测与评估司、财政部、审计办公室等。其中，绩效监测与评估司负责统筹协调评估工作；财政部负责评估经费预算和管理；公共服务与行政部负责落实评估中的各项行政支持；审计办公室作为独立性机构，确保各类资料信息在绩效评估过程中的准确性与可靠性。近年来，澳大利亚的一些公益性社会组织、基金会等机构也开始积极参与特定领域的政策评估工作。

加强财政部门与审计部门的综合能力，通过财政部与审计部的协力合作对各部门、各机构进行监督评估。尽管有的国家设有专门的评估机构，或者由各职能部门自身开展评估，但财政部与审计部都在这个过程发挥着重要作用。一方面，许多项目的执行需要财政部门的资金投入和审计部门的监督评估；另一方面，各个职能部门的评估指标、评估培训往往都是在财政部门的指导下进行的。

（四）加强政策评估的制度建设，规范政策评估工作

国外政策评估制度建设体现了循序渐进的特点，首先应用于政府投资的工程建设项目，然后纳入科教文卫、城市建设等综合项目，最后是法律和政策；先在部分领域使用，然后推广到全部领域，并提高到法律层次；先注重制定政策时的事前评估，然后再关注执行过程评估和效果评估。

日本政府在21世纪初出台了《政府政策评估法案》，其主要包括四方面内容：一是明确政策评估的目的，确立政策评估的原则，界定政策评估对象的范围；二是规定政策评估采用的操作方法；三是明确开展政策评估的工作纪律；四是配套确立调查专员机制与信息使用机制等。韩国在2001年通过了《政府绩效评估框架法案》，对于政策评估的原则、主体、类型、程序等方面做了详细规定。同时，该法案还致力于降低政策评估的行政成本。

澳大利亚政府很重视政策评估的标准化流程建设，其重点包括：一是由政府发布评估通告，组建评估小组，制定评估总体框架；二是由评估小组根据评估框架设计评估指标体系，并明确指标选取标准；三是通过评估小组与国家或州政府统计部门、智库进行联系，收集有效政策数据；四是开展数据统计分析和数据核验工作；五是将核验有效的数据导入政策评估框架进行量化分析，并得出初步评估结论；六是撰写、审议、提交和发布政策评估报告，使公众了解政策成效和行政资源投入产出等情况。澳大利亚政府还规定，一项具体政策出台前，各类评估机构均可独立或联合开展评估竞标工作，政府定向委托特定机构实施政策评估的情况较少。评估成果一经采纳便可大幅度提高评估机构的政府认可度和领域公信力。日本政府要求各领域行政部门根据政策评估结果修订本领域政策实施方案，国会将评估结果所反映的部门行政绩效反映到下一年度的部门预算申请当中。对于评估结果认定需完善的政策内容，提供专项预算予以支持。同时，实行评估结果公开制度，将评估结果和评估人员资质在政府网站上进行公示，听取和收集公众对于评估结果的意见和建议。

（五）增强评估工作的透明度，保证公众对于政策评估过程的知情权，通过信息反馈机制降低政策实施风险

为消除政策评估过程中普遍存在的利益相关方信息不对称的情况，不少国家都在提高评估工作的透明度方面做出了有益尝试。其中包括：首先，建立功能较为完善的信息系统与及时的信息采集分析程序，用以满足公共政策评估的信息处理需求；其次，建立相应的信息公开机制，及时将评估工作的阶段性议题与进展情况通过特定、规范的渠道向社会进行公布；最后，健全政策评估的问询制度，社会组织和公众有权依法问询法规体系中不涉及保密的所有信息，而被问询的机构和成员则需根据规定做出回应，同时对于所回应信息的真实性和完整性负责。这些措施有助于评估工作在社会与公众的监督之下提升自身的公信力和规范性。

（六）重视发挥智库在政策评估领域的专业优势

独立第三方的身份有利于维护评估过程的客观性和公正性，其专业水平可以保证评估结果的有效性和可靠性，其广泛参与能够提升评估过程的透明性和公开性。因此，规范整合现有的政策研究和咨询机构，强化智库在政策评估中的作用，鼓励和引导独立的第三方评估机构的发展，能够为政府科学决策、民主决策、依法决策提供重要支撑。政府在加强与民间组织合作的同时，也要鼓励其发展，特别是建立一个全国性的评估协会作为研究与交流的平台。

（七）重视政策评估人才队伍建设，扩大人才来源范围

法国政府重视培养高层次专业化的政策评估人才，重点措施包括：设立政策评估师培训学校；实施政策评估师职业资格认定制度，从业者需要经过专门的培训和考核才能获得政策评估师资格；制定法律以规范政策评估人员的行为，使之对其评估结论承担法律责任等。这些措施扩大了政策评估人才队伍的总体规模，提高了政策评估人员的职业素养与专业化水平。澳大利亚政府重视扩大高水平政策评估人员的组成范围，除吸收行政人员和政府内部研究人员外，还积极吸收如格拉坦研究所、罗伊研究所、澳大利亚生产力委员会等社会性智库机构的人员，以及墨尔本大学、悉尼大学、新南威尔士大学等高校的资深学者，充分发挥政府研究人员、智库专家和专业理论人士在政策评估中的作用，在此基础上，通过开展丰富的领域性评估实践来培养优秀的政策评估专家。

（八）重视政策评估结果的使用

评估人员在评估时要保证自身的专业性、中立性，但在评估结果的使用上则需要考虑到政治现实。通过加强决策人员与评估人员的互动等方式让评估结果更具有政治上的可行性和价值上的可接受性。美国和日本在政策及计划项目实施期间，需要进行多次评估，在每项评估完成后均进入反馈阶段，将结果及时提供给管理者，管理者根据评估结果调整政策和计划项目。评估结果的应用还体现在对政府预算编制所产生的影响方面，评估是形成预算的基础。政策及计划项目结束后的评估结果则在下一阶段制定政策或预算时得到充分应用。

第六章　公共政策评估在中国

一、公共政策评估在我国的发展历程

在我国，建设项目可行性研究和项目评估、政府绩效评估都与公共政策评估紧密相关，可谓是殊途同归，走向公共政策评估之路。

（一）可行性研究与项目评估①

我国在 20 世纪 50 年代前期建设 156 个苏联援建项目时，积累了一些技术与经济相结合的经验。"二五"时期（1958～1962 年）的"大跃进"，留下了深刻的教训。时任中央科学领导小组成员的于光远提出，技术发展及政策制定要讲经济效果。1962 年 5 月，我国第二部科技发展规划正式提出了"技术经济"概念。

可行性研究作为促进科学决策的一种专业工具方法，随着我国 1978 年开始改革开放，在世界银行、联合国工业发展组织等国际组织的推动下，于 20 世纪 80 年代传入我国。

1983 年，国家计划委员会（以下简称国家计委）颁布《关于建设项目进行可行性研究的试行管理办法》，正式将可行性研究纳入建设项目决策程序。

1991 年 12 月，国家计委发布《关于报批项目设计任务书统称为报批可行性研究报告的通知》，推动了可行性研究方法工具的引入及借鉴应用。可行性研究报告的编制及其评估制度的建立与实施，不仅使我国在投资建设领域迈上了决策民主化、科学化的道路，也使工程技术经济研究进入服务于国家投资决策咨询的新阶段。1993 年，国家计委和建设部组织专家对《建设项目经济评价方法与参数》进行了补充和修订，颁发了《建设项目经济评价方法与参数》（第二版）。

2002 年，国家发展计划委员会发布《投资项目可行性研究指南（试用版）》，用以规范可行性研究工作的内容和方法，指导可行性研究报告的编制。2006 年，国家发

---

① 参见李开孟于 2021 年 12 月 18 日在中国技术经济学会第 28 届学术年会发表的题为"新时代应大力倡导'负责任的投资'"的主旨发言。

展和改革委员会（以下简称"国家发改委"）和建设部颁发了《建设项目经济评价方法与参数》（第三版），增加了对地区、区域经济和宏观经济影响进行分析的内容，界定了对区域经济和宏观经济影响进行分析的有关概念。

党的十八大以来，我国立足新发展阶段、贯彻新发展理念、构建新发展格局，以高质量投资推动经济社会高质量发展，对投资项目可行性研究提出一系列新要求。2016 年 7 月，《中共中央　国务院关于深化投融资体制改革的意见》提出，要在咨询机构评估、公众参与、专家评议、风险评价等科学论证的基础上，严格审批项目建议书、可行性研究报告和初步设计。2018 年 12 月 5 日，国务院审议通过的《政府投资条例》从行政法规层面要求政府投资项目必须编制项目建议书、可行性研究报告、初步设计，其中可行性研究报告需要分析项目技术经济可行性、社会效益以及资本金等主要建设条件的落实情况，要求在政府投资项目的前期论证中，提出切实可行的政府投融资模式，论证项目实施对当地经济社会和公共财政等的影响，从项目选址、工程技术方案、征地拆迁、移民安置、环境保护、资源综合利用、投融资和组织管理等角度研究政府投资项目方案的可行性，并根据工程项目的特点研究政府投资项目的风险防范机制，体现了将新理念、新方法引入我国投资项目可行性研究理论方法体系中的必要性和紧迫性。

（二）绩效评估

改革开放以后，我国即开展政府绩效评估的学术研究和实际评估工作。1992 年以后，政府绩效评估工作有了迅速发展，许多评估机构在此期间如雨后春笋般涌现。2004 年 12 月 18 日，第一家由民间发起的地方政府绩效评估机构在兰州大学成立，从而开创了由第三方——学术性中介机构评估政府部门的新局面。这项被外界称作"兰州试验"的第三方政府绩效评估在全国属首例，标志着我国在公共政策评估方面的初步探索。比较典型的如零点研究咨询集团，其作为独立的民意研究机构介入公共政策及政府表现的评估研究已经有很多年了，包括八大领域的尝试，即投资环境评估、政府服务满意评估、公共安全感调查、公共生活满意度调查、公共项目和公共政策选择研究、行政首长表现研究、社会管理与公共服务效果评估、政府部门公关形象研究。一些省市也开始邀请学术机构、咨询机构等开展对政府绩效的评估工作。如杭州市政府邀请高校学术机构组建课题组，作为政府和群众之外的"第三方"，对政府举办首届世界休闲博览会的工作进行整体评估，从专业角度提出批评意见，用以指导以后的工作。

2006 年，上海市人民代表大会常务委员会完成了对实施 3 年多的《上海市历史文化风貌区和优秀历史建筑保护条例》的绩效评估。此外，山东、北京、甘肃、云南、福建、浙江、海南、四川等省市人大，也都陆续开展了地方性法规立法后评估。河北省还推出政府立法后评估制度，并明确"对不解决实际问题、得不到人民群众拥护的政府规章和规范性文件，要进行修改或废止"。2006 年 4 月，武汉市政府宣布邀请全球最大的管理咨询机构麦肯锡公司为第三方机构对政府绩效进行评估。同样地，2006 年 11 月，厦门市思明区政府引入专业的第三方机构福州博智市场研究有限公司进行群众满意度评估。

（三）公共政策评估的兴起

伴随着改革开放的脚步，从20世纪80年代开始，公共政策评估在我国逐步发展起来。由于我国公共政策评估起步较晚，其研究发展主要形成了两条路径：对比—借鉴路径和实践—反思路径[①]。对比—借鉴路径是通过对国外政策评估理论和体系的学习和比较，为我国政策评估提供可参考经验。实践—反思路径是从国内政策评估的现状出发找到其存在的问题，并提出可行性方向。国内学界围绕政策评估的价值取向、评估标准与指标体系、评估主体、评估方法和评估理论，形成了五个主要研究领域[②]。这五个方面的发展延续了国外的实证主义与后实证主义的争论，政策评估价值取向研究倡导从价值中立到价值涉入，以民生价值为核心导向；政策评估标准发展由一维标准向多维标准方向发展，主要包含三个维度，即形式维度（公共政策的形式合法性）、事实维度（政策效果、政策效率和政策影响）、价值维度（公共政策价值的合理性）；政策评估主体发展由单一主体向多元主体转变，主要指公民和第三方评估机构的参与；政策评估方法发展由实证主义到后实证主义；政策评估理论研究主要也围绕价值与技术的分野和结合展开，倡导系统性综合评估，兼顾公共政策的科学性与民主性。值得注意的是，在学科知识的积累以及方法论的验证、更新方面，国内政策评估领域的学者还需加强与其他不同学科之间的交流，以创新性拓展政策评估理论和方法[③]。

在实践方面，这一时期，一些政府部门已经有了政策评估的意识，开始自行或者委托其他机构进行公共政策评估；一些社会机构、咨询公司、研究院所和专家学者自发地对政策评估进行研究，同时也出现了半独立的民间社会调查机构，如中国社会调查所等。

一些部委也委托第三方进行政策评估。例如，科学技术部（以下简称"科技部"）委托有关部门对中小企业创新基金、火炬计划、《国家中长期科学和技术发展规划纲要》实施情况进行评估；国家知识产权局委托有关部门对《国家知识产权战略纲要》实施情况进行评估。

二、党的十八大以来我国公共政策评估情况

党的十八大以来，以习近平同志为核心的党中央高度重视科学决策、民主决策，积极推进国家治理体系、治理能力现代化，在制定重大改革方案和重大政策落实督查

①② 彭忠益，石玉．中国政策评估研究二十年（1998—2018）：学术回顾与研究展望［J］．北京行政学院学报，2019（2）：35-43.

③ 陈世香，王笑含．中国公共政策评估：回顾与展望［J］．理论月刊，2009（9）：135-138.

过程中，重视发挥公共政策评估的作用。

2015 年 1 月，中共中央办公厅（以下简称"中办"）、国务院办公厅（以下简称"国办"）印发的《关于加强中国特色新型智库建设的意见》明确提出，"建立健全政策评估制度。除涉密及法律法规另有规定外，重大改革方案、重大政策措施、重大工程项目等决策事项出台前，要进行可行性论证和社会稳定、环境、经济等方面的风险评估，重视对不同智库评估报告的综合分析比较；加强对政策执行情况、实施效果和社会影响的评估，建立有关部门对智库评估意见的反馈、公开、运用等制度，健全决策纠错改正机制；探索政府内部评估与智库第三方评估相结合的政策评估模式，增强评估结果的客观性和科学性"。党的十九届五中全会审议通过的《中共中央关于制定国民经济和社会发展第十四个五年规划和二〇三五年远景目标的建议》提出，"健全重大政策事前评估和事后评价制度"。

（一）公共政策评估工作安排与部署

在中央层面，一些重大改革方案、重大举措在出台前委托第三方进行评估；在对有关重大决策部署和重大政策措施落实情况进行督查过程中，引入第三方评估机制；有关部门正在研究制定建立健全政策评估制度的指导性文件。

2013 年 9 月，国务院委托中华全国工商业联合会（以下简称"全国工商联"）对鼓励民间投资"新 36 条"的落实情况进行评估。2014 年 3 月，为了落实党的十八届三中全会决定关于全面深化改革的重大部署，确保各项改革方案的科学性和客观性，中央全面深化改革委员会办公室引入公共政策评估机制，要求对各职能部门牵头形成的改革方案开展论证和评估。国务院发展研究中心、中国社会科学院、中国科学院、中国工程院承担了"中央经改专项小组"下达的评估任务。

2014 年 5 月 30 日，作为督查手段，国务院委托 4 家单位对已经出台的政策措施落实情况开展公共政策评估：①国务院发展研究中心：加快棚户区改造，加大安居工程建设力度；②国家行政学院：取消和下放行政审批事项，激发企业和市场活力；③全国工商联：落实企业投资自主权，向非国有资本推出一批投资项目的政策措施；④中国科学院：重大水利工程及农村饮水安全政策措施。

2014 年 9 月，中美投资协定谈判领导小组决定引入谈判方案的公共政策评估机制，国务院发展研究中心承担了这一重大任务，并在报请国务院批准的基础上组织中心内外 40 多位专家，先后开展了三轮方案评估，提出第三方的负面清单建议方案。

2015 年 7 月，国务院委托 7 家单位对已经出台的稳增长、促改革、调结构、惠民生部分重大政策措施落实情况开展公共政策评估：国家行政学院、中国（海南）改革发展研究院负责"推进简政放权、放管结合、优化服务"相关政策落实情况评估；北京大学负责"金融支持实体经济"相关政策落实情况评估；中国科学技术协会（以下简称"中国科协"）负责"推进大众创业、万众创新"相关政策落实情况评估；国务院发展研究中心负责"增加公共产品和公共服务供给"相关政策落实情况评估；全国工商联负责"全面支持小微企业发展"相关政策落实情况评估；中国科学院负责"实施精准扶贫、精准脱贫"相关政策落实情况评估。

2016年5月，国务院常务会议决定，促进民间投资专项督查组分别组织赴有关省（区、市）和部门开展公共政策评估和专题调研。专项督查评估调研工作由国务院办公厅统筹协调，重点评估分析当前促进民间投资在政策落实、政府管理服务和投资环境等方面存在的问题和典型做法并开展相关调研，有针对性地提出对策建议。具体安排是：国务院发展研究中心对法规政策制定落实方面开展评估；国家行政学院对政府管理服务方面开展评估；全国工商联对市场环境方面开展评估；新华社对民间投资方面开展专题调研。

近年来我国在公共政策制度评估上有了新的探索。比较典型的是重大项目的社会稳定风险评估。重大项目社会稳定风险评估，是指政府与人民群众利益密切相关的重大决策、重要政策、重大改革措施、重大工程建设项目、与社会公共秩序相关的重大活动等重大事项在制定出台、组织实施或审批审核前，对可能存在的影响社会稳定的因素开展评估分析，并根据评估结果做出应对。①风险形成原因。改革开放以来，中国经济持续快速发展，政治体系运行平稳有序，社会整体发展保持着良好态势。但与此同时，发展中的一些问题和社会矛盾开始凸显，一些影响社会稳定的事件也时有出现。例如，农村征地问题、拆迁补偿问题、房屋征收问题、国有资产流失问题、贫富悬殊问题、就业问题和安全生产问题都有可能带来影响社会稳定的风险。其中，一些重大项目同样很有可能带来社会稳定风险。②评估主体。在重大项目社会稳定风险评估中，一般采取"谁负责、谁评估"的原则，即重大项目的决策、起草、报批、改革等有关部门也负责组织社会稳定风险评估工作。如果涉及多个部门，则由牵头部门作为评估工作的主体，其他相关部门协助办理。③评估内容。目前，重大项目社会稳定风险评估主要从合法性、合理性、可行性、可控性四个方面进行，即是否符合现行法律、法规、规章，是否符合党和国家的方针政策，是否符合国家、省委省政府的战略部署、重大决策；是否符合本省、本系统近期和长远发展规划，是否兼顾了各方利益群体的不同需求，是否考虑了地区的平衡性、社会的稳定性、发展的持续性；是否经过充分论证，是否符合大多数人民群众的意愿，所需的人力、财力、物力是否在可承受范围内并且有保障，是否能确保连续性和稳定性，时机是否成熟；对所涉及区域、行业群众利益和生产生活影响，群众对影响的承受能力，引发矛盾纠纷、群体性事件的可能性，以及其他有可能引发不稳定因素的问题。

同时，一些地方也开展了公共政策评估工作，有的还出台了针对特定领域（或类型）政策评估的指导性文件。

（二）政策评估机构建设

在中央层面，中办下设中办督查室，负责对中央重大决策、重要工作部署贯彻落实开展督促检查，做好中央领导同志批示、交办事项的专项查办；国办下设国办督查室，负责组织开展重大专项督查，承办与有关中央机关联合开展的督查工作；全国人大各专门委员会都有对法律和有关法律问题的决议、决定贯彻实施情况开展执法检查的职责。

在国家部委层面，审计署专司国家财政收支、重大政策措施贯彻落实情况的审计监督，除此之外，其余36个国务院组成部门、直属特设机构、直属机构中，有20个部门（机构）单独设立了职能司局，对本部门职责范围内重大决策政策和重大事项开展评估、评价、监测、检查、督导、督查等相关工作。其中，国家发改委、财政部、科技部等8个部门的单设司局兼具评与督两方面的职能。

审计部门在公共政策评估中发挥了重要作用。审计机关区别于其他多数政府评估机构的一个重要特点就是其具有较高的独立性。首先，审计机关并不附属于任何政府机构，有完整的结构体系，因此与需要进行评估的公共政策执行部门的利益纠葛也较少。其次，审计机关进行公共政策评估很多时候并不是受其他政府机构的委托，这就进一步增强了其独立性。审计机关进行公共政策评估能够使评估结果得到更好的反馈。审计机关是政府机构，有较为通畅的信息反馈机制，可以及时地向政府高层决策部门报告评估结果，也可以较为及时地得到反馈，以促进评估结果的应用。除了审计报告、专项审计调查报告形式外，审计部门还可以利用各种审计信息、审计专报等形式向各级政府部门及时反映情况。这是其他评估机构所不能企及的。审计机关本身的工作程序就要求关注被审单位采纳审计意见的情况，与公共政策评估的反馈调整是天然统一的，虽然公共政策评估的反馈与完善工作要更加严密些。

国家发改委设立评估督导司，负责拟订相关重大战略规划、重大政策、重大工程等评估督导的制度并组织实施，提出相关评估评价意见和改进措施建议。同时，各地发展改革部门也陆续建立了评估督导工作系统。在重大政策方面，国家发改委越来越重视通过实施评估检验政策效果、通过监督检查推动政策落地，近年来，组织了多项对改革方案的实施情况的评估。

财政部设立预算评审中心，主要承担部门预算项目审核工作，对纳入评审范围的中央部门预算项目的真实性、合理性、准确性进行评估；承担具体项目支出标准建设工作；承担中央部门预算绩效评价工作；开展专项转移支付定期评估，配合相关司局探索开展财税政策评估；研究制定预算评审操作规程，配合完善绩效评价指标体系等工作。

科技部设立国家科技评估中心，秉持独立、客观、公正、科学的原则，在科技规划、计划、项目、人才、机构和创新政策及政府绩效等领域承担了一系列重大科技评估任务，主要职责任务是：研究国内外科技评估的理论、发展现状及未来趋势，提出构建和完善国家科技评估体系的相关政策建议；研究科技评估制度、标准和方法，提出评估行业规范与标准建议，为指导和规范科技评估活动提供技术支撑；组织开展科技评估行业的业务培训与咨询服务，推进评估行业能力建设；为科技部系统的科技评估、评审工作提供业务规范与质量控制等专业化服务；组织开展科技改革与发展重大战略、科技政策的实施效果评估，各类科技计划、科技专项的综合评估，区域创新能力评估以及科研机构运行绩效评估，提出综合性评估意见，为科技部科学决策提供技术支撑；面向社会开展科技评估与评审服务；承担与科技评估相关的国际合作和交流工作，推动与国际评估接轨；等等。同时，在各省区市的科学技术委员会和科学技术厅中分别设有相应的评估机构，这些机构对各项科技政策进行评估。

司法部门组织开展立法后评估。建立立法后评估的评价指标体系，为立法后评估提供系统、可靠标准；做好评估后工作，对存在问题的法律法规及时修改。

生态环境部环境与经济政策研究中心内设的政策评估中心，主要对重大生态环境政策进行环境、经济、社会影响综合评估。

教育部教育发展研究中心与首都师范大学联合建立中国教育政策评估研究中心。

工业和信息化部及各省市经济和信息化委员会也设有一些政策评估机构，如上海市产业发展研究和评估中心是上海市经济和信息化委员会成立的从事产业规划、土地利用规划和城市规划的政策评估机构。

在中央直属事业单位层面，国务院发展研究中心各部门都有公共政策评估职能，长期以来受党中央和国务院委托开展了大量评估工作，部分国家部委也设立了专门从事政策评估的直属事业单位。各级政府的政策研究咨询机构也是开展公共政策评估的重要政府机构。发展研究中心的本职工作是为国家或地区的经济发展等出谋划策，其人员多数具有较强的专业素养和文化知识，因此，也具备进行公共政策评估的能力。而接受委托承担公共政策评估任务的机构，都在政策方面有较多的研究，熟知重大政策，具有参与评估的基础和能力。

还有一些非政府评估机构参与承担公共政策评估工作，主要包括第三方专业评估机构、大学和研究机构，以及其中的学者等。这些机构本身不隶属于任何政府部门，学者同样也不具备政府官员身份。例如，中国国际工程咨询公司曾受国家发改委委托对一些重要政策和规划进行评估。

（三）政策评估工作的主要特点

党的十八大以来，我国公共政策评估进入快速发展期，覆盖面更广，参与机构更多，对有关决策、改革方案、涉外谈判方案和政策措施落实情况的评估工作逐步常态化，围绕重大改革方案、重大决策事项、重大政策实施效果，我国已积极开展了广泛的政策评估工作。主要包括：

一是政策评估主体更加规范。参与政策评估的机构越来越多，这些机构都在政策方面有较多的研究，熟知重大政策，具备参与评估的基础和能力。根据政策属性不同，评估主体一般包含规划部门、监管部门、决策咨询部门、科研部门等多种类型的机构，其普遍具有专业性和领域权威性的特点。承担评估任务的机构，不仅包括政府部门、立法司法机关，也包括各类智库、社会组织、大众传媒等。其中，官方智库作为一类特殊的机构具有许多优势，在政策评估中应发挥更重要的作用。以国务院发展研究中心、中国社会科学院、国家行政学院等为代表的中国官方智库，按照党中央、国务院的安排，承担了许多公共政策评估工作，包括重大改革方案和重大政策实施效果的评估。在这个过程中，公共政策评估积累了一些经验，取得了一些成绩，得到了社会的广泛认可。

二是政策评估工作原则更加明确。主要包括：方向性原则，即政策内容是否符合战略发展全局；合理性原则，即政策目标是否合理且确有实施必要；可行性原则，即政策方案是否具有可操作性；成本与收益原则，即政策执行拟投入的财力、物力、人力等资源与政策预期产出效果是否匹配；可持续性原则，即政策不仅应适用于现阶段需求，还应着眼于中长期发展，服务于中长期发展需要。

三是政策评估方法更加完善。一些部门和地方对改革方案和政策措施落实情况进行公共政策评估，出台了相关指导文件。民政部开展了社会组织公共政策评估工作，国务院扶贫开发领导小组组织对脱贫县开展公共政策评估，湖南、江苏、山西、江西等省及青岛市、南京市都开展了对改革方案和政策措施落实情况的公共政策评估工作，并出台了有关指导性文件。其中，定性评估方法主要包括同行评价、案例研究、受众访谈等；定量评估方法主要包括投入产出分析、趋势研究、问卷调查、动力学方法等。

四是政策评估结果更加客观。国务院发展研究中心近年来深入贯彻落实党中央、国务院政策评估工作部署，认真履行政策评估职能，先后承担党中央、国务院交办的代表性评估工作达百余项，包括"十八届三中全会确定的经济体制和生态文明体制领域改革总体方案评估""构建开放型经济新体制若干意见评估""'十三五'规划实施情况评估"以及"棚户区改造、精准扶贫、外贸稳增长、自贸区建设、促进民间投资"等重大政策实施效果评估，积累了丰富的评估经验。2020年6月，中央印发《海南自由贸易港建设总体方案》，国务院发展研究中心承担了对海南自由贸易进行全过程跟踪评估的重要职责。中国社会科学院、中国工程院、新华社等机构近年来也依托自身优势，积极开展领域性重大政策评估工作，部分机构建立了前期调查研究和模型预测、中期数据分析和效果预测、后期跟踪研究与成效评价等较为系统的评估工作模式，为中央决策提供了有力的支撑。

五是政策评估领域更加广泛。目前，科技政策、公共产品价费政策、经济政策、就业政策、养老保险和环境经济政策等领域都开展了政策评估。一些科研院所和学者将公共政策评估作为科研的一个重要领域，其政策评估的范围要广得多，涉及人才、扶贫、公共物品、财政、选举等多个方面。在各类公共政策中，科技政策评估起步较早，发展较快。在制度方面，科技部于2000年颁布《科技评估暂行管理办法》，2003年颁布《科学技术评价办法（试行）》，对科技评估的对象、内容和方法等提出了要求，如后者规定，科学技术计划的绩效评价主要评价目标实现程度、完成效果与影响、经费投入的效益、组织管理的有效性。此外，科技部联合其他部委出台了几十个涉及科技评估的文件，地方和行业科技主管部门也出台了一批有关科技评估的文件。在具体评估方面，科技部委托国务院发展研究中心、国家科技评估中心等机构，开展了"八五"攻关计划的综合评估、863计划十年和十五年的执行评估、973计划评估、创新基金五年评估、火炬计划二十年评估、中长期科技规划纲要五年评估、"十一五"评估、中期评估等评估工作。其他政策主管部门也开展了一些政策评估，主要集中在计划、项目、规划层次，主要目的是促进工作，还没有形成制度。例如，2009年以来，财政部、国家发改委和科技部三部门每年都组织开展国家科技重大专项的督查评估工作；国家知识产权局委托国务院发展研究中心等机构开展了国家知识产权战略实施三年评估、实施五年评估；中国科学院开展了知识创新工程评估，等等。有些部门和地方开展了一些公共政策评估工作，对本部门、本地区制定实施的公共政策项目进行了自我评估或委托第三方进行评估。例如，科技部委托有关部门对中小企业创新基金、火炬计划、《国家中长期科学和技术发展规划纲要》实施情况进行了评估；国家知识产权局委托有关部门对《国家知识产权战略纲要》实施情况进行了评估。

六是注重政策评估的体系建设，政策评估主体已由各级政府及其相关部门扩展到第三方评估机构，各地方政策评估制度化和程序化也在积极推进。进入新时期，围绕决策需求，中央从顶层设计上对政策评估制度建设提出新的要求。随着技术和方法的快速进步，已经逐渐改变了政策评估的模式，如大数据技术已被应用于城市交通管理、市场物价、国家安全等领域①。

三、智库在我国公共政策评估中的地位与作用

智库是我国公共政策评估的一支重要力量，在公共政策评估中发挥了十分重要的作用。

（一）我国智库发展情况

2013 年 4 月 15 日，习近平总书记对建设中国特色新型智库作出重要批示，开启了中国特色新型智库建设的新时代。中国社会科学院、中国科学院、中国科学技术部等从不同角度加快智库建设步伐。2014 年 2 月，教育部印发《中国特色新型高校智库建设推进计划》。民间智库、企业智库如雨后春笋，蓬勃发展。2015 年 1 月 20 日，中办、国办联合公开印发《关于加强中国特色新型智库建设的意见》。

2020 年，中国智库有 1413 家，智库数量仅次于美国，位居全球第二。《全球智库报告 2020》全球顶级智库综合榜单中，中国现代国际关系研究院、中国社会科学院、清华—卡内基全球政策中心、国务院发展研究中心、中国国际问题研究院、全球化智库、北京大学国际战略研究院、上海国际问题研究院 8 家中国智库连续三年入选全球百强智库榜单，如表 6-1 所示。

表 6-1　2020 年全球顶级智库百强榜单（上榜的中国智库）

序号	智库名称	排名
1	中国现代国际关系研究院	18
2	中国社会科学院	38

---

① 魏航，王建冬，童楠楠. 基于大数据的公共政策评估研究：回顾与建议 [J]. 电子政务，2016 (1)：11-17.

续表

序号	智库名称	排名
3	清华—卡内基全球政策中心	50
4	国务院发展研究中心	56
5	中国国际问题研究院	58
6	全球化智库	64
7	北京大学国际战略研究院	81
8	上海国际问题研究院	96

中国智库在政策研究领域，如"最具公共政策影响力智库""杰出政策研究智库"等榜单中均占有一席之位，国际影响力和知名度正在逐步提升，如表 6-2 和表 6-3 所示。

表 6-2　2020 年全球最具公共政策影响力智库（上榜的中国智库）

序号	智库名称	排名
1	中国社会科学院世界经济与政治研究所	26
2	团结香港基金	54
3	全球化智库	60
4	国观智库	70
5	中国人民大学重阳金融研究院	72

表 6-3　2020 年全球杰出政策研究智库（上榜的中国智库）

序号	智库名称	排名
1	国务院发展研究中心	24
2	中国社会科学院	43
3	全球化智库	60
4	中国人民大学重阳金融研究院	78

在国内，《2020CTTI 智库报告》[1][2] 收录 941 家智库机构。从地域分布来看，华北、华东地区的 CTTI（Chinese Think Tank Index）来源智库占总量半数以上，其中，华北地区占比 35.9%，华东地区占比 25.5%，华中地区位列第三，占比 10.5%，如图 6-1 所示。

---

① 参见 2020 年 12 月在 2020 新型智库治理暨思想理论传播论坛上发布的《2020CTTI 智库报告》。
② 广东海思研究院. 中国智库发展现状及趋势［EB/OL］.（2021-08-10）. https：//mp. weixin. qq. com/s/ymiLhl5v2LRZPVc2e08fGg.

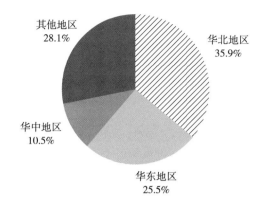

图 6-1　智库机构地域分布

从智库类型来看，高校智库在来源智库中的比重最大，共 663 家（占比 70.5%）。此外，党政部门智库 73 家（占比 7.8%），社科院智库 51 家（占比 5.4%），党校行政学院智库 46 家（占比 4.9%），社会智库 39 家（占比 4.1%）。该结果虽受 CTTI 收录智库对学术成果的要求的影响，但仍旧能反映中国智库目前以学术研究、党政研究为主的现象，如表 6-4 所示。

表 6-4　国内各类型智库情况

智库类型	智库数量（家）	所占比重（%）
高校智库	663	70.5
党政部门智库	73	7.8
社科院智库	51	5.4
党校行政学院智库	46	4.9
社会智库	39	4.1
其他类型	69	7.3
全部	941	100.0

从研究领域来看，CTTI 来源智库主要涉及 53 个研究领域，产业政策、金融政策、文化政策、财政政策、市场政策、外交政策较为热门，均有超过 100 家智库聚焦，这也与我国发展需求密切相关。

从智库成果方面来看，2020 年智库成果数量达到 17.85 万种，其中以论文为主，占比超过 50%。其他成果分别为项目、报纸文章、报告、单篇内参、图书等，成果情况详见表 6-5。从论文层级来看，CSSCI 来源论文数量连年居于高位，增幅高于其他期刊，而 SCI、SSCI 及党报党刊论文数量相对较少，增幅不明显。由此可看出，来源智库的学术研究功底深厚，但过于关注学术文化会削弱智库的服务意识和开拓创新能力。

表 6-5　智库成果情况

序号	成果类型	成果数量（种）
1	论文	90296
2	项目	30092
3	报纸文章	15340
4	报告	13894
5	单篇内参	13358
6	图书	12714
7	其他	2857

　　内参作为我国智库最具特色且最重要的决策咨询成果，其中，78%为独立撰写，22%为合作完成，但相当比重的内参未得到回应。根据 2018 年统计数据，内参上报后未得到回应的有 76%（不排除保密因素导致的批示却未反馈），而在被批示的内参中，17%智库内参获省部级批示，3%获厅（司/局）级批示，仅 2%获副国级或正国级批示。这从某种程度上也反映出，新型智库的政策研究供给与决策需求之间存在一定错位，智库在研究咨询的针对性和及时性方面还有待加强。

　　2021 年 3 月，浙江大学信息资源分析与应用研究中心（Center for Information Resources Analysis and Application，CIRAA）发布《全球智库影响力评价报告（2020）》[①]。2020 年中国智库榜单和社会政策领域中国智库榜单如表 6-6、表 6-7 所示。

表 6-6　2020 年中国智库榜单（前 20 名）

排名	智库名称
1	国务院发展研究中心
2	中国社会科学院
3	中国人民大学国家发展与战略研究院
4	中国工程院
5	中国教育科学研究院
6	中国水利水电科学研究院
7	全球化智库
8	中国科学院
9	中国国际问题研究院
10	察哈尔学会
11	北京大学国际发展研究院
12	上海社会科学院

---

① 参见浙江大学信息资源分析与应用研究中心 2021 年 3 月发布的《全球智库影响力评价报告（2020）》。

排名	智库名称
13	中国科学技术信息研究所
14	广东国际战略研究院
15	中国农业科学院农业经济与发展研究所
16	国家行政学院
17	清华大学国情研究院
18	上海国际问题研究院
19	中国国际经济交流中心
20	中国金融四十人论坛

表6-7　社会政策领域中国智库榜单

排名	智库名称
1	国务院发展研究中心
2	中国社会科学院
3	中国人民大学国家发展与战略研究院
4	中国工程院
5	上海社会科学院
6	广东国际战略研究院

（二）智库参与我国公共政策评估情况

2015年1月，中办、国办印发《关于加强中国特色新型智库建设的意见》，明确提出"建立健全政策评估制度"。党的十九届五中全会审议通过的《中共中央关于制定国民经济和社会发展第十四个五年规划和二〇三五年远景目标的建议》提出，"健全重大政策事前评估和事后评价制度"。

2014年3月，中央全面深化改革领导小组决定：重大改革方案、重大举措出台前委托第三方进行评估。2014年5月30日，作为督查手段，国务院委托4家单位对已经出台的政策措施落实情况开展公共政策评估。2015年7月，国务院又委托7家单位对已经出台的稳增长、促改革、调结构、惠民生部分重大政策措施落实情况开展公共政策评估。许多智库参与了这些政策评估工作，发挥了重要作用。

政策评估对政策制定和执行者而言是一件尴尬的事情，要求评估主体必须要具有超然的地位和工作机制，能独立、客观、公正地作出评估。智库是合适的单位之一，地位超脱，没有部门利益，可以更多地考虑国家和人民利益，做忠诚卫士。智库是政策评估的一支重要力量，发挥着重要作用。尤其是官方智库，具有一些独特的优势，主要包括：

一是官方智库既贴近决策层，又独立于其他政府部门，其评估具有信息充分与相对客观的优势。与其他智库相比,官方智库往往更加了解政策制定的初衷和过程,特别是了解政策制定过程中的各种考量和权衡。与行政部门相比,官方智库既不制定政策,也不是执行政策的责任机构,由中央政府或综合管理部门授权开展公共政策评估,既能保持超脱的地位,又不会陷入具体事务,既能从全局和战略的视角分析问题,也能从现实和可操作性的角度评估政策。这些都有助于其更加客观公允地开展政策评估。

二是官方智库受托于国家,由公共财政提供资金支持,所做的评估更能体现社会责任感和公正性。政策评估是一项系统工程,需要经历较复杂的分析研究和评估过程,需要一定的经费保障。在评估实践中,不同的经费来源往往会对评估的公正性产生影响。非官方智库常常面临着经费不足和保持公正性的两难困境。与非官方智库相比,官方智库受托于国家,与所评估的项目没有直接的利益纠葛,有公共财政提供相对稳定的资金保障;官方智库也更具有服务于国家利益的责任感,更容易摆脱社会利益集团的影响,使政策评估更加公正。

三是官方智库具有沟通渠道和信息资源方面的优势,其评估更加准确。拥有充分而准确的信息,是做好政策评估的必备前提。在实际评估工作中,获取全面的信息不是一件容易的事。与其他智库相比,一方面,官方智库与政府部门有良好的沟通渠道,能够获得比较全面的权威信息;另一方面,官方智库更具社会公信力,也更容易了解民意、汇聚民意。这有助于其获取更加充分的评估信息,促使评估更加准确。

当然,官方智库作为政府的组成部门,其经费主要来源于政府,其部门领导受命于政府,在作政策评估时如何排除强势权力部门的干扰,是官方智库面临的切实挑战。

(三) 智库参与政策评估需要着力解决的几个问题

近年来,以国务院发展研究中心、中国社会科学院、国家行政学院等为代表的官方智库,按照中央政府的安排,承担了许多公共政策评估工作,包括重大改革方案和重大政策实施效果的评估。在这个过程中,公共政策评估积累了一些经验,取得了一些成绩,得到了社会的广泛认可。但是,与政策评估的要求相比,我们需要改进的地方还很多,需要提升的空间还很大。

官方智库要做好政策评估工作,实现评估的客观、公正和准确,就必须坚持专业性、科学性和开放性理念,需要着力解决以下几个问题:

一是要站在公众的立场进行政策评估。公共政策的本质属性是公共性,事关广大公众的切身利益,必须体现广大公众的意志。但公众是由不同的利益群体组成的,其诉求是多元化的,甚至是相互冲突的。任何一项公共政策,都不能使所有人都受益。这决定了官方智库不能站在某一个特定群体的立场上评估政策,而必须以公众利益的最大公约数作为政策评估的出发点。官方智库要主动与不同的利益群体进行广泛沟通,深入了解不同群体的利益诉求,将公众的意愿、多数人的合理利益反映到政策的制定和完善中。

二是要做好专家储备和人才培养工作。公共政策评估涉及经济社会发展的方方面面,评估的难度大、时效性强、专业化要求高。做好政策评估工作,需要有理论素养深厚、政策实践经验丰富的专家队伍。为此，官方智库既要在内部培养一支知识结构合理、专业化水平高、国际化视野广的高素质人才队伍，也要聘任一批熟悉政策脉络、实践知识丰富、社会威望高的政府官员，还要从大学、研究机构和社会中介机构中选聘那些理论素养高、社会关系广泛的外部学者，充实专家队伍。

三是要把政策评估和政策研究有机结合起来。中国有句古诗，"问渠那得清如许，为有源头活水来"。这句诗能够很好地形容政策评估和政策研究之间的关系。只有加强对于全局性、综合性、战略性、长期性、前瞻性以及热点、难点问题的研究，不断夯实政策研究的基础，官方智库才能在国家发展的关键时点上，优质高效地完成重大政策的评估任务。而只有认真做好政策评估，才能发现政策制定和实施过程中的问题，提高政策研究的质量和水平。实现政策评估和政策研究的有机结合，首先，要加强经济社会发展政策领域的理论研究，形成高质量的思想创新成果，为政策评估提供理论依据；其次，要及时发现经济社会发展中具有苗头性、趋势性的重大问题，加以科学分析和综合研判，并提出解决问题的思路和建议，为政策评估提供实践依据；最后，要对政策评估过程中发现的偏差进行分析，找出问题产生的根源，为优化政策研究提供参考。

四是要不断学习、运用新的研究和评估技术方法。公共政策评估既是一门艺术，也是一项技术含量很高的工作，只有综合运用先进、实用、科学的评估方法，才能提高评估的准确性。特别值得一提的是，在当今数字化、信息化和智能化的时代背景下，官方智库要善于运用互联网和大数据技术，有效拓展公共政策评估的调查网络和信息渠道，准确把握复杂经济社会现象的本质和内在规律，科学评估公共政策的利弊得失。

五是要保持评估的开放性，加强与有关机构的交流合作。坚持公共政策评估的开放性，提高评估过程的参与度、透明度，是保证评估结论客观公正的必然要求。官方智库开展公共政策评估，需要听取社会各方面的意见，要打开门来"从善如流"，不能关在屋里"闭门造车"。要建立健全政策评估的信息系统，完善信息公开制度，及时发布可公开的评估内容，接受公众评议，汇集各方意见。要依据政策评估内容，加强与从事政策研究的高校、民间智库等机构的交流合作，通过优势互补、资源共享，来提高政策评估的质量和水平。还需强调的是，在全球化的条件下，一国的公共政策有可能会对相关国家乃至全球产生较大影响，评估公共政策不能不考虑各国特别是各主要国家公共政策的相互影响。官方智库应建立广泛的国际交流平台，通过加强对话沟通，相互学习、相互借鉴，提高政策评估的理论水平和实践能力。

六是开展公共政策评估时，还要特别注意防范各种不良倾向。首先，要避免报喜不报忧。官方智库要客观、公正地评估公共政策，既要肯定政策的正确性和有效性，又要实事求是地指出政策的不足之处及其已经产生或可能产生的负面影响，并为完善公共政策提出有针对性的意见。其次，要避免疏于深入调研、信息不全。公共政策对经济社会的影响领域是广泛的，牵扯的利益是多元的，作用的机制是复杂的，因此，评估必须开展深入的调研，掌握充分的第一手信息和数据。否则，即使运用科学的分析和推理方法，也有可能出现偏差，最终导致"失之毫厘，谬以千里"的评估结果。再次，要避免先入为主、主观臆断。在政策评估中，要利用专家们长期积累的实践经验，但是，主观先验性的判断不能完全替代客观实证性的研究。在纷繁复杂、日新月异的环境和条件下，政策评估必须依据客观的现实，必须依靠严密的逻辑和科学的方法。最后，要避免片面性。政策评估具有片面性是容易出现的一种现象。要避免这种现象，在政策评估过程中，应广泛地听取意见，扎实深入地调研，透彻系统地进行利弊分析。

总之，开展公共政策评估工作是时代发展的需要，是全面深化改革、扩大开放的需要。对于智库来说，这是一项光荣的任务，是党委政府的信任，也是新的发展机遇。虽然这项工作有难度、有风险，比起政策研究来，要求更高、更全面，责任更大，但只要上下同心，凝聚共识和力量，坚持干中学、学中干，就一定能够胜任和完成好这项工作，在完善国家治理体系、提高国家治理能力、推动科学决策方面，发挥积极而重要的作用。

四、我国公共政策评估存在的短板与不足

虽然我国在公共政策评估方面取得了一些成绩和进步，尤其是党的十八大以来有了快速发展，但是，从总体上讲，公共政策评估在我国还处于起步和探索阶段。无论是公共政策评估的学术研究还是政策评估的实践，都还存在一些短板和不足，主要包括：

（一）没有确立公共政策评估的法律地位，评估制度不健全，评估工作不规范

我国没有对公共政策评估进行规范的法律法规，公共政策评估还不是政策过程的必要环节，公共政策评估开展的范围还不够广。评估工作还不够规范，没有形成制度，特别是缺乏制度化、规范化、程序化保障。有的部门和地方对待政策评估工作有误区，存在"走过场"等现象。

政府实施的政策评估仍然由领导者个人意志决定，很少主动思考其效果和目标。缺乏法制化和规范化的政策评估环境也使评估过于随意，评估方案的采纳完全取决于政府政策的制定者个人或团体，无法形成法制化和规范化的评估方法，影响了公众和社会组织对政府评估的接受程度。

评估制度不健全，对于评估主体、方式、程序等方面没有作出制度和体系安排。由于没有严格的政策评估要求和制度，部门制定政策随意性大，部门之间职能交叉，制定政策不计成本效益，有些政策推行不力，政策实施中的问题难以发现和解决，甚至导致决策失误。

（二）官方评估机构占主体，评估结论的公正性、客观性不足

我国公共政策评估主要由各政府评估机构进行。官方评估机构与行政部门具有隶属或利益关系，难以做到客观公正，缺乏独立性。更为重要的是，这些评估机构在具体执行评估任务的时候几乎都无法摆脱对上层或地方政府的依赖性。这种依赖性既来源于评估机构和政府部门之间的上下级关系，还来源于这些机构在人员、资金及其他资源上对政府部门的需求。

虽然也有一些非政府评估机构进入到了公共政策评估领域，但这些非政府机构很多是受政府部门的委托进行评估的，这样的评估就难以保持很高的独立性，从而与政府评估机构有一样的局限性。非官方评估机构得不到政府部门的重视，且资金和人力得不到保障。在我国政策评估实际情况中，非官方评估机构数量较少，而独立学者则受到研究领域的限制，难以在多个领域对政府政策作出评估。

（三）公共政策评估机构缺乏行业规范和管理制度

公共政策评估机构的资格审核制度欠缺。在公共政策评估以外的多数评估领域，包括资产评估、风险评估等，评估机构都需要通过一定的资格认证才能够进入评估行业。这同样应该适用于公共政策评估。此外，还应该对政策评估组织的资格认定有法律规定，应该遵循市场准则，培育评估组织的竞争机制。

行业规范的缺乏降低了对公共政策评估的约束，使一些公共政策评估机构在评估报告中给出了可能不是很符合实际的结论。同时，也导致公共政策评估的权威性下降和社会认可度降低。在我国政策评估中，行业机构为了获得评估项目和评估经费而向委托机构让步、遵从委托机构意愿的现象时有发生，严重影响了第三方的独立性。

（四）评估标准不统一，缺乏方法、标准和制度设计

当前，政策评估主要采取两种方式：一是政策制定机关自我评估，或称内部评估，包括执行主体的自查自评和上级机关的检查评估。二是第三方评估，由政策制定机关邀请第三方评估或委托第三方评估。

由于部门和地区差异的存在，以及评估方式的多样，政策评估结果差异性也比较大。同时，我国还缺少统一的公共政策评估标准，造成某些政府在评估中按照本级政府的利益提供有利于自身发展的信息，或者有意识地夸大、缩小、掩盖和扭曲政策运行中的事实以求政策的稳定，使评估结果有利于本部门或本级政府，更使我国的公共政策评估结果千差万别。

2014年国务院大督查正式引入后，第三方评估被越来越多地采用，收到较好成效。但与当前政策实施的丰富实践相比，政策评估方式和方法还相对单一，缺少相对统一的评估标准、评价指标和评估程序，政策评估参与群体范围也相对较小。

（五）我国政府信息公开制度尚未完善，政策评估需要的数据、信息难以获得

我国政府信息公开制度尚未完善，各部门的信息仅在小范围内使用，部门间共享尚未实现，也未向社会公开。公共政策评估机构只能在接受委托时，才有条件开展评估，但评估结论也因此可能受到影响。没有获取信息的渠道，第三方独立评估很难开展。特别是体制外评估机构难以及时获得真实、有效、全面的政策信息和数据，不利于开展基于信息和数据的深度评估。

在我国目前的统计方法中，并没有为政策评估的便利专门要求各部门提供评估可用数据。多数政府部门在政策执行过程中也没有专门的制度和人力去完成数据收集。这就为政策评估的执行带来了极大的不便。

目前，我国的公共政策评估中，如果是由政府委托进行的，多数可以由委托机构提供一些评估所需信息，即评估机构一般可以获取存在的所有信息，但此时仍然会有制度和数据不健全带来的信息缺失。如果不是由政府机构委托的评估，那么，评估机构就只能通过公开信息进行评估，或者投入资金和人力，以调研或问卷等方式获取信息。政策评估信息可得性较低，很大程度上限制了我国公共政策评估的水平的提高。

（六）政府部门对公共政策评估缺乏足够重视，评估结果没有得到有效应用

作为公共政策评估的委托机构，政府很多官员对公共政策评估的意义的认识不到位，也不了解评估的作用。往往由于不少政府缺乏对评估的足够认识，难以对政策评估工作给予有力的支持。

我国公共政策评估结果没有得到有效利用的现象是相当明显的。一些施政者进行政策评估的目的是明确的，即评估结果能够为其政策修订或出台提供有力依据。但评估者如果按照既有的原则和方法进行评估，其评估结果很可能和施政者的意图并不相符。这样在评估委托者和评估者之间的立场上就产生了区别。当评估报告与委托者的立场不同时，就很难得到委托者的重视了。

评估结论透明度不高，向社会公开并接受公众评议的机制尚不完善。评估结果与政策关联部门及其人员的奖惩衔接不够紧密，没有与部门政府绩效考核联系起来，更没有与干部考核、升迁结合起来。

（七）公共政策评估所需经费和人才不足

出于各种原因，一些政府部门，尤其是地方政府为公共政策评估提供资金、办公设施以及人力资源等的意愿并不高。公共政策评估所需的经费严重不足对评估活动产生不利影响。

在队伍建设方面，高素质、专业化评估人才还比较欠缺，同时，评估人员从业标准不明确，评估人才培养和选拔的系统性与规范性需要加强。

（八）公共政策评估理论与方法方面的研究滞后，不能满足政策评估实际工作的需要

在我国，公共政策评估是一个新兴领域，其理论和方法正在发展，还未形成规范化、制度化的评估体系，这就给开展具体评估工作带来了许多技术上的困难。国内学术界对公共政策评估，特别是对政策评估基础理论与方法的研究还相对滞后。例如，对公共政策评估的概念认识不一，对政策评估的内容范围界定不清，评估理论很难得到全面系统的发展，无法建立起一套完善的公共政策评估的指标体系与方法，评估方法单一，评估指标难以摆脱主观判断的片面性。

由于没有系统的、符合我国国情的理论指导，我国公共政策评估具有较大盲目性——评估目的不明确、评估标准模糊、评估不科学、评估方法落后、评估结论应用性差等。对政策评估理论研究的滞后制约了公共政策评估实践的发展，而且也影响了我国政府政策制定的科学化和规范化。

五、建立健全中国特色公共政策评估制度

（一）当前我国公共政策评估工作状况不适应经济社会发展需要

近年来，我国有些部门和地方开展了一些公共政策评估工作，对本部门、本地区制定实施的公共政策项目进行了自我评估或委托第三方进行评估。例如，科技部委托有关部门对中小企业创新基金、火炬计划、《国家中长期科学和技术发展规划纲要》实施情况进行了评估；国家知识产权局委托有关部门对《国家知识产权战略纲要》实施情况进行了评估。实践表明，政策评估对完善有关方案和政策，提高改革决策和政策的科学性、准确性，发挥了重要作用，具有十分重要的意义。

从总体上讲，这些评估不是法定的，是部门自己组织的，是随意的、零散的，缺少独立的第三方评估，透明度和公信力不足。造成这种状况的主要原因是我国政策评估工作起步较晚、政策评估理论方法研究滞后、实践经验不足。特别是，对公共政策评估的重要性认识不足；评估理论与方法体系不完善；法律地位不明确，没有建立科学的公共政策评估机制；政策评估组织不健全，缺少独立的政策评估组织；缺乏完善的信息系统；等等。由于没有专门的法律和完善的评估制度，政策评估工作的客观性、独立性不强，政策评估职责和目的不明确，组织建设和机制建设难以落实，评估经费无法有效保障，严重制约了政策评估工作的规范发展，影响了公共政策质量的提高。

当前，我国公共政策评估工作状况明显不适应经济社会的发展需要。要深刻认识公共政策评估对经济社会发展的重要意义，抓紧建立健全具有中国特色的公共政策评估制度。

政策评估的制度化和法律化建设是使政策评估工作真正被纳入政策过程的必要保障。只有建立健全中国特色公共政策评估制度，才能推动公共政策评估制度化、规范化、程序化，形成科学、有效的评估体系。这样，政策评估工作才能走上健康发展的轨道，公共政策评估的作用才能得到充分、有效的发挥。要充分发挥政策评估的作用，必须要有一个完整的政策评估制度，形成完整的体系，依靠制度化的强制力保证政策评估的进行。

（二）建立健全中国特色公共政策评估制度的必要性

当前和今后一个时期，我国发展仍然处于重要战略机遇期。党的十九大对实现第

二个百年奋斗目标作出分两个阶段推进的战略安排，即到 2035 年基本实现社会主义现代化，到本世纪中叶把我国建成富强民主文明和谐美丽的社会主义现代化强国。

实现这一宏伟目标，需要大力推进国家治理体系和治理能力现代化，提高政策质量和政府公共管理的水平，推动政府行政改革，实现决策科学化、制度化、规范化，而公共政策评估是其中的重要环节。

第一，快速变化的国内外形势迫切需要加强公共政策评估工作。

改革开放以来，我国从中央到地方都研究制定、颁布实施了许多政策。从总体上讲，这些政策是有效的，对推动改革开放和经济社会发展发挥了重要作用。但毋庸置疑也有一些政策实际执行效果不理想，没有达到预期目标。究其原因，一方面，国际国内环境错综复杂，形势变化快，决策难度大，政策出台时机和力度难以把握；另一方面，有些政策出台比较匆忙，政策质量不高，特别是没有随着形势的变化进行及时调整。

当前和今后一个时期，国内外形势错综复杂、充满变数，我国经济社会发展依然面临着一些风险和挑战，决策难度大。经济社会发展要求提高公共政策的针对性和有效性，提高公共政策的质量和执行效果。这就迫切需要加强公共政策评估工作，尤其是对一些重大经济社会政策进行定期评估，并根据评估结果，及时调整和完善政策。

公共政策影响的广度和深度不断扩大，进行公共政策评估的需求也越来越强烈。与此同时，制定公共政策所要面临的利益格局日益复杂。随着经济分工和社会形态日益复杂，公共政策决策的难度不断上升，要通过评估提升公共政策的科学性、有效性。制定正确的公共政策，不能仅凭决策者的历史经验和主观判断，还要通过专业机构的深入研究和系统评估，提高公共政策的科学性。

第二，建立健全中国特色公共政策评估制度有助于提高决策科学化、民主化、法治化水平。

转变政府职能，必须着眼于不断提升行政决策质量。要完善重大行政决策程序制度，充分听取各方面意见，防控决策风险，不断提高决策科学化、民主化、法治化水平。确保政府全面正确履行职能，不断提高决策水平，必须健全重大政策事前评估和事后评价制度，并使其规范化、标准化。重大政策出台前，要履行公众参与、专家论证、风险评估、合法性审查和集体讨论决定等决策法定程序，充分论证政策的必要性、可行性、科学性等，科学审慎地研判政策预期效果和各方面反应，确保政策符合中央决策部署，财政可承受并长期可持续，从源头上把握政策方向，防止决策的随意性。政策实施中，要密切跟踪监测实施情况，及时了解政策实施的效果和产生的影响，深入分析出现的新情况和新问题，有针对性地调整完善相关政策，确保其取得预期成效。政策执行完成后，要将政策设定的目标和实际取得的成效进行对照分析，总结经验和不足，并将评价结果作为今后制定相关政策的重要依据和参考。

有效落实公共政策，必须进行政策评估。制定正确的公共政策固然很重要，但更重要的是要把正确的公共政策落到实处。在很多情况下，政策实施不能达到预期目标，不是政策本身的问题，而是政策不能很好地得到执行的问题。公共政策是由行政机构来执行的，但行政机构在其职权范围内往往拥有相当大的自由裁量权，这使得行政机构可能会在部门利益、地方利益的驱使下，对政策进行选择性执行，使政策效果大打折扣。因此，在公共政策实施过程中需要引入政策评估，消除政策选择性执行的弊端，确保公共政策得到有效落实。

第三，建立健全中国特色公共政策评估制度有助于畅通参与政策制定的渠道。

人民群众对公共政策评估的要求逐渐提高。近年来，我国人民群众对政府和公共政策的理解越来越深刻，要求也越来越严格。信息化发展要求政府政策的透明性增加。人民群众日益提高的参政意识和信息化的发展也要求尽快建立公共政策评估制度。随着我国政府决策科学化、民主化程度，以及人民群众参政议政意识和能力的增强，建立健全我国公共政策评估制度已经成为我国政府的必然选择。保障人民群众通过多种途径和形式参与决策，是转变政府职能的内在要求，有利于使政策制定及时准确反映经济社会发展需要和人民意愿。制定事关经济社会发展全局和群众切身利益的重大政策，要采取座谈会、听证会、公开征求社会意见、民意调查等多种方式广泛听取意见建议，涉及特定群体利益的政策，还要与相关人民团体、社会组织以及群众代表沟通协商。制定与市场主体生产经营密切相关的政策文件，要主动了解市场主体所急所需所盼，完善常态化政企沟通机制，把听取市场主体诉求、意见和建议贯穿全过程。完善意见研究采纳反馈机制，对各方面提出的意见认真分析研究，吸收采纳合理意见，并以适当的方式反馈说明。以畅通的政策制定参与渠道，切实保障市场主体和群众在政策制定中的知情权、参与权、表达权和监督权，提升政策的针对性和有效性，提高政府执行力和公信力。

第四，加强重大政策制定和实施的评估评价，是保障决策科学合理的必要前提。在研究制定重大政策时进行事前评估，需要充分论证政策的必要性、可行性、科学性等重点内容，确保政策符合中央决策部署，具备人力、物力等各方面支撑条件，财政可承受并长期可持续，能够取得经济、社会、生态等方面的预期效益，等等。以评估结果作为制定政策的重要依据，有助于从源头上把握政策方向，提高决策质量，防止决策的随意性，避免决策风险。在政策实施中，需要密切跟踪监测执行情况，深入分析政策执行中出现的问题、政策执行效果和产生的影响，及时提出改进办法，有针对性地调整完善，确保政策达到预期效果。政策执行完成后需要进行事后评价，将政策设定的目标和实际取得的效果进行对照分析，总结经验和不足，将评价结果作为今后制定相关政策的重要依据和参考。

第五，严格履行重大政策制定的行政决策程序，是保障决策依法规范的必然要求。提高决策水平，需要以科学、规范的决策程序和制度约束决策行为。党的十八届四中全会明确要求，健全依法决策机制，把公众参与、专家论证、风险评估、合法性审查、集体讨论决定确定为重大行政决策法定程序。对此，《重大行政决策程序暂行条例》已经作出具体规定，重大决策事项应当充分听取社会公众意见，特别是充分听取政策直接涉及的利害关系人意见，对反馈意见应充分研究论证；对专业性、技术性较强的决策事项，应当组织专家、专业机构进行论证；决策的实施可能对社会稳定、公共安全等方面产生不利影响的，应当评估其风险可控性；决策草案应当进行合法性审查，并由决策机关集体讨论决定。公众参与、专家论证、风险评估、合法性审查、集体讨论决定都是事前评估的必要环节和程序，是制定政策的法定前置条件，必须按照党中央部署和条例要求，将各项程序严格履行到位，确保决策制度科学、程序正当、过程公开、责任明确。

第六，对重大政策制定和实施实行全过程绩效管理，是保障决策经济高效的必要举措。党和国家很多重大政策都涉及财政资金投入，尤其是在当前财政收支紧张的情况下，各部门、各单位都需要着力提高财政资金绩效，使财政投入充分发挥效益。《中共中央 国务院关于全面实施预算绩效管理的意见》明确要求，建立全过程预算绩效管理链条。对新出台的重大政策需要开展事前绩效评估，重点论证立项必要性、投入经济性、绩效目标合理性、实施方案可行性和筹资合规性等。做好绩效运行监控，建立重大政策绩效跟踪机制，对存在严重问题的要暂缓或停止预算拨款，督促及时整改落实。对政策实施效果要开展绩效评价，对照政策目标评判完成情况，以及资金投入和使用情况等，评价结果要加强反馈和应用。要按照党中央、国务院文件要求，在政策研究制定、出台实施、执行完成的全生命周期，实行全过程绩效管理，加强成本效益分析和投入产出分析，强化事前评估和事后评价结果的应用，发挥绩效管理的激励约束作用。

第七，提高国家治理能力，离不开公共政策评估。公共政策评估是国家治理体系的重要内容，也是提升国家治理能力的重要途径。实现国家治理的现代化，不仅要充分发挥政府的作用，而且要有效发挥社会组织、公民个体的积极作用。通过政策评估，可以使参与国家治理的社会各主体充分表达意见，进行有效的沟通和协调，平衡各方利益，消除分歧，形成治理合力。同时，政策评估也会反过来促进公共政策制定者和执行者能力与水平的提升。

（三）建立健全中国特色公共政策评估制度的重要意义

2015年1月，中办、国办印发的《关于加强中国特色新型智库建设的意见》明确提出，"建立健全决策评估制度"。党的十九届四中全会明确提出，"健全决策机制，加强重大决策的调查研究、科学论证、风险评估，强化政策执行、评估、监督"。党的十九届五中全会《中共中央关于制定国民经济和社会发展第十四个五年规划和二〇三五年远景目标的建议》进一步提出健全重大政策事前评估和事后评价制度，是对健全决策机制、提高决策水平的更明确要求。

建立健全具有中国特色的公共政策评估制度，是提高决策机制，提高决策科学化、民主化、法治化水平的一项重要制度安排，对在新时代、新阶段提高党的执政能力和领导水平，推进国家治理体系和治理能力现代化具有重要意义。同时，建立健全具有中国特色的公共政策评估制度也是国家治理体系建设的重要内容，是推进国家治理能力现代化的重要举措，是中国特色的治理方式，是政府管理创新的重要举措，是促进重大政策落到实处的重要方式，对完善有关改革方案和重大政策，提高改革决策和政策的科学性、准确性，具有重要作用和意义。

第一，公共政策评估对正确地制定、执行和完善政策具有重要意义，不仅能反映政府制定和执行公共政策的能力和效果，也决定和影响着政府的绩效。建立健全公共政策评估制度可以提高我国公共政策的透明度，提高政策制定、执行的科学性、有效性和合理性，提高政策运行的科学性和准确性。任何一项政策在研究制定、组织实施一段时间以后，其运行质量和效果如何，都需要进行评估，以便对政策进行调整、完善或终止。通过公共政策评估可以决定是否需要对政策进行调整、完善或终止，更好地配置政策资源，提高政策的科学性和准确性，实现政策运行和决策的科学化，提高政府正确履行职责的能力和水平。

第二，公共政策评估是完善国家治理体系的重要组成部分，也是提升国家治理能力的重要途径，是促进重大政策落到实处的重要方式，是政府管理创新方面的重大举措。公共政策评估具有客观、公正、独立的特点，对提高改革决策和政策的针对性和有效性具有重要意义。事前评估可以使改革方案和政策更全面、周延，更具可行性，事后评估可以决定是否需要对改革方案和政策进行调整、完善或终止，更好地配置政策资源，提高政策运行的科学性和准确性，实现政策运行和决策的科学化。

第三，公共政策评估是采用一种新的办法来促进改革、推动发展，是建设符合时代要求和人民满意的现代政府的有益尝试，是推进政府治理体系和治理能力现代化的积极探索。公共政策评估是政策合理化的有效保障，是检验政策效果、效率和公平性的基本途径，也是决定政策去留的重要依据。

第四，公共政策评估是国家治理体系建设的重要内容，是推进国家治理能力现代化的重要举措，是中国特色的治理方式，是政府管理创新的重要举措，是促进重大政策落到实处的重要方式，为完善有关改革方案和重大政策，提高改革决策和政策的科学性、准确性，发挥了重要作用，具有重要的意义。

（四）中国特色公共政策评估制度框架设想

中国特色公共政策评估制度应该有法律保障，形成完整的政策评估的"法律—制度—体系"，有比较成熟的适合中国国情的公共政策评估理论方法，促进评估主体的独立、专业和多元化，使政策评估工作走上制度化、规范化、程序化道路，公共政策评估的作用得到有效发挥。

对于中国特色公共政策评估制度框架的初步设想如图6-2所示。

中国特色公共政策评估制度的目标是：

第一，实现政策评估制度化、法律化。为更好发挥公共政策评估的作用，给予公共政策评估必要的保障，制度化和法律化是最有效的途径。要构建公共政策预评估、执行评估和绩效评估相结合的完整体系，必须尽快出台规范公共政策绩效评估的法律法规。制定法规确立公共政策评估的地位，并赋予各级政府进行公共政策评估的责任；

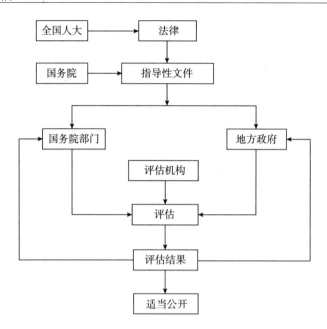

图6-2　中国特色公共政策评估制度框架初步设想

对政策评估原则、评估类型、评估程序、评估结果的反馈和评估职能机构、人员组成、评估费用等内容作出规定，使公共政策绩效评估在一套明确的法律制度框架下运行。保证公共政策评估的资源。通过制度化、法律化打通公共政策评估的反馈渠道。以法律法规的形式加强对评估结论的反馈，并通过反馈不断地改进、修订和补充公共政策的内容，促进评估的规范化和程序化，使其形成良性循环。强化对政策落实情况的督查考核，注重引入社会力量开展第三方评估，接受各方监督，不能"自拉自唱"。

第二，评估主体独立性、专业化、多元化。要增强政府评估机构在公共政策评估中的独立性，规范政府机构中的政策评估组织。按照"决策、执行、监督"相独立的原则，将公共政策评估机构与政策制定和执行机构尽量独立，各司其职。做到公共政策评估机构和被评估机构之间减少利益关系，防止不必要的干扰和阻力。要实现评估主体的专业化，制定严格的评估标准。从评估机构和评估人员两个方面加强管理，提高水平，从而实现整个公共政策评估的专业化。要鼓励和引导民间政策评估组织的发展。在政府评估机构之外，充分发挥民间政策评估机构体制灵活、专业性强、立场中立、社会关系广泛的优势。

第三，制定规范化的政策评估法规、流程与方法。借鉴国际经验与做法，制定政策评估工作相关法律法规，对政策评估原则、评估主体、评估内容、评估程序、评估结果使用与公开等作出规定。制定标准化、规范化、精细化的政策评估程序，提高政策评估的效率。鼓励和支持政策评估机构开发和创新政策评估工具，构建各领域政策评估模型，建立决策咨询大数据系统，明确政策信息和数据共享的范围和路径。健全各领域政策评估的评价考核指标体系，引导各政策评估主体不断提高政策评估的质量和水平。

第四，评估技术与方法系统化和科学化。要加强公共政策评估的基础研究。加强政策科学的研究和传播，使政府部门认识到政策评估的作用，如监督政策执行、有助于开发政策资源、增强政策效益等。要探索有效的评估方法，尤其应注意定性分析和定量分析的有机结合，以提高评估的科学性、客观性和准确性。

第五，提高政策评估透明度。完善政府信息公开制度，建设公共政策评估信息系统，提高政策评估透明度，使公众能够对其有更全面的了解和信任。完善政府信息公开制度。在评估过程中建立和维护各级政府信息库，注意征询政策目标人群的意见，评估采用的方法、引用的数据、结果要通过主流媒体向公众公开。评估结果应将公众满意度作为参考依据，并在评估报告中有所反映，以促进决策的科学化、民主化。

（五）关于建立健全中国特色公共政策评估制度的建议

第一，确立公共政策评估的法律地位，推动政策评估工作制度化、规范化、程序化。

通过立法确立公共政策评估的地位，明确各级政府制定和执行公共政策都要进行不同程度的绩效评估；规范评估主体、客体的权力与责任；对评估原则、评估类型、评估程序、评估结果的使用和公开、职能机构、人员组成、评估费用等作出明确规定。

建议采取分步实施的办法予以推进。一是对于涉及经济发展、社会进步、重要民生、公共管理等重大公共政策，必须开展事前评估；二是在重大公共政策实施过程中，要明确按照时间节点进行事中评估；三是可在适当的时机出台公共政策评估指导性文件；四是条件成熟时可考虑出台公共政策评估法律，从实体性和程序性两个方面对政策评估作出强制性规定，确保政策评估工作有法可依。

完善政府购买第三方评估服务机制，突出政府监管角色定位。要构建公共政策预评估、执行评估和后评估相结合的完整体系，赋予各级政府进行公共政策评估的责任，对评估原则、评估类型、评估程序、评估结果的反馈、评估职能机构、人员组成、评估费用等内容作出规定，使公共政策评估在一套明确的法律制度框架下运行。以法律法规的形式加强对评估结论的反馈，通过反馈不断地改进、修订和补充公共政策的内容，促进评估的规范化和程序化，使其形成良性循环。

研究制定建立健全政策评估制度的指导意见，以政策效果评估为重点，建立对重大政策开展事前、事后评估的长效机制，推进政策评估工作制度化、规范化，使政策更加科学精准、务实管用。

第二，加强政策评估机构建设，完善公共政策评估行业规制。

各级政府所属政策研究咨询机构可以承担评估工作，要对这些机构进行规范、整合，提高评估能力和专业水准，保证评估工作的公正、客观和独立性。鼓励和引导民间评估机构的发展，充分发挥民间评估机构体制灵活、专业性强、客观公正、社会关系广泛的优势，特别要注意赋予民间评估机构超然、独立的地位，保证其工作不受政府干扰。重点培育发展独立的评估机构，推动评估机构专业能力建设。

在评估过程中要有足够的交流，实现信息共享。实现评估主体的专业化，必须要制定严格的标准。实施资格认定制度，规定从业条件，只有符合从业条件的机构才能从事公共政策评估工作。鼓励和引导民间政策评估组织的发展。

第三，加强评估人才队伍建设，提高评估人员的专业化水平。

建议在大学开设评估本科专业，逐渐发展到培养不同专业的评估人才，包括硕士、博士层次的高级评估人才，保证公共政策评估发展的需要。加大评估专业人才的培养力度，通过学历教育和在职培训，提高评估人员的专业化水平。

加快建设高水平政策评估队伍。探索建立"政策评估专员"和"政策评估师"制度，实行政策评估师职业资格认证制度，从业者须经过专门的培训和考核才能获得政策评估师资格。促进评估职业化发展，加大评估专业人才的培养力度。通过学历教育和在职培训，设立优秀评估奖励制度，鼓励和吸引政策分析专业人士到政策评估组织工作。

第四，探索适合中国国情的政策评估理论，推进评估技术、方法系统化和科学化。

要结合我国国情和实际，加强政策评估理论和方法体系建设，探索先进、实用的评估方法与制度设计，如内部评估与外部评估相结合、定量分析与定性分析相结合、专家评估与民众参与相结合、事前评估与事中事后评估相结合、中央部门和地方政府相区别等，不断提高政策评估的针对性、有效性。

建议国家社会科学基金和自然科学基金设立公共政策评估研究课题，鼓励科研人员从事相关的基础研究。

第五，提供必要经费保障，强化财政、审计部门的监督。

政策评估是一项耗资巨大而复杂的系统工程，需要各种专业人才参与，需要收集大量的资料和数据、经历较长时间的分析研究和评估过程，因此，需要提供必要的经费保障。

任何公共政策的实施都离不开财政的支持。财政、审计部门在政策评估过程中能够发挥重要作用。一方面，许多政策的执行需要财政部门的资金投入和审计部门的监督评估，另一方面，各个职能部门的评估指标、评估项目往往都是在财政部门的指导下进行。

第六，扩大公众参与，提高公共政策评估的透明度。

要建立健全政策评估信息系统，完善政府信息公开制度。在评估过程中，要扩大公众参与面，保证评估结论客观公正，提高评估的质量。根据不同情况，把可公开的政策评估信息向公众发布，接受公众监督和评议。

要公开政策的具体规定、界限，公开办事程序、办事机构和办事人员，鼓励全社会对政策评估活动实施公开监督。将非涉密政策评估结果通过政府网站、权威媒体、新闻发布会等多种途径向社会公布。同时，开展政策满意度社会调查，收集社会公众的意见和建议，以促进政策制定、实施和评估。

规范公众参与行为。结合政策评估制度的建设，规范各利益相关者的公众参与方式，同时，考虑到我国目前全面深化改革已进入"深水区"的实际情况，加强政策利益相关群体影响的调查、分析、监测和评估，并对公众参与的方式和具体要求形成规范。

要加大宣传力度，切实提高公民对政策评估工作及其意义的认识；鼓励有关领域的专家学者参与评估工作，也可以邀请人大代表、政协委员及公众代表人物参与；加强政府与公众之间的沟通，吸纳公众参与政策评估，重视公众的意见，改善政府形象，提高政府信誉。

第七，重视评估结果的应用，形成"制定—执行—评估—完善"的良性循环。

将政策评估结果及时反馈给政策制定和实施的相关部门及人员，以及时调整或纠正政策的偏差，指导新的政策制定和实施。通过发现政策在设计和执行中存在的问题，对不合理或不适当的政策目标加以修改，最终改善政策结构。通过政策评估，不断地改进、修订和补充公共政策的内容，使整个政策形成"制定—执行—评估—完善"的良性循环。

将政策评估结果与政策制定和实施的相关部门及其人员的激励约束衔接起来，评估结果好的给予激励，评估结果不好的给予约束和问责，并与部门政绩和干部考核升迁挂钩。

第八，充分发挥新闻媒体的舆论导向和监督作用。

随着互联网的普及以及新闻媒体的发展，各种传播媒介都在影响着人们的认知。很多人愿意在网络上发表自己的意见，关注热点事件、政策。政府机关也逐步认识到网络平台的重要性，充分利用网络公开政府信息，在网上征求公民意见等。新闻媒体已成为政府决策与公众交流的一个不可或缺的重要渠道，因此，要适当利用报纸、电视、新闻客户端等新闻传媒，向公众普及评估相关知识，加强社会公众对第三方评估的了解和信任；引导公众正确评价政策评估的意义和价值；促进政策的实施与社会公众之间形成良好的互动。

舆论监督是我国社会监督的重要形式之一。在政策评估过程中，要正确对待新闻媒体的宣传和报道，重视新闻媒体的监督功能，注重舆情的收集和研判，重点研究公众反映比较集中的意见和建议，充分吸收其合理部分，提高政策的可行性与科学性；同时，注意将相关政策信息通过新闻媒体向公众公开，这样既能使政策评估因公众的参与、舆论的监督而规范起来，也能使政策评估的结果得到公众的信任，更具权威性。

主要参考文献

［1］宁骚．公共政策学（第三版）［M］．北京：高等教育出版社，2018.

［2］陈振明．政策科学教程［M］．北京：科学出版社，2015.

［3］陈庆云．公共政策分析［M］．北京：北京大学出版社，2006.

［4］谢明．公共政策导论（第五版）［M］．北京：中国人民大学出版社，2020.

［5］杨宏山．公共政策学［M］．北京：中国人民大学出版社，2020.

［6］弗兰克·费希尔．公共政策评估［M］．北京：中国人民大学出版社，2003.

［7］埃贡·G. 古贝，伊冯娜·S. 林肯．第四代评估［M］．秦霖，蒋燕玲，等译．北京：中国人民大学出版社，2008.

［8］李志军．重大公共政策评估理论、方法与实践（第二版）［M］．北京：中国发展出版社，2016.

［9］李志军．第三方评估理论与方法［M］．北京：中国发展出版社，2016.

［10］李志军，等．国外公共政策评估手册与范本选编［M］．北京：中国发展出版社，2014.

［11］贠杰，杨诚虎．公共政策评估：理论与方法［M］．北京：中国社会科学出版社，2006.

［12］贠杰．公共政策研究的理论与方法［M］．郑州：河南人民出版社，2003.

［13］李允杰，丘昌泰．政策执行与评估［M］．北京：北京大学出版社，2008.

［14］梁鹤年．政策规划与评估方法［M］．北京：中国人民大学出版社，2009.

［15］雷家骕．经济及科技政策评估方法与案例［M］．北京：清华大学出版社，2011.

［16］马国贤，任晓辉．公共政策分析与评估［M］．上海：复旦大学出版社，2012.

［17］王建冬，童楠楠，易成岐．大数据时代公共政策评估的变革：理论、方法与实践［M］．北京：社会科学文献出版社，2019.

［18］刘志红．微观计量方法在公共政策效应评估中的应用研究［M］．北京：中央财政经济出版社，2018.

［19］马亮．第三方评估、绩效排名与政府循证管理［M］．南京：江苏人民出版社，2021.

［20］郭俊华．知识产权政策评估：理论分析与实践应用［M］．上海：上海人民出版社，2010．

［21］张远增．公共政策执行评估学理［M］．北京：中国社会科学出版社，2018．

［22］国家科技评估中心．科技评估方法与实务［M］．北京：北京理工大学出版社，2019．

［23］曹堂哲，罗海元，孙静．政府绩效测量与评估方法：系统、过程与工具［M］．北京：经济科学出版社，2017．

［24］周志忍．政府绩效评估中的公民参与：中国地方政府的实践与经验［M］．北京：人民出版社，2015．

［25］张占斌．第三方评估：以制度创新避免"自拉自唱"［N/OL］．光明日报，2015-10-11．http：//gmrb．cloud．gmw．cn/gmrb/html/2015/10/11/content_303509．htm．

［26］黄建军．第三方评估助力治理现代化［N/OL］．学习时报，2015-11-05．https：//login．hnzk．gov．cn/zhikushiping/953．html．

［27］朱旭峰，韩万渠．第三方评估应注重体系和方法创新［N/OL］．学习时报，2015-11-23．http：//www．gdsqfb．org．cn/text/4175．html．

［28］洪永淼．提倡定量评估社会经济政策，建设中国特色新型经济学智库［J］．经济研究，2015，50（12）：19-22．

［29］鄞益奋．公共政策评估：理性主义和建构主义的耦合［J］．中国行政管理，2019（11）：92-96．

［30］叶厚元，顾娟．基于过程控制的公共政策评估理论与方法探索［J］．中国公共政策评论，2017，13（2）：153-175．

［31］董宝奇，王聪，王宏伟．科技政策效果评估的理论及方法综述［J］．科技和产业，2019，19（12）：89-94+171．

［32］李德国，蔡晶晶．西方政策评估技术与方法浅析［J］．科学学与科学技术管理，2006（4）：65-69．

［33］梅仕江．公共政策评估研究综述［J］．改革与开放，2013（8）：32-33．

［34］赵莉晓．创新政策评估理论方法研究——基于公共政策评估逻辑框架的视角［J］．科学学研究，2014，32（2）：195-202．

［35］李帆，马亮，李绍平．公共政策评估的循证进路——实验设计与因果推论［J］．国家行政学院学报，2018（5）：132-138+191．

［36］彭忠益，石玉．中国政策评估研究二十年（1998—2018）：学术回顾与研究展望［J］．北京行政学院学报，2019（2）：35-43．

［37］李芳华，张阳阳，郑新业．精准扶贫政策效果评估——基于贫困人口微观追踪数据［J］．经济研究，2020，55（8）：171-187．

［38］刘甲炎，范子英．中国房产税试点的效果评估：基于合成控制法的研究［J］．世界经济，2013，36（11）：117-135．

［39］马海群，冯畅．基于 S-CAD 方法的国家信息政策评估研究［J］．情报学报，2018，37（10）：1060-1076.

［40］Bamberger M.，Rugh J.，Mabry L. Real World Evaluation：Working Under Budget，Time，Data and Political Constraints［M］．London：SAGE Publications，2006.

［41］Bardach E. A Practical Guide for Policy Analysis：The Eightfold Path to More Effective Problem Solving［M］．London：CQ Press，2019.

［42］Worthen B. R.，Sanders J. R.，Fitzpatrick J. L. Program Evaluation：Alternative Approaches and Practical Guidelines［M］．New York：Longman Publishers，1997.

［43］Stufflebeam D. L.，Shinkfield A. J. Evaluation：Theory，Models and Applications［M］．San Francisco：Jossey-Bass，2007.

［44］Newcomer K. E.，Hatry H. P.，Wholey J. S. Handbook of Practical Program Evaluation［M］．San Francisco：Jossey-Bass，2015.

［45］Morra Imas L. G.，Rist R. C. The Road to Results：Designing and Conducting Effective Development Evaluations［Z］．The World Bank，2009.

［46］Howlett M.，Ramesh M. Studying Public Policy：Policy Cycles and Policy Subsystems［M］．Oxford：Oxford University Press，1996.

［47］Thomas V. G.，Campbell P. B. Evaluation in Today's World：Respecting Diversity，Improving Quality and Promoting Usability［M］．London：SAGE Publications，2021.

［48］Vedung E. Public Policy and Program Evaluation［M］．New York：Routledge，2000.

［49］Nagel S. S. Handbook of Public Policy Evaluation［M］．London：SAGE Publications，2002.

［50］Weible C. M.，Sabatier P. A. Theories of the Policy Process［M］．New York：Routledge，2017.

［51］Dunn W. N. Public Policy Analysis：An Introduction［M］．London：Longman，2009.

［52］Deaton A. Instruments，Randomization and Learning about Development［J］．Journal of Economic Literature，2010，48（2）：424-455.

［53］Romer C. D.，Romer D. H. A New Measure of Monetary Shocks：Derivation and Implications［J］．American Economic Review，2004，94（4）：1055-1084.

［54］Romer C. D.，Romer D. H. Does Monetary Policy Matter? A New Test in the Spirit of Friedman and Schwartz［J］．NBER Macroeconomics Annual，1989，4：121-170.

［55］Campbell D. T.，Stanley J. C. Experimental and Quasi-Experimental Designs for Research on Teaching［R］//Gage N. L. Handbook of Research on Teaching. Chicago：Rand McNally，1963.

［56］Trochim W. M. Research Design for Program Evaluation［R］．Beverly Hills，CA：SAGE Publications，1984.

［57］Heckman J. , Robb R. Alternative Methods for Evaluating the Impact of Interventions: An Overview ［J］. Journal of Econometrics, 1985, 30 （1-2） : 239-267.

［58］Abadie A. , Diamond A. , Hainmuellert J. Synthetic Control Methods for Comparative Case Studies? Estimating the Effect of California's Tobacco Control Program ［J］. Journal of the American Statistical Association , 2010, 105 （490）: 493-505.

［59］Hsiao C. , Ching H. S. , Wan S. K. A Panel Data Approach For Program Evaluation: Measuring The Benefits of Political And Economic Integration of Hong Kong With Mainland China ［J］. Journal of Applied Econometrics, 2012, 27 （5）: 705-740.

［60］Laver M. , Benoit K. , Garry J. Extracting Policy Positions from Political Texts Using Words as Data ［J］. American Political Science Review, 2003, 97 （2） : 311-331.

［61］Levitt S. , List J. Field Experiments in Economics: The Past, the Present and the Future ［J］. European Economic Review, 2009, 53 （1）: 1-18.

［62］Imbens G. W. , Angrist J. D. Identification and Estimation of Local Average Treatment Effects ［J］. Econometrica, 1994, 62 （2）: 467-475.

［63］Allcott H. Site Selection Bias in Program Evaluation ［J］. Quarterly Journal of Economics, 2015, 13 （3）: 1117-1165.

［64］Huebner A. J. , Betts S. C. Examining Fourth Generation Evaluation: Application to Positive Youth Development ［J］. Evaluation the International Journal of Theory Research and Practice, 1999, 5 （3）: 340-358.

［65］Baker S. R. , Bloom N. , Davis S. J. Measuring Economic Policy Uncertainty ［J］. The Quarterly Journal of Economics, 2016, 131 （4） : 1593-1636.

［66］Chassang S. , Miquel G. P. , Snowberg E. Selective Trials: A Principal-Agent Approach to Randomized Controlled Experiments ［J］. American Economic Review, 2012, 102 （4）: 1279-1309.

［67］Colander D. , Hehrling P. , Kirman A. Beyond DSGE Models: Towards an Empirically-Based Macroeconomics ［J］. American Economic Review, 2008, 98 （2）: 236-240.

［68］Gentzkow M. , Kelly B. , Taddy M. Text as Data ［J］. Journal of Economic Literature, 2019, 57 （3） : 535-574.

［69］Harrison G. W. , List J. A. Field Experiments ［J］. Journal of Economic Literature, 2004, 42 （4） : 1009-1055.

［70］Hollibaugh G. E. The Use of Text as Data Methods in Public Administration: A Review and an Application to Agency Priorities ［J］. Journal of Public Administration Research and Theory, 2019, 29 （3） : 474-490.

［71］Shulha L. M. , Cousins J. B. Evaluation Use: Theory, Research and Practice Since 1986 ［J］. American Journal of Evaluation, 1997, 18 （3）: 195-208.

［72］Mo D. , Zhang L. , Yi H. , et al. School Dropouts and Conditional Cash Transfers: Evidence from a Randomised Controlled Trial in Rural China's Junior High Schools ［J］. The Journal of Development Studies, 2013, 49（2）: 190-207.

［73］Sylvia S., Warrinnier N., Luo R., et al. From Quantity to Quality: Delivering a Home-based Parenting Intervention through China's Family Planning Cadres ［J］. The Economic Journal, 2021, 131（635）: 1365-1400.

［74］Jacobsen K. N. Bunching ［J］. Annual Review of Economics, 2016, 8: 435-464.

［75］Bastani S., Selin H. Bunching and Non-bunching at Kink Points of the Swedish Tax Schedule ［J］. Journal of Public Economics, 2014, 109: 36-49.

附录　我国有关政策评估文件

附录一　有关重要论述摘编（2012～2021 年）

二〇一二年

坚持科学决策、民主决策、依法决策，健全决策机制和程序，发挥思想库作用，建立健全决策问责和纠错制度。

——2012 年 11 月 8 日胡锦涛在中国共产党第十八次全国代表大会上的报告

二〇一三年

要强化对政策落实情况的督查考核，注重引入社会力量开展第三方评估，接受各方监督，不能"自拉自唱"。

——2013 年 9 月 6 日，国务院办公厅李克强主持召开国务院常务会议时的讲话

提出改革举措当然要慎重，要反复研究、反复论证，但也不能因此就谨小慎微、裹足不前，什么也不敢干、不敢试。搞改革，现有的工作格局和体制运行不可能一点都不打破，不可能都是四平八稳、没有任何风险。只要经过了充分论证和评估，只要是符合实际、必须做的，该干的还是要大胆干。

——2013 年 11 月 9 日，习近平总书记关于《中共中央关于全面
深化改革若干重大问题的决定》的说明

全面深化改革的总目标是完善和发展中国特色社会主义制度，推进国家治理体系和治理能力现代化。

更加注重改革的系统性、整体性、协同性。

提高改革决策科学性。

加强中国特色新型智库建设，建立健全决策咨询制度。

——2013 年 11 月 12 日，中共十八届三中全会通过的
《中共中央关于全面深化改革若干重大问题的决定》

强化监督检查，抓好跟踪督办，建立定期评估机制，及时分析查找存在的问题和原因，增强改革的针对性、科学性、实效性。

实践告诉我们，有的政策经过一段时间后发现有偏差，要扭转回来很不容易。我们的政策举措出台之前必须经过反复论证和科学评估，力求切合实际、行之有效、行之久远，不能随便"翻烧饼"。

——2013 年 11 月 12 日，习近平总书记在中共十八届三中全会
第二次全体会议上的讲话

二〇一四年

对重大改革尤其是涉及人民群众切身利益的改革决策，要建立社会稳定评估机制。要建立科学评价机制，对改革效果进行全面评估。

——2014 年 2 月 28 日，习近平主持召开中央全面深化改革领导小组
第二次会议时的讲话

重大改革举措牵一发而动全身，必须稳妥审慎。改革举措出台之前，必须反复论证和科学评估，力求行之有效。

——2014 年 3 月 15 日，习近平主持召开中央军委深化国防和军队
改革领导小组第一次全体会议时的讲话

要完善和落实维护群众合法权益的体制机制，完善和落实社会稳定风险评估机制，预防和减少利益冲突。

——2014 年 4 月 25 日，习近平总书记在十八届中央政治局
第十四次集体学习时的讲话

改革成果要抓到位，建立健全改革举措实施效果评价体系。

——2014 年 8 月 18 日，习近平主持召开中央全面深化改革
领导小组第四次会议时的讲话

要用第三方评估促进政府管理方式改革创新。

今后第三方评估要吸纳更加广泛的社会力量积极参与，使问题论证更加客观、科学、实事求是。同时，评估要吸纳也要进一步扩大范围。对各项重点工作，不管是事前决策、事中执行还是事后评价，都可以引入第三方评估，使各项工作真正形成合力。

——2014 年 8 月 27 日，李克强总理主持召开国务院常务会议时的讲话

要高度重视改革方案的制定和落实工作，做实做细调查研究、征求意见、评估把关等关键环节，严把改革方案质量关，严把改革督察关，确保改革改有所进、改有所成。

——2014 年 9 月 29 日，习近平主持召开中央全面深化改革领导

小组第五次会议时的讲话

对部门间争议较大的重要立法事项，由决策机关引入第三方评估，充分听取各方意见，协调决定，不能久拖不决。

把公众参与、专家论证、风险评估、合法性审查、集体讨论决定确定为重大行政决策法定程序，确保决策制度科学、程序正当、过程公开、责任明确。

——2014 年 10 月 23 日，中国共产党第十八届中央委员会第四次

全体会议通过的《中共中央关于全面推进依法治国若干重大问题的决定》

要强化督促评估，落实督办责任制和评估机制，让群众来评价改革成效。

——2014 年 12 月 9 日至 11 日，习近平总书记在中央经济工作

会议上的讲话

对已经出台的重大方案要排队督察，及时跟踪、及时检查、及时评估、及时整改，重在发现问题。

——2014 年 12 月 30 日，习近平主持召开中央全面深化改革领导

小组第八次会议时的讲话

二〇一五年

建立健全政策评估制度。除涉密及法律法规另有规定外，重大改革方案、重大政策措施、重大工程项目等决策事项出台前，要进行可行性论证和社会稳定、环境、经济等方面的风险评估，重视对不同智库评估报告的综合分析比较。加强对政策执行情况、实施效果和社会影响的评估，建立有关部门对智库评估意见的反馈、公开、运用等制度，健全决策纠错改正机制。探索政府内部评估与智库第三方评估相结合的政策评估模式，增强评估结果的客观性和科学性。

——2015 年 1 月 20 日，中共中央办公厅、国务院办公厅印发的

《关于加强中国特色新型智库建设的意见》

要及时检查、及时评估，把解决了多少突出问题、群众对问题解决的满意度作为检验司法体制和社会体制改革成效的标准。

——2015 年 1 月 30 日，习近平总书记主持召开中央全面深化

改革领导小组第九次会议时的讲话

对已经出台的改革举措，要加强改革效果评估，及时总结经验，注意发现和解决苗头性、倾向性、潜在性问题。

——2015 年 3 月 24 日，习近平总书记在中共中央政治局第二十一次
集体学习时发表的讲话

要实行严格评估，按照摘帽标准验收。

要加强对脱贫工作绩效的社会监督，可以让当地群众自己来评价，也可以建立第三方评估机制，以增强脱贫工作绩效的可信度。

——2015 年 11 月 27 日，习近平总书记在中央扶贫开发工作会议上的讲话

我们鼓励和支持解放思想，鼓励和支持对有关政策举措进行分析评估，但要把握好政治立场坚定性和科学探索创新性的有机统一，不能把探索性的学术问题等同于严肃的政治问题，也不能把严肃的政治问题等同于探索性的学术问题。

——2015 年 12 月 11 日，习近平总书记在全国党校工作会议上的讲话

二〇一六年

要抓紧对各领域改革进行全面评估。

——2016 年 3 月 22 日，习近平总书记主持召开中央全面深化改革领导
小组第二十二次会议时的重要讲话

跟踪问效要抓实，抓好改革督察，开展评估工作，做到基本情况清楚、问题分析清楚、工作方向清楚。

——2016 年 6 月 27 日，习近平总书记主持召开中央全面深化改革
领导小组第二十五次会议时的重要讲话

要全面建立健康影响评价评估制度，系统评估各项经济社会发展规划和政策、重大工程项目对健康的影响。

——2016 年 8 月 19 日至 20 日，习近平总书记出席全国卫生与
健康大会时发表的重要讲话

要注意评估改革推进效果，及时研究解决改革推进中的矛盾和问题，以钉钉子精神抓好改革落实。

——2016 年 10 月 11 日，习近平总书记主持召开中央全面深化
改革领导小组第二十八次会议时的重要讲话

二〇一七年

中央财经领导小组会议定下来的事情，要抓好贯彻落实，明确责任、有效督查。历次小组会议确定的事项都要落实，各地区各部门要把自己应负的责任担起来，主动开展工作。要从制度上明确责任，强化监督问责，确保令行禁止。要注意评估反馈，建立有效的反馈和评估机制，及时了解政策实施存在的问题，提出改进建议。

——2017 年 2 月 28 日，习近平总书记主持召开中央财经领导小组
第十五次会议时的重要讲话

要加大对试点的总结评估，对证明行之有效的经验做法，要及时总结提炼、完善规范，在面上推广。

要区分不同情况，实施分类指导，提高改革试点工作有效性。

——2017 年 5 月 23 日，习近平总书记主持召开中央全面深化改革领导小组
第三十五次会议时的重要讲话

改革成效要靠实践检验，既要看单项改革的成效，也要看改革的综合成效。各有关方面要对已经出台的改革方案经常"回头看"，既要看相关联的改革方案配套出台和落实情况，又要评估改革总体成效，对拖了后腿的要用力搂上去，对偏离目标的要赶紧拉回来。

——2017 年 6 月 26 日，习近平总书记主持召开中央全面深化改革领导小组
第三十六次会议时的重要讲话

对已经出台的改革举措，要对落实情况进行总体评估，尚未落地或落实效果未达到预期的改革任务，党的十九大之后要继续做实。

——2017 年 8 月 29 日，习近平总书记主持召开中央全面深化改革领导小组
第三十八次会议的重要讲话

全面深化改革的总目标是完善和发展中国特色社会主义制度、推进国家治理体系和治理能力现代化。

健全依法决策机制，构建决策科学、执行坚决、监督有力的权力运行机制。

转变政府职能，深化简政放权，创新监管方式，增强政府公信力和执行力，建设人民满意的服务型政府。

加快构建中国特色哲学社会科学，加强中国特色新型智库建设。

——2017 年 10 月 18 日，习近平总书记在中国共产党第十九次
全国代表大会上的报告

建立关于立法中涉及的重大利益调整论证咨询和争议较大的重要立法事项引入第三方评估的工作规范，是党的十八届四中全会部署的重要改革举措。要根据《立法法》有关规定，紧紧围绕提高立法质量这个关键，健全立法起草、论证、咨询、评估、协调、审议等工作机制。

——2017年11月20日，习近平主持召开十九届中央全面深化改革领导小组
第一次会议强调，全面贯彻党的十九大精神，坚定不移将改革推向深入

二〇一八年

当前和今后一个时期，要深入推进《长江经济带发展规划纲要》贯彻落实，结合实施情况及国内外发展环境新变化，组织开展规划纲要中期评估，按照新形势新要求调整完善规划内容。

——2018年4月26日，习近平总书记在深入推动长江经济带发展座谈会上的讲话

面向未来，要在深入总结评估的基础上，继续解放思想、积极探索，加强统筹谋划和改革创新，不断提高自由贸易试验区发展水平，形成更多可复制可推广的制度创新成果，把自由贸易试验区建设成为新时代改革开放的新高地，为实现"两个一百年"奋斗目标、实现中华民族伟大复兴的中国梦贡献更大力量。

——2018年10月，习近平总书记对自由贸易试验区建设作出的重要指示

二〇一九年

要加强市场心理分析，做好政策出台对金融市场影响的评估，善于引导预期。

要完善风险防控机制，建立健全风险研判机制、决策风险评估机制、风险防控协同机制、风险防控责任机制，主动加强协调配合，坚持一级抓一级、层层抓落实。

——2019年1月21日，习近平总书记在省部级主要领导干部坚持底线
思维着力防范化解重大风险专题研讨班开班式上的讲话

要抓紧完成党的十八届三中全会部署的改革任务，多抓根本性、全局性、制度性的重大改革举措，多抓有利于保持经济健康发展和社会大局稳定的改革举措，多抓有利于增强人民群众获得感、幸福感、安全感的改革举措，多抓对落实已出台改革方案的评估问效。

要处理好政策顶层设计和分层对接、政策统一性和差异性的关系，加强政策解读和指导把关。要强化责任担当，对推出的各项改革方案要进行实效评估，及时发现和解决问题。

——2019年1月23日，习近平总书记主持召开中央全面深化改革
委员会第六次会议时的讲话

要加强对改革的实效评估，梳理存在的突出短板和弱项，有针对性地一项一项推动解决。

——2019 年 5 月 29 日，习近平总书记主持召开中央全面
深化改革委员会第八次会议时的讲话

要做好改革评估工作，加强改革举措评估、改革风险评估、改革成效评估，确保各项政策制度切合实际、行之久远。

——2019 年 7 月 30 日，习近平总书记在主持中共中央政治局就推进军
事政策制度改革举行第十六次集体学习时的讲话

健全决策机制，加强重大决策的调查研究、科学论证、风险评估，强化决策执行、评估、监督。

——2019 年 10 月 31 日，党的十九届四中全会审议通过的《中共中央关于坚持和完善
中国特色社会主义制度推进国家治理体系和治理能力现代化若干重大问题的决定》

要树立全面、整体的观念，遵循经济社会发展规律，重大政策出台和调整要进行综合影响评估，切实抓好政策落实，坚决杜绝形形色色的形式主义、官僚主义。

——2019 年 12 月 10 日至 12 日，习近平总书记在中央经济工作会议上的讲话

<h2 align="center">二〇二〇年</h2>

要坚持结果导向，聚焦重点、紧盯实效，开展重要领域改革进展情况评估检查，克服形式主义、官僚主义，一个领域一个领域盯住抓落实。

——2020 年 2 月 14 日，习近平主持召开中央全面深化改革委员会
第十二次会议时的讲话

要推动改革开放取得新突破，坚持问题导向，有的放矢推进改革，加强对改革举措的评估问效，促进各项改革往深里走、往实里落，加快培育充分竞争的市场，不断激发各类市场主体活力。

——2020 年 6 月 8 日至 10 日，习近平总书记在宁夏考察时的讲话

建立健全政策评估制度。研究制定建立健全政策评估制度的指导意见，以政策效果评估为重点，建立对重大政策开展事前、事后评估的长效机制，推进政策评估工作制度化、规范化，使政策更加科学精准、务实管用。

——2020 年 7 月 21 日，国务院办公厅出台的《关于进一步优化
营商环境更好服务市场主体的实施意见》

要做好党的十八届三中全会以来改革任务落实情况的总结评估，把总结评估同谋划"十四五"时期改革思路结合起来。

——2020年9月1日，习近平主持召开中央深改委第十五次会议时发表的重要讲话

抓落实重在实效，关键看有没有实现制定政策时的目标。要把党中央作出的重大决策及时转化为具体政策和法规，加强部门间协调配合，增强战略一致性。要设立工作台账，及时对账，完善评估机制，抓好重大决策落实情况的督促检查。

——2020年9月10日，习近平总书记主持召开中央财经委员会第八次会议时的重要讲话

健全重大政策事前评估和事后评价制度，畅通参与政策制定的渠道，提高决策科学化、民主化、法制化水平。

——2020年10月29日，党的十九届五中全会通过的《中共中央关于制定国民经济和社会发展第十四个五年规划和二○三五年远景目标的建议》

二○二一年

党中央决定，适时组织开展巩固脱贫成果后评估工作，压紧压实各级党委和政府巩固脱贫攻坚成果责任，坚决守住不发生规模性返贫的底线。

——2021年2月25日，习近平在全国脱贫攻坚总结表彰大会上的讲话

要加强战略管理，优化项目论证方式和立项审批流程，加强重大项目统筹调控。要强化规划计划权威性和执行力，严格责任体系、时间节点、质量标准，加大评估和监管力度，督促规划任务高效落实。

——2021年3月9日，习近平在出席解放军和武警部队代表团全体会议时发表的重要讲话

健全宏观经济政策评估评价制度和重大风险识别预警机制，畅通政策制定参与渠道，提高决策科学化、民主化、法治化水平。

——2021年3月12日，十三届全国人大四次会议通过的《中华人民共和国国民经济和社会发展第十四个五年规划和2035年远景目标纲要》

要抓紧制定促进共同富裕行动纲要，提出科学可行、符合国情的指标体系和考核评估办法。

——2021年8月17日，习近平总书记在中央财经委员会第十次会议上的讲话

构建公正合理、评估科学的政策体系。

建立知识产权公共政策评估机制。

> ——2021 年 9 月 22 日，中共中央、国务院印发的《知识产权
> 强国建设纲要（2021—2035 年）》

开展标准质量和标准实施第三方评估，加强标准复审和维护更新。

> ——2021 年 10 月 10 日，中共中央、国务院印发的《国家标准化发展纲要》

健全以环评制度为主体的源头预防体系，严格规划环评审查和项目环评准入，开展重大经济技术政策的生态环境影响分析和重大生态环境政策的社会经济影响评估。

推进城市生态修复。加强生态保护修复监督评估。

加快推进生物多样性保护优先区域和国家重大战略区域调查、观测、评估。

> ——2021 年 11 月 2 日，《中共中央　国务院关于深入打好污染防治攻坚战的意见》

要探索建立境外项目风险的全天候预警评估综合服务平台，及时预警、定期评估。

> ——2021 年 11 月 19 日，习近平在第三次"一带一路"建设座谈会上的讲话

要建立改革事项动态更新机制，定期对创新试点工作进行评估，对于实践证明行之有效、市场主体欢迎的改革措施要及时在更大范围复制推广。要坚持稳步实施，在风险可控前提下有序推进创新试点工作走深走实。

> ——2021 年 11 月 25 日，国务院印发的《关于开展营商环境创新试点工作的意见》

附录二 党中央、国务院有关文件

中共中央办公厅、国务院办公厅《关于建立健全 重大决策社会稳定风险评估机制的指导意见（试行）》

中办发〔2012〕2 号

开展重大决策社会稳定风险评估，对于促进科学决策、民主决策、依法决策，预防和化解社会矛盾，构建社会主义和谐社会，具有重要意义。近年来，各地区各有关部门认真贯彻中央精神，结合各自实际，以关系人民群众切身利益的重大工程项目建设、重大政策制定等决策事项为重点，积极探索开展社会稳定风险评估工作，取得明显成效，积累了一些经验。为切实规范和全面推进重大决策社会稳定风险评估工作，促进社会和谐稳定，现就党政机关建立健全重大决策社会稳定风险评估机制提出如下指导意见。

一、指导思想和基本要求

（一）指导思想。全面贯彻党的十七大和十七届三中、四中、五中、六中全会精神，以邓小平理论和"三个代表"重要思想为指导，深入贯彻落实科学发展观，坚持以人为本、执政为民，把实现好、维护好、发展好最广大人民根本利益作为决策的出发点和落脚点，正确处理改革发展稳定的关系，着力从源头上预防和化解社会矛盾，最大限度减少不和谐因素，最大限度增加和谐因素，保障和促进经济社会又好又快发展。

（二）基本要求。开展重大决策社会稳定风险评估，必须立足基本国情，一切从实际出发，确保取得实效。

——应评尽评。凡是按规定应当进行社会稳定风险评估的重大决策事项，未经评估不得作出决策。

——全面客观。充分发扬民主，深入调查研究，广泛听取意见，全面分析论证，科学客观评估，实事求是反映决策可能引发的各种社会稳定风险及其影响程度。

——查防并重。既全面查找决策可能引发的社会稳定风险，又有针对性地采取措施加强解释引导，预防和化解社会矛盾。

——统筹兼顾。把评估结果作为决策的重要依据，统筹考虑发展与稳定、整体与局部以及不同利益和各方面的关系，审慎作出决策。

二、评估范围和内容

（三）评估范围。凡是直接关系人民群众切身利益且涉及面广、容易引发社会稳定问题的重大决策事项，包括涉及征地拆迁、农民负担、国有企业改制、环境影响、社会保障、公益事业等方面的重大工程项目建设、重大政策制定以及其他对社会稳定有较大影响的重大决策事项，党政机关作出决策前都要进行社会稳定风险评估。需要评估的具体决策事项由各地区各有关部门根据上述规定和实际情况确定。

重大工程项目建设需要进行社会稳定风险评估的，应当把社会稳定风险评估作为工程项目可行性研究的重要内容，不再另行评估。

（四）评估内容。对需要进行社会稳定风险评估的重大决策事项，重点从以下几方面进行评估。

——合法性。决策机关是否享有相应的决策权并在权限范围内进行决策，决策内容和程序是否符合有关法律法规和政策规定。

——合理性。决策事项是否符合大多数群众的利益，是否兼顾了群众的现实利益和长远利益，会不会给群众带来过重经济负担或者对群众的生产生活造成过多不便，会不会引发不同地区、行业、群体之间的攀比。拟采取的措施和手段是否必要、适当，是否尽最大可能维护了所涉及群众的合法权益。政策调整、利益调节的对象和范围界定是否准确，拟给予的补偿、安置或者救助是否合理公平及时。

——可行性。决策事项是否与本地经济社会发展水平相适应，实施是否具备相应的人力物力财力，相关配套措施是否经过科学严谨周密论证，出台时机和条件是否成熟。决策方案是否充分考虑了群众的接受程度，是否超出大多数群众的承受能力，是否得到大多数群众的支持。

——可控性。决策事项是否存在公共安全隐患，会不会引发群体性事件、集体上访，会不会引发社会负面舆论、恶意炒作以及其他影响社会稳定的问题。决策可能引发社会稳定风险是否可控，能否得到有效防范和化解；是否制定了社会矛盾预防和化解措施以及相应的应急处置预案，宣传解释和舆论引导工作是否充分。

三、评估主体和程序

（五）评估主体。重大决策社会稳定风险评估工作由评估主体组织实施。地方党委和政府作出决策的，由党委和政府指定的部门作为评估主体。党委和政府有关部门作出决策的，由该部门或者牵头部门商其他有关部门指定的机构作为评估主体。需要多级党政机关作出决策的，由初次决策的机关指定评估主体，不重复评估。根据工作需要，评估主体可以组成由政法、综治、维稳、法制、信访等有关部门，有关社会组织、专业机构、专家学者，以及决策所涉及群众代表等参加的评估小区进行评估。

（六）评估程序

1. 充分听取意见。根据实际情况，可以采取公示、问卷调查、实地走访和召开座谈会、听证会等多种方式，就决策事项听取各方面意见。对受决策影响较大的群众、有特殊困难的家庭要重点走访，当面听取意见。听取意见要注意对象的广泛性和代表性，讲清决策的法律和政策依据、决策方案、决策可能产生的影响，以便群众了解真实情况、表达真实意见。

2. 全面分析论证。分门别类梳理各方意见和情况，对决策方案的合法性、合理性、可行性和风险可控性进行全面深入研究，查找社会稳定风险点。对所有风险点逐一进行分析，参考相同或者类似决策引发的社会稳定风险情况，预测研判风险发生概率，可能引发矛盾纠纷的激烈程度和持续时间、涉及人员数量，可能产生的各种负面影响，以及相关风险的可控程度。

3. 确定风险等级。根据分析论证情况，按照决策实施后可能对社会稳定造成的影响程度确定风险等级。风险等级分为高风险、中风险、低风险3类，大部分群众有意见、反应特别强烈，可能引发大规模群体性事件的，为高风险；部分群众有意见、反应强烈，可能引发矛盾冲突的，为中风险；多数群众理解支持但少部分人有意见的，为低风险。风险等级的具体划分标准由各地区有关部门予以明确。

4. 提出评估报告。评估报告应当包括评估事项和评估过程，各方意见及其采纳情况，决策可能引发的社会稳定风险，风险评估结论和对策建议，风险防范和化解措施以及应急处置预案等内容。评估报告由评估主体主要负责人签字后报送决策机关，需要多级党政机关决策的要逐级上报，并抄送决策实施部门和政法、综治、维稳、法制、信访等有关部门。

四、评估结果运用和决策实施跟踪

（七）评估结果运用。重大决策须经决策机关领导班子会议集体讨论决定，社会稳定风险评估结论要作为重要依据。评估报告认为决策事项存在高风险，应当区别情况作出不实施的决策，或者调整决策方案、降低风险等级后再行决策；存在中风险的，待采取有效的防范、化解风险措施后，再作出实施的决策；存在低风险的，可以作出实施的决策，但要做好解释说服工作，妥善处理相关群众的合理诉求。作出决策后，决策机关要将评估报告送同级维稳部门。决策机关和有关部门及其工作人员要遵守工作纪律，对社会稳定风险评估报告和会议讨论情况严格保密。

（八）决策实施跟踪。决策机关要跟踪了解重大决策实施情况，实施过程中出现社会不稳定因素的，要及时组织决策实施部门有针对性地做好宣传解释和说服工作，采取措施预防和化解社会矛盾；对群众合理诉求要妥善处理，对确实存在困难的群众要给予帮扶，对不明真相的群众要耐心解释，对无理取闹制造事端的不法分子要坚决依法处理。维稳部门和政法、综治、信访等有关部门也要跟踪决策实施情况，协助做好矛盾纠纷排查调处和化解工作。决策实施引发影响社会稳定重大问题的，决策机关要暂停实施；需要对决策进行调整的，要及时调整。

五、责任追究

（九）评估责任追究。评估主体不按规定的程序和要求进行评估导致决策失误，给党、国家和人民利益以及公共财产造成较大或者重大损失等后果的，依照《中华人民共和国公务员法》的有关规定和《行政机关公务员处分条例》第二十条的规定，对责任人给予相应处分；依照《中国共产党纪律处分条例》第一百二十七条的规定，对责任人中的共产党员给予相应处分。评估主体隐瞒真实情况或者弄虚作假，给党、国家和人民利益以及公共财产造成较大或者重大损失等后果的，依照《中华人民共和国公务员法》的有关规定和《行政机关公务员处分条例》第二十二条的规定，对责任人给予相应处分；依照《中国共产党纪律处分条例》第一百三十一条的规定，对责任人中的共产党员给予相应处分。需要对责任人中的党政领导干部实行问责的，依照《关于实行党政领导干部问责的暂行规定》的有关规定处理。

（十）决策责任追究。决策机关不根据重大决策社会稳定风险评估结论、无视社会稳定风险作出实施有关事项决策，给党、国家和人民利益以及公共财产造成较大或者重大损失等后果的，依照《中华人民共和国公务员法》的有关规定和《行政机关公务员处分条例》第二十条的规定，对责任人给予相应处分；依照《中国共产党纪律处分条例》第一百二十条的规定，对责任人中的共产党员给予相应处分。决策机关在决策实施引发影响社会稳定重大问题时不暂停决策实施或者及时调整决策，给党、国家和人民利益以及公共财产造成较大或者重大损失等后果的，依照《中华人民共和国公务员法》的有关规定和《行政机关公务员处分条例》第二十条的规定，对责任人给予相应处分；依照《中国共产党纪律处分条例》第一百三十一条的规定，对责任人中的共产党员给予相应处分。需要对责任人中的党政领导干部实行问责的，依照《关于实行党政领导干部问责的暂行规定》的有关规定处理。

六、组织领导

（十一）完善工作机制。地方党委和政府主要负责人是本地区维护社会稳定工作的第一责任人，要高度重视重大决策社会稳定风险评估工作，建立健全主要负责人负总责，分管负责人直接抓，政法、综治、维稳、纪检监察、法制、信访等相关部门负责人参加的社会稳定风险评估工作领导机制，及时研究解决工作中遇到的困难和问题。中央和地方各级维稳部门要牵头做好社会稳定风险评估工作的综合协调和督促指导。

（十二）加强监督检查。地方党委和政府要切实加强对重大决策社会稳定风险评估工作的监督检查。要把建立健全社会稳定风险评估机制、推行社会稳定风险评估工作情况纳入维稳、综治工作年度考核或者专项考核内容，考核结果作为党政领导班子和领导干部综合考核评价的重要依据。

各地区各有关部门要认真贯彻落实本意见，结合实际制定和完善开展重大决策社会稳定风险评估工作的具体办法，细化有关规定，完善配套制度，扎实推进重大决策社会稳定风险评估工作，坚决避免因决策不当引发社会稳定问题，切实保障和促进改革发展顺利进行。

国务院关于加强法治政府建设的意见

国发〔2010〕33 号

各省、自治区、直辖市人民政府，国务院各部委、各直属机构：

2004 年 3 月，国务院发布《全面推进依法行政实施纲要》（以下简称《纲要》），明确提出建设法治政府的奋斗目标。为在新形势下深入贯彻落实依法治国基本方略，全面推进依法行政，进一步加强法治政府建设，现提出以下意见。

一、加强法治政府建设的重要性紧迫性和总体要求

1. 加强法治政府建设的重要性紧迫性。贯彻依法治国基本方略，推进依法行政，建设法治政府，是我们党治国理政从理念到方式的革命性变化，具有划时代的重要意义。《纲要》实施 6 年来，各级人民政府对依法行政工作高度重视，加强领导、狠抓落实，法治政府建设取得了重要进展。当前，我国经济社会发展进入新阶段，国内外环境更为复杂，挑战增多。转变经济发展方式和调整经济结构的任务更加紧迫和艰巨，城乡之间、地区之间发展不平衡，收入分配不公平和差距扩大，社会结构和利益格局深刻调整，部分地区和一些领域社会矛盾有所增加，群体性事件时有发生，一些领域腐败现象仍然易发多发，执法不公、行政不作为乱作为等问题比较突出。解决这些突出问题，要求进一步深化改革，加强制度建设，强化对行政权力运行的监督和制约，推进依法行政，建设法治政府。各级行政机关及其领导干部一定要正确看待我国经济社会环境的新变化，准确把握改革发展稳定的新形势，及时回应人民群众的新期待，切实增强建设法治政府的使命感、紧迫感和责任感。

2. 加强法治政府建设的总体要求。当前和今后一个时期，要深入贯彻科学发展观，认真落实依法治国基本方略，进一步加大《纲要》实施力度，以建设法治政府为奋斗目标，以事关依法行政全局的体制机制创新为突破口，以增强领导干部依法行政的意识和能力、提高制度建设质量、规范行政权力运行、保证法律法规严格执行为着力点，全面推进依法行政，不断提高政府公信力和执行力，为保障经济又好又快发展和社会和谐稳定发挥更大的作用。

二、提高行政机关工作人员特别是领导干部依法行政的意识和能力

3. 高度重视行政机关工作人员依法行政意识与能力的培养。行政机关工作人员特别是领导干部要带头学法、尊法、守法、用法，牢固树立以依法治国、执法为民、公平正义、服务大局、党的领导为基本内容的社会主义法治理念，自觉养成依法办事的习惯，切实提高运用法治思维和法律手段解决经济社会发展中突出矛盾和问题的能力。要重视提拔使用依法行政意识强，善于用法律手段解决问题、推动发展的优秀干部。

4. 推行依法行政情况考察和法律知识测试制度。拟任地方人民政府及其部门领导职务的干部，任职前要考察其掌握相关法律知识和依法行政情况。公务员录用考试要注重对法律知识的测试，对拟从事行政执法、政府法制等工作的人员，还要组织专门

的法律知识考试。

5. 建立法律知识学习培训长效机制。完善各级行政机关领导干部学法制度。要通过政府常务会议会前学法、法制讲座等形式，组织学习宪法、通用法律知识和与履行职责相关的专门法律知识。县级以上地方各级人民政府每年至少要举办 2 期领导干部依法行政专题研讨班。各级行政学院和公务员培训机构举办的行政机关公务员培训班，要把依法行政知识纳入教学内容。定期组织行政执法人员参加通用法律知识培训、专门法律知识轮训和新法律法规专题培训，并把培训情况、学习成绩作为考核内容和任职晋升的依据之一。

三、加强和改进制度建设

6. 突出政府立法重点。要按照有利于调动人民群众积极性和创造性、激发社会活力和竞争力、解放和发展生产力、维护公平正义、规范权力运行的要求，加强和改进政府立法与制度建设。重点加强有关完善经济体制、改善民生和发展社会事业以及政府自身建设方面的立法。对社会高度关注、实践急需、条件相对成熟的立法项目，要作为重中之重，集中力量攻关，尽早出台。

7. 提高制度建设质量。政府立法要符合经济社会发展规律，充分反映人民意愿，着力解决经济社会发展中的普遍性问题和深层次矛盾，切实增强法律制度的科学性和可操作性。严格遵守法定权限和程序，完善公众参与政府立法的制度和机制，保证人民群众的意见得到充分表达、合理诉求和合法利益得到充分体现。除依法需要保密的外，行政法规和规章草案要向社会公开征求意见，并以适当方式反馈意见采纳情况。建立健全专家咨询论证制度，充分发挥专家学者在政府立法中的作用。法律法规规章草案涉及其他部门职责的，要充分听取相关部门的意见；相关部门要认真研究，按要求及时回复意见。加强政府法制机构在政府立法中的主导和协调作用，涉及重大意见分歧、达不成一致意见的，要及时报请本级人民政府决定。坚决克服政府立法过程中的部门利益和地方保护倾向。积极探索开展政府立法成本效益分析、社会风险评估、实施情况后评估工作。加强行政法规、规章解释工作。

8. 加强对行政法规、规章和规范性文件的清理。坚持立"新法"与改"旧法"并重。对不符合经济社会发展要求，与上位法相抵触、不一致，或者相互之间不协调的行政法规、规章和规范性文件，要及时修改或者废止。建立规章和规范性文件定期清理制度，对规章一般每隔 5 年、规范性文件一般每隔 2 年清理一次，清理结果要向社会公布。

9. 健全规范性文件制定程序。地方各级行政机关和国务院各部门要严格依法制定规范性文件。各类规范性文件不得设定行政许可、行政处罚、行政强制等事项，不得违法增加公民、法人和其他组织的义务。制定对公民、法人或者其他组织的权利义务产生直接影响的规范性文件，要公开征求意见，由法制机构进行合法性审查，并经政府常务会议或者部门领导班子会议集体讨论决定；未经公开征求意见、合法性审查、集体讨论的，不得发布施行。县级以上地方人民政府对本级政府及其部门的规范性文件，要逐步实行统一登记、统一编号、统一发布。探索建立规范性文件有效期制度。

10. 强化规章和规范性文件备案审查。严格执行法规规章备案条例和有关规范性文件备案的规定，加强备案审查工作，做到有件必备、有错必纠，切实维护法制统一和政令畅通。要重点加强对违法增加公民、法人和其他组织义务或者影响其合法权益，搞地方或行业保护等内容的规章和规范性文件的备案审查工作。建立规范性文件备案登记、公布、情况通报和监督检查制度，加强备案工作信息化建设。对公民、法人和其他组织提出的审查建议，要按照有关规定认真研究办理。对违法的规章和规范性文件，要及时报请有权机关依法予以撤销并向社会公布。备案监督机构要定期向社会公布通过备案审查的规章和规范性文件目录。

四、坚持依法科学民主决策

11. 规范行政决策程序。加强行政决策程序建设，健全重大行政决策规则，推进行政决策的科学化、民主化、法治化。要坚持一切从实际出发，系统全面地掌握实际情况，深入分析决策对各方面的影响，认真权衡利弊得失。要把公众参与、专家论证、风险评估、合法性审查和集体讨论决定作为重大决策的必经程序。作出重大决策前，要广泛听取、充分吸收各方面意见，意见采纳情况及其理由要以适当形式反馈或者公布。完善重大决策听证制度，扩大听证范围，规范听证程序，听证参加人要有广泛的代表性，听证意见要作为决策的重要参考。重大决策要经政府常务会议或者部门领导班子会议集体讨论决定。重大决策事项应当在会前交由法制机构进行合法性审查，未经合法性审查或者经审查不合法的，不能提交会议讨论、作出决策。

12. 完善行政决策风险评估机制。凡是有关经济社会发展和人民群众切身利益的重大政策、重大项目等决策事项，都要进行合法性、合理性、可行性和可控性评估，重点是进行社会稳定、环境、经济等方面的风险评估。建立完善部门论证、专家咨询、公众参与、专业机构测评相结合的风险评估工作机制，通过舆情跟踪、抽样调查、重点走访、会商分析等方式，对决策可能引发的各种风险进行科学预测、综合研判，确定风险等级并制定相应的化解处置预案。要把风险评估结果作为决策的重要依据，未经风险评估的，一律不得作出决策。

13. 加强重大决策跟踪反馈和责任追究。在重大决策执行过程中，决策机关要跟踪决策的实施情况，通过多种途径了解利益相关方和社会公众对决策实施的意见和建议，全面评估决策执行效果，并根据评估结果决定是否对决策予以调整或者停止执行。对违反决策规定、出现重大决策失误、造成重大损失的，要按照谁决策、谁负责的原则严格追究责任。

五、严格规范公正文明执法

14. 严格依法履行职责。各级行政机关要自觉在宪法和法律范围内活动，严格依照法定权限和程序行使权力、履行职责。要全面履行政府职能，更加重视社会管理和公共服务，着力保障和改善民生，切实解决就业、教育、医疗、社会保障、保障性住房等方面人民群众最关心的问题。加大行政执法力度，严厉查处危害安全生产、食品药品安全、自然资源和环境保护、社会治安等方面的违法案件，维护公共利益和经济社会秩序。认真执行行政许可法，深化行政审批制度改革，进一步规范和减少行政审批，推进政府职能转变和管理方式创新。着力提高政府公信力，没有法律、法规、规章依据，行政机关不得作出影响公民、法人和其他组织权益或者增加其义务的决定；行政机关参与民事活动，要依法行使权利、履行义务、承担责任。

15. 完善行政执法体制和机制。继续推进行政执法体制改革，合理界定执法权限，明确执法责任，推进综合执法，减少执法层级，提高基层执法能力，切实解决多头执法、多层执法和不执法、乱执法问题。改进和创新执法方式，坚持管理与服务并重、处置与疏导结合，实现法律效果与社会效果的统一。加强行政执法信息化建设，推行执法流程网上管理，提高执法效率和规范化水平。县级以上人民政府要建立相关机制，促进行政执法部门信息交流和资源共享。完善执法经费由财政保障的机制，切实解决执法经费与罚没收入挂钩问题。

16. 规范行政执法行为。各级行政机关都要强化程序意识，严格按程序执法。加强程序制度建设，细化执法流程，明确执法环节和步骤，保障程序公正。要平等对待行政相对人，同样情形同等处理。行政执法机关处理违法行为的手段和措施要适当适度，尽力避免或者减少对当事人权益的损害。建立行政裁量权基准制度，科学合理细化、量化行政裁量权，完善适用规则，严格规范裁量权行使，避免执法的随意性。健全行政执法调查规则，规范取证活动。坚持文明执法，不得粗暴对待当事人，不得侵害执法对象的人格尊严。加强行政执法队伍建设，严格执法人员持证上岗和资格管理制度，狠抓执法纪律和职业道德教育，全面提高执法人员素质。根据法律法规规章立、改、废情况及时调整、梳理行政执法依据，明确执法职权、机构、岗位、人员和责任，并向社会公布。充分利用信息化手段开展执法案卷评查、质量考核、满意度测评等工作，加强执法评议考核，评议考核结果要作为执法人员奖励惩处、晋职晋级的重要依据。严格落实行政执法责任制。

六、全面推进政务公开

17. 加大政府信息公开力度。认真贯彻实施政府信息公开条例，坚持以公开为原则、不公开为例外，凡是不涉及国家秘密、商业秘密和个人隐私的政府信息，都要向社会公开。加大主动公开力度，重点推进财政预算、公共资源配置、重大建设项目批准和实施、社会公益事业建设等领域的政府信息公开。政府全部收支都要纳入预算管理，所有公共支出、基本建设支出、行政经费支出的预算和执行情况，以及政府性基金收支预算和中央国有资本经营预算等情况都要公开透明。政府信息公开要及时、准确、具体。对人民群众申请公开政府信息的，要依法在规定时限内予以答复，并做好相应服务工作。建立健全政府信息公开的监督和保障机制，定期对政府信息公开工作进行评议考核。依法妥善处理好信息公开与保守秘密的关系，对依法应当保密的，要切实做好保密工作。

18. 推进办事公开。要把公开透明作为政府工作的基本制度，拓宽办事公开领域。

所有面向社会服务的政府部门都要全面推进办事公开制度，依法公开办事依据、条件、要求、过程和结果，充分告知办事项目有关信息。要规范和监督医院、学校、公交、公用等公共企事业单位的办事公开工作，重点公开岗位职责、服务承诺、收费项目、工作规范、办事纪律、监督渠道等内容，为人民群众生产生活提供优质、高效、便利的服务。

19. 创新政务公开方式。进一步加强电子政务建设，充分利用现代信息技术，建设好互联网信息服务平台和便民服务网络平台，方便人民群众通过互联网办事。要把政务公开与行政审批制度改革结合起来，推行网上电子审批、"一个窗口对外"和"一站式"服务。规范和发展各级各类行政服务中心，对与企业和人民群众密切相关的行政管理事项，要尽可能纳入行政服务中心办理，改善服务质量，提高服务效率，降低行政成本。

七、强化行政监督和问责

20. 自觉接受监督。各级人民政府和政府部门要自觉接受人大及其常委会的监督、政协的民主监督和人民法院依法实施的监督。对事关改革发展稳定大局、人民群众切身利益和社会普遍关心的热点问题，县级以上人民政府要主动向同级人大常委会专题报告。拓宽群众监督渠道，依法保障人民群众监督政府的权利。完善群众举报投诉制度。高度重视舆论监督，支持新闻媒体对违法或者不当的行政行为进行曝光。对群众举报投诉、新闻媒体反映的问题，有关行政机关要认真调查核实，及时依法作出处理，并将处理结果向社会公布。

21. 加强政府内部层级监督和专门监督。上级行政机关要切实加强对下级行政机关的监督，及时纠正违法或者不当的行政行为。保障和支持审计、监察等部门依法独立行使监督权。审计部门要着力加强财政专项资金和预算执行审计、重大投资项目审计、金融审计、国有企业领导人员经济责任审计等工作，加强社会保障基金、住房公积金、扶贫救灾资金等公共资金的专项审计。监察部门要全面履行法定职责，积极推进行政问责和政府绩效管理监察，严肃追究违法违纪人员的责任，促进行政机关廉政勤政建设。

22. 严格行政问责。严格执行行政监察法、公务员法、行政机关公务员处分条例和关于实行党政领导干部问责的暂行规定，坚持有错必纠、有责必问。对因有令不行、有禁不止、行政不作为、失职渎职、违法行政等行为，导致一个地区、一个部门发生重大责任事故、事件或者严重违法行政案件的，要依法依纪严肃追究有关领导直至行政首长的责任，督促和约束行政机关及其工作人员严格依法行使权力、履行职责。

八、依法化解社会矛盾纠纷

23. 健全社会矛盾纠纷调解机制。要把行政调解作为地方各级人民政府和有关部门的重要职责，建立由地方各级人民政府负总责、政府法制机构牵头、各职能部门为主体的行政调解工作体制，充分发挥行政机关在化解行政争议和民事纠纷中的作用。完善行政调解制度，科学界定调解范围，规范调解程序。对资源开发、环境污染、公共安全事故等方面的民事纠纷，以及涉及人数较多、影响较大、可能影响社会稳定的纠纷，要主动进行调解。认真实施人民调解法，积极指导、支持和保障居民委员会、村民委员会等基层组织开展人民调解工作。推动建立行政调解与人民调解、司法调解相衔接的大调解联动机制，实现各类调解主体的有效互动，形成调解工作合力。

24. 加强行政复议工作。充分发挥行政复议在解决矛盾纠纷中的作用，努力将行政争议化解在初发阶段和行政程序中。畅通复议申请渠道，简化申请手续，方便当事人提出申请。对依法不属于复议范围的事项，要认真做好解释、告知工作。加强对复议受理活动的监督，坚决纠正无正当理由不受理复议申请的行为。办理复议案件要深入调查，充分听取各方意见，查明事实、分清是非。注重运用调解、和解方式解决纠纷，调解、和解达不成协议的，要及时依法公正作出复议决定，对违法或者不当的行政行为，该撤销的撤销，该变更的变更，该确认违法的确认违法。行政机关要严格履行行政复议决定，对拒不履行或者无正当理由拖延履行复议决定的，要依法严肃追究有关人员的责任。探索开展相对集中行政复议审理工作，进行行政复议委员会试点。健全行政复议机构，确保复议案件依法由2名以上复议人员办理。建立健全适应复议工作特点的激励机制和经费装备保障机制。完善行政复议与信访的衔接机制。

25. 做好行政应诉工作。完善行政应诉制度，积极配合人民法院的行政审判活动，支持人民法院依法独立行使审判权。对人民法院受理的行政案件，行政机关要依法积极应诉，按规定向人民法院提交作出具体行政行为的依据、证据和其他相关材料。对重大行政诉讼案件，行政机关负责人要主动出庭应诉。尊重并自觉履行人民法院的生效判决、裁定，认真对待人民法院的司法建议。

九、加强组织领导和督促检查

26. 健全推进依法行政的领导体制和机制。地方各级人民政府和政府部门都要建立由主要负责人牵头的依法行政领导协调机制，统一领导本地区、本部门推进依法行政工作。县级以上地方人民政府常务会议每年至少听取2次依法行政工作汇报，及时解决本地区依法行政中存在的突出问题，研究部署全面推进依法行政、加强法治政府建设的具体任务和措施。加强对推进依法行政工作的督促指导、监督检查和舆论宣传，对成绩突出的单位和个人按照国家有关规定给予表彰奖励，对工作不力的予以通报批评。加强依法行政工作考核，科学设定考核指标并纳入地方各级人民政府目标考核、绩效考核评价体系，将考核结果作为对政府领导班子和领导干部综合考核评价的重要内容。

27. 强化行政首长作为推进依法行政第一责任人的责任。各级人民政府及其部门要把全面推进依法行政、加强法治政府建设摆在更加突出的位置。行政首长要对本地区、本部门依法行政工作负总责，切实承担起领导责任，将依法行政任务与改革发展稳定任务一起部署、一起落实、一起考核。县级以上地方人民政府每年要向同级党委、人大常委会和上一级人民政府报告推进依法行政情况，政府部门每年要向本级人民政府和上一级人民政府有关部门报告推进依法行政情况。

28. 加强法制机构和队伍建设。县级以上各级人民政府及其部门要充分发挥法制机构在推进依法行政、建设法治政府方面的组织协调和督促指导作用。进一步加强法制机构建设，使法制机构的规格、编制与其承担的职责和任务相适应。要加大对法制干部的培养、使用和交流力度，重视提拔政治素质高、法律素养好、工作能力强的法制干部。政府法制机构及其工作人员要努力提高新形势下做好政府法制工作的能力和水平，努力当好政府或者部门领导在依法行政方面的参谋、助手和顾问。

29. 营造学法尊法守法的良好社会氛围。各级人民政府及其部门要采取各种有效形式深入开展法治宣传教育，精心组织实施普法活动，特别要加强与人民群众生产生活密切相关的法律法规宣传，大力弘扬社会主义法治精神，切实增强公民依法维护权利、自觉履行义务的意识，努力推进法治社会建设。

各地区、各部门要把贯彻落实本意见与深入贯彻《纲要》和《国务院关于加强市县政府依法行政的决定》（国发〔2008〕17号）紧密结合起来，根据实际情况制定今后一个时期加强法治政府建设的工作规划，明确工作任务、具体措施、完成时限和责任主体，确定年度工作重点，扎扎实实地推进依法行政工作，务求法治政府建设不断取得新成效，实现新突破。

国务院

二〇一〇年十月十日

关于争议较大的重要立法事项引入第三方评估的工作规范

全国人大常委会办公厅　常办秘字〔2017〕238 号

第一条　为了深入推进科学立法、民主立法、依法立法，充分发挥社会力量在立法工作中的积极作用，及时妥善解决和处理立法中争议较大的重要立法事项，结合立法工作实际，制定本规范。

第二条　本规范所称第三方评估，是指由利益利害关系方以外的机构（以下简称第三方），运用科学、系统、规范的评估方法，对有较大争议的重要立法事项进行专项研究和综合评估，并提交评估报告，为立法决策提供参考的活动。

第三条　列入全国人大常委会会议议程的法律草案，有关方面在下列重要立法事项上有较大争议的，可以引入第三方评估：

（一）法律草案的调整范围；

（二）法律草案提出的主要制度和重要规范的必要性、可行性；

（三）法律草案对自然人、法人和非法人组织权利义务关系的重大调整；

（四）重要法律概念的含义；

（五）法律草案中的其他重要问题。

第四条　委托第三方开展评估，由全国人大常委会法制工作委员会根据工作需要，提出拟评估事项，经征求有关专门委员会、工作委员会的意见后，报请全国人大常委会领导批准。

法制工作委员会承担开展第三方评估的具体工作，并作为第三方评估工作的委托方。

第五条　委托第三方开展评估，可以采用定向委托、招标等方式进行委托。

选择第三方时，应当做到公开、透明，并与受委托的第三方签订委托协议，提出具体委托事项和要求。

第六条　委托方根据工作需要，可以将委托事项委托给一个至三个第三方进行评估。

受委托的第三方不得将评估工作转委托给其他机构或者个人。

第七条　委托第三方开展评估的，根据评估任务工作量、难易程度等情况合理确定评估经费，在委托协议中作出具体规定。

第八条　根据委托事项的具体情况，可以选择高等院校、科研机构、专业智库等单位作为接受委托的第三方。受委托的第三方应当具备下列条件：

（一）在相关领域具有代表性和权威性，社会信誉良好；

（二）组织机构健全，内部管理规范；

（三）有具备相关专业知识和技能的研究力量，有较强的数据采集分析、决策咨询和政策评估经验和能力；

（四）在业务关系、机构隶属、资金来源等方面具有独立性，与有关争议方之间没有利益利害关系；

（五）开展评估工作所需的其他条件。

第九条 引入第三方评估，按照以下程序进行：

（一）选择评估主体。根据评估事项确定条件要求，择优选定第三方，签订委托协议。

（二）制定评估方案。第三方按照委托协议的要求提出评估方案，确定评估步骤和标准，明确评估方法。评估方案经委托方审核同意后，由评估方组织实施。

（三）开展科学评估。第三方按照评估方案收集与评估事项相关的信息资料，归纳基本情况，进行研究论证，形成评估报告。

（四）验收评估成果。委托方对第三方开展评估的情况及其成果进行验收，第三方应严格按照评估方案确定的评估步骤、标准和方法进行评估。验收中发现不符合评估方案要求的，应当要求第三方限期补充评估或者重新进行评估。逾期仍未能通过验收的，委托方可以终止协议。

（五）交付评估成果。对符合约定要求的评估成果履行成果交接、评估经费支付等手续。委托方应当加强对评估经费的管理，评估经费的拨付应当按照有关财务管理规定严格审批。

第十条 第三方可以根据评估需要，采取问卷调查、个案分析、相关立法比较分析、成本效益分析等方法进行评估，形成第三方评估报告。

第三方评估报告应当包括以下内容：

（一）评估工作的基本情况；

（二）评估内容分析和依据；

（三）评估结论及意见建议；

（四）参加评估人员的签名和评估机构盖章；

（五）其他需要说明的问题。

第十一条 第三方开展评估工作，应当做到客观、独立、公正，不得进行可能影响评估客观性、独立性、公正性的活动，不得弄虚作假和抄袭剽窃。

有违规违约行为经查证属实的，委托方可以根据情况，采取要求改正、取消委托等办法处理。

第十二条 第三方评估报告应当作为协调协商处理有关争议事项、研究法律草案修改完善和做好相关立法工作的重要参考。

法律草案提请全国人大法律委员会统一审议时，有关工作机构应当汇报、说明第三方评估情况。

法律草案提请全国人大常委会会议审议时，可以报告第三方评估情况，并可以将第三方评估报告作为参阅资料印发会议。

第十三条 评估事项涉及的法律草案通过后，委托方可以根据需要，将第三方评估报告向社会公开，但涉及国家秘密、商业秘密或者个人隐私的除外。

参加第三方评估工作的单位及个人，对在评估工作中知悉的国家秘密、商业秘密和个人隐私，应当予以保密。

第三方未经委托方同意，不得对外披露评估情况，不得公开或对外引用评估报告。

第十四条　委托第三方评估所需经费，按照国家有关预算管理的规定列支。

第十五条　本规范自发布之日（2017 年 12 月 18 日）起实施。

政府督查工作条例

第一条 为了加强和规范政府督查工作，保障政令畅通，提高行政效能，推进廉政建设，健全行政监督制度，制定本条例。

第二条 本条例所称政府督查，是指县级以上人民政府在法定职权范围内根据工作需要组织开展的监督检查。

第三条 政府督查工作应当坚持和加强党的领导，以人民为中心，服务大局、实事求是，推进依法行政，推动政策落实和问题解决，力戒形式主义、官僚主义。

第四条 政府督查内容包括：

（一）党中央、国务院重大决策部署落实情况；

（二）上级和本级人民政府重要工作部署落实情况；

（三）督查对象法定职责履行情况；

（四）本级人民政府所属部门和下级人民政府的行政效能。

第五条 政府督查对象包括：

（一）本级人民政府所属部门；

（二）下级人民政府及其所属部门；

（三）法律、法规授权的具有管理公共事务职能的组织；

（四）受行政机关委托管理公共事务的组织。

上级人民政府可以对下一级人民政府及其所属部门开展督查，必要时可以对所辖各级人民政府及其所属部门开展督查。

第六条 国务院办公厅指导全国政府督查工作，组织实施国务院督查工作。国务院办公厅督查机构承担国务院督查有关具体工作。

县级以上地方人民政府督查机构组织实施本级人民政府督查工作。县级以上地方人民政府督查机构设置的形式和规格，按照机构编制管理有关规定办理。

国务院办公厅督查机构和县级以上地方人民政府督查机构统称政府督查机构。

第七条 县级以上人民政府可以指定所属部门按照指定的事项、范围、职责、期限开展政府督查。

县级以上人民政府所属部门未经本级人民政府指定，不得开展政府督查。

第八条 县级以上人民政府根据工作需要，可以派出督查组。督查组按照本级人民政府确定的督查事项、范围、职责、期限开展政府督查。督查组对本级人民政府负责。

督查组实行组长负责制，组长由本级人民政府确定。

可以邀请人大代表、政协委员、政府参事和专家学者等参加督查组。

第九条 督查人员应当具备与其从事的督查工作相适应的政治素质、工作作风、专业知识、业务能力和法律素养，遵守宪法和法律，忠于职守、秉公持正、清正廉洁、保守秘密，自觉接受监督。

政府督查机构应当对督查人员进行政治、理论和业务培训。

第十条　政府督查机构履行职责所必需的经费，应当列入本级预算。

第十一条　政府督查机构根据本级人民政府的决定或者本级人民政府行政首长在职权范围内作出的指令，确定督查事项。

政府督查机构根据党中央、国务院重大决策部署，上级和本级人民政府重要工作部署，以及掌握的线索，可以提出督查工作建议，经本级人民政府行政首长批准后，确定督查事项。

第十二条　政府督查可以采取以下方式：

（一）要求督查对象自查、说明情况；

（二）听取督查对象汇报；

（三）开展检查、访谈、暗访；

（四）组织座谈、听证、统计、评估；

（五）调阅、复制与督查事项有关的资料；

（六）通过信函、电话、媒体等渠道收集线索；

（七）约谈督查对象负责人或者相关责任人；

（八）运用现代信息技术手段开展"互联网+督查"。

第十三条　政府督查工作需要协助的，有关行政机关应当在职权范围内予以协助。

第十四条　县级以上人民政府可以组织开展综合督查、专项督查、事件调查、日常督办、线索核查等政府督查工作。

第十五条　开展政府督查工作应当制定督查方案，明确督查内容、对象和范围；应当严格控制督查频次和时限，科学运用督查方式，严肃督查纪律，提前培训督查人员。

政府督查工作应当严格执行督查方案，不得随意扩大督查范围、变更督查对象和内容，不得干预督查对象的正常工作，严禁重复督查、多头督查、越权督查。

第十六条　县级以上人民政府在政府督查工作结束后应当作出督查结论。与督查对象有关的督查结论应当向督查对象反馈。

督查结论应当事实清楚，证据充分，客观公正。

第十七条　督查对象对督查结论有异议的，可以自收到该督查结论之日起 30 日内，向作出该督查结论的人民政府申请复核。收到申请的人民政府应当在 30 日内作出复核决定。参与作出督查结论的工作人员在复核中应当回避。

第十八条　对于督查结论中要求整改的事项，督查对象应当按要求整改。政府督查机构可以根据工作需要，对整改情况进行核查。

第十九条　政府督查机构可以根据督查结论，提出改变或者撤销本级或者下级人民政府及其所属部门不适当的决定、命令等规范性文件的建议，报本级人民政府或者本级人民政府行政首长。

第二十条　政府督查机构可以针对督查结论中反映的突出问题开展调查研究，真实准确地向本级人民政府或者本级人民政府行政首长报告调查研究情况。

第二十一条　政府督查机构可以根据督查结论或者整改核查结果，提出对督查对象依法依规进行表扬、激励、批评等建议，经本级人民政府或者本级人民政府行政首长批准后组织实施。

政府督查机构可以根据督查结论或者整改核查结果，提出对督查对象依法依规追究责任的建议，经本级人民政府或者本级人民政府行政首长批准后，交有权机关调查处理。

第二十二条　政府督查应当加强与行政执法监督、备案审查监督等的协调衔接。

第二十三条　督查工作中发现公职人员涉嫌贪污贿赂、失职渎职等职务违法或者职务犯罪的问题线索，政府督查机构应当移送监察机关，由监察机关依法调查处置；发现涉嫌其他犯罪的问题线索，移送司法机关依法处理。

第二十四条　政府督查机构及督查人员违反本条例规定，滥用职权、徇私舞弊、玩忽职守的，泄露督查过程中所知悉的国家秘密、商业秘密、个人隐私的，或者违反廉政规定的，对负有责任的领导人员和直接责任人员依法依规给予处理；构成犯罪的，依法追究刑事责任。

第二十五条　督查对象及其工作人员不得阻碍督查工作，不得隐瞒实情、弄虚作假，不得伪造、隐匿、毁灭证据。有上述情形的，由政府督查机构责令改正；情节严重的，依法依规追究责任。

第二十六条　对督查人员或者提供线索、反映情况的单位和个人进行威胁、打击、报复、陷害的，依法依规追究责任。

第二十七条　县级以上人民政府及其所属部门依照有关法律法规开展的其他监督检查，按照有关法律法规规定执行。

第二十八条　本条例自 2021 年 2 月 1 日起施行。

附录三 国务院部门有关文件

中央财政科技计划（专项、基金等）绩效评估规范（试行）

第一章 总则

第一条 为指导和规范中央财政科技计划（专项、基金等）绩效评估工作，建立统一的评估监管体系，提高科技计划（专项、基金等）实施成效和中央财政资金使用效率，依据《国务院印发关于深化中央财政科技计划（专项、基金等）管理改革方案的通知》（国发〔2014〕64号）、《中央办公厅 国务院办公厅印发〈关于深化项目评审、人才评价、机构评估改革的意见〉的通知》、《科技部 财政部 发展改革委关于印发〈科技评估工作规定（试行）〉的通知》（国科发政〔2016〕382号）等要求，制定本规范。

第二条 本规范适用于中央财政科技计划（专项、基金等）（以下简称科技计划）绩效评估活动，包括国家自然科学基金、国家科技重大专项（含科技创新2030—重大项目）、国家重点研发计划、技术创新引导专项（基金）、基地和人才专项等的绩效评估。

第三条 绩效评估活动应遵循以下原则：

（一）科学规范。遵循科技活动规律，根据评估需求以及项目研发、基地运行、人才成长、市场发展的特点，设置合理的评估内容和评估指标体系，采用科学可行的方法和规范程序，独立客观、分类评价。

（二）协同高效。科技计划绩效评估应与其下设的专项（基金、基地、人才计划等）、项目评估及财政预算绩效评价统筹衔接，加强数据、资料共享，充分利用已有科技管理信息，提高评估工作的整体效率。

（三）注重实效。突出科技计划设立目的和整体实施效果评价，重点评价其在解决国家重大发展需求、引领科学前沿发展、突破关键核心技术、培养科技人才、提升自主创新能力、培育壮大新动能等方面的实际成效，以及对保障国家安全、促进经济社会高质量发展、增强综合国力、提升人民福祉等方面的支撑作用。

第四条 科技部、财政部和发展改革委负责制定科技计划绩效评估规范，统筹指导评估活动，推动评估结果运用。

科技部、财政部牵头组织开展科技计划整体绩效评估。各有关部门根据管理职责参与科技计划整体绩效评估，按职责组织开展相关科技计划下设的专项（基金、基地、人才计划等）评估，提供有关专项（基金、基地、人才计划等）监测评估、财政预算绩效评价和过程管理资料。

项目管理专业机构负责提供有关项目绩效评估和项目过程管理材料，配合开展科技计划评估活动。

第五条 科技计划绩效评估根据计划（专项、基金等）特点及管理需求开展，原则上每5年开展一次全面评估，期间可以根据需要适时开展中期评估。

第二章 评估工作程序

第六条 科技部牵头会同有关部门（以下简称评估委托者）提出评估需求，制定评估工作方案，明确评估目的和任务、评估范围、组织方式、工作流程、进度要求、经费安排等。

第七条 评估委托者根据评估工作方案，综合考虑评估机构的独立性、评估能力、实践经验、组织管理、资源条件、影响力和信誉等情况，通过公开招标、竞争性磋商等方式择优遴选第三方评估机构。

第八条 评估委托者与评估机构签订委托评估协议，明确评估任务目标、范围、内容、成果形式、委托经费、质量控制、保密要求和数据使用要求等。

第九条 评估机构接受委托，独立开展评估，形成评估报告提交评估委托者。

第十条 评估活动完成后1个月内，评估委托者应将评估报告等信息汇交到国家科技管理信息系统。

第十一条 评估委托者应当加强评估结果的运用，将其作为科技计划动态调整、完善和优化布局及管理等的重要依据。

第三章 评估内容和方法

第十二条 科技计划绩效评估内容一般包括科技计划的目标定位、组织管理与实施、目标完成情况与效果影响等。在此基础上分析问题，提出相关建议。

（一）目标定位。主要评估科技计划目标定位与科技计划管理改革精神的相符性，目标定位与我国科技创新和战略需求的相关性，目标定位的明确性和可考核性，目标定位与其他科技计划或科技工作之间的协调关系，目标对未来科技发展趋势和需求的适应性等。

（二）组织管理与实施。主要评估科技计划的管理决策机制与科技计划管理改革精神的相符性，组织管理的规范性、有效性、效率，以及纳入国家科技管理信息系统进行信息化管理的情况，为实现绩效目标采取的制度措施，研发队伍和条件保障落实情况，引导资源投入情况，任务部署和实施进展情况，预算执行情况，经费管理和使用情况，资源平台开放共享与服务情况，科技报告等成果提交、档案归档、数据共享情况，科研诚信管理情况、战略咨询与综合评审委员会和项目管理专业机构的履职尽责情况等。

（三）目标完成情况与效果影响。主要评估科技计划目标任务的完成情况，成果产出和知识产权情况，标志性成果的创新性和先进性，对原始创新、技术创新、重大共性关键技术突破及协同创新的作用，对学科发展、人才培养、科技创新平台建设的作用，对促进科技成果转移转化的作用，对经济发展、社会进步、生态文明建设、人民生活质量提升、国家安全的作用，效果影响的可持续性，科技界和产业界的满意度等。

第十三条 国家自然科学基金绩效评估应重点考察基金资助基础研究和科学前沿探索的定位和导向，对推进国家创新体系建设和满足国家需求的支撑作用，对促进原始创新、学科发展、人才队伍成长的作用。

第十四条 国家科技重大专项（含科技创新2030—重大项目）绩效评估应重点考察重大专项在重大战略产品研制、关键共性技术和重大工程建设等方面的进展和效果，核心技术突破情况，资源统筹协调和集成式协同攻关组织管理情况，带动科技与产业领域局部跃升、经济社会高质量发展的贡献和影响。

第十五条 国家重点研发计划绩效评估应关注计划与统筹科技资源、协同创新等科技计划管理改革精神的相符性，重点考察重点专项布局和任务部署的合理性，组织管理机制的有效性，计划对促进解决重大科学问题、突破重大共性关键技术和产品开发、工程应用的作用，对提高原始创新能力、提升产业核心竞争力和自主创新能力、保障国家安全、促进经济社会发展以及国际交流合作的支撑和引领作用。

第十六条 技术创新引导专项（基金）绩效评估应重点考察专项（基金）对技术创新的引导带动作用，对社会资金、金融资本和地方财政加大创新投入的引导效果，对促进科技成果转移转化和资本化、产业化的作用以及通过技术创新产生的经济社会效益等。

第十七条 基地专项绩效评估应重点考察基地的功能定位、布局和整合、能力提升，为国家重大需求（特别是重大科技任务）提供支撑保障的作用，推动原始创新、科学前沿发展、成果转化和产业化的作用，科技资源的开放交流共享和服务质量等。

人才专项绩效评估应重点考察专项布局，对培养高水平领军人才的示范作用、完善创新型科技人才队伍结构和对各类科技人才发展的示范引领和带动情况，服务质量和满意度以及与相关计划（专项、基金等）和重大任务的结合和衔接等。

第十八条 科技计划绩效评估方法主要包括政策分析、目标比较、现场考察、数据分析、问卷调查、座谈调研、专家咨询、同行评议、案例研究、成本效益分析等，根据评估对象特点和评估需求综合确定，并注重听取有关部门、产业界、关联单位、服务对象等意见建议。在符合保密要求的前提下，评估委托者可根据需要引入国际评估或邀请国际专家参与咨询。

第四章 保障和监督

第十九条 评估委托者协调有关方面依托国家科技管理信息系统，提供评估活动必需的资料信息等条件，保障评估活动有序开展。

第二十条 评估委托者应当在评估协议中要求评估机构根据评估对象特点和评估任务需求，制定具体评估方案，明确评估内容和指标、程序和方法、组织实施模式、管理措施等，报评估委托者审核认可后方可实施。

评估机构应当按照评估方案，组织专业团队开展评估，加强全过程质量控制，按时保质完成评估任务，确保评估信息收集和处理全面、可信，综合分析评估依据充分，形成的评估报告要素齐全、内容完整、数据准确、逻辑清晰、简洁易懂，评估结果客观公正。

第二十一条 评估活动中涉及国家秘密的按有关保密规定进行管理，评估机构应具备相关保密条件。评估委托者与评估机构签订保密协议，明确保密责任和有关要求。

第二十二条 评估委托者采取随机抽查、节点检查等方式对评估机构履行评估协议情况进行监督。对未按评估协议约定和评估方案开展工作、存在不当行为的，视情节轻重采取限期整改、终止评估任务、回收评估工作经费、取消承担科技计划绩效评估资格等处理措施；违反法律法规的，依法依规追究评估机构和相关人员责任。

第五章 附则

第二十三条 各类科技计划绩效评估工作可依据本规范制定有关细则。

第二十四条 地方科技计划（专项、基金等）绩效评估工作可参照本规范执行。

第二十五条 本规范由科技部、财政部和发展改革委负责解释，自发布之日（2020 年 6 月 19 日）起施行。

科技评估工作规定（试行）

第一章　总则

第一条　为有效支撑和服务国家创新驱动发展战略实施，促进政府职能转变，加强科技评估管理，建立健全科技评估体系，推动我国科技评估工作科学化、规范化，依据《中华人民共和国科学技术进步法》、《国务院关于改进加强中央财政科研项目和资金管理的若干意见》（国发〔2014〕11号）和《国务院印发关于深化中央财政科技计划（专项、基金等）管理改革方案的通知》（国发〔2014〕64号），制定本规定。

第二条　本规定所指科技评估是指政府管理部门及相关方面委托评估机构或组织专家评估组，运用合理、规范的程序和方法，对科技活动及其相关责任主体所进行的专业化评价与咨询活动。旨在优化科技管理决策，加强科技监督问责，提高科技活动实施效果和财政支出绩效。

第三条　本规定适用范围包括，国家科技规划和科技政策、中央财政资金支持的科技计划（专项、基金等）（以下简称科技计划）及项目，科研机构、项目管理专业机构等的评估。

其它科技活动的评估工作参照执行。

第四条　科技部、财政部和发展改革委负责制定国家科技评估制度和规范，推动科技评估能力建设，牵头组织开展国家科技规划、政策的评估，组织开展中央财政科技计划、科研机构、项目管理专业机构的评估。

各有关部门和地方根据管理职责参与相关国家科技规划、政策、计划和项目管理专业机构等评估活动，组织开展本部门、地方职责范围内的其它科技活动的评估。

项目管理专业机构、项目承担单位应当根据有关科技项目管理要求和机构职责，组织开展相关科技项目评估活动。

第五条　科技部、财政部和发展改革委牵头建立部门间会商机制，加强科技评估重要制度规范建设、评估活动计划安排、评估结果运用和共享等工作的统筹协调，保障科技评估工作有序和高效进行。

第六条　科技评估工作应当遵循独立、科学、可信、有用的原则，推动评估工作的专业化和社会化，确保依据事实做出客观判断，加强评估结果公开和运用。

第七条　科技活动的各级管理部门，应当加强评估工作的制度化建设，并在相关科技活动的管理制度规范和任务合同（协议、委托书等）中约定科技评估的内容和要求。

第二章　评估内容及分类

第八条　科技评估主要考察各类科技活动的必要性、合理性、规范性和有效性：

（一）科技规划评估内容一般包括目标定位、任务部署、落实与保障、目标完成情况、效果与影响等；

（二）科技政策评估内容一般包括必要性、合规性、可行性、范围和对象、组织与实施、效果与影响等；

（三）科技计划和项目评估应突出绩效，评估内容一般包括目标定位、可行性、任务部署、资源配置与使用、组织管理、实施进展、成果产出、知识产权、人才队伍、目标完成情况、效果与影响等；

（四）科研机构评估内容一般包括机构的发展目标定位、人才队伍建设、条件建设、创新能力和服务水平、运行机制、组织管理与绩效等；

（五）项目管理专业机构评估内容一般包括能力和条件、管理工作科学性和规范性，履职尽责情况，任务目标实现和绩效等。

根据实际工作需要，可针对特定内容开展专题评估。

第九条　按照科技活动的管理过程，科技评估可分为事前评估、事中评估和事后绩效评估评价。

第十条　事前评估，是在科技活动实施前进行的评估。通过可行性咨询论证、目标论证分析、知识产权评议、投入产出分析和影响预判等工作，为科技规划、政策的出台制定，科技计划、项目和机构的设立、资源配置等决策提供参考和依据。

重要科技规划、科技政策、科技计划应当开展事前评估，评估工作可与相关战略研究或咨询论证等工作结合进行。

第十一条　事中评估，是在科技活动实施过程中进行的评估。通过对照科技计划和项目、项目管理专业机构等相关合同（协议、委托书等）约定要求，以及科技活动的目标等，对科技活动的实施进展、组织管理和目标执行等情况进行评估，为科技规划、政策调整完善，优化科技管理，任务和经费动态调整等提供依据。

实施周期3年以上的科技规划、政策、计划和项目执行过程中，以及科研机构和项目管理专业机构运行过程中，根据工作需要开展事中评估。

第十二条　事后绩效评估评价，是在科技活动完成后进行的绩效评估评价。通过对科技活动目标完成情况、产出、效果、影响等评估，为科技活动滚动实施、促进成果转化和应用、完善科技管理和追踪问效提供依据。

有时效的科技规划、科技政策、计划、项目实施结束后，以及项目管理专业机构完成相关科技活动后，都应当开展事后绩效评估评价。科技项目的事后绩效评估评价可与项目验收工作结合进行。需要较长时间才能产生效果和影响的科技活动，可在其实施结束后开展跟踪评估评价。

第三章　组织实施

第十三条　评估委托者、评估实施者、评估对象是科技评估的3类主体。

（一）评估委托者一般为科技活动的管理、监督部门或机构，包括政府部门、项目管理专业机构等，根据科技规划、科技政策、科技计划的管理职责分工，负责提出评估需求、委托评估任务、提供评估经费与条件保障。

（二）评估实施者包括评估机构和专家评估组，根据委托任务，负责制定评估工作方案，独立开展评估活动，按要求向评估委托者提交评估结果并对评估结果负责。

（三）评估对象主要包括各类科技活动及其相关责任主体，应当接受评估实施者评估，配合开展评估工作并按照评估要求提供相关资料和信息。

第十四条　对重大科技活动的评估工作，根据工作需要组织具有独立、公正立场和相应能力与条件的第三方评估机构开展。

评估委托者应当向社会公开评估的内容、周期、结果要求等，公开择优或定向委托评估机构开展评估，签订评估合同（协议、任务书等），并告知评估对象责任主体。

评估委托者应当依据评估内容和要求，提供资料，定期检查评估过程的相关工作档案。

第十五条　对于不涉密、适宜国际比较的科技活动，应邀请国际同行专家开展国际评估。

第十六条　评估方法应当根据评估对象和需求确定，一般包括专家咨询、指标评价、问卷调查、调研座谈、文献计量和案例研究等定性或定量方法。

第十七条　评估工作一般包括以下基本程序：制定评估工作方案，采集和处理评估信息，综合分析评估，形成评估报告，提交或发布评估报告，评估结果运用和反馈。根据评估工作方案，评估对象责任主体应当按照要求开展自评价。

在评估过程和评估结果形成环节，评估实施者应当根据工作需要，充分征求评估委托者意见；评估实施者可在评估委托者的允许下，与评估对象责任主体等相关方面沟通评估信息和评估结果。

第四章　质量控制

第十八条　评估委托者和评估实施者在评估合同（协议、任务书等）中，应当明确评估工作目标、范围、内容、方法、程序、时间、成果形式、经费等内容和要求。

第十九条　科技评估应当遵循科技活动规律，分类开展评估。评估实施者应当根据评估对象特点和评估需求，制定合理的、有针对性的评估内容框架和指标体系。

第二十条　评估委托者和评估实施者应当制定评估工作规范程序，建立评估全过程质量控制和评估报告审查机制，充分保证评估工作方案合理可行、评估信息真实有效、评估行为规范有序、评估过程可追溯、评估结果客观准确。

第二十一条　评估实施者应当建立评估工作档案制度，实施"痕迹化"管理，对评估合同、工作方案、证据材料、评估报告等重要信息及时记录和归档。

中央财政科技计划和项目管理专业机构的评估委托者，应当按相关管理要求将评估报告等评估工作记录纳入国家科技管理信息系统和国家科技报告服务系统。

第二十二条　实行评估机构、评估人员和评估（咨询）专家信用记录制度，对相关责任主体的信用状况进行记录；评估委托者在委托开展评估工作时，应当将有关责任主体的信用状况作为重要依据。

第五章 评估结果及运用

第二十三条 评估报告应当包括评估活动说明、信息来源和分析、评估结论、问题和建议等部分。

第二十四条 评估委托者建立评估结果反馈和综合运用机制，深入分析评估发现问题的责任主体及其原因，全面客观使用评估结果。

第二十五条 评估委托者应当及时将评估结果下达评估对象责任主体，评估对象责任主体应当认真研究分析评估意见、建议和相关整改要求，按照规定提交整改、完善、调整等意见，并改进完善相关管理和实施工作。

评估委托者应当跟踪评估对象责任主体对评估结果的运用情况，并将其作为后续评估的重要内容。

第二十六条 评估委托者应当建立评估结果与考核、激励、调整完善、问责等联动的措施。

优先支持评估结果好的科技计划、项目、科研机构和项目管理专业机构的设立及滚动实施。

把评估结果作为科技规划和政策制定、实施和调整完善等的重要参考条件，科研机构财政支持和项目管理专业机构经费支持的重要依据。

对评估结果和结果运用中发现的重要问题，评估委托者应当按照相关制度规定开展监督检查和问责。

第二十七条 实施科技评估结果共享制度，推动评估工作信息公开，按照有关规定在国家科技管理信息系统、政府部门官方网站等，对评估工作计划、评估标准、评估程序、评估结果及结果运用等信息进行公开，提高评估工作透明度。

第六章 能力建设和行为准则

第二十八条 积极开展科技评估理论方法体系研究和国内外科技评估业务交流与合作，推动建立科技评估技术标准和工作规范，加强行业自律和诚信建设。

有关部门和地方积极引导和扶持科技评估行业的发展，建立健全科技评估相关的法律法规和政策体系，完善支持方式，鼓励多层次专业化的评估机构开展科技评估工作。

第二十九条 推动评估信息化建设。评估活动应当利用科技活动组织实施、管理与监督评估中已积累的各类信息和数据，充分运用互联网、大数据等技术手段，发展信息化评估模型，提升评估工作能力、质量和效率。

第三十条 评估委托者应当提供有关信息、经费、组织协调等资源和条件，保障评估活动规范开展。评估委托者不得以任何方式干预评估实施者独立开展评估工作。

第三十一条　评估机构应当遵守国家法律法规和评估行业规范，加强能力和条件建设，健全内部管理制度，规范评估业务流程，加强高素质人才队伍建设。

第三十二条　评估人员和评估（咨询）专家应当具备评估所需的专业能力，恪守职业道德，独立、客观、公正开展评估工作，遵守保密、回避等工作规定，不得利用评估谋取不当利益。

评估（咨询）专家应当熟悉相关技术领域和行业发展状况，满足评估任务需求。

第三十三条　评估对象责任主体应当积极配合开展评估工作，及时提供真实、完整和有效的评估信息，不得以任何方式干预评估实施者独立开展评估工作。

第七章　附则

第三十四条　科技部依据本规定研究制定科技评估工作相关规范。

有关部门、地方和机构应当依据本规定，结合工作实际，制定具体实施方案和规则。

第三十五条　本规定由科技部、财政部和发展改革委负责解释，自发布之日（2016 年 12 月 11 日）起施行。

科技评估管理暂行办法

第一章　总则

第一条　为推动我国科技评估活动健康、有序地发展，加强科技评估活动的管理，制定本办法。

第二条　本办法中所指的科技评估，是指由科技评估机构（以下简称评估机构）根据委托方明确的目的，遵循一定的原则、程序和标准，运用科学、可行的方法对科技政策、科技计划、科技项目、科技成果、科技发展领域、科技机构、科技人员以及与科技活动有关的行为所进行的专业化咨询和评判活动。

第三条　除法律、法规另有规定外，对政府科技活动的科技评估以及对企业和其他社会组织、个人科技活动的科技评估，均适用本办法。

第四条　科技评估工作必须遵守独立、客观、公正和科学的原则，保证科技评估活动依据客观事实作出科学的判断。

第二章　评估类型和范围

第五条　政府行政机关、企业、其他社会组织或者个人对科技活动预测、决策、管理、监督和验收等，可以委托评估机构进行评估。委托方、评估机构和评估对象是科技评估的三个基本要素。

第六条　科技评估按科技活动的管理过程，一般可分为事先评估、事中评估、事后评估和跟踪评估四类：

（一）事先评估，是在科技活动实施前对实施该项活动的必要性和可行性所进行的评估；

（二）事中评估，是在科技活动实施过程中对该活动是否按照预定的目标、计划执行，并对未来的发展态势所进行的评估。评估的目的在于发现问题，调整或修正目标与策略；

（三）事后评估，是在科技活动完成后对科技活动的目标实现情况以及科技活动的水平、效果和影响所进行的评估；

（四）跟踪评估，是在科技活动完成一段时间后的后效评估，重点评估科技活动的整体效果，以及政策执行、目标制定、计划管理等综合影响和经验，从而为后期的科技活动决策提供参考。

第七条　科技评估工作的对象和范围主要有：

（一）科技政策的研究、制定和效果；

（二）科技计划的执行情况与运营绩效；

（三）科技项目的前期立项、中期实施、后期效果；

（四）科技机构的综合实力和运营绩效；

（五）科技成果的技术水平、经济效益；

（六）区域或产业科技进步与运营绩效；

（七）企业和其他社会组织的科技投资行为及运营绩效；

（八）科技人才资源；

（九）其他与科技工作有关的活动。

第八条 涉及公共科技投入和影响公众利益的重大科技项目的实施，原则上都应委托具有法定资格的评估机构进行评估。

第三章 组织管理

第九条 国家鼓励和支持科技评估活动的健康发展，并对科技评估工作实行统一领导、分级管理。

第十条 科学技术部（以下称科技部）是科技评估工作的主管部门，负责对全国科技评估工作进行总体组织、管理、指导、协调和监督。其主要职能是：

（一）指导全国科技评估活动，创造有利于科技评估工作的环境，保障科技评估工作规范、健康、有序地开展；

（二）发布及修订科技评估的技术规范、标准；

（三）认定评估机构，核发评估机构资格证书；

（四）指导科技评估行业协会的工作；

（五）监督和考核评估机构。

第十一条 国务院行业主管部门和省、自治区、直辖市、计划单列市科技行政主管部门是本行业和本地区科技评估工作的主管部门，其主要职能是：

（一）根据科技部的具体授权，初步审查本行业、本地区评估机构的资格条件；

（二）推进本行业、本地区科技评估工作发展；指导、管理和监督本行业、本地区评估机构及活动；

（三）负责评估机构年检，并将年检结果报科技部备案。

第十二条 在科技评估行业协会正式成立之前，科技部可授权相关机构行使行业协会的职能。

第十三条 从事科技评估业务的评估机构必须持有科技部颁发的科技评估资格证书。科技评估资格证书由科技部统一印制。

第十四条 科技评估可实行有偿服务。科技评估业务收费数额，由委托方与评估机构在委托评估合同中协商议定。

第十五条 国家实行评估机构资信等级管理制度，具体办法另定。

第四章 评估机构及人员

第十六条 评估机构可以是具有法人资格的企事业单位，也可以是某一内设专门从事科技评估业务的组织。评估机构从事科技评估业务不受地区限制。

第十七条 评估机构应当具备下列条件：

（一）具有专业化的评估队伍。有十人以上的专职人员，业务结构应当包括科技、经济、管理、财务、计算机、法律等方面，且人员在专业分布上应当与科技评估业务范围相适应；

（二）评估机构应当建有一定规模的评估咨询专家支持系统，评估咨询专家应包括来自科研院所、大学、企业、行业管理部门等单位的技术专家、经济分析专家、行业管理专家和企业管理专家；

（三）具备独立处理分析各类评估信息的能力；

（四）有固定的办公场所和必要的办公条件；

（五）兼营科技评估的单位或组织除必须具备上述条件外，必须设有独立的科技评估部门；

（六）科技部规定的其他条件。

第十八条 科技评估人员应当具备下列条件：

（一）熟悉科技评估的基本业务，掌握科技评估的基本原理、方法和技巧；

（二）具备大学本科以上学历，具有一定的科技专业知识；

（三）熟悉相关经济、科技方面的法律、法规和政策及国家或地方的科技发展战略与发展态势；

（四）掌握财会、技术经济、科技管理等相关知识；

（五）具有较丰富的科技工作实践经验和较强的分析与综合判断能力；

（六）须经过科技部认可的科技评估专业培训，并通过专业考核或考试。

第十九条 科技评估人员必须遵守以下职业道德：

（一）严格遵守国家有关法律法规，执行国家的有关政策，坚持独立、客观、公正和科学的原则；

（二）奉行求实、诚信、中立的立场，在承接业务、评估操作和报告形成的过程中，不受其他任何单位和个人的干预和影响；

（三）不以主观好恶或个人偏见行事，不能因成见或偏见影响评估的客观性；

（四）自觉维护用户合法权益；

（五）廉洁自律，不利用业务之便谋取个人私利。

第五章 评估程序

第二十条 科技评估根据不同的评估对象和需求，可以采用不同的评估指标和方法。

第二十一条 科技评估的基本程序如下：

（一）评估需求分析和方案设计；

（二）签订评估协议或合同；

（三）采集评估信息并综合分析；

（四）撰写评估报告。

第二十二条　评估机构根据委托方的需求，在对评估范围、评估对象及评估可行性等方面进行咨询和必要研究分析后，确定评估目标和评估方案。

第二十三条　评估方案得到委托方认可后，评估机构应与委托方签订委托评估合同。评估合同的主要内容应当包括：

（一）评估范围、对象；

（二）评估目的；

（三）评估工作时限；

（四）信息采集的范围和方式；

（五）评估报告的要求；

（六）评估费用的数额与支付方式；

（七）允许变通的评估内容及其范围；

（八）评估报告的使用方式及使用范围；

（九）相关信息和资料的保密；

（十）争议的处理方式；

（十一）当事人提出的其它责任和义务。

第二十四条　评估机构选择科技评估方法应当遵循以下原则：

（一）准确反映被评估对象现状；

（二）尽可能为委托方所熟悉或易于理解，能够与所获取的评估信息相匹配，具有一定理论和应用基础；

（三）尽量降低评估的复杂性，能够满足评估需求。

第二十五条　评估机构应当按照委托评估合同确定的评估范围、对象和评估目的，组织评估项目小组，根据所制定的评估方案，设计评估框架，选择评估方法。评估项目小组可以采取现场调查、信函、专家咨询、会议座谈、计算机网络查询等多种方式，收集评估所需的信息资料，在定性与定量分析相结合的基础上，进行综合整理和分析研究。

第二十六条　评估机构向委托方提交最终正式的评估报告即可认为评估工作结束。

第二十七条　科技评估报告包括正文和附件两部分。正文部分应当包括：

（一）评估机构名称；

（二）委托方名称；

（三）评估目的、范围和简要说明；

（四）评估原则；

（五）评估报告的适用时间及适用范围；

（六）评估所依据的法律法规和政策性文件；

（七）评估方法的采用；

（八）评估说明；

（九）评估结论；

（十）重大事项声明；

（十一）评估机构负责人、评估项目负责人签名并加盖评估机构公章。

附件部分包括：

（一）评估机构资格证明文件的复印件；

（二）其他与评估有关的文件资料。

第二十八条 委托方使用评估报告，应当与委托评估合同约定的评估目的、评估报告的使用方式及使用范围相符，如果委托方超出委托评估合同的约定使用评估报告，必须征得评估机构的同意，否则评估机构有权拒绝对由此产生的后果负责。

第二十九条 科技评估的各级主管部门不能直接从事科技评估业务，不能以任何方式干预评估机构独立开展评估业务活动。

第六章　法律责任

第三十条 评估机构进行科技评估时，应当尊重评估对象的知识产权，评估委托方和评估机构都应共同遵守评估规范和委托评估合同的各项约定。

第三十一条 未经委托方许可，评估机构不得将评估报告或评估报告的内容以任何方式提供给他人或公开发布。

第三十二条 评估机构违反本办法的规定，造成评估结果严重失实的，相应科技评估主管部门可根据情节轻重，对违规的评估机构进行以下处罚：

（一）通报批评；

（二）限期改正；

（三）停业科技评估业务并进行整顿；

（四）取消评估资格。

第三十三条 科技评估人员必须严格保守被评估项目的商业秘密和技术秘密，未经委托方同意，不得将评估项目的有关文件、资料和数据以任何方式向他人提供。不得利用评估业务得到的非公开商业秘密和技术秘密，为本人或者他人谋取私利。

第三十四条 参与科技评估的咨询专家，从收到参加评估工作的邀请至评估工作结束，不得擅自与委托方或评估对象所涉及的主体单位或机构进行与评估业务有关的联系。同时，也必须严格保守被评估项目的商业秘密和技术秘密。与评估对象有直接利害关系的咨询专家应主动向发出邀请的评估机构提出回避请求。

第三十五条 科技评估人员及咨询专家违反上述规定的，科技评估的主管部门有权取消其参加科技评估活动的资格。

第三十六条 被处罚的单位或个人对科技评估的主管部门依照本办法作出的处罚决定持有异议的，可以按行政复议法有关程序提请复议。

第七章 附则

第三十七条 本办法的实施细则及配套文件由科技部制定，具体的科技评估技术操作可参考《科技评估规范》的规则和方法进行。

第三十八条 本办法自发布之日（2000 年 12 月 28 日）起施行。

民政部关于探索建立社会组织第三方评估机制的指导意见

民发〔2015〕89号

各省、自治区、直辖市民政厅（局），各计划单列市民政局，新疆生产建设兵团民政局：

建立社会组织第三方评估机制，是完善社会组织综合监管体系的重要内容，是社会组织评估的发展方向。近年来，社会组织评估已在全国许多地方得到推广，取得积极成效，但也存在发展不平衡、评估机构独立性不强、专业化水平不高和评估机制不健全等问题。为贯彻党的十八大和十八届二中、三中、四中全会精神，加快转变政府职能，激发社会组织活力，现就探索建立社会组织第三方评估机制提出以下意见。

一、探索建立社会组织第三方评估的总体思路和基本原则

社会组织第三方评估的总体思路：围绕社会组织改革发展大局，以评估促改革、促建设、促管理、促发展，着力规范第三方评估的范围、内容、程序，着力培育和发展第三方评估机构，着力建立第三方评估的体制机制和政策保障，使第三方评估成为政府监管的重要抓手，成为社会监督的重要平台，成为社会组织加强自身建设的重要动力，促进社会组织在经济社会发展中发挥更大作用。

社会组织第三方评估的基本原则：坚持政社分开，管评分离，由独立的社会机构进行专业化评价；坚持分级管理，分类评估，由各级登记管理机关指导和监督；坚持客观公正，公开透明，确保评估公信力；坚持引导激励，以评促建，促进社会组织健康有序发展。

二、积极培育和规范社会组织第三方评估机构

社会组织第三方评估机构应能够独立承担民事责任，具有相对稳定的专业评估队伍，管理规范，社会信誉良好。民政部门要充分利用现有资源，大力发展民办非企业单位、社会团体、市场中介机构和事业单位等形式多样的专业评估机构。探索建立第三方评估机构健康发展的政策措施，建立相应的管理制度，加强人才队伍建设，逐步使评估机构更好地承担社会组织第三方评估工作。

民政部门要按照公开公平公正的原则，向社会公开社会组织评估的项目、内容、周期、评审流程、资质要求等，通过招标、邀标等方式，择优选择第三方评估机构，明确第三方评估机构的服务内容、服务期限、权利义务、违约责任、评估验收、合同兑现。民政部门所属的社会组织不得作为社会组织第三方评估机构，需要作为社会组织第三方评估机构的应与民政部门脱钩。民政部门要依据评估项目和要求，定期检查第三方评估过程的相关资料记录，调查了解第三方评估结果的社会认可度，确保评估流程规范有序，评估过程客观公正。

第三方评估机构要严格依照评估标准和程序，按照要求认真做好社会组织评估工作，帮助参评社会组织提高自身建设的能力，并定期将工作进度等情况向民政部门报告。第三方评估机构要客观公正开展评估工作，不得利用评估谋取不正当利益，要教育引导评估人员严格遵守评估工作纪律，不得弄虚作假、徇私舞弊，自觉接受评估对象和社会的监督。

三、建立社会组织第三方评估资金保障机制

不断拓展第三方评估机构的资金来源渠道。积极争取财政部门的支持，将第三方评估经费纳入社会组织管理工作经费。有条件的地方也可以将社会组织评估纳入政府购买服务目录。倡导社会力量对评估工作予以捐助。

社会组织第三方评估机构不得向评估对象收取费用。要加强评估资金的规范和管理，提高资金使用效益，保证服务数量、质量和效果。资金使用情况应定期向社会公布。

四、推进社会组织第三方评估信息公开和结果运用

民政部门要定期汇总社会组织第三方评估信息，及时公布社会组织评估机构、评估方案、评估标准、评估程序和评估结果，提高评估工作透明度。第三方评估机构要将单位名称、组织机构、章程、业务范围、住所、负责人、联络方式向社会公开，自觉接受评估对象和社会公众对评估工作的咨询，积极回应质疑。

加快建立社会组织评估结果综合利用机制，扩大评估结果运用范围。各地要制定与评估结果挂钩的激励政策，提倡把评估结果作为社会组织承接政府转移职能、接受政府购买服务、享受税收优惠、参与协商民主、优化年检程序、参加表彰奖励的参考条件，鼓励把评估结果作为社会组织信用体系建设的重要内容。

五、加强对社会组织第三方评估工作的领导

各地要把第三方评估工作作为推动社会组织管理制度改革创新和政府转变职能的重要内容，列入重要工作日程，稳妥有序推进。已开展第三方评估工作的，要进一步完善工作机制，巩固提高；尚未开展的，要创造条件尽快起步。要认真总结经验，发挥示范作用，广泛开展宣传，提高评估工作的公信力和认可度。加强指导，不断完善评估标准，建立优胜劣汰的动态管理机制。吸收有关部门代表、人大代表、政协委员、专家学者、市场中介机构和社会组织代表等专业人士，建立信誉好、公信力高的评估委员会和复核委员会，充分发挥委员会在第三方评估中的决策和监督作用。积极拓展社会组织第三方评估类型，探索依申请评估和专项评估，逐步将承担政府购买服务项目和承接政府转移职能的社会组织纳入第三方评估之中，全面提升社会组织第三方评估规范化、标准化、信息化水平。与有关部门密切配合，通力协作，共同推进，加强信息共享，形成联动机制。

各地要依据《社会组织评估管理办法》的规定和本意见精神，结合实际，研究制定更加具体的第三方评估方案和政策措施。工作中遇到的重大的情况和问题，应及时报告民政部。

民政部

2015 年 5 月 13 日

国土资源部规章和规范性文件后评估办法

第一条 为深入贯彻落实科学发展观，全面推进依法行政，增强国土资源管理制度建设的公信力和执行力，规范规章和规范性文件后评估活动，根据国务院《全面推进依法行政实施纲要》、《中共国土资源部党组关于解放思想改革创新改进作风增强执行力的决定》和《国土资源部立法工作程序规定》，结合国土资源管理工作实际，制定本办法。

第二条 国土资源部规章和规范性文件后评估活动，适用本办法。

第三条 本办法所称规章和规范性文件后评估（以下简称后评估）是指国土资源部制定的规章和规范性文件实施后，依照本办法规定的程序、标准和方法，对其政策措施、执行情况、实施效果、存在问题及其影响因素进行客观调查和综合评价，提出完善制度、改进管理的意见的活动。

本办法所称规范性文件，是指国土资源部为执行法律、法规、规章和上级规范性文件的规定，依照法定权限和程序制定并公布，涉及国土资源管理相对人权利和义务，在国土资源管理系统具有普遍约束力并能够反复适用的文件。

第四条 后评估应当坚持客观公正、公开透明、公众参与、注重实效的原则，把握重点，有序推进。

第五条 国土资源部依据本办法的规定对本部门制定的规章和规范性文件进行后评估。

部政策法规司负责组织实施后评估工作。根据国土资源部后评估年度计划，部政策法规司协调组织有关司局、事业单位、学会协会等开展后评估工作。

第六条 后评估应当根据合法性、合理性、可操作性、实效性等标准，对规章和规范性文件的政策措施、执行情况、实施效果等内容进行评估。

第七条 开展后评估工作时，应当采取多种方式，及时公开后评估有关信息，广泛征求地方人民政府及有关部门、行政管理相对人、专家学者等方面的意见。

部有关司局应当对本司局起草或者主要实施的规章和规范性文件的执行情况形成书面报告，并向有关单位提供规章和规范性文件的起草说明、实施情况等文字资料和有关数据，配合后评估工作的开展。有关事业单位、学会协会等可以根据部后评估年度计划，具体承担后评估工作。

第八条 开展后评估工作，应当运用现代科技手段，采用专业统计分析工具，研究建立计量模型，综合运用法律、经济、管理、统计和社会分析等方法，确保后评估的客观性、科学性。

第九条 后评估工作涉及国家秘密、商业秘密和个人隐私的，有关单位和人员必须予以保密。

第十条 后评估可以针对特定的规章和规范性文件，也可以针对特定规章和规范性文件中设定的某一项具体制度。

前款所称规章、规范性文件和具体制度为后评估项目。

第十一条　后评估工作所需经费应当列入国土资源部年度部门预算。

对构建保障和促进科学发展的国土资源管理新机制有重大影响的后评估项目，纳入国土资源部软科学研究项目指南。国土资源部可以根据工作需要，采取向社会公开招标等方式确定承担单位。

第十二条　部政策法规司根据国土资源部立法规划、年度立法计划以及规范性文件的制定、修改和废止的安排，结合国土资源管理工作的实际，在每年年底前组织拟订下一年度后评估计划草案，并确定承担单位，报部长办公会议审定。

第十三条　后评估项目根据实践需要、条件成熟、重点突出、统筹兼顾的原则确定。有下列情形之一的，应当优先确定为后评估项目：

（一）规章、规范性文件或者具体制度对构建保障和促进科学发展的国土资源管理新机制有重大影响的；

（二）地方人民政府，县级以上地方国土资源主管部门，公民、法人或者其他组织对规章和规范性文件提出较多意见的；

（三）拟将规章上升为行政法规，将规范性文件上升为规章或者行政法规的；

（四）本办法施行后制定的规章实施满两年、规范性文件实施满一年的。

部有关司局每年应当提出 1 至 2 个后评估建议项目。

第十四条　列入后评估年度计划的项目，应当拟订后评估工作实施方案，于每年 1 月底前送部政策法规司。

后评估工作实施方案主要包括后评估目的、内容、方法、进度安排、预期成果和组织保障等。

第十五条　开展后评估应当采取多种方式收集信息资料，形成有关后评估项目实施的文献综述报告；设计后评估指标体系；确定数据采集的对象和途径；拟订调研访谈提纲、调查问卷及调查统计表等。

根据工作需要，可以在后评估正式开始前组织开展预评估。

第十六条　后评估可以采取文献研究、问卷调查、实地调研、专家咨询、数据分析、案例分析、现场访谈等方法开展。

对于规章和规范性文件中的重点制度和关键问题，应当收集一定数量的数据，运用计量经济方法进行实证分析。

第十七条　后评估工作完成时，应当起草后评估报告，于每年 10 月底前报分管部领导同意后送部政策法规司。

后评估报告应当包括下列内容：

（一）后评估工作的基本情况；

（二）主要制度和措施的数据信息分析，重点问题的论证情况；

（三）后评估结论，包括规章或规范性文件的执行效果、执行成本、社会反映、存在的主要问题，以及修改、废止、解释、制定配套制度、改进管理等相关建议；

（四）其他有关情况。

第十八条 部政策法规司应当综合后评估报告和有关司局对相应的规章和规范性文件执行情况的报告，起草国土资源部规章和规范性文件实施绩效年度报告，报部审定后，依照有关规定向社会公开。

第十九条 后评估报告中提出制定或者修改法律、行政法规和规章建议的，应当优先纳入国土资源部年度立法工作计划；提出制定或者修改规范性文件建议的，应当作为制定国土资源部年度发文计划的重要依据。

第二十条 后评估工作中发现县级以上地方国土资源主管部门管理行为不规范的，应当制作改进管理建议书，报部审定后，送有关省级国土资源主管部门。

改进管理建议书样式由部政策法规司制定。

第二十一条 国土资源部承担的涉及国土资源管理的法律、行政法规以及其他规范性文件的后评估工作，参照本办法执行。

第二十二条 本办法自 2010 年 9 月 1 日起施行。

附录四　地方政府有关文件

上海市规章立法后评估办法

第一条（目的依据）

为规范规章立法后评估工作，提高政府立法科学性，促进规章有效实施，结合本市实际，制定本办法。

第二条（适用范围）

市政府制定的规章（以下简称"规章"）的立法后评估工作，适用本办法。

本办法所称规章立法后评估，是指规章实施后，对规章的立法质量、执行情况、实施效果、存在问题及原因等进行调查、分析、评价，提出意见和建议的活动。

第三条（评估原则）

规章立法后评估，坚持客观公正、科学合理、社会参与、公开透明的原则。

第四条（主管部门）

市政府法制机构负责本市规章立法后评估的组织、指导、协调和监督工作。

第五条（评估单位）

规章的实施部门是规章立法后评估的责任单位；有多个实施部门的，主要实施部门为规章立法后评估的责任单位；实施部门不明确的，由市政府法制机构按照职责相关的原则，确定负责评估的单位。

规范共同行政行为的规章，由市政府法制机构负责评估。

与规章实施有关的部门和单位，应当按照各自职责，配合做好规章立法后评估工作。

第六条（委托评估）

规章立法后评估的责任单位（以下简称"评估单位"）可以根据需要，将规章立法后评估或者评估的部分事项，委托具备评估能力的高等院校、科研机构、专业调查机构等组织实施。

第七条（对委托评估的监督）

评估单位应当对受委托单位开展的规章立法后评估活动进行指导、监督，不得为受委托单位预设评估结论；涉及国家秘密、商业秘密或者个人隐私的，应当与受委托单位签订保密协议。

受委托评估单位应当采用科学专业的调查方法，客观全面地进行调查评估。

第八条（评估项目）

规章有下列情形之一的，实施部门应当进行立法后评估：

（一）拟上升为地方性法规的；

（二）拟进行重大修改的；

（三）拟废止但有较大争议的；

（四）与经济社会发展或者公众利益密切相关，且实施满 5 年以上的；

（五）人大代表、政协委员或者社会各界意见、建议较为集中的；

（六）市政府法制机构认为需要评估的其他规章。

第九条（年度评估计划的编制）

规章实施部门应当按照要求，向市政府法制机构报送下一年度的规章立法后评估建议项目，并说明建议理由。

市政府法制机构负责统筹确定具体评估项目，编制本市规章立法后评估年度计划（以下简称"年度计划"）。

第十条（评估标准）

评估单位主要从以下两方面开展评估：

（一）制度规范性：是否存在与上位法相抵触的内容；制度措施是否合理，是否符合公平、公正的原则，是否适应社会经济发展的需要；是否存在与其他规章不相协调的内容等。

（二）实施有效性：公众、行政相对人等对规章及其主要制度的知晓度、满意度；制度措施是否可行；相关配套制度建设情况；规章的执行情况和效果，实施中存在的主要问题以及原因等。

评估单位应当以实施有效性为重点开展评估。

第十一条（评估模式）

评估单位可以对规章进行全面评估，也可以根据实际需要，对规章的主要制度或者核心条款进行重点评估。

第十二条（评估方法）

评估单位可以根据评估项目的特点，综合运用网上征询意见、第三方问卷调查、抽样调查、实地调研、个别访谈、召开座谈会、组织专家论证等多种方法进行调查评估。

第十三条（评估程序）

规章立法后评估按照下列程序进行：

（一）成立评估小组。评估小组由评估单位自行组织，可以邀请人大代表、政协委员、政府法律顾问、专家学者、行业组织等参加；

（二）制定评估方案。评估方案主要包括评估的目的和内容、评估方法、时间安排等；

（三）开展调查研究。选择科学适当的调查方法，收集管理对象、社会公众以及基层执法单位等方面的意见和建议；

（四）形成评估报告。根据调查情况进行研究，对存在问题及原因进行分析，提出评估意见，形成评估报告；

（五）报送评估报告。评估单位应当按照年度计划规定时限，将评估报告及内容摘要送交市政府法制机构。

第十四条　（社会参与）

评估单位开展规章立法后评估，应当采取多种方式，广泛听取社会公众、人大代表、政协委员、专家学者等方面的意见和建议。

第十五条　（评估报告）

评估报告应当包括下列内容：

（一）评估的对象、内容、方法、过程等评估工作情况；

（二）实施部门按照规章规定履行职责的评估；

（三）按照评估的目的和标准进行调查评估的情况；

（四）相关的意见和建议。

第十六条　（完成期限）

列入年度计划的规章立法后评估项目，由评估单位在评估方案中自行确定完成期限，但自年度计划下发之日起计算，最长不得超过9个月。

第十七条　（评估报告的运用）

规章立法后评估报告是开展规章立法、完善配套制度、促进规章实施、评价本部门法治政府建设成效的参考资料。

规章实施部门建议列入市政府规章立法工作年度计划的修改项目，应当同时提交规章立法后评估报告。评估报告是衡量规章修改条件是否成熟的重要依据。

第十八条　（例外情形）

有下列情形之一的，无需按照本办法第十七条第二款的规定，提交规章立法后评估报告：

（一）根据上位法进行的规章批量修改或者个别文字修改的；

（二）因紧急情况需要进行规章修改的；

（三）市政府法制机构认为无需提交规章立法后评估报告的其他情形。

第十九条　（报告公开）

评估报告应当向社会公开，但涉及国家秘密、商业秘密或者个人隐私的内容除外。

评估单位应当在评估报告报送后5个工作日内，通过本单位网站向社会公开；市政府法制机构收到评估报告后，通过政府网站予以集中公开。

第二十条　（情况报告）

市政府法制机构负责对年度计划的落实情况进行指导、督促，并将年度计划的完成情况以及评估报告内容摘要汇总整理后上报市政府。

第二十一条　（施行日期）

本办法自2017年12月15日起施行。

天津市重大行政决策后评估管理办法

第一条 为了规范重大行政决策后评估工作，加强对重大行政决策实施情况的监督管理，提高重大行政决策的科学化、民主化水平，根据《重大行政决策程序暂行条例》、《天津市重大行政决策程序规定》等有关规定，结合本市实际，制定本办法。

第二条 市、区人民政府重大行政决策的后评估工作，适用本办法。

本办法所称重大行政决策后评估，是指重大行政决策实施一定时间后，按照一定的标准和程序，对重大行政决策的决策质量、实施效果、存在的问题与风险等进行调查分析与综合研判，并提出重大行政决策继续执行或者调整的建议的活动。

第三条 重大行政决策后评估工作遵循客观公正、科学合理、公开透明、注重实效的原则。

第四条 市政府办公厅、市司法局负责全市重大行政决策后评估工作的推动、指导、协调和监督，组织开展市人民政府重大行政决策后评估工作。区政府办公室、区司法局负责组织开展区人民政府重大行政决策后评估工作。

第五条 有下列情形之一的，市、区人民政府可以组织决策后评估：

（一）重大行政决策所依据的法律、法规、规章、政策以及其他客观情况发生重大变化；

（二）重大行政决策实施后明显未达到预期效果；

（三）公民、法人和其他组织提出较多意见；

（四）重大行政决策有试点或者试行期限要求的，试点结束或者试行期限届满；

（五）决策机关认为有必要。

第六条 决策执行单位承担重大行政决策后评估具体工作，可以自行开展重大行政决策后评估，也可以委托专业机构、社会组织等第三方机构进行。接受委托的第三方机构应当具有良好的社会信誉和相应的科研能力，并与决策执行单位无行政隶属关系或者利益相关性。

重大行政决策作出前承担主要论证评估工作的专家、专业机构和社会组织等，不得参加决策后评估。

第七条 委托第三方机构开展重大行政决策后评估的，决策执行单位应当与第三方机构签订委托协议，明确重大行政决策的评估内容、质量要求、完成期限、评估经费、评估成果归属、保密条款和违约责任等内容。

第三方机构在受委托范围内开展决策后评估工作，未经委托人同意，不得将评估内容转委托。

第三方机构在评估过程中应当保持独立性、公正性，禁止预先设定结论性、倾向性意见。

第八条 与重大行政决策实施有关的部门和单位应当按照各自职责，积极配合决策后评估工作，及时提供与重大行政决策实施情况有关的材料和数据，如实说明实施过程中存在的问题和风险，不得以任何手段干预、影响评估的独立性和公正性。

第九条 重大行政决策后评估按照下列程序进行：

（一）制订评估方案。评估方案主要包括评估目的、评估人员、评估范围、评估时间、评估指标、评估方法、评估程序、委托评估以及评估经费预算等。

（二）开展调查研究。采取多种方式全面收集重大行政决策的相关信息以及利害关系人、社会公众的意见建议，并进行分类整理和综合分析。

（三）形成评估报告。评估报告应当记录评估的全过程，委托第三方机构开展决策后评估的，评估报告应当经决策执行单位审查验收并予以确认。

严重违反上述评估程序的，应当重新组织评估。

第十条 开展重大行政决策后评估，应当注重听取社会公众的意见，吸收人大代表、政协委员、人民团体、基层组织、社会组织参与评估。听取社会公众意见，可以根据实际需要，通过政府网站、政务新媒体以及报刊、广播、电视等便于社会公众知晓的途径进行。

第十一条 重大行政决策后评估可以采用问卷调查、意见征询、个别访谈、舆情跟踪、实地考察、专家咨询、召开座谈会或者论证会等方法进行。

第十二条 重大行政决策后评估工作完成后，决策执行单位应当在 30 日内将书面评估报告提交作出决策的人民政府。

评估报告应当数据真实、内容完整、结论准确、建议可行，主要包括以下内容：

（一）决策执行效果与决策目标的符合程度；

（二）决策执行成本与效益分析；

（三）决策的社会认同度；

（四）决策的近期效益和长远影响；

（五）决策存在的问题和主要原因；

（六）评估结果，包括继续执行、停止执行、暂缓执行以及修改决策的意见建议；

（七）决策机关或者决策执行单位认为需要评估的其他事项。

第十三条 重大行政决策后评估结果应当作为调整重大行政决策的重要依据。

市、区人民政府根据评估结果和实际情况，可以决定决策继续执行、停止执行、暂缓执行或者修改。其中停止执行、暂缓执行或者修改决策的，应当履行相关法定程序。

市、区人民政府作出停止执行、暂缓执行或者修改决策的决定后，决策执行单位应当及时落实，并采取措施，避免或者减少因停止执行、暂缓执行或者修改决策造成的损失和社会影响。

第十四条 参与重大行政决策后评估的单位和个人应当对工作中知悉的国家秘密、商业秘密、个人隐私依法履行保密义务。

第十五条 决策执行单位违反本办法，未按照要求开展重大行政决策后评估的，由市、区人民政府责令改正，对直接负责的主管人员和其他直接责任人员依法给予处理。

第十六条 与重大行政决策实施有关的部门和单位违反本办法第八条规定的，由市、区人民政府责令改正；情节严重的，对直接负责的主管人员和其他直接责任人员依法给予处理。

第十七条 市、区人民政府部门和乡镇人民政府重大行政决策的后评估工作，参照本办法执行。

第十八条 本办法自印发之日（2021年10月20日）起施行。

重庆市政府规章立法后评估办法

第一章　总则

第一条　为了规范市人民政府规章的立法后评估工作，进一步提高立法质量，根据国务院《全面推进依法行政实施纲要》的规定，结合本市实际，制定本办法。

第二条　市人民政府规章（以下简称政府规章）的立法后评估，适用本办法。

本办法所称政府规章立法后评估，是指政府规章实施一定时间后，根据市人民政府的部署，由市人民政府有关行政主管部门或者法制机构按照本办法的规定，对政府规章的立法质量及实施效果进行调查、评价，提出修改或者废止规章，改进行政执法等评估意见的活动。

第三条　政府规章立法后评估工作应当遵循客观公正、公开透明、合法有序、科学合理的原则。

第四条　市人民政府法制机构负责政府规章立法后评估的组织、指导和监督工作。

第二章　评估主体

第五条　政府规章立法后评估由负责政府规章组织实施工作的市人民政府行政主管部门或者市人民政府法制机构（以下统称评估机关）实施。

事关经济社会发展大局、涉及人民群众重大利益以及规范政府共同行为的政府规章的立法后评估，由市人民政府法制机构实施。

第六条　评估机关根据需要，可以将规章的立法后评估或者立法后评估工作中的部分事项委托有关高等院校、科研机构、社会团体、中介机构等单位具体实施。

第七条　受委托具体开展规章立法后评估的单位应当具备下列条件：

（一）具有熟悉行政立法、行政事务和掌握评估方法技术的人员；

（二）相关人员参与评估的时间能够得到保障；

（三）具备开展评估工作必须的其他条件。

受委托承担立法后评估工作部分事项的单位也应当具备相应的条件。

第八条　受委托单位在委托范围内，以评估机关名义开展有关评估工作，不得将评估工作转委托其他单位或者个人。

评估机关应当指导、监督受委托单位开展立法后评估工作。

第三章　评估范围和标准

第九条　政府规章有下列情形之一的，应当进行立法后评估：

（一）拟上升为地方性法规的；

（二）已不适应经济、社会发展的要求，需要废止或者作重大修改的；

（三）公民、法人和其他组织提出较多意见的；

（四）与经济社会发展和公众利益密切相关、社会影响面广、社会关注度高、且已经实施 5 年以上的；

（五）同位阶的规章之间存在矛盾或不一致的；

（六）有效期满后需要延长施行时间的；

（七）市人民政府认为需要评估的。

根据上位法须进行修改、废止或者有紧急情况须进行修改、废止的，可以不进行立法后评估。

第十条　政府规章立法后评估的标准主要包括：

（一）合法性标准，即各项规定是否符合宪法和有关上位法的规定，是否符合立法法规定的立法权限、程序和具体规定；

（二）合理性标准，即所规定的各项制度、措施和手段是否适当、必要，是否符合公平、公正原则和权利与义务、权力与责任相统一的原则，法律责任是否与违法行为的事实、性质、情节以及危害程度相当等；

（三）协调性标准，即与同位阶的其他规章是否存在矛盾或不一致，各项规定之间是否协调、衔接；

（四）执行性标准，即规定的执法主体是否明确，各项措施、手段和法律责任是否明确、具体、可行，程序设计是否正当、明确、简便、易于操作，便于公民、法人和其他组织遵守，实施机制是否完备，相关配套制度是否落实等；

（五）实效性标准，即各项规定能否解决实际问题，是否能够实现预期的立法目的，实施后对政治、经济、社会、文化、环境等方面的影响，公众的反映，实施成本与产生的经济、社会效益情况等；

（六）规范性标准，即概念界定是否明确，语言表述是否准确、规范、简明，逻辑结构是否严密，是否便于理解和执行。

评估机关应当根据上述标准，结合被评估规章的特点，确定具体的评估标准。

第十一条　政府规章立法后评估根据具体情况，可以对规章进行全面评估，也可以对其中一项或者部分制度进行评估。

政府规章涉及的机构职责、行政许可、行政处罚、行政强制、行政征收、行政征用、行政救助、行政给付等事项应当是立法后评估的重点。

第四章　评估程序和方法

第十二条　政府规章立法后评估应当按计划进行。

市人民政府法制机构应当组织编制政府规章立法后评估年度计划，报市人民政府批准后实施。

市人民政府法制机构组织编制政府规章立法后评估年度计划时，应当充分征求各方面的意见。

第十三条　开展政府规章立法后评估，按照下列程序进行：

（一）成立评估小组。评估小组由法制工作人员和相关工作人员组成，也可以邀请公众代表、人大代表、政协委员、专家学者、法律工作者等参加。评估小组具体承办评估工作。

（二）制定评估方案。评估方案主要包括评估目的、评估内容和标准、评估方法、评估步骤和时间安排、经费和组织保障等。评估方案报评估机关同意后实施。

（三）开展调查研究。通过实地考察、专题调研、座谈会、问卷调查、专家论证等方法，收集实施机关、管理对象和社会公众的意见和建议。

（四）进行分析评价。对收集到的材料进行分析研究，对照评估内容和标准进行分析评价，提出初步评估结论。

（五）形成评估报告。对初步结论进行进一步研究和论证，形成正式评估结论，提出规章继续施行或者修改、废止、解释、制定配套制度、改进行政执法等方面的评估意见，形成正式的评估报告。

第十四条　评估机关根据立法后评估工作的实际需要，可以采用简易程序进行评估，但本办法第九条第（三）项规定的情形除外。

采用简易程序进行评估的，可以不成立专门的评估小组，评估方案可以简化，主要通过召开座谈会、网上问卷调查、书面征求意见等方法收集信息资料，组织专家分析或者召开论证会等方式进行评估，形成评估报告。

第十五条　开展立法后评估工作应当全面调查了解政府规章的实施情况，运用科学的方法和技术手段收集、分析和评估相关资料。分析和评估应当尽量采用量化分析方法，做到定性和定量相结合。评估意见应当客观、公正、实事求是。

评估机关、受委托单位开展立法后评估不得预设评估结论，不得按照评估机关和工作人员的偏好取舍信息资料。

第十六条　评估工作选择调查对象应当具有广泛的代表性，社会公众应当占有适当比例。

评估项目、评估时间、征求意见的电话、网址等应当及时向社会公开。

要认真研究、充分吸收公民、法人和其他组织对规章实施情况提出的意见和建议。对重要意见和建议不予采纳的，应当在评估报告中予以说明。

第十七条　与政府规章实施有关的行政机关和单位应当按照各自职责，根据评估机关的要求，提供与政府规章实施情况有关的材料和数据，配合做好政府规章的立法后评估工作。

第十八条　政府规章立法后评估工作应当自评估小组成立后6个月内完成，内容复杂、争议较大的规章的立法后评估工作可以延长2个月；采用简易程序评估的，应当在3个月内完成。

第五章　评估报告

第十九条　市人民政府有关行政主管部门实施的立法后评估，评估报告由市人民政府法制机构组织验收。

市人民政府法制机构实施的立法后评估，评估报告由市人民政府法制机构组织验收，并向有关行政主管部门通报。

第二十条 评估报告应当向社会公开，但涉及国家秘密、商业秘密或者个人隐私的内容除外。

第二十一条 立法后评估报告建议政府规章进行修改的，有关行政机关应当按照立法程序提请市人民政府对政府规章进行修改。根据立法后评估报告修改政府规章的，原则上应当采纳评估报告提出的建议，未采纳的应当说明理由。

第二十二条 立法后评估报告建议废止政府规章的，应当按照法定程序废止政府规章。

第二十三条 立法后评估报告建议政府规章的配套制度需要完善或者实施情况需要改进的，政府规章实施机关应当及时采取相应措施。

第六章 附则

第二十四条 政府规章立法后评估工作，应当纳入行政执法责任制和依法行政工作的考核范围。

第二十五条 规范性文件的后评估，参照本办法执行。

政府规章实施机关可以自行组织对政府规章的执行情况评估，评估报告应当报送市政府法制机构备案。

第二十六条 本办法自公布之日（2011 年 4 月 11 日）起施行。

重庆市重大行政决策后评估工作规则

第一条 为加强对重大行政决策实施情况的跟踪、调查与评价，提高重大行政决策质量，确保实施效果，根据《重大行政决策程序暂行条例》《重庆市重大行政决策程序规定》等相关规定，结合本市实际，制定本规则。

第二条 市、区县（自治县）人民政府（以下称决策机关）的重大行政决策后评估工作，适用本规则。

本规则所称重大行政决策后评估，是指决策机关按照一定的方法和程序，对重大行政决策的决策质量、实施效果、存在的问题与风险等进行调查分析与综合研判，形成评估报告的活动。

第三条 重大行政决策后评估工作，遵循客观、公正、高效、透明的原则，依法、科学、规范实施。

第四条 决策机关组织开展重大行政决策后评估工作，并确定承担评估具体工作的单位（以下称评估单位）。

重大行政决策执行单位及相关部门应当按照各自职责，积极配合评估工作，提供重大行政决策实施过程中的情况和资料，如实说明实施过程中存在的问题和风险，并提出相关建议。

第五条 有下列情形之一的，决策机关可以组织开展重大行政决策后评估：

（一）重大行政决策所依据的法律、法规、规章、政策以及其他客观情况发生重大变化；

（二）重大行政决策实施后明显未达到预期效果；

（三）公民、法人或者其他组织对重大行政决策实施情况提出较多意见；

（四）重大行政决策执行单位向决策机关申请对其实施的重大行政决策事项开展后评估；

（五）决策机关认为有必要的其他情形。

第六条 重大行政决策后评估可以对决策事项所涉及的各个领域进行整体评估，也可以根据实际需要，对其中的主要内容进行部分评估。

第七条 重大行政决策后评估工作可以采用部门论证、专家咨询、公众参与、专业机构测评相结合，通过问卷调查、舆情跟踪、实地调研、座谈研究等方式进行。

第八条 重大行政决策后评估按照下列程序进行：

（一）成立评估工作组。评估单位应当成立由相关领域专家、执行单位代表等人员组成的评估工作组；必要时，可以邀请人大代表、政协委员、人民团体、基层组织、社会组织以及社会公众代表等参加。评估工作组承担制订方案、组织调研、形成报告等具体评估工作。

（二）制订评估方案。评估方案应当包括评估目的、评估范围、评估方法、评估程序与时间安排，以及经费预算等。

（三）开展调查研究。调查重大行政决策实施情况，收集重大行政决策相关信息，以及与重大行政决策实施有关的利害关系人和社会公众的意见和建议。

（四）形成评估报告。评估报告应当记录评估的全过程，并作出建议继续实施、中止执行、终止执行或者调整重大行政决策的评估结论。

第九条 评估报告应当数据真实、内容完整、结论准确、建议可行。评估报告主要包括以下内容：

（一）评估工作的基本情况；

（二）重大行政决策实施基本情况；

（三）重大行政决策实施过程中出现的问题以及原因分析，提出改进建议；

（四）社会公众对重大行政决策实施的满意度；

（五）是否达到重大行政决策目标和预期效果；

（六）作出建议继续实施、中止执行、终止执行或者调整重大行政决策的评估结论；

（七）决策机关或者评估单位认为需要评估的其他事项。

第十条 评估报告应当作为重大行政决策继续实施、中止执行、终止执行或者调整决策的重要依据。

决策机关根据评估报告和实际情况，可以决定继续实施、中止执行、终止执行或者调整重大行政决策。其中，决定中止执行、终止执行或者调整重大行政决策的，应当履行相关法定程序。

决策机关作出中止执行、终止执行或者调整重大行政决策决定的，重大行政决策执行单位应当采取有效措施，避免或者减少经济损失和不良社会影响。

第十一条 评估单位可以自行组织实施评估，也可以委托高等院校、科研机构、社会组织、专业咨询机构等第三方进行评估。重大行政决策作出前承担了主要论证评估工作的单位，不得参加重大行政决策后评估。

第十二条 受委托具体开展重大行政决策后评估的单位应当具备下列条件：

（一）具备独立法人资格，具有熟悉行政事务和掌握评估方法以及相关专业技术的人员；

（二）相关人员参与评估的时间能够得到保障；

（三）具备开展评估工作必须的其他条件。

受委托承担重大行政决策后评估工作部分事项的单位也应当具备以上条件。

第十三条 参与重大行政决策后评估工作的单位及其工作人员，应当对评估工作涉及的国家秘密、商业秘密以及个人隐私等予以保密。

第十四条 参与重大行政决策后评估工作的单位及其工作人员违反本规则，存在失职渎职、弄虚作假、干扰评估等行为的，对负有责任的领导人员和直接责任人员依法追究责任。

第十五条　市、区县（自治县）人民政府的工作部门以及乡镇人民政府、街道办事处的重大行政决策后评估工作，参照本规则执行。

第十六条　本规则自印发之日（2021 年 12 月 13 日）起施行。

河北省重大行政决策实施情况跟踪反馈与后评估办法

第一章 总则

第一条 为推进法治政府建设，促进行政机关科学决策、民主决策和依法决策，确保重大行政决策顺利实施，按照《法治政府建设实施纲要（2021—2025 年）》（中发〔2021〕33 号）、《重大行政决策程序暂行条例》（国务院令第 713 号）、《河北省重大行政决策程序暂行办法》（省政府令〔2019〕第 12 号）的有关规定，结合实际，制定本办法。

第二条 县级以上政府（以下简称决策机关）重大行政决策跟踪反馈与后评估工作，适用本办法。

本办法所称重大行政决策，是指《重大行政决策程序暂行条例》《河北省重大行政决策程序暂行办法》中规定的属于重大行政决策范围内的有关事项。

第三条 本办法所称重大行政决策跟踪反馈与后评估（以下简称跟踪反馈与后评估）是指重大行政决策执行过程中或决策实施后，根据其决策目的，结合经济社会发展要求，按照一定的标准和程序，对重大行政决策的决策质量、实施绩效、存在问题及其影响因素等进行跟踪调查和分析评价，并提出评估意见的制度。

跟踪反馈与后评估工作应当遵循独立、客观、公正的原则，依据科学、规范的标准和程序实施。

第四条 决策机关可以组织开展跟踪反馈与后评估工作，并确定承担评估具体工作的单位。

重大行政决策执行单位应当按照跟踪反馈与后评估的要求，提供与重大行政决策实施情况有关的材料和数据，如实说明实施过程中存在的问题和风险，并提出相关建议，协助做好跟踪反馈与后评估工作。

第二章 跟踪反馈与后评估程序

第五条 开展跟踪反馈与后评估应当全面调查了解重大行政决策的实施情况，广泛听取公民、法人和其他组织的意见，运用科学的方法和技术手段收集、分析和评估相关资料，客观全面地作出跟踪反馈、评估。

跟踪反馈与后评估不得预设评估结论，不得按照工作人员的偏好取舍信息资料。

第六条 跟踪反馈与后评估围绕以下内容开展：

（一）重大行政决策与法律、法规、规章以及国家有关政策规定是否一致，与同位阶的其他重大行政决策是否协调；

（二）重大行政决策是否得到执行，各项内容或者管理措施是否必要、适当，是否有针对性地解决相关的社会问题；

（三）重大行政决策的执行程序是否正当、具有操作性；

（四）重大行政决策与经济社会发展方向的符合程度，在公众中的认知度、满意度；

（五）重大行政决策实施带来的近期效益和长远影响；

（六）重大行政决策的实施结果与决策目的是否符合。

第七条　重大行政决策有下列情形之一的，应当进行跟踪反馈与后评估：

（一）重大行政决策所依据的法律、法规、规章、政策以及其他客观情况发生重大变化；

（二）重大行政决策实施后明显未达到预期效果；

（三）公民、法人或者其他组织对决策实施情况提出较多意见；

（四）决策执行单位向决策机关申请对其实施的重大行政决策事项开展决策后评估；

（五）决策机关认为有必要。

第八条　跟踪反馈与后评估可以对重大行政决策事项所涉及的各个领域进行整体评估，也可以根据实际需要，对其中的主要内容进行部分评估。

开展跟踪反馈与后评估工作分为准备阶段、实施阶段和结论形成三个阶段。

第九条　准备阶段主要开展以下工作：

（一）成立小组。小组由承担评估具体工作的单位相关人员组成，可以邀请人大代表、政协委员、有关法律专家、行业管理专家等参加；

（二）制定方案。方案主要包括目的、对象与内容、标准与方法、步骤与时间安排、经费预算、组织保障等；

（三）制定调查提纲，设计调查问卷；

（四）其他跟踪反馈与后评估准备工作。

第十条　实施阶段主要开展以下工作：

（一）通过各种形式收集重大行政决策实施前后的信息，归纳基本情况；

（二）开展问卷调查、实地调研、召开座谈会或者论证会等听取意见；

（三）对收集的信息资料和征集的意见进行分析，并得出初步结论。

第十一条　结论形成阶段主要开展以下工作：

（一）起草跟踪反馈与后评估报告；

（二）组织有关专家对跟踪反馈与后评估报告进行论证；

（三）正式形成跟踪反馈与后评估报告；

（四）将报告提交决策机关审定。

第十二条　跟踪反馈与后评估报告应当包括以下内容：

（一）跟踪反馈与后评估工作的基本情况；

（二）实施绩效、制度设计等跟踪反馈与后评估内容分析；

（三）跟踪反馈与后评估结论及建议；

（四）其他需要说明的问题。

第十三条 承担评估具体工作的单位根据实际需要，可以采取简易程序进行跟踪反馈与后评估。

采取简易程序的，可以通过召开座谈会、网上问卷调查或者征求意见等方法收集、分析信息资料或者召开论证会等方式进行跟踪反馈与评估，最终形成跟踪反馈与后评估报告。

第三章 结果与应用

第十四条 跟踪反馈与后评估报告应当作为修改、中止或者停止执行重大行政决策、完善配套制度和改进行政执法、行政管理工作的重要依据。

跟踪反馈与后评估报告建议对决策内容作重大修改的，按照《河北省重大行政决策程序暂行办法》有关规定执行。

第十五条 决策机关作出中止执行、终止执行或者调整决策内容决定的，决策执行机关应当采取有效措施，避免或者减少经济损失和不良社会影响。

决策执行过程中，出现较大争议、风险或重大分歧，可能影响决策执行需要进行跟踪反馈与后评估的，执行机关应当及时启动后评估工作，分析总结争议、风险存在的原因，提出整改完善的意见建议，并将评估结果报告决策机关。

重大改革事项、对公民权利义务发生普遍影响或群众普遍关注的重大政策执行满一年的，应当进行执行评估，分析总结改革、政策实施效果、存在的问题，为改革的深入推进提出完善的意见建议。

五年以上长期执行的重大规划、重大政策等执行期限或进度过半时应进行中期评估，全面分析总结决策实施以来的效果、存在的问题，提出完善的意见建议，修正执行不当情况，保证决策的执行质量和效果。

五年以上长期执行的重大规划、重大政策、重大改革事项等执行结束后应及时进行终期评估，全面分析总结决策执行的效果、成功的经验、存在的不足，以及可为其他决策的实施提供的经验和借鉴。

第十六条 对重大行政决策在一年（12个月）内已经组织过执行评估的，未出现新情况、新事由、新争议的，可以不再重复组织执行评估。

执行上级改革任务或落实上级政策部署，依照有关规定应当由上级机关组织决策评估的，可以不重复组织执行评估，接受上级委任或根据上级要求协助评估的除外。

第四章 委托评估

第十七条 重大行政决策的决策机关、执行机关可以自行评估，也可以委托高等学校、科研机构、律师事务所、社会组织、咨询机构等（以下简称受委托评估机构）进行评估。

受委托评估机构应当在委托范围内开展工作，自身力量不能满足评估工作需要的，可以外聘专家参与，不得擅自将委托事项变相转包给其他单位或者个人。

第十八条 受委托评估机构应当信用记录良好，具备开展评估工作的必要设备、设施，其指定参与评估的工作人员应当具备熟悉相关法律及政策、行政事务和掌握评估方法技术的专业素质。

法律、法规、规章对受委托评估机构另有要求的，按其规定执行。

第五章 保密与责任追究

第十九条 参与跟踪反馈与后评估工作的单位及其工作人员，应当对工作涉及的国家秘密、商业秘密、工作秘密及个人隐私等予以保密。

第二十条 参与跟踪反馈与后评估工作的单位及其工作人员存在失职渎职、弄虚作假、干扰评估等行为的，对负有责任的领导人员和直接责任人员依法依规追究责任。

第二十一条 受委托评估机构违背客观事实提出评估报告，造成严重后果的，应当依照委托协议承担相应责任，并由委托单位提请有关部门依法依规将其行为纳入不良信用记录。

第六章 附则

第二十二条 跟踪反馈与后评估工作纳入年度依法行政考核内容。

第二十三条 县级以上政府工作部门以及乡镇政府、街道办事处的重大行政决策跟踪反馈与后评估工作，参照本办法执行。

第二十四条 本办法自 2021 年 10 月 1 日起施行。

甘肃省政府规章立法后评估工作规定（试行）

第一条 为规范省政府规章立法后评估工作，健全立法工作机制，提高政府立法质量，根据国务院《规章制定程序条例》有关规定，结合我省实际，制定本规定。

第二条 本规定适用于省政府规章实施后，对规章的立法质量、实施效果等情况进行综合评价，并提出评估意见的活动。

第三条 省政府规章立法后评估工作应当遵循客观公正、公开透明、注重实效、广泛参与的原则。

第四条 省司法行政部门具体负责省政府规章立法后评估的组织协调、监督指导等工作。

省政府规章的实施部门及有关单位应当按照各自职责和本规定做好立法后评估工作。

第五条 省政府规章的省级实施部门是立法后评估责任单位。其中，有多个实施部门的，主要实施部门为立法后评估责任单位；实施部门不明确的，由省司法行政部门协调确定立法后评估责任单位。

涉及规范共同行政行为以及事关经济社会发展全局的省政府规章立法后评估，可由省司法行政部门组织实施。

第六条 省政府规章施行满3年的，可以组织对该规章或者该规章的有关规定进行立法后评估。

有下列情形之一的，应当进行规章立法后评估：

（一）所规范事项拟制定地方性法规的；

（二）拟进行重大修改的；

（三）拟废止但存在争议的；

（四）与其他省政府规章所规定事项存在不一致的；

（五）实施后社会公众提出较多意见、建议的；

（六）省政府认为需要进行评估的。

因上位法修改、废止，需要对省政府规章进行相应修改或废止的，可以不进行评估。

第七条 评估责任单位应当结合评估条件和省政府规章的实施情况合理确定评估内容，既可以对省政府规章的立法质量、实施效果等情况进行全面评估，也可以根据实际需要对主要条款进行评估。

第八条 省政府规章立法后评估工作所需经费由评估责任单位予以保障，经费使用情况接受财政等部门的监督。

第九条 评估责任单位可以依法委托高等院校、科研机构、社会组织等第三方评估机构具体承担立法后评估工作。

受委托开展立法后评估的单位应当依法设立，组织熟悉行业管理事务、法律专业知识的人员开展具体评估工作。

第十条　省政府规章立法后评估的主要内容：

（一）规章实施的总体情况；

（二）规章主要制度的执行情况；

（三）规章实施中存在的问题；

（四）社会公众对规章实施和行政执法工作的意见建议。

第十一条　省政府规章立法后评估的重点事项：

（一）是否超越权限；

（二）是否违反上位法规定；

（三）是否与有关规章协调、衔接；

（四）是否符合立法技术要求；

（五）评估责任单位认为需要重点评估的其他事项。

第十二条　省政府规章立法后评估的主要依据标准：

（一）合法性标准，即省政府规章的各项规定是否与宪法、法律、法规保持一致；

（二）合理性标准，即省政府规章的各项规定是否符合公平、公正原则，是否必要、适当；

（三）适当性标准，即省政府规章是否存在明显违背社会主义核心价值观和公序良俗等情形，是否存在违反法治营商环境、公平竞争、妇儿权益保护等方面的内容；

（四）协调性标准，即省政府规章之间、省政府规章各项制度之间是否协调一致，相关配套制度是否完备；

（五）技术性标准，即省政府规章是否符合立法工作一般技术规范，概念界定是否准确，逻辑是否严谨；

（六）可操作性标准，即省政府规章中规定的制度是否符合实际且易于操作，规定的措施是否具体可行；

（七）实效性标准，即省政府规章是否得到普遍遵守与执行，是否达到立法目的。

第十三条　省政府规章立法后评估的工作程序：

（一）拟定工作方案。工作方案应当包括评估目的、评估对象、评估内容、评估方式、评估步骤等；

（二）开展调查评估。采取听取汇报、召开座谈会和论证会、实地考察、专家咨询、专题调研、问卷调查等方式方法，了解和掌握省政府规章的实施部门、相对人和社会公众的意见、建议等相关信息；

（三）提出评估报告。对收集到的信息资料进行综合分析研究，形成评估报告。

第十四条　省政府规章立法后评估报告的主要内容：

（一）评估工作基本情况介绍，包括评估过程、评估方式方法、评估时间，召开座谈会、论证会等情况；

（二）对省政府规章的立法质量、实施效果等情况的分析和评价；

（三）提出评估结论；

（四）其他需要说明的问题。

第十五条　省政府规章立法后评估报告的运用：

（一）作为省政府规章继续有效、修改或者废止的重要依据；

（二）作为省政府规章实施部门落实行政执法责任制的重要依据；

（三）作为改进行政执法工作的重要依据。

第十六条　经立法后评估，确需进行修改或者废止的省政府规章，由省司法行政部门提请省政府列入下年度省政府立法计划。

第十七条　各市州政府规章立法后评估工作可以参照本规定执行。

第十八条　本规定自印发之日（2020 年 12 月 18 日）起施行，有效期 2 年。

山西省人民政府《政府绩效第三方评估管理办法》

第一章　总则

第一条　为公开、公平、公正、规范、有序地开展政府绩效第三方评估工作，依据有关法律法规，制订本管理办法。

第二条　省政府每年确定若干实施第三方评估的具体项目，以期通过第三方对决策执行结果、效率、效果的调查评价进一步改进相关工作。

第三条　省政府发展研究中心（以下简称"研究中心"）是省政府授权的政府绩效第三方评估的管理机构。负责对省政府确定的评估项目，组织社会智力开展调查评价（包括发标评标、中期管理、结果论证等过程管理），具体承担第三方评估工作的风险控制（包括应对相关的媒体解读等）以及调查评价结果的上报和授权发布，具体负责省政府相关支持经费的管理，接受公众、投标单位、中标单位、被评估的相关单位、新闻媒体及审计、纪检部门的监督。

第四条　评估项目主要是《政府工作报告》等重大行政决策中的具体事项，具有较明确的目标要求、数量指标和执行单位（部门或市县），且已经执行完毕。每年的评估项目可由研究中心提出初步选题，报请省政府审定。

第五条　评估项目确定时，省政府同时确定对评估工作的支持经费，列入省财政年度预算。

第六条　评估项目确定后，决策执行单位应提供相关信息公开及对调研的支持配合。

第二章　项目发布与招标

第七条　研究中心接到省政府下达的评估项目任务后，应在网站上公开发布招标公告，征集社会智力参与投标。发布公告的主要内容应包括：项目名称和执行单位、项目的决策目标和进度要求、项目效果（效率）预期、项目支持的经费额度、调研评价的基本要求、投标单位报名的资格条件、投标书（调研评价的实施方案）的格式要求等。

第八条　对投标单位的基本要求：

（一）与评估项目无直接的利害关系；

（二）具有开展评估所需的专业知识和技术手段，了解评估对象的工作特点，能够针对性地制定评估指标体系，拟定具体的评估标准和调查（问卷）方案，动员较多的人力资源进行现场查看和数据收集，具有较强的数据分析能力等；

（三）对与评估项目相关的工作较为熟悉，能够对比分析提出相应的改进建议；

（四）投标单位及其主要负责人具有良好的社会公信度，以往的第三方评估业绩优良。

针对不同的评估项目，研究中心可进一步明确投标单位的具体要求，凡具备条件者（重点为具有公共管理专业的大专院校及相关科研机构等）均可报名。

第九条 自发布招标公告至提交《实施方案》至少应有 20 个工作日。研究中心应重点就《实施方案》中评价方法的科学性、调研力量组织和实地调研、数据收集的操作性等重大技术性问题进行集中说明，以确保评估的可信度。

在投标单位的《实施方案》均能够满足评估目标要求的情况下，方可开展竞标。

第十条 研究中心组织专家组对竞标单位进行评标，在投标单位所报价格满足特定条件（底价的正负 10% 以内）下比选更优的《实施方案》。

第十一条 评标专家组应由熟悉评估项目的省内外专家组成，通常为 5 人或 7 人（研究中心的专家限定为 1 人），由推举的专家组组长负责组织评标工作。评标当日，专家组组长面对所有投标单位当面拆封报价单，逐一公布报价后，宣布入围单位。专家组对入围单位的《实施方案》进行优劣评价，各位专家独立评分，汇总后以得分高者胜出，并当场宣布初步中标单位。

如果无中标单位，则宣布流标。由研究中心主任办公会议决定是否再次组织竞标或议标。

第十二条 研究中心在网站上对初步中标单位予以公示，7 个工作日内无异议投诉，即可正式公告确认中标单位。研究中心应与中标单位签订《评估项目委托合同书》，同时依据评标时专家组的意见和建议，对中标单位就进一步完善《实施方案》提出要求，并明确组织实施的时间进度安排。

如在公示期内接到投诉，应立即开展核查。如所反映问题属实，则取消中标单位资格。

第三章　项目的过程管理

第十三条 研究中心按合同约定对中标单位的调研评价过程进行支持服务和跟踪管理。包括提供经费支持，协助沟通被评估单位予以信息公开，了解工作进度和评价工作方向，并依据进度安排组织中期检查，协调解决存在的问题。

如在中期检查中发现存在重大问题（如评价方向出现重大偏差、评估工作遇到难以逾越的障碍等），研究中心与中标单位可协商共同提出，也可由研究中心单方提出终止评估项目的申请，报请省政府审定。

第十四条 调研评价工作结束后，中标单位应形成《项目评估报告》，其主要内容应包括：

（一）评估项目的目标要求和范围；

（二）调研评价过程概述；

（三）调研内容（包括数据、影像等）和析方法及运用；

（四）比较对象等背景情况；

（五）评估结果（决策目标的实现性、效益效果等评价）；

（六）启示和建议。

第十五条　研究中心在接到《项目评估报告》后，应在 10 个工作日内组织专家组，就评估操作的真实可信度、分析方法科学性、对比判断的合理性等进行论证。

论证专家组应由熟悉评估项目的省内外专家组成，通常为 5 人或 7 人（研究中心的专家限定为 1 人），由推举的专家组组长负责组织论证工作，并共同签署《论证意见》。

研究中心应将《项目评估报告》（完整本和提要本）和《论证意见》一并报送省政府。

第十六条　未经允许各相关单位均不得对外发布与评估工作相关内容的信息，如有媒体采访，由研究中心统一负责接待和解读工作。

第四章　项目的经费管理

第十七条　省财政预算安排的专项支持经费，包括评估项目经费和评估组织管理经费，由研究中心负责专款专用，按进度支付。

第十八条　评估项目经费拨付一般分三次进行。签订《合同书》后拨付总额的30%。中期检查后，对于能够完成评估目标方向和进度要求的，再拨付总额的 50%。《项目评估报告》经专家组论证后，拨付剩余的 20%。

中标单位应按《实施方案》中有关经费列支预算，掌控支出进度和范围，确保发挥资金效益。

第十九条　评估组织管理经费主要用于支付专家论证会议的支出、与评估项目相关的咨询费支出以及必要的差旅费、印刷费等。

第五章　全方位接受监督

第二十条　建立对违反公平、公正、公开和借机寻租行为的投诉举报机制。

属于投诉举报研究中心的，由负责研究中心的纪检组核查，并对查实的问题提出处理意见，对查否的回复投诉者。

属于投诉举报专家组和中标单位的，由研究中心负责核查，报研究中心主任办公会研究。对查实的问题由研究中心提出处理意见，对查否的由研究中心回复投诉者。

属于投诉举报被评估单位的，由研究中心汇总有关情况，上报省政府。

第二十一条　研究中心对预算经费的支出须按相关财经纪律规定加强管理并接受财政、审计等部门的监督检查。

第六章　附则

第二十二条　本办法由研究中心负责解释。

第二十三条　本办法自公布之日（2015 年 10 月 27 日）起施行。

江苏省人民政府办公厅《省政府办公厅关于开展重大政策举措第三方评估的实施意见》

苏政办发〔2015〕115号

各市、县（市、区）人民政府，省各委办厅局，省各直属单位：

开展第三方评估，是提高决策水平和政策执行力的重要举措，也是推进治理体系和治理能力现代化的现实要求。为加强对国家和省重大政策举措执行情况、实施效果和社会影响的跟踪评估，提高决策科学化水平，提升政府治理能力，根据国务院和省相关规定，现就我省实施重大政策举措第三方评估（以下简称第三方评估）提出如下意见。

一、总体要求

当前和今后一个时期，是我省深入贯彻落实习近平总书记系列讲话特别是视察江苏时的重要讲话精神、推动"迈上新台阶、建设新江苏"取得重大进展的关键时期，是全面建成小康社会决胜阶段和积极探索开启基本实现现代化建设新征程的重要阶段，经济社会发展面临新形势新任务新要求，迫切需要建立健全科学决策、有效执行的支撑体系。第三方评估作为政策执行体系的重要组成部分，具有独立性、专业性、公正性等突出特点，能有效避免政府部门自我评估的缺陷与不足，对合理配置社会资源、提升依法行政能力和工作绩效、促进服务型政府建设，具有积极的推动作用。

开展第三方评估，要高举中国特色社会主义伟大旗帜，全面贯彻党的十八大和十八届三中、四中、五中全会精神，以邓小平理论、"三个代表"重要思想、科学发展观为指导，深入贯彻习近平总书记系列重要讲话精神，以习近平总书记视察江苏时的重要讲话精神为引领，以服务党和政府科学民主决策为宗旨，自觉践行创新、协调、绿色、开放、共享的发展理念，不断完善体制机制，健全评估机构，规范方法流程，加强制度保障，提高评估能力，推动重大政策举措良性运行和有效落实，为省政府科学决策提供有力支撑。

开展第三方评估，必须坚持以下原则：

——服务决策。着眼"四个全面"战略布局和"迈上新台阶、建设新江苏"的发展定位，围绕国家和省经济社会发展大局，以对党和人民高度负责的态度，认真开展第三方评估，确保评估工作取得良好成效。

——客观公正。坚持实事求是，严格遵守相关法规制度，评估客体提供客观真实、完整详细的数据资料，评估机构以实际情况为基础，独立完成评估工作，通过系统深入分析得出客观公正的评估结论，确保评估公信力。

——科学规范。数据采集深入细致，评估方法科学先进，分析论证严谨可靠，活动流程严密规范，听取意见全面系统，评估结论要经得起时间和历史检验。

——注重实效。突出问题导向和实践导向，认真查找政策实施中的突出问题，科学总结重大政策实施后的实际成效，努力提出专业化、建设性、切实管用的对策建议，通过评估促进有关部门改进工作。

二、评估内容

（一）第三方评估主要范围。

1. 国家重大方针政策、重要改革举措、重点规划项目等在江苏的实施情况。

2. 全省重大改革方案、重大政策措施的实施情况。

3. 全省经济社会发展总体规划、区域规划、重点专项规划的实施情况。

4. 社会影响大、群众关注度高的其他政策举措的实施情况。

（二）第三方评估主要内容。

1. 政策举措本身现实的可行性、完善性、规范性、风险点等方面的分析。

2. 政策举措出台后是否得到全面准确的实施，各地、各部门结合本地本部门实际，创造性地落实政策举措的情况。

3. 政策举措实施后取得的经济效益、社会效益、生态效益分析，以及是否达到政策举措的预期目标。

4. 政策举措实施中存在的主要问题及其原因分析。

5. 政策举措实施后相关法规政策的变动情况及其对该政策举措实施的影响。

6. 政策举措利益相关方的评价和意见建议，社会公众和新闻媒体的评价分析。

7. 政策举措继续实施的潜在风险和可能影响，重点对经济、社会、生态环境等方面的影响进行评估，提出政策举措终止、调整或修改完善的建议。

三、评估机构

评估机构一般是以战略问题和公共政策为主要研究对象、以服务党和政府科学决策为宗旨的实体性咨询调查研究机构，应符合以下基本条件：

（一）遵守国家法律法规和行业相关规定，有健全的治理结构及组织章程。

（二）有比较稳定的行业专家和研究队伍，有较强的数据采集分析、决策咨询和政策评估能力。

（三）有可持续的资金来源，机构运转正常。

（四）能够独立承担民事责任，社会信誉良好。

四、组织实施

（一）评估时机。国家重大方针政策、重要改革举措、重点规划项目等在江苏的实施情况，一般根据国家统一部署开展第三方评估。省政府重大政策举措第三方评估，事中评估根据需要适时开展，事后评估一般在政策举措实施满 1 年后开展。对有实施期限的政策举措，在执行期限届满后 6 个月内开展评估；对实施时间跨度较长的政策举措，可以分阶段开展评估；对应急性政策举措，根据需要及时开展评估。

（二）评估方法。采取问卷调查、实地调研、察访核验、舆情跟踪、座谈交流和专家咨询等方式进行信息采集，运用成本收益分析、对比分析、对象评定、回归分析、绩效评价、案例研究、动态规划等评估方法，以翔实数据和充分论据为基础，定性分析与定量分析相结合，对重大政策举措进行全面、客观、系统、深入的综合分析。

（三）评估流程。

1. 确定评估项目。根据省人民代表大会通过的《政府工作报告》，制定年度省政府重大政策举措第三方评估计划；根据省政府主要领导要求、省政府常务会议或专题会议意见，适时开展第三方评估。

2. 选择评估机构。以政府采购方式，科学选取评估机构。

3. 制定评估方案。明确评估目的、对象、内容、标准、方法步骤及时间要求，建立科学有效的评估指标。

4. 开展评估调研。全面采集数据信息，广泛收集意见建议，深入了解真实情况。

5. 撰写评估报告。评估报告一般应包括基本情况、评估内容、评估方法、评估结论和意见建议，以及需说明的其他问题。

6. 修改评估报告。根据有关方面的意见和建议，进一步完善评估报告，并提交委托方。

7. 汇报评估结果。向省政府常务会议或专题会议汇报评估情况，供省政府和有关部门决策参考。

（四）成果应用。根据评估结果，推动决策部门决定终止、调整、修改完善重大政策措施，或督促有关地区或部门及时改进工作方法，完善工作措施，加大工作力度，推动重大政策举措有效实施。注重持续跟踪评估，推动政策举措进入"执行—评估—改进—再评估—再改进"的良性循环。评估结果作为政府绩效管理和行政问责的重要参照依据，强化评估约束力。评估机构负责人和报告签署人对评估报告的真实性、客观性、公正性负责，并承担相应的法律责任。

五、保障措施

（一）完善组织机构。建立省政府重大政策举措第三方评估领导小组，由省政府主要领导任组长，分管副省长任副组长，省有关部门为成员单位。领导小组办公室设在省政府研究室，主要负责日常组织协调工作，包括加强第三方评估制度建设、提出第三方评估项目建议、优选第三方评估机构、跟踪第三方评估活动、推动第三方评估结果运用等。

（二）加强制度建设。健全重大政策举措执行目标责任制，完善对重大政策举措执行情况的检查、督促、考核和纠错问责机制。建立第三方评估相关规章制度，做到评估活动于法有据、有章可循。评估机构及工作人员对评估工作中涉及的国家秘密、商业秘密和个人隐私等予以保密，涉密文件和介质严格按相关规定使用和保存，未经批准不得对外透露评估工作信息，不得接受采访或以个人名义对外发表与评估内容相关的言论或文章。

（三）健全运行机制。把第三方评估作为政府购买服务项目纳入财政预算，做到经费有来源，保障有依托，切实提高资金使用效益。加强评估机构管理，发挥群团组织和行业协会组织作用，拓展评估渠道，规范评估流程，培育人才队伍，促进第三方评估机构不断提升业务能力。鼓励引导各类政策咨询研究机构积极参与第三方评估，培育一批在省内外有重要影响的专业评估机构，有条件的要积极参与国家层面的第三方评估活动。加强舆论引导，营造良好社会氛围。

（四）强化信息支撑。大力推进政府信息公开，不断提高政府工作透明度。省各部门、各级政府和有关社会组织，对第三方评估工作应大力支持，积极配合，主动全面地向评估机构提供相关资料，如实说明重大政策举措实施的有关情况、实施过程中存在的突出问题，并提出相关建议。

（五）开展试点示范。坚持循序渐进，稳步推进，先期选择涉及面广、群众关注度高的重大政策举措开展评估试点，着力培育第三方评估机构，不断提升政策评估能力，在积累经验的基础上，逐步全面推开第三方评估工作，形成第三方评估长效机制。

各地可结合实际，研究制定具体实施办法。

江苏省人民政府办公厅

2015 年 11 月 16 日

浙江省人民政府重大行政决策执行情况
第三方评估实施办法（试行）

第一条 为有效开展省政府重大行政决策执行情况第三方评估工作，跟踪了解重大行政决策执行情况，检验评价重大行政决策执行效果，根据《浙江省重大行政决策程序规定》（省政府令第 337 号）和《浙江省人民政府工作规则》等规定，制定本办法。

第二条 省政府授权省政府办公厅作为评估委托方，委托独立的第三方组织，对省级部门或者市、县（市、区）政府等执行机关，执行省政府重大行政决策的进展和效果进行综合评估，适用本办法。

第三条 委托第三方评估的决策事项包括：

（一）经济和社会发展等方面的重要规划和重大改革措施；

（二）社会保障、卫生健康、教育等民生领域和环境保护、资源分配等方面的重大政策；

（三）由政府组织实施的对相关群体利益可能造成较大影响的重大建设项目；

（四）重大行政决策目录中的其他决策事项。

委托第三方评估的决策事项，一般应当实施满 1 年。

第四条 第三方评估应当遵循客观、公正、独立、科学的原则。

第五条 省政府办公厅具体负责组织、指导、监督第三方评估工作。

重大行政决策执行机关负责配合第三方评估工作。

省财政部门负责将评估经费纳入省级财政保障范围，并实施全过程绩效管理。

省统计、数据管理等相关部门根据需要为第三方评估提供技术服务和公共平台支撑。

第六条 省政府办公厅通过征询意见、调查研究等方式，提出年度评估计划建议，明确评估项目、执行机关、评估时间、评估机构意向等内容，报省政府审定后组织实施。

评估项目应当综合考虑重大行政决策的重要程度、社会关注度、执行进展情况、执行中出现的问题等因素确定，年度评估项目一般不超过 3 项。

评估机构应当具有良好的社会信誉和相应的科研力量，与所评估的重大行政决策执行机关无行政隶属关系或者利益相关性，可以从省级预算单位中定向确定，也可以委托社会智库等非省级预算单位承担。

第七条 省政府办公厅应当与评估机构就委托事项的内容、要求、期限、经费预算等签订委托合同和保密协议，明确双方权利义务。

评估机构属于非政府购买服务承接主体的省级预算单位的，由评估委托方采取定向委托方式确定；评估机构属于社会智库等其他单位的，由评估委托方按照《中华人民共和国政府采购法》及其实施条例等有关规定，以竞争性采购方式择优确定。

第八条　评估机构组织实施评估工作，应当成立由专家、学者和对决策相关问题富有经验或者研究的其他人员为主组成的评估组，制定评估方案，明确评估目的、评估内容、评估人员、评估指标、评估步骤等。

评估方案经评估委托方审查后，由重大行政决策执行机关及相关职能部门组织实施。

第九条　第三方评估应当坚持"强谋划、强执行，提高行政质量、效率和政府公信力"的工作导向，选取反映重大行政决策执行进展和执行效果的评估指标。

评估指标一般应当包括以下内容：

（一）重大行政决策的实施情况，包括执行体系建立、相关执行机关协同配合和执行举措的时效性、正当性、合法性等情况；

（二）重大行政决策的目的实现程度，包括产生的近期效益和远期影响，实施前后经济、社会和生态效益的比较等；

（三）执行过程中存在的突出问题及其原因，继续实施的潜在风险和可能影响；

（四）行政系统内部认可度、利益相关方评价和社会公众满意度；

（五）评估委托方认为需要评估的其他事项。

第十条　评估机构应当按照评估方案要求，通过听取工作汇报、座谈交流、专家论证、实地调查、抽样检查、问卷调查、舆情跟踪、数据收集等形式开展第三方评估，全面收集反映重大行政决策执行情况的资料、图文、数据，全面了解利益相关群体和社会公众的意见建议。

执行机关应当确定专门机构和人员配合第三方评估工作，提供相关文件档案、数据图表、音像视频等，并为评估机构工作提供便利。

第十一条　评估机构应当坚持目标导向、效果导向、问题导向，对照评估指标，对收集到的信息进行综合评判，并在规定时间内形成评估报告。

评估报告应当包括重大行政决策的执行情况、执行效果、存在问题、意见建议等，做到内容完整、数据真实、分析透彻、建议可行。

评估委托方应当对评估报告进行审查验收，必要时可以组织专家讨论评判，并由评估机构修改完善后报评估委托方。

第十二条　重大行政决策执行情况评估结果作为省政府部门绩效考核评价的重要参考。

评估报告反映的重大行政决策执行情况作为完善行政决策和执行工作的重要依据，作为经验推广或者跟踪审计、跟踪督查、跟踪评估的重要参考。

省政府领导对评估报告作出批示或者有其他明确要求的，由执行机关及相关单位按要求执行。

第十三条　评估工作必需的经费经评估委托方统一审核后列入相关单位的部门预算管理。评估机构属于非政府购买服务承接主体的省级预算单位的，列入该单位部门预算；评估机构属于社会智库等其他单位的，相关预算列入评估委托方部门预算，并由评估委托方负责组织实施。

评估经费实施全过程绩效管理，强化绩效评价结果应用，评价结果作为经费安排、分配的重要依据。评估报告未经验收通过的，不得支付评估经费。评估经费使用情况接受财政、审计、纪检监察等部门的监督和检查。

第十四条 执行机关不得以任何形式干扰第三方评估工作，不得引导评估机构作出预设的事实判断和评估结论。

评估机构应当遵守廉洁自律有关要求，不得从事任何可能影响评估独立性、公正性的活动，并对评估报告的真实性、客观性和准确性负责。

评估成果归评估委托方所有。未经授权，任何机构和个人不得对外公布评估报告，不得就评估工作接受媒体采访，不得在公开发表的学术文章中摘录、引用评估报告相关内容。

第十五条 执行机关违反本办法规定，导致评估工作延误的，视情况予以通报批评或者约谈主要负责人。

评估机构违反本办法规定，评估委托方可以终止委托合同，并可以由省财政部门追缴评估经费；违反保密等法律法规规定的，依法承担相应责任。

第十六条 市、县（市、区）政府组织开展重大行政决策执行情况第三方评估，可以参照本办法。

第十七条 本办法自 2019 年 1 月 1 日起实施。

浙江省人民政府办公厅《政府立法项目前评估规则》

浙政办发〔2014〕60 号

第一条 （目的）为科学确定立法项目，提高立法草案起草质量和审核工作效率，制定本规则。

第二条 （适用范围和效力）有关部门、单位（以下称起草单位）向省政府申报和报送立法计划一类项目的，要开展立法前评估，并提交立法前评估报告（以下简称评估报告）。

立法前评估结果是选择计划立项项目的重要依据。未开展立法前评估的，原则上不列入省政府一类立法计划项目，省委、省人大常委会、省政府要求立即进行立法的项目除外。

第三条 （总体要求）开展立法前评估，应求真务实，通过深入细致调查研究，查摆分析存在问题，采集统计基本数据，论证说明立法必要性、可行性、制度成本和效益。

第四条 （技术要求）评估报告应定性分析与定量分析相结合，可定量分析的内容应尽量量化说明，并采用最新数据（注明来源）。必要时，可用表格、图例等进行辅助描述。

评估报告可通过一些实例，对各地工作现状及有关问题进行说明，并可辅助使用照片等直观材料。对专业问题，要表达通俗，平实易懂。

第五条 （内容要求）评估报告的主要内容包括基本情况说明、论证、依据。

立法修订项目的评估内容可适当简化。

第六条 （基本情况说明）评估报告应对立法所要规范的行政管理工作基本情况进行介绍、说明，重点反映基层工作实际。主要反映以下情况：

（一）主要工作业务情况，特别是与立法内容相关的许可审批、处罚案件等情况；

（二）有关工作力量情况，特别是基层工作机构、人员配备情况；

（三）相关部门的工作衔接、配合情况；

（四）需要解决的问题及成因分析；

（五）其他需要说明的情况。

第七条 （论证）评估报告应对立法必要性、可行性及拟采取的措施的合法性、合理性进行论证。主要说明以下内容：

（一）拟采取的措施对经济发展、公共安全、生态环境等方面可能产生的利弊影响，在实施方面会遇到哪些困难，今后若干年的绩效目标等；

（二）拟采取的措施是否会增加相关主体的义务、负担，影响的范围、程度和持续时间，是否会导致相关群体权利享有和行使的不公平；

（三）是否会抑制市场作用发挥、妨碍市场有序竞争或者产生其他负面效应，是否存在政府干预过多的问题；

（四）拟采取的措施是否与已有相关规定重复、抵触或者不协调；

（五）立法后的实施工作主要由哪级机构承担，基层是否有相应的管理服务能力，基层对立法草案的基本意见；

（六）编制、财政及其他相关部门的意见，对分歧意见的沟通处理情况；

（七）向有关企事业单位、组织和公民包括人大代表、政协委员、专家学者征求意见情况，主要意见和建议的分类汇总；

（八）其他需要说明的情况。

第八条（依据）评估报告应附录立法依据和参考资料；根据需要，可附录有关分报告。

立法依据和参考资料包括以下材料（篇幅过长的可制作摘要）：

（一）国家及我省有关法律、法规、规章和文件；

（二）其他省（区、市）有关法规、规章；

（三）与立法相关的领导讲话、学术文章等。

第九条（第三方参与）起草单位根据需要，可邀请有关高等院校、科研院所等单位参与或委托其开展评估工作。

第十条（指导服务）省法制办要加强与起草单位的联系和沟通，做好立法前评估的指导服务工作。报送的评估报告对重要情况未详实说明的，省法制办应要求起草单位补充相关材料。

省法制办在办理地方性法规一类计划项目中形成的相关材料，根据需要与评估报告一并报送省人大有关专门委员会作为审议参考。

第十一条（实施时间）本规则自 2014 年 6 月 1 日起施行。原有关申报和报送政府立法项目的材料准备要求与本规则不一致的，以本规则为准。

安徽省人民政府重大决策风险评估办法

皖政〔2017〕123号

第一条　为规范省人民政府重大决策风险评估工作，推进科学民主依法决策，根据《中共中央　国务院关于印发法治政府建设实施纲要（2015—2020年）的通知》及《中共安徽省委安徽省人民政府贯彻法治政府建设实施纲要（2015—2020年）实施方案》《安徽省人民政府关于进一步规范政府系统重大事项决策行为的意见》（皖政〔2014〕72号），制定本办法。

第二条　本办法适用于省人民政府拟作出的重大决策的风险评估。法律、法规、规章对重大决策风险评估另有规定的，从其规定。

第三条　本办法所称重大决策风险评估，是指省人民政府重大决策作出前，运用科学、系统、规范的评估方法，对可能给社会稳定和生态环境造成不利影响的、需要进行风险评估的重大决策进行科学预测、综合研判、确定等级，提出风险防控措施，形成风险评估报告的活动。

第四条　提请省人民政府决策的下列重大事项，应当进行风险评估：

（一）编制由省人民政府批准或以省人民政府名义报国家批准的重要规划，制定设区的市、县（市、区）行政区划调整方案；

（二）制定出台重大产业政策、调整公共产品和公共服务定价标准等；

（三）制定事关公共利益或者社会公众切身利益的重大公共政策和重要改革方案；

（四）制定开发利用、保护重要自然资源的重大公共政策和措施；

（五）决定在本省区域内实施的重大建设项目；

（六）其他需要进行风险评估的重大决策事项。

第五条　重大决策风险评估由提请省人民政府决策的单位或省人民政府指定的单位（以下简称重大决策承办单位）组织实施。两个以上单位共同承办的，由牵头单位具体负责，其他单位做好配合工作。

第六条　重大决策承办单位负责实施风险评估，根据需要可以委托有能力的第三方专业机构提供风险评估专业服务，提出风险评估意见。

第七条　重大决策承办单位自行实施风险评估的，应当根据需要邀请人大代表、政协委员、政府法律顾问、专家学者、利益相关方和相关部门、社会组织、专业机构参加。

重大决策承办单位委托第三方专业机构提供风险评估专业服务的，应当采取政府购买服务方式确定评估机构，提供相应的评估工作保障。

重大决策承办单位对风险评估的结果负责。第三方专业机构对提交承办单位的风险评估意见负责。

第八条　重大决策风险评估应当重点就决策事项可能给社会稳定、生态环境等方面造成的风险以及风险的可控性进行评估。

第九条 重大决策风险评估应当在决策承办单位拟定决策方案阶段实施。

第十条 重大决策风险评估应当按照下列程序进行：

（一）制定风险评估工作方案，明确评估目的、标准、步骤、方法、时限；

（二）开展调查研究，采取抽样调查、实地走访、会商分析、舆情跟踪等方式，广泛听取相关部门和社会公众、利益相关方、专家学者等各方意见；

（三）排查重大决策的风险点和风险源；

（四）分析研判重大决策风险等级；

（五）研究重大决策风险防控措施；

（六）形成重大决策风险评估报告。

委托第三方专业机构提供风险评估专业服务的，重大决策承办单位应当对第三方专业机构提出的风险评估意见进行研究论证，形成重大决策风险评估报告。

第十一条 重大决策相关单位应当配合决策承办单位开展风险评估工作，提供重大决策风险评估相关书面资料，如实说明重大决策实施可能出现的风险，并提出相关建议。

第十二条 重大决策风险评估报告应当由重大决策承办单位集体研究审定，审议情况应当如实记录并整理归档。

第十三条 重大决策风险评估报告应当包括以下内容：

（一）重大决策事项的基本情况；

（二）重大决策风险评估的主体、方式和过程；

（三）社会各方面对重大决策的反映和对决策风险的分析意见；

（四）重大决策的风险点、风险源；

（五）重大决策风险等级；

（六）重大决策风险对决策作出和实施的影响；

（七）重大决策风险防控建议。

第十四条 根据风险评估报告，重大决策风险可以防控的，重大决策承办单位应当制定风险防控预案。

重大决策风险难以防控的，重大决策承办单位应当对重大决策方案进行调整。调整后的决策方案，经评估确定风险可以防控的，依照前款规定制定风险防控预案。

第十五条 重大决策承办单位在向省人民政府报送决策方案时，应当一并报送风险评估报告和风险防控预案。

重大决策承办单位在向省人民政府汇报重大决策方案时，应当就风险评估情况、风险评估结论和风险防控措施作出说明。

第十六条 省人民政府对决策事项及其风险程度和可控程度进行综合研判后，可以作出同意决策方案、调整决策方案或者不同意决策方案的决定。

第十七条 重大决策承办单位，在组织实施重大决策风险评估中玩忽职守、弄虚作假或者隐瞒真实情况，导致重大决策失误，造成重大损失或者严重不良影响的，依照有关规定追究其主要负责人、分管负责人和其他直接责任人员的责任。

受委托的第三方专业机构违背事实提出风险评估意见，造成严重后果的，应当依照委托协议承担相应责任，并由重大决策承办单位提请有关部门将其行为纳入不良信用记录。

第十八条　市、县（区）人民政府和省人民政府各部门、各直属机构重大决策风险评估，参照本办法执行。

第十九条　本办法自印发之日（2017 年 10 月 9 日）起施行。

安徽省政府立法后评估办法

第一条　为了规范政府立法后评估工作，提高政府立法质量，增强制度建设的公信力和执行力，根据国务院《关于加强法治政府建设的意见》，结合本省实际，制定本办法。

第二条　本办法所称政府立法后评估（以下简称立法后评估），是指政府规章、规范性文件实施后，制定机关、实施机关依照本办法规定，对政府规章或者规范性文件的政策措施、执行情况、实施效果、存在问题及其影响因素进行客观调查和综合评价，提出完善制度、改进管理的意见的活动。

第三条　立法后评估工作应当遵循客观公正、公众参与、科学民主的原则。

第四条　制定机关和实施机关（以下统称评估机关）负责立法后评估工作。

评估机关的法制工作机构具体负责立法后评估的组织、协调和实施工作。

第五条　评估机关可以将立法后评估工作的全部或者部分事项委托有关高等院校、科研机构、社会团体、中介组织等单位实施。

受委托从事立法后评估工作的单位在委托的范围内，以评估机关名义开展立法后评估的有关工作，不得将评估工作再委托其他单位或者个人。

第六条　政府规章、规范性文件实施 1 年后，评估机关可以根据需要组织开展立法后评估工作。

第七条　政府规章、规范性文件有下列情形之一的，评估机关应当组织开展立法后评估：

（一）政府规章拟上升为地方性法规的；

（二）规范性文件拟上升为政府规章的；

（三）公民、法人和其他组织提出较多意见的。

第八条　立法后评估的内容包括：

（一）合法性。政府规章、规范性文件的依据是否修改，与上位法的规定是否抵触；

（二）合理性。政府规章、规范性文件规定的制度、措施和手段是否适当、必要，是否符合权利与义务、权力与责任相统一的原则，设定的法律责任是否与违法行为的事实、性质、情节以及危害程度相当；

（三）协调性。与其他政府规章、规范性文件是否存在冲突；

（四）操作性。执法主体是否明确，措施、手段和法律责任是否明确、具体、可行，程序是否正当、高效、便民，实施机制是否完备；

（五）实效性。是否能够解决实际问题，实施后对政治、经济、社会、文化、生态环境等方面的影响，公众的反映，实施成本与产生的经济、社会效益情况；

（六）规范性。概念界定是否明确，语言表述是否准确、规范、简明，逻辑结构是否严密。

第九条 对政府规章、规范性文件的评估，可以进行全面评估，也可以对其中一项或者部分制度进行评估。

第十条 立法后评估工作按照下列程序进行：

（一）成立评估工作组。评估工作组由法制工作人员和相关部门的工作人员组成，也可以邀请公众代表、人大代表、政协委员、专家学者、法律工作者等参加。

（二）制定评估方案。评估方案主要包括评估目的、评估内容和标准、评估方法、评估步骤和时间安排、经费和组织保障等。评估方案报评估机关同意后实施。

（三）开展调查研究。通过实地考察、专题调研、座谈会、问卷调查、专家论证等方法，收集实施机关、行政管理相对人、专家和公众的意见和建议。

（四）进行分析评价。对收集到的材料进行分析研究，对照评估内容和标准进行分析评价，提出初步评估结论。

（五）形成评估报告。对初步评估结论进行进一步研究和论证，提出政府规章、规范性文件继续施行或者修改、废止、解释、制定配套制度、改进管理等方面的评估意见，形成正式的评估报告。

第十一条 立法后评估报告应当包括下列内容：

（一）评估工作的基本情况；

（二）实施绩效、制度设计等评估内容分析；

（三）评估结论及建议；

（四）其他需要说明的问题。

第十二条 立法后评估报告建议修改或者废止的政府规章或者规范性文件，有关行政机关应当研究，确定是否对政府规章或者规范性文件进行修改或者废止。

有关行政机关根据立法后评估报告修改或者废止政府规章、规范性文件，原则上应当采纳评估报告提出的建议，未采纳的应当在起草说明中说明理由。

第十三条 立法后评估报告建议完善有关配套制度的，有关行政机关应当在法定权限内及时办理。

第十四条 立法后评估报告提出改进行政执法建议的，有关行政机关应当及时采取措施予以落实。

第十五条 评估机关对地方性法规执行情况的评估，参照本办法执行。

第十六条 本办法自 2012 年 1 月 1 日起施行。

江西省地方性法规和省政府规章草案第三方评估办法

赣府法办字〔2015〕41号

第一条 为全面贯彻落实党的十八届四中全会和省委十三届十次全会精神，加快推进法治政府建设，促进政府立法工作科学化、民主化，拓宽公民有序参与立法途径，提高制度建设质量，根据有关法律、法规，结合我省实际，制定本办法。

第二条 本办法所称地方性法规和省政府规章草案第三方评估（以下简称"第三方评估"）是指拟制定的地方性法规和省政府规章草案（以下简称"草案"）在提请省政府常务会议审议之前，根据其立法目的，结合经济社会发展要求，按照一定的标准和程序，由草案起草部门委托第三方对草案的立法质量、存在问题及其影响因素等进行研究、分析和评价，并提出评估报告的制度。

第三条 省政府法制办负责组织对草案开展第三方评估，草案起草部门对其负责起草的草案开展第三方评估。其他行政机关和有关单位应当按照各自职责，配合做好第三方评估工作。

第四条 第三方评估应当遵循合法、合理、公正、公开的原则。

第五条 草案有下列情形之一的，应当进行第三方评估：

（一）涉及社会普遍关注、部门间争议较大的重要立法事项的；

（二）专业性、技术性强的；

（三）省政府法制办或者草案起草部门认为有必要进行第三方评估的。

第六条 草案起草部门可以将草案委托给第三方专业性机构或者个人（以下简称"第三方"）就草案中的法律或者专业方面的内容进行评估，并可以同时委托多个第三方进行评估。委托评估部门应当与受委托的第三方签定委托协议，提出具体的委托要求。

受委托的第三方专业性机构应当具备下列条件：

（一）具有熟悉行政立法、行政事务（或者具备相关专业知识和技能），并掌握评估方法技术的人员；

（二）相关人员参与评估的时间能够得到保障；

（三）内部管理规范，社会信誉良好；

（四）具备开展评估工作必须的其他条件。

受委托的个人应当具备法律或者相关专业的知识和技能，能够独立开展评估工作并保证评估工作时间。

受委托的第三方不得将评估工作转委托其他单位或者个人。

第七条 第三方评估可以根据草案的具体情况，对其全部内容进行整体评估，或者对其主要内容进行部分评估。

第三方应当重点对草案中设定的机构职责、行政权力、公民权利和义务、法律责任等事项进行评估。

第八条 第三方评估主要依据以下标准进行：

（一）合法性标准，即草案是否与法律、法规及其他上位法保持一致；

（二）合理性标准，即草案是否符合公平、公正原则，是否必要、适当，设定职权与责任是否相统一；

（三）科学性标准，即草案是否具有适当前瞻性，是否体现规律要求，是否适应时代需要，是否符合人民意愿，是否解决实际问题；

（四）协调性标准，即草案的各项制度之间是否协调一致，与同位阶立法之间是否存在冲突；

（五）规范性标准，即草案立法技术是否规范，是否影响到规章的正确、有效实施；

（六）操作性标准，即草案的概念界定是否明确，各项制度及其程序是否具体可行；

（七）实效性标准，即草案出台后能否达到预期目的，取得预期效果，以及实施过程中的成本和效益分析。

第三方评估涉及的专业性、技术性事项有专门评估标准的，按照专门评估标准进行评估。

第九条 第三方评估包括准备阶段、实施阶段和评估报告形成阶段。

准备阶段，第三方应当按照委托协议的要求制订评估方案。

实施阶段，第三方应当按照评估方案收集与草案相关的信息资料，归纳基本情况，进行分析研究，并得出初步结论。

评估报告形成阶段，第三方应当对初步结论进行研究论证，形成正式评估报告。

第十条 第三方可以根据评估需要，采取召开座谈会、发放调查问卷、实地考察、专题调研、个案分析、相关立法比较分析、成本效益分析等方法进行评估。

第十一条 第三方评估报告应当包括以下内容：

（一）评估工作的基本情况；

（二）评估内容分析；

（三）评估结论及意见建议；

（四）其他需要说明的问题。

第十二条 第三方评估工作的方案、报告，除涉及国家秘密、商业秘密或者个人隐私外，应当向社会公开。

参加第三方评估工作的单位及个人，应当对评估工作中涉及的国家秘密、商业秘密和个人隐私予以保密。

第十三条 第三方评估报告应当作为草案修改完善的重要参考，委托评估部门应当向第三方反馈评估报告提出的意见建议的采纳情况。

省政府法制办在提请省政府常务会议审议或者讨论草案时，进行了第三方评估的应当提交评估报告。第三方评估报告应当与经审议通过的地方性法规或者省政府规章文本一并归档存查。

第十四条 本办法自 2015 年 8 月 1 日起施行。

河南省政府规章立法后评估办法

第一条 为规范我省政府规章立法后评估工作，提高政府立法质量，促进经济社会发展，根据国务院《法治政府建设实施纲要（2015—2020 年）》和有关法律、法规和规章规定，结合本省实际，制定本办法。

第二条 省政府规章和设区的市政府规章的立法后评估，适用本办法。

本办法所称政府规章立法后评估，是指政府规章施行一定时间后，根据其立法目的，对政府规章的立法质量、实施效果等进行调查、分析、评价，提出继续执行、修改或者废止等意见的活动。

第三条 政府规章立法后评估由负责政府规章执行的部门实施。

事关经济社会发展大局、涉及人民群众重大利益以及规范政府共同行为的政府规章的立法后评估，由同级政府法制机构实施。

其他行政机关和有关单位应当按照各自职责，配合做好政府规章的立法后评估工作。

第四条 政府规章立法后评估可以根据政府规章的具体情况，对全部内容进行整体评估，或者对主要内容进行部分评估。

政府规章立法后评估的重点是政府规章涉及的机构职责、行政许可、行政处罚、行政强制、行政征收、行政征用、行政救助、行政给付、行政确认等事项。

第五条 实施政府规章立法后评估的机关根据需要可以委托高等院校、社会评估机构、行业协会及其他有关单位进行立法后评估。

第六条 政府规章立法后评估依据以下标准进行：

（一）是否与上位法保持一致；

（二）是否符合公平、公正原则，是否必要、适当，设定职权与责任是否相统一、权利与义务是否一致；

（三）是否具有适当前瞻性，是否体现规律要求、符合人民意愿、解决实际问题；

（四）各项制度之间是否协调一致，与同位阶规章之间是否存在冲突；

（五）立法技术是否规范，概念界定是否明确，各项制度及其程序是否具体可行；

（六）立法拟解决的重点问题是否得到有效解决，确立的制度是否得到普遍遵守和执行。

第七条 政府规章立法后评估按照下列程序进行：

（一）成立评估小组，制订评估方案；

（二）收集信息资料，归纳基本情况；

（三）研究分析资料，得出初步结论；

（四）组织专家论证，形成评估报告。

政府规章立法后评估应当自评估小组成立后 6 个月内完成，内容复杂、争议较大的可以延长 3 个月。

第八条 评估报告应当包括以下内容：

（一）评估工作的基本情况；

（二）评估内容分析；

（三）评估结论和建议；

（四）其他需要说明的问题。

第九条 实施政府规章立法后评估机关应当在其门户网站登载规章全文和评估相关事项等信息，听取公众意见。

实施政府规章立法后评估机关应当认真研究、充分吸收公民、法人和其他组织对规章实施情况提出的意见和建议。对重要意见和建议不予采纳的，应当在评估报告中予以说明。

第十条 评估报告由同级政府法制机构具体负责审核。

第十一条 评估报告除涉及国家秘密、商业秘密和个人隐私的内容外，应当依法公开。

第十二条 经审核的评估报告应当作为编制立法工作计划和修改、废止规章的重要依据。

政府法制机构根据评估报告向同级政府提出继续执行、修改或者废止规章等意见和建议。

河南省市场监督管理局重大事项社会稳定风险评估制度

第一章 总则

第一条 为防范决策风险，减少决策失误，切实从源头上预防、减少和消除影响社会稳定的隐患，保证市场监管重大事项的顺利实施，促进社会和谐稳定，结合我局工作实际，制定本制度。

第二条 本制度所称重大事项是指省市场监督管理局在职能管辖和地域管辖范围内作出的，涉及人民群众和企业利益的重大决策、重要政策、重大项目、重大改革措施、与社会公共秩序和市场经济秩序相关的重大执法活动等。

第三条 社会稳定风险评估是指重大事项在制定出台、组织实施或审批审核前，运用一定的科学方法对有可能影响社会稳定的隐患和风险进行先期预测、先期研判，采取有效措施控制和化解风险，确保决策不违背民意、不制造矛盾、不引发影响社会稳定的问题。

第四条 凡涉及市场监督管理工作的重大事项，在决策出台之前都应先进行社会稳定风险评估。

第五条 评估工作应坚持以人为本、科学评估、立足职责、预防为主、重在化解的原则。

第六条 省局成立由局主要领导任组长、其他局领导任副组长、机关各处室和直属单位负责人任成员的重大事项社会稳定风险评估工作领导小组，负责省局风险评估工作的组织、指导、协调和监督。

第二章 范围和内容

第七条 主要评估以下重大事项可能引发的社会稳定风险：

（一）涉及相对人重大利益的抽象行政指导项目或涉及相对人人数较多的重大具体行政指导项目；

（二）涉及相对人重大利益的有关调整行政审批事项及流程的重大决定；

（三）涉及相对人切身利益、有可能产生重大负面影响的有关市场监管和消费维权方面的重大改革或重大执法办案活动；

（四）涉及处理信访突出问题及群体性事件方面的重大事项，包括舆情处置、政策贯彻调整等；

（五）涉及机构和人事管理方面的重大事项，包括机构改革、组织人事工作、劳动工资待遇等；

（六）其他可能引发社会稳定风险的重大事项。

第八条 对需要进行社会稳定风险评估的重大事项，重点从以下几个方面进行评估：

（一）合法性。是否符合国家法律、行政法规、部门规章、地方性法规和规章；是否符合党的政策；是否符合中央和省制定的规范性文件；政策调整、利益调节的法律、政策依据是否充分；是否符合法定程序。

（二）合理性。是否符合习近平新时代中国特色社会主义思想的要求；是否反映绝大多数群众的意愿；是否兼顾群众的现实利益和长远利益；是否兼顾各方面利益群众的不同诉求；是否遵循公开、公平、公正原则。

（三）可行性。是否征求了群众和企业的意见；是否符合本地经济社会发展总体水平；能否为绝大多数群众接受和支持；是否具有稳定性、连续性和严密性；出台的时机是否成熟；实施方案是否周密、完善、具体和可操作。

（四）可控性。是否存在可能引发大规模集体上访和群体性事件的苗头性、倾向性问题；是否存在影响稳定的其他隐患；是否有相应的预测预警措施和应急处置预案；是否有化解矛盾的对策措施；是否在可控范围之内。

（五）评估其他可能影响社会稳定的相关因素。

第三章 评估责任主体

第九条 按照"谁主管、谁负责"和"属地管理、分级负责"的原则，确定重大事项社会稳定风险评估责任主体。

第十条 重大事项决策的提出、政策的起草、项目的申报、改革的牵头、活动的组织、工作的实施等处室或部门是负责组织实施社会稳定风险评估的责任主体。一个事项涉及多个处室或部门的，牵头处室或部门为评估责任主体。

第四章 评估程序

第十一条 重大事项社会稳定风险评估按与人民群众的切身利益关联的密切程度和社会稳定的风险程度分为一般评估和重点评估。

（一）一般评估适用于评估责任主体认为涉及面较小或社会稳定风险较低，不会引发群众集体上访或群体性事件发生的重大事项。

（二）重点评估适用于评估责任主体认为社会稳定风险较大，有可能引发群众大规模集体上访或群体性事件的重大事项。

第十二条 一般评估由评估责任主体落实专人对重大事项的维稳、信访进行先期预测评估，通过收集资料、摸清情况，分析隐患、畅通信息，落实维稳、信访责任，确保各类风险早预防、早化解，并形成《社会稳定风险评估报告》。

第十三条 重点评估应遵循以下程序：

（一）确定评估事项，制定评估方案。经确定列入社会稳定风险重点评估的重大事项，评估责任主体要及时牵头成立由一名局领导任组长的评估工作小组，制订评估工作方案，明确责任领导、组织形式、时间安排及具体要求，做好各项准备工作。

（二）广泛研究论证，预测预判风险。评估工作小组要根据实际情况，采取专家咨询、专题座谈、抽样调查、实地勘查、公示公告、听证会等形式，广泛征求维稳、信访等相关部门意见，充分听取基层意见和相关利益群体的利益诉求，并对意见、建议进行归纳、整理，力求准确判定可能存在的风险。

（三）科学评估分析，形成评估报告。评估工作小组结合收集掌握的情况，对评估事项实施的前提、时机、可能引发的社会问题、配套解决措施等进行预测分析和论证研究，特别要对拟实施事项可能引发的矛盾冲突以及所涉及的人员数量、范围和激烈程度作出评估预测，并制定相应的防范和应对处置预案，形成《社会稳定风险评估报告》，作出总体评估结论。

（四）审查评估报告，作出评估意见。评估工作小组应在评估结束后将《社会稳定风险评估报告》报局风险评估工作领导小组，由组长或副组长组织召开评估事项风险审核会议，进行综合分析，提出审核意见，决定重大事项实施、部分实施、暂缓实施、不实施。

（五）坚持全程跟进，实行动态评估。重大事项经分析评估付诸实施后，评估责任主体要坚持对评估事项的全程跟踪，不断听取社会公众评价意见，进行动态的检查和评价，及时发现新的社会稳定风险隐患，调整对策措施，预防和化解新矛盾、新问题，确保评估事项顺利推进。

第五章　责任追究

第十四条　对应评估而未评估，或在评估工作中搞形式主义、弄虚作假，造成评估失实，或防范化解工作不落实、不到位，以致引发规模性集体上访或群体性事件，给社会稳定造成严重影响的，对评估相关责任人员实施责任追究。

第六章　附则

第十五条　各省辖市、济源示范区、各省直管县（市）市场监督管理局按照本制度要求，结合各自实际，制定各单位重大事项社会稳定风险评估工作实施方案。

第十六条　本制度自印发之日（2020年1月14日）起施行。

湖南省人民政府重大决策实施效果评估办法

第一条 为加强对省人民政府重大决策执行情况的跟踪调查与督促检查，及时调整和完善有关决策，进一步提高决策的科学性和政府的公信力，促进政府管理方式创新，根据国务院《关于加强法治政府建设的意见》（国发〔2010〕33号）、《湖南省行政程序规定》等规定，制定本办法。

第二条 本办法所称重大决策实施效果评估，是指省人民政府重大决策实施后，评估机构运用科学、系统、规范的评估方法，对重大决策执行过程和实施绩效、存在问题及其影响因素等进行综合评估，并向省人民政府提交决策实施效果评估报告的活动。

第三条 省政府发展研究中心负责省人民政府重大决策实施效果评估工作。

第四条 重大决策实施效果评估工作应当遵循客观公正、科学规范、公众参与、注重实效的原则。

第五条 省人民政府下列重大决策可以列入实施效果评估范围：

（一）全省经济和社会发展重大政策措施，全省国民经济和社会发展规划、年度计划；

（二）各类总体规划、重要的区域规划和省政府确定的重点专项规划；

（三）重大投资项目；

（四）资源开发利用、环境治理与生态保护、劳动就业、社会保障、人口发展、科技文化、教育、医疗卫生、食品药品、交通管理、安全稳定等方面的重大措施；

（五）行政管理体制改革的重大措施；

（六）省人民政府决策的其他重大事项。

第六条 省人民政府重大决策实施效果评估，一般应在决策实施满1年后进行，并根据重大决策实施情况按要求开展效果评估工作。重大决策实施时间跨度较长的，可以分阶段进行评估。

第七条 省人民政府重大决策实施效果评估工作按照下列程序进行：

（一）确定评估项目。年初，省政府发展研究中心根据省《政府工作报告》制订当年评估计划，根据省政府常务会、专题会研究意见以及省政府的安排，开展重大决策实施效果评估工作；

（二）成立评估工作小组。省政府发展研究中心成立评估工作小组，安排专人承担评估工作，参与评估的人员应当具备较高的政治素质和专业能力；根据工作需要，可以联合相关部门或地区开展评估，或者邀请党代表、人大代表、政协委员、民主党派人士以及专家学者、社会公众参与评估工作；

（三）制定评估工作方案。明确评估目的、评估对象与内容、评估标准、评估步骤与方法等；

（四）开展调查研究。制定调查提纲，设计调查问卷，广泛收集重大决策相关信息，以及实施机关、利益相关人和社会公众的意见和建议；

（五）形成评估报告。对收集的有关资料进行综合分析研究，并形成评估报告；

（六）评估报告报省人民政府。

第八条 省人民政府重大决策实施效果评估工作应当主要围绕以下内容开展：

（一）决策的规范性、协调性、可操作性，知晓度、满意度等方面的评估；

（二）决策出台后是否得到全面、准确的实施，各地各部门是否结合本地本部门实际实施决策的情况；

（三）决策所取得的经济效益、社会效益、生态效益，以及是否达到决策制定的目的；

（四）决策实施过程中存在的主要问题和产生问题的主要原因，重点是对经济、社会、生态环境、稳定等方面的评估；

（五）决策出台后相关法律、法规、政策的变动情况及对决策实施的影响；

（六）决策继续实施的潜在影响；

（七）社会公众评价与反映。

第九条 重大决策实施效果评估工作可以采用数据采集、抽样调查、实地调研、专家论证等方法收集整理决策实施效果信息，运用定性分析与定量分析相结合、案例分析与理论归纳相结合以及大数据等方法对决策实施效果进行综合分析。

第十条 省人民政府重大决策实施效果评估报告应包括下列内容：

（一）评估工作的基本情况；

（二）本办法第八条规定的评估内容；

（三）评估结论；

（四）政策建议；

（五）其他需要说明的问题。

第十一条 省政府门户网站开设"重大决策实施效果评估"专栏，除涉密评估事项外，公开评估计划、评估项目、评估方案等信息，开展网络调查，征询社会公众的意见。

第十二条 有关行政机关和组织应当配合评估机构开展评估工作，向评估机构提供相关书面资料，如实说明重大决策实施有关情况、实施过程中存在的问题，并提出相关建议。

第十三条 根据评估项目数量安排工作经费，保证评估工作顺利开展。评估经费开支坚持"专款专用、规范合理、节俭高效"原则。

第十四条 评估机构及其工作人员应当对评估工作中涉及的国家秘密、商业秘密和个人隐私予以保密。

第十五条 省人民政府加大对评估结果的运用，对提交的评估报告应当及时研究处理，评估报告应当作为重大决策继续执行、停止执行、暂缓执行、修改决策方案、完善配套措施和改进贯彻执行方式的重要依据。

第十六条　省人民政府决定采纳评估报告提出的停止执行、暂缓执行建议的，相关实施机关必须立即履行法定程序，停止执行或暂缓执行，并处理好相关善后事宜。需要对外公布的按规定程序对外公布。

第十七条　省人民政府决定采纳评估报告提出的修改决策方案、完善配套措施建议的，相关行政机关应在法定权限内及时制订决策修改方案草案、相关配套措施草案，按照法定程序提交省政府审定。

第十八条　省人民政府决定采纳评估报告提出改进贯彻执行方式建议的，相关实施机关应当及时研究，改进工作方式，保障决策落实。

第十九条　省政府督查室对省人民政府决定采纳评估报告建议落实情况开展专项督察。重大决策实施效果评估过程中发现，并经监察部门确认，在重大决策实施过程中有行政过错情形的，应当依照规定追究相关责任人员的行政责任。

第二十条　本办法自公布之日（2017年8月16日）起施行。

广东省政府规章立法后评估规定

第一章 总则

第一条 为评估本省政府规章的实施效果，规范政府规章立法后评估工作，提高制度建设质量，根据有关法律、法规和国务院《全面推进依法行政实施纲要》，结合本省实际，制定本规定。

第二条 本规定所称政府规章立法后评估（以下简称立法后评估）是指政府规章实施后，根据其立法目的，结合经济社会发展要求，按照一定的标准和程序，对政府规章的立法质量、实施绩效、存在问题及其影响因素等进行跟踪调查和分析评价，并提出评估意见的制度。

本规定所称政府规章，包括省人民政府制定的规章以及地级以上市人民政府制定的规章。

第三条 政府规章的制定机关应当加强对立法后评估工作的领导和监督，并提供必要的人员、经费等保障。

第四条 省人民政府法制机构、地级以上市人民政府法制机构和省人民政府行政主管部门、地级以上市人民政府行政主管部门是政府规章的评估机关。

省人民政府法制机构、地级以上市人民政府法制机构负责立法后评估的组织、指导和协调工作，并对重要的、直接涉及公民、法人或者其他组织切身利益的政府规章进行立法后评估。

省人民政府行政主管部门、地级以上市人民政府行政主管部门对其负责组织实施的政府规章进行立法后评估。

第五条 其他行政机关和有关单位应当按照各自职责，配合做好立法后评估工作。

第六条 评估机关可以根据需要，将立法后评估的部分事项或者全部事项委托高等院校、科研机构、社会团体（以下统称受委托评估单位）进行。

第七条 立法后评估应当遵循合法、公正、公开、公众参与的原则，建立科学、规范的评估标准。

第二章 工作与要求

第八条 与政府规章实施有关的行政机关应当按照评估机关的要求，提供与政府规章实施情况有关的材料和数据，协助做好立法后评估工作。

第九条 评估机关应当指导、监督受委托评估单位开展立法后评估工作。受委托评估单位在委托范围内，以评估机关名义开展评估，不得将评估工作转委托其他单位或者个人。

受委托单位应当具备下列条件：

（一）具有熟悉行政立法、行政事务和掌握评估方法技术的人员；

（二）相关人员参与评估的时间能够得到保障；

（三）具备开展评估工作的必要设备、设施。

第十条　开展立法后评估工作应当全面调查了解政府规章的实施情况，听取公民、法人和其他组织的意见，运用科学的方法和技术手段收集、分析和评估相关资料，客观全面地作出评估。

评估机关、受委托评估单位不得预设评估结论，不得按照评估机关和工作人员的偏好取舍信息资料。

第十一条　立法后评估工作的方案、程序和报告，除涉及国家秘密、商业秘密或者个人隐私外，应当向社会公开。

评估机关应当在其门户网站上设立政府规章立法后评估专栏，登载被评估规章全文和评估情况等信息，并开设公众意见反馈专栏，方便公众发表意见。

第十二条　参加评估工作的单位及其工作人员，应当对评估工作中涉及的国家秘密、商业秘密和个人隐私予以保密。

第十三条　开展立法后评估工作应当依法保障公民、法人和其他组织参与立法后评估的权利。

公民、法人和其他组织可以通过信函、电报、传真和电子邮件、网上提意见等方式，向评估机关提出意见和建议。

第十四条　有关行政机关应当通过各种途径和方式收集有关政府立法和行政执法的信息资料，及时进行分类整理，逐步建立健全评估信息收集系统，为开展立法后评估工作积累资料。

第三章　范围与标准

第十五条　政府规章立法后评估应当制定年度计划。评估计划由政府法制机构会同有关部门提出，报同级人民政府批准后实施。

第十六条　立法后评估主要对直接关系人民群众切身利益、对经济社会发展有较大影响的政府规章进行评估。

政府规章实施满 3 年，有下列情形之一的，应当进行立法后评估：

（一）拟上升为地方性法规的；

（二）公民、法人或者其他组织对政府规章提出较多意见的；

（三）同级政府法制机构认为有必要进行立法后评估的。

根据上位法需要进行修改或者有紧急情况需要进行修改的政府规章，可以不进行立法后评估。

第十七条　立法后评估可以根据政府规章的具体情况，对其全部内容进行整体评估，或者对其主要内容进行部分评估。

评估机关应当重点对政府规章有关机构职责、行政许可、行政处罚、行政强制、行政征收、行政征用、行政救助、行政给付、行政裁决、行政赔偿、行政补偿等事项进行评估。

第十八条 立法后评估主要依据以下标准进行：

（一）合法性标准，即各项规定是否与法律、法规以及国家有关政策的规定相一致。

（二）合理性标准，即公平、公正原则是否得到体现；各项管理措施是否必要、适当，是否采用对行政相对人权益损害最小的方式实现立法目的；法律责任是否与违法行为的事实、性质、情节以及社会危害程度相当。

（三）协调性标准，即政府规章与同位阶的立法是否存在冲突，规定的制度是否互相衔接，要求建立的配套制度是否完备。

（四）可操作性标准，即规定的制度是否有针对性地解决行政管理中存在的问题；规定的措施是否高效、便民；规定的程序是否正当、简便，易于操作。

（五）规范性标准，即立法技术是否规范，逻辑结构是否严密，表述是否准确，是否影响到政府规章的正确、有效实施。

（六）实效性标准，即政府规章是否得到普遍遵守和执行，是否实现预期的立法目的。

第十九条 政府规章的实施绩效评估主要包括以下内容：

（一）实施的基本情况；

（二）实施的社会效益或者经济效益分析；

（三）规定的执法体制、机制适应经济社会发展的情况。

第四章 方法与程序

第二十条 立法后评估可以采用文献研究、抽样调查、网络调查、问卷调查、实地调研、召开座谈会或者论证会、专家咨询、案卷评查、相关立法比较分析等多种方法进行。

第二十一条 立法后评估工作包括评估准备阶段、评估实施阶段和评估结论形成阶段。

第二十二条 立法后评估工作的准备阶段主要开展以下工作：

（一）成立评估小组。评估小组由评估机关的相关人员组成，可以邀请人大代表、政协委员、有关法律专家、行业管理专家参加。

（二）制订评估方案。评估方案主要包括评估目的、评估对象与内容、评估标准与方法、评估步骤与时间安排、经费预算、组织保障等。

（三）制订调查提纲、设计调查问卷。

（四）其他评估准备工作。

受委托评估单位开展立法后评估工作，其成立的评估小组和制订的评估方案应当经委托机关审核同意。

第二十三条　立法后评估工作的实施阶段主要开展以下工作：

（一）通过各种形式收集政府规章实施前后的信息，归纳基本情况；

（二）对收集的信息资料进行分析，并得出初步结论。

第二十四条　立法后评估工作的结论形成阶段主要开展以下工作：

（一）评估小组对初步结论进行研究论证；

（二）起草评估报告；

（三）组织有关专家对评估报告进行论证；

（四）正式形成评估报告。

第二十五条　立法后评估报告应当包括以下内容：

（一）评估工作的基本情况；

（二）实施绩效、制度设计等评估内容分析；

（三）评估结论及建议；

（四）其他需要说明的问题。

第二十六条　评估机关根据立法后评估工作实际需要，可以采取简易程序进行评估。

第二十七条　采取简易程序的，可以通过召开座谈会、网上问卷调查或者征求意见、文献检索等方法收集、分析信息资料，组织专家分析数据或者召开论证会等方式进行评估，最终形成评估报告。

第二十八条　省人民政府法制机构、地级以上市人民政府法制机构的立法后评估报告，应当报制定机关批准。

省人民政府行政主管部门、地级以上市人民政府行政主管部门及受委托评估单位所作的立法后评估报告经同级人民政府法制机构审查后，报制定机关批准。

制定机关应当以适当形式将评估报告向社会公开。

第二十九条　立法后评估工作应当在 6 个月内完成，采取简易程序的应当在 3 个月内完成。

第五章　结果与应用

第三十条　立法后评估报告应当作为修改或者废止政府规章、完善配套制度和改进行政执法工作的重要依据。

第三十一条　立法后评估报告建议政府规章进行修改的，有关行政机关应当按照立法程序组织对政府规章进行修改。

有关行政机关根据立法后评估报告修改政府规章，原则上应当采纳评估报告提出的建议，未采纳的应当在起草说明中说明理由。

第三十二条　省人民政府法制机构、地级以上市人民政府法制机构的立法后评估报告建议废止政府规章的，省人民政府法制机构、地级以上市人民政府法制机构应当按照法定程序提请制定机关废止政府规章。

省人民政府行政主管部门、地级以上市人民政府行政主管部门的立法后评估报告建议废止政府规章的，省人民政府行政主管部门、地级以上市人民政府行政主管部门应当按照法定程序提请制定机关废止政府规章。

第三十三条 立法后评估报告建议完善有关配套制度的，有关行政机关应当在法定权限内及时办理。

第三十四条 立法后评估报告提出改进行政执法建议的，有关行政机关应当及时采取措施予以落实。

第六章 法律责任

第三十五条 违反本规定第八条规定，与政府规章实施有关的行政机关不按照要求提供与政府规章实施情况有关的材料和数据的，由政府规章的制定机关责令改正；情节严重的，依照《行政机关公务员处分条例》及其他相关法律、法规给予处分。

第三十六条 违反本规定第十二条规定，参加评估工作的单位及其工作人员，泄露国家秘密、商业秘密或者个人隐私的，依照有关保密法律、法规给予处分或者处罚；造成损失的，应当依法赔偿损失。

第三十七条 行政机关违反本规定第三十一条、第三十二条规定，没有按照立法程序组织对政府规章进行修改或者废止的，由同级人民政府法制机构责令改正。

第三十八条 行政机关违反本规定第三十三条、第三十四条规定，没有在法定权限内及时完善有关配套制度的，或者及时采取措施改进行政执法工作的，由同级人民政府法制机构责令改正。

第七章 附则

第三十九条 广东省行政机关规范性文件的后评估工作参照本规定执行。

第四十条 本规定自 2009 年 3 月 1 日起施行。

贵州省人民政府《加强科学民主决策的意见》

为进一步规范省人民政府重大决策行为，提高决策水平和效率，根据《贵州省人民政府工作规则》、《贵州省人民政府重大决策程序规定》，提出如下意见。

一、加强科学决策

（一）强化重大决策研究。决策前必须进行深度研究，全面准确掌握信息，对决策事项的现状、必要性、可行性和要解决的主要问题等进行分析，做到信息不全面不决策、不准确不决策；重大观点不一致、重要数据不一致、主要建议措施不一致的原则上不上省政府相关会议，经多次协调仍不能统一意见又确有必要上会的，应同时报告不同意见情况。决策方案应具备前瞻性、战略性和可操作性，在特定情况下或决策重大事项时，应拟定多个比选方案，并作出优劣分析说明。

（二）强化重大决策咨询。重大决策应组织专家、委托专业机构或者责成相关职能部门等进行科学性论证。建立省政府重大决策咨询专家数据库，开展专家决策咨询作用综合测评，实行动态管理。建立重大决策风险评估机制，对可能引起公共安全的决策进行科学预测、综合研判，确定风险等级并制定相应的化解处置预案。

二、加强民主决策

（三）强化征求意见制度。省人民政府审议的重大决策事项，除特殊情况和涉密事项外，决策前应在省人民政府门户网站等平台上发布。可通过网络、基层群众座谈会、民主协商会、听证会以及书面征求意见、委托开展民意调查等方式，广泛听取意见和建议。涉及双方或多方主体重大权利义务调整的，应充分听取各方意见。涉及公共安全和重大民生问题的应向社会和利益关系人公开征求意见。决策承办机构适时对征求和采纳意见情况作出说明。

（四）强化重大决策公开。重大决策会议，可根据需要邀请省委、省人大常委会、省政协、省军区、省武警总队、各民主党派省委、人民团体等有关负责人和新闻媒体参加，邀请人大代表、政协委员、参事、咨询顾问、专家学者以及行业协会负责人、群众代表和利害关系人代表等旁听。涉及公共安全和重大民生的，可进行电视、广播直播。重大决策事项，除涉及国家秘密、商业秘密及个人隐私外，应及时通过省人民政府网站、省政府公报、省内主要报刊、广播电视媒体等进行公布。重大突发事件决策，可通过召开新闻发布会等方式及时公开。

三、加强依法决策

（五）强化合法性审查制度。重大决策应进行合法性审查，未经合法性审查或者审查未通过的，不得作出决策。省政府法制办负责对重大决策进行合法性审查，重点审查以下内容：1. 是否违反法律、法规、规章及有关规范性文件的规定；2. 是否超越制定机关的法定职权；3. 是否符合本规定设定的程序；4. 其他需要审查的合法性问题。决策承办机构应在重大决策合法性审查时提交如下材料：1. 重大决策草案及说明；

2. 相关法律、法规、规章、规范性文件依据；3. 征求意见的综合情况材料，专业论证、风险评估报告；4. 决策承办机构的法律意见书；5. 合法性审查所需其他材料。

（六）强化行政决策纠偏。建立重大决策纠错纠偏机制，严格决策程序和规定，对重大决策的立项、形成和执行等重要环节进行全程监督。对涉及全局性和群众切身利益的重大决策事项应细化、量化，有章可循。强化事中、事后绩效评估反馈，根据评估情况及时调整、纠正行政决策。对违反程序和规定决策、不按规定执行决策造成工作损失或严重社会影响的，严肃追究责任。

贵州省人民政府《加强重大决策后评估的意见》

为加强对省委、省人民政府重大决策部署实施情况的跟踪、调查及反馈，及时调整和完善有关决策，推动决策的科学化、民主化和规范化，根据《贵州省人民政府工作规则》、《贵州省人民政府重大决策程序规定》，提出如下意见。

一、后评估的重点

（一）围绕省委、省人民政府重大决策部署，重点对重大基础设施建设、重大产业发展、重大民生工程以及省人民政府行政效能建设情况进行后评估。

（二）后评估主要包括决策实施效果与制定目标的一致性、实施成本与效益分析、近期效果和长远影响、实施过程中存在的问题及主要原因等内容，突出经济效益、社会效益和生态效益等目标。

（三）在重大决策执行过程中，应跟踪决策实施情况，视实际需要分阶段开展后评估，动态掌握决策执行效果，及时调整完善。

二、后评估的主体

（四）后评估工作一般由省人民政府提出，指定牵头部门具体负责；牵头部门通过委托相关部门或机构独立开展评估工作，并履行指导、监督职责。有关政府机构、重大决策承办部门、专家学者、法人及其他组织可向省人民政府提出重大决策后评估建议。省人民政府审定后认为确有必要的，在 15 日内启动后评估机制；认为没有必要的，在 15 日内告知建议提出单位或个人。

（五）受委托评估部门或机构应具备开展后评估工作的必要设备、设施，参与评估人员应具备相应的法律、政策和掌握评估方法技术的专业素质。受委托部门或机构在委托范围内开展后评估，不得转包给其他单位或者个人。

三、后评估的开展

（六）坚持独立、公正、客观原则，以真实、准确为基本要求，运用文件资料审阅、实地调研、专家咨询、个别访谈、问卷调查、召开座谈会或者论证会等方法采集重大决策实施信息，定性、定量对决策实施效果进行综合分析，得出后评估结论。重点事项需建立评价指标体系，合理设定指标权重。

（七）后评估准备阶段需制定详细可行的实施方案、调查提纲；实施阶段需收集重大决策实施前后的相关信息并进行认真分析，必要情况下需做好典型案例剖析，涉及政府财政性投入的，应开展支出绩效评价；报告阶段需起草后评估报告草案，组织有关专家进行论证，最终形成综合评价报告。

（八）受委托部门或机构对后评估的内容严格保密，实施过程合理合法，不得干预和影响决策的正常实施。被评估单位不得干预评估工作。

四、后评估结果的运用

（九）后评估报告应对重大决策有总体评价，对决策效果作出定量和定性评价，提出重大决策实施过程中存在的问题和对策以及对重大决策延续、调整或终结的建议。后评估报告应作为修正、暂缓或者停止执行决策，完善制度和改进行政执法、行政管理以及政府编制和安排年度预算等重要依据。

（十）牵头部门应根据后评估报告，充分征求受评估单位和相关部门意见后，向省人民政府提出继续、停止、暂缓执行或修正决策的具体建议。省人民政府作出决定后，相关部门应立即执行。

五、后评估的责任追究

（十一）重大决策承办机构、后评估机构无正当理由不按时、按要求完成相关事项、提供相关意见的，应责令改正，造成不良后果的应通报批评。

（十二）受委托的专家、专业服务机构或组织无正当理由不按时尽职履行合同约定提出意见和建议的，应根据情节及时解除合同，并不再委托其开展评估；违反国家有关法律、法规造成严重后果的，应追究相应的法律责任。

贵州省政府立法第三方起草和评估办法

第一条 为规范政府立法第三方起草和评估工作，提高地方立法质量，保障地方性法规、政府规章全面正确实施，根据《中华人民共和国立法法》《规章制定程序条例》《贵州省地方立法条例》等法律、法规的规定，结合本省实际，制定本办法。

第二条 省、设区的市、自治州人民政府（以下简称"省、市（州）政府"）起草地方性法规草案和制定政府规章的活动中委托第三方起草、进行立项评估以及立法后评估，适用本办法。

第三条 本办法所称政府立法，是指省、市（州）政府组织起草地方性法规草案和制定政府规章的活动。

本办法所称评估，是指对地方性法规和政府规章进行立项评估和立法后评估。

立项评估是指省、市（州）政府在编制立法计划时，对申报单位要求列入立法计划的一类立法项目出台的必要性、可行性、出台后对本地区改革发展稳定可能产生的影响等进行预测和研判的活动。

立法后评估是指地方性法规和政府规章实施一段时间后，根据其立法目的，结合经济社会发展要求，按照一定的标准和程序，对地方性法规和政府规章的立法质量、实施效果等进行跟踪调查和综合研判，并提出意见的活动。

本办法所称第三方，是指教学科研单位、法律服务机构、行业协会、社会中介机构等组织。

第四条 政府立法第三方起草和评估要按照科学决策、民主决策、依法决策的要求，坚持客观公正、公开透明、系统全面、注重实效的原则。

第五条 省、市（州）政府法制机构和有关部门是实施政府立法第三方起草和评估的主体。

省、市（州）政府法制机构负责政府立法第三方起草和评估工作的组织协调和督促指导，并对重要行政管理的地方性法规和政府规章实施第三方起草和评估。

省、市（州）政府有关部门按照各自职责承担政府立法第三方起草和评估的具体工作。

第六条 政府立法第三方起草和评估所需经费由同级政府财政预算予以保障。采购预算达到政府采购限额标准的应当通过政府采购程序依法选择服务承接单位。

第七条 接受委托的第三方应当具备下列条件：

（一）依法设立，能够独立承担民事责任；

（二）有熟悉行政立法、行政事务或者具备相关专业知识和技能，掌握立法、评估技术规范的人员；

（三）有立法、评估相关领域的实践经验或者研究成果；

（四）有完成立法起草、评估任务的人员和时间保障；

（五）根据委托项目的实际需要，应当具备的其他条件。

第八条 政府立法委托第三方起草和评估的，应当与受委托第三方签订委托评估或者委托起草协议，明确委托任务、质量要求、完成期限、工作报酬、知识产权、保密规定、违约责任等内容。

第九条 受委托第三方应当遵守保密规定，不得披露评估、起草过程中涉及国家秘密、商业秘密和尚未确定、公开的信息。

第十条 立项评估由省、市（州）政府法制机构组织开展，可以通过召开座谈会、论证会、咨询会等方式听取各方意见，也可以根据需要委托符合条件的第三方对相关问题进行评估。

第十一条 立项评估主要是对拟纳入立法计划的一类立法项目进行评价，评价内容如下：

（一）立法的必要性，包括立法依据、立法背景、立法事项的重要性等；

（二）立法的可行性，包括出台时机是否成熟，是否与本地区经济社会发展需求相适应，是否具备相应的实施条件，相关配套措施是否能及时到位；

（三）立法项目出台后对本地区改革发展稳定可能产生的影响；

（四）立法项目出台后可能影响其实施的重大因素和问题；

（五）立法项目实施的成本效益分析等。

省、市（州）政府有关部门向同级政府法制机构申报一类立法项目时，应当一并提交项目评估报告。项目评估报告内容依照本条第一款规定的立项评估内容。未提交项目评估报告的，原则上不纳入立法计划。

第十二条 委托第三方开展立项评估的，应当形成立项评估报告，并附录立法依据和参考资料。立法依据和参考资料包括以下材料：

（一）国家及我省有关法律、地方性法规、政府规章和政策文件；

（二）其他省（自治区、直辖市）、设区的市、自治州有关地方性法规、政府规章；

（三）与立法相关的领导讲话、学术理论资料等。

第十三条 委托第三方开展立项评估的，应当对立项评估报告组织验收。

第十四条 立项评估报告是确定立项的重要依据。对立项评估后符合规定立项条件的，按程序报省、市（州）政府批准后，纳入下一年度立法计划。

第十五条 地方性法规、政府规章的起草单位或者牵头起草单位（以下统称起草单位）可以根据需要委托符合条件的第三方起草地方性法规、政府规章草案。

委托起草的立法项目，可以委托一个第三方起草，也可以同时委托多个第三方独立起草；可以就立法项目整体进行委托，也可以就法律、技术、语言等不同的领域进行单项委托。

第十六条 起草单位应当对受委托第三方的起草工作进行指导，并提供必要的工作便利：

（一）指派熟悉业务的工作人员联系、协调起草工作；

（二）协助召开立法协调会、论证会、听证会；

（三）根据需要安排相关负责人参加重要问题的研究协调；

（四）根据第三方请求，如实提供本部门职责范围内有关信息和资料。

第十七条 受委托第三方应当根据委托起草协议开展起草工作，并按期提交阶段性工作报告和草案文本。未经起草单位同意，不得将委托事项转委托其他组织或个人。

第十八条 受委托第三方在向起草单位提交地方性法规、政府规章草案文本时，应当一并提交以下材料：

（一）草案文本注释稿；

（二）起草说明；

（三）上位法和政策依据；

（四）有关立法资料；

（五）征求公民、法人和其他组织意见的，应当附书面意见原件或者书面记录；

（六）调研报告及其他有关材料。

第十九条 起草单位应当对委托第三方起草的立法项目草案文本和本办法第十八条规定提交的材料组织验收。

第二十条 地方性法规、政府规章实施后有下列情形之一的，应当适时开展立法后评估：

（一）对社会稳定、经济调控、生态环保有重大影响的；

（二）直接关系公共安全和公共利益的；

（三）立法时的社会环境发生重大变化的；

（四）人大代表、政协委员和社会公众、有关组织反映问题比较集中的；

（五）执法检查发现问题较多的；

（六）政府规章拟上升为地方性法规的；

（七）其他需要评估的情形。

地方性法规、政府规章的起草、实施部门拟向同级政府提出修改、废止申请的，应当提交立法后评估报告。因上位法修改或者有紧急情况需要修改、废止地方性法规、政府规章的除外。

第二十一条 立法后评估由地方性法规、政府规章起草部门或者省、市（州）政府法制机构（以下统称评估机关）组织开展。

评估机关可以根据需要委托符合条件的第三方开展立法后评估。

第二十二条 立法后评估应当扩大公众参与，采取听取汇报、召开座谈会、实地考察、专家咨询、专题调研、问卷调查等方式，广泛听取社会各方面意见。

鼓励改进和创新评估方法，灵活运用数学统计、经济模型、社会学研究等方法和技术手段收集、分析和评估相关资料。分析和评估应当尽量采用量化分析方法，做到定性和定量相结合。促进大数据在立法后评估中的应用，提高立法后评估质量。

第二十三条 立法后评估的标准主要包括：

（一）合法性标准，即各项规定是否符合宪法和有关上位法的规定，是否符合法律法规规定的立法权限、程序和具体规定；

（二）合理性标准，即所规定的各项制度、措施和手段是否适当、必要，是否符合公平、公正原则和权利与义务、权力与责任相统一的原则，法律责任是否与违法行为的事实、性质、情节以及危害程度相当等；

（三）协调性标准，即各项制度之间是否协调一致，与同位阶立法之间是否存在冲突；

（四）执行性标准，即概念界定是否明确，各项制度及其程序是否具体可行；

（五）规范性标准，即立法技术是否规范，是否影响到地方性法规、政府规章的正确、有效实施；

（六）实效性标准，即出台后能否达到预期目的，取得预期效果，以及实施过程中的成本和效益分析。

评估机关应当根据上述标准，结合被评估地方性法规、政府规章的特点，确定具体的评估标准。

第二十四条 开展立法后评估可以对地方性法规、政府规章进行全面评估，也可以就其中某项具体制度或者涉及到的某个具体问题进行专项评估，还可以对环境保护、城市管理等某一领域的地方性法规、政府规章体系进行评估。

第二十五条 对地方性法规、政府规章进行全面评估的，应当包括以下内容：

（一）是否符合本办法第二十三条规定的评估标准；

（二）实施的基本情况，包括行政执法的情况、配套性文件制定情况、所取得的社会和经济效益、实施过程中遇到的问题等；

（三）涉及的行政许可、行政处罚、行政强制、行政收费、行政征用、行政救助、行政给付、机构人员、职能分工、经费保障等重点制度的针对性、执行性、是否达到立法目的等情况。

第二十六条 对地方性法规、政府规章体系进行评估的，应当包括以下内容：

（一）体系内各个地方性法规、政府规章是否符合合法性、合理性、规范性和实效性等标准；

（二）体系是否系统全面，符合协调性、执行性等标准；

（三）对体系内各个地方性法规、政府规章提出保留、失效、废止、修改的建议，并说明理由和依据；

（四）对完善该体系提出规划建议，包括建议增加的立法项目以及建议制定的配套制度等，并说明理由、依据和该立法项目主要规范的内容。

第二十七条 立法后评估工作应当按照下列程序进行：

（一）成立评估小组。评估小组由评估实施机关等相关工作人员组成，可以邀请人大代表、政协委员、专家学者、公众代表、法律工作者等参加。

（二）制定评估方案。评估方案主要包括评估目的、评估内容和标准、评估方法、评估步骤和时间安排、经费和组织保障等。

（三）开展调查研究。通过征求意见、问卷调查、实地调研、召开座谈会、专家论证会等方法，收集相关材料及实施机关、行政相对人和社会公众的意见和建议。

（四）进行分析评价。对收集到的材料及意见建议进行分析研究，提出初步评估结论。

（五）形成评估报告。对初步评估结论进行研究论证，提出地方性法规、政府规章继续施行或修改、废止、制定配套制度、改进行政执法等方面的评估意见，形成评估报告。

第二十八条　根据立法后评估工作的实际需要，可以采用简易程序进行评估。但本办法第二十条第（四）项规定的情形除外。

采用简易程序进行评估的，可以不成立专门的评估小组，评估方案可以简化，主要通过本办法第二十七条第（三）项规定的方式进行评估，形成评估报告。

第二十九条　立法后评估应当根据评估情况制作立法后评估报告，包括以下内容：

（一）评估工作的基本情况；

（二）评估对象的合法性、合理性、规范性和实效性；

（三）对经济、社会、环境等造成的影响；

（四）评估结论以及对地方性法规、政府规章实施、修改、废止等提出的处理意见和建议，处理意见和建议应当说明依据和理由。

对地方性法规、政府规章进行全面评估的，立法后评估报告除包括本条第一款规定的内容外，还应当包括本办法第二十五条规定的内容。

对地方性法规、政府规章体系进行评估的，立法后评估报告除包括本条第一款规定的内容外，还应当包括本办法第二十六条规定的内容。

第三十条　立法后评估报告的评估结论以及处理意见和建议应当客观、公正、实事求是。评估机关和受委托第三方不得预设评估结论，不得按照评估机关或者工作人员的偏好取舍信息资料。

第三十一条　委托第三方开展立法后评估的，评估机关应当充分发挥组织、协调作用。对于评估过程中出现的问题，应当及时纠正和解决；对于评估结论存在明显失当的，应当要求第三方重新开展评估。

第三十二条　委托第三方开展立法后评估的，评估机关应当对立法后评估报告组织验收。

第三十三条　立法后评估报告建议制定配套制度的，有关部门应当及时研究制定相关规范性文件。

立法后评估报告建议改进行政执法工作的，有关部门应当及时研究采取有效措施切实改进，保障地方性法规、政府规章的全面正确实施。

立法后评估报告建议对地方性法规、政府规章进行修改、废止的，由起草单位或者省、市（州）政府法制机构研究提出修改、废止地方性法规、政府规章的立项申请。

立法后评估报告对完善地方性法规、政府规章体系提出规划建议的，由省、市（州）政府法制机构研究作为编制立法计划、立法规划的重要依据。

第三十四条　本办法自 2018 年 3 月 1 日起施行。

内蒙古自治区重大决策社会稳定风险评估实施办法

第一条 为了规范重大决策社会稳定风险评估工作，提高决策水平，促进社会和谐，根据中央有关规定，结合自治区实际，制定本办法。

第二条 本办法所称重大决策社会稳定风险评估，是指对密切关系人民群众切身利益的重要政策、重大工程项目以及与社会公共秩序相关的重大活动等重大决策事项，在决策出台前，对可能影响社会稳定的因素进行调查、分析、预测和评估，制定风险应对预案，有效规避、预防、控制决策实施过程中可能产生的社会稳定风险的工作。

第三条 全区各级党委和政府及其部门对重大决策进行社会稳定风险评估，适用本办法。

发生或者即将发生自然灾害、事故灾难、公共卫生事件、公共安全事件等突发事件，需要党委和政府及其部门临机处置、迅速决策的，不适用本办法。法律法规对该类决策另有规定的，依照其规定。

第四条 重大决策社会稳定风险评估工作坚持以下原则：

（一）合法合理原则。依照法律、法规和政策，做到公开、公正、公平，确保符合大多数人民群众的意愿。

（二）科学民主原则。深入开展调查研究，多渠道多方式多层次征求意见，确保评估工作全面、客观、准确。

（三）以人为本原则。统筹考虑发展需要与人民群众的承受能力、人民群众长远利益与现实利益，切实维护人民群众合法权益。

（四）统筹兼顾原则。正确处理改革、发展、稳定的关系，把改革的力度、发展的速度与社会可承受的程度统一起来，实现政治效益、社会效益、经济效益的有机结合。

第五条 凡是直接关系人民群众切身利益且涉及面广、容易引发社会稳定问题的决策事项，在决策出台前，都应当进行社会稳定风险评估：

（一）重大政策措施。主要指就业、教育、医疗、住房、社会保障、安全生产、食品药品安全、生态环境保护、国有企业改制、事业单位改革、退役军人安置、行政区划变更、征地拆迁、移民安置等领域的重大政策和重要措施。

（二）重大工程建设项目。主要指矿产资源开发以及市政、工业、交通、水利、能源、环境保护等重大工程建设项目。

（三）重大活动。主要指博览会、展会等参与人数众多，可能引发公共安全事件的重大活动。

（四）重大事件处置。主要指人民群众特别关注、影响较大，可能引发不稳定因素的敏感事件的处置工作。

（五）其他密切关系人民群众切身利益、可能引发社会不稳定问题的事项。

第六条 重大工程建设项目需要进行社会稳定风险评估的，按照有关规定由报建单位将社会稳定风险评估作为工程项目可行性研究的重要内容，不再另行评估。

第七条　各级党委和政府及其部门应当将社会稳定风险评估作为重大决策的前置程序。对应当进行社会稳定风险评估而未评估的决策事项，不得提交决策机关会议研究。

第八条　对需要进行社会稳定风险评估的事项，重点从以下方面进行评估：

（一）合法性。决策机关是否享有相应的决策权并在权限范围内进行决策，决策内容和程序是否符合有关法律、法规和政策规定。

（二）合理性。决策事项是否符合大多数人民群众的利益，是否可能给人民群众带来过重的经济负担或者对人民群众的生产生活造成过多不便；拟采取的措施和手段是否必要、适当，是否尽最大可能维护了所涉及人民群众的合法权益；政策调整、利益调节的对象和范围是否准确，拟给予的补偿、安置或者救助是否合理公平及时。

（三）可行性。决策事项是否与本地区经济社会发展水平相适应，实施是否具备相应的人力物力财力，相关配套措施是否经过论证，出台时机和条件是否成熟；决策方案是否考虑了人民群众的接受程度，是否超出了大多数人民群众的承受能力，是否得到了大多数人民群众的支持。

（四）风险可控性。决策事项是否存在公共安全隐患，是否可能引发群体性事件，是否可能引发社会负面舆论、恶意炒作以及其他影响社会稳定的问题；决策可能引发的社会稳定风险是否可控，能否得到有效防范和化解；是否制定了相应处置措施或者应急预案，宣传解释和舆论引导工作是否充分。

第九条　重大决策社会稳定风险评估由评估主体组织实施。各级党委和政府及其部门应当按照下列原则确定评估主体：

（一）部门作出决策的，该部门为评估主体；

（二）多个部门共同作出决策的，牵头部门为评估主体；

（三）提请党委或者政府作出决策的，提请部门为评估主体；

（四）党委或者政府作出决策的，党委或者政府指定的部门为评估主体。

第十条　根据工作需要，评估主体可以组成由有关部门、社会组织、专业机构、专家学者以及事项所涉及的人民群众代表参加的评估小组进行评估，也可以委托具有相应资质和评估能力的专业机构进行评估。

委托专业机构进行评估的，评估主体应当按照有关法律、法规、规章的规定，通过竞争方式择优确定评估机构，依法与其签订社会稳定风险评估委托合同，并对评估报告进行审查。

第十一条　开展社会稳定风险评估，一般按照以下程序进行：

（一）制定评估方案。评估方案应当明确评估的具体方式、责任领导、参加人员、拟征询意见的范围及方法、工作进度安排等事项。

（二）开展风险调查。根据实际情况，采取公示、问卷调查、实地走访和召开座谈会、听证会等方式，全面了解决策事项的实施可能对经济社会发展产生的影响、人民群众和利益相关方对决策事项的意见、媒体对决策事项的态度。

（三）进行风险识别。在汇总分析各方面意见的基础上，对决策方案的合法性、合理性、可行性和风险可控性进行研判，参考同类或者类似决策引发的社会稳定风险情况，预测其引发风险的可能性以及可控程度。

（四）确定风险等级。根据风险识别结果，按照决策事项实施后可能对社会稳定造成的影响程度确定风险等级。人民群众反应特别强烈、可能引发大规模群体性事件的，评估为高风险等级；人民群众反应比较强烈、可能引发矛盾冲突的，评估为中风险等级；部分人民群众意见有分歧、可能引发个体矛盾纠纷的，评估为低风险等级。

（五）提出评估报告。评估报告应当包括评估事项和评估过程，各方意见及采纳情况，决策可能引发的社会稳定风险等级。风险等级为高风险等级或者中风险等级的，评估主体应当在评估报告中一并提出化解风险工作预案。评估报告由评估主体送同级党委政法委进行程序性审查备案后，报送决策机关。

第十二条　重大决策应当经决策机关会议集体讨论决定。社会稳定风险评估报告认为决策事项为高风险等级的，决策机关应当作出不实施的决策，或者调整决策方案、降低风险等级后再行决策；决策事项为中风险等级的，可以作出实施的决策，但应当按照化解风险工作预案采取防范化解措施；决策事项为低风险等级的，可以作出实施的决策，但应当做好解释说服工作，妥善处理相关人民群众的合理诉求。

第十三条　决策机关应当跟踪了解重大决策实施情况，实施过程中出现社会不稳定因素的，应当及时组织做好宣传解释和说服工作，采取措施预防和化解社会矛盾。决策实施后引发影响社会稳定重大问题的，决策机关应当暂停实施；需要对决策进行调整的，应当及时调整。决策实施过程中，政法、信访、网信等部门应当协助做好矛盾纠纷排查调处和化解工作。

第十四条　对暂停实施、调整实施的决策事项，决策机关重新决策的，应当再次开展社会稳定风险评估。

第十五条　重大决策社会稳定风险评估所需经费纳入相关部门预算予以保障。

第十六条　各级党委和政府应当将社会稳定风险评估工作开展情况纳入年度目标考核内容，考核结果作为评价党政领导班子和领导干部的重要依据。

第十七条　评估主体对应当进行社会稳定风险评估的决策事项不组织实施评估，或者在评估中搞形式主义、弄虚作假，导致决策失误，给党、国家和人民利益造成较大或者重大损失等后果的，应当依纪依法追究相关责任人的责任。

第十八条　决策机关不根据重大决策社会稳定风险评估结论、无视社会稳定风险作出实施有关事项决策，或者在决策实施过程中引发影响社会稳定重大问题而不暂停实施，给党、国家和人民利益造成较大或者重大损失等后果的，应当依纪依法追究相关责任人的责任。

第十九条　本办法解释的办理工作由自治区党委政法委员会负责。

第二十条　本办法自 2019 年 12 月 4 日起实施。

广西壮族自治区人民政府重大决策第三方评估管理办法

一、总则

第一条 为加强对自治区人民政府重大决策科学性、可行性、执行情况、实施效果和社会影响的跟踪评估，及时调整和完善有关政策，提高决策科学化水平和决策执行力，提升政府治理能力，促进服务型政府建设，特制定本办法。

第二条 本办法所称重大决策是指全区重大经济社会发展政策、发展规划、重大项目和其它重大决策举措。

第三条 本办法所称第三方评估，是指根据自治区人民政府的工作部署，委托独立于政策制定、执行部门以及决策对象之外的组织或机构，运用科学、系统、规范的评估方法，对重大决策实施前、实施中和实施后的各个阶段和环节进行综合评估，形成评估报告供自治区人民政府决策参考的活动。

第四条 自治区人民政府发展研究中心负责牵头组织协调管理自治区人民政府重大决策第三方评估工作。

第五条 第三方评估应当遵循客观公正、科学规范的原则，做到独立、专业和权威。

二、评估范围

第六条 本办法所称重大决策评估范围主要包括：

（一）自治区人民政府关于全区重大经济社会发展政策措施的制定及实施情况。

（二）自治区人民政府关于全区经济社会发展总体规划、区域规划、重点专项规划的制定及实施情况。

（三）政府重大投资项目。

（四）社会影响大、群众关注度高的政策措施的制定及实施情况。

（五）自治区人民政府需要评估的其他重大决策事项。

第七条 第三方评估应当主要围绕以下内容开展：

（一）决策的合法性、可行性、完备性、规范性、协调性、可操作性和风险点等方面的分析。

（二）决策是否得到全面准确的贯彻落实，特别是各地、各部门结合本地本部门实际，创新性地落实决策的情况。

（三）决策实施后取得的经济效益、社会效益、生态效益分析，以及是否达到决策制定的预期目标。

（四）决策实施中存在的主要问题及其原因分析。

（五）决策实施后相关法规政策变动情况及对该决策实施的影响。

（六）决策利益相关方的评价和意见建议，社会公众和新闻媒体的评价分析。

（七）决策继续实施的潜在风险和可能影响，重点对经济、社会、生态环境等方面的影响进行评估，提出决策终止、暂缓、调整或修改完善的建议。

三、评估机构

第八条 建立第三方评估机构信息库。列入信息库的第三方评估机构应是以战略问题和公共政策为主要研究对象、以服务党委和政府科学决策为主要宗旨的实体性咨询研究机构，包括政府决策咨询机构、高等院校、科研院所、专业咨询公司及有关社会组织等。

第九条 第三方评估机构应符合以下基本条件：

（一）遵守国家法律法规和行业相关规定，有健全的治理结构及组织章程。

（二）在相关专业领域具有一定的影响力，有较强的专业研究队伍，具备评估所需的专业技术和决策咨询能力。

（三）在组织机构、人员构成和资金来源上相对独立于被评估单位。

（四）能够独立承担民事责任，社会信誉良好。

四、评估程序

第十条 第三方评估按照下列程序进行：

（一）确定评估项目。每年根据自治区人民政府主要领导、自治区政府常务会议或专题会议的有关要求，确定该年度第三方评估事项。

（二）选择评估机构。委托方按照政府购买决策咨询服务有关规定，依据评估内容的专业特点，通过定向委托或公开竞争的方式，依法依规择优选定评估机构，签订购买服务合同。

（三）制定评估方案。评估机构根据委托方的要求，制定第三方评估方案，明确评估目标、对象、内容、标准、方法步骤及时间要求，建立科学有效的评估指标体系。评估方案经委托方审核同意后，由评估机构组织实施。

（四）开展评估调研。评估机构全面客观采集评估项目数据信息，广泛收集意见建议，深入了解真实情况。

（五）形成评估报告。评估机构应在规定时间内完成项目评估报告。评估报告一般应包括基本情况、评估内容、评估方法、评估结论和意见建议，以及需说明的其他问题。

（六）征询意见建议。评估机构征询有关单位对项目评估报告的意见和建议，据此进一步修改完善报告，并提交委托方。

（七）上报评估结果。委托方将项目评估报告报自治区人民政府，供自治区人民政府和有关部门决策参考。

第十一条 第三方评估可以采用数据收集、抽样调查、网络调查、问卷调查、实地调研、舆情跟踪、座谈交流、专家论证等方法收集整理政策实施信息，运用定性分析与定量分析相结合、案例分析与理论归纳相结合等方法进行全面、客观、系统、深入的综合分析。

五、评估结果应用

第十二条 自治区人民政府及时研究处理提交的项目评估报告，根据自治区政府常务会议听取评估报告和结论后的决策，进一步修订和完善相关政策，推动重大决策有效实施。评估结果及应用作为政府绩效管理和行政问责的重要参考依据，强化评估约束力。

第十三条 自治区人民政府督查室牵头，会商有关部门对自治区人民政府决定采纳评估报告建议落实情况开展专项督查。

六、保障措施和纪律要求

第十四条 将自治区人民政府重大决策第三方评估作为政府购买服务项目纳入财政预算，加强重大决策评估经费保障。

第十五条 加强评估管理机构队伍建设，积极提升评估管理能力和水平。

第十六条 自治区各政策制定和执行部门、各级政府和有关社会组织，应当配合评估机构开展评估工作，主动全面准确提供相关资料，如实说明重大决策实施的有关情况、实施过程中存在的突出问题，并提出相关建议。

第十七条 评估机构及其工作人员严格遵守国家法律法规，严守职业道德和职业规范；严格履行保密义务，对评估工作中涉及国家秘密、商业秘密和个人隐私的必须严格保密，涉密文件和介质以及未公开的内部信息要严格按相关规定使用和保存；严禁干扰评估对象正常工作，严禁参与任何影响评估公正性的活动。如有违规、违约等行为，将取消第三方评估资格，并进行公开通报，纳入广西智库体系"黑名单"。评估机构负责人和报告签署人对评估报告的真实性、客观性、公正性负责，并承担相应的法律责任。

第十八条 评估成果所有权归委托方所有。评估机构应严格履行保密义务，未经委托方许可，不得接受采访和对外透露评估工作信息，不得公开、转让或对外引用评估成果。

第十九条 本办法自发布之日（2016年11月2日）起施行。

西藏自治区政府规章立法评估办法

第一章　总则

第一条　为了规范政府规章立法评估工作，科学确定立法项目，掌握规章实施效果，提高政府立法质量，根据《中共西藏自治区委员会、西藏自治区人民政府关于贯彻落实〈法治政府建设实施纲要（2015—2020年）〉的实施意见》（藏党发〔2016〕18号），结合自治区实际，制定本办法。

第二条　本办法所称政府规章立法评估，包括政府规章立法前评估（以下简称立法前评估）和政府规章立法后评估（以下简称立法后评估）。

立法前评估，是指对政府规章立法建议项目的必要性和可行性，以及拟采取措施的合法性、合理性进行分析评价，并提出评估结论。

立法后评估，是指在政府规章实施后，根据其立法目的，结合经济社会发展情况，对立法内容、实施效果、存在问题等进行全面调查和分析评价，形成评估报告并提出继续执行、修改或者废止等评估意见。

第三条　立法评估工作应当遵循客观公正、科学民主、公众参与的原则，依据科学、规范、合理的评估标准进行。

第四条　政府法制机构负责立法评估的组织、指导和协调工作。

政府规章起草部门和实施部门是立法评估实施机关；自治区人民政府决定由政府法制机构开展立法评估的，政府法制机构可以自行作为评估实施机关。

第五条　评估实施机关可以根据需要，将规章立法评估的有关事项委托高等院校、科研机构、社会组织等单位（以下称受委托评估单位）进行。

受委托评估单位在委托的范围内，以评估实施机关名义开展立法评估有关工作，不得将评估工作再委托其他单位或者个人。

第二章　立法前评估

第六条　政府各部门有规章立法需求的应当在每年11月30日前向本级政府法制机构提出立法建议项目，并提供立法前评估报告。

政府法制机构应当加强与政府各部门的联系和沟通，做好立法前评估的指导和服务工作。政府各部门报送的评估报告未详实说明的，政府法制机构应当要求相关部门补充说明。

第七条　立法前评估报告应当包括以下内容：

（一）立法的必要性评估，即立法事项是否属于应当通过立法予以规范的范畴；

（二）立法背景评估，即立法事项是否存在立法空白或者需要提高立法层次的情况；

（三）立法事项的重要性评估，即立法事项是否涉及普遍性的经济、社会问题或者当前行政管理和执法工作中急需通过立法解决的突出问题；

（四）拟采取的措施对经济发展、社会稳定、公共安全、生态环境等方面可能产生的利弊影响；

（五）拟采取的措施是否会增加相关主体的义务、负担，影响的范围、程度；

（六）编制、财政及其他相关部门的意见，对分歧意见的沟通处理情况；

（七）其他需要说明的情况。

第八条 立法前评估报告应当附录立法依据和参考资料，主要包括：

（一）法律、行政法规和部委规章；

（二）自治区和其他省（区、市）有关地方性法规和政府规章；

（三）立法建议项目的政策依据以及与立法相关的领导讲话、学术文章等。

第九条 政府法制机构组织相关单位对立法建议项目及立法前评估报告进行论证，并根据论证意见形成评估结论。

立法建议项目的评估结论应当作为是否纳入立法计划予以立项的重要依据。未开展立法前评估的，原则上不列入自治区人民政府年度一类立法计划项目。

第三章　立法后评估

第十条 政府规章有下列情形之一的，进行立法后评估：

（一）拟上升为地方性法规的；

（二）已不适应经济、社会发展的要求，需要废止或者作重大修改的；

（三）公民、法人或者其他组织意见较多的；

（四）与经济社会发展和公众利益密切相关、社会影响面广、社会关注度高，且已经实施5年以上的；

（五）同位阶的规章之间存在矛盾或者不一致的；

（六）其他有必要进行评估的。

根据上位法和改革决策应当进行修改、废止或者因特殊情况需要进行修改、废止的，可以不进行立法后评估。

第十一条 政府法制机构在每年年初，经征求规章实施机关意见后，编制本年度政府规章立法后评估计划。

政府法制机构也可以根据政府工作安排，提出评估项目。

第十二条 规章实施机关提出立法后评估建议的，应当说明评估理由、主要内容、方法、程序和时间进度。

第十三条 立法后评估按下列程序进行：

（一）成立评估工作小组，评估工作小组由评估实施机关会同相关机关组成，也可邀请人大代表、政协委员、专家学者、法律工作者、群众代表参加；

（二）制定评估方案，明确评估程序、内容、方法、对象、经费预算和组织保障等内容；

（三）实施评估，通过实地考察、座谈会、问卷调查、专题调研、专家论证等方式，收集实施机关、管理对象和社会公众的意见建议；

（四）形成评估报告，对评估中收集到的材料进行分析研究，对发现的问题提出改进措施，形成评估报告。

第十四条　立法内容的评估主要依据以下标准：

（一）合法性标准，是否与上位法相一致；新的上位法实施后，是否及时修订；

（二）合理性标准，政府规章规定的制度、措施和手段是否适当、必要，是否符合权利与义务、权力与责任相统一的原则，设定的法律责任是否与违法行为的事实、性质、情节以及危害程度相当；

（三）协调性标准，与其他政府规章是否协调一致，同位阶规章之间是否存在冲突，相关配套制度是否完备；

（四）操作性标准，执法主体是否明确，措施、手段和法律责任是否明确、具体、可行，程序是否正当、高效、便民，实施机制是否完备；

（五）实效性标准，规章中规定的执法体制、机制、措施是否具体可行，是否具有针对性；

（六）技术性标准，政府规章是否符合立法工作一般技术规范，概念界定是否明确，立法用语是否准确规范，逻辑是否严谨，各项规定是否具有解释空间。

第十五条　实施效果的评估主要包括：

（一）政府规章实施的总体情况；

（二）政府规章是否能够解决实际问题，是否得到普遍遵守与执行，是否达到预期目的；

（三）实施后对政治、经济、社会、文化、生态环境、民生改善和维护稳定等方面的影响，公众的反映，实施成本与产生的政治、经济、社会效益情况；

（四）实施中存在问题及其原因。

第十六条　立法后评估可以进行全面评估，也可以对其中一项或者部分内容进行评估。

涉及的机构职责、行政许可、行政处罚、行政强制、行政收费、行政给付、行政赔偿、行政补偿等事项，应当进行重点评估。

第十七条　立法后评估结束后，评估工作小组应当起草评估报告并报同级政府法制机构。

第十八条　立法后评估报告包括下列内容：

（一）规章评估的过程；

（二）规章实施的基本情况，包括对立法质量、内容和实施效果的综合评价；

（三）存在的问题及其原因分析；

（四）继续执行、修改、废止等处理建议。

第十九条 政府法制机构负责对评估报告进行审核，经审核符合要求的，由政府法制机构上报本级人民政府。经审核发现在评估内容、评估程序、评估方法等方面存在较大问题的，由政府法制机构退回重新组织评估。

第二十条 立法后评估报告应当作为修改或者废止政府规章、完善配套制度和改进行政执法工作的重要依据。

立法后评估报告建议政府规章进行修改或者废止的，规章实施机关应当按照立法程序组织对政府规章进行修改或者提出废止意见。

立法后评估报告建议完善有关配套制度或者改进行政执法工作的，政府规章实施机关应当在规定权限和时限内采取措施予以落实。

第二十一条 参加评估工作的单位及其工作人员，应当对评估工作中涉及的国家秘密、商业秘密和个人隐私予以保密。

除涉及国家秘密、商业秘密和个人隐私的内容外，规章评估报告应当依法公开。

第四章　附则

第二十二条 各市政府规章和规范性文件评估参照本办法执行。

第二十三条 本办法自 2017 年 8 月 10 日起施行。

沈阳市规范性和政策性文件实施效果评估办法（试行）

第一章　总则

第一条　为动态掌握市政府制发文件的实施效果，积极推进市政府重要决策部署有效落实，按照《沈阳市人民政府印发关于向市政府报告工作规定（试行）的通知》（沈政发〔2015〕8 号）要求，结合工作实际，特制定本办法。

第二条　本办法所指评估范围是以市政府或市政府办公厅名义制发的、事关政府重大决策和全市国民经济与社会发展等重点工作的规范性和政策性文件。具体包括：

（一）全市经济和社会发展重大政策措施和工作部署；

（二）全市国民经济和社会发展规划、各类总体规划、重要的区域规划和专项规划；

（三）重大政府投资项目、民生事项、财政资金使用、房屋土地出让、金融融资等方面重大政策措施；

（四）全市改革创新工作的重大政策措施；

（五）市政府确定需要评估的其他文件。

第三条　评估工作应遵循客观公正、科学规范、公众参与、注重实效的原则，将评估文件的合理性、操作性、完善性、绩效性等作为评估标准。

第四条　市政府办公厅负责文件评估工作的组织协调、业务指导和督查考核等工作；按照"谁起草、谁负责，谁实施、谁负责"的原则，文件起草部门负责具体文件的评估工作；对于重大政策性文件可直接委托第三方机构组织评估工作。

对于两个（含）以上单位共同起草的文件，由主要起草单位负责会同其他单位组织评估工作；特殊情况由市政府办公厅指定文件实施单位组织评估工作。其他有关单位要按照各自职责，配合评估牵头单位做好相关工作。

第五条　评估工作分为初始评估和阶段性评估两个层面。初始评估在文件发布 3个月后进行；阶段性评估按时间节点划分，第一次阶段性评估时点为 6 个月后，第二次阶段性评估时点为 12 个月后，以后每年评估一次，直至文件失效或废止。文件评估时间起算点为文件印发之日的次月。

第二章　评估内容

第六条　初始评估具体内容如下：

（一）文件主要内容和精神的贯彻落实情况；

（二）文件实施过程中存在的问题及原因分析；

（三）落实文件内容的意见建议。

第七条　阶段性评估具体内容如下：

（一）文件主要内容和精神的贯彻落实情况；

（二）文件实施所取得的社会效益、经济效益等情况；

（三）各有关地区、部门和社会各界的反映情况；

（四）文件实施过程中存在问题及原因分析；

（五）需要市政府协调的相关事宜；

（六）下一阶段的工作设想及安排；

（七）文件评估结论，提出继续有效、予以废止、宣布失效或修改完善等意见建议。

第三章 评估流程

第八条 文件评估工作依托智慧政务协同办公平台文件评估工作模块，完成评估交办、文件评估报告的报送、统计、汇总及评价、考核等事项，实现评估工作的精准化、数字化和常态化。

第九条 评估文件确定。

（一）各起草部门在履行发文程序时，同步提出是否进行文件评估的意见，经市政府办公厅审核确定并报市政府领导审签同意后，对于需要进行评估的文件，自该文件印发之日起纳入文件评估范围。

（二）对未纳入评估范围的文件，符合下列情形之一的，参照本办法进行评估：

1. 因经济社会发展和公共管理需要的；

2. 依据市人大、政协或司法机关建议的；

3. 公众、新闻媒体及社会各界提出较多意见和建议的；

4. 按照上级机关要求的；

5. 其他市政府认为有必要评估的。

第十条 评估程序。

（一）制定评估办法。评估单位要结合实际制定具体评估办法，明确责任部门、评估程序和工作要求，确保评估工作实事求是，评估结论真实可靠。

（二）明确工作人员。评估单位要明确专人负责评估工作的组织和协调工作。根据工作需要，可邀请社会各界专业人士参与，必要时也可委托第三方进行评估。

（三）组织评估调查。评估单位可通过网络问卷调查、实地访谈、专家咨询、座谈调研、案例分析等方式，听取市民、企业和其他社会组织等各方的意见建议。

（四）形成评估报告。评估单位应广泛收集、全面掌握相关情况，在充分调研论证、掌握大量第一手资料的基础上，科学分析、准确判断评估结果，形成符合实际、有参考价值的评估报告。

第十一条 文件评估单位应定期形成文件实施效果评估报告，包括初评报告和阶段性报告。评估报告通过智慧政务协同办公平台于每月下旬报送市政府办公厅；对于评估报告内容涉密的，可通过党政专网报送。

第十二条　评估报告报送形式及时限要求：

评估报告以本单位"白皮形式"直报市政府主要领导和分管领导，同时抄送市政府办公厅（文电处、督考办）。初评报告的上报时间为文件发布后的第 4 个月下旬；阶段性报告的上报时间为文件发布后的第 7 个月下旬、第 13 个月下旬，此后每 12 个月上报一次，直至该文件废止或失效。

第十三条　评估报告应按照"言简意赅、突出重点"的原则，按照统一模板进行拟制，评估报告一般不超过 2000 字。

第四章　评估结果运用

第十四条　文件实施效果评估工作是市政府转作风、抓落实和控制文山、提高政府文件质量的重要手段，文件评估报告将作为市政府推进实施重点工作和研究部署重大决策的重要依据和决策参考。市政府办公厅定期对评估工作的落实情况进行检查通报。

第十五条　文件评估工作已纳入市政府对各部门、各单位绩效考核内容。每年年底，市政府办公厅将根据《市政府公文处理工作绩效考评细则》，对各有关单位的文件评估工作给予综合评价。

第十六条　对于经评估应废止或失效的文件，市政府办公厅应及时提请市政府常务会议审议通过，并将结果向社会公布；对于需要进一步修改或补充完善的文件，可纳入文件修改范围，由起草单位结合上级文件精神和我市实际，提出修改或补充完善的意见，并列入市政府发文计划，适时进行修改并重新印发。

第五章　附则

第十七条　评估主体及工作人员应当对评估工作中涉及的国家秘密、商业秘密和个人隐私予以保密。

第十八条　本办法自印发之日（2016 年 6 月 21 日）起施行，由市政府办公厅负责解释。

×××（单位）关于×××（文件名称）
实施效果初评报告

（参考模板）

一、文件主要内容和精神的贯彻落实情况

（一）采取措施。

（二）典型做法。

……

（×）应有必要的证明材料。

二、文件实施过程中存在问题及原因分析

（一）存在问题。1. 体制机制方面。2. 配套政策方面。3. 资金支持方面。4. 财税优惠方面。……

（二）原因分析。1. 思想观念保守陈旧。2. 上级政策衔接不顺。3. 职责权限划分不清。4. 目标标准制定不细。……

三、落实文件内容的意见建议

（一）政策保障方面。

（二）资金、财税扶持方面。

（三）相关部门协调配合方面。

……

×××（单位）关于×××（文件名称）实施效果阶段性评估报告

（参考模板）

一、文件主要内容和精神的贯彻落实情况

（一）工作进展情况。

（二）完成情况或取得的重大成果。

……

（×）应有必要的证明材料。

二、文件实施所取得的社会效益、经济效益等情况

（一）社会效益。1. 经济增长速度。2. 收入公平分配。3. 劳动就业程度。4. 科技进步。5. 其他社会变革。……

（二）经济效益。1. 有利于人民不断增长的物质和文化生活需要的满足。2. 增加企业盈利和国家收入，增加资金积累。3. 提高投资效益和资源利用效益。……

三、各有关地区、部门和社会各界的反映情况

（一）积极方面。

（二）消极方面。

四、文件实施过程中存在的问题及原因分析

（一）存在问题。1. 体制机制方面。2. 配套政策方面。3. 资金支持方面。4. 财税优惠方面。……

（二）原因分析。1. 思想观念保守陈旧。2. 上级政策衔接不顺。3. 职责权限划分不清。4. 目标标准制定不细。……

五、需要市政府协调的相关事宜

（一）政策保障方面。

（二）资金、财税扶持方面。

（三）相关部门协调配合方面。

......

六、下一阶段的工作设想及安排

（一）工作预期的阶段性目标、效果。

（二）开展工作的主要举措及时限。

......

七、文件评估结论，提出继续有效、予以废止、宣布失效或修改完善等意见建议

沈阳市政府重大政策性文件落实效果第三方评估制度

（2018 年征求意见稿）

为打造良好的营商环境，切实解决政策措施"中看不中用"、不切实际等问题，不断提高市政府决策水平和重大政策措施的执行效果，加快建设人民满意的服务型政府，根据国务院、省相关规定，结合我市实际，制定本制度。

一、评估主体

（一）市政府办公厅负责市政府重大政策性文件落实效果第三方评估工作的统筹协调，并作为市政府重大政策性文件落实效果第三方评估工作的委托方。

（二）市政府重大决策落实第三方评估责任主体包括：重大决策的提出部门、政策的制定部门、改革的牵头部门、工作的实施部门及重大工程项目的申报部门等。涉及多个部门的重大决策，由工作牵头部门或由市政府办公厅指定牵头部门作为责任主体。

二、评估内容

（一）政策措施本身现实的可行性、完善性、规范性、风险点等方面的分析。

（二）政策措施出台后是否得到全面准确地实施，全市各地区、有关部门结合实际落实政策措施的情况。

（三）政策措施实施后取得的经济、社会、生态效益分析，以及是否达到政策措施的预期目标。

（四）政策措施实施中存在的主要问题及其原因分析。

（五）政策措施实施后，相关法规政策的变动情况及其对该政策措施实施的影响。

（六）政策措施利益相关方的评价和意见建议，社会公众和新闻媒体的评价分析。

（七）政策措施继续实施的潜在风险和可能影响，提出政策措施终止、调整或修改完善的建议。

三、实施步骤

（一）评估机构选择。

1. 第三方评估机构是指由委托方择优选择的高校、科研院所、中介机构、社会组织和专家学者等。委托方应结合实际，利用现有资源，逐步建立适应评估工作需要的第三方评估机构库。

责任主体应根据评估机构的需要，会同市政府研究室、法制办等相关部门，邀请决策事项涉及单位和利益相关群体代表，有关社会组织、专业机构、专家学者、人大代表、政协委员等，对市政府重大政策性文件落实情况进行评估。

2. 第三方评估机构应当遵守国家法律法规和政策规定，准确把握大局和相关政策要求，在组织机构、人员构成和资金来源上完全独立于评估对象，具备评估工作所需要的专业资质，能够熟练运用先进的评估技术和方法。

3. 评估机构负责人和报告签署人对评估报告的真实性、客观性、公正性负责，并承担相应的法律责任。

4. 评估机构应当全面、准确、客观、公正地开展评估工作。在评估过程中，不得干扰评估对象正常工作，禁止参与任何可能影响评估公正性的活动，严禁弄虚作假和抄袭剽窃。对相关违规行为经查证属实的，不再委托其从事第三方评估工作。

（二）评估程序。

1. 确定评估项目。委托方会同市直有关部门根据市政府制发的重要政策性文件和市领导要求，提出拟评估项目，报经市政府同意后组织实施。

2. 确定评估机构。委托方会同相关部门按照政府购买决策咨询服务的有关规定确定条件要求，依法依规择优选定评估机构，签订购买服务合同。

3. 制定评估方案。评估机构提出第三方评估方案，制定评估步骤和标准，建立指标体系，明确研究方法，并征求相关方面意见。评估方案经委托方审核同意后，由评估机构组织实施。

4. 提供评估信息。责任主体要积极配合开展评估工作，如实提供涉及评估的相关资料，实事求是地反映市政府政策性文件落实情况及存在的问题，提出相关建议。

5. 开展科学评估。评估机构根据需要，利用相关评估技术和方法开展分析研究，在约定时间内提交评估报告。

6. 交付评估成果。由委托方对符合约定要求的评估成果履行成果交接和购买决策咨询服务支付义务，并将评估成果形成工作报告及时上报市政府审议。

四、结果运用

（一）市政府办公厅根据评估结果，推动政策措施制定部门提出废止、终止、调整、修改完善政策措施的意见，或督促有关部门及时改进工作方法，完善工作措施，加大工作力度，推动重大政策措施有效实施。

（二）注重持续跟踪评估，推动政策措施进入"执行—评估—改进—再评估—再改进"的良性循环。评估结果作为政府绩效管理和行政问责的重要参考依据，强化评估的约束力。

（三）评估成果所有权归委托方所有。评估机构应当严格履行保密义务，未经委托方许可，不得公开、转让或对外引用评估成果及提供相关材料。

五、保障措施

（一）强化组织领导，建立由市政府秘书长担任召集人，委托方、重大决策相关责任主体、评估机构，市发展改革委、市政府研究室、市法制办、财政局等相关部门负责人参加的重大决策第三方评估联席会议制度，由委托方组织召开决策事项联席会议。

（二）市政府开展的第三方评估所需经费由市财政予以保障。建立按需购买、以事定费、公开择优、合同管理的购买机制，采用公开招标、邀请招标、单一来源等方式依法依规采购。具体办法由市政府办公厅会同市财政局制定，经市政府批准后实施。

（三）评估对象及相关部门（单位）不得干扰阻挠第三方评估工作的开展，对敷衍应付评估活动、利用职权影响评估结果等行为，一经查实要依法依规严肃处理，并进行公开通报。

西宁市政府规章立法后评估办法

第一条　为了提高市人民政府立法质量，规范政府规章立法后评估工作，服务和促进经济社会发展，根据有关法律、法规的规定，结合本市实际，制定本办法。

第二条　市人民政府规章（以下简称规章）的立法后评估，适用本办法。

第三条　本办法所称规章立法后评估，是指在规章实施一定时间后，按照标准和程序，对规章的立法质量、实施效果及社会影响等进行调查、分析、评价，提出修改、废止规章，改进行政执法等评估意见的活动。

第四条　规章立法后评估工作应当遵循客观公正、公开透明、科学合理、公众参与、注重实效的原则。

第五条　市人民政府对规章立法后评估工作实行统一领导，并为规章立法后评估工作提供必要的保障。

市人民政府法制机构负责立法后评估的组织协调和监督指导工作，并对重要的、直接涉及公民、法人或者其他组织重大利益以及规范政府共同行为的规章进行立法后评估。

市人民政府行政主管部门或者直属事业单位对其负责组织实施的规章进行立法后评估。

其他行政机关和有关单位应当按照各自职责，配合做好规章立法后评估工作。

第六条　市人民政府法制机构应当会同有关部门编制规章立法后评估年度计划，报市人民政府批准后组织实施。

列入规章立法后评估年度计划的项目所需经费，由市财政部门审核拨付。

第七条　规章有下列情形之一的，应当进行评估：

（一）实施已满3年的；

（二）拟作重大修改的；

（三）拟上升为地方性法规的；

（四）人大代表议案、政协委员提案提出较多意见和建议的；

（五）行政复议、行政诉讼反映出较多问题或者社会公众、新闻媒体提出较多意见和建议的；

（六）市人民政府认为需要评估的。

根据上位法或者有特殊情况需要进行修改、废止的，可以不进行立法后评估。

第八条　评估机关应当根据具体情况和实际需要，从立法内容、立法技术和实施绩效等方面，对规章的全部内容进行整体评估，或者对其主要内容进行部分评估。

评估机关应当重点对规章涉及的机构职责、行政许可、行政处罚、行政强制、行政征收、行政征用、行政救助、行政给付等事项进行评估。

第九条　规章立法后评估依据以下标准进行：

（一）合法性标准，即制定规章是否符合立法权限、立法程序，是否违背上位法的规定。

（二）合理性标准，即公平、公正原则是否得到体现；各项管理措施是否必要、适当；法律责任的设定是否与违法行为的事实、性质、情节以及社会危害程度相当。

（三）协调性标准，即规章与同位阶的规章、配套的规范性文件以及国家政策是否存在冲突，要求建立的配套制度是否完备、互相衔接。

（四）可操作性标准，即规定的制度是否切合实际，易于操作；规定的措施是否高效、便民；规定的程序是否正当、简便。

（五）技术性标准，即立法技术是否规范，逻辑结构是否严密，表述是否准确，是否影响到规章的正确、有效实施。

（六）绩效性标准，即规章是否得到普遍遵守和执行，是否有效地解决行政管理中存在的问题，是否实现预期的立法目的，实施后取得的经济社会效益是否明显高于规章制定和执行的成本。

第十条　评估工作应当按照下列程序进行：

（一）成立评估小组。评估小组由政府法制工作人员和相关工作人员组成，也可以邀请人大代表、政协委员、专家学者、公众代表、法律工作者等参加。评估小组具体承办评估工作。

（二）制定评估方案。评估方案主要包括评估目的、评估内容和标准、评估方法、评估步骤和时间安排、经费和组织保障等。评估方案由规章实施单位制定，报评估机关同意后实施。

（三）开展调查研究。通过实地考察、座谈会、问卷调查、专题调研、专家论证、网上征求意见等方法，收集实施机关、管理对象和社会公众的意见和建议。

（四）进行分析评价。对收集到的意见建议和相关材料进行分析研究，提出初步评估结论。

（五）形成评估报告。对初步评估结论进行进一步研究和论证，提出规章继续施行或者修改、废止、解释、制定配套制度、改进行政执法等方面的评估意见，补充、修改、完善后形成正式的评估报告。

第十一条　评估机关根据评估工作实际需要，可以采取简易程序进行评估。

采取简易程序的，可以通过召开座谈会、网上问卷调查或者文献检索等方法收集、分析信息资料，组织专家分析数据或者召开论证会等方式进行评估，修改完善后，形成评估报告。

第十二条　评估机关根据实际需要，可以委托高等院校、科研机构、社会团体、中介机构等单位具体实施评估工作或者评估工作中的部分事项。

第十三条　评估工作应当保障社会公众有效参与。评估机关、受委托评估单位应当充分吸收公民、法人和其他组织对规章实施情况提出意见和建议。

第十四条　评估意见应当客观、公正、实事求是。评估机关、受委托评估单位不得预设评估结论，不得按照评估机关和工作人员的偏好取舍信息资料。对重要意见和建议不予采纳的，应当在报告中予以说明。

第十五条 评估工作应当自评估小组成立后 6 个月内完成，内容复杂、争议较大的，经市人民政府法制机构同意可以延长 2 个月。采用简易程序评估的，应当自评估小组成立后 3 个月内完成。

第十六条 由市人民政府有关行政主管部门或者直属事业单位组织的评估，评估报告经市人民政府法制机构评审后，报送市人民政府。由市人民政府法制机构直接组织评估的，评估报告由市人民政府法制机构报送市人民政府，并向有关行政主管部门通报。

评估报告除涉及国家秘密、商业秘密和个人隐私的内容外，应当在 20 个工作日内向社会公开。

第十七条 经市人民政府批准的评估报告应当作为修改、废止规章、改进行政执法工作的主要参考依据。

第十八条 评估报告建议规章进行修改或者废止的，有关行政机关和单位应当按照立法程序提请市人民政府对规章进行修改或者废止。根据立法后评估报告修改规章的，应当采纳评估报告提出的建议，未采纳的应当说明理由。

第十九条 评估报告建议规章的配套制度需要完善或者实施情况需要改进的，规章实施机关应当在法定权限内及时采取相应措施予以落实。

第二十条 规章立法后评估工作，纳入依法行政工作的考核范围。

第二十一条 本办法自 2013 年 10 月 1 日起施行。

南京市重大行政决策评估暂行办法

第一条 为加强我市重大行政决策评估的规范化、制度化，提高行政决策的科学性和民主性，特制定本办法。

第二条 本办法所称重大行政决策评估是指运用科学、系统、规范的评估方法，对重大行政决策实施效果进行阶段性的综合评定，并由此决定行政决策的延续、调整或终结的活动。

重大行政决策是指市政府颁布的涉及全市经济社会发展的战略举措、发展规划和有较大影响的重要政策，以及市相关部门制定的配套实施细则。

第三条 重大行政决策评估工作领导小组是重大行政决策的组织和协调机构。重大行政决策评估工作领导小组由市政府秘书长任组长、分管副秘书长任副组长，成员由制定和实施重大行政决策的相关部门领导组成。

重大行政决策评估工作领导小组办公室设在市政府办公厅（研究室），其主要职责是：组织实施重大行政决策评估工作；参与部分重大行政决策评估的具体实施；指导、监督各区县的重大行政决策评估工作。

第四条 重大行政决策评估工作领导小组办公室每年初通过行政决策效果监测点等渠道收集信息，提出重大行政决策评估年度计划，报请领导小组审定。

第五条 重大行政决策评估一般在该行政决策颁布实施一年以后进行，并在启动半年内完成。如有必要，可以对该行政决策再次组织评估，但两次评估的时间间隔一般应在一年以上。

第六条 重大行政决策评估工作领导小组办公室根据行政决策评估的要求，确定实施重大行政决策评估的机构；根据需要，也可直接组织评估人员对重大行政决策进行评估。

第七条 重大行政决策评估实施前应当由评估机构或重大行政决策评估工作领导小组办公室制定行政决策评估方案，包括评估目的、评估标准、评估方法、评估时间和评估经费预算等，并由重大行政决策评估工作领导小组审定。

第八条 重大行政决策评估应当遵循独立、客观、科学、公正的原则。

第九条 重大行政决策评估主要围绕以下内容开展：

（一）行政决策实施结果与制定目标的一致性；

（二）行政决策实施的成本与效益分析；

（三）行政决策实施带来的近期效果和长远影响；

（四）行政决策实施过程中存在的问题及其主要原因。

第十条 评估机构或重大行政决策评估工作领导小组办公室应当向行政决策实施的主管部门、相关行业性组织和行政决策实施的相对人进行充分调研，并运用文件资料审读、个别访谈、座谈会、问卷调查、通过媒体或互联网征询意见、行政决策效果监测点反馈等方法采集行政决策实施信息。

  第十一条 评估机构或重大行政决策评估工作领导小组办公室采取定性和定量相结合的方法对行政决策实施信息进行综合分析，得出综合评定结论，撰写行政决策评估报告，并报重大行政决策评估工作领导小组审查。评估报告应当包括以下内容：一是对行政决策进行总体评估，对行政决策效果做出定性与定量的评价；二是作出行政决策评估和定性、定量评价的依据；三是行政决策实施过程中存在的问题及对策；四是对行政决策延续、调整或终结的建议。

  第十二条 行政决策评估报告经重大行政决策评估工作领导小组审查后，报市政府研究审定。市政府对行政决策评估报告审定后，形成对行政决策延续、调整或废止的最终决定。

  第十三条 为了保证重大行政决策评估工作的进行，重大行政决策评估所需经费由市财政在每年财政预算中予以安排。

  第十四条 重大行政决策的实施部门应当配合评估机构或重大行政决策评估工作领导小组办公室的评估工作，向评估机构或重大行政决策评估工作领导小组办公室提供行政决策实施的相关资料，并如实汇报行政决策的实施情况和实施过程中存在的问题。

  第十五条 市政府在本市各级机关、企事业单位及街道、社区设置行政决策效果监测点，指定相关人员收集整理行政决策效果信息。

  第十六条 各区县应根据本办法制定相应的重大行政决策评估办法。

  第十七条 本办法自公布之日（2009 年 8 月 14 日）起施行。

南京市重大政策措施第三方评估实施办法（试行）

第一章　总则

第一条　重大政策措施第三方评估是创新政府管理方式的重要举措，是推进我市治理体系和治理能力现代化的现实要求，有助于通过强化外部专业性监督，更好地推动建立决策、执行、监督既相对分离又相互制约的公共行政运行机制，推进政府职能转变，加快建设人民满意的服务型政府。根据《省政府办公厅关于开展重大政策举措第三方评估的实施意见》（苏政办发〔2015〕115号）和《市政府关于印发〈南京市重大行政决策评估暂行办法〉的通知》（宁政发〔2009〕208号），制定本实施办法。

第二条　本办法所称重大政策措施是指全市经济社会发展的战略举措、发展规划计划、配套政策及其产生的实际效果和影响。

第三条　本办法所称第三方评估是指独立于政策措施制定、执行部门以及政策对象之外的组织或机构，根据一定的标准和程序，接受政府委托，跟踪、研究政策措施生命周期各个阶段和环节，对政策措施本身及其效果、效能、价值进行的检测、评价和判断。

第四条　政策措施第三方评估工作的组织和开展必须遵循客观公正、科学规范原则，确保评估过程和结论的严肃性和公信力。

第五条　政策措施评估必须以问题和实践为导向，重点关注执行与效果。政策措施本身的合理合法性和可行性评估，可根据需要在制定过程中实施。

政策措施执行和效果评估一般安排在实施满1年后开展。对有实施期限的政策措施，在执行期限届满后6个月内开展评估；对实施时间跨度较长的政策措施，可以分阶段开展评估；对短期应急性政策措施，可以根据需要及时开展评估。

第二章　评估立项

第六条　评估范围包括全市国民经济和社会发展规划、重要的区域规划和专项规划的编制实施情况，全市行政管理体制改革的重大政策措施，重要的行政事业性收费及政府定价的重要商品和服务价格实施情况，全市公共服务、市场监管、社会管理、环境保护等方面的重大政策措施，政府重大投资项目和重大国有资产处置等其他由政府决策的重大事项执行情况，以及南京区域其他社会影响面大、群众关注度高的政策措施实施情况。

第七条　评估内容包括重大政策措施本身现实的合法性、合理性、可行性、系统性、规范性、风险点等方面的分析评价；政策措施出台后是否得到全面准确的实施，各区、各部门结合实际执行的情况；政策措施实施前后经济、社会和生态效益的比较和分析，是否达到预期目标；政策措施实施中存在的主要问题及其原因分析，实施后相关法规政策的变动情况及其对该决策的影响评估；政策措施利益相关方的评价和意见建议，社会公众和新闻媒体的评价分析；政策措施继续实施的潜在风险和可能影响，提出政策措施终止、调整或修改完善的建议。

第八条　对符合重大政策措施评估范围的相关政策内容筛选确定评估项目，根据市政府主要领导要求、市政府常务会议意见，适时委托第三方组织或机构开展评估。

第三章　评估机构

第九条　按照公开公平公正的原则，引入竞争性遴选机制，通过政府购买服务的方式确定评估机构。

第十条　评估机构可以是相关专业领域的实体性咨询调查机构，也可以是大专院校、科研院所的研究机构，或者其他社会团体和非政府组织。应符合以下基本条件：遵守国家法律法规和行业相关规定，有健全的治理结构及组织章程；有比较稳定的行业专家和研究队伍，有较强的数据采集分析、决策咨询和政策评估能力；机构运转正常，能够独立承担民事责任，社会信誉良好；具体评估事项所需的其他必要条件。

第十一条　受委托进行第三方评估的机构及工作人员须签定委托协议及保密协定，对评估工作中涉及的国家秘密、商业秘密和个人隐私等予以保密，涉密文件和介质以及未公开的内部信息要严格按相关规定使用和保存，未经批准不得对外透露评估工作信息，不得接受采访或以个人名义对外发表与评估内容相关的言论或文章。评估机构负责人和报告签署人对评估报告的真实性、客观性、公正性负责，并承担相应的法律责任。

第十二条　评估机构应根据实际评估需要，制定科学合理的评估标准、评价指标，采取问卷调查、实地调研、察访核验、舆情跟踪、座谈交流和专家咨询等方式进行信息采集，以翔实数据和充分论据为基础，定性和定量分析相结合，对重大政策措施进行系统分析。

第四章　评估工作组织

第十三条　接受政府委托的评估机构应当根据评估协议内容制定切实可行的评估方案，按照评估准备、实施和总结三个阶段组织评估工作。

（一）准备阶段主要任务是根据委托协议确定的评估内容制定评估方案，明确评估对象、目标和技术手段，并进一步细化工作方案。

（二）实施阶段主要任务包括选择合适的评估方法和调查手段收集政策措施的各类数据与信息，利用专业技术加以梳理、分析，在此基础上得出结论、作出评价，撰写评估报告。

（三）评估总结阶段主要任务是审议修订评估报告，向市政府常务会议或专题会议汇报评估情况及结论，并对评估工作进行总结。

第十四条　根据政策措施制定、执行、效果三个环节，确定评估重点，细化评估标准，制定评估指标，开展具体评估工作。

（一）政策措施制定环节重点对制定背景、目标、路径设计、资金设置等基础情况进行收集和整理，对政策措施目标设置是否合理、内容是否可行，与其它相关政策措施是否冲突、与宏观政策目标是否一致等情况进行评价。

（二）政策措施执行环节重点对资源投入、工作机制、工作举措、工作创新以及工作量、执行度等数据和信息进行收集和分析，围绕人财物投入是否足以保障政策措施执行，执行机构设置、人员配备、工作机制是否满足执行需要，目标群体对政策措施是否做出及时反映和反馈，政策措施是否得到了有力执行，政策措施的社会公众认知度及其社会影响等方面进行评价。

（三）政策措施效果环节重点通过比较政策执行前后的情况变化，对政策措施的社会效果及价值进行分析，围绕政策措施目标实现程度、目标群体的满意度、产生的其他效果以及投入与产出情况等进行比较分析后进行评价。

第五章　保障措施

第十五条　建立市政府重大政策措施第三方评估工作领导小组，由市政府主要领导任组长，分管副市长任副组长，市有关部门为成员单位。

领导小组办公室设在市政府办公厅（研究室），主要负责日常组织协调工作。

第十六条　领导小组办公室负责建立持续性、常态化的工作机制，包括加强第三方评估制度建设、拟定年度评估计划、提出第三方评估项目建议、建立第三方评估专业机构库、跟踪第三方评估过程、推动第三方评估结果运用等。

第十七条　市级各部门要积极支持和配合第三方评估工作，提高政府工作透明度，加大政府信息公开力度，主动全面地向评估机构提供相关资料和自我评估报告，如实说明重大政策措施实施的有关情况、实施过程中存在的突出问题，并提出相关建议，不得干预第三方评估机构独立工作。

第十八条　注重跟踪评估结果，推进政策运行进入"执行—评估—改进—再评估—再改进"的良性循环。要根据市政府常务会议听取评估报告和结论后的决策，进一步修订和完善相关政策，改进工作措施，保证工作成效。评估结果应作为政府绩效管理和行政问责的重要参照依据，强化评估约束力。

第十九条　将第三方评估作为政府购买服务项目纳入财政预算，做到经费有来源，保障有依托，切实提高资金使用效益。

第二十条　发挥群团组织和行业协会的专业职能，拓展评估渠道。调动非政府组织参与政策措施第三方评估工作的积极性，培育壮大一批有影响的专业评估机构。加强人才培育，促进我市第三方评估市场良性发展。

第二十一条　借力市专家咨询委员会加强对我市第三方评估工作的再评价，不断优化提升重大政策措施第三方评估水平。

第六章　附则

第二十二条　本试行办法自印发之日（2016 年 3 月 23 日）起执行。

大连市重大行政决策社会稳定风险评估办法

第一条 为了规范重大行政决策社会稳定风险评估工作，推进行政机关依法科学民主决策，维护人民群众根本利益，根据国家和省有关规定，结合我市实际，制定本办法。

第二条 本办法所称重大行政决策社会稳定风险评估（以下简称社会稳定风险评估）是指行政机关依照法定职权和程序，运用科学、系统、规范的评估方法，对重大行政决策可能引发的社会稳定风险因素进行识别、分析、预防的行为。

第三条 本办法适用于大连市人民政府及其工作部门公布的重大行政决策事项目录中确定事项的社会稳定风险评估工作。法律、法规另有规定的除外。

第四条 社会稳定风险评估应当遵循科学合法、公开公正、权责统一和统筹兼顾的原则。

第五条 社会稳定风险评估工作经费和评估经费纳入评估主体部门预算予以保障。社会稳定风险评估情况列入市人民政府依法行政考核内容。

第六条 社会稳定风险评估工作的主体分为决策主体、评估主体、实施主体。

作出重大行政决策决定的市人民政府及其工作部门是决策主体。

市人民政府公布的重大行政决策事项目录中确定的重大行政决策事项承办部门、公布了本部门重大行政决策事项目录的市人民政府工作部门，是评估主体；决策事项涉及多个承办部门的，负责牵头的承办部门是评估主体。

具体负责组织实施重大行政决策的市人民政府工作部门、区（市）县人民政府或其他组织是实施主体。

第七条 决策主体、评估主体、实施主体按照本办法规定的分工开展社会稳定风险评估工作。

重大行政决策涉及的相关部门应当按照各自职责配合开展社会稳定风险评估工作，提供社会稳定风险评估相关资料，如实说明重大行政决策实施可能出现的社会稳定风险。

第八条 评估主体应当按照相关规定，科学、规范设定评估指标。

第九条 社会稳定风险评估的内容：

（一）合法性，主要有决策主体、决策权限、决策程序、决策内容等是否符合有关法律法规和政策规定；

（二）合理性，主要有决策事项的社会效益、经济效益和生态效益等是否符合人民群众现实利益、长远利益和合法权益；

（三）可行性，主要有决策事项的实施方案、实施物质条件、实施时机等是否周密、成熟，符合地区、行业发展需求，是否得到大多数人民群众的支持；

（四）可控性，主要有决策事项是否存在国家安全、公共安全隐患，社会稳定风险因素的预防措施和应急处置预案的相关情况。

第十条 社会稳定风险评估应当按照下列程序进行：

（一）确定需要评估的重大行政决策事项；

（二）制定评估方案；

（三）就决策事项书面征求市信访、财政、公安、安监、环保、规划等有关部门意见，通过媒体及政府网站公开征求社会意见；

（四）根据实际情况采取查阅文件资料、实地调查、问卷调查、座谈会、听证会、论证会、书面专题咨询等方式收集相关信息；

（五）根据收集的信息及反馈意见对社会稳定风险因素进行识别、分析，确定重大行政决策的风险点、风险源；

（六）制定预防措施和应急处置预案；

（七）根据确定的风险点和风险源及预防措施，对照评估指标，按照高风险、中风险、低风险三个类别，确定风险等级；

（八）编制社会稳定风险评估报告。

公开征求社会意见应当在本市主流媒体及网站上进行，时间应当不少于10个工作日。参加座谈会、论证会等的利益相关企业、群众代表人数应当不少于参会总人数的五分之三。参与论证的专家和专业机构应当在论证意见上署名或盖章。

重大行政决策的社会稳定风险评估与环境影响评价信息可以共享。

对涉及国家秘密的重大行政决策开展社会稳定风险评估，应当遵守国家有关保密规定。

第十一条 社会稳定风险评估报告应当包括以下内容：

（一）重大行政决策事项的基本情况；

（二）社会稳定风险评估的主体、方式和过程；

（三）社会各方对重大行政决策的反映和对决策风险的分析意见；

（四）重大行政决策的风险点、风险源；

（五）重大行政决策风险防范和化解措施，以及应急处置预案等内容；

（六）重大行政决策风险等级。

评估报告由评估主体报送决策机关，并按规定履行备案手续。

第十二条 决策主体根据社会稳定风险评估报告，按照法定程序，对重大行政决策事项作出实施、暂缓实施、不实施的决定。

第十三条 评估主体在决策事项实施过程中，应当跟踪决策实施情况。发现因社会稳定风险导致重大决策目标全部或部分不能实现的，应当向决策主体提出停止执行、暂缓执行或修正决策的建议。

第十四条 实施主体在决策事项实施过程中发现存在重大社会稳定风险因素或者发生社会稳定风险事件时，应当根据预防措施和应急处置预案妥善处置。预防措施和应急处置预案无法有效化解时，决策主体应当及时作出暂缓实施或者终止实施的决定。

第十五条　暂缓实施、不实施或者终止实施的重大行政决策，决策主体重新决策时应当按照本办法规定重新开展社会稳定风险评估工作。

第十六条　评估主体根据需要可以委托第三方专业机构提供社会稳定风险评估服务。

评估主体委托第三方专业机构进行社会稳定风险评估的，应该按照法律、法规、规章和国家及省有关规定，通过公开公正竞争择优方式确定第三方专业机构，并签订委托合同。

评估主体应当积极配合第三方专业机构开展评估工作，并不得干扰和影响评估结论的形成。评估主体的责任不因委托发生转移。

第十七条　受委托的第三方专业机构应当保持独立地位，坚持实事求是、科学负责、客观中立的原则，保证评估工作质量，提供客观、准确、完整的评估报告。

第十八条　委托第三方专业机构开展社会稳定风险评估的，第三方专业机构开展评估的时限不低于 30 天。

第十九条　评估主体应当建立社会稳定风险评估档案，并对档案的真实性、准确性负责。

第二十条　决策主体认为重大行政决策事项不直接关系人民群众切身利益，无需进行社会稳定风险评估的，可以不履行本办法规定的社会稳定风险评估程序。承办部门应当在重大行政决策草案的起草说明中对未履行社会稳定风险评估程序的原因予以说明。

第二十一条　违反本办法规定的情形，相关法律、法规、规章已有规定的，从其规定。

第二十二条　决策主体违反本办法，有下列情形之一的，由上级机关或者监察机关依法追究直接负责的主管人员和直接责任人员的责任；涉嫌犯罪的，移送司法机关依法追究刑事责任：

（一）违反本办法第三条规定，在重大行政决策作出决定前未开展社会稳定风险评估造成严重后果的；

（二）违反本办法第十四条规定，在预防措施和应急处置预案无法有效化解决策事项实施过程中发现的重大社会稳定风险因素或者发生的社会稳定风险事件时，未及时作出暂缓实施或者终止实施的决定的；

（三）违反本办法第十五条规定，在对暂缓实施、不实施或者终止实施的重大行政决策重新决策时，未重新开展社会稳定风险评估的。

第二十三条　评估主体违反本办法有下列情形之一的，由上级机关或者监察机关依法追究直接负责的主管人员和其他直接负责人员的责任；涉嫌犯罪的，移送司法机关依法追究刑事责任：

（一）违反本办法第九条、第十条规定，未按照本办法规定评估内容、评估程序开展社会稳定风险评估的；

（二）违反本办法第十三条规定，在重大行政决策实施过程中发现因社会稳定风险导致重大决策目标全部或部分不能实现时，未及时向决策主体提出停止执行、暂缓执行或修正决策建议的；

（三）违反本办法第十六条规定，委托第三方专业机构评估时，未依法依规公开公正竞争择优确定的、干扰影响评估结论形成的；

（四）在社会稳定风险评估过程中，徇私舞弊、滥用职权、弄虚作假的。

第二十四条 实施主体违反本办法第十四条规定，在重大行政决策实施过程中发现存在重大社会稳定风险因素或者发生社会稳定风险事件时，未根据预防措施和应急处置预案妥善处置的，依法追究直接负责的主管人员和直接责任人员的责任；涉嫌犯罪的，移送司法机关依法追究刑事责任。

第二十五条 参与社会稳定风险评估论证的专家及专业机构，弄虚作假，出具严重违反科学规律或者客观事实的专业意见的，由评估主体将其纳入诚信考核记录，公开取消其社会稳定风险评估资格。

第二十六条 被委托的第三方专业机构在社会稳定风险评估过程中弄虚作假，出具虚假评估结论的，由第三方专业机构的行政主管部门将专业机构和参与人员信息记入征信系统；引发社会稳定风险事件的，第三方专业机构和参与人员自被记入征信系统之日起五年内不得参与社会稳定风险评估业务；涉嫌犯罪的，移送司法机关依法追究刑事责任。

第二十七条 重大行政决策事项目录之外的市人民政府及其工作部门的重大行政决策、各区（市）县人民政府以及市人民政府派出机构的重大行政决策，其风险评估工作参照本办法执行。

第二十八条 本办法自 2019 年 2 月 1 日起施行。

青岛市人民政府《市政府决策落实第三方评估办法（试行）》

第一条　为进一步推动政府管理方式改革创新，形成更加全面、专业、权威、客观的评估机制，提高决策执行效率和督查落实水平，根据《山东省行政程序规定》《青岛市人民政府工作规则》等有关规定，制定本办法。

第二条　本办法所称市政府决策落实第三方评估，是指第三方评估主体运用科学、系统、规范的评估方法，对市政府决策落实情况进行综合评估，并提出意见建议的活动。

第三条　第三方评估坚持依法依规、公开透明、科学规范、公平公正、公众参与、客观求实的原则，做到独立、专业和权威。

第四条　市政府办公厅负责市政府决策落实第三方评估工作，并作为市政府决策落实第三方评估工作的委托方。

第五条　市政府决策落实第三方评估对象包括：各区、市政府，市政府各部门，市直有关单位以及市政府决策落实的其他实施主体。

第六条　第三方评估重点评估以下内容：

（一）重要政策落实情况。政策是否全面准确地得到贯彻落实，所取得的经济、社会和生态效益，社会公众的评价及反映，各级各部门对政策的创新性落实情况，实施过程中存在的主要问题、原因及下步建议等。

（二）重大项目推进情况。项目建设基本情况，项目建设进度、推进效率及完工预期，项目推进过程中存在的主要问题、原因和责任及改进建议等。

（三）重点工作开展情况。工作落实的实际效果，工作任务进展预期情况，创新性推进重点工作的做法及成效，工作推进中存在的主要问题、原因及改进建议等。

第七条　第三方评估主体是指委托方择优选择的高校、科研院所、中介机构、专业公司、有关社会组织和专家学者等。

第八条　第三方评估主体必须遵守国家法律法规和政策规定，准确把握大局和相关政策要求，在组织机构、人员构成和资金来源上应完全独立于评估对象，具备评估工作所需要的专业资质，能够熟练运用先进的评估技术和方法。

第九条　根据评估内容和要求，第三方评估可采取以下的方式进行：

（一）机构评估方式。主要由高校、科研院所等具有评估能力的机构作为评估方，对市政府决策落实情况进行第三方评估。

（二）公司评估方式。主要由市场化程度比较高的专业公司或中介机构作为评估方，对市政府决策落实情况进行第三方评估。

（三）专家评估方式。主要由有关专家学者、专业团队等作为评估方，对市政府决策落实情况进行第三方评估。

（四）公众评估方式。主要由相关机构组织测评团或评议代表作为评估方，对市政府决策落实情况进行第三方评估。测评团或评议代表主要由人大代表、政协委员、各民主党派、工商联和无党派人士以及与评估事项相关的群众和企业代表等构成。

第十条　根据评估项目特点，本着灵活高效的原则，委托方可选择1种或多种方式开展评估。第三方评估可与政务督查并行开展。

第十一条　市政府决策落实第三方评估工作按照以下程序进行：

（一）确定评估项目。委托方根据全市重点工作、《政府工作报告》和市政府常务会议、专题会议研究决定的事项以及市领导要求，并结合相关工作进展节点，提出拟评估项目，明确评估对象及评估范围，报经市政府同意后组织实施。

（二）选择评估主体。委托方按照政府购买决策咨询服务有关规定，确定条件要求，依法依规择优选定评估方，签订购买服务合同。

（三）制定评估方案。评估方提出第三方评估方案，制定评估步骤和标准，建立指标体系，明确研究方法，并征求相关方面意见。评估方案经委托方审核同意后，由评估方组织实施。

（四）提供评估信息。评估对象应当积极配合开展评估工作，如实提供涉及评估的相关资料，实事求是反映市政府决策落实情况以及存在的问题，提出相关建议。

（五）开展科学评估。评估方根据需要，利用相关评估技术和方法开展分析研究，在约定时间内提交评估报告。

（六）交付评估成果。由委托方对符合约定要求的评估成果履行成果交接和购买决策咨询服务支付义务，并将评估成果及时上报市政府。

第十二条　第三方评估提出的改进建议经市政府研究决定采纳的，相关部门（单位）应及时制定工作措施，保障决策落实。落实情况由市政府办公厅负责开展专项督查。

第十三条　评估发现部门（单位）及个人不作为、乱作为或由于失职影响到市政府决策落实的，经有关部门查实，严格依法依规追究相关责任。经评估确认为优秀工作经验、创新工作成果的，应当及时总结推广。

第十四条　市政府统一开展的第三方评估以政府购买决策咨询服务的方式开展，所需经费由市财政予以保障。建立按需购买、以事定费、公开择优、合同管理的购买机制，采用公开招标、邀请招标、竞争性谈判、单一来源、竞争性磋商等多种方式依法依规采购。具体经费保障办法由市政府办公厅会同市财政部门制定，经市政府批准后实施。经费使用按照节俭开支的原则，做到支出规范、合理、高效。

第十五条　在市政府门户网站开设"市政府决策落实第三方评估"专栏，除涉密评估事项外的有关信息均予以公开，自觉接受社会与公众监督。

第十六条　评估方应当全面、准确、客观、公正地开展评估工作。评估方在开展评估过程中，严禁干扰评估对象正常工作，严禁参与任何可能影响评估公正性的活动，严禁弄虚作假和抄袭剽窃。对相关违规行为经查证属实的，不再委托其从事第三方评估工作。

第十七条　评估成果所有权归委托方所有。评估方应严格履行保密义务，未经委托方许可，不得公开、转让或对外引用。

第十八条　评估对象及相关部门和（单位），不得干扰阻挠第三方评估工作的开展，对敷衍应付评估活动、利用职权影响评估结果等行为，一经查实依法依规严肃处理，并公开通报。

第十九条　各区市、有关部门（单位）开展第三方评估工作可参照本办法执行。

第二十条　本办法自 2016 年 1 月 15 日起施行，到 2017 年 1 月 14 日止。

青岛市重大行政决策风险评估办法

第一条 为规范重大行政决策风险评估工作，进一步提高行政决策水平，根据《法治政府建设实施纲要（2015—2020年）》《山东省法治政府建设实施纲要（2016—2020年）》《青岛市重大行政决策程序规定（试行）》等规定，制定本办法。

第二条 本办法适用于市政府拟作出的重大行政决策的风险评估。法律、法规、规章对重大行政决策风险评估另有规定的，从其规定。

第三条 本办法所称的重大行政决策，是指《青岛市重大行政决策程序规定（试行）》中规定的属于重大行政决策范围内的有关事项。

本办法所称重大行政决策风险评估（以下简称风险评估），是指行政机关依照法定职权和程序，运用科学、系统、规范的评估方法，对重大行政决策事项可能引发的各种风险进行科学预测、综合研判，确定风险等级，提出风险防范措施并制定相应的化解处置预案，形成风险评估报告的活动。

第四条 决策承办单位是风险评估的评估主体，决策事项涉及多个单位的，牵头单位为评估主体。评估主体负责按照本办法规定组织、实施风险评估工作。未经风险评估的，不得提请作出决策。

重大行政决策相关单位应当配合决策承办单位开展风险评估工作，提供风险评估相关书面资料，如实说明重大行政决策实施可能出现的风险，并提出相关建议。

第五条 决策承办单位负责实施风险评估，根据需要可以委托有能力的第三方专业机构提供风险评估专业服务，提出风险评估意见。

决策承办单位委托第三方专业机构进行风险评估的，应当加强组织协调和监督管理，提供必要的服务支持。

第六条 决策承办单位实施风险评估，应当根据需要邀请人大代表、政协委员、政府外聘法律顾问、专家学者、利益相关方和相关部门、社会组织、专业机构参加。

决策承办单位应当以应评尽评、综合评估、风险可控为原则，提高风险评估质量。

第七条 决策承办单位应当重点就决策事项可能给社会稳定、生态环境、经济等方面造成的风险以及风险的可控性进行评估：

（一）社会稳定风险，包括可能引发复杂社会矛盾、群体性事件或过激敏感等事件的情形；

（二）生态环境风险，包括可能造成重大环境污染、生态破坏或者次生自然灾害等不良影响的情形；

（三）生产安全风险，包括可能存在影响生产安全因素的情形；

（四）财政金融风险，包括可能造成大额财政资金流失、带来重大政府性债务、导致区域性或系统性金融风险隐患的情形；

（五）舆情风险，包括可能产生负面评价、恶意炒作舆论的情形；

（六）其他可能引发危及国家安全、公共安全、经济社会安全的风险。

第八条　风险评估应当按照下列程序进行：

（一）制定风险评估工作方案，明确评估目的、标准、步骤、方法、时限；

（二）采取公示、问卷调查、入户访问、调查研究、召开座谈会等方式，广泛听取相关部门和社会公众、利益相关方、专家学者等各方意见；

（三）全面排查重大行政决策的风险点和风险源；

（四）分析研判重大行政决策风险等级；

（五）提出重大行政决策风险防控措施和化解处置预案；

（六）形成风险评估报告。

第九条　风险评估应当在决策承办单位拟定决策方案阶段实施，并形成风险评估报告。风险评估报告是市政府决策的重要依据。

第十条　风险评估报告应当包括以下内容：

（一）重大行政决策事项的基本情况；

（二）风险评估的主体、方式和过程；

（三）社会各方面对重大行政决策的反映和对决策风险的分析意见；

（四）重大行政决策的风险点、风险源；

（五）重大行政决策风险的影响；

（六）重大行政决策风险等级；

（七）重大行政决策风险防范和化解措施，以及应急处置预案等内容。

第十一条　风险等级分为高、中、低三级，具体划分标准如下：

（一）社会公众大部分有意见、反映特别强烈，可能引发大规模群体性事件，难以疏导、稳定，存在较大社会稳定、生态环境、财政或者公共安全风险隐患的，为高风险；

（二）社会公众部分有意见、反映强烈，可能引发矛盾冲突，但可以采取风险防范措施予以化解，存在一定社会稳定、生态环境、财政或者公共安全风险隐患的，为中风险；

（三）社会公众能够理解支持，少部分人有意见，存在较小社会稳定、生态环境、财政或者公共安全风险隐患的，为低风险。

决策方案存在高风险的，决策承办单位应当区别情况向市政府提出不提请决策、调整决策方案、降低风险等级后再行决策的建议；存在中风险的，采取防范、化解措施后再作出决策；存在低风险的，可以作出决策。

第十二条　参与风险评估的单位及其工作人员，应当遵循独立、客观、科学、合法、公正的原则，对评估涉及的内容、过程和结果等信息予以保密。

第十三条　决策承办单位违反本办法规定对应当进行风险评估而未进行、不按照规定程序和要求进行风险评估、隐瞒真实情况或者弄虚作假，导致重大行政决策失误，造成不良影响和重大损失的，由上级机关或者监察机关依照有关规定，对负有直接领导责任的主管人员和其他责任人员追究责任。

第十四条 受委托的第三方专业机构违背事实提出风险评估意见，造成严重后果的，应当依照委托协议承担相应责任，并由决策承办单位提请有关部门将其行为纳入不良信用记录。

第十五条 各区（市）政府、市政府各部门重大行政决策风险评估参照本办法执行。

第十六条 本办法自发布之日（2018 年 11 月 25 日）起施行。

深圳市政府规章实施后评估办法

第一条 为规范深圳市人民政府规章（以下简称规章）的实施后评估工作，进一步提高规章立法质量，根据《广东省政府规章立法后评估规定》（省政府令第127号）和《深圳市人民政府制定规章和拟定法规草案程序规定》（市政府令第218号），结合实际，制定本办法。

第二条 规章实施后评估工作，适用本办法。

本办法所称规章实施后评估，是指规章发布实施后，依照本办法的规定，对规章的立法质量、执行情况、实施效果、存在问题等进行调查、评价，提出修改、废止规章或者完善有关制度等意见的活动。

第三条 规章实施后评估工作应当坚持客观公正、公开透明、公众参与、注重实效的原则。

第四条 规章的实施部门是规章实施后评估的责任单位；综合性的、多个部门实施的或者市政府要求评估的规章，可以由市政府法制机构组织实施后评估。

市政府法制机构负责规章实施后评估的组织、指导和协调工作。

第五条 规章实施满3年，有下列情形之一的，应当进行实施后评估：

（一）规章拟全面修订或拟上升为地方性法规的；

（二）市政府要求进行评估的；

（三）市人大、市政协建议进行评估的；

（四）市政府法制机构认为有必要进行评估的。

第六条 市政府法制机构应当制定规章实施后评估工作指引。

第七条 规章实施后评估按照下列程序进行：

（一）成立评估工作组。评估工作组由实施后评估责任单位有关工作人员组成，也可以邀请公众代表、人大代表、政协委员、专家学者等参加；

（二）制定评估方案。评估方案主要包括评估目的、评估内容和标准、评估方法、评估步骤和时间安排、经费和组织保障等；

（三）开展调查研究。通过网上公开征求意见、实地考察、专题调研、座谈会、问卷调查、专家论证等方法，收集有关单位、行政管理对象和社会公众的意见和建议；

（四）进行分析评价。对收集到的材料进行分析研究，对照评估内容和评估标准进行分析评价；

（五）形成评估报告。根据分析评价情况，提出规章继续施行或者修改、废止、制定配套制度、改进行政执法等方面的评估意见，形成评估报告。

规章实施后评估报告由评估责任单位报市政府，其中评估责任单位为规章实施部门的，应当在征求市政府法制机构意见后报市政府。

第八条 规章实施后评估责任单位根据需要，可以将规章的实施后评估或者实施后评估工作中的部分事项委托高等院校、科研机构、社会组织、中介机构等单位具体实施。

第九条 对规章中的具体制度进行评估的，可以采用简易程序进行评估。

采用简易程序进行实施后评估的，主要通过召开座谈会、问卷调查、书面征求意见等方法收集信息资料，组织专家分析或者召开论证会等方法进行评估，形成评估报告。

第十条 开展规章实施后评估工作时，应当采取多种方式，及时公开评估工作有关信息，广泛征求社会公众、人大代表、政协委员、专家学者等方面的意见。

第十一条 由市政府法制机构进行评估的，规章的实施部门应当按照评估方案的要求，开展规章评估项目实施情况自查并向市政府法制机构提交规章实施情况报告，协助开展实地考察、专题调研、召开论证会、座谈会等工作。

由规章实施部门进行评估的，市政府法制机构应当予以指导，与规章实施有关的其他部门应当予以协助。

第十二条 规章实施情况报告应当包括下列内容：

（一）规章的主要制度及实施情况；

（二）本部门依据规章负有的职责及履行相应职责的人、财、物配备情况；

（三）依据规章实施行政处罚、行政检查等行政行为的情况；

（四）规章实施中存在的立法和实际执行问题；

（五）上位法的制定、修改和废止对规章的实施产生的影响以及规章实施部门对上述情况采取的措施；

（六）规章要求制定的具体办法或配套制度的制定及执行情况；

（七）完善本市有关立法的建议。

第十三条 规章实施后评估报告应当包括下列内容：

（一）评估工作的基本情况；

（二）本办法第十二条规定的内容及规章主要制度和措施执行情况的数据分析、重点问题的论证情况；

（三）征求意见及采纳情况；

（四）评估结论，包括规章的合法性、适当性、可操作性、完善性、立法目的实现程度、执行效果、存在的主要问题，以及修改、废止、解释、制定配套制度等相关建议。

第十四条 规章实施后评估工作应当在6个月内完成；采用简易程序的，应当在3个月内完成。

第十五条 规章实施后评估报告是修改、废止规章，完善配套制度和改进行政执法工作的主要参考依据。

第十六条 规章实施后评估报告建议规章进行修改或者废止的，该规章修改、废止项目应当优先列入下一年度政府立法工作计划，起草责任单位应当按照《深圳市人民政府制定规章和拟定法规草案程序规定》（市政府令第218号）的规定及时启动修改、废止程序。

第十七条 根据规章实施后评估报告拟修改、废止规章的，起草责任单位应当采纳评估报告提出的建议，未采纳的应当说明理由。

第十八条 规章实施后评估报告建议规章的实施工作需要改进或者需要完善配套制度的，规章实施部门应当在评估报告批准后的6个月内采取相应整改措施，完善有关配套制度，未实施的应当说明理由。

第十九条 规章实施后评估工作的其他事项，依照《广东省政府规章立法后评估规定》（省政府令第127号）的有关规定执行。

第二十条 本办法自发布之日（2015年7月21日）起施行。

深圳市重大事项社会稳定风险评估办法

第一章　总则

第一条　为正确处理改革、发展、稳定三者之间的关系，切实从源头上预防、减少和消除影响社会稳定的隐患，按照科学发展观和构建和谐社会的总体要求，根据《中共广东省委关于贯彻〈中共中央关于构建社会主义和谐社会若干重大问题的决定〉的实施意见》的精神，结合深圳实际，制定本办法。

第二条　本办法所称的重大事项是指我市涉及到较大范围人民群众切身利益的重大决策，法规制定或修改，改革举措以及市政规划、建设项目的实施。社会稳定风险评估是指对重大事项是否可能引发群众大规模集体上访或群体性事件进行先期预测、先期研判、先期介入。

第三条　重大事项社会稳定风险评估坚持科学决策，以人为本，民主法制和"属地管理"以及"谁主管、谁负责"的原则。

第二章　评估范围和评估内容

第四条　评估范围主要包括如下重大事项：

（一）关系到较大范围人民群众切身利益的重大决策。

（二）涉及到人民群众普遍关心的有关民生问题的法规、规章的制定或修改。

（三）国有企业和事业单位的重大改革或改制。

（四）有可能在较大范围内对人民群众生产、生活造成影响的市政规划建设。

（五）涉及到诸多群体利益的行业政策调整。

（六）各级党委、政府或维护稳定领导小组认为应当进行社会稳定风险评估的其他事项。

第五条　评估内容：

（一）是否符合以人为本的科学发展的要求，是否符合大多数群众的利益诉求，是否给所涉及群众的生产、生活带来一定的影响。

（二）是否存在引发群众大规模集体上访或群体性事件的风险。

（三）重大事项涉及的群众有可能就哪些方面提出合理的异议和诉求，能否通过法律、政策妥善解决。

（四）对涉及群众有可能提出的不合理诉求，能否依据法律、政策进行充分合理解释、有力论证和详细说明，并取得大部分群众的理解和支持。

（五）对所涉及群众的补偿、安置、保障等措施是否与其他地区同类或类似事项的措施有较大差别，是否可能引起群众的强烈不满；

（六）有可能引发不稳定因素的其他方面。

第三章 评估责任主体

第六条 评估责任主体是重大事项方案制订的职能部门。如重大事项是人大、政府制订出台的，由人大、政府指定评估责任主体；如涉及到多部门职能交叉而难以界定评估责任主体的，由同级党委、政府指定。

第七条 市级重大事项由市级职能部门牵头负责进行评估，区级重大事项由区级职能部门牵头负责进行评估。具体如下：发展改革部门负责牵头重大改革决策等方面；国资委负责牵头所属的企（事）业单位改制等方面；规划、建设部门负责牵头重大项目的规划、建设等方面；国土房产部门负责房屋拆迁、物业管理等方面；交通部门负责交通运输等方面；环保部门负责生态、环境等方面；劳动保障部门负责社会就业、劳动保障等方面；物价部门负责物价管理等方面；卫生部门负责公共卫生和医疗服务等方面；城管部门负责城管执法等方面。

第八条 各级信访、维稳部门负责抓好社会稳定风险评估工作的督导和协调。

第四章 评估程序

第九条 社会稳定风险评估分一般评估和重点评估。

（一）一般评估适用于评估责任主体认为没有社会稳定风险或风险较小，不会引发群众大规模集体上访或群体性事件发生的重大事项。

（二）重点评估适用于评估责任主体认为社会稳定风险较大，有可能引发群众大规模集体上访或群体性事件的重大事项。

第十条 一般评估由评估责任主体根据有关规定，就重大事项征求意见、论证和公示的同时，对社会稳定风险进行认真预测，形成社会稳定风险评估报告报同级信访、维稳部门审批。

第十一条 重点评估由评估责任主体成立专门的社会稳定风险评估小组，组织相关部门和专家、学者或委托有资质的第三方机构进行。重点评估遵照以下程序：

（一）确定评估事项。凡是涉及到第四条规定内容之一、评估责任主体认为存在较大社会稳定风险的，必须书面函告同级信访、维稳部门，并将其确定为需重点评估事项。

（二）制定评估方案。明确指导思想、组织形式、工作目标、时间安排及具体要求。

（三）组织进行评估。由评估小组根据征求意见、论证和公示过程中掌握的情况对涉及到稳定工作的方方面面进行缜密分析，科学预测。

（四）编制评估报告。对社会稳定风险评估工作进行全面汇总和分析论证；对稳定风险作出风险很大、有风险、风险较小或无风险的最终评价；对重大事项的实施作出可实施、可部分实施、暂缓实施或不实施的建议。

（五）制定工作预案。对评估出来的不稳定隐患，制定调处化解和应急处置工作预案。

（六）上报。评估主体将社会稳定风险评估报告报同级信访、维稳部门。同级信访、维稳部门在认真审核后，上报同级加强信访工作和维护社会稳定协调领导小组审批。

第五章　责任追究

第十二条　对应进行社会稳定风险评估而未实施或组织实施不力，引发大规模集体上访或群体性事件的，对有关单位及其主要责任人和直接责任人进行责任追究。

第十三条　责任追究依据《深圳市维护社会稳定工作责任倒查规定（试行）》，由同级信访、维稳部门会同纪检、监察、组织、人事、综治等部门实施。

第六章　附则

第十四条　社会稳定风险评估所需经费由市、区两级财政部门在各评估牵头单位的年度部门预算中审核安排。

第十五条　本办法由市委维护稳定工作领导小组办公室负责解释。

第十六条　本办法从印发之日（2008 年 2 月 4 日）起施行。

呼和浩特市大数据管理局重大行政决策后评估制度

第一条 为加强对重大行政决策执行情况的跟踪、调查与反馈，促进决策的执行，提高重大行政决策水平，根据《呼和浩特市人民政府关于印发呼和浩特市重大行政决策程序规定的通知》（呼政发〔2015〕59号）等有关规定，结合工作实际，制定本制度。

第二条 本制度所称的重大行政决策的范围，根据《呼和浩特市大数据管理局重大行政决策制度》确定。

第三条 本制度所称重大行政决策后评估是指负责评估的单位，依据一定的标准和程序，运用科学、系统、规范的评价方法，对决策执行效果做出综合评定并提出决策延续、调整或终结意见建议的活动。

第四条 重大行政决策后评估工作应当遵循客观、公开、公正、科学的原则。

第五条 决策承办科室或局属单位（以下称承办单位）具体负责并组织实施决策后评估工作。其他科室和有关单位应当积极配合。

第六条 重大行政决策后评估工作一般在该行政决策实施一年后进行。如有必要，可以对该行政决策组织再次评估，两次评估的时间间隔一般应在一年以上。

行政规范性文件的评估工作每两年进行一次。

第七条 决策后评估的准备工作包括：

（一）确定后评估对象；

（二）确定合适的后评估机构、人员；

（三）制定后评估方案，包括目的、标准、方法和经费。

（四）后评估方案报局分管领导批准。

第八条 下列重大行政决策事项应当作为后评估对象：

（一）公民、法人和其他组织提出意见集中、反映强烈的；

（二）决策执行效果不明显、存在问题较多的；

（三）重大政策、法律制度调整的；

（四）市委、市政府要求评估的；

（五）局领导或决策承办单位认为需要评估的。

第九条 重大行政决策后评估工作围绕以下内容开展：

（一）决策实施的结果与决策制定的目的是否符合。

（二）决策实施的成本、效益分析。

（三）决策带来的负面因素。

（四）决策在实施对象中的接受程度。

（五）决策实施带来的近期效益和长远影响。

（六）决策实施过程中存在的问题、主要原因和调整建议。

第十条 重大行政决策后评估的实施：

（一）运用个体访谈、集体访谈或采用文件资料审读、抽样问卷等方法采集、整理决策实施情况信息。

（二）采用定性、定量分析相结合的方法统计分析决策信息。

（三）运用成本效益统计、抽样分析法等政策评估方法得出结论并加以综合分析，最终获得综合评定结论。重大行政决策后评估的具体方法可以根据决策特点和评估的要求，选择上述一种或多种方法。

第十一条 承办单位同有关科室应当成立后评估小组。后评估小组人员应当不少于3人。除承办单位、有关科室外，可从其他单位抽调人员或邀请相关专家参与。

根据需要，承办单位可以委托科研机构、高等院校、社会团体等第三方开展决策后评估。

第十二条 重大行政决策后评估工作应当根据实际，合理确定评估时间、任务安排。

第十三条 重大行政决策后评估工作应当在60日内完成评估，并形成评估报告。情况复杂的，经局主要负责人同意，可延长30日。

第十四条 决策后评估小组或第三方完成评估后，应当提交决策后评估报告。重大行政决策后评估报告主要包括下列内容：

（一）对行政决策进行总体评估，对行政决策效果作出定性与定量评价。

（二）提出行政决策评估和定性、定量评价的依据。

（三）行政决策实施过程中存在的问题及对策。

（四）对行政决策延续、调整或终结的建议。

第十五条 决策后评估报告应当报局分管领导和主要负责同志审阅，然后报局党组研究审定，按照决策程序集体研究最终决策后评估报告，形成对决策继续实施、调整或废止的决定并向社会公开。

第十六条 重大行政决策后评估工作纳入依法行政绩效考核内容，对出现重大行政决策失误、执行不力、无故不予执行或拖延执行等行为的，按有关规定追究责任。

第十七条 重大行政决策后评估工作部门及其工作人员应当依法履行工作职责，对违反工作纪律、滥用职权等侵害公民、法人或者其他组织合法权益的，按有关规定追究责任。

第十八条 本制度自印发之日（2020年4月13日）起施行。

呼和浩特市大数据管理局重大行政决策及
重大项目督查落实制度（试行）

第一条 为确保我局重大行政决策依法合规、有效执行以及重大项目依法合规及时推进，规范行政行为，提高行政效能，制定本制度。

第二条 我局重大行政决策和重大项目建设由各承办科室（部门）负责落实并履行自查工作职责，根据我局"三定"方案，重大行政决策和重大项目督查工作原则上由规划标准科具体负责，也可由局党组决定成立专项工作督查组开展工作，做到逐级负责、分工协作，推动工作落实。

第三条 工作原则

重大行政决策及重大项目建设，坚持内部督查与外部督查相结合的原则，实行事前、事中、事后全过程督查。

（一）依法督办原则。紧紧围绕中心工作，严格遵守法律法规，对自治区、市委、市政府的重大决策以及上级领导、局领导的重要指示进行跟踪督查督办。

（二）实事求是原则。督查督办事项根据上级要求和领导指示及实际工作需要确定。要讲求效率，保证质量，做到及时、客观、公正，以保证各项决策、工作部署及时有效贯彻，确保落实"闭环工作法"。

（三）注重实效原则。承办科室（部门）要抓紧办理督查督办事项，并按要求报送办理结果。如遇特殊情况，在规定时限内不能办结的，应说明情况和原因，并及时报告办理情况。

第四条 督查程序

（一）明确要求。交办重大行政决策及重大项目建设时，要明确承办科室（部门）、工作要求和时限要求。

（二）日常催办。督查科室（部门）根据工作需要、工作落实进展及局领导要求确定的催办事项，以催办、督办的形式推动工作落实。

（三）专项督办。对重大行政决策、重大项目建设以及贯彻落实上级工作部署进度迟缓或落实交办工作不力时，可根据局党组意见，进行专项督办。

第五条 督查内容

（一）我市关于大数据产业发展、智慧城市建设的决策部署和上级领导重要批示落实情况；

（二）制定我市大数据产业发展、智慧城市建设、电子政务外网等规划情况；

（三）涉及全市大数据发展、智慧城市建设、电子政务外网等的重大改革措施推进情况；

（四）制定涉及群众切身利益的重要政策性文件和规范性文件制定情况；

（五）重大项目建设推进和重大项目资金使用情况；

（六）需要督查督办的其他重大行政事项。

第六条　工作程序

（一）立项。凡属于所列督查督办工作内容、根据工作需要进行督查督办的，由局办公室提出督查督办事项和承办科室（部门），报局党组审定后立项，由督查科室（部门）制定《督查通知》的形式交由承办科室（部门）办理。

（二）承办。承办科室（部门）在接到督查督办工作任务后，要明确专人负责并及时办理。法律法规有明确规定或交办机关和领导有明确要求的，按规定时限和要求承办。其他督办事项的办理时限原则上为 5 个工作日，最长不超过 10 个工作日。个别特殊事项或因不可抗力的原因难以在 10 个工作日内办结、确需延长时限的，要报局领导批准并送督查科室（部门）备案。

（三）督办。督查科室（部门）要及时掌握和通报督查督办事项办理进展情况，督促承办科室（部门）在规定时限内办结。

（四）协调。对一个部门难以单独完成、需要其他部门配合以及情况复杂的督查督办事项，要明确主办部门和协办部门，由主办部门牵头协商办理。涉及全局性工作或特别重大的事项，由督查科室（部门）提出办理建议，报请局领导审定后办理。

（五）反馈。凡属督查督办的事项，承办科室（部门）应及时反馈办理情况。承办过程中如发现问题，须立即向分管局领导报告，并通报督查科室（部门）。督查督办事项办结后，承办科室（部门）要及时向局领导报告，并将相关材料送督查科室（部门）备案。

（六）归档。承办部门办结督查督办事项后，要将相关材料按档案管理相关规定立卷归档。

第七条　工作要求

加大对重大行政决策和重大项目建设的监督力度，依照相关法律、法规和规章，对违法决策行为进行追究。积极配合上级监督机关，做好对本级重大行政决策的监督。

（一）督查督办工作涉及制定重要政策性文件和规范性文件，要严格按照局机关规范性文件合法性审查制度规定执行。

（二）对涉密的督查督办事项，要严格按保密规定办理。对需要控制知情范围的督查事项，须严格在规定范围内进行。

（三）对督查督办事项的办理落实情况，要及时汇总向局党组报告。

（四）加强对重大项目资金的监督与管理。各资金使用科室定期对资金审批拨付和资金使用等方面进行全面的自查，按要求向规划标准科（或督查部门）报送资金使用情况。规划标准科在局党组领导下按规定对项目资金进行监督管理。

第八条　要坚决制止和纠正超越法定权限、违反法定程序的决策行为。对应当听证而未听证的、未经合法性审查或者经审查不合法的、未经集体讨论做出决策的、依法应当做出决策而不做出决策，玩忽职守、贻误工作的行为，要依照相关的法律规定，对负有领导责任的或者直接责任人员给予处分。

第九条 重大项目资金应当用于规定的支持方向和重点。若在督查中发现有资金使用不当、项目单位达不到申报规定的情况，督查科室（部门）须上报局党组，由局党组根据具体情况作出整改、收回等处理决定。工作人员存在违规分配、拨付项目资金的，按照国家有关规定追究相应责任；涉嫌犯罪的，移送司法机关处理。

第十条 本制度由呼和浩特市大数据管理局负责解释。

第十一条 本办法自印发之日（2020 年 4 月 13 日）起施行。

合肥市人民政府重大行政决策第三方评估实施办法

第一条 为了规范市人民政府重大行政决策第三方评估行为，准确评价决策成效，进一步提高行政决策水平，根据《合肥市人民政府重大行政决策程序规定》（合政〔2011〕153号）、《合肥市人民政府重大行政决策实施效果评估办法（试行）》（合政〔2014〕4号）等规定，制定本办法。

第二条 本办法所称重大行政决策第三方评估，是指独立于决策执行单位、监督单位之外的组织或者机构根据委托，按照一定的标准和程序，对市政府重大行政决策的决策质量、实施绩效、存在问题及其影响因素等进行跟踪调查和分析评估，并提交决策实施效果评估报告的活动。

第三条 重大行政决策第三方评估应当遵循独立、客观、公正、科学的原则。

第四条 决策执行单位具体负责重大行政决策第三方评估工作，是重大行政决策第三方评估的委托方。

有关单位应当积极配合重大行政决策第三方评估，不得阻碍、干扰评估工作。

第五条 按照规定应当开展重大行政决策实施效果评估的，委托方可以根据需要，将重大行政决策评估工作的全部或者部分委托第三方评估机构承担。

第六条 重大行政决策的第三方评估机构应当从高校、科研院所、社会咨询机构、专业公司等社会组织中择优选择。符合政府购买服务有关规定的，应当按照规定程序选择第三方评估机构。

第三方评估机构应当符合下列条件：

（一）遵守法律法规和政策规定，具有良好的社会信誉；

（二）在组织机构、人员构成等方面独立于委托方；

（三）有较强的专业研究队伍，具备评估所需的专业技术和决策咨询能力；

（四）具体评估所需的其他条件。

第七条 委托方应当与第三方评估机构签订委托协议，明确重大行政决策评估内容、质量要求、评估费用、评估时限及违约责任等内容。

第八条 第三方评估机构对重大行政决策评估工作中涉及的国家秘密、商业秘密和个人隐私等应当予以保密。

第三方评估机构未经批准不得对外披露重大行政决策评估工作信息，不得接受采访或对外发表与评估内容相关的言论或文章。

第九条 委托方及有关部门不得干涉第三方评估机构独立、科学、公正开展重大行政决策评估工作，不得预先设定评判性、结论性意见。

第三方评估机构应当坚持独立、客观的工作原则，不得接受预先确定的意见和结论，不得受利害关系人影响。

第十条 第三方评估机构应当在委托范围内开展重大行政决策评估工作，不得将委托事项转包给其他单位或者个人。

第十一条 第三方评估机构应当围绕下列内容开展重大行政决策评估工作：

（一）重大行政决策的完备性、规范性、协调性、操作性；

（二）重大行政决策是否得到全面、准确实施；

（三）重大行政决策实施带来的近期效益和长远影响，以及是否达到制定目的；

（四）重大行政决策实施过程中存在的问题及其原因；

（五）社会公众对重大行政决策的评价与反映；

（六）评估方案要求或委托方认为需要评估的其他事项。

第十二条 第三方评估机构应当按照下列程序开展重大行政决策评估工作：

（一）成立评估小组。评估小组由熟悉重大行政决策的专业人员组成，评估小组成员不得与重大行政决策有利害关系；

（二）制定评估方案。明确评估目的、评估内容、评估标准、评估步骤与方法等内容；

（三）开展评估调研。通过数据收集、抽样调查、问卷调查、实地调研、座谈交流等方法收集重大行政决策相关信息以及利益相关人和社会公众的意见和建议；

（四）进行分析评价。对收集到的信息资料等进行复核汇总、分类整理和综合分析，对照评估标准实施评价，形成评估结论。

第十三条 重大行政决策第三方评估工作结束后，第三方评估机构应当及时撰写评估报告。评估报告应当数据真实、内容完整、分析透彻、结论准确、建议可行，包括以下内容：

（一）评估工作的基本情况；

（二）本办法第十一条规定的评估内容；

（三）评估结论及政策建议；

（四）其他需要说明的问题。

第三方评估机构应当对评估报告的真实性、客观性、公正性负责，并承担相应的法律责任。

第十四条 委托方应当对第三方评估机构提交的重大行政决策评估报告进行审查，必要时可以组织专家讨论。

第十五条 重大行政决策评估报告经委托方审定后报市政府研究，并送市政府法制办备案。

第十六条 重大行政决策评估成果所有权归委托方所有。第三方评估机构未经委托方同意，不得公开、转让或对外引用。

第十七条 委托方及有关部门干扰第三方独立开展评估工作、敷衍应付评估活动或者利用职权影响评估结果的，按照有关规定处理，并公开通报。

第十八条 各县（市）区人民政府、市人民政府各部门重大行政决策第三方评估可以参照本办法执行。

第十九条 本办法自 2018 年 1 月 1 日起实施，有效期三年。

合肥市人民政府重大行政决策实施效果评估办法（试行）

第一条 为规范市政府重大行政决策实施效果评估工作，进一步提高行政决策水平，根据《合肥市人民政府重大行政决策程序规定》（合政〔2011〕153号），结合本市实际，制定本办法。

第二条 本办法所称重大行政决策实施效果评估，是指市政府重大行政决策实施后，由决策执行单位申请或者由市政府办公厅结合经济社会发展要求，适时组织决策执行、监督单位和有关方面对重大行政决策的决策质量、实施绩效、存在问题及其影响因素等进行跟踪调查和分析评估，并向市政府提交决策实施效果评估报告的活动。

第三条 重大行政决策的实施效果评估工作由决策执行单位具体负责。

第四条 重大行政决策的实施效果评估工作应当遵循独立、客观、公正、科学的原则。

第五条 重大行政决策实施满1年的，可以进行实施效果评估。

重大行政决策有执行期限的，自执行期限届满之日起6个月内开展实施效果评估。

重大行政决策实施时间跨度较长的，可以实行阶段性评估。

第六条 有关行政机关和组织应当配合决策执行单位开展评估工作，向决策执行单位提供相关书面资料，如实说明重大行政决策实施有关情况、实施过程中存在的问题，并提出相关建议。

第七条 重大行政决策评估工作可以采用部门论证、专家咨询、公众参与、专业机构测评相结合的方式，通过抽样问卷、舆情跟踪、实地调查、重点走访、委托课题研究等方式，对重大行政决策实施效果进行评估。

第八条 重大行政决策评估工作按照下列程序进行：

（一）由决策执行单位申请或者由市政府办公厅确定对重大行政决策开展实施效果评估；

（二）成立评估工作小组。决策执行单位成立评估工作小组，应当邀请相关的部门和机构以及人大代表、政协委员参加，根据需要邀请高校、科研院所、学会、研究会以及其他专业机构等社会专业人士和社会公众代表参加；

（三）制定评估工作方案。明确评估目的、评估对象与内容、评估标准、评估步骤与方法，提供相应的工作保障等；

（四）开展调查研究。制定调查提纲，设计调查问卷，广泛收集重大行政决策相关信息，以及利益相关人和社会公众的意见和建议；

（五）形成评估报告。对收集的有关资料进行综合分析研究，根据评估情况形成评估报告，评估报告应当对决策的制定与实施进行总体评估，对决策后果、决策效率、决策效益做出定性与定量的说明，并提出重大决策继续执行、停止执行、暂缓执行或者修改决策方案的建议；

（六）评估报告提交市政府集体研究审定，并作为重大决策继续执行、停止执行、暂缓执行或者修改决策方案的重要依据。

第九条　评估工作可以根据重大行政决策的具体情况进行整体评估，也可以根据需要对其中的主要内容进行部分评估。评估工作应当针对以下内容开展：

（一）决策与法律、法规、规章以及国家有关政策规定是否一致；

（二）决策是否得到执行，各项内容或者管理措施是否必要、适当，是否有针对性地解决相关的社会问题；

（三）决策规定的程序是否正当、易于操作；

（四）与社会、经济发展方向的符合程度，在社会公众中的认知程度；

（五）决策实施带来的近期效益和长远影响；

（六）决策的实施效果与决策制定目的是否符合。

第十条　评估报告具体包括以下内容：

（一）总体评估。对重大行政决策通过定性与定量统计分析、运用成本效益分析、抽样分析等综合分析方法评估，对实施情况进行总体评估；

（二）合法性评估。对决策实施情况是否与现行的法律、法规、规章和政策一致进行评估；

（三）合理性评估。决策实施过程所涉及主要制度和管理措施是否必要、合理，是否体现公平、公开和以人为本原则；

（四）可控性评估。决策实施的目标、效果和影响是否控制在确定、预期的范围内；

（五）对重大行政决策实施情况作出定性、定量评估的结论，重点是对社会稳定、环境、经济等方面的评估；

（六）行政决策实施过程中需要解决的问题和对策；

（七）对行政决策延续、调整或者停止执行的建议。

第十一条　市政府对评估报告建议调整或者停止执行重大行政决策的，应当及时研究处理。

第十二条　经过实施效果评估，确认重大行政决策实施过程中有行政过错情形的，应当依照规定追究相关直接责任人员的行政责任。

因重大行政决策的执行或者停止执行、暂缓执行、修改决策方案给公民、法人或者其他组织的合法权益造成损失的，应当给予合理补偿。

第十三条　各县（市）区人民政府、市政府各部门参照本办法执行。

第十四条　本办法自发布之日（2014年1月8日）起施行，有效期3年。

合肥市人民政府重大行政决策风险评估办法（试行）

第一条 为规范市政府重大行政决策风险评估工作，进一步提高行政决策水平，根据《合肥市人民政府重大行政决策程序规定》（合政〔2011〕153号），结合本市实际，制定本办法。

第二条 本办法所称重大行政决策风险评估，是指行政机关运用科学、系统、规范的评估方法，在作出重大行政决策之前，对重大行政决策进行综合评价和估量，由此决定重大行政决策是否实施的活动。

第三条 重大行政决策事项的风险评估工作由决策前期工作承办单位具体负责。

第四条 重大行政决策事项涉及经济社会发展和人民群众切身利益的，决策前期工作承办单位应当开展社会稳定、生态环境、社会效益、经济效益等方面的风险评估；对可能引发的各种风险进行科学预测、综合研判，确定风险等级并作出风险评估报告。

第五条 相关部门和组织应当配合决策前期工作承办单位开展风险评估工作，向其提供重大行政决策评估的相关书面资料及建议。

第六条 重大行政决策评估工作可以采用部门论证、专家咨询、公众参与、专业机构测评相结合的方式，通过抽样问卷、舆情跟踪、实地调查、重点走访、委托课题研究等方式，对重大行政决策可能引发的各种风险和影响进行科学预测。

第七条 重大行政决策风险评估工作按照下列程序进行：

（一）成立风险评估工作小组。决策前期工作承办单位成立评估工作小组，应当邀请相关部门、机构以及人大代表、政协委员参加，根据需要邀请高校、科研院所、学会、研究会以及其他专业机构等社会专业人士和民众代表参加；

（二）制定风险评估工作方案。明确评估目的、评估对象与内容、评估标准、调查对象、评估步骤与方法，提供相应的工作保障等；

（三）开展调查研究。制定调查提纲，设计调查问卷，广泛收集重大行政决策相关信息，以及利益相关人和社会公众的意见和建议；

（四）形成风险评估报告。对收集的有关资料进行综合分析研究，根据评估情况形成风险评估报告；

（五）决策草案和风险评估报告提交市政府集体研究审定，并作为是否作出重大行政决策的重要依据。应当进行风险评估的重大行政决策，未经风险评估的，不得作出决策。

第八条 风险评估工作可以根据重大行政决策的具体情况进行整体评估，也可以根据需要对其中的主要内容进行部分评估。风险评估工作应当针对以下内容开展：

（一）决策的背景、目的及依据；

（二）决策与经济社会发展的符合程度；

（三）决策实施的成本效益分析；

（四）利益相关人对决策的接受程度；

（五）决策实施预期效益和可能对社会稳定、生态环境、社会效益、经济效益等方面产生的影响；

（六）按照不同的风险等级制定相应的化解处置预案；

（七）决策的合法性、合理性、可行性、可控性；

（八）保障决策目标实现的具体措施和建议；

（九）其他有关内容。

第九条 风险评估应当重点就决策的合法性、程序性、合理性、可行性和可控性进行评估，风险评估报告具体包括以下内容：

（一）合法性评估内容。决策前期工作承办单位是否在权限范围内拟定决策草案，决策草案内容是否与法律、法规和规章相抵触；

（二）程序性评估内容。决策前期工作承办单位是否按照重大行政决策程序规定开展工作；

（三）合理性评估内容。决策草案是否符合绝大多数利益相关人的利益，拟采取的措施是否合理等；

（四）可行性评估内容。决策草案是否与本地经济社会发展相适应，配套措施是否经过调研论证，以及利益相关人的接受程度；

（五）可控性评估内容。决策草案是否存在公共安全隐患、引发群体性事件、造成重大社会负面影响等社会稳定问题，以及对可能引发社会稳定风险的可控程度和预防、化解的相应措施。

第十条 风险等级可分为高、中、低三级，具体划分标准如下：

（一）评估报告确认存在较大风险隐患，可能引发大规模群体性事件，难以疏导、稳定的，为高风险；

（二）评估报告确认存在一定风险隐患，可能引发社会矛盾冲突，但可以通过引导教育予以化解的，为中风险；

（三）评估报告确认存在较小的风险隐患，社会公众能够理解支持，仅少部分有意见的，为低风险。

决策草案存在高风险的，市政府应当区别情况作出不实施、调整决策方案、降低风险等级后再行决策；存在中风险的，采取防范、化解措施后再作出决策；存在低风险的，可以作出决策。

第十一条 决策前期工作承办单位对应当评估而未评估，或者没有及时提交重大行政决策风险评估报告，造成不良影响或重大损失的，由行政主管部门或者监察部门对直接负责的主管人员和其他直接责任人员追究行政责任。

第十二条 各县（市）区人民政府、市政府各部门参照本办法执行。

第十三条 本办法自发布之日（2014 年 1 月 8 日）起施行，有效期 3 年。

苏州市人民政府立法前评估办法

第一条 为了提高立法计划编制的科学性，合理配置立法资源，保证立法质量，根据《中华人民共和国立法法》、国务院《规章制定程序条例》《江苏省规章制定程序规定》等法律、法规、规章，结合本市实际，制定本办法。

第二条 本市行政区域内开展立法前评估，向市人民政府申报规章立法计划建议项目，适用本办法。

第三条 本办法所称立法前评估，是指在申报规章立法计划建议项目前，按照一定的程序、标准和方法，对立法计划建议项目所进行的必要性、可行性、紧迫性以及立法成本效益进行分析研究，形成立法前评估报告以及起草规章建议稿等系列活动。

鼓励申报规章立法规划建议项目的单位开展立法前评估。

第四条 开展立法前评估，应当遵循公众参与、实事求是、问题导向、注重实效的原则，评估内容要体现科学性、系统性、前瞻性、创新性要求。

第五条 市人民政府负责立法前评估工作的统一领导，为立法前评估工作提供必要保障。

市司法局是立法前评估工作的主管部门，负责规章立法前评估的组织、协调和指导工作。

第六条 规章立法计划建议项目申报单位为立法前评估工作的实施单位，具体负责立法前评估工作，并将立法前评估工作所需经费列入部门经费预算。

实施单位可以根据需要，邀请高等院校、科研院所、专业机构、社会组织等参与，也可以通过政府购买服务方式委托第三方开展立法前评估工作。

鼓励高等院校、科研院所、专业机构、社会组织独立开展立法前评估工作。

与规章拟采取的措施相关的单位对立法前评估工作应当提供帮助和支持。

第七条 立法前评估工作包括准备阶段、实施阶段和评估报告形成阶段。

第八条 立法前评估准备阶段主要开展以下工作：

（一）成立立法前评估小组。实施单位应当成立以本单位主要负责人为组长，本单位相关工作机构工作人员、与规章拟采取的措施相关单位工作人员、相关领域专家和法律工作者等组成的立法前评估小组，具体组织实施立法前评估工作。

（二）制定立法前评估工作方案。立法前评估小组应当根据本办法要求，制定立法前评估工作方案，主要包括组织领导、评估目的、评估内容、评估方法、评估步骤、时间安排和经费保障等内容。

第九条 立法前评估实施阶段主要开展以下工作：

（一）发布立法前评估公告，包括立法前评估小组组成人员、评估方案等主要内容；

（二）深入开展调查研究，广泛听取相关公民、法人和其他组织等意见和建议；

（三）收集、整理、分析听取的意见和建议情况，得出初步结论。

第十条　立法前评估可以采取定性分析与定量分析相结合、问卷调查、实地考察、专题调研等方法进行。定性分析引用的文件资料要注明出处，反映问题符合当前实际；定量分析力求量化，用数据说明问题，必要时可以用图表、照片、音像等形式进行辅助描述。

第十一条　立法前评估报告主要包括以下内容：

（一）基本情况；

（二）立法的必要性、可行性、紧迫性分析；

（三）立法成本效益分析；

（四）评估结论；

（五）其他需要说明的事项。

第十二条　基本情况主要包括以下内容：

（一）立法背景，包括本市行政管理现实需求，各级对立法工作的建议，国家、省以及其他地区立法动态；

（二）立法前评估工作开展情况，包括立法前评估程序性工作及调研论证等内容；

（三）其他需要说明的事项。

第十三条　立法前评估报告的必要性、可行性以及成本效益分析主要包括以下内容：

（一）拟采取的措施是否符合宪法、法律、法规要求；

（二）拟采取的措施是否适应国家改革政策要求，是否符合市场公平竞争机制；

（三）拟采取的措施在经济发展、公共安全、社会稳定、环境保护等方面的利弊分析；

（四）拟采取的措施与工作机构、人员编制、经费使用、执法能力等方面的适应性分析；

（五）拟采取的措施与已有相关规定是否存在重复或者不协调等问题；

（六）拟采取的措施在本行政区域外已经实施的效果分析；

（七）立法成本分析，包括立法过程成本、执法成本、守法成本分析；

（八）其他需要说明的事项。

第十四条　评估结论主要包括以下内容：

（一）明确向市政府提出立法计划建议的内容；

（二）明确初步的立法时序安排；

（三）明确起草单位；

（四）其他需要说明的事项。

第十五条　立法前评估报告应当附录参考资料和规章建议稿。参考资料主要包括以下材料：

（一）评估报告中相关法律、法规、规章和文件；

（二）与立法项目相关的学术文章、研究资料；

（三）其他有价值的参考资料。

第十六条 起草立法前评估报告，由立法前评估小组根据调查研究、查阅资料、听取的意见和建议等材料得出初步结论，起草立法前评估报告初稿。

立法前评估报告初稿起草完毕后，根据需要可以继续听取相关公民、法人和其他组织等意见。涉及专业性强的立法前评估项目，可以组织召开专家论证会听取专家意见。立法前评估小组根据听取意见情况，对立法前评估报告初稿进行修改完善，形成立法前评估报告草案，提交本单位领导集体讨论。

第十七条 立法前评估小组应当将立法前评估报告草案和规章建议稿提前 5 日提交本单位参加领导集体讨论的各位成员。领导集体讨论，对评估报告草案和规章建议稿提出修改意见，并决定是否向市政府申报规章立法计划建议项目。

立法前评估工作小组应当根据领导集体讨论意见，继续对立法前评估报告草案进行修改完善，形成立法前评估报告。

经领导集体讨论，决定不向市政府申报规章立法计划建议项目的，立法前评估工作可以终止。

第十八条 市司法局应当加强对立法前评估工作的指导，可以组织专家对本地区的立法前评估报告进行评审，组织开展立法前评估理论研究，提高全市立法前评估工作能力。

第十九条 申报市政府规章立法计划建议项目时，应当将立法前评估报告和规章建议稿等材料报市司法局进行立法计划立项论证。

第二十条 市司法局在开展规章立法计划立项论证时，应当充分研判论证立法前评估报告和规章建议稿等材料，听取立法前评估小组的意见。论证通过的，列入规章立法计划草案，提交市政府常务会议审议。

未开展立法前评估工作的立法计划建议项目，市司法局一般不进行立法计划立项论证。但是，市委、市人大常委会、市政府决定的立法项目除外。

第二十一条 向市人民代表大会及其常务委员会申报地方性法规立法计划建议项目，可以参照本办法进行立法前评估。

第二十二条 本办法自 2019 年 7 月 1 日起施行。原有关向市人民政府申报规章立法计划建议项目的要求与本办法不一致的，以本办法为准。

苏州市规章立法后评估办法

第一条 为了规范规章立法后评估工作，改进政府立法，促进经济社会发展，根据有关规定，结合本市实际，制定本办法。

第二条 市人民政府规章（以下简称规章）的立法后评估，适用本办法。

本办法所称的规章立法后评估，是指规章实施后，根据其立法目的，按照法定程序，结合经济社会发展实际，对规章的立法质量、实施绩效、存在问题等进行调查、分析、评价，提出继续执行、修改或者废止等意见的制度。

第三条 规章立法后评估应当遵循客观公正、公开透明、公众参与、注重实效的原则。

第四条 市人民政府对规章立法后评估工作实行统一领导，并为规章立法后评估工作提供必要的保障。

市政府法制部门是规章立法后评估工作的主管部门，负责规章立法后评估的组织、协调、指导和监督。

第五条 规章确定的行政主管部门是规章立法后评估的实施机关（以下简称评估实施机关）；规章确定的行政主管部门有两个以上或者规章未明确行政主管部门的，由市政府法制部门协调确定。

与规章实施相关的各级人民政府、部门及其他单位应当参与规章立法后评估工作，并提供与规章立法后评估有关的材料和数据以及其他必要的支持。

第六条 评估实施机关可以根据需要，将规章立法后评估的有关事项委托高等院校、科研机构、行业协会（商会）、社会中介机构等单位（以下统称受委托评估单位）进行。

受委托评估单位应当具备下列条件：

（一）熟悉被评估规章所依据的法律、法规和所涉及的行政管理事务；

（二）具有三名以上熟练掌握规章立法后评估方法、技术的人员；

（三）相关人员参与规章立法后评估的时间能够得到保证；

（四）具备开展规章立法后评估工作的必要设备、设施。

第七条 规章有下列情形之一的，应当进行立法后评估：

（一）事关经济社会发展全局和涉及公民、法人或者其他组织切身利益的规章实施满三年的，其他规章实施满五年的；

（二）拟废止或者作重大修改的；

（三）拟上升为地方性法规的；

（四）人大代表、政协委员提出较多意见和建议的；

（五）行政复议、行政诉讼反映出较多问题或者公众、新闻媒体提出较多意见和建议的；

（六）市人民政府认为需要评估的。因上位法修改或者有紧急情况需要修改、废止规章的，可以不开展规章立法后评估。

第八条 评估实施机关每年应当按照要求向市政府法制部门报送下一年度的规章立法后评估项目。

市政府法制部门也可以根据实际需要，提出下一年度规章立法后评估项目。

第九条 市政府法制部门每年应当编制下一年度规章立法后评估计划，报市人民政府批准后实施。

对列入规章立法后评估计划的项目，市政府法制部门应当会同评估实施机关编制经费预算，报市财政部门按照规定核拨。

第十条 评估实施机关应当根据规章立法后评估计划对规章进行评估。

评估实施机关应当对规章中直接涉及公民、法人或者其他组织切身利益的内容进行重点评估。

第十一条 规章立法后评估主要依据以下标准进行：

（一）合法性标准，即制定规章是否符合立法权限、立法程序，是否违背上位法的规定。

（二）合理性标准，即公平、公正原则是否得到体现；各项管理措施是否必要、适当；法律责任的设定是否与违法行为的事实、性质、情节以及社会危害程度相当。

（三）协调性标准，即规章与同位阶的规章、配套的规范性文件以及国家政策是否存在冲突，要求建立的配套制度是否完备、互相衔接。

（四）可操作性标准，即规定的制度是否切合实际，易于操作；规定的措施是否高效、便民；规定的程序是否正当、简便。

（五）立法技术性标准，即立法技术是否规范，逻辑结构是否严密，表述是否准确，是否影响到规章的正确、有效实施。

（六）绩效性标准，即规章是否得到普遍遵守和执行，是否有效地解决行政管理中存在的问题，是否实现预期的立法目的，实施后取得的经济社会效益是否明显高于规章制定和执行的成本。

第十二条 规章立法后评估包括准备阶段、实施阶段和评估报告形成阶段。

第十三条 规章立法后评估准备阶段主要开展以下工作：

（一）成立评估小组。评估实施机关组织成立以本机关人员为主，与规章实施密切相关的人民政府、部门及其他单位人员参与的评估小组，具体承办评估工作。

（二）制定评估方案。评估方案主要包括评估目的、评估内容、评估方法、评估步骤和时间安排、经费使用和组织保障等。

第十四条 规章立法后评估实施阶段主要开展以下工作：

（一）发布评估公告，包括评估小组组成人员、评估方案主要内容；

（二）开展调查研究，通过多种途径搜集整理评估意见和建议；

（三）汇总和分析评估意见和建议，并得出初步结论。

第十五条　规章立法后评估报告形成阶段主要开展以下工作：

（一）评估小组对初步结论进行研究论证；

（二）起草评估报告；

（三）组织有关专家对评估报告进行论证；

（四）形成正式评估报告。

第十六条　评估实施机关委托评估的，应当将委托情况向市政府法制部门备案。

受委托评估单位应当在委托范围内，以评估实施机关的名义独立开展评估，不得将部分或者全部受托事务转委托其他单位或者个人。

第十七条　立法后评估应当采用下列方法：

（一）通过新闻媒体、政府网站等公开征集社会公众意见；

（二）走访或者书面征求相关行政执法单位、监督机关、行政相对人或者其他利益相关者的意见；

（三）通过召开座谈会、听证会、专家论证会等听取意见。

评估实施机关根据评估需要，还可以采用以下评估方法：

（一）问卷调查；

（二）实地考察；

（三）专题调研；

（四）个案分析；

（五）立法比较分析；

（六）成本效益分析；

（七）文献检索；

（八）其他方法。

第十八条　评估实施机关应当充分听取公民、法人或者其他组织的意见，全面收集、分析和评估相关资料。

公民、法人或者其他组织可以通过信函、传真和电子邮件等方式参与规章立法后评估。

评估实施机关应当通过适当方式反馈公众意见的采纳情况。

第十九条　规章立法后评估应当在计划年度内完成。

规章立法后评估应当在评估小组成立后6个月内完成并形成评估报告。在6个月内不能完成评估工作的，应当说明理由，经市政府法制部门同意后可以延期，但延长期限最长不得超过3个月。

第二十条　规章立法后评估报告应当包含下列内容：

（一）评估工作的基本概况；

（二）规章的合法性、合理性、协调性、可操作性、立法技术性以及绩效性的分析和评价；

（三）评估结论和建议；

（四）其他需要说明的问题。

第二十一条 评估实施机关应当向市政府法制部门报送评估报告。

市政府法制部门应当对评估报告进行审核。经审核发现在评估内容、评估程序、评估方法等方面存在较大问题的，市政府法制部门应当提出修改完善的意见并退回评估实施机关。评估实施机关应当根据意见完善有关工作并重新提交评估报告。

评估报告的结论和建议需要市人民政府作出进一步决定的，由市政府法制部门组织研究后报市人民政府批准。

第二十二条 经审核的规章评估报告应当作为编制政府立法计划、改进政府立法和行政执法工作的重要依据。规章需要修改、废止的，应当适时启动政府立法程序；对规章执行方面的建议，有关行政执法部门或者机构应当研究落实，并及时向市政府法制部门反馈落实情况。

评估报告的结论和建议经市人民政府形成决定的，有关行政执法部门或者机构应当实施，并将实施情况向市人民政府报告。

第二十三条 参与规章立法后评估的单位、人员对评估中涉及的国家秘密、商业秘密和个人隐私应当予以保密。

第二十四条 除涉及国家秘密、商业秘密和个人隐私的内容外，规章评估报告应当依法公开。

第二十五条 规章立法后评估工作应当纳入对评估实施机关依法行政工作的考核范围。

第二十六条 评估实施机关、有关行政执法部门或者机构，违反本办法规定，有下列情形之一的，由市政府法制部门提请市人民政府责令其限期改正，视情提请有权机关对直接负责的主管人员和其他直接责任人员予以效能告诫或者依法给予行政处分：

（一）不按照规定报送评估项目的；

（二）不按照规定的程序进行评估的；

（三）不按照规定提交评估报告的；

（四）不按照规定落实改进行政执法工作的。

第二十七条 本办法施行前颁布的有效规章，应当分期列入评估计划，并按计划组织实施。

第二十八条 规范性文件或者重大行政决策的后评估工作，可以参照本办法执行。

规范性文件制定主体可以按照本办法制定本部门、本地区规范性文件制定后评估实施细则。

第二十九条 本办法自2012年3月1日起施行。

海口市政府规章立法后评估办法

第一条 为规范政府规章立法后评估工作，促进政府规章有效实施，提高政府立法科学性，根据《规章制定程序条例》等有关规定，结合本市实际，制定本办法。

第二条 市政府规章立法后评估工作，适用本办法。

本办法所称立法后评估，是指在政府规章实施后，依照规定程序、标准和方法，对规章的立法技术、内容、实施绩效等进行调查分析和综合评价，并提出评估意见的活动。

第三条 立法后评估遵循客观公正、科学合理、注重实效、社会参与、公开透明的原则。

第四条 市政府加强立法后评估工作的统一领导，为立法后评估的开展提供必要的人员、经费等保障。

市政府司法行政机关负责立法后评估工作的指导、协调和监督。

有关单位及个人，应当配合做好立法后评估工作。

第五条 政府规章的实施部门是立法后评估责任单位；有多个实施部门的，主要实施部门为立法后评估责任单位；实施部门不明确的，由市政府司法行政机关按照职责相关的原则，协调确定立法后评估责任单位。

涉及公民、法人或者其他组织重大利益以及事关经济社会发展全局的重要的政府规章立法后评估，可以由市政府司法行政机关直接实施。

第六条 政府规章有下列情形之一的，应当进行立法后评估：

（一）实施满 5 年以上的；

（二）拟上升为地方性法规的；

（三）拟进行重大修改的；

（四）拟废止但存在较大争议的；

（五）实施后明显未达到预期效果，且人大代表、政协委员或者社会公众提出较多意见和建议的；

（六）市政府或者市政府司法行政机关认为需要评估的。

因上位法修改、废止或者急需修改、废止，需要对政府规章进行相应的修改或者废止的，可以不进行评估。

第七条 市政府所属工作部门应当根据本办法的有关规定及工作需要，于每年 10 月 31 日前向市政府司法行政机关报送下一年度的立法后评估项目建议，并说明报送的理由。

市政府司法行政机关可以根据实际情况拟定下一年度立法后评估项目及评估责任单位，经向社会公众公开征求意见后，编制年度立法后评估计划，并入年度立法计划报市政府批准后组织实施。

第八条 列入年度立法后评估计划的项目所需经费应当纳入评估责任单位的年度预算，经费使用情况接受财政、审计等部门的监督。

第九条 评估责任单位可以依法委托高等院校、科研机构、社会组织等专业机构具体承担立法后评估工作。评估责任单位或评估人员不得要求受委托机构按照其利益倾向取舍信息资料。

评估责任单位按照前款规定委托专业机构开展立法后评估工作的，应当与受托单位签订委托协议，并在协议中明确立法后评估的具体工作要求、期限、价格、费用结算方式、质量考核、各方权利义务事项和违约责任等内容。

第十条 受委托开展立法后评估的单位应当具备以下条件：

（一）依法设立、具有独立承担民事责任的能力；

（二）有熟悉行政管理事务、具备相关立法评估专业知识的人员；

（三）有立法评估工作的实践经验或研究成果。

同等条件下，优先考虑长期承接立法项目工作的第三方机构。

在政府规章制定时承担立项前评估、起草、论证等工作的单位，不得接受委托参与该项政府规章的立法后评估工作。

第十一条 受委托评估的单位在委托范围内，以评估责任单位名义开展立法后评估工作。评估责任单位应当对受委托单位开展的评估工作进行监督、指导。

第十二条 开展立法后评估主要依据以下标准进行：

（一）合法性，即制定的政府规章是否符合立法权限、程序，是否与法律、法规及其他上位法保持一致；

（二）合理性，即是否符合公平、公正原则，职责分工是否明确，各项管理、处罚措施是否必要、适当；

（三）协调性，即政府规章规定的各项制度之间是否相互衔接协调，与同位阶的政府规章之间有无冲突；

（四）可操作性，即规定的制度是否符合本市实际且易于操作，措施是否高效便民，程序是否正当，能否得到普遍遵守和执行，实施效果是否明显，是否实现预期的立法目的；

（五）技术性，即是否符合政府规章制定的技术标准，逻辑结构是否严谨、概念界定是否清晰、语言表述是否准确。

第十三条 评估责任单位可以对政府规章进行全面评估，也可以根据实际需要，对政府规章的主要制度条款进行评估。

评估责任单位应当重点对政府规章涉及的机构职责、行政许可、行政处罚、行政强制、行政征收、行政征用、行政救助、行政给付等事项进行评估。

第十四条 立法后评估工作应当按照下列程序进行：

（一）成立评估小组。评估小组由评估责任单位自行组织，可以邀请人大代表、政协委员、司法行政机关的工作人员、专家学者、法律工作者、公众代表等参加；

（二）制定评估方案。评估方案主要包括立法后评估的内容、目的、标准、方法、步骤和时间安排、经费和组织保障等；

（三）开展调查研究。通过实地考察、座谈会、问卷调查、专题调研、专家论证等方法，采取多种方式收集社会公众、人大代表、政协委员、专家学者等方面的意见和建议；

（四）进行分析评价。对收集到的材料及意见、建议进行分析研究，提出初步评估意见，并经专家论证研究，提出政府规章继续施行或者修改、废止等方面的评估意见，形成评估报告，并征求市政府司法行政机关意见；

（五）审查评估报告。市政府司法行政机关收到评估责任单位报送的评估报告后应及时研究，并指导评估责任单位修改完善，由评估责任单位形成正式的评估报告报送市政府批准。

第十五条　评估报告应当包括下列内容：

（一）评估的对象、内容、方法、过程、时间等评估工作基本情况；

（二）对政府规章立法技术、内容、实施效果等的评价；

（三）政府规章实施中存在的问题和需要修改的条款；

（四）政府规章继续执行、修改、废止等评估意见。

第十六条　列入立法后评估年度计划的项目，评估责任单位应在立法后评估年度计划中确定的期限内完成，并提交评估报告。

第十七条　评估报告作为政府规章是否继续执行、修改或废止，以及改进行政执法工作的重要参考依据。

经市政府批准后的评估报告中有建议修改或废止政府规章的，政府规章的实施部门应当及时启动修改或废止程序，市政府司法行政机关应当将其列入下一年度立法计划。

第十八条　评估责任单位开展的立法后评估工作，纳入海口市法治政府建设考核内容。

评估责任单位及其工作人员不履行或者不正确履行立法后评估职责，造成严重后果的，由有权机关依法对直接负责的主管人员和其他直接责任人员依法给予处分。

受委托参与立法后评估的机构及其工作人员违反职业道德和本办法规定的，予以通报批评、责令限期整改；造成严重后果的，应承担相应责任，市政府司法行政机关可以取消其评估资格，并将受托单位及工作人员违法违规情况纳入信用信息系统实施联合惩戒。

第十九条　对市政府或者市政府部门制定的行政规范性文件开展评估的，可以参照本办法有关规定执行。

第二十条　本办法具体应用中的问题由市政府司法行政机关负责解释。

第二十一条　本办法自 2020 年 8 月 15 日起施行。

桂林市人民政府规章立法后评估办法

第一章 总则

第一条 为规范市人民政府规章立法后评估工作，进一步提高立法质量，根据《中华人民共和国立法法》、国务院《规章制定程序条例》等有关规定，结合本市实际，制定本办法。

第二条 市人民政府规章（以下简称政府规章）的立法后评估，适用本办法。

本办法所称政府规章立法后评估，是指政府规章实施一定时间后，按照评估标准、程序和办法，对政府规章的立法质量及实施效果进行调查、评价，提出修改或者废止规章，改进行政执法等评估意见的活动。

第三条 政府规章立法后评估工作应当遵循客观公正、公开透明、合法有序、科学合理的原则。

第四条 市人民政府法制机构负责政府规章立法后评估的组织、指导和监督工作。

第二章 评估主体

第五条 政府规章立法后评估由负责政府规章组织实施工作的市人民政府行政主管部门或者市人民政府法制机构（以下统称评估机关）实施。

事关经济社会发展大局、涉及人民群众重大利益以及规范政府共同行为的政府规章的立法后评估，由市人民政府法制机构实施。

第六条 评估机关根据需要，可以将规章的立法后评估或者立法后评估工作中的部分事项委托有关高等院校、科研机构、社会团体、中介机构等单位具体实施。

第七条 受委托具体开展规章立法后评估的单位应当具备下列条件：

（一）具有熟悉行政立法、行政事务和掌握评估方法技术的人员；

（二）相关人员参与评估的时间能够得到保障；

（三）具备开展评估工作必须的其他条件。

受委托承担立法后评估工作部分事项的单位也应当具备相应的条件。

第八条 受委托单位在委托范围内，以评估机关名义开展有关评估工作，不得将评估工作转委托其他单位或者个人。

评估机关应该指导、监督受委托单位开展立法后评估工作。

第三章 评估范围和标准

第九条 政府规章有下列情形之一的，应当进行立法后评估：

（一）拟上升为地方性法规的；

（二）已不适应经济社会发展的要求，需要废止或者作重大修改的；

（三）公民、法人和其他组织提出意见较多的；

（四）同位阶的规章之间存在矛盾或者不一致的；

（五）市人民政府认为需要评估的。

根据上位法须进行修改、废止或者有紧急情况须进行修改、废止的，可以不进行立法后评估。

第十条 政府规章立法后评估的标准主要包括：

（一）合法性标准，即各项规定是否符合宪法和有关上位法的规定，是否符合《中华人民共和国立法法》规定的立法权限、程序和具体规定；

（二）合理性标准，即所规定的各项制度、措施和手段是否适当、必要，是否符合公平、公正原则和权利与义务、权力与责任相统一的原则，法律责任是否与违法行为的事实、性质、情节以及危害程度相当等；

（三）协调性标准，即与同位阶的其他规章是否存在矛盾或者不一致，各项规定之间是否协调、衔接；

（四）执行性标准，即规定的执法主体是否明确，各项措施、手段和法律责任是否明确、具体、可行，程序设计是否正当、明确、简便、易于操作，便于公民、法人和其他组织遵守，实施机制是否完备，相关配套制度是否落实等；

（五）实效性标准，即各项规定能否解决实际问题，是否能够实现预期的立法目的，实施后对政治、经济、社会、文化、环境等方面的影响，公众的反映，实施成本与产生的经济、社会效益情况等；

（六）规范性标准，即概念界定是否明确，语言表述是否准确、规范、简明，逻辑结构是否严密，是否便于理解和执行。

评估机关应当根据上述标准，结合被评估规章的特点，确定具体的评估标准。

第十一条 政府规章立法后评估根据具体情况，可以对规章进行全面评估，也可以对其中一项或者部分条款进行评估。

政府规章涉及的机构职责、行政许可、行政处罚、行政强制、行政征收、行政征用、行政救助、行政给付等事项应当是立法后评估的重点。

第四章 评估程序和方法

第十二条 政府规章立法后评估应当按计划进行。

市人民政府法制机构应当组织编制政府规章立法后评估年度计划，报市人民政府批准后实施。

市人民政府法制机构组织编制政府规章立法后评估年度计划时，应当充分征求各方面的意见。

第十三条 开展政府规章立法后评估工作，按照下列程序进行：

（一）成立评估小组。评估小组由法制工作人员和相关工作人员组成，也可以邀请公众代表、人大代表、政协委员、专家学者、法律工作者等参加。评估小组具体承办评估工作。

（二）制定评估方案。评估方案主要包括评估目的、评估内容和标准、评估方法、评估步骤和时间安排、经费和组织保障等。评估方案报评估机关同意后实施。

（三）开展调查研究。通过实地考察、专题调研、座谈会、问卷调查、专家论证等方法，收集实施机关、管理对象和社会公众的意见和建议。

（四）进行分析评价。对收集到的材料进行分析研究，对照评估内容和标准进行分析评价，提出初步评估结论。

（五）形成评估报告。对初步结论进行进一步研究和论证，形成正式评估结论，提出规章继续施行或者修改、废止、解释、制定配套制度、改进行政执法等方面的评估意见，形成正式的评估报告。

第十四条 评估机关根据立法后评估工作的实际需要，可以采用简易程序进行评估，但本办法第九条第三项规定的情形除外。

采用简易程序进行立法后评估的，主要通过召开座谈会、网上问卷调查、书面征求意见等方法收集信息资料，组织专家分析或者召开论证会等方式进行评估，形成评估报告。

第十五条 开展立法后评估工作应当全面调查了解政府规章的实施情况，运用科学的方法和技术手段收集、分析和评估相关资料。分析和评估应当尽量采用量化分析方法，做到定性和定量相结合。评估意见应当客观、公正、实事求是。

评估机关、受委托单位开展立法后评估不得预设评估结论，不得按照评估机关和工作人员的偏好取舍信息资料。

第十六条 评估工作选择调查对象应当具有广泛的代表性，社会公众应当占有适当比例。

评估项目、评估时间、征求意见的电话、网址等应当及时向社会公开。

要认真研究、充分吸收公民、法人和其他组织对规章实施情况提出的意见和建议。对重要意见和建议不予采纳的，应当在评估报告中予以说明。

第十七条 与政府规章实施有关的行政机关和单位应当按照各自职责，根据评估机关的要求，提供与政府规章实施情况有关的材料和数据，配合做好政府规章的立法后评估工作。

第十八条 政府规章立法后评估工作应当自评估小组成立后 6 个月内完成，内容复杂、争议较大的规章的立法后评估工作可以延长 2 个月；采用简易程序评估的，应当在 3 个月内完成。

第五章　评估报告

第十九条 市人民政府有关行政主管部门实施的立法后评估，评估报告由市人民政府法制机构组织审核。

市人民政府法制机构实施的立法后评估，评估报告由市人民政府法制机构组织审核，审核结论要向有关行政主管部门通报。

第二十条　评估报告应当向社会公开，但涉及国家秘密、商业秘密或者个人隐私的内容除外。

第二十一条　立法后评估报告建议政府规章进行修改的，有关行政机关应当按照立法程序提请市人民政府对政府规章进行修改。根据立法后评估报告修改政府规章的，原则上应当采纳评估报告提出的建议，未采纳的应当说明理由。

第二十二条　立法后评估报告建议废止政府规章的，应当按照法定程序废止政府规章。

第二十三条　立法后评估报告建议政府规章的配套制度需要完善或者实施情况需要改进的，政府规章实施机关应当及时采取相应措施。

第六章　附则

第二十四条　政府规章立法后评估工作，应当纳入行政执法责任制和法治政府建设的考核范围。

第二十五条　规范性文件的后评估工作，参照本办法执行。

政府规章实施机关可以自行组织对政府规章的执行情况评估，评估报告应当报送市人民政府法制机构备案。

第二十六条　本办法自 2018 年 1 月 16 日起施行。